쉐마 말씀학교

신약

하나님이 오늘 우리에게 하시는 말씀을 듣는 학교

쉐마 말씀학교

신약 NEW TESTAMENT

홍성건 지음

예수께서 나아와 말씀하여 이르시되
하늘과 땅의 모든 권세를 내게 주셨으니
그러므로 너희는 가서
모든 민족을 제자로 삼아
아버지와 아들과 성령의 이름으로 세례를 베풀고
내가 너희에게 분부한 모든 것을 가르쳐 지키게 하라
볼지어다
내가 세상 끝날까지
너희와 항상 함께 있으리라 하시니라

마 28:18-20

NCMN · 규장

쉐마 말씀학교를 시작하며

이 책을 대하는 여러분은 오직 하나님의 말씀을 사모하는 사람들입니다. 그래서 쉐마 말씀학교에 입학하셨습니다. 쉐마 말씀학교에 오신 여러분을 환영합니다. 이 책을 열어 한 페이지씩 넘기면서 하나님을 대할 때 학생으로서 열정을 가지고 나아가시기를 바랍니다.

모세를 이어 지도자가 된 여호수아에게 주어진 과제는 백성들을 이끌고 요단을 건너 가나안을 정복하고 기독교 국가를 세우는 것이었습니다. 그에게 가장 중요한 관심은 '성공'입니다. 하나님이 맡기신 일을 잘 감당하는 것입니다. 하나님은 여호수아에게 성공의 비결을 알려주셨습니다. 그것은 '성경'입니다.

> 이 율법책을 네 입에서 떠나지 말게 하며 주야로 그것을 묵상하여 그 안에 기록된 대로 다 지켜 행하라. 그리하면 네 길이 평탄하게 될 것이며 네가 형통하리라 수 1:8

신명기는 하나님이 모세를 통해 기독교 국가를 이루는 비결을 말씀하신 것입니다. 그중에서도 신명기 6장 4-9절이 핵심 부분입니다.

> 이스라엘아 들으라… 오늘 내가 네게 명하는 이 말씀을 너는 마음에 새기고, 네 자녀에게 부지런히 가르치며, 집에 앉았을 때에든지 길을 갈 때에든지 누워있을 때에든지 일어날 때에든지 이 말씀을 강론할 것이며, 너는 또 그것을 네 손목에 매어 기호를 삼으며 네 미간에 붙여 표로 삼고, 또 네 집 문설주와 바깥문에 기록할지니라

"들으라"는 히브리어로 "쉐마"입니다. 하나님의 말씀인 성경을 항상 대하라는 것입니다. 성경 말씀을 알고 익히고 지켜 행하는 데 목숨을 걸라는 것입니다. 하나님은 그것을 우리의 평생에 행하라고 말씀하십니다. 이는 단순히 종교적인 사람이 되라는 게 아닙니다. 우리가 복을 얻고, 더 나아가 사회의 각 영역에 영향을 끼치며, 결국 우리를 통해 우리가 머무는 곳에 하나님의 나라가 임하도록 하라는 것입니다.

사도 바울은 에베소에 3년을 머물면서 두란노 서원에서 하나님의 말씀을 강론했습니다. 그 결과 온 도시에 소동이 일어나며, 우상을 버리고, 마술하는 사람들은 그 책을 불살랐습니다. 도시의 시스템이 바뀌는 큰 변화가 일어났습니다.

왜 이같이 성경이 중요할까요?

> 성경은 능히 너로 하여금 그리스도 예수 안에 있는 믿음으로 말미암아 구원에 이르는 지혜가 있게 하느니라. 모든 성경은 하나님의 감동으로 된 것으로 교훈과 책망과 바르게 함과 의로 교육하기에 유익하니, 이는 하나님의 사람으로 온전하게 하며 모든 선한 일을 행할 능력을 갖추게 하려 함이라 딤후 3:15-17

성경은 하나님의 말씀입니다.
성경은 구원에 이르는 지혜가 있게 합니다.
성경은 삶의 전반적인 영역에 유익하며 우리로 부족함이 없도록 무장시켜줍니다.
성경은 우리로 모든 선한 일을 행할 능력을 갖추게 해줍니다.

하나님의 말씀인 성경은 우리로 하나님을 알게 하고, 더 나아가 하나님을 알리도록 이끕니다. 개개인의 삶에만 영향을 주는 게 아니라 우리가 몸담고 있는 일터에서 영향을 주는 삶을 살게 합니다. 또한 지역사회와 나라를 올바른 기반 위에 세우도록 이끌어줍니다. 쉐마 말씀학교 과정은 단순히 지식을 얻는 데 목적이 있지 않습니다. 하나님의 말씀인 성경을 알고 이해하고 사랑하며 순종하는 삶을 사는 데 있습니다. 그러므로 이 과정을 함께하는 동안 다음과 같은 자세가 중요합니다.

첫째, 하나님의 말씀인 성경에 대한 갈급함, 목마름, 굶주림입니다.
나를 간절히 찾는 자가 나를 만날 것이니라 잠 8:17

둘째, 성경을 알고 이해하기 위해 부지런해야 합니다.
감추어진 보배를 찾는 것같이 그것을 찾으면 잠 2:4

셋째, 무릎으로 나아가야 합니다. 성경은 나의 지식이나 힘으로 이해하는 게 아닙니다. 오직 성령만이 스승입니다. 그러므로 성령의 도우심을 구해야 합니다.

넷째, 성경의 내용을 대할 때 두 가지 면을 생각하기 바랍니다. 성경은 하나님이 누구이신지와 내가 누구인지를 알려주며 나와 하나님의 관계를 보여줍니다. 또한 나와 세상, 내가 어떻게 세상에 영향을 주어야 하는지도 보여줍니다. 사도 바울이 하나님의 말씀에 붙잡혀 (행 18:5) 가는 곳마다 소동을 일으켰듯이, 여러분도 쉐마 말씀학교를 통해 능력을 갖고 세상에 영향력을 끼치게 되기를 기대합니다.

하나님의 말씀을 함께 사랑하는 홍성건

CONTENTS

일러두기 : 본문에 인용된 성경의 경우, 저자가 임의로 문장 부호를 삽입했음

1장

신구약 중간 역사의 이해

신구약 중간 역사의 이해

신구약 중간기 - 암흑 시대 : 말라기 이후 400년간 침묵하신 하나님

마치 야곱이 70명의 식구들을 이끌고 애굽으로 내려간 뒤에 출애굽하기까지 400년 동안 성경이 침묵했던 것처럼, 말라기 이후 세례 요한의 등장까지 400년간 성경은 다시 침묵했다.

이 기간에 어떤 일이 있었는지는 이스라엘이 소장하고 있는 역사기록과 세계 역사기록을 통해 이해할 수 있다. 하나님은 이 기간에 아무 일도 하지 않으셨는가? 아니다. 하나님은 세상이 구주 예수님을 영접할 수 있도록 역사 속에서 활발하게 일하시며 준비하셨다.

느부갓네살이 본 환상은 당시의 세계인 바벨론, 그리고 앞으로 이어질 메대/바사, 헬라, 그리고 로마까지의 일을 보여준다. 그리고 하나님께서 이 모든 제국들을 멸하실 것과 온 세계에 가득한 그의 다스리심을 보여준다. 하나님은 역사의 주이시다.

> 영원부터 영원까지 하나님의 이름을 찬송할 것은, 지혜와 능력이 그에게 있음이로다. 그는 때와 계절을 바꾸시며 왕들을 폐하시고 왕들을 세우시며 지혜자에게 지혜를 주시고 총명한 자에게 지식을 주시는도다 단 2:20,21

이 기간은 신약성경의 배경을 이루는 시기이다. 이 기간을 **'신구약 중간기'**라고 부른다. 신약성경을 이해하려면 이 기간에 일어난 일들을 알아야 한다.

<table>
<tr><th>구약
창세기 – 말라기</th><th>신구약 중간사
말라기(B.C.400)부터
세례 요한까지</th><th>신약
마태복음 – 요한계시록</th></tr>
<tr><td>애굽
앗수르
바벨론
메대 / 바사</td><td>헬라
로마</td><td>로마</td></tr>
<tr><td colspan="3">복음 전파를 위한 하나님의 준비 기간
• 팍스 로마나
• 성경 번역(구약 히브리어) : 70인역
• 언어의 통일 : 헬라어
• 교통의 발달 : 도로
역사의 주인이신 하나님 History = His Story</td></tr>
</table>

포로에서 귀환한 유대인들은 시간이 지나면서 남방 유다만 아니라 팔레스타인 전체로 흩어져 살았다. 또한 디아스포라도 점차 늘어났다. 이들은 포로로 잡혀갔다가 흩어졌거나, 일찍 팔레스타인을 벗어나 타지에 정착한 사람들이다. 처음에는 애굽, 메소포타미아, 바사(이란)의 수산성에 살았다. 이후에 헬라－로마로 이어지면서 터키(소아시아, 에베소), 유럽(빌립보, 데살로니가, 마게도냐, 아덴, 고린도, 로마)에도 살았다. 더 나아가 러시아, 심지어는 일본에도 유대인들이 가서 살았다.

바울 사도는 이방에 복음을 전할 때 먼저 유대인 중심인 회당에 가서 전했다. 흩어진 유대인들이 회당을 중심으로 하나님을 섬기며 살았기 때문이다.

팔레스타인은 바벨론에 이어 약 200년간 바사(페르시아)의 지배를 받았다. 그 후 B.C.333년 알렉산더가 바사를 정복하면서 헬라(그리스)의 지배하에 들어간다. 알렉산더의 죽음 이후 그의 부하 프톨레마이오스가 애굽을 지배하면서 팔레스타인도 약 100년간 프톨레마이오스 왕조의 통치를 받는다. 이후 프톨레마이오스의 정적이었던 셀레우코스의 후손이 팔레스타인을 빼앗아 약 34년간 지배한다. 이때 유다의 마카비가 B.C.166년에 셀레우코스 왕조에 대항해 독립운동을 일으키고, 이에 성공하여 약 100년간 독립국가로 존재한다. 그 후 B.C.63년에 로마의 폼페이우스 장군에게 예루살렘이 정복당하면서 로마의 지배하에 들어간다.

팔레스타인은 애굽, 앗수르, 바벨론, 바사, 헬라, 로마와 밀접한 관계를 가지고 있었기에 다윗 시대를 제외하고는 평안할 때가 없었다. 늘 침범을 당하고 괴롭힘을 당했다. 마치 우리나라가 고구려의 광개토대왕 때를 제외하고는 중국, 몽골, 러시아, 일본에게 늘 환난을 당했던 것처럼 팔레스타인도 주변국들에게 지속적으로 침범을 당했다.

1. 헬라

바사의 마지막 왕 다리오 3세(B.C.336-330)는 마게도냐의 알렉산더에게 패했다.

【 페르시아(바사)의 역사 】

바벨론(갈대아, 신바벨론 B.C.626-538)은 놀라운 제국임에도 불구하고 가장 짧은 역사를 가지고 있다. 유다인들을 위한 감옥의 역할을 마친 후에 그 역사도 끝이 났다. 바벨론을 정복한 바사는 200여 년 후에 헬라의 알렉산더에게 정복당했다.

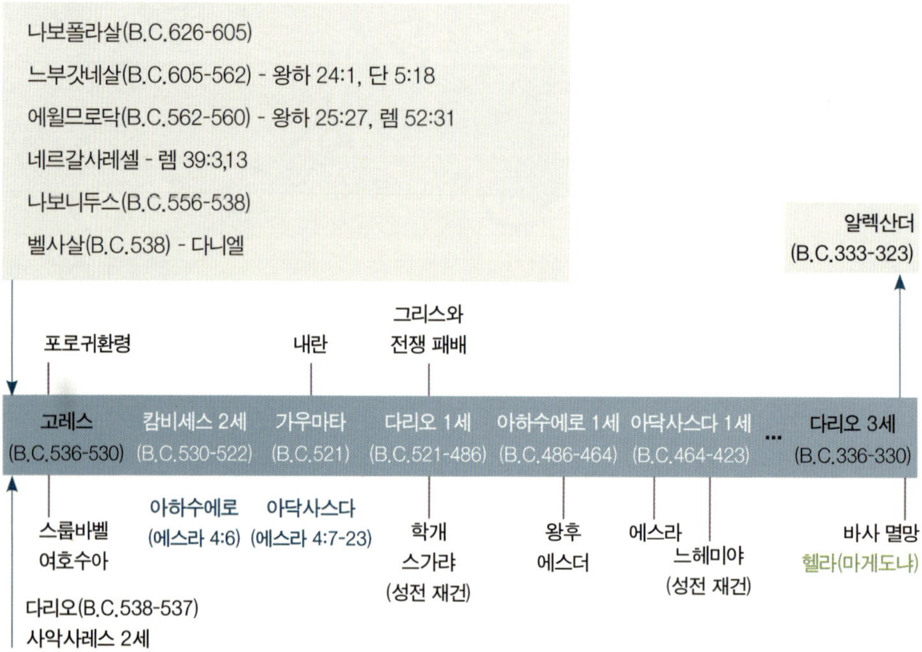

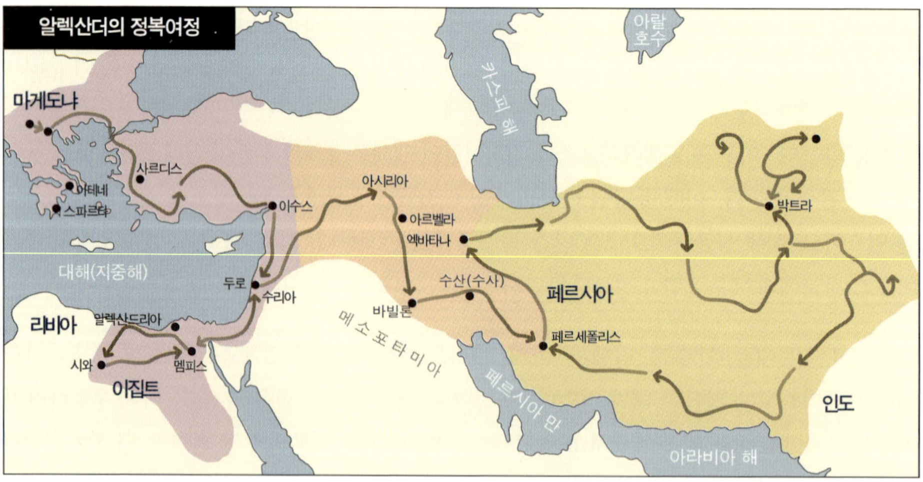

알렉산더

B.C.336년, 알렉산더는 20세 약관의 나이에 마게도냐의 왕으로 등극했다. 철학자 아리스토텔레스의 제자로서 일찍부터 학문, 문화, 철학에 눈을 뜬 그는 온 세상을 헬라화하려는 꿈을 가지고 대단한 열정으로 세계 정복의 길을 나섰다.

B.C.333년, 23세에 이수스 전투에서 바사를 정복한 뒤 베니게(페니키아), 두로, 이집트를 차례로 정복했다. 이 과정에서 팔레스타인도 그의 지배하에 들어갔다. 이후 그는 동방 정복의 길을 나서 인더스 강까지 이르렀다.
그러나 B.C.323년에 뜻하지 않게 열병에 걸려 33세에 죽었다. 그는 짧은 기간에 엄청난 영향을 세계에 끼쳤고, 당시 모든 세상을 헬라화하는 바탕을 만들었다. 정복지에 그리스인을 이주시키고 그리스인과 정복민의 집단 결혼을 통해 동서 융합에 힘썼다. 이때 그리스 문화와 동방 문화가 융합하여 새로운 헬레니즘 문화가 형성되었다.

알렉산더 이후의 팔레스타인

알렉산더의 죽음 이후 그의 부하였던 네 장군의 권력 다툼에 의해서 나라는 넷으로 나뉘었다.

- 셀레우코스 왕조 - 수리아 / 메소포타미아 : 후에 리시마코스 왕조를 흡수 통합함. B.C.64년 로마에 멸망
- 프톨레마이오스 왕조 - 팔레스타인 / 이집트 : B.C.30년 로마에 멸망
- 리시마코스 왕조 - 트라키아 / 비두니아 (:오늘날 발칸 반도와 터키, 유럽 지역)
- 카산드로스 왕조 - 마게도냐 / 헬라 : 후에 안티오코스 왕조로 바뀜. B.C.146년 로마에 멸망

우리가 주목하는 왕조는 팔레스타인을 중간에 두고 서로 대치한 셀레우코스 왕조와 프톨레마이오스 왕조다.

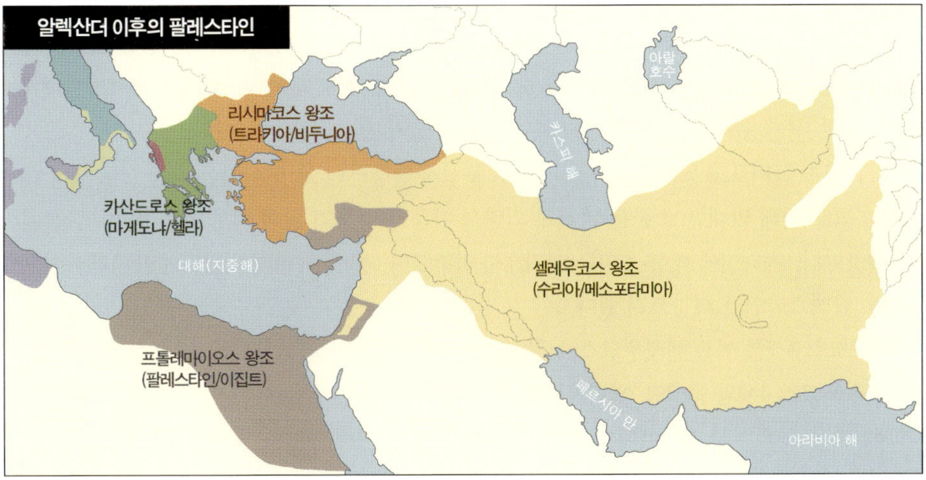

알렉산더 이후의 팔레스타인

프톨레마이오스 왕조

알렉산더가 죽은 뒤 네 명의 장군이 권력 다툼을 벌였다. 결국 프톨레마이오스와 셀레우코스가 가장 큰 권력을 가졌다. 프톨레마이오스 왕조는 이집트 지역을, 셀레우코스 왕조는 바벨론 지역을 다스렸다. 이 둘은 팔레스타인과 베니게를 서로 손에 넣고자 전쟁을 벌였고, 마침내 프톨레마이오스가 차지했다.

- 팔레스타인은 B.C.301년에 프톨레마이오스로 넘어갔다가 B.C.198년에 다시 셀레우코스로 넘어가기까지 100년간 '헬라인이 다스리는 이집트의 속국'이 되어 비교적 평온하게 지냈다.
- 프톨레마이오스 왕조는 유대 공동체에 많은 영향을 끼쳤다.
- B.C.3세기 경에 프톨레마이오스 2세의 명령에 따라 히브리어로 된 구약성경을 당시의 세계언어인 헬라어로 번역했다. 70명의 히브리 학자들이 동원되어 번역해서 '70인역'이라고 불린다.
- 이것은 신약 시대에 온 땅에 복음이 전파되도록 예비하는 역할을 했다.

프톨레마이오스는 알렉산더를 기념하여 알렉산드리아 도시를 만들어 수도로 삼았다. 알렉산드리아는 이집트 북부 지중해 연안의 도시이다. 예수님 당시 이미 이곳에 약 100만 명의 디아스포라가 살았다. 유명한 성경교사인 아볼로도 이 지역 출신이다.

셀레우코스 왕조

셀레우코스 왕조의 왕들은 프톨레마이오스 왕조가 팔레스타인 땅을 그들에게서 훔쳐 갔다고 여겨왔다. 그래서 그것을 빼앗으려는 시도를 계속했다. 100년간이나 그들은 팔레스타인을 두고 서로 싸웠다.

B.C.198년에 셀레우코스 왕조의 안티오코스 3세가 드디어 프톨레마이오스 왕조의 이집트 군대를 격파하여 팔레스타인에서 몰아냈다. 이들은 '수리아 안디옥', '비시디아 안디옥' 등 '안디옥'이라는 이름의 도시를 16개나 건설했다.

안티오코스 3세도 처음에는 유대인들에게 호의를 가지고 통치했다. 포로 석방령을 내리고 세금도 감면해주었다. 율법을 따라 그들의 하나님을 섬길 수 있도록 했다. 유대교 제사장들에게는 세금 면제, 성전 수리비 보조, 유대교 지원을 위한 국가 보조금을 지급했다.

B.C.191년, 안티오코스 3세는 빠른 속도로 무섭게 성장하던 로마와 잦은 격전 끝에 결국 대패했다. 그로 인해 막대한 조공을 바치게 되면서 이를 충당하기 위해 예루살렘 성전의 금붙이까지 빼앗았다. 유대인에 대한 호의는 여기에서 멈추었다. 뿐만 아니라 이집트의 프톨레마이오스 6세도 팔레스타인을 빼앗으려 했다.

안티오코스 3세를 이은 셀레우코스 4세는 왕이 된 지 얼마 안 되어 한 장군에게 살해당했다. 그 후 셀레우코스 4세의 동생인 **'에피파네스'**라 불리는 안티오코스 4세가 형의 뒤를 이었다. 그는 유대인들을 잔혹하게 핍박했다. 이때부터 유대는 큰 곤경에 처했다. 그에 대하여 다니엘 11장에 미리 예언되었다.

안티오코스 4세는 우선 내정의 안정화를 위해 자신을 '에피파네스' 즉 '신의 현현', '제우스'라고 자칭하며 신격화했다. 그러나 유대인들은 그를 '에피마네스'(미친놈)라 고쳐 불렀다.
안티오코스 4세(에피파네스)는 유대인들이 유대 종교와 그들의 정체성을 버리고 헬라 문화와 섞이기를 강요했다.

에피파네스의 팔레스타인 통치

- 유대인 특혜를 철폐하고 안식일, 절기, 할례 등 유대교 관습을 금지했다.
- 율법의 사본을 파괴하라고 명령했다.
- 도처에 이교도 제단을 세웠다.
- 예루살렘 성전에 제우스 신상을 세웠다.
- 부정한 짐승으로 규정된 돼지를 제물로 바쳤다.
- 유대의 제사장 600명을 잔혹하게 죽였다.
- 많은 유대인들을 노예로 팔았다.

히브리즘	헬레니즘
하나님 중심적 사고	인간 중심적 사고
관계 중심적 사고	개체 중심적 사고
느낌 중심의 사고	논리 중심의 사고
의미 중심의 사고	사실 중심의 사고

2. 마카비 혁명

마카비 운동

- 유대인들은 이런 안티오코스 4세의 핍박에 대항해 무장하고 궐기했다. 제사장 가문의 맛다디아는 그의 아들들(요한, 시몬, 유다, 엘르아살, 요나단)과 함께 투쟁했다.
- '마카비'란 맛다디아의 셋째 아들 유다의 별명으로 '쇠망치'라는 뜻이다. 유다 마카비와 그의 형제들이 혁명을 주도하면서 셀레우코스 왕조의 인물들을 감금했다.
- 결국 B.C.166년, 안티오코스 4세에게서 독립했다. 유다 왕국이 바벨론에게 정복당한 이후 420년 만이었다. 이후 100년간 독립을 유지했다.
- 독립 다음 해인 B.C.165년, 예루살렘 성전을 깨끗하게 했다. '수전절'(히, 하누카)은 이를 기념하는 명절이다.

마카비 시대의 유대교 부흥

마카비 시대는 유대교가 제도적으로 다져지는 유대교 부흥의 시대이다.

- 성전을 정결하게 하여 성전 중심의 삶을 회복했다.
- 율법 중심 - '토라'를 연구하고 가르치는 일을 했다. 따라서 안식일, 할례, 정결의식, 십일조, 성전과 제사규례 등을 강조했다.
- '이스라엘'이라는 말을 재정의했다. 즉 율법을 중심으로 결속된 유다의 남은 자들의 나라이다. 그러므로 율법에 나타나는 제사 행위가 중요한 요소가 되었다.

마카비 혁명을 주도한 맛다디아 가문은 레위 지파 혈통이었다.

- 이들을 하스모니안 왕조라 한다. 이들은 왕이요, 대제사장의 역할을 하는 유대 공동체의 정신적 수장이었다.
- 이는 장차 '누가 대제사장이냐?'가 곧 '누가 권력자냐?'로 대치되는 역사로 흘러갔다.
- 훗날 예수님 당시에 예루살렘 성전에서 장사하던 이들도 바로 대제사장 부류였다.

하스모니안 왕조 : B.C.166-63

마카비 혁명으로 독립한 후 마카비의 후계자들이 유대인들을 다스렸다. 이것이 다윗 왕조와는 또 다른 유대의 '하스모니안 왕조'의 시작이다.

4대에 이르러서는 예루살렘 동남쪽 이두매(에돔)까지 정복했다. 그리고 이 지역을 다스리기 위해 안티파스(B.C.78년 사망)를 총독으로 두었다. 이는 치명적 실수였다.

하스모니안 왕조는 점차 부패했다. 이때에 하스모니안 왕조에 의해 강제적으로 유대교로 개종한 '이두매 가문'(에돔 족속) 출신의 총독 안티파스가 혼란을 틈타 로마의 폼페이우스 장군과 협정을 체결하여 유대를 로마의 '속국'이 되게 했다. B.C.63년, 유대의 하스모니안 왕조가 끝나고 로마의 지배하에 들어갔다.

이어지는 제국의 역사

다니엘 11장을 통해 본 메대/바사와 헬라의 역사

말라기 이후 세례 요한까지의 역사는 성경에 기록되어 있지 않다. 그러나 하나님은 다니엘 11장을 통해 중간기의 역사를 미리 기록하게 하셨다. 하나님은 이것을 "메대 사람 다리오 원년"(단 11:1)에 말씀하셨다. 즉 바벨론 제국이 멸망한 직후에 다니엘에게 보이신 말씀이다.

"그날 밤에 갈대아 왕 벨사살이 죽임을 당하였고 메대 사람 다리오가 나라를 얻었는데 그때에 다리오는 62세였더라"(단 5:30,31).

> 이제 내가 참된 것을 네게 보이리라. 보라, 바사에서 또 **세 왕들이 일어날** 것이요, 그 후의 **넷째는** 그들보다 심히 부요할 것이며 그가 그 부요함으로 강하여진 후에는 모든 사람을 충동하여 헬라 왕국을 칠 것이며 단 11:2

"세 왕"은 초대 왕 고레스 이후에 등장하는 캄비세스(Cambyses, B.C.530-522), 스메르디스(Smerdis, B.C.521), 다리오 I 히스타스페스(Darius I Hystaspes, B.C.521-486)를 가리킨다. "그 후의 넷째"는 위에 언급된 "세 왕"에 이어 등장할 넷째 왕이다. 이 사람은 에스더의 남편으로 에스더서에서 '아하수에로'(Ahasuerus)로 언급된 크세르크세스(Xerxes, B.C.486-464)이다.

그는 즉위 후 부왕 다리오 히스타스페스가 실패한 헬라 정복 사업을 물려받아 막강한 경제적, 군사적 힘을 바탕으로 마게도냐를 침공했다. 그의 정복 사역은 초기에는 성공하는 듯 보였으나 살라미스(Salamis) 전투에서 그리스 연합군의 장군 테미스토클레스에게 결정적인 패배를 당하고 만다. 그 후 플라타이아이(Plataeae) 전투를 끝으로 바사(페르시아) 제국은 멸망하게 된다.

장차 한 능력 있는 왕이 일어나서 큰 권세로 다스리며 자기 마음대로 행하리라. 그러나 그가 강성할 때에 그의 나라가 갈라져 천하 사방에 나누일 것이나, 그의 자손에게로 돌아가지도 아니할 것이요 또 자기가 주장하던 권세대로도 되지 아니하리니, 이는 그 나라가 뽑혀서 그 외의 다른 사람들에게로 돌아갈 것임이라 단 11:3,4

"장차 한 능력 있는 왕이 일어나서"는 알렉산더를 가리킨다. 그는 강력했으며 매우 빠른 속도로 페르시아 제국을 점령했다. 이 말씀은 그의 급작스러운 죽음으로 나라가 갈라지게 되지만, 그의 자손에게로 돌아가지는 않을 것이라는 예언이다.

실제로 알렉산더와 페르시아의 공주 록사나(Roxana) 사이에서 태어난 알렉산더 4세는 카산드로스에 의해 살해되었으며, 알렉산더의 이복 형제로 정신 이상자였던 필립 아르히데우스(Philip Arrhidaeus) 역시 암살되었기 때문에 알렉산더의 혈통은 전혀 남지 않게 된다.

결국 헬라 제국은 알렉산더의 부하였던 네 명의 장수들에 의해 나뉘면서 정확하게 이 예언이 성취된다.

남방의 왕은 강할 것이나 그 군주들 중 하나는 그보다 강하여 권세를 떨치리니 그의 권세가 심히 클 것이요 단 11:5

"남방의 왕"은 이집트 지역을 통치하던 프톨레마이오스 1세(Ptolemy I)를 가리키며, '그가 강하다'는 것은 프톨레마이오스 왕조가 B.C.3세기 내내 팔레스타인에 대한 치리권을 가졌던 사실에서 알 수 있다. 또한 "그 군주들 중 하나"는 분열된 네 왕조 중의 하나를 지칭하는 것으로, 여기서는 시리아 왕국의 초대 왕인 셀레우코스 1세 니카토르(Seleucus I Nicator)를 가리킨다.

"그의 권세가 심히 클 것"이라는 말은 본래 프톨레마이오스 왕조보다 미약한 세력으로 출발한 셀레우코스가 이후 지속적인 정복 사역으로 B.C.200년경 프톨레마이오스 왕조의 통치하에 있던 팔레스타인을 정복하고 인도에까지 이르는 광대한 지역을 통치하는 막강한 세력으로 군림하면서 성취된다.

몇 해 후에 그들이 서로 단합하리니 곧 남방 왕의 딸이 북방 왕에게 가서 화친하리라. 그러나 그 공주의 힘이 쇠하고 그 왕은 서지도 못하며 권세가 없어질 뿐 아니라 그 공주와 그를 데리고 온 자와 그를 낳은 자와 그때에 도와주던 자가 다 버림을 당하리라 단 11:6

셀레우코스 왕조와 프톨레마이오스 왕조가 서로 동맹을 맺기 위해 정략 결혼을 시도하지만 결국 실패할 것임을 예언한 말씀이다.

B.C.250년경 **프톨레마이오스 2세인 필라델포스**(Philadelphus)가 그의 딸 베레니케(Berenice, "남방 왕의 딸")를 셀레우코스 왕조의 **안티오코스 2세 테오스**(Theos, "북방 왕")와 결혼시켰다. 그러나 테오스의 전처인 라오디케(Laodice)가 베레니케와 그녀의 아이를 살해하고 안티오코스 2세마저 독살시킴으로써 이 정략 결혼이 실패로 돌아갔다. 이후 실권을 장악한 라오디케가 베레니케의 동조자들("그를 데리고 온 자… 도와주던 자")을 제거하고 자신의 아들을 왕으로 세운다. 그가 셀레우코스 2세 칼리니코스(Seleucus II Callinicus)이다.

그러나 그 공주의 본 족속에게서 난 자 중의 한 사람이 왕위를 이어 권세를 받아 북방 왕의 군대를 치러 와서 그의 성에 들어가서 그들을 쳐서 이기고 그 신들과 부어 만든 우상들과 은과 금의 아름다운 그릇들은 다 노략하여 애굽으로 가져갈 것이요 몇 해 동안은 그가 북방 왕을 치지 아니하리라 단 11:7,8

라오디케가 벌인 피바람으로 인해 복수가 복수를 낳는 악순환이 시작될 것을 예언하는 말씀이다. 프톨레마이오스 2세 필라델포스의 뒤를 이어 왕위에 오른 **프톨레마이오스 3세 에우에르게테스**(Euergetes, "공주의 본 족속에게서 난 자 중의 한 사람")가 B.C. 246년 누이 베레니케의 복수를 위해 북방 왕조 곧 수리아의 **셀레우코스 칼리니코스**를 공격하여 6년간(B.C. 246-241) 전쟁을 수행했다.

이 전쟁에서 그는 자기 누이를 살해한 라오디케를 죽여 누이의 원수를 갚고 수많은 전리품, 곧 4,000달란트의 금과 2,500여 개의 우상들을 이집트로 탈취해 갔다. 이 전리품은 페르시아의 캄비세스가 B.C. 524년 애굽에서 탈취해 갔던 것들이었을 것이다. 그 후 B.C. 240년 프톨레마이오스 3세는 셀레우코스 2세와 평화 조약을 체결한다.

북방 왕이 남방 왕의 왕국으로 쳐들어갈 것이나 자기 본국으로 물러가리라 단 11:9

북방 곧 수리아의 셀레우코스 2세 칼리니코스가 프톨레마이오스 3세 에우에르게테스의 수리아 침공을 보복하기 위해 평화 조약을 파기하고 남방의 이집트를 침공할 것을 예언하고 있다. 예언대로 셀레우코스 2세는 오히려 프톨레마이오스 3세에게 대패한 후 소수의 남은 군대를 이끌고 본국으로 퇴각했다.

안티오코스 3세에 대한 에언들

그러나 그의 아들들이 전쟁을 준비하고 심히 많은 군대를 모아서 물이 넘침같이 나아올 것이며 그가 또 와서 남방 왕의 견고한 성까지 칠 것이요 남방 왕은 크게 노하여 나와서 북방 왕과 싸울 것이라. 북방 왕이 큰 무리를 일으킬 것이나 그 무리는 그의 손에 넘겨준 바 되리라. 그가 큰 무리를 사로잡은 후에 그의 마음이 스스로 높아져서 수만 명을 엎드러뜨릴 것이나 그 세력은 더하지 못할 것이요 단 11:10-12

여기서 "그의 아들들"은 셀레우코스 2세의 두 아들 셀레우코스 3세 소테르와 안티오코스 3세 대왕을 가리킨다. 먼저 **셀레우코스 3세**가 B.C. 227년 왕위에 올랐으나 소아시아 전쟁에서 군대의 반란으로 살해되고(B.C. 223), 그의 동생인 **안티오코스 3세**가 왕위를 계승했다.

이 예언은 안티오코스 3세가 즉위한 뒤 페니키아와 팔레스타인(B.C. 219-218) 원정에 나선 사실을 말하는 것이다. 11절은 그 원정 이후의 결과를 말해준다. 곧 안티오코스 3세의 팔레스타인 원정은 남방 왕 프톨레마이오스 4세 필로파토르(Philopator)의 반격에 막혀 결국 라피아(Raphia) 전투의 패배로 말미암아 실패했다.

한편 프톨레마이오스 4세는 그 승리의 교만으로("그의 마음이 스스로 높아져서") 대제사장 외에는 들어갈 수 없는 예루살렘 성전의 지성소에 들어감으로써 하나님의 징계를 받아 원인 모를 죽음을 당했다(B.C. 203).

북방 왕은 돌아가서 다시 군대를 전보다 더 많이 준비하였다가 몇 때 곧 몇 해 후에 대군과 많은 물건을 거느리고 오리라 단 11:13

라피아 전투에서 **프톨레마이오스 4세**에게 패한 **안티오코스 3세**는 이후 페르시아와 아시아로 원정을 떠났다. 그는 북으로는 카스피 해, 동으로는 인더스 강에 이르는 영토를 확보함으로(B.C. 212-204) 다시 국력을 배가시키고, 이집트의 내정 불안(14절)을 기회로 프톨레마이오스 왕조를 공격했다. 정말 놀랍도록 정확한 예언이 아닐 수 없다.

그때에 여러 사람이 일어나서 남방 왕을 칠 것이요, 네 백성 중에서도 포악한 자가 스스로 높아져서 환상을 이루려 할 것이나, 그들이 도리어 걸려 넘어지리라. 이에 북방 왕은 와서 토성을 쌓고 견고한 성읍을 점령할 것이요, 남방 군대는 그를 당할 수 없으며, 또 그가 택한 군대라도 그를 당할 힘이 없을 것이므로 오직 와서 치는 자가 자기 마음대로 행하리니 그를 당할 사람이 없겠고 그는 영화로운 땅에 설 것이요 그의 손에는 멸망이 있으리라 단 11:14-16

프톨레마이오스 4세의 죽음으로 4세의 어린 나이에 **프톨레마이오스 5세 에피파네스**가 즉위했다(B.C. 203). 이는 프톨레마이오스 왕조 내부에 심각한 동요를 일으켰다. 이 말씀은 프톨레마이오스 왕조에 속한 여러 지역에서 반란이 일어날 것과 안티오코스의 이집트 침략을 예언했다. "그들이 도리어 걸려 넘어지리라"에서의 "그들"은 안티오코스 3세의 이집트 침략 정책에 동조하여 팔레스타인의 독립을 성취하려 한 친셀레우코스파 유대인들을 가리킨다. 그들의 이런 시도는 프톨레마이오스 왕조의 스코파스(Scopas) 장군에 의해 무위로 돌아갔다.

15,16절은 안티오코스 3세가 마게도냐의 필리포스 5세와 동맹을 맺고 프톨레마이오스 왕조를 공략하여 팔레스타인("영화로운 땅")을 점령한 사실을 가리킨다. 안티오코스의 군대는 파니움 전투에서 이집트의 스코파스 휘하 군대를 격파했으며(B.C. 200), 이집트 군대는 페니키아 해변의 시돈("견고한 성읍")까지 퇴각했다. 이후 시돈마저 함락되고 B.C. 198년 팔레스타인은 안티오코스 3세의 수중에 들어갔다.

그가 결심하고 전국의 힘을 다하여 이르렀다가 그와 화친할 것이요, 또 여자의 딸을 그에게 주어 그의 나라를 망하게 하려 할 것이나 이루지 못하리니 그에게 무익하리라 단 11:17

팔레스타인을 정복한 안티오코스 3세가 이집트 침략 정책을 변경하고 정략적으로 이집트와 평화 조약을 맺을 것(B.C. 197)을 예언한 말씀이다. 안티오코스 3세는 자신의 딸인 클레오파트라(Cleopatra)를 프톨레마이오스 5세의 왕비로 주어(B.C. 195) 프톨레마이오스 왕조에 대한 자신의 영향력을 강화하려 했으나("그의 나라를 망하게 하려 할 것이나"), 오히려 클레오파트라가 남편 프톨레마이오스 5세와 결탁하여 로마와 동맹을 맺게 함으로써 안티오코스 3세는 치명적인 타격을 입었다. 무익하게 된 것이다.

그 후에 그가 그의 얼굴을 바닷가로 돌려 많이 점령할 것이나 한 장군이 나타나 그의 정복을 그치게 하고 그 수치를 그에게로 돌릴 것이므로 단 11:18

안티오코스 3세는 지중해 연안 국가들을 침략하려 했다. 그러나 로마의 장군 루키우스 스키피오가 나타나 B.C.190년 마그네시아 전투에서 승리하면서 그는 재기 불능의 패배를 맛보았다.

그가 드디어 그 얼굴을 돌려 자기 땅 산성들로 향할 것이나 거쳐 넘어지고 다시는 보이지 아니하리라 단 11:19

이 패배로 안티오코스 3세는 본국으로 귀환할 수밖에 없었다("그 얼굴을 돌려 자기 땅 산성들로 향할 것이나"). 안티오코스 3세는 바닥난 재정을 메꾸기 위해 엘리마이스의 한 사원을 약탈하려 했으나 실패하고("거쳐 넘어지고") 거기서 죽음을 맞이한다(B.C.187).

셀레우코스 4세 필로파토르에 대한 예언

그 왕위를 이을 자가 압제자를 그 나라의 아름다운 곳으로 두루 다니게 할 것이나 그는 분노함이나 싸움이 없이 몇 날이 못 되어 망할 것이요 단 11:20

"압제자"라는 단어 '노게쉬'는 '강제로 세금을 걷다'라는 동사 '나가스'(nagas)의 명사형으로 '세금 징수자'라는 뜻이다. 패배한 부왕의 전쟁 배상금을 물어야 했던 **셀레우코스 4세 필로파토르**는 강제적인 세금 징수를 목적으로 그의 부하인 헬리오도로스(Heliodorus)를 재무 장관으로 임명했다. 그는 셀레우코스 4세의 명을 받아 팔레스타인("아름다운 곳")을 비롯한 여러 지역을 순회하며 강제적으로 세금을 징수했다. 그러나 셀레우코스 4세는 자신이 임명한 헬리오도로스에게 독살당하여 10여 년의 통치를 마감한다("그는 분노함이나 싸움이 없이 몇 날이 못 되어 망할 것이요").

안티오코스 4세 에피파네스의 등장

또 그의 왕위를 이을 자는 한 비천한 사람이라. 나라의 영광을 그에게 주지 아니할 것이나, 그가 평안한 때를 타서 속임수로 그 나라를 얻을 것이며 단 11:21

"그의 왕위를 이을 자"는 필로파토르의 동생인 **안티오코스 4세 에피파네스**를 말한다. 필로파토르가 그의 부하 헬리오도로스에게 피살되자 안티오코스 에피파네스가 그 왕위를 차지하려 했고, 헬리오도로스는 군대를 거느리고 대항했지만 패배했다. 그렇게 왕위를 얻은 안티오코스 에피파네스는 자신의 권좌를 위해 비열한 일을 마다하지 않았다.

"비천한 사람이라." 여기서 "비천한"은 '비열한'이란 뜻을 가진다. 안티오코스 에피파네스의 즉위 과정을 보면 이 표현이 적절함을 알게 된다. 야비한 폭군인 그는 안티오코스 3세의 둘째 아들로서 부왕이 로마에 패배(B.C.190, 18절)하자 로마에 인질로 끌려가 14년을 보냈다. 이후 그의 형 셀레우코스 4세의 장자 데메트리오스를 대신 인질로 잡아두고 수리아로 귀환하던 중 형의 죽음을 전해 들은 그는, 형의 부하인 헬리오도로스를 제거하고 실질적인 왕위 계승자인 데메트리오스 대신 왕위에 오른다. 이후 그는 조카 대신 왕위에 오른 사실을 정당화하기 위해 악의적인 흉계와 권모술수를 사용한다. 그래서 그는 "비천한 사람"으로 표현되었다.

넘치는 물 같은 군대가 그에게 넘침으로 말미암아 패할 것이요, 동맹한 왕도 그렇게 될 것이며, 그와 약조한 후에 그는 거짓을 행하여 올라올 것이요 소수의 백성을 가지고 세력을 얻을 것이며 단 11:22,23

"넘치는 물 같은 군대"는 셀레우코스 4세를 독살하고 왕위를 넘본 헬리오도로스를 추종하던 무리를 가리킨다. 안티오코스 에피파네스는 이들과 동맹을 맺는 척하면서 "동맹한 왕"을 비열한 전략으로 배반하여 이들을 척살하고 권력을 차지했다.

그가 평안한 때에 그 지방의 가장 기름진 곳에 들어와서 그의 조상들과 조상들의 조상이 행하지 못하던 것을 행할 것이요, 그는 노략하고 탈취한 재물을 무리에게 흩어 주며 계략을 세워 얼마 동안 산성들을 칠 것인데 때가 이르기까지 그리하리라 단 11:24

안티오코스 에피파네스가 백성들의 환심을 사기 위해 노략한 재물을 나눠줄 것임이 예언되었다. 안티오코스 에피파네스는 그렇게 행했다.

안티오코스 4세 에피파네스의 1,2차 이집트 침공에 대해

그가 그의 힘을 떨치며 용기를 다하여 큰 군대를 거느리고 남방 왕을 칠 것이요, 남방 왕도 심히 크고 강한 군대를 거느리고 맞아 싸울 것이나 능히 당하지 못하리니 이는 그들이 계략을 세워 그를 침이니라. 그의 음식을 먹는 자들이 그를 멸하리니 그의 군대가 흩어질 것이요, 많은 사람이 엎드러져 죽으리라 단 11:25,26

에피파네스의 1차 이집트 침공을 예언한 말씀이다. 에피파네스는 자신의 누이 클레오파트라의 아들, 곧 조카인 **프톨레마이오스 6세 필로메토르**(Philometor, B.C.180-146)를 공격하여 그를 포로로 잡았다. 필로메토르는 에피파네스에 의해 매수된 측근들의 배신으로 패배했다("그들이 계략을 세워 그를 침이니라"). "그의 음식을 먹는 자들"은 필로메토르에게 가장 신임받던 측근들을 가리킨다. 안티오코스 에피파네스는 이렇게 비열한 배신의 방법을 잘 사용했다.

이 두 왕이 마음에 서로 해하고자 하여 한 밥상에 앉았을 때에 거짓말을 할 것이라. 일이 형통하지 못하리니 이는 아직 때가 이르지 아니하였으므로 그 일이 이루어지지 아니할 것임이니라 단 11:27

프톨레마이오스 6세가 포로로 잡혀간 후 이집트는 그의 동생 프톨레마이오스 8세 피스콘(Physcon, B.C.170-117)을 왕으로 옹립했다. 이런 배경 속에서 안티오코스 에피파네스는 이집트에 대한 영향력을 가중시키려는 의도에서 감금된 프톨레마이오스 6세와 강제적으로 평화 조약을 맺고, 이집트를 알렉산드리아를 중심한 프톨레마이오스 8세와 멤피스를 중심한 프톨레마이오스 6세의 왕국으로 분열시키려 했다.

그러나 그 내막에는 분열을 통한 세력 약화를 기회로 이집트에 대한 주도권을 쥐려는 에피파네스의 탐욕과 또한 복수의 때를 기다리는 프톨레마이오스 6세의 상반된 목적이 숨어있었다("두 왕이… 거짓말을 할 것이라").

결국 이 조약은 프톨레마이오스 6세와 프톨레마이오스 8세의 연합, 그리고 포필리우스 라에나스(Popilius Laenas) 장군이 이끄는 로마 군대의 간섭으로 파기되고 만다("형통하지 못하리니… 그 일이 이루어지지 아니할 것임이니라").

북방 왕은 많은 재물을 가지고 본국으로 돌아가리니 그는 마음으로 거룩한 언약을 거스르며 자기 마음대로 행하고 본토로 돌아갈 것이며 단 11:28

"거룩한 언약"은 안티오코스 에피파네스와 이스라엘 간에 맺은 평화 조약이 아니라, 하나님이 이스라엘의 궁극적인 왕이 되신다는 옛 언약에 기초한 유대의 신정 정치 제도를 가리키는 말이다. 1차 이집트 원정을 성공리에 마치고 돌아가던 안티오코스 에피파네스가 이스라엘을 침공해 자신의 통치권 내에 두려 한 사실을 의미한다.

안티오코스 에피파네스는 대제사장 야손 대신 자신이 지명한 메넬라우스를 대제사장에 임명하고 성전 기물을 탈취하며 예루살렘 성 안에 이방의 군대를 주둔시켰다.

작정된 기한에 그가 다시 나와서 남방에 이를 것이나 이번이 그 전번만 못하리니 이는 깃딤의 배들이 이르러 그를 칠 것임이라. 그가 낙심하고 돌아가면서 맺은 거룩한 언약에 분노하였고 자기 땅에 돌아가서는 맺은 거룩한 언약을 배반하는 자들을 살필 것이며 단 11:29,30

안티오코스 에피파네스의 2차 이집트 원정 예언이다. 그는 구브로(Cyprus)를 점령하고 알렉산드리아까지 진군했으나 결국 로마의 개입으로 퇴각했다. "깃딤"은 '마게도냐'를 가리키는 것으로, 로마를 의미한다.

안티오코스 4세 에피파네스의 유대교 박해

군대는 그의 편에 서서 성소 곧 견고한 곳을 더럽히며 매일 드리는 제사를 폐하며 멸망하게 하는 가증한 것을 세울 것이며 단 11:31

안티오코스 에피파네스의 군대가 지성소를 함부로 출입하는 만행을 저지를 것이 예언되었다.

그가 또 언약을 배반하고 악행하는 자를 속임수로 타락시킬 것이나 오직 자기의 하나님을 아는 백성은 강하여 용맹을 떨치리라 단 11:32

"언약을 배반하고 악행하는 자"와 "하나님을 아는 백성"은 극단적인 대조를 이룬다.

"언약을 배반하고 악행하는 자"는 안티오코스 에피파네스의 편에 빌붙어 자신의 영달을 위해 타락하는 자들이다. "하나님을 아는 백성"은 여호와 하나님을 향한 믿음을 지키고 율법을 준수하는 일에 순교적인 자세를 견지했던 '하시딤'(Hasidim)의 용기와 믿음을 의미한다.

백성 중에 지혜로운 자들이 많은 사람을 가르칠 것이나 그들이 칼날과 불꽃과 사로잡힘과 약탈을 당하여 여러 날 동안 몰락하리라 단 11:33

"지혜로운 자"는 교육적 측면에서의 지혜가 아니라 '신앙적 통찰력과 총명을 가진 자'란 의미로서 신실하고 경건한 신앙인을 지칭한다. 이들은 에피파네스의 만행에 맞서 조직적인 저항 운동을 전개했다. 그러나 그런 시도가 초기에는 에피파네스의 잔혹한 핍박 때문에 심각한 난관에 봉착하게 될 것을 예언하고 있다("여러 날 동안 몰락하리라").

그들이 몰락할 때에 도움을 조금 얻을 것이나 많은 사람들이 속임수로 그들과 결합할 것이며 단 11:34

여기서의 "도움"은 하시딤의 저항 운동이 극심한 박해로 잦아들 무렵 유다 마카비 가문에 의해 실행된 마카비 혁명을 가리킨다. 그러나 이 혁명에 동참한 많은 유대인들이 순수한 신앙적, 민족적 동기가 아닌 군대의 강권에 눌려 동참한 경우가 많았기에 "속임수로 그들과 결합"하게 될 것임을 예언하고 있다. 그렇기 때문에 마카비 가문의 힘이 약해지자 그들은 쉽게 배반하고 말았다.

또 그들 중 지혜로운 자 몇 사람이 몰락하여 무리 중에서 연단을 받아 정결하게 되며 희게 되어 마지막 때까지 이르게 하리니 이는 아직 정한 기한이 남았음이라 단 11:35

"지혜로운 자 몇 사람"은 안티오코스 4세 에피파네스 군대와의 전투에서 전사한 마카비의 군사들과 여호와의 신앙을 지키다가 순교한 유대인들을 가리킨다.
"마지막 때까지… 정한 기한이 남았음이라"는 말씀은, 일차적으로는 요나단에 의해 안티오코스 에피파네스의 군대가 쫓겨날 것과 요한 힐카누스(John Hyrcanus)에 의해 강력한 독립 정부인 하스모니안 왕조가 태동될 것을 가리킨다. 이차적으로는 상징적이고 종말론적인 의미에서 성도들이 안티오코스 에피파네스로 예표된 바 있는 적그리스도의 핍박에서 해방될 마지막 때를 의미한다. 고난의 때는 영원한 것이 아니라 한정적이 되고 제한적이다. 역사의 주이신 하나님이 다스리시기에 그렇다.

안티오코스 4세 에피파네스의 극악한 교만

그 왕은 자기 마음대로 행하며 스스로 높여 모든 신보다 크다 하며 비상한 말로 신들의 신을 대적하며 형통하기를 분노하심이 그칠 때까지 하리니 이는 그 작정된 일을 반드시 이루실 것임이라 단 11:36

안티오코스 4세 에피파네스가 얼마나 교만한 존재일지에 대해서 예언하고 있다.
"비상한 말"은 원어상으로 "알 수도 없고 헤아리기도 어려운 일"(욥 42:3), "놀라운 것"(시 119:18)이란 뜻을 가진다. 안티오코스 에피파네스의 교만하기 그지없는 신성모독적인 말을 가리킨다. 안티오코스 에피파네스는 동전에 자기 얼굴을 새겨놓고 자신을 제우스라고 칭했다. 그는 현인신(現人神, 곧 인간이 된 신)으로 자처했다. 이는 안티오코스 에피파네스가 장차 도래할 적그리스도를 상징하는 것으로 이해할 수 있다.

그가 모든 것보다 스스로 크다 하고 그의 조상들의 신들과 여자들이 흠모하는 것을 돌아보지 아니하며 어떤 신도 돌아보지 아니하고 그 대신에 강한 신을 공경할 것이요 또 그의 조상들이 알지 못하던 신에게 금 은 보석과 보물을 드려 공경할 것이며 단 11:37,38

안티오코스 에피파네스는 조국에서 섬기던 담무스나 아도니스를 돌아보지 않았으며, 로마의 인질 생활 가운데 만났던 전쟁의 신 마르스나 주피터를 숭배했던 것으로 여겨진다.

그는 이방신을 힘입어 크게 견고한 산성들을 점령할 것이요 무릇 그를 안다 하는 자에게는 영광을 더하여 여러 백성을 다스리게도 하며 그에게서 뇌물을 받고 땅을 나눠주기도 하리라 단 11:39

안티오코스 에피파네스가 전쟁으로 많은 곳을 점령하게 될 것이 예언되고 있다. 그가 점령지의 피정복민 중에서 자신을 인정하고 동조하는 자들에게 명예와 권력과 물질적 보상을 상급으로 수여할 것임도 예언되고 있다. 이 예언은 그대로 이루어졌다.

안티오코스 4세 에피파네스의 종말

> 마지막 때에 남방 왕이 그와 힘을 겨룰 것이나 북방 왕이 병거와 마병과 많은 배로 회오리바람처럼 그에게로 마주 와서 그 여러 나라에 침공하여 물이 넘침같이 지나갈 것이요 단 11:40

"마지막 때"는 안티오코스 에피파네스의 최후를 의미한다. 이것은 이집트가 다시 힘을 모아 안티오코스 에피파네스에 대항하는 사건을 말한다.

> 그가 또 영화로운 땅에 들어갈 것이요 많은 나라를 패망하게 할 것이나 오직 에돔과 모압과 암몬 자손의 지도자들은 그의 손에서 벗어나리라 단 11:41

"영화로운 땅"은 이스라엘 땅을 말한다. 예루살렘이 다시 전쟁의 와중에 휘말리게 될 것을 예언하고 있다. 에돔과 모압과 암몬은 안티오코스 에피파네스의 헬라화 정책에 순응했다. 그로 인해서 안티오코스 에피파네스의 파괴적인 정복으로부터 벗어나게 된다.

> 그가 여러 나라들에 그의 손을 펴리니 애굽 땅도 면하지 못할 것이니 그가 권세로 애굽의 금 은과 모든 보물을 차지할 것이요 리비아 사람과 구스 사람이 그의 시종이 되리라 단 11:42,43

"리비아"는 이집트의 서쪽, "구스"는 이집트의 남쪽에 있는 이집트 동맹국들이다.
안티오코스 에피파네스가 이집트뿐만이 아니라 친이집트 정책을 표방하는 나라들까지 이때의 원정에서 쓸어버릴 것임을 예언하고 있다. 이 모든 예언은 그대로 성취되었다.

> 그러나 동북에서부터 소문이 이르러 그를 번민하게 하므로 그가 분노하여 나가서 많은 무리를 다 죽이며 멸망시키고자 할 것이요 단 11:44

안티오코스 에피파네스가 이집트 원정을 성공한 뒤에 그의 본국 수리아의 동북쪽에 있는 파르티아와 아르메니아의 반란 소식을 접하고 이를 진압하기 위해 귀환할 것임을 예언하고 있다.

> 그가 장막 궁전을 바다와 영화롭고 거룩한 산 사이에 세울 것이나 그의 종말이 이르리니 도와줄 자가 없으리라 단 11:45

"장막 궁전"은 안티오코스 에피파네스가 정복 전쟁을 위해 이동할 때 사용한 텐트이다. 일반적인 것이 아니라 궁전이라 불리울 만큼 그 규모나 크기가 컸다. 그러나 안티오코스 에피파네스에게 종말이 이르렀을 때, 그를 도와줄 사람이 없었다. 이는 하나님의 심판을 받아서 죽게 될 그의 최후를 말한다. 실제로 안티오코스 에피파네스는 마카비 군대에 패배한 것과 엘리마이스 사원 약탈 실패 등으로 절망과 낙심 가운데 있다가 벌레에게 내장을 먹혀 죽는다.

3. 로마 제국

'로마는 하루 아침에 이루어지지 않았다.'

로마 제국은 이탈리아 반도의 중간쯤에서 B.C.8세기 경에 작은 도시 국가로 시작했다. B.C.270년 경에는 이탈리아 반도를 통일했다. 이처럼 오랜 시간에 걸쳐서 형성된 국가였다.

스파르타쿠스(:검노)

로마 제국은 노예들을 검투사로 만들어 즐겼다. 검노인 스파르타쿠스가 주도한 검투사들의 반란이 일어났는데 그 세력이 무려 10만 명에 이르렀다. 이 배경을 중심으로 영화 〈글래디에이터〉가 만들어졌다. 반란은 원로원이 임명한 폼페이우스, 크라수스에 의해 진압되었다.

삼두정치

초기의 로마 정치 형태는 공화정 체제였다. 원로원은 로마 정치의 핵심기관이었다. 그런데 갈수록 원로원이 부패하고 무능해졌다. 이에 세 명의 정계 유력자 폼페이우스, 크라수스, 카이사르(줄리우스 시저)가 결탁하여 원로원을 누르고 정권을 독점했다(B.C.59). 이로써 로마는 공화정에서 제정으로 넘어가는 과도기를 맞이했다. 이것을 삼두정치라고 부른다.

이들은 서로의 지배 영역을 정하고 영토 확장에 나섰다. 카이사르는 갈리아(프랑스, 이탈리아 북부 지역)를 정복했다. 폼페이우스는 동방, 특히 터키와 수리아 지역을 정복했고 팔레스타인도 정복했다. 안티파스는 폼페이우스와 손을 잡고 예루살렘 정복을 도왔고, 이에 저항하던 수많은 유대인을 죽였다. 요세푸스의 기록에 의하면 1만2천 명의 유대인이 죽었다고 한다. 이로써 마카비 왕조가 끝나고 유대는 로마의 지배 아래에 들어가게 되었다.

폼페이우스와 카이사르의 패권 다툼

이후 폼페이우스와 카이사르의 패권 다툼이 시작됐고 결국 카이사르가 이집트에서 폼페이우스를 물리친다. 카이사르는 이때 이집트 프톨레마이오스 왕조의 여왕이 되는 클레오파트라를 만난다. 카이사르는 이후에 북아프리카와 스페인도 정복하여 결국 로마의 통일천하를 이루었다. 그러나 브루투스에 의해 살해당했기에 천하를 통일하고도 황제라 칭함을 받지 못했다.

아우구스투스 황제

이후 카이사르의 양아들인 옥타비아누스와 카이사르의 부하였던 안토니우스의 세력 다툼이 이어졌다. 동부 지역(수리아, 터키 등)을 장악하고 있던 안토니우스는 클레오파트라와 사랑에 빠졌다. 그는 결혼 선물로 클레오파트라에게 프랑스를 주었다.

옥타비아누스는 악티움에서 클레오파트라와 안토니우스 연합군과 해전(악티움 해전)을 벌여 승리했다. 결국 로마 최초의 황제가 되어 '아우구스투스'라 불렸다(눅 2:1).

* '가이사'는 '로마 황제'를 가리키는 칭호이다.

로마 제국의 최대 영토

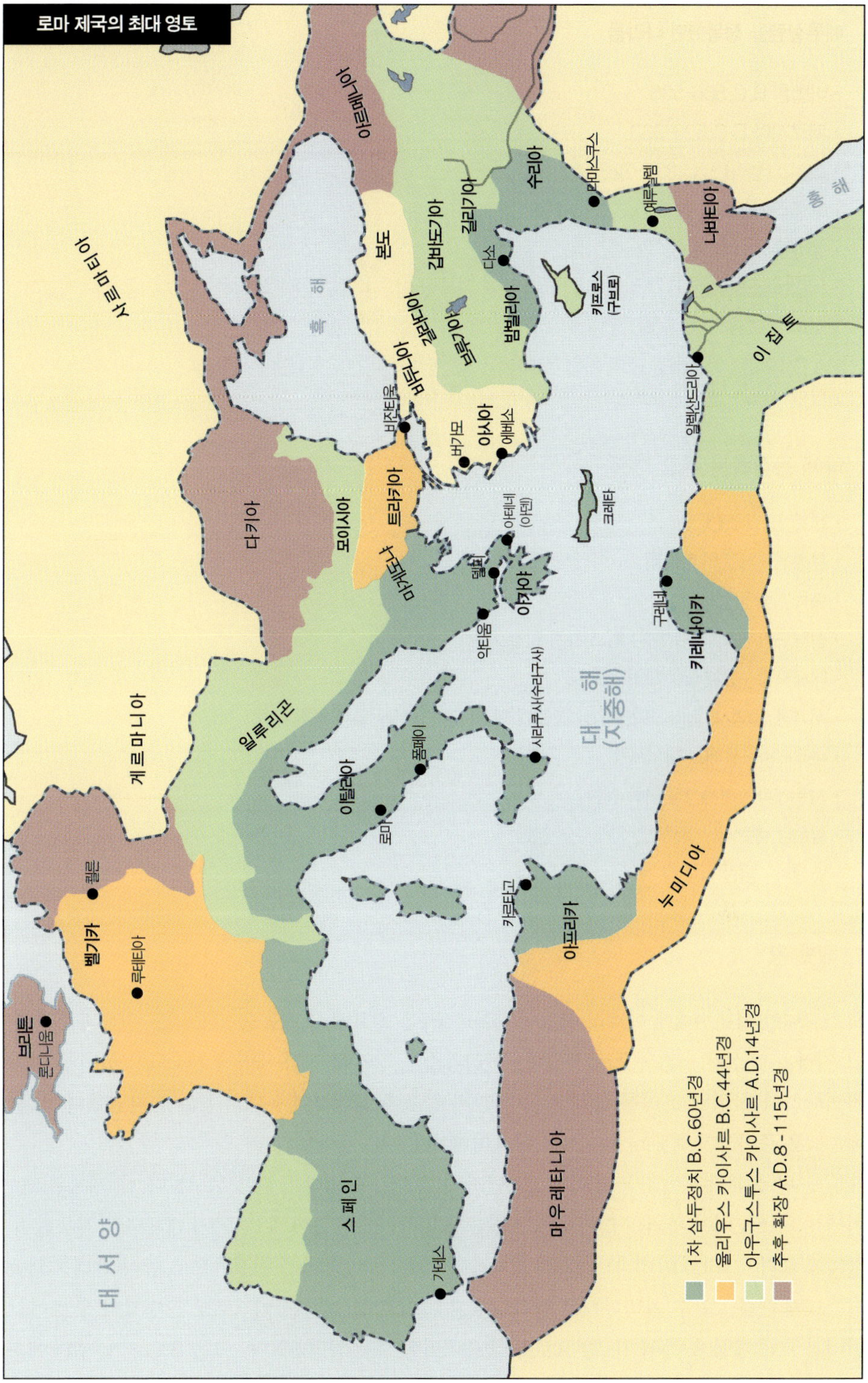

사르마티아
아르메니아
본도
갑바도기아
길리기아
수리아
다마스쿠스
예루살렘
나바티아
홍해
흑해
비두니아
갈라디아
브루기아
밤빌리아
다소
키프로스
(구브로)
비잔티움
아시아
버가모
에베소
이집트
알렉산드리아
다키아
모이시아
트라키아
마게도냐
아테네
(아덴)
델피
아가야
악티움
크레타
구레네
키레나이카
게르마니아
일루리곤
대 해
(지중해)
시라쿠사(수라구사)
폼페이
이탈리아
로마
카르타고
아프리카
누미디아
쾰른
벨기카
루테티아
브리튼
론디니움
대 서 양
스페인
가데스
마우레타니아
1차 삼두정치 B.C.60년경
율리우스 카이사르 B.C.44년경
아우구스투스 카이사르 A.D.14년경
추후 확장 A.D.8-115년경

예루살렘을 정복했던 나라들

- 바벨론 B.C.586-536
- 페르시아 B.C.536-333
- 그리스(헬라) B.C.333-323
- 프톨레마이오스 왕조 B.C.323-198
- 셀레우코스 왕조 B.C.198-142
- 독립(하스모니안) B.C.142-63 : 바벨론에 정복된 이후 420년 만에 독립하여 100년간 지속되었다.
- 로마 B.C.63-A.D.500
- A.D.1948 : 이스라엘 국가 독립. 로마에게 멸망당한 후 2,000년 만에 독립했다.

신약에 등장하는 주요 그룹

- 헤롯 왕 - 대헤롯
- 분봉왕 - 헤롯의 아들들
- 총독 - 식민 정책
- 산헤드린 공의회 - 유대인 최고 자치 의결 기관
- 대제사장 - 유대 공동체의 지도자
- 서기관, 율법사, 랍비 - 회당 중심의 율법 해석자들, 동시에 교사 역할
- 바리새파 - 유대교 핵심세력
- 사두개파 - 제사장적 귀족 집단
- 열심당(셀롯당) - 열성적인 민족주의 집단
- 엣센파 - 쿰란 공동체

1. 헤롯 왕

하스모니안 왕조 4대에 이르러 이두매(에돔) 지역을 정복하고 에돔을 다스리던 안티파스 왕을 그 지역을 다스리는 총독으로 세웠다. 안티파스는 당시에 점점 세력이 확장되고 있던 로마와 가까이하다가 결국 로마를 등에 업고 마카비 왕조에 반역하여 유대의 왕위를 찬탈했다. 그는 예수님을 죽이려던 헤롯(마 2:1-12)의 할아버지이다.

B.C.63년 폼페이우스 장군에 의해 100년간 지속되던 유대의 독립이 무너졌다. 폼페이우스는 마카비 하스모니안 왕가의 힐카누스 2세를 왕의 자리에서 몰아내고, 단지 대제사장 직무만 수행하게 했다. 그리고 안티파터(안티파스의 아들, 대헤롯의 아버지)를 집정관으로 삼아 유대 지역을 다스리게 했다. 그 후 안티파터는 살해당했고 그의 아들 헤롯은 이집트로 도망갔다가 로마로 건너가 로비 활동을 하여 원로원으로부터 유대의 왕으로 임명되었다. 그는 B.C.37년부터 예수님이 탄생하시던 B.C.4년까지 유대를 통치했다. 그가 곧 헤롯 대왕이다.

▶ **헤롯 대왕**(Herod Great, B.C.37-4) - **안티파터의 아들**

그는 예루살렘 성전 재건을 시작했고 여러 도시를 건축했다.

'유대인의 왕' 예수께서 오시자마자 '유대인의 왕' 헤롯은 죽었다(마 2:1-11).

2. 분봉왕

헤롯 대왕에게는 여러 아들이 있었다. 헤롯 사후 그의 유언대로 아들들이 팔레스타인을 각각 나누어 다스렸다. 이들은 로마의 인가를 받아서 '분봉왕'(영주 개념)이라 불렸다.

- 분봉왕 - 왕보다는 낮은 지위. 같은 분봉왕이라도 두 계급(ethnarch, tetrarch)이 있다.
- 아켈라오에게는 빌립에게 허락된 tetrarch보다 높은 지위인 ethnarch라는 명칭이 허락되었다.

헤롯의 죽음 이후 분할 통치되는 팔레스타인

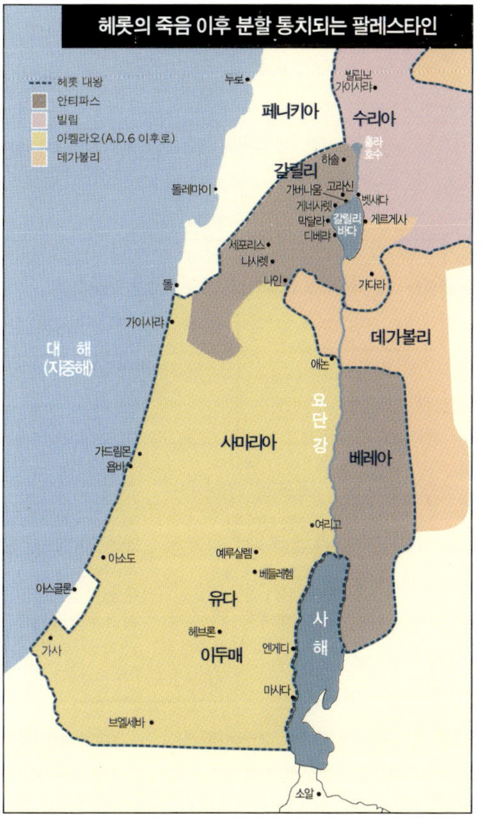

▶ **아켈라오**

- 유다, 사마리아, 이두매(에돔) 지역을 다스렸다.
- 이집트로 피난 갔던 예수님의 가족이 유다로 돌아오지 않고 갈릴리로 가게 된 경위를 보여주는 자이다(마 2:22).

▶ **빌립**

- 갈릴리 동북부(주로 이방인들이 살았음)와 데가볼리 지역을 다스렸다.
- 아버지 헤롯 대왕이 지중해 연안에 세운 '가이사랴'와 구분하여 자기 이름을 붙인 '빌립보 가이사랴' 도시를 세웠다.
- 빌립보 가이사랴는 헐몬 산 자락에 있는 휴양 도시이다. 예수님이 제자들과 함께 머물던 중 " 사람들이 나를 누구라 하느냐?" 질문하셨던 곳이다.

▶ **헤롯 안티파스**

- 갈릴리와 베레아 지역(요단 동편)을 다스렸기에 성경에 세 번 언급되었다.
- 그는 동생 헤롯 빌립의 아내 헤로디아와 결혼했고, 세례 요한이 이를 책망했다. 세례 요한을 죽인 장본인이다.
- 예수님이 그를 '여우'라고 부르신 것에서 알 수 있듯이 교활한 사람이었다. 예수님은 십자가에 못 박히시기 전에 그에게 심문을 받으셨다.
- 갈릴리 디베랴 도시를 세웠다.

▶ 헤롯 아그립바

- 헤롯 대왕의 아내 마리암네 1세가 낳은 아리스토불로의 아들이다. 즉 헤롯 대왕의 손자이다.
- 아그립바 1세 : 사도 야고보를 칼로 죽이고 베드로를 옥에 가두었다. 주의 사자가 치니 벌레에게 먹혀 죽었다(행 12장).
- 아그립바 2세(A.D.55-100) : 바울의 간증을 들은 사람이다(행 25장-26장).

【 헤롯의 가계도 】

* 청색 표시는 신약성경에 나오는 인물

- **안티파스**
  - **안티파터**
    - **헤롯 대왕**
      팔레스타인 통치자(B.C.37-4, 눅 1:5)
      베들레헴에서 영아 살해(마 2:1-18)
      하스모니안 왕가의 마리암네와 결혼
      - 안티파터
      - 알렉산더
      - 아리스토불로
        - 헤롯 칼시스
        - **헤롯 아그립바 1세**
          팔레스타인 왕
          A.D.37-44
          야고보를 죽임
          (행 12:1,2)
          베드로 투옥
          (행 12:3-11)
          - **헤롯 아그립바 2세**
            칼시스와 북쪽 지경의
            분봉왕
            A.D.50-70
            사도 바울이
            그 앞에서 심문받음
            (행 25:13-26:32)
          - **드루실라(여자)**
            벨릭스의 부인
            A.D.52-59
            사도 바울이 그 앞에서
            심문받음
            (행 23:26-24:27)
          - **버니게(여자)**
            삼촌 헤롯 칼시스와 결혼
            그녀의 형제 헤롯 아그립바
            2세와 함께 바울을 심문
            (행 25:13, 26:30)
        - **헤로디아(여자)**
          첫 번째 결혼 :
          삼촌 헤롯 빌립 1세
          (마 14:3)
          두 번째 결혼 :
          삼촌 헤롯 안티파스
          (막 6:17)
      - **헤롯 빌립 1세**
        B.C.4-A.D.34
        (마 14:3, 막 6:17)
        사촌 헤로디아와
        결혼
      - **헤롯 안티파스**
        갈릴리, 베레아 분봉왕
        B.C.4-A.D.39
        (눅 3:1)
        예수에게 여우로
        불림(눅 13:31-33)
        세례 요한을 목 벰(막 6:14-29)
        예수를 재판(눅 23:7-12)
      - **헤롯 아켈라오**
        유다, 사마리아,
        이두매의 분봉왕
        B.C.4-A.D.6
        (마 2:22)
      - **헤롯 빌립 2세**
        드라고닛,
        이두래의
        분봉왕
        B.C.4-A.D.34
        (눅 3:1)
        헤로디아의 딸
        살로메와 결혼

3. 총독

로마 제국의 식민정책은 일반적으로 왕을 세워 조종했다. 마땅히 세울 왕이 없을 때는 본국에서 사람을 파견하여 다스렸다. 이를 '총독'이라 했다.

- 그런데 유대에는 분봉왕이 있음에도 총독을 보냈다. 그 이유는 아켈라오의 야만적인 독재정치에 대항하여 폭동이 일어나자 로마가 이를 진압했는데, 유대인들이 헤롯 가문의 통치를 받기 싫어하여 가이사에게 청원했기 때문이다. 유화정책을 펼치던 로마의 아우구스투스(가이사)는 아켈라오를 로마로 소환하여 고울(Gaul, 프랑스)로 추방했다.
- 그 후 유대 지역만 분봉왕이 없고 로마의 직영에 들어가서 총독이 파견되었다.
- 총독 관저는 가이사랴에 있었다. 또한 영채도 거기 있었다. 바울이 예루살렘에서 가이사랴로 호송된 것도 이 때문이었다.

4. 산헤드린 공의회

유대인 공동체를 대표하는 기관이다.

- '유대인 최고 자치 의결 기관'이다.
- 대제사장, 서기관, 바리새파 등 유대 사회의 지도자급 71명으로 구성되었다.
- 공식적인 주권은 로마나 헤롯에게 있었지만, 사법·입법·행정적 기능을 가지고 어느 선까지는 자치적으로 해결했다.

5. 대제사장

유대 공동체는 신앙 공동체이기에 에스라 시대부터 대제사장이 공동체의 지도자가 되었다.

6. 서기관, 율법사, 랍비

회당 — 디아스포라의 예배 중심지
서기관, 율법사, 랍비 — 회당에서 율법을 해석하고 가르치던 자들

7. 바리새파

'바리새' — '분리되다, 구별되다'라는 뜻이다.

- 그들 스스로 거룩하다고 생각하여 정결예식, 먹는 법, 안식일 계명 등을 엄격하게 지켰다.
- 전통, 제사, 정결, 음식, 안식일, 십일조 등을 강조했다(눅 11:42, 마 23:23).
- 기록된 율법(시내 산)과 구전된 율법을 모두 인정했다.
- 율법을 자신들처럼 지키지 못하는 사람을 업신여겼다.
- 예정론을 강조했다.
- 천사와 마귀의 존재를 믿었다.

- 부활을 믿었다.
- 백성들로부터 인정받았다. 정치적보다는 종교적으로 더 인정받았다.
- 정통 유대교를 이어가는 유대교 핵심세력이었다. 그래서 표준적인 유대교인으로 인정받았다.
- 도시 상인들의 후손이었다.

8. 사두개파

유대교 내에서 제사장적 귀족 집단을 형성하던 종파이다.

- 예루살렘에 거주하는 지주로서 귀족, 지주, 부유한 가문의 후손이었다.
- 예루살렘 성전 제사장직의 원조들이었다.
- 마카비 혁명 이후에 사두개파는 하나의 당파로 인정되었다.
- 전통과 장로들의 유전을 인정하지 않고 오직 기록된 율법(모세5경)만 인정했다.
- 인간의 자유의지(스스로의 선택)를 강조했다.
- 부활을 믿지 않고, 천사와 영의 존재를 부인했다.
- 바리새파와 경쟁관계였다.

바리새파	사두개파
전통과 장로들의 유전을 강조함 예정론 강조 기록된 율법과 구전의 율법을 강조 - 전통, 제사, 정결, 음식, 안식일, 십일조 등을 강조 (눅 18:12, 마 23:23) 천사와 마귀의 존재, 부활을 믿음 도시 상인들의 후손	전통과 장로들의 유전을 강조하지 않음 인간의 자유의지 강조 기록된 율법만 강조 천사와 마귀의 존재, 부활을 믿지 않음 귀족, 지주, 부유한 가문들의 후손
보수적	진보적, 자유주의적

9. 열심당

'셀롯당'이라고도 한다.

- 종교적 당파가 아닌 열성적인 민족주의 집단이었다.
- 하스모니안 왕조처럼 능동적으로 대처하는 것이 하나님의 뜻이라고 생각했다.
- 반로마주의자이며 유대 종교 지도자들과 기존 세력자들에게 적의를 품었다.
- 토라(모세율법)는 목숨을 걸고 헌신했다.
- 언제나 칼을 품고 다녔다.

10. 엣센파

경건한 유대 공동체의 하나인 쿰란 공동체

- 바리새파, 사두개파가 백성들과 접하는 대중적 성격을 띤다면, 이들은 광야에 은둔하는 수도사적 성격을 띠었다.
- 광야에서 공동체생활을 했으며 옷, 돈, 음식을 공동으로 소유했다.
- 극기와 금욕생활을 했다. 독신주의로서 성인 남자들만 회원으로 받았다.
- 바리새파보다 더 심한 예정론자들이었다.
- 이들이 거주하던 동굴에서 많은 문서가 발견되었는데 가장 유명한 것이 '사해사본'이다.
- 사해사본은 구약성경의 정확성을 증명하는 중요한 증거자료이다.

【 분파들 】

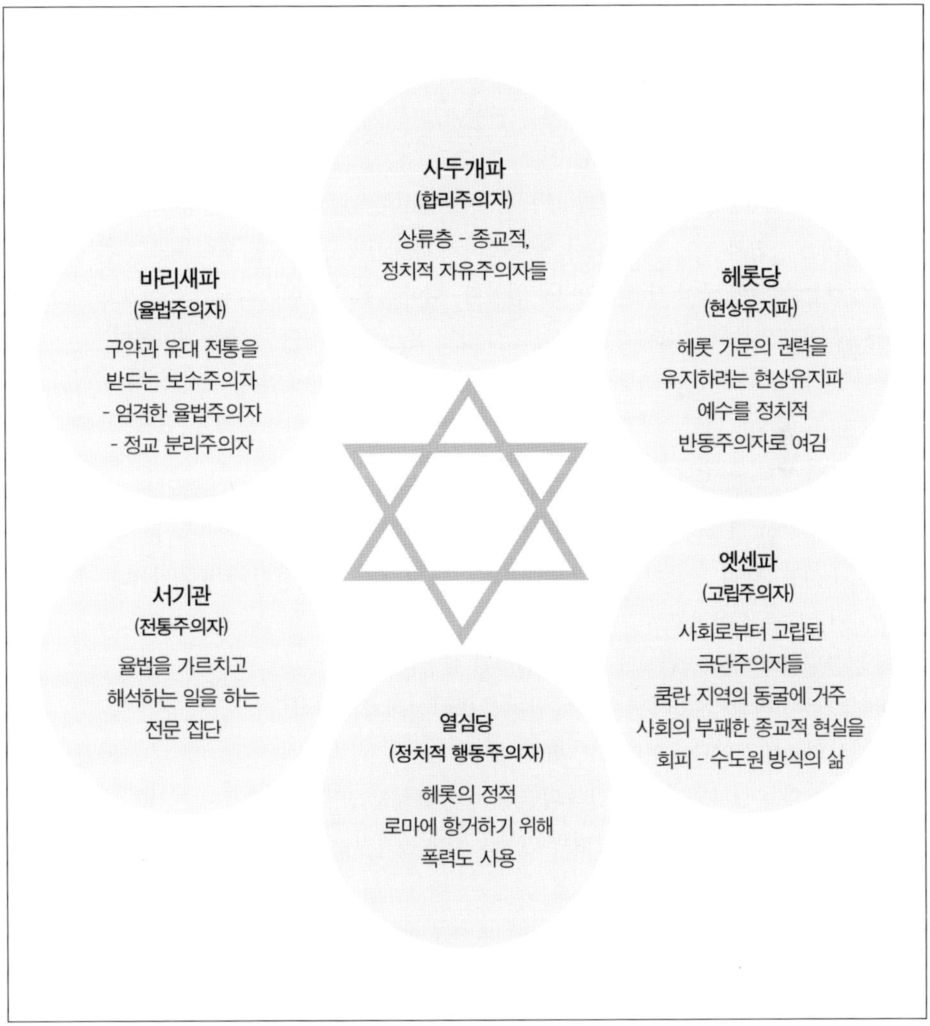

디아스포라

디아스포라(헬, διασπορὰ)는 '흩뿌리거나 퍼트리는 것'을 뜻하는 그리스어에서 유래한 말이다. 특정 민족이 자의적이든 타의적이든 기존에 살던 땅을 떠나 다른 지역으로 이동하는 현상을 일컫는다. 때로는 서로 다른 기원을 가지고 있거나 다른 민족이 섞인 피난민들도 디아스포라로 불리기도 하지만 '피난민'과 '디아스포라'는 동의어가 아니다.

난민들은 새로운 땅에 계속 정착할 수도 있고 아닐 수도 있으나, 디아스포라는 이와 달리 본토를 떠나 항구적으로 나라 밖에 자리잡은 집단을 말한다. 난민 외에도 노동자, 상인, 제국의 관료로서 이주한 사례도 디아스포라에 해당한다.

디아스포라 문화는 원주 지역 사람들의 문화와는 다른 방식으로 전개된다. 이는 문화나 전통, 혹은 서로 떨어진 원 집단과 디아스포라 집단 사이의 차이점에 따라 조금씩 달라진다. 디아스포라 집단에서 문화적 결속은, 흔히 이들 집단이 언어 변화에 대해 집단적으로 저항한다거나 고유의 종교의식을 계속 유지하는 등에서 그 흔적을 찾을 수 있다.

기원과 발전

디아스포라가 처음으로 언급되는 부분은 신명기 28장 25절의 추방에 대한 내용인 "네가 또 땅의 모든 나라 중에 흩어지고"이다.

히브리어 성경이 그리스어로 번역될 때 B.C. 587-586년 바벨론 제국이 유대인을 팔레스타인에서 쫓아내는 장면과 A.D. 70년 로마 제국이 다시 유대인들을 강제로 쫓아내는 장면에서 '디아스포라'라는 낱말이 쓰여 지금의 의미를 얻었다. 디아스포라는 이스라엘의 유대인 민족 집단이 해외로 흩어진 역사적 현상과 그들의 문화적 발전 혹은 그들 집단 자체를 의미한다.

그러나 디아스포라가 가지는 의미의 범위에 대해서는 여러 의견이 있다. 예를 들어, 윌리엄 사프란(William Safran)은 디아스포라와 이주 공동체를 구별했다. 디아스포라를 구성원들이 특정한 조건을 공유하는, 고향을 떠난 소수 공동체로 정의했다.

사프란이 주장한 구성원들이 공유하는 '특정한 조건'은 다음과 같다.

첫째로 구성원들이나 그들의 조상이 원래 살던 본원지에서 둘 이상의 주변 지역이나 외국으로 흩어지고,

둘째로 본원지에 대한 집합적인 기억과 신화를 보유하며,

셋째로 그들이 현재 살고 있는 곳에서 완전히 받아들여지지 않아 사회에서 소외되어 있다고 느끼고,

넷째로 그들의 본원지를 조건이 만족되면 되돌아가야 할 진정한 고향으로 여기며,

다섯째로 집단적으로 본원지의 안녕과 번영을 위해 본원지를 유지하고 복구하는 데 힘써야 한다고 믿으며,

여섯째로 그들의 본원지와 관계를 유지함으로써 민족적 공동체 의식과 단결을 명확히 하는 것이다.

유대교 회당(Synagogue)

기원

A.D.70년 예루살렘에서 일어난 유대인들의 폭동을 진압하기 위해 유대 땅에 파견된 로마의 장군 티투스가 예루살렘 성뿐만 아니라 예루살렘 성전까지 완전히 파괴시켰다. 예루살렘 성전은 로마군에 의해 파괴되었지만 유대교는 살아남았다. 수 세기가 지나면서 유대교 회당은 더욱 발전하여 '거룩한 장소'로 여겨졌다.

최초의 회당은 바벨론 포로 시대의 가정(겔 8:1, 20:1-3)에서 기원한다고 본다. 가정에서 모여 예배를 드렸던 초대 교회와 같이 이 '가정 회당'은 포로 시대 이후 점차 발전되어 교육과 공중예배와 기도를 담당하는 공식 회합의 장소가 되었다.

이런 모임의 장소로서 회당은 성전이 파괴된 이후부터 점차적으로 성전 예배를 대신했다. 팔레스타인 밖에 멀리 흩어져 살던 유대인들이 성전 예배를 드리는 게 불가능했기 때문이다.
로마 통치 시대 이후 더 많은 유대인이 세계 각처에 흩어져 살면서 회당이 그들의 일반적인 모임의 장소로 중심 역할을 담당했다. B.C.300-A.D.300년 당시 그리스-로마 세계에는 상당수의 유대인들이 정착한 도시마다 율법과 예언서를 가르치며 예배를 드리는 회당(눅 4:16-30)을 세웠다.

역할

헬라어로 '시나고게'(Synagogè)라고 하는 회당은, 히브리어로 '베이트 하크네세트'라고 한다. 의미는 '회합의 집'이라는 뜻인데, 원래 이 회당에서는 성경을 읽고 율법을 연구하는 일을 우선했다. 회당에는 히브리어 성경이 안치되어 있었다. 회당은 하나님의 말씀을 듣고 배우는 곳이며 성경을 연구하는 지역 모임 장소로 여겨졌다. 따라서 성전이 존재할 당시에도 회당은 성전의 대체 장소가 아닌, 성경 연구 장소로서의 기능을 가지고 있었다. 회당은 그리스도의 복음이 전파된 최초의 장소 중 하나이기도 하다(행 13:5, 14:1).

예루살렘을 향하는 회당의 벽에 연단을 만들고 거기에 토라(모세5경)를 보관하는 함을 놓았으며, 회중이 모일 수 있도록 넓은 공간을 마련했다. 거의 모든 회당들은 토라를 넣어두는 궤를 휘장으로 덮어두었다. 토라는 여러 장의 양피지 조각들을 꿰매어 연결하여 하나의 두루마리로 만든 것에 기록했다.

토라를 소리 내어 읽으라는 명령이 신명기 31장 11절에 기록되어 있는데, 이 명령을 대중화시킨 사람이 학사 에스라이다. 그가 모세의 율법책을 가지고 수문 앞 광장에서 새벽부터 정오까지 남자나 여자나 알아들을 만한 모든 사람 앞에서 읽으매 뭇 백성이 그 율법책에 귀를 기울였다(느 8:1-8).

회당에는 반드시 남녀의 자리가 따로 구별되었다. 남성 구역과 여성 구역 중 한쪽을 높게 설치하든지, 같은 층이라도 뚜렷하게 구분하여 기도 시간에 서로 볼 수 없도록 배치했다. 즉, 도덕적인 이유로 여자들을 갈라놓았다. 지금 개혁파 유대교의 회당에서는 여성 구역을 따로 설치하지 않는다. 그렇지만 보수파에서는 아직도 여성 구역을 두는 회당이 있다. 정통파 회당에서는 여자들을 위한 특별 구역이 반드시 있다.

그리고 회당에는 조각된 장식품이 전혀 없는데, 이는 십계명 중 두 번째 계명인 "새긴(조각한) 우상을 만들지 말고… 그것들에게 절하지 말며 그것들을 섬기지 말라"(출 20:4,5)에 의한 것이다.

1세기 가버나움의 회당

팍스 로마나(라틴어: Pax Romana)

로마는 인류 역사상 가장 성공적인 제국이었다. 전성기였던 A.D.2세기, 로마 제국의 영토는 무려 5백만 제곱킬로미터에 달했다. 북쪽의 잉글랜드에서 동쪽의 유프라테스까지 로마 제국은 효율과 안전성을 자랑하는 통치제도로 운영됐다. **'팍스 로마나'**, 즉 **'로마의 평화'**라 불리는 이 시기가 로마의 전성기였다. 도시만 1만 개 정도였고 도로가 모두 서로 연결되어 있었다. 초대 황제인 아우구스투스가 통치하던 시기부터 시작되었기 때문에 '아우구스투스의 평화'(Pax Augusta)로 불리기도 한다. 대체적으로 B.C.27년에서 A.D.180년까지의 약 200년 기간을 의미한다.

모든 도시에는 시장과 언덕 위에 지어진 신전과 정치를 위한 공간이 있었다. 이 도시들은 로마의 문화를 퍼뜨리는 데 커다란 역할을 했다. 로마인들은 문화라는 추상적 개념에 구체적 형태를 부여했다. 도로와 다리, 법률처럼 눈으로 볼 수 있고 체험할 수 있는 실생활과 밀접한 문화를 건설했다. 이는 번영의 증거라고 할 수 있다. 그렇게 엄청난 자원과 시간, 노동력을 투입한 목적은 생존이나 생산성의 문제가 아니라 안락함이었다.

이 시기는 고대 로마 역사상 유례없는 태평성대였지만, 군사적인 충돌도 종종 일어났다. 황제들은 이따금 발생하는 속주의 반란에 대처해야 했으며, 국경 지역에서는 소소한 교전이나 대규모 정복 전쟁이 벌어졌다. 트라야누스는 파르티아와 전쟁을 치렀으며, 마르쿠스 아우렐리우스는 통치 후반기를 대부분 게르마니아 전선 등 최전선에서 지냈다.

탈무드 - 적용의 힘

《탈무드》는 유대인들의 규율과 도덕에 대한 랍비들의 이야기를 담은 책이다.

탈무드는 크게 '미슈나'와 '게마라'로 나뉜다. '미슈나'는 유대교의 구전으로 된 규율을 A. D. 200년경에 글로 모은 것이며, '게마라'는 미슈나와 그 밖의 구약성경에 대한 해설과 논의를 A. D. 500년경에 정리한 것이다.

> 《탈무드》의 기반은 구약성경의 적용이다. 즉, 하나님의 말씀을 삶과 이분하는 것이 아니라 그 말씀이 삶 속에 살아 움직이도록 한 것인데, 그 적용에 대한 글 모음이다. 따라서 유대인을 유대인 되게 한 것은 바로 성경의 적용력에 있다. '하나님의 말씀을 얼마나 삶 속에 적용해 그대로 실천하느냐, 실천하지 않느냐'에 있다. 똑같은 성경을 보아도 '그 말씀이 삶 속에 살아 역사하도록 얼마나 적용해서 사느냐'다.

우리는 하나님의 말씀인 성경을 매일 얼마나 적용하고 있을까? 많은 사람들이 QT를 지속하지 못하는 이유는 적용의 실패에 있다. 관찰과 해석은 하는데 실천에 옮기는 적용을 하지 않으면 매일 반복적인 적용이 눈에 들어오고, 그것을 실천하지 않으므로 QT가 식상해진다.

그러나 묵상한 말씀을 실제 삶 속에서 적용하여 실천할 때 하나님의 역사하시는 손길을 경험하게 되고, QT 시간이 기다려진다. 또한 매주 듣는 설교 말씀을 한 주간 삶 속에 적용하여 실천할 때, 말씀이 살아 역사하는 현장 속에 있게 된다. 그 현장에서 하나님을 체험하게 되고, 간증이 쌓여간다.

법을 논하고 있지만 법전은 아니며, 역사를 이야기하지만 역사책은 아니며, 수많은 사람에 대해 이야기하지만 인명사전은 더더욱 아니며, 백과사전과 같은 역할을 하지만 백과사전은 아닌 책이 《탈무드》이다. 그러나 이보다 더 위대한 책이 '하나님의 말씀', 즉 '성경'이다. 그 하나님의 말씀이 바로 우리의 손에 있다. 그 말씀을 적용하고 실천할 때, 그 어떤 책보다 위대한 지혜서를 우리가 만들어갈 수 있다. 매일의 삶 속에서 말씀을 적용하라.

너희는 내게 배우고 받고 듣고 본 바를 행하라. 그리하면 평강의 하나님이 너희와 함께 계시리라 빌 4:9

2장

신약성경의 이해

신약의 골격

신약성경의 이해 – 신약의 골격

성경은 구약 1,500년과 신약 100년의 기록 기간을 거치면서 서로 다른 시간과 공간에서 다양한 배경의 사람들에 의해 기록되었다. 그럼에도 불구하고 마치 모두 한자리에 모여서 책의 방향과 내용에 대해 오랫동안 함께 의논한 것처럼 전체적인 통일성이 있다. 성경은 놀랍게도 마치 구슬이 하나의 줄로 꿰이듯이 전체적으로 통일성을 이룬다.

너희는 여호와의 책에서 찾아 읽어보라.
이것들 가운데서 빠진 것이 하나도 없고 제 짝이 없는 것이 없으리니
이는 여호와의 입이 이를 명령하셨고 그의 영이 이것들을 모으셨음이라 사 34:16

예언은 언제든지 사람의 뜻으로 낸 것이 아니요,
오직 성령의 감동하심을 받은 사람들이 하나님께 받아 말한 것임이라 벧후 1:21

모든 성경은 하나님의 감동으로 된 것으로 딤후 3:16

내용의 통일성은 물론이거니와 단어 하나하나까지 서로 들어맞는다. 각자 따로 된 문서들이 모두 정교하게 조화와 일치를 이룬다. 우연이란 조금도 없다. 왜냐하면 성경의 저자는 오직 한 분 성령 하나님이시기 때문이다. 구약과 신약은 조화와 일치를 이루고 있다. 그러면서도 신약으로 갈수록 하나님의 뜻이 점점 더 드러난다. 이를 '점진적 계시'라고 한다. 처음에는 희미하던 것들이 갈수록 뚜렷해진다. 구약의 모든 말씀이 신약에 와서 뚜렷해진다.

"너희가… 성경을 연구하거니와 이 성경이 곧 내게 대하여 증언하는 것이니라"(요 5:39)라고 하셨듯이, 성경의 초점은 예수 그리스도이다. 또한 "하늘에 있는 것이나 땅에 있는 것이 다 그리스도 안에서 통일되게 하려 하심이라"(엡 1:10)라고 하셨듯이, 전체적으로 예수 그리스도 안에서 통일성을 가진다. 그리스도 안에는 지혜와 지식의 모든 보화가 감추어져 있다(골 2:3). 이는 하나님의 놀랍고 비밀스런 진리(골 2:2)이다. 성경의 각 책 속에서 예수 그리스도를 발견할 때 비로소 참된 의미를 발견할 수 있다.

이는 그들로 마음에 위안을 받고 사랑 안에서 연합하여 확실한 이해의 모든 풍성함과 하나님의 비밀인 그리스도를 깨닫게 하려 함이니, 그 안에는 지혜와 지식의 모든 보화가 감추어져 있느니라 골 2:2,3

나는 여러분이 다채로운 색실로 엮인 비단처럼 사랑으로 함께 연결되어, 하나님을 아는 모든 일에 닿아있기를 바랍니다. 그러면 여러분의 마음은 하나님의 위대한 비밀이신 그리스도께 초점이 맞춰지고, 확신과 평안을 얻을 것입니다. 온갖 지혜와 지식의 보화가 그 비밀 안에 풍성하게 들어있습니다. 이는 다른 어디에서도 찾을 수 없습니다. 이제 그 비밀이 우리에게 환히 드러났습니다! 골 2:2,3 메시지성경

【 구약과 신약의 관계 】

구약	딤후 3:16,17	신약
하나님이 말씀과 함께 계심	요 1:1,2,14	말씀이 육신이 됨
모세에 의한 율법	요 1:16,17	그리스도에 의한 은혜와 진리
만나와 죽음	요 6:49-51	생명의 떡
돌판 위에 쓴 하나님의 말씀	고후 3:1-3	마음판에 새긴 하나님의 말씀
일시적이며 사라질 영광	고후 3:7,8,18	더욱 커지는 영원한 영광
하나님의 종으로서의 믿는 자들	갈 4:4-6	하나님의 자녀로서의 믿는 자들
하나님께서 선지자들을 통해 말씀하심	히 1:1-4	하나님께서 그 아들을 통해 말씀하심
수많은 일시적인 대제사장들	히 7:23-28	한 분뿐인 영원하신 대제사장
수없이 반복된 희생제사	히 9:25-28	단 한 번의 영원한 희생제사
홍수로 멸망당함	벧후 3:5-13	불로 멸망함

시작과 마침

건축할 때면 공사를 시작하면서 기공식을 가진다. 이는 '이제 설계도면에 따라 공사를 시작합니다'라고 대외적으로 알리는 행사이다. 그리고 모든 공사를 마치면 준공식을 가진다. 이는 '설계도면에 따라 공사를 마쳤습니다'라고 알리며 축하하는 행사이다.

솔로몬이 예루살렘 모리아 산에 여호와의 전 건축하기를 시작하니… 모든 일을 마친지라 대하 3:1-5:1

솔로몬은 성전 건축을 시작했고, 일정한 공사 기간을 거쳐 성전 건축을 마친 뒤에 낙성식을 거행했다.
구약은 마치 공사의 시작과 건축 과정이라 할 수 있다. 그리고 신약은 그 공사의 완성이라 할 수 있다. 성경 전체의 초점이 '메시아의 오심'이다. 구약은 '오실 메시아'에 초점이 있고, 신약은 '오신 메시아'에 초점이 있다. 십자가는 구약과 신약의 정점에 있으며 또한 구약과 신약을 잇는 다리 역할을 한다.

신약의 두드러진 특징은, 당시 길거리에서 쓰던 언어와 놀이터와 시장의 말투로 되어 있다는 것이다. 당시의 철학, 역사, 정부 법령과 서사시 등에서 통용되던 공식 언어가 아니라 길거리에서 사용하던 비공식적인 일상어로 쓰여졌다. 예수님은 현실적인 이야기를 즐겨 하셨고, 평범한 사람들과 스스럼없이 어울리셨다. — 유진 피터슨, 메시지성경

【 복음서 - 나타남 】

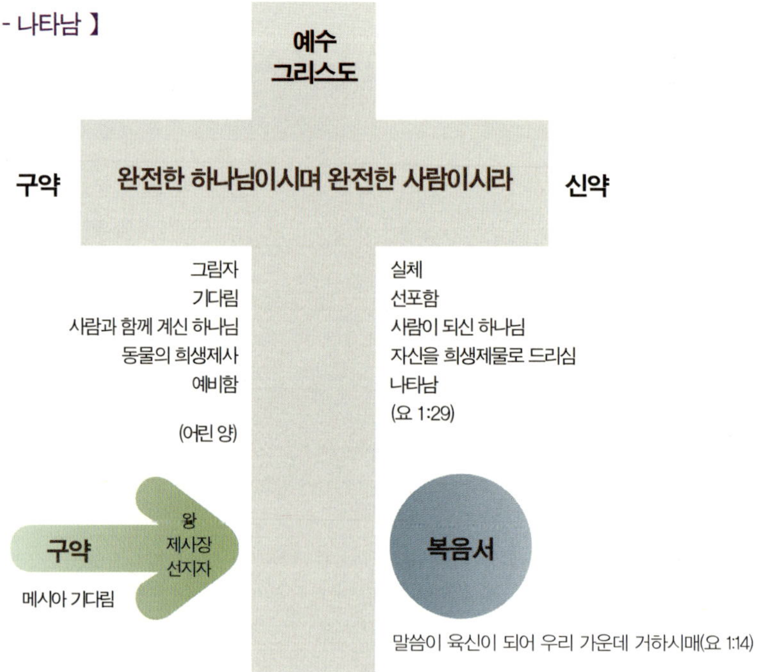

1. 신약성경의 윤곽

신약성경은 구약과 마찬가지로 크게 두 부분으로 이루어진다. 하나는 시간과 공간 가운데 이루어진 **이야기**이고, 또 다른 하나는 그 이야기를 **보충 설명**하는 형식으로 이루어져 있다.

이야기꾼이 그때 그 사건을 열심히, 재미있게, 자세히 이야기하고 있을 때, 가끔 옆에서 끼어들면서 장단 맞추듯이 또는 의미를 보충 설명하듯이 말하는 **보충꾼**이 있는 것과 같다.

전체 스토리를 역사적으로 이야기하는 부분을 **'역사서'**라고 한다. 그런데 그 '역사'를 이야기하는 **이야기꾼**이 둘이다. 하나는 **'복음서'**이고 다른 하나는 **'사도행전'**이다. 그리고 중간마다 보충 설명하는 **보충꾼**도 둘이다. 하나는 **'체험서'** 또는 **'서신서'**라 하고 다른 하나는 **'예언서'** 혹은 **'계시록'**이라 한다.

이야기꾼인 역사서는 주의 길을 예비하는 세례 요한으로 시작한다. 이어서 구약에서부터 계속 선포된 주인공이 등장한다. 바로 메시아이신 예수님이다. 복음서는 예수님의 사역을 중점적으로 말하고, 사도행전은 예수님의 승천 이후 그의 파트너인 교회가 형성되고 진행되며 하나님 나라가 확장되는 것을 연대순(:정확한 연대순은 아니다)으로 나열한다. 그리고 보충꾼인 체험서와 계시록은 대체로 주제별로 기록되어 있어서 이야기꾼을 도와 전체 윤곽을 그리게 도와준다.

이야기꾼인 역사서는 복음서 4권과 사도행전 1권을 합쳐서 모두 5권이다. **보충꾼인 체험서**는 21권이다. 체험서는 다시 크게 둘로 나뉜다. 사도 바울의 서신이 가장 많은 13권이어서 이를 **'바울서신'**이라 하고, 나머지 8권은 **'일반서신'** 또는 **'공동서신'**이라 한다. **예언서인 요한계시록**은 주제와 역사를 함께 설명한다. 창세기가 '역사의 시작을 말하는 책'이라면 요한계시록은 '역사의 마지막을 말하는 책'이다.

【 신약의 구조 】

역사서(5권)	체험서(21권)	예언서(1권)
역사의 줄거리	← 보충 설명	
그리스도의 역사(4권) + 교회의 역사(1권)	바울서신(13권) 책이름 : 수신자에 따라서 일반서신(8권) 책이름 : 발신자에 따라서	그리스도와 교회의 승리 (1권)

2. 신약의 열두 시대

신약의 이야기꾼은 대체로 역사적으로 이루어져 있다. 그것을 열두 시대로 구분한다.

【 신약의 열두 시대 】

마태 복음	마가 복음	누가 복음	요한 복음	교회 형성	바울 1차	바울 2차	바울 3차	바울 4차	바울 5차	후기 사도	역사 종결
마	막	눅	요	교회	1차	2차	3차	4차	5차	후기 사도	끝
				행 1장 -12장	행 13장 -15장	행 16장 -18장	행 19장 -21장	행 22장 -28장			
1	2	3	4	5	6	7	8	9	10	11	12
					갈라 디아서	데살로 니가(전)	고린도 (전)	에베 소서	디모데 (전)	요한 일서	요한 계시록
					야고 보서	데살로 니가(후)	고린도 (후)	골로 새서	디모데 (후)	요한 이서	
							로마서	빌레 몬서	디도서	요한 삼서	
								빌립 보서	베드로 (전)	유다서	
									베드로 (후)	히브 리서	

수평 – 신약의 줄거리 : 신약을 시대순(대체로)으로 파악할 수 있다.

수직 – 동시대 : 특정 시대를 향한 하나님의 메시지를 파악할 수 있다.

수평은 주로 텍스트(Text)라 할 수 있고, 수직은 주로 콘텍스트(Context)라 할 수 있다.

【 신약 각 권의 주제 】

역사서

그리스도의 역사

마태복음 - 왕이신 메시아

마가복음 - 종이신 메시아

누가복음 - 사람이신 메시아

요한복음 - 하나님이신 메시아

교회의 역사

사도행전 - 복음을 전하는 교회의 사도들

체험서

로마서 - 하나님의 의가 나타남

고린도전서 - 교회의 문제가 해결됨

고린도후서 - 사역자와 사역

갈라디아서 - 자유의 복음

에베소서 - 예수 그리스도의 몸 된 교회

빌립보서 - 하나 됨의 중요성

골로새서 - 교회의 머리 되신 예수 그리스도

데살로니가전서 - 재림 전의 승리

데살로니가후서 - 재림 전의 환난

디모데전서 - 교회를 섬기는 사역자

디모데후서 - 교회를 가르치라

디도서 - 거짓교사들을 훈계함

빌레몬서 - 오네시모를 용서함

바울서신 :
로마서 ~ 빌레몬서(13권)
수신자에 따라 제목이 붙여짐

히브리서 - 모든 것 위에 뛰어나신 그리스도

야고보서 - 행함이 있는 믿음

베드로전서 - 고난 중의 인내

베드로후서 - 거짓교사들을 추방하라

요한일서 - 교제의 기쁨

요한이서 - 문을 닫아라 : 거짓교사들

요한삼서 - 문을 열어라 : 환대의 기쁨 - 사역자들

유다서 - 배교자들에 대한 심판

일반서신 :
히브리서 ~ 유다서(8권)
기록자에 따라 제목이 붙여짐

예언서

요한계시록 - 미래에 대한 계시 - 교회의 승리와 영광

【 신약의 서신서 】

서신서 21권은 크게 둘로 나뉜다. 바울서신 13권과 일반서신 8권이다. 바울서신은 수신자에 따라, 일반서신은 기록자에 따라 제목이 붙여졌다.

바울서신의 수신 지역

서신서들의 시대적 위치

서신서들은 신학적으로 깊이가 있는 책이다. 그런데 이런 깊은 신학은 단순히 학교에서 연구하고 조사하고 토론하고 의논함으로 이루어진 것이 아니라, 복음을 전파하는 선교현장에서 일어난 일들과 현상들을 구체적으로 도와서 믿음을 견고하게 하려는 가운데 이루어졌다. 즉 서신서들은 사역현장에서 나왔다. 단지 생각이나 이론이나 말로만 이루어진 것이 아니라 삶에서 일어난 것이기에 서신서들은 오늘을 사는 우리의 삶에 구체적으로 적용된다.

【 시대순으로 본 신약성경 】

바울의 1차 여행	바울의 2차 여행	바울의 3차 여행	바울의 4차 여행	바울의 5차 여행	후기 사도들의 시대	역사의 종결
1차 6	2차 7	3차 8	4차 9	5차 10	후기 사도 11	끝 12
사도행전 13장-15장	사도행전 16장-18장	사도행전 19장-21장	사도행전 22장-28장			
갈라디아서	데살로니가전서	고린도전서	에베소서	디모데전서	요한일서	요한계시록
야고보서	데살로니가후서	고린도후서	골로새서	디모데후서	요한이서	
		로마서	빌레몬서	디도서	요한삼서	
			빌립보서	베드로전서	유다서	
				베드로후서	히브리서	

【 시대순으로 본 신구약성경 】

시대순으로 본 구약성경									시대순으로 본 신약성경								
태초	족장	노예	광야	정복	사사	왕국	포로	재건	복음	교회 형성	바울 1차	바울 2차	바울 3차	바울 4차	바울 5차	후기 사도	종결
9	8	7	6	5	4	3	2	1	1	2	3	4	5	6	7	8	9
창 1장–11장	창 12장–50장	출애굽기	민수기	여호수아	사사기	삼상 삼하 왕상 왕하		에스라 느헤미야	마태 마가 누가 요한	행 1장–12장	행 13장–15장	행 16장–18장	행 19장–21장	행 22장–28장			
		레위기	신명기		룻기	대상/하		에스더			갈라디아서	데살로니가전서	고린도전서	에베소서	디모데전서	요한일서	요한계시록
	욥기					시편 아가 잠언 전도서					야고보서	데살로니가후서	고린도후서	골로새서	디모데후서	요한이서	
						오바댜 요엘 요나 아모스	렘애가	학개					로마서	빌레몬서	디도서	요한삼서	
						이사야 호세아 미가 나훔	에스겔	스가랴						빌립보서	베드로전서	유다서	
						스바냐 하박국 예레미야	다니엘	말라기							베드로후서	히브리서	

【 신약성경의 규모 】

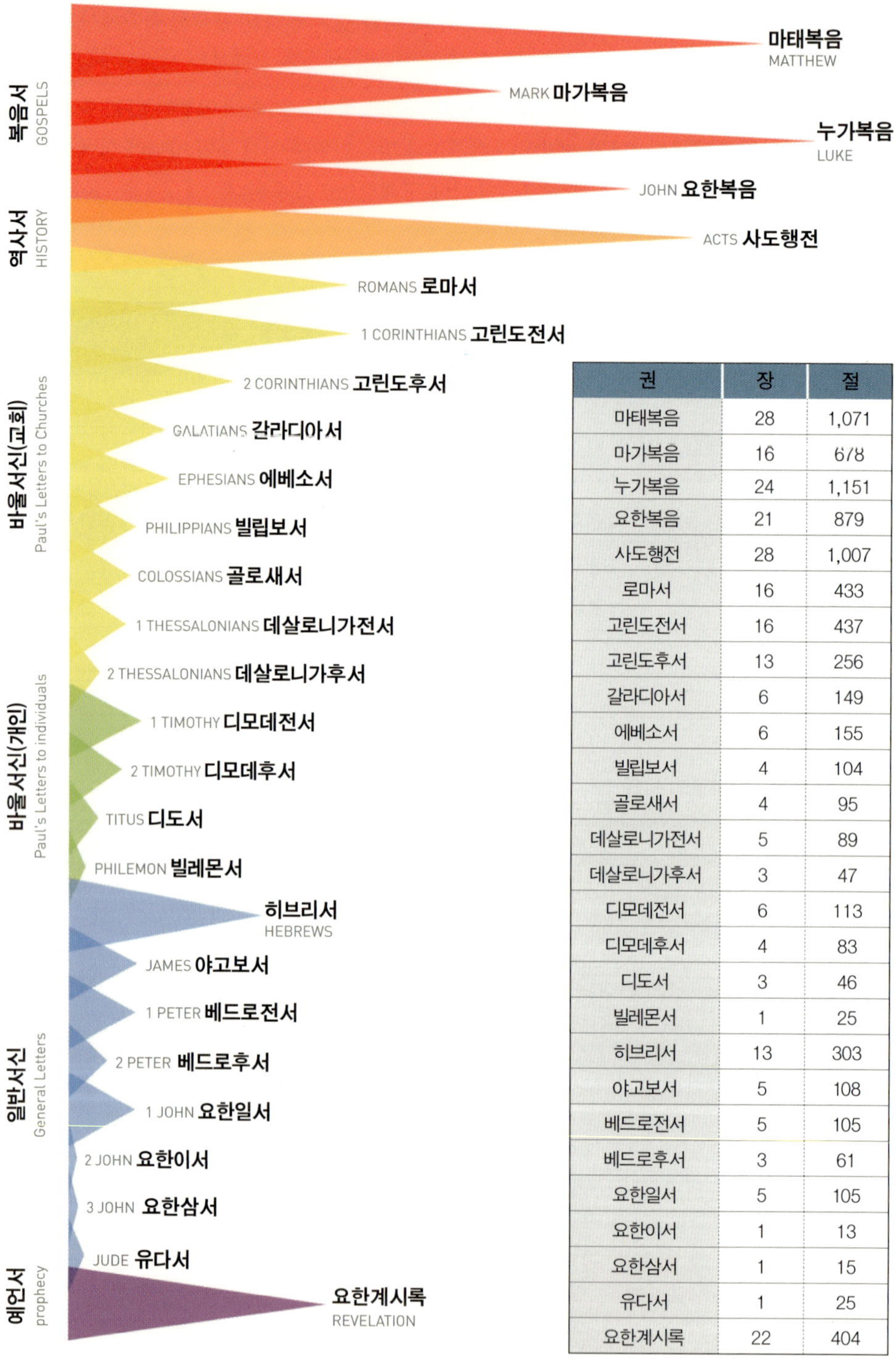

권	장	절
마태복음	28	1,071
마가복음	16	678
누가복음	24	1,151
요한복음	21	879
사도행전	28	1,007
로마서	16	433
고린도전서	16	437
고린도후서	13	256
갈라디아서	6	149
에베소서	6	155
빌립보서	4	104
골로새서	4	95
데살로니가전서	5	89
데살로니가후서	3	47
디모데전서	6	113
디모데후서	4	83
디도서	3	46
빌레몬서	1	25
히브리서	13	303
야고보서	5	108
베드로전서	5	105
베드로후서	3	61
요한일서	5	105
요한이서	1	13
요한삼서	1	15
유다서	1	25
요한계시록	22	404

3장

복음서

4복음서의 이해

복음서

마태복음, 마가복음, 누가복음, 요한복음을 '복음서'라고 한다.

복음은 '복된 소식, 굿 뉴스'이다. 이 네 권은 복된 소식, 굿 뉴스를 전하는 책이기에 복음서라고 부른다. 가장 놀라운 복음은 '예수 그리스도'이다. 이 책들은 예수 그리스도가 초점이다. 이 땅에 동정녀를 통해 오시어 놀라운 일을 행하시고, 말씀을 가르치시고, 우리를 위해 고난을 받아 십자가에서 돌아가시고, 사흘 만에 부활하시고, 하늘로 올라가신 예수님의 전 생애와 말씀과 사역을 기록했다. 그러므로 복음서의 핵심은 예수 그리스도의 고난 당하심과 죽으심, 그리고 부활하심이다(고전 15:3,4, 롬 6:1-23,10:9,10).

복음서는 당시 지배 언어인 헬라어로 기록되었다. 그 이유는 복음서를 기록할 당시 익숙한 헬라 문화와 헬라어의 배경 가운데 복음을 듣게 되는 이들과 이미 복음을 들은 그리스인 공동체의 필요를 위해 기록되었기 때문이다.

복음서는 사도들의 회고록과도 같아서 오늘을 사는 우리에게도 동일한 이야기로 전달된다. 특히 이 중에서 마태복음과 마가복음, 누가복음은 상당히 많은 내용을 공통의 관점으로 기록해서 **'공관복음'**이라 일컫는다. **'공관'**(Synoptic)이란 **'함께 보다'**라는 뜻으로, 1774년 독일 작가 그리스바흐(J.J.Griesbach)가 처음 사용한 용어이다. 마태복음의 45%, 마가복음의 76%, 누가복음의 41%가 서로 중복된다. 특히 마가복음의 94%가 마태복음에도 있는 내용이다. 마태복음에만 기록된 것은 20%, 마가복음에만 있는 것은 3%, 누가복음에만 있는 것은 35%이다. 공관복음이 상호 의존적이라면 요한복음은 독자적으로 기록되었다. 요한복음의 90%가 나머지 세 복음서에는 없는 내용이다.

마가복음 678절, 마태복음 1,071절, 누가복음 1,151절 중에 마가복음의 606절이 마태복음에, 380절이 누가복음에 나타난다. 마태복음이 사용하지 않은 마가복음의 55절 중에 누가복음에 31절이 나타난다. 그러므로 마태복음과 누가복음에 나타나지 않고 마가복음에만 있는 구절은 오직 24개뿐이다. 이들은 내용만 아니라 낱말까지도 같다.

각 복음서는 전하고자 하는 메시지가 특징적으로 다르다. 각각 기록한 사람들의 독특한 개성이 반영되었다. 각 복음서는 그 자체의 목적과 계획을 가지고 있으며 관점이 다르다. 저자이신 성령께서 각 사람의 독특한 성격과 과거의 경력을 놀랍게 사용하셨다. 그러므로 어떤 경우에는 입체적으로 살펴볼 때보다 분명하게 이해할 수 있다. "우리 주 예수 그리스도의 능력과 강림하심을 너희에게 알게 한 것이 교묘히 만든 이야기를 따른 것이 아니요, 우리는 그의 크신 위엄을 친히 본 자라"(벧후 1:16)라고 하신 말씀이 복음서를 보는 열쇠다.

성경은 그 자체로 권위를 가지고 있다. 개인적인 견해가 뒤섞인 책으로 봐서는 안 된다.

복음서를 기록한 사람들은 누구인가?

마태복음 - 마태

마태는 예수 그리스도의 열두 제자 중 하나다. 그는 세리답게 사실들을 꼼꼼히 기록했다. 마태는 산술에 능하고, 상황 판단 능력도 갖추었다. 어부들과 달리 문장력이 있다. 그러나 마태 본인에 대한 기록이 극히 적다.

마가복음 - 마가

마가는 바나바의 조카이며 요한이라고도 불린다(행 13:5,13). 마가는 베드로의 통역관이자 믿음의 아들(벧전 5:13)로서 베드로에게 들은 것을 기록했기에 마가복음을 **'베드로의 복음'**이라고도 한다. 베드로가 예수 그리스도에 관해 증거한 내용을 마가복음에 그대로, 구체적으로 표현했다.

누가복음 - 누가

누가는 유일한 이방인 성경 기록자이다. 그는 또한 사도행전을 기록했다. 그는 "사랑을 받는 의사 누가"(골 4:14)로서 바울 전도팀의 건강을 돌보았다. 누가복음을 읽고 사도행전을 읽으면 연속성이 있다. 복음서 중에서 유일하게 시간순으로 기록된 편이다(행 1:1,2, 눅 1:1-4).

- 마태복음 - 경험한 예수
- 마가복음 - 베드로에게서 직접 들은 예수
- 누가복음 - 이방인으로서 사도들에게 들은 예수

요한복음 - 요한

요한은 예수께서 사랑하신 제자다. 그는 어부 출신이면서도 학자 출신 바울에 뒤지지 않는 지적인 통찰력과 심오한 철학적 사고를 가지고 있었다. 요한은 예수로부터 직접 듣고 배우고 본 바를 성령으로 이해하고 기록했다. 그는 또한 요한일, 이, 삼서와 요한계시록도 기록했다.

예수 그리스도가 오신 목적은 무엇인가?

복음서의 기록 목적을 보면 예수께서 이 세상에 오신 목적을 이해할 수 있다.

마태복음 – 예수 그리스도는 구약의 예언을 성취하기 위해 오셨다.

> 내가 율법이나 선지자를 폐하러 온 줄로 생각하지 말라. 폐하러 온 것이 아니요 완전하게 하려 함이라 마 5:17

> 이는 선지자 이사야를 통하여 하신 말씀을 이루려 하심이라 마 4:14

이 같은 내용이 마태복음의 여러 군데에서 반복된다(마 1:22, 2:15, 8:17, 12:21, 13:14,35, 21:4). 예수님은 구약의 예언의 말씀을 성취하기 위해 오셨다.

마가복음 – 예수 그리스도는 섬김을 받기 위해서가 아니라 도리어 섬기기 위해 오셨다.

인자가 온 것은 섬김을 받으려 함이 아니라 도리어 섬기려 하고 자기 목숨을 많은 사람의 대속물로 주려 함이니라 막 10:45

예수 그리스도는 하나님이시지만 섬김을 받으려고 오신 것이 아니라 오히려 종으로 섬기려고 오셨다.

누가복음 – 예수 그리스도는 세상을 구원하기 위해 오셨다.

인자가 온 것은 잃어버린 자를 찾아 구원하려 함이니라 눅 19:10

요한복음 – 예수 그리스도는 생명을 주기 위해 오셨다.

내가 온 것은 양으로 생명을 얻게 하고 더 풍성히 얻게 하려는 것이라 요 10:10

하나님나라에 대한 이해 - 복음서의 중심 주제

구약의 이해 - 하나님나라가 한 번에 다 이루어진다고 보았다(one time event).
신약의 이해 - 하나님나라가 두 번에 걸쳐 이루어진다고 보았다(two times events).

【 구약의 이해 - 한 번에 이루어진다. one time event 】

예수님의 오심으로 하나님나라가 단번에 완성된다.

【 신약의 이해 - 두 번에 걸쳐 이루어진다. two times events 】

예수님의 오심으로 하나님나라가 시작되고, 예수님의 다시 오심으로 어둠의 왕국은 패망하고 하나님나라가 완성된다.

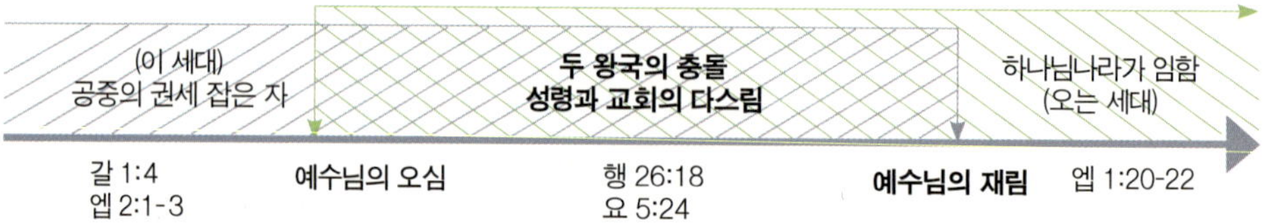

예수님 말씀의 형태

예수님은 말씀하실 때 주로 비유로 가르치셨다. 다양한 비유 형식을 사용하셨는데 그 이유는 첫째로 사람들이 알아듣기 쉽기 때문이다(막 4:33). 둘째로 하나님의 말씀에 순종하시고자 함이다(마 13:34,35).

또한 예수님은 의도적인 과장법의 명수셨다. 이는 사실을 부풀리려는 것이 아니라 강조하기 위함이었다. 가령, 마태복음 5장 29,30절과 마가복음 9장 43-48절에서 눈을 뽑고 팔과 다리를 자르라고 하신 것은 액면 그대로가 아니라 그 의도가 중요하다. 즉 죄를 야기할 만한 것들을 생활 속에서 과감하게 제거해버리라는 뜻이다.

복음서 이해하기(1)

성령께서 복음서를 기록하게 하실 때 시간별, 연대별보다는 되도록 주제별로 다루게 하셨다. 이것은 각 복음서가 가지는 관심과 목적을 잘 보여준다. 즉 복음서를 통해 우리에게 전하시는 메시지를 시간별, 연대별보다는 주제별로 관심을 갖기 바라서이다. 그러므로 성령께서 각각의 사건을 통해 우리에게 전하고자 하시는 메시지를 들어야 한다. 복음서를 이해하는 데 도움을 주는 자세는 수평적 사고와 수직적 사고를 하는 것이다.

1. 수평적으로 사고하라

수평적이란 특정 복음서에 나타난 사건을 다른 복음서에서 어떻게 바라보는가를 함께 살펴보는 것을 말한다(그러나 성령께서 각 책을 통해 말씀하시는 메시지를 놓쳐서는 안 된다). 수평적으로 살필 때 각 복음서의 독특성을 이해할 수 있다. 동일한 사건을 다른 복음서에서 바라보는 시각이 어떻게 다른가를 살펴야 한다. 이처럼 입체적으로 살펴볼 때 더 분명히 이해할 수 있다.

예1) 오병이어 사건을 다룸에 있어서 :

오병이어를 말하기 위해 사용된 단어의 수(NIV 성경 기준)
마태복음: 157
마가복음: 194
누가복음: 153
요한복음: 199

공관복음에서 공통적으로 사용한 단어의 수 : 53

요한복음과 나머지 세 복음서에 공통적으로 등장하는 단어의 수 : 8
(다섯, 두, 오천, 떡을 가지사, 열두 바구니 등)

예2) 중풍병자를 고치는 사건을 다룸에 있어서 :

마태복음 9:1-8
마가복음 2:1-12
누가복음 5:17-26
요한복음에는 기록이 없다.

요한은 독자적으로 서술한다.

다른 세 복음서는 상호 의존적이다.

각 복음서의 강조점과 관점을 살피라.

2. 수직적으로 사고하라

수직적 사고란 복음서를 살필 때 주어진 내용의 전후 문맥을 통해 이해하는 것을 말한다. 다음과 같은 질문을 통해 각각의 사건을 면밀히 살필 때 더욱 분명히 이해할 수 있다. '예수님은 누구를 대상으로 말씀하시는가? 제자들인가 아니면 군중인가? 예수님을 대적하는 자들인가 아니면 청중 모두인가? 예수님이 어떠한 역사적인 상황에서 말씀하시는가?'를 질문하며 그 배경을 살피고 말씀의 전후를 살핀다.

이런 사고는 우리의 관점을 넓혀주고, 예수님이 말씀하시는 메시지를 더욱 뚜렷이 이해하는 데 도움이 된다.

예1) 포도원 품꾼의 비유, 한 데나리온 마 20:1-16

"이른 아침, 제삼시, 제육시, 제구시, 제십일시, 저물매" - 이 시각들을 오늘의 시각으로 바꾸면 언세인가?(참조, 신약 시각에 6을 더하면 오늘의 시각이 나온다. 가령, 제삼시란 오전 9시를 말한다.)

이 말씀의 앞뒤에 하신 동일한 말씀(마 19:30, 20:16)은 어떤 의미가 있는가?

마태복음 19장 30절은 "그러나"로 시작하고, 마태복음 20장 16절은 "이와 같이"로 시작한다. 이러한 단어의 차이는 어떤 의미가 있는가?

이 비유를 통한 주님의 메시지는 무엇인가?

- 하나님나라의 대가는 공정 원칙을 따르지 않고 하나님의 은혜에 근거한다.
- 그 외에 또 다른 메시지는 없는가?

예2) 오병이어의 표적(마 14:13-21, 막 6:30-44, 눅 9:10-17, 요 6:1-14) **- 이 사건을 수평적, 수직적으로 살펴보자.**

수평적 사고 : 본문의 내용을 다른 복음서와 비교 대조하여 살펴본다.

무리를 보시는 목자이신 예수(요 6:5, 마 14:14, 막 6:34, 눅 9:10,11)

빌립, 안드레, 소년(요 6:5-9)

여기는 빈 들 : 공간적, 환경적 이유(마 14:15)

때도 이미 저물었다 : 시간적 이유(마 14:15)

"저들을 보내소서"(마 14:15) : 제자들의 해결책

"갈 것 없다. 너희가 먹을 것을 주라"(마 14:16, 눅 9:13) : 예수님의 해결책

"우리에게 있는 것은 떡 다섯 개와 물고기 두 마리뿐이니이다"(마 14:17, 눅 9:13, 막 6:38, 요 6:7-9) : 제자들의 반응 - 요한복음은 특히 빌립과 안드레의 행동에 주목하고 있다.

"그것을 내게 가져오라"(마 14:18) : 믿음은 마치 씨앗과 같다.

수직적 사고 : 전후 문맥을 통해 예수님이 처한 상황과 복음서 기자들이 처한 상황을 살펴본다. 이 사건이 있기 전의 상황 즉 마태복음 14장 13절 "예수께서 들으시고 배를 타고 떠나사 따로 빈 들에 가시니"를 주목해야 한다. 예수께서 무엇을 들으셨는가? 이것을 알기 위해서는 마태복음 14장 1-12절의 말씀도 살펴야 한다.

예수께서는 "들으시고" 왜 따로 빈 들에 가고자 하셨는가? 예수님의 마음은 어떠셨을까?
예수님의 마음을 이해하지 못하는 청중들이 몰려왔을 때 주님의 반응은 어떠셨는가?
오병이어 이후의 결과는 요한복음 6장 60-71절에만 기록되어 있다. 그 결과는 무엇인가? 왜 이런 결과가 있게 되었는가?

복음서 외에 다른 곳에 기록된 이와 유사한 장면을 살펴보면서 이해를 넓힌다.

- 과부의 기름(왕하 4:1-7)
- 과부의 떡 한 조각(왕상 17:12,13)

복음서 이해하기(2)

복음서는 전기가 아니다. 더구나 역사적 기록도 아니다. 복음서를 이런 관점으로 읽으면 혼란스러워진다. 복음서는 시간적 기록이 아니라 목적에 따라 기록되었다. 그렇다고 복음서가 역사적 기록물이 아닌 것은 아니다. 중요한 것은 성령께서 이와 같은 말씀의 배열을 통해 우리에게 무엇을 말씀하시고자 하는가 질문하는 것이다.
각 복음서는 예수님의 사역과 예수님의 말씀을 중심으로 기록되었다. 특정한 그룹에게 독특한 방법으로 예수님을 소개했다. 복음서는 전적으로 예수가 누구신지를 알게 하며, 믿고 생명을 얻게 하려 함이 주 목적이다(요 20:30,31).

> 우리 중에 이루어진 사실에 대하여 처음부터 목격자와 말씀의 일꾼 된 자들이 **전하여 준 그대로** 내력을 저술하려고 붓을 든 사람이 많은지라. 그 모든 일을 근원부터 자세히 미루어 살핀 나도 데오빌로 각하에게 차례대로 써 보내는 것이 좋은 줄 알았노니, 이는 각하가 **알고 있는 바를 더 확실하게 하려** 함이로라 눅 1:1-4

복음서 기자들은 성령의 주권적인 간섭 가운데 기록했다. 각 복음서는 선별과 배열과 각색의 원칙에 따라 기록되어서 복음서마다 주된 관점이 각각 부각된다.

마태복음은 예수의 족보에서부터 특별한 왕에게 경배하러 온 동방박사의 방문으로 시작한다. 다윗의 혈통을 이은 왕이신 예수 그리스도를 보여준다.
마가복음은 예수님이 세례를 받으심으로 시작한다. 섬기러 오신 종이신 예수를 보여준다.
누가복음은 세례 요한의 출생으로부터 아기 예수의 정결예식으로 시작한다. 예수님의 인성을 보여준다.
요한복음은 창조로 시작한다. 전적으로 예수님의 신성, 즉 그분이 하나님임을 보여준다.
마태복음과 **누가복음**은 예수님의 출생으로 시작한다. 그러나 그 배열 방식은 서로 다르다.
마태복음은 왕 되신 예수 그리스도를, **마가복음**은 종으로 오신 예수 그리스도를 대조적으로 보여준다.
누가복음은 사람으로 오신 예수 그리스도를, **요한복음**은 하나님이신 예수 그리스도를 대조적으로 보여준다. 왕과 종, 인성과 신성의 대조이다.

복음서는 예수님의 네 모습을 보여준다. 이것은 에스겔 1장 10절의 "네 얼굴"을 연상케 한다.

> 그 얼굴들의 모양은 넷의 앞은 사람의 얼굴이요 넷의 오른쪽은 사자의 얼굴이요 넷의 왼쪽은 소의 얼굴이요 넷의 뒤는 독수리의 얼굴이니 겔 1:10

- 마태복음 - **왕 : 사자** - 유다 지파의 사자
  메시아 특히 왕이신 예수, 원수를 멸하시며 하나님나라를 세우러 오신 예수
- 마가복음 - **종 : 사람** - 가장 단순하고 솔직하게 기록. 사실주의
  섬김을 받지 않고 섬기러 오신 예수, 우리의 삶의 모델이 되려고 오신 예수
- 누가복음 - **사람 : 소** - 희생제물, 온 세상을 구속하는 희생제물이신 예수
  온 세상을 구원하시려 사람으로 오신 예수
- 요한복음 - **하나님 : 독수리** - 높이 나는 새. 모든 피조물 중에 오직 독수리만이 태양을 직시할 수 있다.
  사람으로 오신 하나님, 하나님 아버지를 나타내려 오신 예수

【 4복음서 대조 】

	마태복음	마가복음	누가복음	요한복음
그리스도에 대한 관점	유대인의 왕/메시아	섬기는 종	사람의 아들	하나님의 아들
대 상	유대인	로마인	그리스인(헬라인)	열방
성 격	예언적	실제적	역사적	영적
핵심 단어	"이루어졌다"	"즉시"	"인자"	"믿으라"
중 점	설교	이적	비유	교리
예언적 측면	왕(슥 9:9)/사자	종(사 42:1)/사람	사람(슥 6:12)/소	하나님(사 40:9)/ 독수리
특 징	구약 예언의 성취	"즉시", "곧" x 40회 "놀라움" x 19회	완벽한 정보, 세세함	"믿음" 관련 어형 99회
핵심 구절	마 5:17	막 10:45	눅 19:10	요 20:30,31
시간적 관점	과거	현재	미래	영원

복음서 이해하기(3)

복음서는 시간적 순서에 따르지 않고 목적에 따라 기록되었다. 그렇다고 역사적인 시간과 공간을 무시하지 않았다. 독특한 스토리 전개 방식을 취한다. 복음서를 잘 이해하기 위해서는 **시간 개념과 공간 개념의 요소**를 보아야 한다. 시간 개념과 공간 개념은 마치 씨줄과 날줄처럼 얽혀있다.

시간 개념 예수님의 공생애 3년의 사역을 크게 시간적으로 구분하여 틀을 만드는 것이다. 시간 개념에서 중요한 것은 유월절 사건이다. 유월절은 1년에 한 번, 매년 4월에 있는 명절이다. 3년의 사역 중에 유월절이 네 번 지나간다. 이 절기를 기준으로 예수님의 사역을 살펴보는 것이다.

공간 개념 예수님 사역의 주 무대 공간인 지리적 위치를 살피는 것이다. 즉 예수님의 사역이 북부 갈릴리, 중부 사마리아, 남부 유대 예루살렘에서 어떻게 펼쳐지는지 살펴보는 것이다. 또한 유대인 중심의 사역과 사역지, 이방인 중심의 사역과 사역지도 살펴보아야 한다.

예루살렘은 예수님 사역의 중요한 위치로서 차지하는 비중이 크다.

예루살렘은 남 유다의 중심 도시이며 성전이 있는 곳이다. 정치, 경제, 교육, 종교의 중심지이다. 로마와 연관된 정치인들이 머무는 곳이며 로마의 문화가 접속된 곳이다. 바리새파와 사두개파, 서기관과 제사장 그룹이 활동하는 주 무대이다.

예루살렘 다음으로 중요한 장소는 가버나움이다. 가버나움은 예수님의 사역의 전략적 중심지다. 가버나움을 "본 동네"(His own city)라고 했다(마 9:1).

1. 예수님의 사생애, 30년

- 예수님의 족보

  마태복음 - 아브라함으로 시작하여 요셉까지 **내려옴**(마 1:1-17).

  누가복음 - 요셉에서 아담까지 거슬러 **올라감**. 결국 하나님까지 이름(눅 3:23-38).
- 예수님의 탄생

  마태복음 - 유대인의 왕이신 예수. 동방박사들이 와서 경배함(마 1:18-2:23).

  누가복음 - 하나님의 아들이신 예수. 목자들이 와서 경배함(눅 1:26-38, 2:1-20).
- 소년 예수님

  누가복음에만 기록되어 있다. 성장에 초점을 두었다. 12세에 성전에 가셨다(눅 2:40-52).

예수님의 사생애를 통해 알 수 있는 것들

사람으로 오신 예수님을 통해 이상적인 성장 모델을 제시한다(눅 2:52). 즉, 지적 영역의 성장, 육체적 영역의 성장, 영적 영역의 성장, 사회적 영역의 성장이 이루어져야 함을 보여준다. 이것은 또한 교육의 원리와 학습의 영역을 제시한다.

가족 특히 부모 공경의 중요성을 보여준다. 예수님은 가장으로서 가족, 특히 부모를 돌아보는 일에 많은 시간을 보내셨다. 디모데전서 5장 8절에 "누구든지 자기 친족 특히 자기 가족을 돌보지 아니하면 믿음을 배반한 자요 불신자보다 더 악한 자니라"라고 하셨다. 그러나 "무릇 내게 오는 자가 자기 부모와 처자와 형제와 자매와 더욱이 자기 목숨까지 미워하지 아니하면 능히 내 제자가 되지 못하고"(눅 14:26)라고 하신 말씀을 통해 영적 균형을 이루셨다. 이는 가족을 무시하라는 것이 아니라 우선순위와 삶의 목적을 말하고 있다.

노동의 가치와 중요성을 보여준다. 예수님의 직업은 목수였다.

목수이신 예수

사람으로 오신 하나님이 우리에게 본을 보이셨다. 목수가 되신 것은 노동자가 되심을 말한다. 목수이신 예수님은 일상생활에 필요한 의자, 탁자, 침대 등을 만드셨다. 기적이나 초자연적인 능력이 아닌 망치, 톱, 도끼, 까뀌 등으로 땀을 흘리면서 손수 만드셨다. 그것은 특별한 일이 아니라 일상적으로 반복되는 일이다. 자칫 지루하다고 여길 일이다.

주님은 목수로서 자신의 시간을 저급하고 비인간적인 영역으로 다루지 않으셨다. 주님은 노동이 가지는 가치를 친히 보여주셨다. 하나님의 창조에 참여하는 노동의 존엄성, 노동의 본질적인 기능과 가치를 되살려 놓으셨다. 일상적인 일들이 결코 인간의 존엄성이나 하나님의 존엄성을 손상시키는 것이 아니다. 기계적으로 반복해서 어쩔 수 없이 해야만 하는 일들이 아니라 부여하신 그분의 창조에 동참하는 고귀한 구속 행위이다.

노동은 결코 저주가 아니다. 하나님의 선물이다. 인간다움의 영광이요 표현이다. 하나님의 청지기로서 그분이 부탁하신 일, 맡기신 일을 경작하며 지키는 것이 얼마나 귀한가! 하루 종일 말씀을 전하고 기도하고 찬양하는 것과 모든 일을 마치고 집에 가서 설거지하고 청소하는 일을 결코 분리하지 말아야 한다. 다 거룩한 일이다.

오늘 하루 주님이 맡기신 일을 작업과 노동을 통해 성취하고, 더 나아가 나 자신의 수고와 노력으로 어느 정도 발전시켜 주님의 구원의 일에 동참하자. 날마다 순간마다 힘을 다하여 내게 맡겨진 일을 수행하여 나사렛 예수님이 보여주신 본을 따라 살자.

2. 예수님의 공생애, 3년

가버나움 중심이다. 예수님은 가버나움을 사역의 중심지로 삼으셨다.

유월절 중심이다. 예수님의 공생애 기간에 유월절이 네 번 있었다. 예수님은 세 번째 유월절을 제외하고는 유월절 때마다 예루살렘에 올라가셨다. 예루살렘 중심, 특히 성전 중심이다. 동시에 이방 지역에도 관심을 가지셨다.

제자훈련 중심이다. 예수님은 대중을 중심으로 사역하기보다는 제자들을 훈련시키는 데 중점을 두셨다. 때로는 제자들과 따로 시간을 가지며 가르치셨고, 때로는 대중과 함께 있을 때라도 제자훈련을 하셨다. 예수님의 훈련방식은 교실이 아니라 삶의 현장에서 가르치는 것이었다. 머리로, 지식으로만이 아니라 가슴으로, 삶으로 훈련시키셨다. 말이 아니라 삶으로 살아내는 것이 중심이다. 하나님나라는 말에 있지 않고 능력에 있다(고전 4:20).

예수님의 사역구조는 '가르치심'(teaching), '전파하심'(preaching), '고치심'(healing), '먹이심'(feeding)이다. 예수님의 사역구조는 사역의 모델이 된다. 오늘날 교회는 예수님의 가르치심을 통해 교육 사역을, 전파하심을 통해 복음 전파 사역을, 고치심을 통해 의료 사역을, 먹이심을 통해 구제 사역을 해나가고 있다.

1) 공생애의 시작, 첫 유월절 이전의 일들, 갈릴리

예수님의 사역은 세례 요한에게 세례 받으심으로 시작된다. 그때에 일어난 일들이 예수님의 공적 사역의 기반을 이룬다(마 3:13-17, 막 1:9-11, 눅 3:21,22).

세례 요한에게 물세례를 받으신 후에 성령의 이끄심을 받아 바로 광야로 나가셨다. 거기에서 40일 금식기도하시고 또한 마귀에게 시험을 받으셨다(마 4:1-11, 막 1:12,13, 눅 4:1-13). 이는 전적으로 우리를 위함이다(히 2:18, 4:14-16).

다섯 사람(안드레와 또 한 사람, 빌립, 나다나엘, 베드로)을 만나 제자로 삼으셨다(요 1:35-51).

첫 표적을 가나 혼인잔치에서 행하셨다(요 2:1-11).

가버나움에 내려가셨다(요 2:12).

2) 공생애 1년, 첫 유월절, 예루살렘에서 8개월 동안 머무심

예루살렘에 올라가 성전을 정결하게 하셨다(요 2:13-22). 예루살렘에 계시면서 이적을 행하셨다. 예수님이 행하시는 표적을 보며 많은 사람들이 질문했다. '예수는 누구인가?' 그리고 '과연 하나님의 아들이시다'라며 그의 이름을 믿었다(요 2:21-25). 니고데모의 방문을 받으셨다. 그는 산헤드린 공회 의원이며 바리새인으로 하나님나라에 대한 관심을 가졌다(요 3:1-21).

예루살렘을 떠나 갈릴리로 가셨다(요 4:3).

3) 예루살렘에서 갈릴리로 가실 때에 사마리아를 통과하심

사마리아 여인을 만나셨다(요 4:1-42). 일반적으로 유대인들은 남부 유대에서 북부 갈릴리로 갈 때 사마리아를 통과하지 않고 우회했다. 그러나 예수님은 의도적으로 사마리아를 통과하셨다.

4) 공생애 1년 말, 갈릴리 사역

갈릴리 가나에서 왕의 신하의 아들을 고치셨다(요 4:43-54). 세례 요한의 사역이 그쳤다.

고향 나사렛에 가셨다가 가버나움으로 돌아오셨다(마 4:13-17, 13:53-58, 막 6:1-6, 눅 4:16-30).

제자들을 다시 부르심으로 본격적인 복음 전파 사역을 시작하셨다(마 4:18-22, 막 1:16-20). 제자들을 전문 사역자로 부르셨다. 완전한 헌신을 요구하셨다. 파트타임 사역자에서 풀타임 사역자로 부르셨다. 베드로는 예수님과 함께 예루살렘에서 8개월간 사역하고 다시 갈릴리로 돌아와서 자기의 사역을 했다. 그리고 어부의 사역을 하다가 전적으로 헌신하도록 부르심을 받았다(눅 5:1-11).

5) 공생애 2년, 두 번째 유월절, 예루살렘 사역
- 4개월 후 갈릴리에서 예루살렘으로 다시 오심

베데스다 연못에서 38년 된 병자를 고치셨다(요 5:1-9).

요한복음은 예수님의 예루살렘 사역에 초점을 두었다.

6) 공생애 2년 말, 두 번째 유월절 이후, 갈릴리 사역

이번에는 예루살렘에 짧게 계시고 다시 갈릴리로 돌아오셨다.

열두 제자를 불러 임명하셨다(마 10:1-4, 막 3:13-19, 눅 6:12-16). 처음부터 열두 제자를 부르신 것이 아니라 신중하게 시간을 두고 한 사람, 한 사람 살피신 후에 밤새 기도하시고 여러 제자들 중에서 열두 명을 확정하셨다.

산상수훈(마 5장-7장)을 가르치심. 모세가 시내 산에서 십계명을 받았듯이 예수께서 감람 산에서 산상수훈을 가르치셨다. 이는 근본적으로 십계명과 같은 내용이니, 즉 하나님 사랑, 이웃 사랑이다. 신구약의 대칭을 본다.

백부장의 종을 고치시고(눅 7:2-10) 나인 성 과부의 아들을 살리셨다(눅 7:11-17).

세례 요한의 질문, "오실 그이가 당신입니까?"(눅 7:18-30)

혈루증 앓는 여인을 고치시고, 회당장 야이로의 죽었던 딸을 살리셨다(눅 8:40-56).

7) 공생애 3년(1), 세 번째 유월절에는 예루살렘에 가지 않으시고 계속 갈릴리 사역

이 기간에도 대중 사역보다는 제자훈련에 더 집중하셨다. 갈릴리 윗지방에 더 많이 계셨다. 두로와 시돈(지중해안 이방인의 땅), 데가볼리(갈릴리 동쪽 이방인의 땅), 빌립보 가이사랴(헐몬 산 줄기), 변화산 등. 짧은 몇 구절로 기록되어 있지만 실제로는 약 11개월의 기간이다. 이 기간에 주님은 제자훈련에 치중하셨다(마 15:21, 막 7:31).

떡 다섯 개와 물고기 두 마리(오병이어)로 5,000명을 먹이셨다(요 6:1-13, 마 14:13-21, 막 6:30-44, 눅 9:10-17).

바다 위를 걸으셨다(마 14:22-34, 막 6:45-52, 요 6:16-21).

장로들의 전통에 대해 말씀하셨다(막 7:1-23).

수로보니게 여인의 믿음을 칭찬하시고 그의 딸을 자유하게 하셨다(마 15:21-28, 막 7:24-30).

떡 일곱 개와 생선을 가지고 축사하신 후에 4,000명을 먹이셨다(마 15:32-39, 막 8:1-10).

빌립보 가이사랴에서 베드로의 신앙고백이 있었다(마 16:13-20, 막 8:27-30, 눅 9:18-21).

변화산에서 모세와 엘리야가 영광스러운 모습으로 변화되신 예수님과 함께 말했다(마 17:1-8, 막 9:2-8, 눅 9:28-36).

8) 공생애 3년(2), 예루살렘으로 향하심

갈릴리를 떠나 예루살렘으로 향하는 6개월의 여행 기간. 이 시기는 중점적인 제자훈련의 연속이었다.

사마리아를 통과하셨다(눅 9:51-56).

제자가 되기를 원하는 세 사람에게 제자도를 가르치셨다(눅 9:57-62).

70인 전도대를 세우사 친히 가시려는 각 동네와 지역으로 둘씩 파송하셨다(눅 10:1-16).

9) 공생애 3년(3), 예루살렘 사역

예루살렘 성전에서 가르치셨다(요 7:14-8:59).

마리아와 마르다의 집에 방문하셨다(눅 10:38-42).

소경의 눈을 고치셨다. 실로암 못에 가서 씻으라고 하셨다(요 9:1-7).

수전절에 목자와 양에 대한 설교를 하셨다(요 10:1-30).

나사로를 살리셨다. 십자가에서 돌아가시기 3개월 전이다(요 11:1-44).

10) 공생애 3년(4), 베레아 사역, 3개월

18년간 허리가 꼬부라진 여인을 고치셨다(눅 13:10-17). 수종병 든 사람을 고치셨다(눅 14:1-6).

십자가의 도, 제자의 도를 가르치셨다(눅 14:25-35).

비유로 말씀하셨다. 잃은 양, 잃은 은전, 잃었던 탕자, 불의한 청지기, 부자와 거지 나사로(눅 15장-16장), 베레아의 세리와 죄인들에게, 동시에 바리새인과 서기관들에게 말씀하셨다.

다시 예루살렘으로 오는 길에 여리고에서 삭개오를 만나셨다(눅 19:1-10).

11) 고난주간, 네 번째 유월절, 예루살렘 성전 중심

토요일, 예루살렘 성밖 베다니 마리아의 집에 머무셨다. 마리아의 향유(요 12:1-8).

일요일, 종려주일-나귀 타고 예루살렘 성에 입성하셨다(마 21:1-11, 눅 19:29-44, 요 12:12-19).

월요일, 두 번째로 성전을 정결하게 하셨다(막 11:15-19). 열매 없는 무화과나무를 저주하셨다(마 21:18-22).

화요일, 종교지도자들의 질문에 답변하셨다(마 21:12-25:46).

수요일, 기록 없음

목요일, 유월절 만찬, 감람 산 기도, 잡히심, 철야 심문, 베드로의 부인(마 26:17-75).

금요일, 빌라도의 재판, 고난 당하심, 십자가를 지심, 달리심, 죽으심(마 27:1-66, 요 18장-19장).

12) 부활하심과 승천하심, 요 20장 - 제자들과의 사역이 중점

진공 상태에 빠진 제자들 : 방향성 상실, 사명 상실, 의욕 상실

부활하신 후 제자들에게 사명을 주셨다(요 20:21-23, 21:15-19, 마 28:18-20, 막 16:15). 기독교 문명개혁 운동의 시작이다. 구체적인 행동지침을 주셨다. '예루살렘을 떠나지 말라', '약속을 기다리라'(눅 24:44-49, 행 1:1-8).

감람 산, 예루살렘 근교에서 승천하셨다(눅 24:50-53, 행 1:9-12).

【 예수님의 사역 】

구분			내용
사생애 30년			예수님의 족보(마 1:1-17, 눅 3:23-38), 예수님의 탄생(마 1:18-2:12, 눅 2:1-20), 하나님께 바쳐짐(눅 2:22-38), 동방박사들의 경배(마 2:1-12), 애굽으로 피신(마 2:13-18), 소년 예수님 - 12세 때 성전에 가심(눅 2:41-52)
공생애 3년	1	공생애 시작 첫 유월절 이전 갈릴리	세례 요한에게 세례를 받으심(마 3:13-17, 막 1:9-11, 눅 3:21,22) 40일 금식기도(마 4:1-11, 막 1:12,13, 눅 4:1-13). 다섯 제자를 만나심 (요 1:19-51). 가나의 혼인잔치(요 2:1-11). 가버나움에 내려가심(요 2:12)
	2	공생애 1년 첫 유월절 예루살렘 (8개월 머무심)	예루살렘에 올라가 성전을 정결하게 하심(요 2:13 - 22) 표적/이적을 행하심 - '예수는 누구인가?', '과연 하나님의 아들이시다' 니고데모의 방문(요 3:1-21). 예루살렘을 떠나 다시 갈릴리로 가심(요 4:3)
	3	사마리아	예루살렘에서 갈릴리로 가실 때에 사마리아를 통과하심 - 사마리아 여인을 만나심(요 4:1-42)
	4	공생애 1년 말 갈릴리	갈릴리 가나에서 왕의 신하의 아들을 고치심(마 8:5-13, 요 4:43-54) 고향 나사렛에 가셨다가 가버나움으로 오심(마 13:53-58, 막 6:1-6, 눅 4:16-30) 제자들을 다시 부르시고 본격적인 사역 제자들을 부르심 - 파트타임에서 풀타임으로 헌신을 요구하심
	5	공생애 2년 두 번째 유월절 예루살렘(4개월) - 갈릴리	예루살렘에서 4개월간 사역 후 다시 갈릴리로 오심 요한복음은 예수님의 예루살렘 사역에 초점 베데스다 연못에서 38년 된 병자 고치심(요 5:1-9)
	6	공생애 2년 말 예루살렘(짧게) - 갈릴리	예루살렘에는 짧게 계시고 다시 갈릴리로 돌아오심 열두 제자를 불러 임명하심(마 10:1-4, 막 3:13-19, 눅 6:12-16) - 처음부터 열두 명 을 부르신 것이 아니라 신중하게 시간을 두고 살피시고 확정. 산상수훈(마 5장-7장) 백부장의 종 고치심, 나인 성 과부의 아들 살리심(눅 7:2-17), 혈루증 여인 고치심, 회당장 야이로의 딸을 살리심(눅 8:40-56)
	7	공생애 3년(1) 세 번째 유월절 갈릴리	세 번째 유월절에는 예루살렘에 가지 않으시고 계속 갈릴리 사역 - 대중 사역보다는 제자훈련에 집중하심 갈릴리 윗지방에 더 많이 계심 - 두로와 시돈과 데가볼리(이방인의 땅), 빌립보 가이사랴 (헐몬 산 줄기), 변화산 등(약 11개월의 기간). 오병이어(요 6:1-13). 물 위를 걸으심(마 14:22-34). 베드로의 신앙고백(마 16:13-20). 변화산(눅 9:28-36)
	8	공생애 3년(2) 예루살렘으로 향하심	갈릴리를 떠나 예루살렘으로 향하는 6개월간의 여행 - 중점적인 제자훈련의 연속 사마리아를 통과하심(눅 9:51-56). 제자도(눅 9:57-62). 70명의 전도대 - 베레아 지방에 파송(눅 10:1-16)
	9	공생애 3년(3) 예루살렘 사역	성전에서 가르치심(요 7:14-8:59). 마리아와 마르다(눅 10:38-42). 소경을 고치심 (요 9:1-7). 목자와 양에 대한 설교(요 10:1-30). 죽은 나사로를 살리심(요 11:1-44)
	10	공생애 3년(4) 베레아(3개월)	치유 - 18년간 꼬부라진 여인(눅 13:10-17), 수종병 등(눅 14:1-6) 비유 - 잃은 양, 잃은 은전, 잃었던 아들, 불의한 청지기, 부자와 나사로(눅 15장-16 장). 예루살렘 오시는 도중 삭개오를 만나심(눅 19:1-10)
	11	고난주간 네 번째 유월절 예루살렘 성전 중심	예루살렘 성밖 베다니에 머무시며 성전 중심의 사역, 마리아의 향유(요 12:1-8) 종려주일 - 입성(눅 19:29-44). 두 번째 성전 정결. 만찬, 잡히심, 고난 당하심, 베드로 의 부인(마 26:17-75). 십자가에 달려 죽으심, 장사 지냄(마 27:1-66, 요 18장-19장)
	12	부활하심 승천하심	진공 상태의 제자들 - 방향성, 의욕, 사명의 상실 - 만나서 사명을 주심(요 20:21-23, 21:15-19). 구체적인 지침 - 성령을 받고 증인이 되라. 지상대명령(마 28:18-20). 예루살렘 근교 감람 산에서 승천하심

❖ 마태복음(Matthew) 예수님의 왕 되심

마가와 누가는 세리 레위의 부르심에 대해서는 언급하지만 그가 사도 마태임을 언급하지는 않는다(막 2:14, 눅 5:27). 그러나 마태복음은 그의 부르심은 물론(마 9:9) 그가 사도 중 한 명임을 밝히고 있다(마 10:3).

마태복음은 유대인을 대상으로 기록된 복음서이다. 유대인들에게 예수님이 메시아이심을 전하여 믿게 하는 것이 목표이다. 그래서 구약을 많이 인용하며 '구약에서 예언하고 있는 그 메시아가 바로 예수님'이심을 전하고 있다. 예수의 이야기는 예수로 시작하지 않는다. 그것은 창세 전부터 준비된 하나님의 구원의 일이다(벧전 1:20). 구약 전체의 주제이며 역사를 통해 진행되어 왔다. 그리고 이제 예수를 통하여 완성되었다. 교회에 대한 언급은 오직 마태복음에만 있다(마 16:13-19). "이 반석 위에 내 교회를 세우리니"(마 16:18). 마태복음은 하나님나라에 대하여 강조하고, 교회가 하나님나라의 완성을 위한 파트너임을 보여준다. 종말론에 관해서 마태복음은 제일 많이, 다른 어느 복음서보다도 자세하게 말씀하고 있다.

마태복음의 구조

마태복음은 주도면밀하게 구성된 책이다. 성령께서 꼼꼼하고 체계적이며 정리를 잘하는 전직 세리 마태가 그의 은사를 유감없이 발휘하도록 이끄시며 복음서를 기록하게 하셨다.

구조 1

마태복음은 예수님의 설교 다섯 편을 중심으로 구성되며, 크게 다섯 개의 주제군이 있다. 각 주제군에는 "예수께서 이 모든 말씀을 마치시매…"의 결론이 있다(마 7:28,11:1,13:53,19:1, 26:1). 이주제군은 모세5경과 유사하다. 가장 큰 주제는 하나님나라 즉 메시아와 메시아 왕국이다.

마태복음 – 왕으로 오신 예수 그리스도(마 1:21)

하나님나라의 시작	하나님나라의 사역자	하나님나라의 비유	하나님나라의 기반과 질서	하나님나라의 완성
창세기	출애굽기	레위기	민수기	신명기
1:1-7:29	8:1-11:1	11:2-13:53	13:54-19:1a	19:1b-28:20
왕의 족보(1장) 왕의 탄생(2장) 왕의 준비(3장-4장) 왕국의 법(5장-7장)	왕의 사역(8장-9장) 왕의 사역자(10장)	왕의 사역 : 거절, 수용, 능력 (11장-12장) 왕국의 비유(13장)	그의 백성을 먹이시고 돌보심 (14장-15장) 왕국 기반(16장) 영화로운 왕의 모습(17장) 왕국 질서(18장)	왕의 입성(21장) 왕의 책망(23장) 종말론(24장) 왕의 고난과 죽음, 부활(26장-28장) 왕의 명령(28장)
"예수께서 이 모든 말씀을 마치시매…"(마 7:28,11:1,13:53,19:1, 26:1)				

구조 2

마태복음의 또 다른 구조는 4장 17절과 16장 21절 "이때부터 예수께서 비로소 전파하여 이르시되…"(from that time on Jesus began to preach…)라는 말씀을 중심으로 다음과 같이 크게 세 개의 주제군으로 구성할 수 있다.

이때부터 예수께서 비로소 전파하여 이르시되, '회개하라 천국이 가까이 왔느니라' 하시더라 마 4:17

이때로부터 예수 그리스도께서 자기가 예루살렘에 올라가 장로들과 대제사장들과 서기관들에게 많은 고난을 받고 죽임을 당하고 제삼일에 살아나야 할 것을 제자들에게 비로소 나타내시니 마 16:21

(1) 마 1:1-4:16 왕과 왕의 나라가 준비됨

(2) 마 4:17-16:20 왕의 나라의 원칙들

(3) 마 16:21-28:20 왕 되심을 나타내심

하나님나라는 정치적인 힘에 의해서가 아니라 고난과 십자가의 죽음, 부활로 이루어진다.

【 마태복음 - 왕으로 오신 메시아 】

왕과 왕의 나라가 준비됨	왕의 나라의 원칙들	왕 되심을 나타내심
1:1-4:16	**4:17-16:20**	**16:21-28:20**
1 족보(1장) 2 왕의 오심(1장-2장) - 누가 왕이냐(2장) 3 왕의 길을 예비함(3장) 4 의를 이루심(4장) - 세례 받으며, 시험받으심	1 왕국 시민법(5장-7장) 2 왕의 신임장(8장-9장) 3 왕의 사신(10장) 4 왕의 능력(11장-12장) 5 하나님나라의 비유1(13장) 6 그의 백성을 먹이심(14장-15장) 7 왕의 신하의 고백(16장)	1 변화산(17장) 2 하늘 아버지의 뜻(18장) 3 왕의 입성(21장) 4 말세의 징조와 주의 임하심(24장) 5 하나님나라의 비유2(25장) 6 하나님나라의 완성(26장-28장) - 고난, 십자가, 부활 7 왕의 명령(28장)
마 4:17 이때부터 예수께서 비로소 전파하시다 마 16:21 이때부터 예수께서 비로소 나타내시다		

왕의 나라가 준비되다	왕의 나라가 반포되다	왕의 나라가 확립되다
그의 오심 그의 겸손 **성경의 예언을 통해서**	그의 능력으로	십자가의 고난, 죽으심, **부활을 통해서**
'임마누엘'이 처음(마 1:23)과 끝부분(마 28:20)에 나타나고 있다. '7'-7가지 간구(6장), 7가지 비유(13장), 7가지 설교(23장)		

마태복음의 메시지

1. 예수 그리스도의 족보(마 1:1-16) : '족보'는 '톨레돗'(히), '제네시스'(헬), 'Genealogy'(영)다.

예수 그리스도의 이야기는 예수로 시작하지 않는다. 아브라함으로부터 시작한다. 하나님은 이미 오래전부터 그의 구원의 계획을 이루고자 일하셨다. 창세기부터 시작된 구약성경의 모든 것은 온 땅에 대한 하나님의 구원으로 모아진다. 그리고 신약을 여는 첫 번째 책 마태복음의 시작에서 하나님의 비밀이 드러난다. 곧 예수다.

에베소서 3장 2절은 "하나님의 그 은혜의 경륜"이라고 했고, 3장 4절은 "그리스도의 비밀"이라고 했다.
골로새서 2장 2절은 "하나님의 비밀인 그리스도"라고 했다.
갈라디아서 4장 4절은 "때가 차매 하나님이 그 아들을 보내사"라고 했다.

"아브라함과 다윗의 자손 예수 그리스도"(마 1:1) - 영어성경을 그대로 번역하면 '아브라함의 아들, 다윗의 아들 예수 그리스도'다.
'아브라함의 아들'은 이삭이다. '다윗의 아들'은 솔로몬이다. 즉, 이삭과 솔로몬은 우리 주 예수 그리스도의 모습을 잘 드러낸다.

1) 아브라함의 아들 이삭에게서 볼 수 있는 예수 그리스도의 모습

모리아 산에서 아버지에게 순종하며 번제로 드려지는 아들 이삭의 모습에서 갈보리 언덕에서 아버지의 뜻에 순복하여 십자가에 죽으신 예수 그리스도의 모습, 나의 구주, 나의 구속자의 모습을 발견한다. 아브라함이 이삭의 신붓감을 구하기 위해 종을 멀리 보내 리브가를 데리고 와서 결혼하는 장면에서 신랑이신 예수 그리스도와 신부 된 교회의 모습을 발견한다.

2) 다윗의 아들 솔로몬에게서 볼 수 있는 예수 그리스도의 모습

솔로몬의 지혜를 보면서 예수 그리스도 안에 있는 지혜를 본다. 잠언 8장(지혜의 장)에서 "누구든지 내게 들으며 날마다 내 문 곁에서 기다리며 문설주 옆에서 기다리는 자는 복이 있나니"(34절)라고 하심은 지혜 자체이신 예수께서 우리를 초청하시는 것이다. 예수 그리스도를 알 때 지혜가 생긴다. 솔로몬의 성전 완성을 통해 교회를 세우시는 예수 그리스도를 발견한다.

예수 그리스도의 족보를 통해 하나님의 메시지를 듣자!

예수 그리스도의 족보에서 특이한 점은 여인들이 족보에 등장한다는 점이다. 일반적으로 족보에 여성의 이름을 언급하지 않기에 매우 이례적이다. 그것도 다섯 명이나 된다. 다말, 라합, 룻, 우리야의 아내, 그리고 마리아다. 그런데 예수의 어머니 마리아 외에는 이들의 어떤 면이 그 이름을 예수님의 족보에 오르게 했는지 언뜻 납득이 되지 않는다. 이들을 살펴보자.

다말(마 1:3)은 유다의 아내가 아니라 며느리다. 그런데 이들 사이에서 난 아들이 예수님의 족보에 조상으로 기록된다. 비정상적인 관계다. **라합**(마 1:5)은 여리고 성의 기생이다. 가나안 여인이며 도덕적으로 결함이 있다. **룻**(마 1:5)은 모압 여인이다. 하나님은 암몬과 모압 족속의 어느 누구도 하나님의 총회에 들어오지 못하게 하셨다(신 23:3,4). 이스라엘이 가나안으로 가는 여정을 이들이 방해했기 때문이다. 다음에 등장하는 여인이 **밧세바**(마 1:6)다. 마태복음에는 그 이름을 부르지 않고 "우리야의 아내"라고 했다. 이런 배경에도 불구하고 이들은 예수 그리스도의 족보에 이름이 올랐다. 하나님이 죄인을 구하러 예수 그리스도를 보내실 때에 완벽한 사람들을 사용하지 않고 죄인들을 사용하셨다.

1) 기독교는 용서의 종교다. 예수님의 족보는 신약의 관문이다. 하나님의 놀라우신 긍휼의 사랑, 죄인을 용서하시는 사랑을 볼 수 있다. 어떤 사람이라도 회개하고 믿으면 하나님나라로 들어오게 하신다.

> 여호와께서 말씀하시되, '오라, 우리가 서로 변론하자. 너희의 죄가 주홍 같을지라도 눈과 같이 희어질 것이요, 진홍같이 붉을지라도 양털같이 희게 되리라' 사 1:18

> 내가 네 허물을 빽빽한 구름같이, 네 죄를 안개같이 없이하였으니 너는 내게로 돌아오라. 내가 너를 구속하였음이니라 사 44:22

> 주와 같은 신이 어디 있으리이까. 주께서는 죄악과 그 기업에 남은 자의 허물을 사유하시며, 인애를 기뻐하시므로 진노를 오래 품지 아니하시나이다. 다시 우리를 불쌍히 여기셔서 우리의 죄악을 발로 밟으시고 우리의 모든 죄를 깊은 바다에 던지시리이다 미 7:18,19

2) 죄인의 죄를 용서하실 뿐 아니라 하나님의 가족으로 입양하시고 예수 그리스도를 나타내는 통로가 되게 하셨다. 은혜로 사명을 주셨다.

> 하나님이 우리를 구원하사 거룩하신 소명으로 부르심은 우리의 행위대로 하심이 아니요 오직 자기의 뜻과 영원 전부터 그리스도 예수 안에서 우리에게 주신 은혜대로 하심이라 딤후 1:9

3) 하나님은 교회 공동체를 통해 이 세상에 그분의 사랑을 나타내기 원하신다. 우리는 세상의 빛이요 소금이다(마 5:13-16). 우리는 그리스도의 향기요(고후 2:15), 그리스도의 편지요(고후 3:3), 그리스도의 사신이다(고후 5:20).

4) 예수 그리스도의 족보는 하나님나라가 얼마나 넓은지 보여준다. 교회는 하나님나라의 지점이다. 교회를 통해 하나님나라가 보인다. 우리의 교회에 현대판 유다와 다말, 그리고 두 아들(베레스와 세라)이 참석하면 어떻게 반응하겠는가? 요란한 화장에 낯뜨거운 복장의 라합이 들어온다면? 이들을 주 예수 그리스도의 사랑으로 환영할 수 있는가? 죄인이 아니라 용서받은 가족으로, 형제로 받아줄 수 있는가?

> 새 계명을 너희에게 주노니, 서로 사랑하라. 내가 너희를 사랑한 것같이 너희도 서로 사랑하라. 너희가 서로 사랑하면 이로써 모든 사람이 너희가 내 제자인 줄 알리라 요 13:34,35

주 예수 그리스도의 이름으로 모이는 교회는 문턱이 없다. 장벽이 없다. 언어, 문화, 피부, 배경, 국경, 지역을 넘어선다. 사랑의 공동체다.

2. 마태복음에서 강조하는 또 하나의 주제: '하나님이 선지자로 하신 말씀을 이루려 하심이라'

예수님은 그의 모든 삶과 사역에 관한 결정에 있어서 전적으로 말씀에 순종하셨다. 그분은 모든 행동을 오직 '말씀이 성취되기 위해' 결정하셨다. 이런 독특한 면을 마태복음은 여섯 번의 특별한 상황으로 기록한다.

1) 예수께서 거주지를 가버나움으로 옮기셨다(마 4:12-16). 예수님은 원하는 지역을 거주지로 삼지 않으셨다. 교통, 교육, 문화생활, 환경이 기준이 아니라 오직 하나님의 말씀을 따라서 정하셨다. 그렇다면 우리는 어디서 살아야 하는가? 나의 거주지 선택의 기준은 무엇인가?

2) 예수님의 사역의 형태는 치유사역이었다(마 8:16,17). 인기 있는 사역을 택하지 않으셨다. 오직 말씀을 따라 순종하셨다. 그렇다면 우리는 어떻게 살아야 하는가?, 무엇을 해야 하는가? 나의 직업 선택, 사역 형태의 기준은 무엇인가?

3) 예수님은 사역을 통해서 자기를 나타내지 않으셨다(마 12:15-21). 명성이나 성공, 사람들에게 인정을 받는 것에 관심이 없으셨다.

4) 예수님은 오직 비유로 가르치셨다(마 13:34,35). 비유로 말씀하시는 것을 좋아하시거나 그것만 잘하셔서가 아니다. 오직 그런 형태로 전하라는 말씀에 순종하기 위해서다.

5) 종려주일에 예루살렘에 나귀를 타고 입성하셨다(마 21:1-5). 예수님은 만왕의 왕, 만주의 주이시다. 그는 백마를 타고 들어가실 수 있었음에도 작고 보잘것없는 나귀를 타고 입성하셨다. 전적으로 하나님의 말씀에 순종하셨다.

6) 예수님은 순종의 하이라이트다(마 26:51-54). 예수님은 스스로 붙잡히셨다. 심지어 예수님을 붙잡으러 온 말고의 떨어진 귀를 붙여주셨다. 얼마든지 천군천사를 동원할 수 있으셨으나 아주 힘없는 자처럼 붙잡히시고 고난을 당하시고 십자가에서 죽으셨다. 오직 하나님의 뜻을 따라 행하셨다.

이 말씀들을 통해 예수님이 하나님 아버지께 전적으로 순종하시고, 의존하셨으며, 오직 하나님 아버지를 영화롭게 하고자 하는 한 가지 목적으로 사셨음을 알 수 있다.

내가 스스로 아무것도 하지 아니하고 오직 아버지께서 가르치신 대로 이런 것을 말하는 줄도 알리라. 나를 보내신 이가 나와 함께하시도다. 나는 항상 그가 기뻐하시는 일을 행하므로 나를 혼자 두지 아니하셨느니라 요 8:28,29

아버지께서 내게 하라고 주신 일을 내가 이루어 아버지를 이 세상에서 영화롭게 하였사오니 요 17:4

구약의 예언의 말씀이 어떻게 성취되었는지 자세히 언급하여 예수께서 메시아이심을 보여준다.

'하나님이 선지자로 하신 말씀을 이루려 하심이라'		
마 1:22,23	메시아가 동정녀를 통해 오심	사 7:14
마 2:5,6	베들레헴에서 태어나심	미 5:2
마 2:14,15	애굽으로 피난 가심	호 11:1, 출 4:22
마 2:16-18	사내아이들이 헤롯에게 죽임을 당함	렘 31:15, 33:15
마 2:23	나사렛에서 사심	시 22:6-8, 69:8,20,21, 사 49:7, 53:2,3,8, 단 9:26

우리 이전에 일어난 모든 일이 예수 안에서 완성될 뿐 아니라 우리도 예수 안에서 완성된다는 것을 알 수 있다. 매일 아침 잠에서 깰 때마다 우리는 이미 시작된 일, 오랫동안 진행되어 온 일 한가운데 있다… 우리는 우연의 산물도 아니고 군더더기처럼 불필요한 존재도 아니다. 이 이야기 속에서 우리는 우리 인생의 방향을 발견하고, 우리 삶에 대한 설명과 확신까지 찾게 된다.

— 메시지성경, 마태복음 머리말 중에서

【 산상수훈의 주요 내용 열 가지 】

1	팔복	마 5:3-12	하나님나라의 시민이 받는 복
2	소금과 빛	마 5:13-16	세상에 영향을 주는 그리스도인의 삶
3	참된 의로움	마 5:17-48	율법의 참된 의미
4	위선이 없는 실천	마 6:1-18	구제, 기도, 금식의 올바른 동기
5	그리스도인의 관심사	마 6:19-34	하나님을 섬기는 올바른 목적
6	판단에 대한 경고	마 7:1-6	이웃을 판단하지 말라
7	기도의 삶으로 초대	마 7:7-12	기도의 복과 특권
8	두 길	마 7:13,14	넓은 길과 좁은 길
9	나무와 그 열매	마 7:15-20	열매로 나무를 알라
10	행동의 중요성	마 7:21-29	하나님을 향한 순종

비유장 - 천국의 비유 일곱 가지(마 13장)

1. 씨 뿌리는 비유(마 13:3-9,18-23)

네 종류의 밭의 상태에 따라 뿌려진 씨앗의 열매가 각각 다르다.
밭은 마음을, 씨는 하나님의 말씀을 가리킨다.

길가와 같은 땅 : 사람들이 주로 다니는 땅이어서 딱딱하다. 씨가 떨어져도 땅속으로 들어가지 못하고 땅 위에 그대로 있다. 그래서 새들이 와서 먹어버린다. 세상으로 가득한 마음, 딱딱한 마음, 닫힌 마음이다. 세속적 마음가짐으로 쾌락을 즐긴다. 게으름, 오만함, 두려움, 무관심의 마음 상태다. 이런 마음 상태를 지닌 사람은 말씀을 들어도 마음으로 내려가지 못하고 귀로 들어와 귀로 나간다.
돌밭 : 겉은 흙이지만 돌이 밑에 깔려있다. 씨가 흙에 떨어지면 싹이 나고 줄기가 자란다. 그러나 뿌리가 깊지 못하기에 뜨거운 햇볕을 감당하지 못한다. 곧 말라 죽는다. 이런 마음은 피상적인 믿음의 소유자다. 감정적으로 쉽게 뜨거웠다가 금세 식는다. 주전자 뚜껑 같은 믿음이다. 물이 끓어오르면 뚜껑을 펄썩이며 난리를 피운다. 그러나 불을 끄면 곧 가라앉는다. 말씀이 없다. 말씀에 뿌리를 내리지 않았기 때문이다. 대가를 지불할 마음이나 희생할 마음이 없다. 제자도를 알아야 한다. 마태복음 10장은 제자도를 말해준다.
가시떨기 밭 : 복잡한 생각과 삶의 마음 상태다. 세상의 염려와 걱정으로 가득하다. 재물의 유혹으로 마음이 분산되어 있다. 말씀을 들어도 이 같은 것들에 막혀서 열매를 맺지 못한다.
좋은 땅 : 착하고 좋은 마음으로 말씀을 듣고 지키어 인내로 결실하는 것을 의미한다(눅 8:15). 착하고 좋은 마음이란 갈급함, 간절함, 열린 마음, 부드러운 마음을 말한다. 이런 마음을 가진 사람은 말씀을 듣고 깨닫는다. 말씀을 머리가 아닌 심장으로 받아들인다. 그리고 복음을 따라 순종하여 행한다.

2. 가라지 비유(마 13:24-30,36-43)

곡식과 가라지는 너무 닮아서 구분이 쉽지 않다. 그러나 열매는 확실히 다르다. '가라지'를 제거하려고 애쓰지 말고 추수 때까지 기다리라. 열매를 거두고 나머지는 태워버리면 된다. 그러므로 추수 때까지 기다리는 것이 필요하다. 농부는 가라지가 있다는 것을 안다. 그러나 곡식을 위해 가라지를 추수 때까지 둔다.
너무 쉽게 판단하지 말고 주께 맡기라. 편협, 배타심, 남을 쉽게 판단하는 마음을 경계하라. 모든 사정은 하나님만 아신다. 오직 하나님만이 판단하실 수 있다(마 7:1).
심판은 반드시 있다. 곡식과 가라지가 구별되는 날이 반드시 온다. 마지막 추수의 때가 분리의 때이듯이. 눈물과 참음이 있어야 한다. 하나님의 적대 세력은 어느 때나 반드시 있다.

3. 겨자씨 비유(마 13:31,32)

겨자씨는 작지만 생명력이 강하다. 예수님은 겨자씨만 한 믿음이 산을 옮긴다고 말씀하셨다(마 17:20). 겨자씨는 가장 작은 것의 대명사이다. 그렇지만 1밀리미터 크기의 겨자씨가 1.5-3미터에 달하는 나무로 자란다.
"네 시작은 미약하였으나 네 나중은 심히 창대하리라"(욥 8:7)라는 말씀처럼 하나님나라는 지극히 작게 시작하여 온 세상을 덮는다. "예루살렘과 온 유대와 사마리아와 땅 끝까지 이르러 내 증인이 되리라"(행 1:8)라고 하신 것처럼 하나님나라는 점점 더 확장된다.
누가복음에는 겨자씨가 자라서 나무가 되어 공중의 새들이 그 가지에 깃들인다고 말씀하신다(눅 13:19). 열방이 주께로 와서 구원받고 주를 찬송할 것이다.

4. 누룩의 비유(마 13:33)

내가 어릴 때 우리 가족은 술빵을 자주 만들어 먹었다. 적은 양의 밀가루에 누룩을 넣고 반죽한 다음 뚜껑을 덮고 하루가 지나면 정말 신기하게도 밀가루 반죽이 엄청나게 부풀어 있었다. 그 반죽으로 일곱 식구가 다 먹을 만큼의 술빵이 만들어졌다.
누룩은 변화를 준다. 밀가루 반죽에 들어간 누룩이 전체를 변화시킨다. 누룩은 적은 양의 밀가루를 크게 부풀게 한다. 누룩은 나쁜 작용, 좋지 않은 영향력을 말할 때도 쓰이지만 여기서는 좋은 작용, 좋은 영향력의 의미로 쓰였다.
하나님나라는 사람을 변화시키고 사회의 시스템을 변화시킨다. 기독교 문명개혁 운동을 일으킨다. 가치의 변화를 일으킨다. 복음이 들어가면 개인과 사회의 각 영역, 나아가 국가에 변화가 일어난다. 단순한 변화나 수정 작업이 아니다. 이전과는 차원이 다른 변화, 개혁이 일어난다.
고린도후서 5장 17절에 "그런즉 누구든지 그리스도 안에 있으면 **새로운 피조물**이라. 이전 것은 지나갔으니 보라 새것이 되었도다"라고 말씀하신다. 밀가루 반죽 덩어리는 스스로 변화하는 것이 아니라 누룩에 의해 변화가 일어난다. 스스로는 변화할 힘이 없다. 좋은 계획, 거창한 비전 선포도 좋으나 그 변화는 오직 예수로부터 온다.
누룩은 변화를 일으키는 힘이 있지만 반죽에 들어가면 분해되어 없어진다. 대신 반죽 전체를 변화시킨다.

겨자씨 비유와 누룩의 비유는 비슷하다. 겨자씨 비유는 하나님나라의 확장성을, 누룩의 비유는 하나님나라의 팽창성을 보여준다. 하나님나라는 누구도 막을 수 없다. 갈보리 언덕에서 시작된 하나님나라는 온 천하를 덮을 것이다. 요한계시록은 "승리자 예수, 그리스도와 승리자, 예수 그리스도의 교회"를 보여준다.

5. 밭에 감추인 보화의 비유(마 13:44)

어느 가난한 농부가 남의 땅을 빌려 밭을 일구다가 예상치 못한 보화를 발견했다. 그는 즉시 흙을 다시 덮고 집에 가서 자신의 소유를 다 팔아 그 땅을 샀다. 그래야 그 땅의 보물이 자기 것이 되기 때문이다.

농부는 밭을 갈다가 보화를 발견할 거라고는 꿈에도 생각한 적이 없다. 이와 같이 하나님의 은혜는 예상하지 못한 곳, 예상하지 못한 상황에서 일어날 수 있다. 우연한 만남을 귀하게 여겨야 한다. 농부는 밭을 가는 일상의 일에서 보화를 발견했다. 일상에서 하나님을 만나면 위대한 일이 일어날 수 있다. 일상생활에 최선을 다하자. 그곳에 보화가 있다.

누구에게나 결정적인 순간이 찾아온다. 그럴 때에 굳게 잡으라. 머뭇거리지 말고 그것을 자신의 것으로 만들어야 한다. 게으름과 몽상에 잡히지 말고 일상생활에 최선을 다하며 기회가 올 때 속히 잡으라.

6. 값진 진주의 비유(마 13:45,46)

내 딸이 외국에서 훈련을 받을 때의 일이다. 학비가 너무 비싸서 학교 책임자(:내가 개인적으로 잘 아는 사람)에게 전화를 걸어 장학금 제도가 있는지 알아보았다. 그때 책임자는 내게, "장학금 제도가 없습니다. 그렇지만 자기의 소유를 다 팔아 비싼 진주를 샀던 농부를 기억하십시오. 분명히 따님이 이 과정을 통해 진주를 갖게 될 것입니다"라고 말했다. 나는 내 모든 소유를 다 팔아 그 과정을 위해 비용을 기꺼이 지불했다. 그리고 내 딸은 하나님나라의 값진 진주를 발견하고 차지하게 되었다.

어느 장사꾼이 극히 값진 진주를 발견했다. 그는 그것을 사고자 계약금을 걸어놓고 집에 돌아와 자기의 소유를 다 팔았다. 그는 대가를 지불했다. 그 진주는 그의 모든 소유를 팔 만큼 귀했다. 밭에 감추인 보화와 진주의 비유는 비슷하다.

하나님나라는 대가를 지불하고 구하는 바를 얻는 것이다. 성경에도 '거저 가지라'고 하지 않고 '사라'고 말씀하는 경우가 있다.

> …너희 목마른 자들아 물로 나아오라 돈 없는 자도 오라 너희는 와서 사 먹되 돈 없이, 값없이 와서 포도주와 젖을 사라 사 55:1

> 세월을 아끼라 때가 악하니라… 어리석은 자가 되지 말고 오직 주의 뜻이 무엇인가 이해하라 엡 5:16,17

"세월을 아끼라"는 말씀은 헬라어로 '기회를 사라'이다.

> 내가 너를 권하노니 내게서 불로 연단한 금을 사서 부요하게 하고, 흰 옷을 사서 입어 벌거벗은 수치를 보이지 않게 하고, 안약을 사서 눈에 발라 보게 하라 계 3:18

이 세 구절의 말씀은 한결같이 하나님과 친밀한 삶을 살고자 할 때와 연관이 있다. 즉, 하나님과 친밀한 관계의 삶을 사는 것은 거저 주어지는 것이 아니라 대가를 지불할 때 주어진다.
다윗은 오르난의 타작마당을 상당한 값을 주고 사서 번제를 드렸다(대상 21:24). 그는 "나는 값 없이는 번제를 드리지 아니하리라"라고 했다. 가장 좋은 것을 얻기 위해서는 두 번째로 좋은 것을 포기해야 한다. 우선순위를 명확하게 지키며 과감한 결단을 해야 한다. 베드로는 예수께서 "나를 따르라"라고 하실 때에 배와 그물을 버려두고 즉시 따랐다.

7. 그물의 비유(마 13:47-50)

어부가 바다에 그물을 치면 각종 물고기가 담긴다. 그러면 어부는 그물을 걷은 후에 좋은 고기와 나쁜 고기를 구분한다. 그물 비유는 가라지 비유와 비슷하다. 같은 점은 마지막 때 반드시 하나님의 심판이 있다는 것이고, 다른 점은 가라지 비유는 너무 성급하게 판단하지 말라는 교훈을 담고 있다는 것이다.
배타심을 갖지 말라. 교회는 각종 사람들이 모이는 곳이다. 건강한 자만 아니라 병든 자, 상한 자가 오기도 한다. 그들을 막지 말아야 한다. 언젠가 구별될 날이 올 것이다. 더 중요한 것은 나 자신을 살피는 일이다.

기적을 일으키는 비결 : 오병이어의 표적(마 14:13-21, 막 6:30-44, 눅 9:10-17, 요 6:1-14)

예수께서는 세례 요한이 죽었다는 소식을 들으시고 배를 타고 떠나 따로 빈 들에 가셨다. 소수의 제자들과 조용히 휴식을 취하고 싶으셨다. 그런데 사람들은 아랑곳하지 않고 예수께로 몰려갔다. 예수님은 큰 무리를 보시고 귀찮아하지 않고 불쌍히 여기셨다. 그들의 필요를 채워주고 병자들을 고쳐주셨다. 양 떼를 돌보는 목자이신 예수님의 모습이 보인다.

1. 문제가 발생했다

시간이 흘러 저녁이 되자 제자들이 문제를 제기했다.

이곳은 빈 들이요 때도 이미 저물었으니 무리를 보내어 마을에 들어가 먹을 것을 사 먹게 하소서 마 14:15

제자들이 문제 해결 방식을 내놓았다. "저들을 보내소서." 그들은 자기들이 문제를 해결할 수 없다고 판단했다. 돈도 없고, 환경적으로나 시간적으로도 불가능했다. 그러기에 무리가 스스로 문제를 해결하기를 주장했다.
그러나 예수님의 문제 해결 방식은 달랐다. **"갈 것 없다. 너희가 먹을 것을 주라"**(마 14:16).
예수님은 그의 제자들이 무리의 문제를 해결하기 원하셨다.
제자들은 세상의 문제에 대하여 수동적이며 소극적이었다. 심지어 무관심하며 방관적이었다.
세상의 문제를 해결하겠다는 생각조차 없었다.

오늘날에도 우리 주 예수님의 문제 해결 방식은 변함이 없다. 세상의 각종 문제, 질병, 가난, 불의와 불공평, 혼란을 그리스도인들이, 교회가 해결하기를 원하신다. 세상의 문제들에 대해 적극적이며 능동적이고 창조적으로 접근하여 해결하기를 원하신다.

2. 두 종류의 문제 해결자(요 6:6-9)

예수님은 제자들이 이 문제를 해결하기 원하셨다. 이 문제를 해결하는 제자들의 유형이 두 종류로 구분된다.

빌립 모드 : 앉아서 바로 계산한다. 그리고는 안 되는 이유만 늘어놓는다. 지적이며 이성적이다.

각 사람으로 조금씩 받게 할지라도 200데나리온의 떡이 부족하리이다 요 6:7

한 데나리온은 당시의 하루 품삯이다. 오늘날로 환산하여 하루 품삯을 5만 원으로 계산한다면 약 천만 원이 필요하다. 빌립은 그들에게 그만한 재정이 없다고 판단했다.
빌립 같은 사람들이 있다. "없습니다", "안 됩니다", "해보았자 소용이 없습니다"라고 말한다. 이들은 매우 똑똑하다. 현실을 직시하는 사람들이다. 그러나 안타깝게도 부정적이다. 아무런 시도도 하지 않고 안 되는 이유만 늘어놓는다.

안드레 모드 : 조금이라도 노력을 하며 해결하려고 애를 쓴다. 앉아있지 않고 일어나 나가서 무엇인가 가능성을 찾는다. 행동주의적이다. 안드레는 드디어 가능성을 발견했다.

여기 한 아이가 있어 보리떡 다섯 개와 물고기 두 마리를 가지고 있나이다. 그러나 그것이 이 많은 사람에게 얼마나 되겠사옵나이까 요 6:9

"여기 우리에게 있는 것은 떡 다섯 개와 물고기 두 마리뿐이니이다"(마 14:17).
안드레 같은 사람들이 있다. 긍정적이며 적극적이다. 문제를 해결하고자 시도한다. 자신의 한계에도 불구하고 최선을 다한다. 그러나 결국 한계에 부딪힌다.
"이것밖에 없습니다."
엘리사 시대의 과부도, **"나에게는 기름 한 그릇 외에는 아무것도 없습니다"라고 말했다**(왕하 4:2). 엘리야 시대의 과부도, **"통에 가루 한 움큼과 병에 기름 조금뿐이라"**(왕상 17:12)라고 말했다.

3. 예수님의 해결 방식(마 14:18-21)

예수님은 **"그것을 내게 가져오라"**(마 14:18)라고 하셨다. 예수님이 그것을 가지고 하늘을 우러러 축사하시고 떡을 떼어 제자들에게 주시면 제자들이 무리에게 나눠주었다. 그러자 다 배불리 먹고 남은 조각을 열두 바구니에 차게 거두었다. 엘리사는 과부의 기름 한 그릇으로 그녀의 빚을 다 갚게 했다(왕하 4:1-7). 엘리야는 과부의 가루 한 움큼과 기름 조금이 가뭄이 끝날 때까지 떨어지지 않게 했다(왕상 17:12-16).

이 모든 사건의 공통점은, 비록 아주 적은 것이라도 주님께 가지고 갔을 때 그것을 축복하셔서 모든 필요를 넉넉히 채워주셨다는 것이다.
주님은 빌립 모드의 사람들을 통해서 일하지 않으신다. 안드레 모드의 사람을 통해 일하신다. 그러나 안드레 모드의 사람일지라도 그것을 움켜쥐고 소극적으로, 부정적으로 반응하면 일하지 않으신다. 비록 적은 것일지라도 주님께 가져가 그의 손에 드릴 때 주께서 일하신다.

4. 오병이어의 표적을 통해 배운 원칙들 – 기적을 경험하는 비결

씨앗의 법칙

작은 씨앗이지만 그것을 땅에 심으면 놀라운 일이 일어난다. 겨자씨와 누룩의 비유가 잘 보여준다. 씨앗은 최선을 다하는 우리의 태도와 행동이다. 그리고 그것을 주님의 손에 드리는 행동이다. 이것을 **믿음의 씨앗**이라고 말할 수 있다.
첫째, 하나님은 있는 자에게 기적을 경험하게 하신다.

> 없다고 말하지 말고 있는 것부터 말하라. 하나님은 있는 자에게 더하신다. 입버릇처럼 "나는 없다"라고 하지 말고 있는 것을 살피라. 없는 것으로 불평하지 말고 있는 것에 감사하라. 그럴 때 하나님이 일하신다. 불평하는 영, 없다고 하는 마음을 깨뜨리라. 감사하는 영, 있는 것을 셀 줄 아는 마음을 풀어놓으라. 그리고 비록 적은 것일지라도 주님의 손에 올려드리라. 주님은 우리의 믿음의 씨앗을 통해 놀랍게 일하신다.

둘째, 하나님은 주는 자에게 더하신다.

> 내게 있는 것을 움켜잡고 인색한 마음을 가지지 말라. 그것을 줄 줄 아는 후한 마음을 가지라. 잠언 11장 24,25절에 "흩어 구제하여도 더욱 부하게 되는 일이 있나니 과도히 아껴도 가난하게 될 뿐이니라. 구제를 좋아하는 자는 풍족하여질 것이요 남을 윤택하게 하는 자는 자기도 윤택하여지리라"라고 하셨다. 또한 누가복음 6장 38절에 "주라 그리하면 너희에게 줄 것이니 곧 후히 되어 누르고 흔들어 넘치도록 하여 너희에게 안겨주리라. 너희가 헤아리는 그 헤아림으로 너희도 헤아림을 도로 받을 것이니라"라고 하셨다.

사도행전 20장 35절은 제9복을 말씀하신다. "주는 것이 받는 것보다 복이 있다."
인색한 영을 깨뜨려야 한다. 관대한 영을 풀어놓아야 한다. 그럴 때 하나님의 배가의 축복, 오병이어의 기적을 경험할 것이다.

예수 그리스도와 서기관과 바리새인, 그리고 지상대명령

복음서 중에 마태복음은 유난히 예수님이 당시의 유대교 지도자 그룹인 서기관과 바리새인과 끊임없이 충돌하는 모습을 보여준다. 예수님은 "내가 율법이나 선지자를 폐하러 온 줄로 생각하지 말라. 폐하러 온 것이 아니요 완전하게 하려 함이라"(마 5:17)라고 하셨다.

'율법과 선지자'는 곧 구약성경을 말한다. 왕으로 오신 메시아의 하나님나라 통치 규범이다.

유대교 지도자들은 하나님의 말씀의 권위에 전적으로 순복하지 않았다. 이들은 장로들의 유전과 전통을 중요시했다. 더 나아가 전통을 하나님의 말씀의 권위보다 위에 두었다. 이들은 말씀을 떠나 종교적 형식에 치우쳤다. 자신의 의를 내세웠다.

예수 그리스도는 이를 바로잡으셨다. "이들은 말만 하고 행하지 않는다"라며 심하게 책망하셨다. 그들의 행위를 본받지 말라고 하셨다(특히 마 23장).

하나님나라는 말에 있지 않고 능력에 있다(고전 4:20). 서기관과 바리새인들은 무능했다. 이들의 외식주의와 형식주의는 하나님나라의 모습을 심하게 훼손했다. 예수 그리스도는 그의 고난과 십자가의 죽으심, 부활을 통해 하나님나라를 완성하셨다. 그리고 그의 교회에게 하나님나라를 이 땅에 구체적으로 실현하도록 대분부를 내리셨다.

하늘과 땅의 모든 권세를 내게 주셨으니, 그러므로 너희는 가서 모든 민족을 제자로 삼아 아버지와 아들과 성령의 이름으로 세례를 베풀고 내가 너희에게 분부한 모든 것을 가르쳐 지키게 하라. 볼지어다, 내가 세상 끝날까지 너희와 항상 함께 있으리라 마 28:18-20

Dear. NCer

오병이어 사건을 통해

❶ 나는 어떤 종류의 사람인가? 빌립 모드인가, 안드레 모드인가?

❷ 내가 가져야 할 믿음의 씨앗은 무엇인가?

지상대명령을 통해

❶ "모든 민족을 제자로 삼으라"라는 말씀은 곧 '기독교 문명개혁 운동을 주도하라'는 것이다. 구체적으로 어떻게 실현할 수 있는가?

❷ 예수님은 이 명령에 순종하는 사람들이 능히 실현하도록 모든 것을 약속하셨다. 어떤 것들인가?

❖ 마가복음(Mark) 예수님의 종 되심

마가, 경건한 가정 출신

신약에는 마가에 대한 기록이 풍부하다. 그는 예루살렘 출신이며 유대인으로서 이름은 요한이다. 그러나 로마의 이름으로 마가라고도 불렸다. 어머니 마리아는 교회가 가끔 모임을 갖도록 장소를 제공할 정도로 큰 집을 소유했다. 베드로가 천사의 도움으로 감옥에서 나왔을 때 바로 이 집으로 갔는데, 거기에서 베드로를 위해 그리스도인들이 모여 기도하고 있었다(행 12:12). 주 예수께서 최후의 만찬을 하셨던 장소도 이곳일 것이라고 많은 이들이 추측한다.

베 홑이불을 두르고 예수님을 따라가다가 병사들에게 잡히자 그 이불을 버리고 벗은 몸으로 도망간 청년이 바로 마가이다(막 14:51,52). 마가는 어려서부터 베드로를 비롯한 사도들과 교제하며 예수님에 대해 많이 들었다. 마가는 디모데처럼 경건한 가정에서 성장했다.

바울과 마가

바나바의 조카인 마가는 바울의 1차 전도여행 일원으로 참가했다. 그러나 여행의 어려움으로 중간에 포기하고 돌아갔다. 이것이 2차 여행 때 바나바와 바울이 피차 갈라서는 원인이 되었다. 훗날 바울은 마가를 그의 영적 아들로 삼고 양육했다. 더 나아가 그는 바울에게 유익한 동역자가 되었다(딤후 4:11).

베드로와 마가

마가복음은 사도 베드로의 헬라어 통역관인 마가가 기록했다. 그가 베드로의 영적 아들(벧전 5:13)이었기 때문에 예수님을 가장 가까이 섬겼던 베드로의 설교를 바탕으로 기록했다는 점에서 의미가 있다. 그러므로 마가복음은 **베드로의 회고록**이라 할 수 있다. 베드로의 정직과 겸손이 잘 드러나 있다. 마가복음을 읽을 때 이 점을 염두에 둔다면 감동이 될 것이다.

마가복음 – 섬기는 종으로 오신 예수 그리스도(막 10:45)

종의 신분	종의 사역	종의 고통	종의 승리
성부와 성령으로 준비	섬김	희생	부활
1:1-13	1:14-8:26	8:27-15:47	16:1-20
종으로 오실 메시아를 증거함	종으로 오신 메시아를 향한 환호와 갈채	종으로 오신 메시아를 배척, 고난과 십자가	종으로 오신 메시아를 증거함
"놀라우신 분", "놀라다" x 19회 "그리고 곧", "그리고 즉시" x 41회			

마가복음의 특징

1. 예수님의 생애에 대한 기록 중에 예수님을 가장 잘 묘사했다

마가복음은 거의 '실물 복사'이다. 사실주의적으로 생생하게 기록되었다. 예수님의 생애를 간결하고도 극적인 방법으로 기록했다. 예수님의 최측근인 베드로의 눈으로 보고 있다.

하나님이 사람으로 오셔서 바로 지금 여기, 우리 가운데 계심을 보여준다. 예수님은 도움이 필요한 우리의 삶에 찾아오셔서 실제적으로 도우셨다. 이는 우리의 신앙생활이 상상 속에서, 또는 피안의 세계에서 이루어지는 것이 아니라 현실 속에서 이루어져야 함을 잘 보여준다. 그래서 우리의 삶이 역동적이며 믿음의 구체적 실천이 있기를 요구하고 있다.

2. 예수님의 신성을 결코 망각하지 않았다

마가복음은 "하나님의 아들"(막 1:1)로 시작한다. 하나님의 아들로서 그가 얼마나 놀라우신 분인가를 말한다. 마가복음에는 "놀라우신 분", "놀라다"라는 단어가 19회 나온다. 이는 제자들의 관점이다. 예수 그리스도와 함께 살면서 그를 경험하는 삶은 놀라움의 연속이었다. '예수는 하나님의 아들'이라는 사실이 그분의 인격, 말씀, 행동을 통해 구체적이며 사실적으로 드러나니 놀랄 수밖에 없다. 예수님은 말씀과 행위로 사람의 마음을 감동시키며 놀라움과 경탄을 자아내는 하나님이시다.

3. 예수님의 인성을 가장 잘 기록했다

그는 목수이셨다. 고향 나사렛에 방문하셨을 때 사람들이 "이 사람이 마리아의 아들 목수가 아니냐?"(막 6:3)라고 말했다. 마태복음 13장 55절에는 "이는 그 목수의 아들이 아니냐?"라고 기록되어 있다. 그들은 아버지와 함께 목공소에서 일하시던 예수님을 알아보았다.

"성령이 곧 예수를 광야로 몰아내신지라"(막 1:12). 마태복음 4장 1절은 "예수께서 성령에게 이끌리어 마귀에게 시험을 받으러 광야로 가사", 누가복음 4장 1,2절은 "예수께서… 성령에게 이끌리시며 마귀에게 시험을 받으시더라"라고 했다. 히브리서 2장 14-18절은, 예수께서 우리와 같은 모양으로 혈과 육을 함께 지니시고 시험을 받아 고난을 당하심으로 시험 받는 자들을 능히 도우실 수 있다고 말씀하신다.

예수님은 귀먹고 말 더듬는 자를 보시고 하늘을 우러러 탄식하시고(막 7:34), 예수님을 힐난하며 그를 시험하는 바리새인들을 보시고 마음속으로 깊이 탄식하셨다(막 8:12). 또한 목자 없는 양 같은 무리를 불쌍히 여기셨다(막 6:34). 예수님은 부자 청년을 사랑하셨다(막 10:21). 예수님은 시장하셨다(막 11:12). 또한 피곤하셔서 따로 한적한 곳에서 쉬셨다(막 6:31).

4. 생생한 리얼리즘과 소박한 문장으로 기록되었다

마가복음은 다듬어지지 않은 문체로 이루어졌다. 어린아이가 말하는 것처럼 "또"라는 말로 자주(34회) 연결했다. "그리고 곧"(And straightway), "그리고 즉시"(And immediately)가 41회 나오는 것을 통해 마가복음은 복음의 역동성을 보여준다.

우리의 믿음의 삶은 무의미하고 무기력한 종교적 생활이 아니다. 역동적이고 활기가 있다. 사람으로 오신 하나님이 우리 가운데서 모든 삶의 영역을 재조정해주신다. 절망과 낙담 가운데 있는 사람들에게 소망을 주시고 용기를 북돋아 주신다. 육체의 병을 치료하시고 우울증에 사로잡힌 사람, 각종 중독에 빠져 허우적거리는 사람들을 자유하게 하신다. 의학적으로 치유가 불가능해 보이는 사람들을 치료하신다.
"할 수 있거든이 무슨 말이냐 믿는 자에게는 능히 하지 못할 일이 없느니라"(막 9:23)라며 우리의 믿음을 고취시키신다. "무엇이든지 기도하고 구하는 것은 받은 줄로 믿으라. 그리하면 너희에게 그대로 되리라"(막 11:24)라며 우리에게 믿음의 기도를 요구하신다.

또한 마치 눈앞에 지금 일어나고 있는 일을 생중계하듯 현재완료 시제를 사용하여 생생하게 묘사했다. 가령 예수님의 하루 일과표를 설명할 때 현재완료 시제를 사용했다(막 1:21-28,29-31,32-34,35,36-39). 예수 그리스도는 어제나 오늘이나 영원토록 동일하시다(히 13:8).
마가복음은 예수께서 말씀하시던 아람어를 헬라어로 번역하지 않고 그대로 기록했다. "달리다굼"(막 5:41), "에바다"(막 7:34), "고르반"(막 7:11), "아바"(막 14:36 개역한글), "엘리 엘리 라마 사박다니"(막 15:34) 등. 하나님은 우리가 알아듣기 어렵고 복잡한 철학이나 사상으로 우리에게 말씀하지 않으신다. 우리가 알아들을 수 있는 일상언어로 말씀하신다.

5. 예수님의 고난이 중심에 있다. 고난주간에 대한 내용이 전체의 1/3 이상을 차지한다

마가복음 10장 32절의 예루살렘으로 올라가심부터 15장 47절의 무덤에 장사 지내심까지 고난주간에 대해 말한다. 이는 마가복음의 3분의 1에 해당한다. 마가복음은 예수께서 "인자가 온 것은 섬김을 받으려 함이 아니라 도리어 섬기려 하고 자기 목숨을 많은 사람의 대속물로 주려 함이니라"(막 10:45)라고 말씀하심같이 섬기는 종으로서의 모습을 보여준다(막 10:43-45). 또한 단순히 섬기는 종의 모습을 넘어서서 고난을 통해 섬기는 메시아이심을 보여준다.

마가복음을 보면 최종적으로 예루살렘에 올라가시기 전까지 열 번이나 예수님은 자신이 메시아이심을 드러내지 않고 숨기셨다(막 1:34,44, 3:12, 4:11, 5:43, 7:24,36, 8:26,30, 9:9). 예수께서 자신을 숨기신 이유는, 메시아직의 진정한 본질은 죽음을 통해 자신의 목적을 성취하시는 여호와의 고난의 종이기 때문이다.

이 사실을 세 차례에 걸쳐서 제자들에게 말씀하셨으나 그들은 깨닫지 못했다(막 8:27-33, 9:30-32,10:32-45). 예수님이 두 번 안수함으로 고치신 소경처럼(막 8:22-26) 그들도 두 번 만지셨다. 예수님을 분명히 이해하기 위해서는 그분의 고난과 십자가의 죽으심, 그리고 부활을 통해서 이해해야 한다.

6. 복음으로 시작하여 복음으로 마친다

마가복음은 "하나님의 아들 예수 그리스도의 복음의 시작이라"(막 1:1)로 시작한다. 그리고 "제자들이 나가 두루 전파할새 주께서 함께 역사하사 그 따르는 표적으로 말씀을 확실히 증언하시니라"(막 16:20)로 마친다. 복음으로 시작하여 복음으로 마친다.

> 세례 요한은 오실 예수 그리스도의 길을 예비하는 자, 선포자다(막 1:2-8).
> 예수님의 제자들은 오신 예수 그리스도를 선포하고, 다시 오실 예수 그리스도를 선포했다(막 16:19,20).

마가복음의 메시지

예수님의 어느 하루 일정표(막 1:21-39)

오전	회당에서 가르치심, 귀신을 쫓아내심, 말씀의 권능(1:21-28)
점심	베드로의 집에서 식사하심, 장모의 열병을 고치심(1:29-31)
늦은 오후	각종 병든 자를 고치심, 자유하게 하심(1:32-34)
새벽	**일어나 기도하심(1:35-39)**

예수님 일정표의 원칙 - 급한 것보다 중요한 것에 우선순위를 둔다.

새벽 아직도 밝기 전에 예수께서 일어나 나가 한적한 곳으로 가사 거기서 기도하시더니 막 1:35

예수의 소문이 더욱 퍼지매 수많은 무리가 말씀도 듣고 자기 병도 고침을 받고자 하여 모여 오되, (그러나) 예수는 물러가사 한적한 곳에서 기도하시니라 눅 5:15,16

예수님은 하루의 중심을 하나님과의 교제에 두셨다. 그 시간을 가장 중요하게 여기셨다.
마가복음 1장 35절과 누가복음 5장 15,16절에 나타나는 동사, "일어나 나가… 기도하시더니", "물러가사… 기도하시니라"는 공통적으로 시제가 현재완료형이다. 즉 한 번만 그렇게 일정을 짜신 것이 아니라 습관적으로, 반복해서 짜셨다는 것을 나타낸다. 하나님 아버지와 지속적이며 습관적인 교제 시간을 확보하는 것이 얼마나 중요한지 보여준다.
예수님은 바쁜 일정과 사람들의 요구에 둘러싸여 있으셨다. 그러나 습관적으로 한적한 곳을 찾아 하나님 아버지와 홀로 머무는 시간을 확보하셨다. 그것에 우선권을 두셨다. 예수님은 사람으로부터, 사역으로부터 지속적으로 물러가셨다.

> 예수님의 삶과 사역은 비록 분주했으나 그분은 언제나 역동적이며 활기가 넘치셨다. 그분의 가르침은 힘이 있었다. 그분은 또한 귀신들을 쫓아내시며 병자들을 고치셨다. 이런 삶과 사역의 비결은 지속적으로 하나님 아버지와 홀로 시간을 가짐에 있었다. 성령으로부터 힘과 지혜를 얻어야만 역동적이며 열매가 있는 삶을 살아가게 된다.

홀로 머묾의 비밀

마가복음 4장은 비유장이다. 예수께서 하나님나라를 세 가지 비유로(씨 뿌리는 비유 4:3-20, 자라나는 씨 비유 4:26-29, 겨자씨 비유 4:30-32) 말씀하셨다. 큰 의미에서는 같은 영역, 즉 씨와 성장에 관한 말씀이다. 마태복음 13장에서는 일곱 가지 비유로 말씀하시고, 누가복음 8장에서는 오직 씨 뿌리는 비유(눅 8:4-15)만 말씀하셨다.

세 복음서의 씨 뿌리는 비유의 공통점은 '하나님나라의 비밀'이라는 것이다. 예수님은 이 비유를 무리에게 말씀하시고 제자들에게는 그 뜻을 풀어 설명하셨다. 그런데 오직 마가복음에서만 "예수께서 홀로 계실 때"에 그 비유를 제자들에게 알아듣도록 자세히 설명하셨다고 두 차례 언급하셨다.

> 예수께서 **홀로 계실 때에** 함께한 사람들이 열두 제자와 더불어 그 비유들에 대하여 물으니, 이르시되, 하나님나라의 비밀을 너희에게는 주었으나 외인에게는 모든 것을 비유로 하나니 막 4:10,11

> 예수께서 이러한 많은 비유로 그들이 알아들을 수 있는 대로 말씀을 가르치시되, 비유가 아니면 말씀하지 아니하시고 **다만 혼자 계실 때에** 그 제자들에게 모든 것을 해석하시더라 막 4:33,34

마가복음은 특히 홀로 머묾의 비밀을 강조하고 있다. 많은 사람이 예수님의 말씀을 들었다. 그러나 모두가 그 말씀을 이해하지는 못했다. 주께서 비유로 말씀하실 때는 그 목적이 보아도 알지 못하고 들어도 깨닫지 못하게 하는 데 있다. 주께서 홀로 계실 때에 주께로 나아와 그 뜻을 알고자 청하는 사람들에게만 해석하여 그 말씀을 깨닫게 하셨다.

말씀을 듣는 것만이 아니라 뜻대로 행하는 삶이 중요하다고 주님은 반복적으로 강조하셨다. 마가복음 4장의 비유 말씀 전후에도 이를 강조하고 있다. 마가복음 3장 31-35절에 예수님의 어머니와 형제들이 찾아왔을 때 "누구든지 하나님의 뜻대로 행하는 자가 내 형제요 자매요 어머니이니라(막 3:35)"라고 하셨다. 또한 마가복음 4장 35-41절에서 풍랑을 잠잠하게 하신 후에 제자들에게 "너희가 어찌 믿음이 없느냐(막 4:40)"라고 하셨다. 말씀을 들을 뿐 아니라 듣고 믿을 때에 말씀을 경험하게 된다.

말씀을 듣고 말씀을 따라 삶으로 살기를 바라는 사람은 누구나 주 앞에 나아가 주님과 홀로 머문다. 씨 뿌리는 비유에서 이런 갈급한 마음, 순종하고자 하는 마음을 "좋은 땅"이라고 했다. 누가복음 8장 15절에 "좋은 땅에 있다는 것은 착하고 좋은 마음으로 말씀을 듣고 지키어 인내로 결실하는 자"라고 했다. 주의 말씀을 듣고 그 뜻대로 행하기를 원하는 사람은 주 앞에 나아간다. 주 앞에 홀로 머문다. 주님은 그런 사람들에게 말씀의 비밀을 해석하여 깨닫게 하신다. 홀로 머묾의 비밀이다.

섬김을 받으러 오시지 않고 섬기러 오신 종으로서의 예수님

인자가 온 것은 섬김을 받으려 함이 아니라 도리어 섬기려 하고 자기 목숨을 많은 사람의 대속물로 주려 함이니라 막 10:45

'섬김의 종으로 오신 예수님'이 마가복음의 중심 주제다.
주께서 이 말씀을 하신 배경이 있다. 세베대의 아들 야고보와 요한이 주님의 자리 좌우에 앉게 하여 주기를 요청했다. 예수님은 야고보와 요한에게 참된 지도력이 무엇인지 알지 못한다고 말씀하셨다. 이들의 대화를 듣고 있던 열 제자가 야고보와 요한에게 화를 냈다. 제자들 사이에 시기와 질투, 경쟁과 비교의식이 일어났다. 이때 주께서 제자들에게 참된 지도력에 대해 말씀하셨다.

이방인의 집권자들이 그들을 임의로 주관하고 그 고관들이 그들에게 권세를 부리는 줄을 너희가 알거니와, 너희 중에는 그렇지 않을지니, 너희 중에 누구든지 크고자 하는 자는 너희를 섬기는 자가 되고, 너희 중에 누구든지 으뜸이 되고자 하는 자는 모든 사람의 종이 되어야 하리라 막 10:42-44

이 세상의 지도력과 하나님나라의 지도력은 근본적으로 다르다. 세상은 지도자가 사람들 위에 군림하고 지배한다. 그러나 하나님나라의 지도력은 종의 자세로 사람들을 섬긴다. 하나님나라의 지도력은 섬기는 종이다. 예수님은 섬기는 종으로 이 세상에 오셔서 모든 지도자의 롤 모델이 되셨다.

의사로 오신 예수님

"예수께서 들으시고 그들에게 이르시되, '건강한 자에게는 의사가 쓸 데 없고 병든 자에게라야 쓸 데 있느니라. 나는 의인을 부르러 온 것이 아니요 죄인을 부르러 왔노라' 하시니라"(막 2:17).

하나님이 그 아들을 세상에 보내신 것은 세상을 심판하려 하심이 아니요 그로 말미암아 세상이 구원을 받게 하려 하심이라 요 3:17

도둑이 오는 것은 도둑질하고 죽이고 멸망시키려는 것뿐이요, 내가 온 것은 양으로 생명을 얻게 하고 더 풍성히 얻게 하려는 것이라 요 10:10

예수님은 죄인 된 나를 위해 오셨다. 내가 주께로 나아갈 때 내 죄를 지적하고 정죄하거나 심판하지 않으신다. 예수님은 내 죄를 용서하시고, 깨끗하게 하시고, 회복시키기 위해 오셨다. 예수님은 몸이나 마음이 병든 자, 상한 자, 약한 자를 위해 의사로 오셨다.
도둑이 오는 것과 예수님이 오신 목적은 확연히 다르다. 도둑은 우리의 믿음을 도둑질하고, 열정을 죽이고, 우리를 정죄감과 죄책감으로 몰아가 낙심과 절망에 이르게 하여 결국 멸망시키려고 시도한다. 그러나 우리 주 예수님은 우리에게 생명을 주고 더 나아가 풍성한 삶을 살게 하고자 오셨다.

마가복음의 구조

마가복음은 지리적으로 내용이 구분된다.

- 갈릴리 사역(막 1:14-6:13)
- 갈릴리 북부(막 6:14-9:50)
- 예루살렘으로 향함(막 10장)
- 예루살렘에서의 사역 - 고난주간, 죽음, 부활, 승천(막 11:1-16:20)

1. 종의 신분 : 네 가지 신분 (막 1:1-13)

- 하나님의 아들(막 1:1)
- 주(막 1:3)
- 능력 많으신 이(막 1:7)
- 하나님께 사랑받는 아들(막 1:11)

2. 종의 사역 : 능력 있는 사역 (막 1:14-8:26)

- 첫 메시지(막 1:14,15)
- 네 사람을 제자로 부르심 (막 1:16-20)
- 능력 있는 첫 사역(막 1:21-2:12)
- 제자를 선택하심(막 3:7-19)
- 더 능력 있는 사역(막 4:35-6:6)
- 열두 제자를 파송함(막 6:7-13)

3. 종의 고통(막 8:27-15:47)

- 십자가 예고1(막 8:31-9:1)
- 십자가 예고2(막 9:2-13)
- 십자가 예고3(막 9:30-32)
- 고난주간(막 11장-15장)

  첫째 날 : 승리의 입성 (막 11:1-11)

  둘째 날 : 성전 정결, 무화과나무 저주(막 11:12-19)

  셋째 날 : 감람 산 설교(막 11:20-13:37)

  넷째 날 : 베다니 방문, 유다의 배신 약속(막 14:1-11)

  다섯째 날 : 유월절 만찬, 겟세마네 기도, 잡히심(막 14:12-50)

  여섯째 날 : 안나스 재판, 베드로 부인(막 14:53-72), 빌라도 재판, 십자가, 장사 지냄(막 15장)

4. 종의 승리 : 네 가지 승리(막 16장)

- 부활하심(막 16:1-8) - 빈 무덤
- 나타나심(막 16:9-18) - 막달라 마리아, 시골 가는 두 사람, 열한 제자에게 나타나시고 명하심
- 승천하심(막 16:19) - 승천하시어 하나님 우편에 앉으심
- 역사하심(막 16:20) - 제자들이 나가 복음을 전파할 때 주께서 함께 역사하심

【 마지막 주간의 사건들 】

일요일	예루살렘 입성 - 종려주일	막 11:1-11
월요일	무화과나무에 열매 없음을 보고 저주하심 예루살렘 성전을 정결하게 하심	막 11:12-14 막 11:15-19
화요일	감람 산 설교 산헤드린이 예수님의 권위에 도전함 예루살렘의 멸망과 예수님의 재림을 예언하심 베다니 마리아가 예수님의 발에 기름을 부음	막 11:20-13:37 눅 20:1-8 막 13장, 마 24장-25장 막 14:3-9, 요 12:2-8
수요일	성전에서 가르치심 산헤드린이 예수를 죽일 음모를 꾸밈 유다가 예수님을 배신하기로 유대 지도자들에게 약속함	눅 21:37,38 막 14:1,2, 눅 22:1,2 눅 22:3-6, 막 14:10,11
목요일	예수님이 제자들과 유월절 식사를 하고 최후의 만찬을 가짐 겟세마네에서 십자가를 두고 기도하심 겟세마네 동산에서 배신당하고 체포되심	요 13:1-3, 막 14:22-26 막 14:32-42, 눅 22:39-46 요 17장, 막 14:43-52, 요 18:2-12
금요일	대제사장 안나스가 예수님을 심문함 가야바와 산헤드린 공회의 고소, 심문당하심 베드로가 예수님을 세 번 부인함 빌라도 앞에서 심문당하심(새벽) 헤롯 안디바 앞에 출두하심 빌라도가 공식적으로 사형을 언도함 조롱당하시고 두 강도 사이에서 십자가에 달리심(09:00) 운명하실 때 성전의 휘장이 찢어짐(15:00) 아리마대 요셉의 무덤에 장사되심	요 18:12-24 막 14:53-65 요 18:15-27, 막 14:66-72 눅 23:1-5, 막 15:1-5 눅 23:6-12 눅 23:13-25, 막 15:15 막 15:16-27 마 27:51-56, 막 15:37,38 요 19:31-42, 막 15:42-47
토요일	무덤에 계심	
일요일	죽음에서 부활하심	눅 24:1-9, 막 16:1-11

Dear. NCer

예수님이 힘 있고 능력 있는 삶을 사실 수 있었던 비결은, 정기적으로 새벽에 하나님 아버지 앞에 나아가 홀로 머무는 삶에 있었다.
늘 주의 말씀을 가지고 살아갈 때에 주께서 거기에 항상 함께 역사하신다.
모든 삶 가운데 하나님의 임재와 능력을 경험하려면 예수님의 일과를 본받아야 한다.

❖ 누가복음(Luke) 예수님의 인성

사람의 아들로 오신 메시아 예수

누가복음은 탁월한 문장으로 기록되어 있다. 격조 높은 헬라어를 사용하며 뛰어난 문장력을 구사한다. 예수 그리스도의 삶에 대한 기록 중 세상에서 가장 아름다운 책이라 불린다.

누가복음은 기록 동기와 방향, 내용 등 기록 배경을 먼저 언급하고(눅 1:1-4) 이후 1장 5절부터 자세히 설명한다. 다른 복음서와 달리 연대를 가급적 지키면서 기록했다. 기록한 목적은 수신자가 이미 알고 있는 것을 더 확실하게 설명하여 그의 믿음을 견고하게 하려는 것이다. 직접 경험한 예수 그리스도에 대한 기록이다. 묵상한 것이나 전해 들은 것이나 생각을 모은 것이 아니다. 누가의 직업은 의사이다(골 4:14). 의사는 사람을 있는 그대로 보며, 사물과 현상을 날카로운 과학자의 관찰을 통해 본다. 그는 신약성경의 기자 중 유일하게 유대인이 아닌 이방인이다.

우리 중에 이루어진 사실에 대하여 처음부터 목격자와 말씀의 일꾼 된 자들이 전하여 준 그대로 내력을 저술하려고 붓을 든 사람이 많은지라. 그 모든 일을 근원부터 자세히 미루어 살핀 나도 데오빌로 각하에게 차례대로 써 보내는 것이 좋은 줄 알았노니 이는 각하가 알고 있는 바를 더 확실하게 하려 함이로라 눅1:1-4

이 구절에서 누가복음의 특징만 아니라 성경 즉 하나님의 말씀의 특징을 볼 수 있다.

첫째, 하나님의 말씀은 우리의 믿음을 생동감 있게 해준다.

"우리 중에 이루어진 사실에 대하여"(눅 1:1)

누가복음은 역사적으로 가장 날카롭게 조사하고 주도면밀하게 검토하여 기록했다. 하나님의 말씀은 픽션이나 상상으로 꾸며낸 이야기가 아니다. 역사적인 사실에 근거한 것이다. 시간과 공간에서 실제로 일어난 것들을 기록했다. 누가는 대단히 신중하게 그리고 정확하게 누가복음을 기록했다. 누가복음은 처음부터 역사적으로 이루어진 사실에 대해 서술한다. 세례 요한의 출생 배경(눅 1:5-25,57-80), 예수 그리스도의 출생 배경(눅 1:26-56, 2:1-40)과 성장 배경(눅 2:41-52), 세례 요한의 사역(눅 3:1-20) 등 공간적, 역사적 사실을 시간적으로 배열하여 기록했다. 세례 요한의 사역 시기를 역사적 배경을 바탕으로 기록한 것은 매우 흥미롭다. 당시의 시대적 상황을 여섯 가지 요소로 세세히 설명한다.

- 디베료 황제가 통치한 지 열다섯 해
- 곧 본디오 빌라도가 유대의 총독으로
- 헤롯이 갈릴리의 분봉왕으로
- 그 동생 빌립이 이두래와 드라고닛 지방의 분봉왕으로
- 루사니아가 아빌레네의 분봉왕으로
- 안나스와 가야바가 대제사장으로 있을 때에 하나님의 말씀이… 요한에게 임한지라(눅 3:1,2)

둘째, 하나님의 말씀은 우리의 믿음에 열정을 불어넣어준다.

"처음부터 목격자와 말씀의 일꾼 된 자들이 전하여 준 그대로"(눅 1:2)

영화 〈목격자〉를 보면 목격자를 죽이려는 그룹과 찾아서 확보하려는 그룹이 나온다. 진실을

은폐하고자 하는 그룹은 목격자를 죽이려 한다. 진실을 알고자 하는 그룹은 목격자를 찾으려 한다. 목격자란 사건이 일어났을 당시 그 현장에 있었던 사람이다. 눈으로 직접 보고 귀로 들었기에 목격자의 진술이 가장 중요하다. 그는 사건의 전말을 가장 확실하게 증언한다. 결정적이다.

"말씀의 일꾼 된 자들"은 교실에서 배운 지식을 전하는 것이 아니라 자신이 직접 목격하고 경험한 예수를 다른 사람에게 전하는 사람이다. 이들은 냉랭하고 딱딱하게 증언하지 않는다. 저마다 확신과 열정을 가지고 감격에 벅차서 직접 경험한 바를 전한다. 그러므로 이들의 말을 듣는 자마다 열정적인 믿음을 가지게 된다. 우리는 누가복음을 읽을 때 감동의 물결에 휩싸인다. 웃음, 눈물, 놀람, 감격, 기쁨이 우리의 심장에 물밀듯 밀려온다.

셋째, 하나님의 말씀은 우리 영혼의 닻과 같다.

"이는 각하가 알고 있는 바를 더 확실하게 하려 함이로라"(눅 1:4)

"확실하게 한다"는 것은 '든든하게', '안전하게' 한다는 의미다. 틀림없는 확실성을 보장하는 것이다. 이는 마치 배가 항구에 정박할 때 제일 먼저 닻을 내리는 것과 같다. 우리의 기억에는 맹점이 있다. 우리의 생각은 부패하기 쉽다. "만물보다 거짓되고 심히 부패한 것은 마음이라"(렘 17:9)라고 하셨다. 조금만 시간이 지나도 변형되기 쉽다. 자신의 마음대로 결론을 내린다. 엉뚱한 방향으로 쉽게 간다. 그러나 배가 항구에 정박하여 닻을 내리면 밤새도록 아무리 파도가 출렁인다 해도 배는 떠내려가지 않는다. 이처럼 성경은 우리의 믿음을 견고하게 해준다. 환경에 따라 쉽게 흔들리지 않는다. 우리의 생각과 감정이 흔들리지 않도록 하나님의 말씀에 닻을 내려야 한다. 누가복음의 목적은 무언가 새로운 것을 알려주려는 데 있지 않다. 내가 이미 알고 있는 바를 더 확실하게 하여 흔들리지 않게 하는 데 그 목적이 있다.

누가복음 – 사람의 아들로 오신 예수 그리스도(눅 19:10)

인자로 오심	인자의 메시지와 사역		인자의 고난과 죽음	인자의 부활과 승천
준비	메시지 : 비유	사역 : 이적	순종	위임령
1:1-4:13	4:14-14:35	15:1-19:27	19:28-23:56	24:1-53
1. 지혜와 키가 자라 가며 하나님과 사람에게 사랑받으심 2. 첫 사람 아담이 실패한 곳에서 마지막 아담이 승리하심	1. 하나님나라 2. 하나님나라의 일꾼	1. 의인이 아닌 죄인을 불러 회개케 하려 오심 2. 건강한 사람이 아니라 병든 사람을 위해 의사로 오심	1. 고난당하심 2. 십자가 지심 - 못 박히심 - 죽으심	1. 부활하심 2. 열한 제자에게 나타나 복음 전할 것을 명하시고 승천하심
30년	3년			
예루살렘	갈릴리 - 사마리아 - 유대		예루살렘	

세례 요한의 부르심과 사역

다른 어느 복음서보다 누가복음은 세례 요한의 사역을 상세히 기록한다. 하나님은 그를 "빈 들", 곧 "광야"에서 부르셨다(눅 3:2,4). 마치 모세를 광야에서 부르신 것과 같다.

> 교회 역사에서 볼 때 하나님은 새로운 일을 시작하실 때 언제나 빈 들, 즉 광야에서 시작하셨다. 이것을 '변두리 원칙'이라 부른다. 이미 잘 형성된 사역 조직은 마치 공룡 같아서 현상 유지하기에 급급하여 새로운 일을 수행하기가 어렵다. 하나님이 새로운 일을 시작하시고자 할 때 나의 것을 과감히 비워야 한다.

그의 사명은 '오실 메시아'의 길을 앞서 준비하는 것이다. 그의 오실 길을 곧게 하는 것이다(눅 3:4). 누가복음 3장 5절에는 오실 길을 곧게 하는 요한의 네 가지 사역이 설명되었다. 3장 6절의 "모든 육체가 하나님의 구원하심을 보리라"는 그 사역의 결과를 말한다.

모든 골짜기가 메워지고, 모든 산과 작은 산이 낮아지고, 굽은 것이 곧아지고, 험한 길이 평탄하여질 것이요 눅 3:5

"모든 골짜기가 메워진다"
각자 삶의 움푹 파인 부분 : 열등감, 낮은 자존감, 정죄감, 낙심과 좌절, 실패감에서 회복되어야 한다.

"모든 산과 작은 산이 낮아진다"
각자 삶의 높아진 부분 : 자기중심의 이기주의, 교만을 깨뜨리고 겸손으로 나아가야 한다.

"굽은 것이 곧아진다"
각자 삶의 구부러진 부분 : 세상적인 사고방식과 가치 기준을 버리고 오직 성경적인 사고와 가치 기준을 가져야 한다.

"험한 길이 평탄하여진다"
각자 삶의 울퉁불퉁한 부분 : 원망, 쓴뿌리, 거친 성격과 과거의 상처로 인한 아픔이 치료되어야 한다.

> 이 네 가지 사역은 단지 개인의 삶의 영역에만 해당하는 것이 아니라 사회의 각 영역에도 해당한다. 이는 이후의 말씀들 즉 누가복음 3장 7-14절의 "무리", "세리들", "군인들"에 대한 말씀에서 이해할 수 있다. 우리의 사명은 '다시 오실 메시아'의 길을 예비하는 것이다. 즉 기독교 문명개혁 운동을 주도하는 것이다.

누가복음의 특징

1. 이방인을 위한 복음

날짜 기록을 로마 황제, 로마의 위정자, 로마의 연대로 언급한다. 마태복음과 달리 구약의 예언 성취로서의 예수님에 대해서는 언급하지 않는다. 구약성경의 인용이 극히 드물다. 헬라인이 이해할 수 있도록 히브리어를 거기에 해당하는 헬라어로 표기했다.

- "가나나인 시몬"이란 말이 "셀롯이라는 시몬"으로 되어 있다(눅 6:15와 마 10:4 비교).
- 갈보리는 히브리어 명칭인 '골고다' 대신에 헬라어인 '크라니온'으로 표기했다. 이 두 단어는 모두 '해골의 장소'라는 뜻이다.
- 예수에 대하여 '랍비'라는 말을 사용하지 않고 한결같이 '선생'이란 뜻의 헬라어를 사용한다.
- 예수의 족보도 유대 민족의 조상인 아브라함으로 시작하지 않고 인류의 조상인 아담으로부터 시작한다(마 1:1, 눅 3:38).

70인 제자들의 사명을 특히 언급했다(눅 10:1-24). 이는 창세기 10장의 70족속을 연상케 하고, 결국 땅의 모든 족속을 향한 하나님의 마음을 보여준다.

2. 기도의 복음

누가복음에는 기도하시는 예수님의 모습이 종종 나타난다.

- 세례 받으시고 기도하실 때 사역의 중요한 세 가지 기반을 놓으셨다(눅 3:21).
- 모든 능력 있고 역동적인 사역의 비결은 지속적이고 습관적인 기도에 있었다(눅 5:16).
- 열두 사도를 택하기 전에 밤이 새도록 기도하셨다(눅 6:12).
- 자신의 신분과 죽음에 대해 최초로 보여주기 전에 따로 기도하셨다(눅 9:18).
- 변화산에서 기도하실 때 놀라운 광경이 펼쳐졌다(눅 9:29).
- 베드로의 믿음을 위해서 기도하셨다(눅 22:32).
- 십자가에서 용서의 기도를 하셨다(눅 23:34).

예수님은 기도의 삶을 강조하셨다.

- 한밤중에 찾아온 친구의 비유(눅 11:5-13)
- 불의한 재판관의 비유(눅 18:1-8)

기도는 예수님의 라이프 스타일이다.

예수께서 나가사 습관을 따라 감람 산에 가시매 눅 22:39

예수의 소문이 더욱 퍼지매 수많은 무리가 말씀도 듣고 자기 병도 고침을 받고자 하여 모여 오되, (그러나) 예수는 (반복적으로) 물러가사, 한적한 곳에서 기도하시니라 눅 5:15,16

예수님의 사역이 더 늘었지만 사람과 일로부터 반복적으로 물러가 기도하셨다. 여기서도 현재완료 시제를 사용하여 반복적 행동임을 보여준다. 기도는 예수님의 습관이며 라이프 스타일이었다.

3. 여성을 위한 복음

여자들에게 특별한 지위를 부여함으로써 하나님나라의 개방성을 제시했다. 당시 사회적 배경으로 볼 때 이는 개혁적이다. 성경은 처음부터 남성과 여성을 동등하게 창조하시고 사역자로 부르셨다(창 1:26-28).

- 마리아 - 예수님의 어머니
- 엘리사벳 - 세례 요한의 어머니
- 안나 - 여선지자(눅 2:36-38)
- 나인 성 과부(눅 7:11-16)
- 시몬의 집에서 예수님의 발에 기름을 부은 여인(눅 7:36-50)
- 마리아와 마르다(눅 10:38-42)
- 헌금함에 생활비 전부를 넣은 가난한 과부(눅 21:1-4)
- 십자가를 지신 예수님을 바라보며 가슴을 치면서 슬피 운 여자들(눅 23:27,28)
- 십자가에 달리신 예수님을 끝까지 섬긴 갈릴리로부터 온 여자들(눅 23:49,55,56)

예수님과 제자들을 물질로 섬긴 여자들

그 후에 예수께서 각 성과 마을에 두루 다니시며 하나님의 나라를 선포하시며, 그 복음을 전하실새 열두 제자가 함께하였고, 또한 악귀를 쫓아내심과 병 고침을 받은 어떤 여자들 곧 일곱 귀신이 나간 자 막달라인이라 하는 마리아와 헤롯의 청지기 구사의 아내 요안나와 수산나와 다른 여러 여자가 함께하여 자기들의 소유로 그들을 섬기더라 눅 8:1-3

주님의 부활을 첫 번째로 목도한 사람들은 다수의 용감한 여자들

안식 후 첫날 새벽에 이 여자들이 그 준비한 향품을 가지고 무덤에 가서… (이 여자들은 막달라 마리아와 요안나와 야고보의 모친 마리아라. 또 그들과 함께한 다른 여자들도 이것을 사도들에게 알리니라) 눅 24:1,10

4. 찬양의 복음

하나님을 찬양하는 구절은 나머지 복음서의 횟수를 전부 합한 것보다 더 많이 나타난다(26구절). 마리아는 성령으로 메시아를 잉태하고 조용한 유대 산중에 머물며 하나님의 은혜와 영광을 찬양했다. 마리아의 찬양은 가장 아름다운 가사 중에 하나다.

마리아	사가랴	시므온
공평하신 하나님	구원하시는 하나님	이방 선교를 계획하시는 하나님
눅 1:46-55(10구절)	눅 1:68-79(12구절)	눅 2:29-32(4구절)

5. 보편적인 복음 : 돌봐야 할 그룹을 언급했다. 하나님나라의 성격을 잘 보여준다

모든 장벽을 무너뜨리고, 차별을 없애셨다. 예수 그리스도는 만민을 위해 존재하신다.

- 하나님나라는 당시 사회적·영적으로 차별받던 사마리아 사람들에게도 열려있었다(눅 9:51-56).
  - 선한 사마리아인(눅 10:30-37)
  - 감사하는 사마리아인 나병환자(눅 17:11-19)
- 유대인은 상종도 하지 않던 이방인에게 호의를 가지고 대하시는 예수님의 모습을 본다.
  - 사렙다 과부와 나아만을 본보기로 삼으심(눅 4:25-27)
  - 백부장의 믿음을 칭찬하심(눅 7:2-9)
  - "사람들이 동서남북으로부터 와서 하나님의 나라 잔치에 참여하리니"(눅 13:29)
- 가난한 사람에게 각별한 관심을 가지시는 예수님의 모습을 본다(눅 2:4-7,22-24).
  - 주님은 부자만 아니라 가난한 자가 드리는 적은 예물도 귀하게 여기신다(눅 2:22-24).
  - 부자와 나사로의 비유는 가난한 자에게 복음이 전파됨을 가르친다(눅16:19-31).
  - 심령이 가난한 자는 복이 있나니(눅 6:20, 마 5:3)
  - 주님은 가난한 과부의 헌금을 귀하게 여기시고 칭찬하셨다(눅 21:1-4).
- 소외된 자들 : 죄인과 세리의 친구이신 예수님
  - 예수님의 발을 향유로 닦은 여인은 간음의 현장에서 용서받은 여인일 것이다(눅 7:36-50).
  - 유대인들은 힘들고 먼 길로 돌아갔지만 주님은 예루살렘으로 가실 때 일부러 사마리아를 지나셨다(눅 9:51-56).
  - 자비를 베푼 선한 사마리아 사람이 제사장이나 레위인보다 더 낫다(눅 10:30-37).
  - 탕자의 비유는 곧 하나님 아버지의 마음을 보여준다(눅 15:11-32).
  - 사회적으로 소외된 나병환자를 가까이하셨다.
  - 주님은 이방인 거주 지역에 의도적으로 방문하셨다(눅 17:11-19).
  - 삭개오는 당시 유대인들이 무시하던 세리이지만 주님은 그의 집에 방문하셨다(눅 19:1-10).
  - 바리새인과 세리의 비유를 통해 자기의 마음을 깨뜨리는 삶이 귀함을 말씀하셨다(눅 18:9-14).
  - 주님은 마지막 순간 십자가 위에서도 회개하는 강도를 환영하셨다(눅 23:43).

6. 청지기 복음, 재물에 대한 청지기직에 대해 가장 많이 언급했다

속부가 된 부자의 비유, 눅 12:13-21

속부의 정의, "자기를 위하여 재물을 쌓아두고 하나님께 대하여 부요하지 못한 자"(눅 12:21) 부자는 풍성한 소출을 가난한 자들에게 나누어주지 않고 더 큰 창고를 짓고 거기에 쌓아두었다. 주님은 "모든 탐심을 물리치라"(눅 12:15)라고 하셨다. 또 "너희 소유를 팔아 구제하여 낡아지지 아니하는 배낭을 만들라. 곧 하늘에 둔 바 다함이 없는 보물이니 거기는 도둑도 가까이하는 일이 없고 좀도 먹는 일이 없느니라. 너희 보물 있는 곳에는 너희 마음도 있으리라"(눅 12:33,34)라고 하셨다. 또 "지혜 있고 진실한 청지기가 되어 주인에게 그 집 종들을 맡아 때를 따라 양식을 나누어줄 자가 누구냐? 주인이 이를 때에 그 종이 그렇게 하는 것을 보면 그 종은 복이 있으리로다… 주인이 그 모든 소유를 그에게 맡기리라"(눅 12:42-44)라고도 하셨다.

> 우리가 가진 재물은 우리의 것이 아니라 주인이신 하나님이 맡기셨다.
> 우리는 청지기로 부름을 받았다.

옳지 않은 청지기 비유, 눅 16:1-13

오직 하나님만을 섬기고 재물을 섬기지 말아야 한다. 누가복음 16장 13절의 "재물"은 '맘몬'이다. 즉, 재물에 대한 잘못된 이해를 주어서 재물을 잘못 사용하는 불의한 청지기로 삼으려는 어둠의 영이다. 오히려 주어진 재물을 잘 맡아서 재물에 충성해야 한다.

은 열 므나의 비유, 자격 시험, 눅 19:12-26

하나님은 우리 각 사람에게 일정한 재물을 맡기신다. 그리고 그 재물에 충성함을 보시고 하나님나라의 일을 맡기신다. 달리 말하면, 하나님나라의 일을 맡길 만한 사람인지 알아보는 기준을 '재물에 충성하는 것'으로 삼으신다. "잘하였다. 착한 종이여, 네가 지극히 작은 것에 충성하였으니 열 고을(또는 다섯 고을) 권세를 차지하라"(눅 19:17,19). 우리 각자에게 맡겨진 재물에 대한 충성됨이 자격 시험이다.

부자 관리, 한 가지 부족한 것, 눅 18:18-30

영생에 관심이 있는 어떤 관리가 자신이 계명을 잘 지킨다고 예수님에게 말했다. 그는 그러면 영생을 얻을 것이라 생각했다. 그러나 예수님은 그에게 "네게 아직도 한 가지 부족한 것이 있다"고 하셨다. 그리고 "네게 있는 것을 다 팔아 가난한 자들에게 나눠주라. 그리하면 하늘에서 네게 보화가 있으리라. 그리고 와서 나를 따르라"(눅 18:22)라고 말씀하셨다. 그러나 그는 큰 부자이므로 이 말씀을 듣고 심히 근심하며 돌아갔다. 주님은 이를 두고 충격적인 말씀을 하셨다. "재물이 있는 자는 하나님의 나라에 들어가기가 얼마나 어려운지 낙타가 바늘귀로 들어가는 것이 부자가 하나님의 나라에 들어가는 것보다 쉬우니라"(눅 18:24,25)라고 하셨다.

부자가 하나님나라에 들어가는 길은 그 재물을 하늘에 쌓는 것이다. 그 길은 재물을 가난한 자들에게 나눠주는 것이다. 재물을 움켜쥐고 하나님나라에 들어갈 수 없다. 하나님은 우리가 재물을 소유하지 않고 관리하는 청지기가 되어 나누는 삶을 살기를 원하신다.

7. 안식일, 누가복음은 어느 책보다 안식일에 대한 올바른 이해를 제공한다

안식일에 제자들이 이삭을 잘라 손으로 비비어 먹었다(눅 6:1-5).

> 인자는 안식일의 주인이니라 눅 6:5

안식일에 오른손 마른 사람을 고치셨다(눅 6:6-11).

> 안식일에 선을 행하는 것과 악을 행하는 것, 생명을 구하는 것과 죽이는 것, 어느 것이 옳으냐? 눅 6:9

안식일에 귀신 들려 앓으며 꼬부라져 조금도 펴지 못하는 한 여자를 고치셨다(눅 13:10-17).

> 외식하는 자들아, 너희가 각각 안식일에 자기의 소나 나귀를 외양간에서 풀어내어 이끌고 가서 물을 먹이지 아니

하느냐? 그러면 열여덟 해 동안 사단에게 매인 바 된 이 아브라함의 딸을 안식일에 이 매임에서 푸는 것이 합당하지 아니하냐? 눅 13:15,16

안식일에 수종병 든 사람을 고치셨다(눅 14:1-6).

너희 중에 누가 그 아들이나 소가 우물에 빠졌으면 안식일에라도 곧 끌어내지 않겠느냐? 눅 14:5

【 예수님의 족보 】- 마태복음과 누가복음에는 예수님의 족보가 다윗 이후 다르게 표기되었다.

해석1 - 마태는 '왕족'의 혈통을,
누가는 '제사장'의 혈통을 나타낸다.

해석2 - 마태는 요셉의 족보를,
누가는 마리아의 족보를 보인다.

해석3 - 마 1:16 요셉의 아버지 '야곱'
눅 3:23 요셉의 아버지 '헬리'
요셉의 어머니가 두 번 결혼하여
법적으로는 죽은 전남편 야곱,
실제로는 두 번째 남편 헬리의
아들로 기록했다는 해석이다.

확실한 것은, 마태는 왕으로 오신 왕이신 예수를, 누가는 전 인류의 구주로 오신 사람이신 예수를 소개한다.

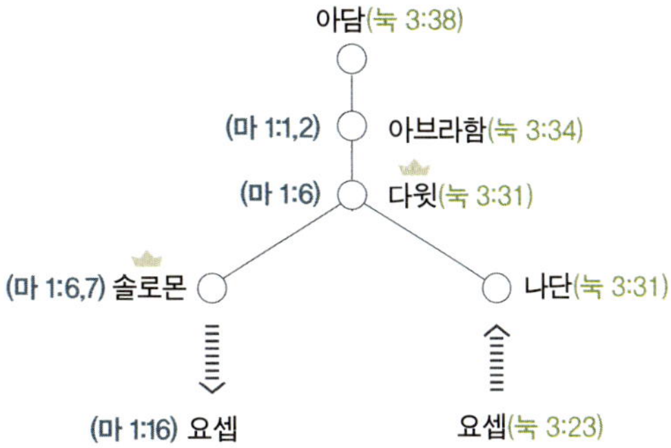

마태복음	누가복음
- 요셉의 족보 - 예수님의 법적 왕통의 기록	- 마리아의 족보 - 예수님의 자연적 혈통의 기록
내림차순	올림차순

【 유혹 - 두 아담의 비교 】

아담과 예수 그리스도는 세 가지 측면의 유혹에 직면했다.
아담은 유혹에 무릎을 꿇었고, 그 결과 인류에게 죄와 죽음이 들어왔다.
예수 그리스도는 대적하였고, 그 결과 인류는 의롭다 함과 생명을 얻게 되었다(롬 5:19).

요일 2:15-17	창 3:6 첫 번째 아담	눅 4:1-13 두 번째 아담
육신의 정욕 안목의 정욕 이생의 자랑	먹음직도 하고 보암직도 하고 지혜롭게 할 만큼 탐스럽기도 함	이 돌들에게 명하여 떡이 되게 하라 마귀가… 천하만국을 보이며… 네게 주리라 여기서 뛰어내리라
	롬 5:12-21 아담의 범죄로 죄가 왕 노릇	롬 5:12-21 예수 그리스도의 순종으로 생명이 왕 노릇

Dear. NCer

누가복음 말씀을 보면서 '지금이 어느 때인가'에 유의해야 함을 깨닫는다. 하나님의 눈으로 이 세상을 바라볼 수 있는 통찰력과 시대를 꿰뚫어볼 수 있는 안목이 필요하다. 누가복음은 어느 복음서보다 재물에 대한 하나님나라의 원칙을 여러 번 보여준다. 재물에 충성된 삶은 하나님나라를 세우는 데 중요하다.

❖요한복음(John) 예수님의 신성 : 하나님의 아들로 오신 예수

사도 요한은 예수님의 열두 제자 중 하나다. 요한복음 21장 20절과 13장 23절에 "예수께서 사랑하시는 그 제자"라고 자신을 소개한다. 그는 예수님과 아주 친밀하고 자연스런 대화를 나누었다. 그는 예수님의 품에 의지하여 누웠고(요 13:23), 대제사장의 집 뜰에 베드로와 함께 있었고(요 18:15,16), 예수님의 십자가 밑에 있었고(요 19:26), 부활하신 예수님의 무덤에 베드로와 함께 갔다(요 20:1-10). 예수님의 부활 후에는 갈릴리에 머물렀다(요 21:20-23).

그는 누구보다도 예수님을 잘 알고 그의 말씀을 직접 듣고 그가 하시는 일을 목격했다. 그는 예수 그리스도의 사도요 증인이요 목격자다. 요한은 "이것을 기록함은, 너희로 예수께서 하나님의 아들 그리스도이심을 믿게 하려 함이요, 또 너희로 믿고 그 이름을 힘입어 생명을 얻게 하려 함이니라"(요 20:31)라고 했다. 요한과 그의 형제 야고보는 예수님의 보좌 곁에 앉기를 간절히 바랐다. 그래서 그들은 먼저 고난의 잔을 마셨다. 야고보는 사도 중에 가장 먼저 순교를 당했다(행 12:2). 요한은 가장 오래 살면서 "예수의 환난과 나라와 참음에 동참"했다(계 1:9). 그는 순교적 삶을 살면서 교회를 견고히 했다.

요한복음 – 하나님의 아들로 오신 예수 그리스도(요 3:16)

서론	하나님의 아들의 공적 사역	하나님의 아들의 개인적 사역	하나님의 아들의 사역의 완성	결론
1장	2장-12장	13장-17장	18장-20장	21장
예수님의 일곱 가지 모습 1. 태초부터 계신 하나님 2. 말씀이신 하나님 3. 세상의 빛이신 하나님 4. 말씀이 육신이 되심 5. 은혜와 진리가 충만하신 하나님 6. 독생하신 하나님 7. 하나님의 어린양	예수님의 일곱 가지 표적 1. 물로 포도주를 만드심 2. 왕의 신하의 아들을 고치심 3. 38년 된 병자를 고치심 4. 오병이어로 오천 명을 먹이심 5. 물 위를 걸어오심 6. 날 때부터 소경 된 자를 고치심 7. 죽은 나사로를 살리심	예수님이 하신 일곱 가지 일 1. 제자들의 발을 씻기심 2. 가룟 유다가 배반할 것을 말하심 3. 베드로가 부인할 것을 말하심 4. 보혜사 성령을 보내실 것을 약속하심 5. 열매 맺는 삶을 살라고 하심 6. 제자들을 위해 중보기도하심 7. 새 계명을 주심 : 서로 사랑하라	예수님에게 일어난 일곱 가지 중요한 사건 1. 붙잡혀 고난을 당하심 2. 빌라도 앞에 서심 3. 십자가를 지심 4. 십자가에 못 박혀 죽으심 5. 아리마대 요셉의 무덤에 장사되심 6. 삼 일 만에 부활하심 7. 제자들에게 나타나심	베드로와 연관된 일곱 말씀 1. 너희에게 고기가 있느냐? 2. 그물을 배 오른편에 던지라 3. 지금 잡은 생선을 좀 가져오라 4. 와서 조반을 먹으라 5. 시몬아 네가 나를 사랑하느냐? 6. 내 양을 먹이라 7. 너는 나를 따르라
예수님을 향한 일곱 증거(요 5:30-47, 15:26,27) : 1-세례 요한 2-예수님의 사역 3-아버지 4-성경 5-모세 6-성령 7-제자들				
예수님의 7 "I AM" : 1-나는 생명의 떡이다 2-나는 세상의 빛이다 3-나는 양의 문이다 4-나는 선한 목자다 5-나는 부활이요 생명이다 6-내가 곧 길이요 진리요 생명이다 7-나는 참 포도나무다				

요한복음의 특징과 메시지

요한복음은 신약성경 중에서 가장 귀중한 책이다. 정신의 양식이며 마음의 자양분이며 영혼에 안식을 준다. 공관복음과는 여러 면에서 판이하게 다르다. 예수의 탄생 과정, 세례 받으심, 시험 받으심, 겟세마네의 기도, 승천에 대한 기사 등 공관복음에 있는 많은 내용이 생략되었다. 귀신 들린 사람을 낫게 하는 장면이 없다. 예수님의 비유가 하나도 기록되지 않았다. 그러나 예수님의 긴 설교(14장-16장)와 긴 기도(17장)를 기록했다.

또 하나의 시작

마태는 예수 그리스도의 계보(:기원 genesis)로 복음서를 시작한다. 마가는 "예수 그리스도의 복음의 시작"으로, 누가는 "처음부터 목격자와 말씀의 일꾼 된" 사람들에 대해 말한다.
성경의 첫 책 창세기는 "태초에 하나님이"라는 말로 시작된다. 태초부터 계셨던 하나님은 말씀으로 천지를 창조하셨다. 시편 33편 9절은 "그가 말씀하시매 이루어졌으며 명령하시매 견고히 섰도다"라고 했다. 다시 말하면, 이전에 없었던 것이 하나님의 말씀에 의하여 시공간에 존재하게 되었다. 히브리서 11장 3절에 "모든 세계가 하나님의 말씀으로 지어진 줄을 우리가 아나니"라고 하심같이, 존재하는 모든 것, 보이는 것과 보이지 않는 것이 하나님의 말씀으로 존재하게 되었다.
요한복음도 "태초에 말씀이 계시니라"(요 1:1)로 시작한다. "말씀이 육신이 되어 우리 가운데 거하시매"(요 1:14). 창세기에 나타나는 그 하나님이 사람의 모습으로 역사 속에 오셨다. 예수께서 말씀하시니 빛, 생명, 치유, 자유함, 기쁨이 우리에게 임했다. 죄는 용서받고 병은 치유되고 매인 자가 자유하게 되었다. 예수님은 하나님의 말씀을 선포하시는 분이 아니라 그가 곧 하나님의 말씀이시다. 그를 알고 믿을 때에 그 말씀의 역사가 내 안에 경험된다.

자주 나타나는 열쇠가 되는 단어들

하나님을 "아버지"로 121회 언급했다.

왜 이렇게 많이 언급했을까? 우리가 예수님을 바라볼 때, 그는 "아버지의 독생자의 영광"이요(요 1:14), "아버지 품속에 있는 독생하신 하나님"이시다(요 1:18). 이는 예수님이 하나님의 아들이심을 알리고 우리로 믿게 하여 영원한 생명을 얻게 하려 함이다(요 20:30,31). 그리고 더 나아가 하나님이 '아버지'이심을 보여주어 우리가 하나님이 "아빠 아버지"이심을 알고 그분과 사귐을 갖기를 원하기 때문이다. 요한복음 14장 6절에 "예수께서 이르시되, 내가 곧 길이요 진리요 생명이니 나로 말미암지 않고는 아버지께로 올 자가 없느니라"라고 하셨다. 예수님은 우리를 하나님에게로 이끌어 그분과 사귐을 갖기를 원하신다. '나는 너희를 하나님, 나의 아버지, 곧 너희의 아버지께로 이끄는 오직 한 길이다.' 하나님을 두렵고 떨림으로 멀리서 바라보는 '창조주', '왕', '심판주'로 인식하는 것이 아니라 '아빠의 품속에 있는 아들 예수'처럼 우리도 그 같은 사랑의 관계를 갖기 원하신다. 이런 관계를 갖게 될 때 우리의 예배가 새로워진다(요 4:23,24).

요한복음 4장 23,24절을 통해 부르는 찬양의 가사가 너무 아름답다.
"때가 차매 아버지께 신령과 진정으로 예배드리네"

기독교의 삼위일체는 수직관계가 아니다. 그것은 가족의 원탁 관계다. 딱딱함, 명령, 엄격함, 두려움, 심판이 기반이 아니다. 사랑, 은혜, 용서, 용납, 이해, 격려, 신뢰가 기반이다. 이 관계에서의 순종은 두려움으로 인한 것이 아니라 사랑으로 인한 것이다. 율법이 기반이 아니라 은혜와 진리가 기반이다(요 1:17). 구원, 자유, 생명, 풍성함이 그 결과다.

하나님이 그 아들을 세상에 보내신 것은 세상을 심판하려 하심이 아니요 그로 말미암아 세상이 구원을 받게 하려 하심이라 요 3:17

진리를 알지니 진리가 너희를 자유롭게 하리라 요 8:32

도둑이 오는 것은 도둑질하고 죽이고 멸망시키려는 것뿐이요, 내가 온 것은 양으로 생명을 얻게 하고 더 풍성히 얻게 하려는 것이라 요 10:10

"믿으라" 98회 언급되었다.

믿음은 어떤 사상이나 논리 이상이다. 종교적 신념이 아니다. "내가 믿습니다"라는 것은 육체로 오신 하나님이신 예수 그리스도를 영접하여 그분과 인격적인 교제를 통해 경험하는 삶이요(요 1:12), 영원한 생명을 얻어 심판에 이르지 않고 저주에서 축복으로, 어둠에서 빛으로, 사망에서 생명으로 옮겨진 삶이다(요 5:24).

"세상" 78회 언급되었다.

요한복음에서 언급하는 "세상"은 지리적 실체인 '이 지구'(the earth)를 말하는 것이 아니라 '이 시대'(age)라는 의미다.

하나님이 지으신 세상은 죄로 인하여 "이 세상의 임금"(요 12:31, 14:30, 16:11)인 사단의 지배 아래 놓였다. 결국 사람은 '죄와 사망의 멍에 아래' 처하게 되었다. 하나님이 예수 그리스도를 보내심은 불법의 권세자 사단을 쫓아내고(요 16:11, 계 12:10), 그 권세 아래 놓인 사람을 자유케 하고 구원하여 생명을 주려 하심이다. 하나님은 이 두 가지 일을 예수 그리스도를 통해 동시에 이루셨다. 그것은 곧 십자가다. 세례 요한은 "보라, 세상 죄를 지고 가는 하나님의 어린양이로다"(요 1:29,36)라고 예수님을 거듭 소개했다. 예수님이 예루살렘에 가셔서 유월절을 보냄으로 사역을 시작하고 마치신 것은 이 때문이다.

다음 말씀에서 우리를 향한 사랑의 하나님의 놀라운 구원 계획을 본다!

모세가 광야에서 뱀을 든 것같이 인자도 들려야 하리니, 이는 그를 믿는 자마다 영생을 얻게 하려 하심이니라 요 3:14,15

하나님이 세상을 이처럼 사랑하사 독생자를 주셨으니, 이는 그를 믿는 자마다 멸망하지 않고 영생을 얻게 하려 하심이라 요 3:16

"사랑" 57회 언급되었다.

"생명" 52회 언급되었다.

"아들" 42회 언급되었다.

요한복음은 가장 먼저 하나님과 예수님을 소개할 때 "아버지 품속에 있는 독생하신 하나님"(요 1:18)이라고 묘사한다. 이 놀라운 장면은 기독교를 가장 잘 보여준다. 나는 '마리아의 품속에 있는 아기 예수'에 대한 그림보다 '아빠의 품속에 있는 아기 예수'의 그림을 보고 싶다. 시편 131편이 이를 가장 잘 보여준다.

여호와여, 내 마음이 교만하지 아니하고 내 눈이 오만하지 아니하오며,
내가 큰 일과 감당하지 못할 놀라운 일을 하려고 힘쓰지 아니하나이다.
실로 내가 내 영혼으로 고요하고 평온하게 하기를
젖 뗀 아이가 그의 어머니 품에 있음 같게 하였나니
내 영혼이 젖 뗀 아이와 같도다.
이스라엘아, 지금부터 영원까지 여호와를 바랄지어다

예수님이 우리의 롤 모델이시다. 예수님은 아버지를 전적으로 의지하셨다.

내가 진실로 진실로 너희에게 이르노니 아들이 아버지께서 하시는 일을 보지 않고는 아무것도 스스로 할 수 없나니 아버지께서 행하시는 그것을 아들도 그와 같이 행하느니라 요 5:19

내가 아무것도 스스로 할 수 없노라 듣는 대로 심판하노니… 요 5:30

…나는 항상 그가 기뻐하시는 일을 행하므로 나를 혼자 두지 아니하셨느니라 요 8:28,29

우리가 아버지와 올바른 관계를 가진다면, 전적인 의존, 전적인 신뢰, 전적인 순종, 온전한 평강의 삶을 살게 된다.

"보내심을 받았다"가 40회 이상 언급되었다.

"보내심을 받았다"는 단어는 독특하다. 단순히 '보낸다'라는 단어와 구별된다. 그것은 특별한 목적을 위해 임무를 받아 파견될 때 사용된다. 관용어 '왕의 사절'과 같다. 예수님은 자기 자신이 누구며 어디에서 왔는지를 아셨다.

예수께서 이르시되, 나의 양식은 나를 보내신 이의 뜻을 행하며 그의 일을 온전히 이루는 이것이니라 요 4:34

내가 아무것도 스스로 할 수 없노라. 듣는 대로 심판하노니 나는 나의 뜻대로 하려 하지 않고 나를 보내신 이의 뜻대로 하려 하므로 내 심판은 의로우니라 요 5:30

내가 하늘에서 내려온 것은 내 뜻을 행하려 함이 아니요 나를 보내신 이의 뜻을 행하려 함이니라 요 6:38

> 나를 보내신 이가 나와 함께하시도다. 나는 항상 그가 기뻐하시는 일을 행하므로 나를 혼자 두지 아니하셨느니라 요 8:29

요한복음 17장 4절의 말씀은 "보내심을 받았다"는 것을 아는 삶의 하이라이트다.

> 아버지께서 내게 하라고 주신 일을 내가 이루어 아버지를 이 세상에서 영화롭게 하였사오니 요 17:4

예수님의 삶의 목적은 **오직 한 가지**다. 아버지를 이 세상에서 영화롭게 하는 것이다. 그리고 그 목적은 오직 아버지의 뜻을 따라 행하는 순종으로 이루어진다. 예수님은 자신의 생각이나 뜻을 따라 말하거나 결정하거나 행동하지 않으셨다. 철저히 하나님께 순종하셨다. 예수님의 순종은 우리 모두의 모델이 된다.
순종하는 삶에 주어지는 축복이 있다.

- 하나님이 함께하신다(요 8:29).
- 하나님이 성령을 부어주신다(요 3:34).

세례 요한의 삶도 마찬가지다.

> **하나님께로부터 보내심을 받은 사람**이 있으니 그의 이름은 요한이라 요 1:6

세례 요한의 이름 대신 자신의 이름을 넣자!
예수님의 삶의 목적이 오직 한 가지이듯, 우리의 삶의 목적도 **오직 한 가지**, 아버지를 이 세상에서 영화롭게 하는 것이다. 아버지의 뜻을 행하는 것이 예수님의 양식이듯이 우리도 하나님의 뜻을 따라 사는 것(미션 MISSION)을 **우리의 양식**으로 삼자!
내 아침 식사 메뉴 "MISSION"
내 점심 식사 메뉴 "MISSION"
내 저녁 식사 메뉴 "MISSION"

일곱 표적

요한복음은 예수님이 행하신 일들을 '기적'이라 하지 않고 '표적'이라고 했다. 이것은 예수께서 하나님의 아들이심을 증거하는 표시이기 때문이다. 그가 행하시는 놀라운 일들이 예수님이 누구신지 증거하기에 그 표적을 보는 사람마다 그분이 하나님의 아들이심을 믿었다.

> 예수께서 이 첫 표적을 갈릴리 가나에서 행하여 그의 영광을 나타내시매 제자들이 그를 믿으니라 요 2:11

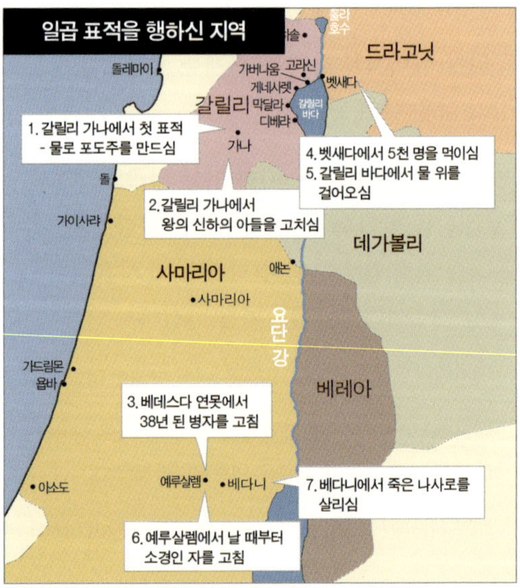

요한복음에서 예수님의 일곱 가지 표적을 기록한 이유는 오직 이 때문이다.

이것을 기록함은 너희로 예수께서 하나님의 아들 그리스도이심을 믿게 하려 함이요, 또 너희로 믿고 그 이름을 힘입어 생명을 얻게 하려 함이니라 요 20:31

【 예수님의 일곱 가지 표적 】

1	물로 포도주를 만드심	요 2:1-11	생명의 근원
2	왕의 신하의 아들을 고치심	요 4:46-54	거리와 관계 없이 다스림
3	38년 된 병자를 고치심	요 5:1-9	시간과 관계 없이 다스림
4	5,000명을 먹이심(오병이어)	요 6:1-15	생명의 떡
5	바다 위를 걸으심	요 6:16-21	자연을 다스림
6	날 때부터 소경 된 자를 고치심	요 9:1-7	세상의 빛
7	죽은 나사로를 살리심	요 11:1-46	죽음을 다스리는 권세

일곱 증거

누가 예수 그리스도를 증언하는가? 요한복음에는 예수님을 증거하는 일곱 가지가 기록되어 있다. 요한복음 5장 30-47절에 다섯 가지 증언이, 요한복음 16장 26,27절에 두 가지 증언이 집중적으로 기록되어 있다.

1) **세례 요한**이 예수님을 증거했다. **세례 요한의 주 사역은 예수 그리스도를 증언하는 것이었다.**

요한이 진리에 대하여 증언하였느니라 요 5:33

그가 증언하러 왔으니 곧 빛에 대하여 증언하고 모든 사람이 자기로 말미암아 믿게 하려 함이라. 그는 이 빛이 아니요 이 빛에 대하여 증언하러 온 자라 요 1:7,8

2) 예수께서 **하시는 그 일**이 예수님을 증거했다.

내게는 요한의 증거보다 더 큰 증거가 있으니 아버지께서 내게 주사 이루게 하시는 역사, 곧 내가 하는 그 역사가 아버지께서 나를 보내신 것을 나를 위하여 증언하는 것이요 요 5:36

예수께서 대답하시되, '내가 너희에게 말하였으되 믿지 아니하는도다. 내가 내 아버지의 이름으로 행하는 일들이 나를 증거하는 것이거늘' 요 10:25

요한의 증언도 중요하나 예수님은 "나는 사람에게서 증언을 취하지 아니하노라"(요 5:34)라고 하셨다. 예수님이 하시는 그 일이 예수님이 누구신지 증언한다. 예수님은 이것을 **"더 큰 증거"**(요 5:36)라고 하셨다. 바울은 이를 잘 알고 있었다.

우리 복음이 너희에게 말로만 이른 것이 아니라 또한 **능력과 성령과 큰 확신**으로 된 것임이라 살전 1:5

"그리스도께서 이방인들을 순종하게 하기 위하여 나를 통하여 역사하신 것 외에는 내가 감히 말하지 아니하노라. 그 일은 **말과 행위로 표적과 기사의 능력**으로 성령의 능력으로 이루어졌으며 롬 15:18,19

하나님의 나라는 말에 있지 아니하고 오직 **능력**에 있음이라 고전 4:20

하나님의 사역자임을 증명하고 하나님이 맡기신 사역임을 증명하는 것은 오직 나타나는 사역의 열매에 있다. 주장하는 자세나 말로 하지 말아야 한다. 권위를 스스로 내세워 증명하려는 어리석은 행동은 하지 말아야 한다.

3) **아버지**가 친히 증거하신다.

또한 나를 보내신 아버지께서 친히 나를 위하여 증언하셨느니라 요 5:37

내가 나를 위하여 증언하는 자가 되고 나를 보내신 아버지도 나를 위하여 증언하시느니라 요 8:18

또 다른 **"더 큰 증거"**가 있다. 곧 예수님을 보내신 아버지가 예수님을 위해 증언하신다. 예수님은 사람의 증언에 관심을 갖지 않으셨다. 사람을 의지하지 않으셨다. 사람은 사랑과 섬김의 대상이요, 오직 의지할 이는 하나님이다.

많은 사람이 그의 행하시는 표적을 보고 그의 이름을 믿었으나 예수는 그의 몸을 그들에게 의탁하지 아니하셨으니 이는 친히 모든 사람을 아심이요, 또 사람에 대하여 누구의 증언도 받으실 필요가 없었으니 이는 그가 친히 사람의 속에 있는 것을 아셨음이니라 요 2:23-25

나를 보내신 이가 나와 함께하시도다. 나는 항상 그가 기뻐하시는 일을 행하므로 나를 혼자 두지 아니하셨느니라 요 8:29

아버지의 증언을 받는 길은 오직 아버지의 뜻을 따라 행하는 것이다. 하나님은 그런 사람과 함께하신다.

4) **성경**이 예수님을 증언한다.

너희가 성경에서 영생을 얻는 줄 생각하고 성경을 연구하거니와 이 성경이 곧 내게 대하여 증언하는 것이니라 요 5:39

신구약성경 66권의 초점은 예수 그리스도다. 구약은 오실 메시아에 대한 증언으로, 신약은 이미 오신 메시아와 다시 오실 메시아에 대한 증언으로 가득하다. 우리는 성경 전체에서 예수 그리스도를 발견해야 한다. 모세5경에서 대제사장이신 예수, 역사서에서 왕이신 예수, 선지서에서 선지자이신 예수를 발견해야 한다. 메시아는 '기름부음을 받은 자'라는 의미다. 구약에서 기름부음을 받은 자는 제사장, 왕, 선지자뿐이었다.

5) **모세**가 예수님을 증언한다.

모세를 믿었더라면 또 나를 믿었으리니 이는 그가 내게 대하여 기록하였음이라 요 5:46

이는 모세5경을 가리킨다. 모세5경은 예수님을 증언하는 내용으로 가득하다. 특히 출애굽기 19장 이후부터 레위기 전체는 성막 중심의 삶에 대한 말씀이다. 히브리서에 이에 대한 설명이 담겨있다.

6) **성령**이 예수님을 증언한다.

내가 아버지께로부터 너희에게 보낼 보혜사 곧 아버지께로부터 나오시는 진리의 성령이 오실 때에 그가 나를 증언하실 것이요 요 15:26

그러나 진리의 성령이 오시면 그가 너희를 모든 신리 가운데로 인도하시리니 요 16:13

성령은 우리를 모든 진리 가운데로 인도하신다. 곧 진리이신 예수 그리스도께로 인도하신다. 성령의 사역은 오직 예수 그리스도를 증언하는 것이다. 성령은 우리를 예수께로 이끈다. 예수님은 우리를 하나님 아버지께로 이끄신다.

7) **제자들**이 예수님을 증언한다.

너희도 처음부터 나와 함께 있었으므로 증언하느니라 요 15:27

이 생명이 나타내신 바 된지라. 이 영원한 생명을 우리가 보았고 증언하여 너희에게 전하노니 이는 아버지와 함께 계시다가 우리에게 나타내신 바 된 이시니라 요일 1:2

예수님을 가장 잘 증언할 수 있는 이는 제자들이다. 이들은 예수님과 함께 있었다. 그를 보았고 만졌고, 그의 말씀을 들었다. 그가 행하시는 모든 것의 목격자다. 이들이 하는 말보다 더 확실한 증언이 어디에 있을까!

'I AM' × 7

하나님은 모세에게 사명을 맡기면서 자신의 명함을 건네주셨다. 왜냐하면 그가 하나님께 "사람들이 '누가 너를 보냈냐?' 하고 묻는다면 어떻게 대답해야 합니까?"라고 질문했기 때문이다. 그때 하나님이 주신 명함에 다음과 같이 적혀있었다(출 3:13,14).

YHWH (발음상 '여호와' 또는 '야훼'로 읽는다)

이것을 한국어로 직역하면 **'나는 나다'**, 즉 "나는 스스로 있는 자이다"가 된다. 이를 영어로 표기하면 **"I AM"**이다.

예수께서도 자신의 명함을 우리에게 주셨다. 그 명함은 모세가 받은 것과 동일하다.

예수께서 이르시되, '네게 말하는 **내가 그라**'(I who speak to you AM HE) 하시니라 요 4:26

아브라함이 나기 전부터 **내가 있느니라**(Before Abraham was born, I AM) 요 8:58

요한복음에서 예수님은 우리에게 다음과 같은 명함을 주셨다.

"나는 …이다"(I AM…)

사람으로 오신 하나님의 명함

1) 나는 **생명의 떡**이다(요 6:35,41,48,51,54-58).
2) 나는 **세상의 빛**이다(요 8:12, 9:5).
3) 나는 **양의 문**이다(요 10:7,9).
4) 나는 **선한 목자**다(요 10:11,14).
5) 나는 **부활이요 생명**이다(요 11:25).
6) 내가 곧 **길이요 진리요 생명**이다(요 14:6).
7) 나는 **참포도나무**다(요 15:1,5).

【 예수님의 'I AM' × 7 】

나는… (I AM…)	생명의 떡이다	요 6:35,41,48,51
	세상의 빛이다	요 8:12
	양의 문이다	요 10:7,9
	선한 목자이다	요 10:11,14
	부활이요 생명이다	요 11:25
	길이요 진리요 생명이다	요 14:6
	참포도나무다	요 15:1,5

- 이 놀라운 예수님을 깊이 묵상하자.
- 예수님은 생명의 떡을 주시는 분이 아니라 그가 곧 생명의 떡이시다. 예수께서 "나는 생명의 떡이니 내게 오는 자는 결코 주리지 아니할 터이요"(요 6:35)라고 하셨다. 다윗은 "나의 힘이신 여호와여, 내가 주를 사랑하나이다"(시 18:1)라고 고백했다. 예수님이 나의 힘이요 활력소가 되신다. 약한 자를 강하게 하신다. 병든 자를 치유하며 건강하게 하신다. 주린 자의 양식이 되신다. 피곤한 자에게 새 힘을 주신다.

세 가지 평강

평안을 너희에게 끼치노니 곧 **'나의 평안'**을 너희에게 주노라. 내가 너희에게 주는 것은 세상이 주는 것과 같지 아니하니라. 너희는 마음에 근심하지도 말고 두려워하지도 말라 요 14:27

"끼치다"라는 단어는 예수께서 제자들에게 사명을 주고 떠나시면서 '남겨둔다', '준다'라는 의미다. 주께서 남겨두시는 것은 "나의 평안" 곧 '예수님의 평강'이다. 그것은 '세상이 주는 평강'과는 다르다.

예수님은 아버지께로 가시기 전에 가장 중요한 마지막 시간을 제자들과 따로 보내셨다. 그리고 그들에게 사명을 주셨다. 주님은 그 사명을 감당할 수 있는 두 가지 보물을 주기 원하셨다. 센터와 건물을 지을 땅인가 아니면 재물인가? 아니다. 그것이 열쇠가 아니다. 요한복음 14장-16장에서 그 열쇠를 약속하셨다. 첫 번째는 성령이고, 두 번째는 평강이다.

요한복음 20장 19-30절에서 부활하신 예수께서 제자들에게 평강을 세 번 말씀하시되 각각 다른 상황에서 말씀하셨다. 그것은 세상이 줄 수 없는 '예수님의 평강'이 무엇인지 이해하게 한다.

첫째, 환경으로부터 독립된 평강이다. IP(Independent Peace)

이날 곧 안식 후 첫날 저녁 때에 제자들이 유대인들을 두려워하여 모인 곳의 문들을 닫았더니 예수께서 오사 가운데 서서 이르시되, '너희에게 평강이 있을지어다' 요 20:19

제자들은 두려웠다. 그들이 처한 환경은 두려움으로 둘러싸여 있었다. 세상이 주는 평강은 주변이 평화로울 때 느끼는 것이다. 주변이 두려움으로 덮일 때는 금세 두려워진다. 그것이 일반적이다. 두려워하는 제자들에게 예수님이 평강을 주셨다. 그들에게 주는 예수님의 평강은 환경에 영향을 받지 않고 내면의 고요함을 유지하는 힘이다. 마치 태풍의 눈과 같다. 상록수와도 같다. 재물도 권력도 그 어떤 것도 두려움을 물리치지 못한다. 오직 예수님의 평강으로 가능하다.

둘째, 하나님과 화해할 때 주어지는 평강을 전하는 화목의 대사직이다. AFC(Ambassador for Christ)

> 예수께서 또 이르시되, '너희에게 평강이 있을지어다. 아버지께서 나를 보내신 것같이 나도 너희를 보내노라' 요 20:21

하나님과 화목할 때에 진정한 평강이 있다. 예수께서 제자들에게 주신 평강은 단지 하나님과 화목할 때의 평강을 말하는 것이 아니라 '화목하게 하는 직분'을 의미한다. 사도 바울은 성령으로 이것을 이해했다. 그러므로 그는 화목케 하는 대사의 직분을 과감히 수행했다.

> 모든 것이 하나님께로서 났으며 그가 그리스도로 말미암아 우리를 자기와 화목하게 하시고 또 우리에게 화목하게 하는 직분을 주셨으니… 우리가 그리스도를 대신하여 사신(:대사)이 되어 하나님이 우리를 통하여 너희를 권면하시는 것같이 그리스도를 대신하여 간청하노니 너희는 하나님과 화목하라 고후 5:18,20

셋째, '도마 바이러스'를 제거할 때 주어지는 평강이다. TF(Thomas' Factor)

> 여드레를 지나서 제자들이 다시 집 안에 있을 때에 도마도 함께 있고 문들이 닫혔는데, 예수께서 오사 가운데 서서 이르시되, '너희에게 평강이 있을지어다' 하시고 요 20:26

안식 후 첫날 예수께서 주신 환경의 독립자가 되는 놀라운 평강을 제자들은 누리지 못했다. 8일 후에도 그들은 여전히 두려움에 싸여있었다. 그 사이에 무슨 일이 있었는가? 도마 때문이다. 8일 전에 도마는 그곳에 없었다. 그는 예수님의 부활을 믿지 않았다. 그래서 "내가 그의 손의 못 자국을 보며 내 손가락을 그 못 자국에 넣으며 내 손을 그 옆구리에 넣어보지 않고는 믿지 아니하겠노라"(요 20:25)라고 말했다. 의심과 불확실은 전염성이 강하다. 순간적으로 모든 제자들이 '도마 바이러스'에 감염되었다. 예수께서 오셔서 도마 바이러스를 제거하셨다.

> 도마에게 이르시되, '네 손가락을 이리 내밀어 내 손을 보고, 네 손을 내밀어 내 옆구리에 넣어보라. 그리하여 믿음 없는 자가 되지 말고 믿는 자가 되라.' 도마가 대답하여 이르되, '나의 주님이시요 나의 하나님이시니이다' 요 20:27,28

불신과 의심, 불확실은 우리 마음의 평강을 빼앗아 간다. 믿음과 확신은 담대함과 평강으로 이어진다. 흔들리지 않는다.

> 믿음으로 나라들을 이기기도 하며, 의를 행하기도 하며, 약속을 받기도 하며, 사자들의 입을 막기도 하며, 불의 세력을 멸하기도 하며, 칼날을 피하기도 하며, 연약한 가운데서 강하게 되기도 하며, 전쟁에 용감하게 되어 이방 사람들의 진을 물리치기도 하며… (이런 사람은 세상이 감당하지 못하느니라) 히 11:33,34,38

풀무불 앞에 선 다니엘의 세 친구들과 사자굴에 들어간 다니엘은 예수님의 평강을 소유했다. 오직 믿음이다. 우리가 이 세상에서 하나님나라와 영광이 임하도록 '기독교 문명개혁 운동'을 주도하려면 '예수님의 평강'이 절대적이다.

명절들

요한복음에 나타나는 예수님 사역의 중심 무대는 예루살렘이다. 또한 유대와 갈릴리를 포함하여 사역하셨다. 요한복음은 구체적으로 여러 날짜들을 언급하고 특히 유월절을 세 번 언급하여 한 번만 언급한 다른 복음서와 다르다.
5장 1절의 "명절"은 '그 명절'로 읽어야 한다. 매년의 주요한 세 절기 중 하나인 '장막절(:초막절)'을 의미한다. 명절을 중심으로 한 예수님의 사역을 연대기적으로 구성할 수 있다.

예수님의 사역 첫해의 유월절 2:13-3:22, **장막절** 5:1-47

두 번째 해의 유월절 6:4-71, **장막절** 7:1-10:21, **수전절(하누카:성전 봉헌 축제)** 10:22-42

세 번째 해의 유월절 11:55-19:42

세례 요한은 두 차례나 "세상 죄를 지고 가는 하나님의 어린양" 예수를 소개했다. 이것은 요한복음에서 예수께서 세 차례나 유월절에 예루살렘에 가신 것과 연관된다. 예수께서 그의 십자가의 고난과 죽으심을 통해 유월절을 성취하셨다. 그리고 한 해의 마지막 명절인 '장막절'을 두 차례 보내심은 새 하늘과 새 땅에서 이루어지는 새 시대의 '장막절'을 보여준다(계 7:9-17, 21장).

주님이 바라보시는 '엠블레포'의 시각을 가지라

> 데리고 예수께로 오니 예수께서 보시고 이르시되, '네가 요한의 아들 시몬이니 장차 게바라 하리라' 하시니라 (게바는 번역하면 베드로라) 요 1:42

예수께서 처음으로 베드로를 만나시는 장면이다. 예수님은 베드로를 보시고 그의 이름을 "시몬"에서 "게바"(베드로)로 고치셨다. 그는 성격이 급하고 즉흥적이고 허풍을 떨고 실수가 잦으며 허물과 약점과 단점이 많은 사람이다. 잘 흔들리는 사람이다. 그런데 예수님은 그를 "게바"라 부르셨다. 게바는 '반석'이라는 뜻이다. 흔들리지 않는 견고한 기둥 같은 사람, 많은 사람에게 영향을 주는 사람을 가리킨다.
예수께서 베드로를 "보시고"라고 하는 이 단어는 헬라어로 '엠블레포'(emblepo)다. 그냥 보는 게 아니라 그 사람의 안을 보는 것, 그 사람의 겉모습을 넘어 속사람을 바라보고 앞으로 되어질 그를 바라보신다는 뜻이다.
주님은 베드로의 미래를 바라보셨다. "네 이름은 게바다. 너는 견고한 반석이다. 너는 앞으로 견고한 사람이 될 것이며 많은 사람에게 영향을 주는 사람이 될 것이다."

우리의 삶에 적용해야 할 것

우리의 눈이 주님의 눈처럼 되길 바라신다. 주님의 '엠블레포'의 시각으로 사람들을 바라보는 것을 훈련해야 한다. 나 자신을 바라볼 때도, 다른 사람을 바라볼 때도 주 예수의 시각으로 바라보아야 한다.

성령(요 14장-16장)

요한복음은 어느 복음서보다도 성령에 대해 많이 말씀하신다. 14장부터 16장까지 '성령장'이라는 별명이 붙을 정도로 많이 언급하신다.

> 내가 아버지께 구하겠으니 그가 또 다른 보혜사를 너희에게 주사 영원토록 너희와 함께 있게 하리니 그는 진리의 영이라 세상은 능히 그를 받지 못하나니 이는 그를 보지도 못하고 알지도 못함이라 그러나 너희는 그를 아나니 그는 너희와 함께 거하심이요 또 너희 속에 계시겠음이라 내가 너희를 고아와 같이 버려두지 아니하고 너희에게로 오리라 조금 있으면 세상은 다시 나를 보지 못할 것이로되 너희는 나를 보리니 이는 내가 살아있고 너희도 살아있겠음이라 그 날에는 내가 아버지 안에, 너희가 내 안에, 내가 너희 안에 있는 것을 너희가 알리라 요 14:16-20

예수님은 요한복음 14장에서 "나는 이제 더 이상 너희와 함께 있지 않을 것이다. 나는 너희를 떠나서 내 아버지께로 갈 것이다"라고 말씀하신 다음에 "내가 가면 성령을 너희에게 보내겠다"라고 약속하신다. 그리고 '성령'을 "보혜사"라고 소개하신다.

보혜사의 뜻은 무엇일까? 이 단어는 굉장히 독특하다. 한국어에는 '보혜사'란 단어가 없다. 원어로는 '파라클레토스'(Parakletos)이다. 이 단어는 '파라'와 '클레토스'의 합성어이다. '파라'는 영어로 'by'이다. 그 의미는 '~곁에' 혹은 '나란히'라는 뜻이다. 주로 전치사로 사용된다. '클레토스'는 '부르심 받은 이'라는 의미다. 어떤 목적을 가지고 불렀다는 것이다. 이 두 단어의 의미를 합치면 '어떤 특별한 임무를 수행하기 위해 부르심 받아 곁에 계신 이'이다.

파라클레토스를 영어로 번역한 단어가 comforter, helper, counselor이다. 즉 성령은, '위로자', '돕는 자', '상담자'이다. 성령은 항상 내 곁에 계시면서 나를 위로하는 분이며, 돕는 분이며, 나의 상담자이며, 선생이며, 인도자이시다. 내 절대적 지지자요 후원자요 내 모든 삶을 이끌어가는 분이다.

사명자, 특히 '기독교 문명개혁 운동'을 주도하고자 한다면 성령으로 충만해야 한다.

Dear. NCer

엠블레포(emblepo) - 주님의 시각으로 바라보는 것을 훈련해야 한다.

사람을 바라보는 주님의 안목으로 나를 바라볼 줄 알아야 한다. 또한 그 시각으로 주변 사람들을 바라보는 훈련을 해야 한다. 겉사람 '시몬'을 바라보는 것이 아니라, 그 속에 있는 '게바'를 볼 줄 아는 눈을 훈련해야 한다. 그리고 그것을 담대히 자주 말하고 격려하고 세워주는 연습을 해야 한다.

4장

역사서

사도행전

역사서 - 사도행전

삼위일체 하나님 : 삼위일체를 이해하는 것은 쉬운 일이 아니다.

성부 하나님은 비전을 가지고 계획하는 건축 설계자로, 성자 하나님인 예수 그리스도는 설계 도면을 가지고 각 요소에 필요한 건축 재료를 모아 일꾼들을 통해 각 부분을 건축하는 건축가로, 성령 하나님은 설계자의 도면을 따라 완성한 건물을 원래의 목적을 따라 그 용도에 맞게 운영하는 운영자로 설명할 수 있다. 성경 신구약을 이 같은 각도에서 보면 다음과 같이 구분할 수 있다.

- 성부 : 설계자 - 모세5경을 포함한 구약 역사서(보충자료 : 시가서, 선지서)
- 성자 : 건축가 - 4복음서
- 성령 : 운영자 - 사도행전 (보충자료 : 서신서, 계시록)
- 교회 : 성령과 함께 하나님의 뜻을 실행하는 하나님의 동역자

사도행전을 통해 알게 되는 놀라운 점은, 하나님께서 교회를 세우시고 교회를 그분의 비전을 성취하는 동역자로 부르셨다는 것이다. 성령 하나님은 교회를 그의 동역자로 불러 파트너십을 발휘하도록 이끄신다.

오직 성령으로	되리라	땅 끝까지 이르러
내 증인이	사마리아와	교회의 확장
예루살렘과 온 유대와	교회의 성장과 과도기	
교회의 형성		
사도행전에 나타나는 오순절 운동의 원리 - 4P's 1. People 언제나 사람을 통해 일하신다 2. Power 성령의 능력으로 섬긴다 3. Prayer 기도를 통해 일하신다 4. Partnership 팀 사역으로 일하신다 - Pentecostal People : 열두 사도, 일곱 집사, 스데반	오순절의 사람 - 4P's 1. Purity 착한 사람이요 2. Plenty 성령과 믿음이 충만하고 3. Power 큰 무리가 주께 더하더라 4. Preach 말씀을 선포함 - Pentecostal People : 베드로와 요한, 빌립, 아나니아, 고넬료, 야고보, 바나바	오순절 운동 바울의 전도여행 1차 갈라디아 중심(13:1-14:28) 2차 그리스 중심(16:1-18:22) 3차 아시아 중심(18:23-23:11) 4차 로마로(23:12-28:31) - Pentecostal People : 바나바, 바울, 실라와 디모데, 아볼로
1장-7장	**8장-12장**	**13장-28장**
사도들과 베드로	베드로와 바나바	바나바와 바울
예루살렘 중심	안디옥 중심	소아시아 중심
유대인	사마리아인	이방인
A.D.30-36	A.D.37-46	A.D.47-66

사도행전의 특징

복음의 확장(1) - '성장'에 대해 일곱 번 언급함으로 복음이 확장됨을 보여준다.

예수님은 복음서에서 하나님나라의 성격을 말씀하실 때 겨자씨와 누룩으로 비유하셨다.

- 겨자씨 비유(마 13:31,32, 막 4:30-32, 눅 13:18,19) - 하나님나라는 성장한다.
- 누룩의 비유(마 13:33, 눅 13:20,21) - 하나님나라는 늘어난다. 영향을 준다.

사도행전은 이런 하나님나라의 성장과 확장을 일곱 번에 걸쳐 보여준다.

1. "주께서 구원받는 사람을 날마다 더하게 하시니라"(행 2:47).
2. "믿고 주께로 나아오는 자가 더 많으니 남녀의 큰 무리더라"(행 5:14).
3. "하나님의 말씀이 점점 왕성하여 예루살렘에 있는 제자의 수가 더 심히 많아지고 허다한 제사장의 무리도 이 도에 복종하니라"(행 6:7).
4. "그리하여 온 유대와 갈릴리와 사마리아 교회가 평안하여 든든히 서 가고 주를 경외함과 성령의 위로로 진행하여 수가 더 많아지니라"(행 9:31).
5. "하나님의 말씀은 흥왕하여 더하더라"(행 12:24).
6. "이에 여러 교회가 믿음이 더 굳건해지고 수가 날마다 늘어가니라"(행 16:5).
7. "이와 같이 주의 말씀이 힘이 있어 흥왕하여 세력을 얻으니라"(행 19:20).

복음의 확장(2) - 숫자를 사용하여 복음이 확장됨을 보여준다.

사도행전은 하나님나라가 늘어나는 것을 숫자를 통하여 구체적으로 보여준다.

1. "그 말을 받은 사람들은 세례를 받으매 이날에 신도의 수가 3,000이나 더하더라"(행 2:41).
2. "말씀을 들은 사람 중에 믿는 자가 많으니 남자의 수가 약 5,000이나 되었더라"(행 4:4).
3. "주의 손이 그들과 함께하시매 수많은 사람들이 믿고 주께 돌아오더라"(행 11:21).
4. "바나바는 착한 사람이요 성령과 믿음이 충만한 사람이라. 이에 큰 무리가 주께 더하여지더라"(행 11:24).
5. "이에 이고니온에서 두 사도가 함께 유대인의 회당에 들어가 말하니, 유대와 헬라의 허다한 무리가 믿더라"(행 14:1).

복음의 능력 - 복음이 이르는 곳마다 '거룩한 소동'이 일어났다.

복음의 능력은 지리적으로나 숫자로만 아니라 개인, 가정, 도시, 사회의 각 영역에 영향을 주어 지각변동이 일어나게 한다. 복음이 이르는 곳마다 이런 현상이 일어난다.

- 데살로니가에서

유대인들이 불량배들을 동원하여 성을 소동하게 했다(행 17:5).
무리와 읍장들이 그들의 말을 듣고 소동했다(행 17:8).
유대인들이 베뢰아까지 따라가서 무리를 움직여 소동하게 했다(행 17:13).

바울의 전도팀에 대해 사람들이 다음과 같이 소개했다.
"천하를 어지럽게 하던 이 사람들이 여기도 이르매"(행 17:6).
이들은 바울 팀을 '천하를 어지럽게 하는 사람들'이라고 불렀다.

이들이 이르는 곳마다 소동이 일어났다. 그러나 이들이 일으킨 소동은 '거룩한 소동'이다. 거룩하지 못한 소동도 있다. 질서를 파괴하고 평화를 깨며 두려움과 공포를 불러일으키고 사람들의 생명을 앗아가기도 한다. 이를 '난동' 또는 '폭동'이라고 한다.
그러나 복음이 이르면 거룩한 소동이 일어난다. 이전의 모든 가치 기준이 흔들리며 새로운 질서가 형성된다. 공의와 공평, 사랑과 신뢰, 정직과 성실, 빛과 자유가 확립된다. 생명과 치유가 일어나 진정한 기쁨과 즐거움이 형성된다. 이것이 복음의 능력이다. 기독교 문명개혁 운동은 이를 두고 하는 말이다.

- 에베소에서

"이 도로 말미암아 적지 않은 소동이 있었으니"(행 19:23). 온 시내가 요란하였다(행 19:29).
"악귀가 대답하여 이르되 '내가 예수도 알고 바울도 알거니와 너희는 누구냐?' 하며"(행 19:15).
악귀가 "나는 예수도 알고 바울도 안다"라고 말했다. 바울과 그의 팀은 지옥에서 유명했다! 지옥 왕국의 대문을 비롯하여 모든 거리마다 바울 팀의 얼굴이 그려진 포스터가 붙었을 것이다. 그리고 큰 글자로 이렇게 쓰여있었을 것이다.

위 사람들을 사로잡는 자에게는 거액의 포상과 함께 큰 직책을 줌

마술을 행하던 사람들이 그 책을 모아 불살랐는데 그 책값이 은화 50,000이었다(행 19:19).
"이와 같이 주의 말씀이 힘이 있어 흥왕하여 세력을 얻으니라"(행 19:20).

- 예루살렘에서

온 성이 소동하여 바울을 죽이려고 폭행할 때 로마 군대가 동원되어 바울이 군사들에게 들려 나갔다(행 21:30-36).
바울이 간증할 때 무리가 "이러한 자는 세상에서 없애버리자. 살려둘 자가 아니라" 하며 소동했다(행 22:22,23).
유대인 40여 명이 당을 지어 바울을 죽이기 전에는 먹지도, 마시지도 않겠다고 맹세했다(행 23:12,13).

- 가이사랴에서

가이사랴 감옥에 머무는 동안 바울은 벨릭스 총독, 베스도 총독, 그리고 아그립바 왕 앞에서 변명했다. 유대인들이 바울을 다음과 같이 고발했다. "우리가 보니 이 사람은 전염병 같은 자라(:개역한글 - "이 사람은 염병이라"). 천하에 흩어진 유대인을 다 소요하게 하는 자요 나사렛 이단의 우두머리라"(행 24:5).

바울에 대한 평가

• 이 사람은 염병이라

• 나사렛 이단의 우두머리라

• 천하를 어지럽게 하는 사람이라

복음의 기반 - 오직 '하나님의 말씀'이 복음의 기반이다.

베드로의 말씀 선포(행 2:14-36)의 결과로 예루살렘교회 공동체가 형성되고 성장했다(행 2:41). 공동체의 기반은 말씀과 교제, 성찬과 기도이다(행 2:42). 베드로의 두 번째 말씀 선포(행 3:11-26)의 결과로 예루살렘교회 공동체는 더욱 성장했다(행 4:4). 하나님의 말씀이 예루살렘교회의 성장 요인이다. 말씀이 교회에 왕성할 때 세상에 영향을 줄 수 있다.

> **하나님의 말씀이 점점 왕성하여 예루살렘에 있는 제자의 수가 더 심히 많아지고 허다한 제사장의 무리도 이 도에 복종하니라** 행 6:7

"하나님의 말씀은 흥왕하여 더하더라"(행 12:24)라는 말씀을 통해 알 수 있듯이, 교회가 예루살렘을 넘어서 온 유대와 사마리아, 그리고 안디옥까지 영향을 주었다. 말씀의 능력이다.
베뢰아 사람들은 간절한 마음으로 말씀을 받고 날마다 성경을 상고했다(행 17:11).
사도 바울은 아덴과 고린도에서 말씀에 붙잡혀 복음을 전했다(행 18:5).
"이와 같이 주의 말씀이 힘이 있어 흥왕하여 세력을 얻으니라"(행 19:20).
하나님의 말씀이 부흥할 때 교회는 마게도냐와 아가야를 비롯하여 소아시아 특히 그 중심인 에베소에 큰 영향을 주었다. 지금은 하나님의 말씀이 부흥할 때이다!

결론 - 교회의 성장과 숫자, 사회를 변화시키는 소동과 하나님의 말씀은 상관관계에 있다.

베드로, 바나바, 그리고 바울

사도 베드로

강점	헌신적/충동적 (막 9:5, 요 13:4-9)	행동파/자주 실패함 (마 14:28-31)	용기, 죽을 각오 (막 14:47 외) 등	철저히 회개함 (막 14:66-72)
약점	유대의 율법주의 (갈 2:11-21, 행 10:9-16)	가르침을 충분히 이해하지 못함 (막 9:5,6, 요 13:6-11)	예수께 심한 책망 받음 (막 8:33, 마 16:23)	시험이 올 때 기도하지 못함, 반복해서 부인함 (막 14:32, 막 14:66-72)
지도력	제자들 중 서열 우선 (마 10:2-4)	제자들의 대변인 역할 (마 16:13-20)	지도력 회복 (요 21:15-18)	교회의 기둥 같은 존재 (갈 2:9)
부활 후	유다를 대신할 자를 뽑는 일을 이끌어감 (행 1:15-26)	오순절에 첫 번째 설교 (행 2:14-36)	앉은뱅이를 치유 (행 3:1-10)	산헤드린 공회에서 담대히 증거함(행 4:5-12)

베드로의 강점

그는 주를 따르는 데 있어서 헌신적이나, 감정적이고 충동적이었다(막 9:5, 요 13:4-9). 믿음의 시도를 행동으로 옮기려고 시도했지만 자주 실패했다(물 위를 걸어가려 하다. 마 14:28-31). 그는 행동주의자이지 책상에 앉아 연구하는 사람이 아니었다. 실행에 옮기는 것에 역점을 두었다.

그는 용기가 있고 기꺼이 죽을 각오가 되어 있었다(마 26:51,52, 막 14:47, 눅 22:49-51, 요 18:10,11). 부활 후, 예수님은 그에게 회복할 기회를 주시고 제자들을 이끌어갈 것을 말씀하셨다(요 21:15-18). 자신의 실패에 매이지 않고 주의 긍휼과 은혜를 붙들 줄 알았다.

그는 성령의 사람이었다. 예수께서 그가 비록 실패했지만 후에는 성공적인 사역자가 될 것을 말씀하셨다. 그가 더 이상 자신의 힘으로 살지 않고 성령의 능력으로 살 것이기 때문이다.

베드로의 약점

그는 유대의 율법주의를 따르려는 경향이 있었다. 이방인과 식사를 하면서나(갈 2:11-21) 음식을 먹음에 있어서 그런 모습이 종종 드러났다. 그러나 주께서 그에게 계시하심으로 패러다임의 변화가 일어났다(행 10:9-16).

그는 다른 사도들처럼 예수님의 가르침을 충분히 이해하지 못했다(막 9:5,6, 요 13:6-11).

그는 개인적으로 예수께 심하게 책망 받았다(막 8:33, 마 16:23).

그는 예수님이 겟세마네 동산에서 기도하시는 가장 중요하고 안타까운 순간에 함께 기도하지 않고 잠을 잤다(막 14:32-42, 마 26:36-46, 눅 22:39-46). 그러나 오순절 이후에 기도의 사람이 되었다(행 3:1, 10:9).

그는 반복해서 예수님을 부인했지만 철저히 회개했다(막 14:66-72, 마 26:69-75, 눅 22:56-62, 요 18:15-18,25-27).

사도들 가운데서 그의 지도력

신약성경에는 사도들의 명단 리스트가 네 번 나온다(마 10:2-4, 막 3:16-19, 눅 6:14-16, 행 1:13). 베드로는 항상 명단에 제일 먼저 올랐다.

그는 자주 사도들의 대변인 역할을 했다(마 16:13-20, 막 8:27-30, 눅 9:18-21). 이는 그룹 내에서 그의 권위를 보여준다(마 16:18). 그렇지만 예수님은 그가 사단의 도구가 됨을 꾸짖으셨다(마 16:23, 막 8:33). 또한 제자들이 서로 누가 높냐고 논쟁을 할 때 그는 그 논쟁에 참여하지 않았다(마 20:20-28, 막 9:33-37, 10:35-45).

베드로는 예루살렘교회의 리더가 아니었다. 이 역할은 예수님의 형제 야고보에게 주어졌다(행 12:17, 15:13, 21:18, 고전 15:7, 갈 1:19, 2:9,12). 그는 로마교회의 리더였다.

예수님의 부활 후 그의 사역

초대교회에서 베드로의 지도력은 명백했다.

그는 가룟 유다를 대신할 자를 뽑는 일을 이끌었다(행 1:15-26).

오순절에 첫 번째로 설교했다(행 2:14-36).

성전 미문에서 구걸하던 나면서 앉은뱅이 된 사람을 치유했다(행 3:1-10). 그리고 이 일로 인해 모여든 사람들에게 두 번째 설교를 했다(행 3:11-26).

산헤드린 공회에서 담대히 증거했다(행 4장).

교회 앞에서 예언을 통해 아나니아와 삽비라를 징계했다(행 5장).

예루살렘 회의에서 당시 가장 중대한 고비를 넘기는 일을 주도했다(행 15:7-11).

사도행전에서 그는 여러 차례 놀라운 일을 행했다. 그러면서도 여전히 구약적 사고를 가지고 있었다(갈 2:11-14). 그러나 주님은 지혜로운 방법으로 그의 사고를 바꾸셨다.

그는 고넬료나 이방인들을 포용하는 데 있어서 특별한 계시를 받아야만 했다(행 10장).

베드로의 후기 사역

베드로에 대한 성경 기록이나 정보는 예루살렘 회의 이후에는 없다(행 15장). 오직 갈라디아서 1장 18절, 2장 7-21절, 고린도전서 1장 12절, 3장 22절, 9장 5절, 15장 5절에 기록된 것이 전부다. 그러나 초대교회의 전승에 의하면 베드로는 로마에서 순교했다.

초대교부의 한 사람인 로마의 클레멘트가 A.D.95년 고린도교회에 쓴 편지에 언급되었다.

터툴리안(A.D.150-222)도 베드로가 네로 당시에 로마에서 순교했음을 언급했다.

알렉산드리아의 클레멘트(A.D.200)도 베드로의 순교를 말했다.

알렉산드리아의 오리겐(A.D.252)도 베드로가 십자가에서 거꾸로 매달려 순교했음을 말했다.

Mr. Pentecost 바나바, 오순절의 사람

바나바의 강점

재물을 다룰 줄 아는 사람으로, 재물의 청지기직을 수행했다. 자신의 소유를 팔아 교회에 드렸다(행 4:36,37). 사도들은 그의 재물로 구제사역을 했다. 그 후 전임사역자로 헌신했다. 그는 다리 역할(Bridge-Builder)을 했다(행 9:26,27). 사울을 그리스도의 몸인 교회에 소개했다.

위로할 줄 아는 사람이었다(행 11:23). 그의 이름은 요셉이었으나 사도들이 그를 '바나바'(위로의 아들)라고 불렀다(행 4:36).

그는 '오순절의 사람'(Mr. Pentecost)이라고도 불렸다. "바나바는 착한 사람(Purity)이요, 성령과 믿음이 충만한(Plenty) 사람이라. 이에 큰 무리가 주께 더하여지더라(Power)"(행 11:24). 그에게는 3P의 특징이 있다(3P's- Purity, Plenty, Power).

그는 온유한 사람이었다. 안디옥교회가 점점 부흥하자 이전에 알았던 바울을 찾으러 다소에 가서 그를 초청하여 함께 팀 사역을 했다. 경쟁의식이나 비교의식 없이 오직 하나님나라의 확장에 헌신했다(행 11:25,26).

그는 순종의 사람이었다(행 13:1-3). 현재의 삶에 안주하지 않고 주님의 부르심에 전적으로 순종했다. 자신의 안정된 삶의 기반이 재물이나 사람이나 사역, 지위나 환경이 아니라 오직 주의 뜻 한가운데 있음을 알았다.

【 베드로와 바울의 비교 】

베드로	바울
날 때부터 앉은뱅이 된 사람을 고침(행 3:1-10)	날 때부터 앉은뱅이 된 사람을 고침(행 14:8-10)
큰 능력을 행한 후에 예수를 소개함(행 3:11-26)	큰 능력을 행한 후에 하나님을 소개함(행 14:11-18)
그의 그림자만 덮여도 사람들이 치유됨(행 5:15,16)	그의 손수건이나 앞치마만 얹어도 치유됨(행 19:11,12)
성공하자 유대인들이 질투함(행 5:17)	성공하자 유대인들이 질투함(행 13:45)
거듭난 마술사 시몬을 책망함(행 8:9-24)	거짓 선지자, 마술사 바예수를 책망함(행 13:6-11)
죽은 다비다(도르가)를 살림(행 9:36-41)	죽은 청년 유두고를 살림(행 20:9-12)
투옥되었다가 기적적으로 풀려남(행 12:3-19)	투옥되었다가 기적적으로 풀려남(행 16:25-34)

사도행전의 메시지

1. 교회의 형성과 성장(행 1장-7장)

1) 온 세상을 향한 하나님의 마스터플랜

부활 후 예수님은 '하나님나라의 일'을 말씀하셨다(행 1:3).
하나님나라의 일을 위해 "아버지께서 약속하신 것을 기다리라"라고 명하셨다(행 1:4).
하나님나라의 일을 위해 '성령으로 세례' 받는 것이 중요하다(행 1:5).

> 성령이 너희에게 임하시면 너희가 권능을 받고… 땅 끝까지 이르러 내 증인이 되리라 행 1:8

권능 있는 증인의 삶이 그 결과다.

2) 오순절 운동(Pentecostal Movement)을 통한 하나님의전략

하나님은 그의 계획을 어떻게 성취하시는가? 그의 전략은 무엇인가?

- People 하나님은 사람을 세우시고 사람을 통해 일하신다.
- Power 하나님은 그의 사람들에게 성령의 능력을 주어 그 능력으로 감당하게 하신다.
- Prayer "하나님은 언제나 그의 사람들의 기도를 통하여 일하신다"(요한 웨슬리).
- Co-operation (팀 사역) 하나님은 그의 사람들이 서로 팀으로 협력하여 일하기를 원하신다.

People 충성된 사람

하나님께 쓰임 받는 것은 영광이요 특권이다. 하나님은 사람이 필요한 것이 아니라 사람에게 기회를 주시려는 것이다. 온 땅을 향한 하나님의 마스터플랜에 그분과 함께 참여할 수 있는 영광과 특권을 주셨다. 이는 마지막 날에 상 주시기 위함이다.

> 내 눈이 이 땅의 충성된 자를 살펴 나와 함께 살게 하리니 완전한 길에 행하는 자가 나를 따르리로다 시 101:6

교회는 하나님의 파트너이다. 교회는 건물이 아니라 예수 그리스도를 주로 고백하는 그리스도인 공동체다.

1시기 : 열두 사도, 일곱 집사, 스데반

2시기 : 베드로, 요한, 빌립, 아나니아, 고넬료, 야고보

3시기 : 바나바, 바울, 실라와 디모데, 아볼로

1시기와 2시기는 베드로가 중심이고, 3시기는 바울이 중심이다. 그러나 하나님의 큰 뜻으로 보면, 하나님께 순종하는 사람들이 항상 주인공이요 챔피언이다.

Power 성령의 능력

하나님은 온 세상을 향한 그의 마스터플랜을 이루기 위한 전략으로 성령의 능력을 그의 사람들에게 주시어 능히 하나님의 뜻을 이루게 하신다. 우리의 능력으로 성취하라고 내버려두지 않으신다. 오직 순종하는 사람, 충성된 사람을 찾으시고 능력을 부으시어 감당하게 하신다.

여호와의 눈은 온 땅을 두루 감찰하사 전심으로 자기에게 향하는 자들을 위하여 능력을 베푸시나니 대하 16:9

예루살렘(행 2:1-4) : 오순절에 성령이 임하심으로 제자들이 성령의 충만함을 입었다.

사마리아(행 8:14-17) : 베드로와 요한이 사마리아의 그리스도인들에게 안수하니 그들이 성령을 받았다.

사울(행 9:14-18) : 아나니아가 금식하는 사울에게 안수하니 사울이 성령으로 충만함을 입었다.

고넬료의 집(행 10:44-46) : 베드로가 고넬료의 집에 모인 사람들에게 말씀 전할 때 성령이 임했다.

에베소(행 19:1-7) : 바울이 에베소의 그리스도인들에게 안수하매 그들이 성령의 충만함을 입었다.

Prayer 기도

기도는 마치 오케스트라의 피아노와 같다. 사도행전 전체에 기도가 흐르고 있다. 기도는 하나님 사역의 기반이다.

오순절의 준비 - 제자들을 비롯한 120명의 무리가 모여 전심으로 기도에 힘썼다(행 1:14). 1727년 8월, 모라비안 공동체에 성령이 임하신 사건도 전심으로 기도할 때 일어났다.

초대교회 공동체는 오로지 기도에 힘쓰는 공동체였다(행 2:42).

베드로와 요한은 제9시 기도 시간에 성전에 오르다가 나면서 못 걷게 된 이를 고쳤다(행 3:1). 제9시는 오후 3시를 말한다. 가장 졸릴 때를 이들은 기도의 시간으로 정해두었다.

사울은 다메섹 도상에서 예수를 만나며 그의 인생에 전환점을 맞이했다. 그는 전심으로 금식하며 기도했다. 예수께서 아나니아를 사울에게 보내 그를 위해 기도하게 하셨다. 주께서 아나니아를 부르신 것도 그가 기도할 때였다(행 9장).

고넬료가 기도할 때 주께서 베드로를 초청하도록 말씀하셨다. 주님은 베드로가 다락에서 기도할 때 그에게 환상을 보여주시어 고넬료의 집에 보내셨다(행 10장).

초대교회 그리스도인 개인과 공동체의 삶을 한마디로 요약하면 '기도'라고 할 수 있다. 그들은 전심으로 기도에 힘썼다.

Co-operation, Partnership 팀 사역

팀 사역은 하나님의 놀라운 전략이다. 신명기 32장 30절에 "… 어찌 하나가 1,000을 쫓으며 둘이 10,000을 도망하게 하였으리요"라는 말씀은 수학적으로 하나가 1,000이면 둘은 2,000이어야 하는데 10,000이라고 하여 팀 사역의 결과를 보여준다. 또한 전도서 4장 12절에 "세 겹 줄은 쉽게 끊어지지 아니하느니라"라고 하시듯, 팀 사역은 마치 탱크와 같아서 강력한 힘을 발휘한다. 팀 사역은 성령으로만 가능하다. 개인의 욕심은 이를 이루지 못한다. 성령이 하나 되게 하심으로 이루어진다(엡 4:3).

- "베드로가 열한 사도와 함께 서서"(행 2:14)
- 베드로와 요한(행 3장)
- 베드로와 요한, 사도들(행 4장)
- 일곱 집사(행 6장)
- 베드로와 요한(행 8장)
- 베드로가 유대인 그리스도인 여섯 명을 데리고 고넬료의 집에 감(행 10장)
- 바나바와 사울(행 11장)
- 안디옥교회의 리더십 팀(행 13:1-3)
- 1차 전도여행은 언제나 팀으로 - 바나바와 바울(행 13장)
- 바울은 100-14명의 팀으로 사역했다(행 20:4)

【 기독교 문명개혁 운동 전략 - PCW321 전략 】

3P	2C	1W
People 사람	Co-operation 팀 사역	Word of God 하나님의 말씀
Power 성령의 능력	Community 교회 공동체	
Prayer 전심으로 기도		

3) 오순절 성령강림

(1) 창세기 2장과 사도행전 2장의 비교

창 2:7 하나님이 흙으로 사람을 지으시고, 그 코에 생기를 불어넣으시니 생령이 되었다.
행 2:1-4 거듭난 그리스도인이 성령을 받을 때 권능을 받아 증인의 삶을 살게 된다(행 1:3-8).
고전 15:45 "첫 사람 아담은 생령이 되었다 함과 같이 마지막 아담은 살려주는 영이 되었나니."

차이점 - 창세기 2장은 생령(산 영)이 되었고, 사도행전 2장은 살려주는 영이 되었다.
즉, 우리가 성령으로 거듭나 새로운 피조물이 되는 것과 성령의 세례로 능력 받아 복음의 증인이 되는 것은 서로 다르다.
공통점 - 하나님이 흙으로 사람을 빚으셨을 때는 단지 박물관에 소장된 조각품에 불과했지만, 그 코에 생기를 불어넣으시니 비로소 생령이 되었다. 마찬가지로 오순절 성령강림 이전의 기도하는 120여 명은 거듭난 그리스도인이었지만, 이들에게 성령이 임할 때 비로소 권능을 받아 땅 끝까지 증인의 삶을 살게 되었다.

(2) **창세기 11장과 사도행전 2장의 비교**
바벨탑 사건 : 인간의 교만으로 언어가 혼잡하게 되어 결국 언어별로 사방에 흩어졌다. 하나님을 대적하기 위한 연합이었다.
오순절 사건 : 제자들이 겸손하게 전심으로 기도할 때 성령이 임하심으로 새로운 언어, 방언을 받았다. 이들이 하나님 중심으로 모이자 이들을 통해 열방이 그리스도에게로 모이게 되었다(계 7:9). 하나님의 뜻을 이루기 위한 연합이 일어났다.

(3) **성령강림의 결과로 선교 공동체가 형성되었다(행 2:42-47)**
성령의 일하심이 없는 공동체는 유지되지 않는다. 외발자전거와 탱크의 차이와 같다.

선교 공동체의 세 가지 특징
❶ 말씀, 기도, 성찬, 찬송 공동체이다.
❷ 교제(:코이노니아) 공동체 - 초대교회는 물건을 통용했다. 서로 나누어주는 삶을 살았다. 서로 나누는 삶으로 빈부의 격차를 줄이는 길은 오직 성령 중심의 선교 공동체에서만 가능하다. 오직 성령만이 개인주의, 이기주의, 탐욕을 극복하게 하시고, 사랑과 섬김의 삶으로 이끄신다.
❸ 증거 공동체 - 그리스도인들은 자신의 필요에만 집중하지 않고 땅 끝으로 나아가 예수의 사랑을 전한다. 그들은 세상으로부터 칭찬받았다(행 2:47).

(4) **초대교회의 위기와 극복**
초대교회에 세 번의 위기가 있었다. 그러나 이는 오히려 성장과 확장의 계기가 되었다.
❶ 재정 - 아나니아와 삽비라 : 해결 - 하나님의 능력. 그 결과 - 하나님을 경외함(행 1장-5장)
❷ 교회 행정 - 불공평으로 인한 불평 불만, 편 가르기 : 해결 - 사역의 분리. 그 결과 - 배가(행 2장-6장)
❸ 핍박 - 스데반의 순교(7장)는 오히려 복음의 확장(8장)을 가져왔다.

2. 교회의 성장과 과도기 : 개혁(행 8장-12장)

교회가 성장할 때 과도기를 거친다. 이 시기에 두 번의 다리를 건너고 한 번의 중요한 회의를 거치며 성장했다.

다리 - 사도행전 8장에는 성장을 위한 다리가 두 번 놓인다.

다리1 - 사마리아 : 초기에는 복음이 예루살렘과 유대에만 전해졌다. 그런데 스데반의 순교를 거치며 대핍박이 일어났고 그때 그리스도인들이 흩어져 사마리아에 이르렀다. 사마리아는 유대와 이방을 잇는 다리 역할을 했다.

다리2 - 에디오피아의 내시 : 높은 위치에 있는 사람으로서 영향력이 있었다.

주인공 - 빌립은 순종의 사람, 능력의 사람이었다. 성령께서 그를 광야로 보내셨다. 거기서 그는 에디오피아 재무 담당관을 만나 복음을 제시했다. 그는 에디오피아가 복음을 받아들이는 다리 역할을 했다.

바울 : 전환점 Turning point(행 9장)

사울의 회심과 사명은 복음이 이방인에게 확산되는 계기가 되었다. 이 사건은 바울 자신은 물론 선교 역사의 대전환점이다.

장벽을 넘어섬 - 사도행전 10장은 '편협주의'라는 장벽을 뛰어넘었다.

이방인이며 로마 장교인 고넬료가 장벽이었다. 그가 성령으로 세례를 받음으로 유대인과 이방인 사이의 높은 장벽이 허물어져 복음이 전해졌다. 높은 장벽은 편협한 유대주의적 사고였다. 베드로는 성령으로 충만했지만, 그의 사고는 유대주의적 틀을 벗어나지 못해 오직 유대인에게만 복음을 전했다. 이방인에게 복음을 전해야겠다는 생각조차 없었다. 성령은 이런 베드로의 장벽을 무너뜨려 다리를 건너게 하셨다. 높은 장벽은 베드로의 유대주의적 사고였다. 그 장벽을 넘어서는 데 고넬료가 다리 역할을 했다.

회의1 - 사도행전 11장에 나타나는 회의는 의사결정 과정의 롤 모델이다.

베드로의 고넬료 방문으로 예루살렘교회에 회의가 열렸다.

> **유대에 있는 사도들과 형제들이 이방인들도 하나님의 말씀을 받았다 함을 들었더니, 베드로가 예루살렘에 올라갔을 때에 할례자들이 비난하여** 행 11:1,2

베드로는 주께서 그를 고넬료의 집으로 인도하신 과정과 고넬료의 집에서 일어난 성령의 역사를 자세히 설명했다. 그는 성령의 인도하심으로 고넬료의 집에 갈 때 홀로 가지 않고 여섯 명의 유대인 그리스도인과 함께 갔다. 이들도 성령께서 이방인에게 은혜를 주시는 것을 함께 보았다. 베드로가 결론적으로 말했다.

> **그런즉 하나님이 우리가 주 예수 그리스도를 믿을 때에 주신 것과 같은 선물을 그들에게도 주셨으니 내가 누구이기에 하나님을 능히 막겠느냐 하더라** 행 11:17

그들이 이 말을 듣고 잠잠하여 하나님께 영광을 돌려 이르되 그러면 하나님께서 이방인에게도 생명 얻는 회개를 주셨도다 하니라 행 11:18

이들은 자기 생각을 주장하지 않았다. 주의 말씀에 귀를 기울이고 자신의 생각을 말씀에 의해 깨뜨릴 줄 알았다. 하늘을 향해 언제나 열려있었던 것이 초대교회의 힘이다.

3. 교회의 확장(행 13장-28장)

사도행전 13장부터는 새로운 장이 펼쳐진다. 지금까지는 예루살렘교회가 중심이었다면 이후로는 안디옥교회가 중심 역할을 한다. 이전까지는 베드로가 중심이었다면 13장부터는 바울이 중심인물이다. 그러나 사도행전을 통해 성령께서 말씀하시는 것은 특정 인물이나 지역 또는 그룹을 강조하려는 게 아니다. '오직 하나님의 뜻을 따라 성령의 능력으로 순종하는 사람과 교회를 통해 하나님은 그의 일을 행하신다'는 것이 초점이다. 그렇기에 사도행전은 28장으로 끝나지 않는다. 지금도 여전히 29장의 사건이 이어지고 있다.

세계 선교를 준비하는 교회, 안디옥교회(행 11:19-30, 13:1-3)

안디옥교회는 스데반의 순교 이후에 흩어진 자들이 안디옥에 이르러 복음을 전파함으로 시작되었다. 처음에는 유대인에게만 말씀을 전했으나 후에는 헬라인에게도 전했다. 안디옥교회는 유대인과 이방인으로 구성된 특이한 공동체가 되었다.

믿는 자의 수가 더욱 많아지자 예루살렘교회가 바나바를 파송했다. 그는 바울을 찾으러 다소에 가서 함께 안디옥교회를 섬겼다. 안디옥교회는 더욱 부흥했고, 그들은 최초로 '그리스도인'이라 불렸다. 이들의 선한 행실이 도시에 영향을 주었다.

안디옥교회의 특이점은 사도행전 13장 1절에서 볼 수 있다. "안디옥교회에 선지자들과 교사들이 있으니, 곧 바나바와 니게르라 하는 시므온과 구레네 사람 루기오와 분봉왕 헤롯의 젖동생 마나엔과 및 사울이라." 그들은 팀 사역을 했다. 다섯 명의 리더십 팀으로 구성되었다. 팀 사역이란 각각 다른 은사와 직임으로 교회 공동체를 견고하게 할 때 이루어진다. 위치나 가치에 있어서는 동등(equality)하나 권위(authority)는 다르다. 팀 사역은 하나 됨을 기반으로 하는 통일성(unity)과 서로에게 주어진 은사와 직임을 인정하는 다양성(diversity)이 조화와 균형을 이루어야 한다.

안디옥교회는 열린 공동체였다. 언어, 인종, 계층에 있어서 다양했다. 시므온을 "니게르"라고 불렀다는 말은 그가 니그로 즉, 흑인이라는 의미다. 루기오는 구레네 사람이었다. 구레네는 북아프리카 리비아를 말한다. 마나엔은 왕족 혹은 귀족 출신일 것이다. 사울은 가말리엘 문하생이며 율법학자였다. 그러나 무엇보다 핍박자였다. 이 같은 배경을 가진 리더십 팀은 서로를 인정하고 포용했다. 안디옥교회는 넓은 마음을 가진 교회 공동체였다.

주를 섬겨 금식할 때에 성령이 이르시되, '내가 불러 시키는 일을 위하여 바나바와 사울을 따로 세우라' 하시니, 이에 금식하며 기도하고 두 사람에게 안수하여 보내니라 행 13:2,3

안디옥교회는 성령께 귀를 기울일 줄 아는 교회다. 그들은 예루살렘에서 온 아가보 선지자의 예언을 듣고 구제비를 유대 지역의 교회들에게 보내기도 했다(행 11:27-30). 성령은 안디옥교회의 가장 중요한 리더 두 사람을 선교사로 부르셨다. 성령에게 열려 그의 음성에 귀를 기울이고 순종하는 교회였다. 세계 선교를 감당한 안디옥교회의 특징들을 우리는 충분히 찾아볼 수 있다.

바울의 1차 여행(행 13장-14장)

경유지

바나바와 사울은 먼저 바나바의 고향인 구브로 섬을 방문하여 복음을 전했다. 이어서 갈라디아 지방의 밤빌리아 버가 – 비시디아 안디옥 – 이고니온 – 루가오니아의 루스드라와 더베를 차례로 방문하여 전했다. 이후 이들은 왔던 길을 되짚어가면서 다시 그리스도인들을 견고하게 세웠다. 루스드라 – 이고니온 – 비시디아 안디옥 – 밤빌리아 버가를 거쳐 앗달리아로 가서 배를 타고 파송 교회인 수리아 안디옥으로 돌아왔다.

1차 여행의 특이점

사울이 '바울'이라는 이름으로 바뀌었다(행 13:9). 바나바에서 바울로 리더십의 변화가 있었다.(행 13:13,46). 처음부터 동행했던 바나바의 조카 마가 요한은 중도 포기하고 예루살렘으로 돌아갔다(행 13:13). 이들은 어디를 가든 먼저 유대인의 회당에 들러서 복음을 전했다. 이방인들은 복음을 기쁘게 받아들였지만 유대인들은 이들을 박해하고 좇아냈다. 루스드라에서 바울이 돌에 맞아 거의 죽다가 살았다(행 14:19,20). 루스드라에서 발을 쓰지 못하는 사람을 치유했을 때는 온 도시가 이들을 사람으로 온 신(현인신)인 줄로 알고 섬기려 했다. 바나바와 바울이 이를 적극적으로 제지하며 오직 하나님께로 돌아오게 했다(행 14:8-18).

> 여러분이여 어찌하여 이러한 일을 하느냐? 우리도 여러분과 같은 성정을 가진 사람이라. 여러분에게 복음을 전하는 것은 이런 헛된 일을 버리고 천지와 바다와 그 가운데 만물을 지으시고 살아계신 하나님께로 돌아오게 함이라 행 14:15

회의2(행 15장)-예루살렘 회의 : 복음을 견고하게 함

1차 선교여행에서 바울 팀이 복음을 전한 지역에 유대주의자들이 방문하여 모세의 율법을 통한 할례를 구원의 조건으로 내세웠다. 바울과 바나바가 이들과 격렬한 다툼과 논쟁을 했지만 결론이 나지 않았다.

결국 이들은 예루살렘에 올라가 사도와 장로들에게 호소했다. 이렇게 진행된 예루살렘 회의는 초대교회 역사의 중요한 분기점이 되었다. 율법과 복음에 관한 논의가 활발히 진행되었다. "많은 변론이 있은 후에" 베드로가 일어나 '오직 믿음으로 구원받음'을 말했다(행 15:7-11). 그리고 바나바와 바울이 1차 전도여행에 대해 나누도록 기회를 주었다. 이후 당시 예루살렘교회의 리더인 주의 형제 야고보가 결론을 내렸다.

예루살렘 회의에서 만장일치로 결정한 사항을 편지로 써서 안디옥과 수리아와 길리기아의 이방인 형제들에게 보냈다. 이후에 바울은 갈라디아서를 써서 보내어 복음을 견고하게 했다.

바울의 2차 여행(행 16장-18장)

경유지

바울과 바나바가 1차 여행지를 방문하여 이들을 견고하게 하기로 결정했다. 바나바는 마가 요한을 데리고 가고자 했지만 바울이 반대했다. 이 일로 이들은 심하게 다투고 결국 헤어졌다. 바나바는 마가를 데리고 구브로로 가고, 바울은 실라를 데리고 도보로 수리아와 길리기아를 다니며 교회들을 견고하게 했다. 이후 바나바에 대한 기록은 없고, 오직 바울의 사역만 기록되었다.

바울 팀은 이전에 방문했던 1차 여행지를 다닌 후에 더 위로 올라가 아시아 지역으로 가고자 했지만 성령께서 유럽으로 이끄셨다. 드로아에서 마게도냐인의 환상을 본 후에 바울 일행은 마게도냐로 건너갔다. 이들은 빌립보 – 데살로니가 – 베뢰아를 거쳐 아가야로 갔으며, 아덴 – 고린도에 이르러 1년 6개월간 사역했다. 수리아 안디옥으로 돌아오는 길에 에베소에 잠시 들러 브리스길라와 아굴라를 그곳에 머물게 하고 장래를 기약했다.

2차 여행의 특이점

1차 여행지를 재방문하여 형제들을 견고하게 했다. 루스드라에서 디모데가 팀에 합류했으며 더 멀리 아시아까지 사역지를 확장했다. 그러나 드로아에서 마게도냐인 환상을 본 후 아시아에서 유럽으로 선교의 방향을 돌렸다. 성령은 선교의 하나님이시다. 빌립보에서 바울과 실라가 복음을 전하다가 매를 맞고 감옥에 갇혔다. 그 결과 사업가 루디아, 로마 간수의 가족, 점치던 여자 노예 등으로 구성된 빌립보교회가 세워졌다.

바울은 이전처럼 어디를 가든지 먼저 유대인의 회당에서 복음을 전했다. 그리고 여전히 어디에서나 유대인의 핍박을 받아 쫓겨났다. 고린도에서 장기간 사역하면서 브리스길라와 아굴라 부부를 만나 교제하며 이들을 양육했다. 겐그레아에서 바울은 서원을 따라 머리를 깎았다. 고린도에서 사역하면서 바울은 데살로니가전후서를 써서 데살로니가 형제들에게 보냈다.

> 인류의 모든 족속을 한 혈통으로 만드사 온 땅에 살게 하시고 그들의 연대를 정하시며 거주의 경계를 한정하셨으니 행 17:26

바울의 3차 여행(행 19장-21장)

경유지

바울 팀은 1,2차 여행지를 재차 방문하여 교회들을 견고하게 했다. 그리고 에베소에서 3년간 장기 사역을 했다. 그 후 마게도냐와 아가야를 재차 방문했다. 그는 안디옥이 아닌 예루살렘으로 가고자 했으며, 도중에 밀레도에 이르러 에베소의 장로들을 불러 양육했다. 두로를 거쳐 가이사랴에 이르러 빌립의 집을 방문했다. 예루살렘에 이르러 야고보와 장로들을 만나 교제했다.

3차 여행의 특이점

에베소에 장기간 머물며 두란노를 세워 양육했다. 바울은 전략적 거점지역을 중심으로 사역했다. 수리아 안디옥, 에베소, 고린도를 중심으로 사역하며 주변에 복음을 확산시켰다. 탁월한 성경교사 아볼로가 바울이 개척한 고린도에 가서 말씀으로 견고하게 했다. 드로아에서 밤새 말씀을 전할 때 청년 유두고가 3층에서 떨어져 죽었다가 주의 은혜로 살아났다. 밀레도에서 에베소교회 장로들에게 한 고별 설교는 참으로 인상적이며 감동적이다. 그는 예루살렘에 가기로 굳게 결심하고 일정을 맞추었다. 여러 차례 예루살렘에서 당할 환난에 대해 예언의 말씀을 들었지만 바울의 결심은 바뀌지 않았다. 그의 감동적인 고백을 들어보자.

> 보라 이제 나는 성령에 매여 예루살렘으로 가는데 거기서 무슨 일을 당할는지 알지 못하노라. 오직 성령이 각 성에서 내게 증언하여 결박과 환난이 나를 기다린다 하시나, 내가 달려갈 길과 주 예수께 받은 사명, 곧 하나님의 은혜의 복음을 증언하는 일을 마치려 함에는 나의 생명조차 조금도 귀한 것으로 여기지 아니하노라 행 20:22-24

에베소에서 고린도전후서를 써서 고린도교회를 견고하게 했고, 고린도에서 로마서를 썼다.

【 온 세상을 향한 하나님의 마스터플랜 】

교회의 형성과 성장(행 1장-7장)			교회의 성장 과도기 (행 8장-12장)					교회의 확장 (행 13장-28장)				
교회 형성	교회 성장	교회 씨앗	다리	전환점	장벽을 제거함	회의1	대가를 지불함	1차 여행	회의2	2차 여행	3차 여행	4차 여행
1장 -2장	3장 -6장	7장	8장	9장	10장	11장	12장	13장 -14장	15장	16장 -18장	19장 -21장	22장 -28장
오순절 성령	기도, 말씀	스데반 순교	빌립	사울	고넬료, 베드로	이방인 에게	야고보 순교	갈라 디아	이방인 에게	마게 도냐	에베소	예루 살렘, 로마
예루살렘과 온 유대와			사마리아와					땅 끝까지 이르러				

바울의 4차 여행(행 22장-28장)

경유지

예루살렘에서 바울은 유대인들에게 붙잡혔다. 로마군의 천부장이 바울을 두 쇠사슬로 결박하여 영내로 데려갔다. 강성 유대인 40여 명이 바울을 죽이고자 공모한 것을 천부장에게 알렸고, 바울은 로마 주둔 사령부가 있는 가이사랴로 호송되었다. 여기서 바울은 자신의 사건을 가이사에게 호소하여 로마로 압송되었다. 로마로 가는 길에 태풍 유라굴로를 만나 모두가 죽을 위기에 처했으나 멜리데 섬에 상륙하여 전원 구조되었다. 멜리데를 떠나 레기온, 보디올을 거쳐 로마에 이르러 2년간 셋집에 머물며 복음을 전했다.

4차 여행의 특이점

바울은 예루살렘에서 붙잡혔을 때 두 차례에 걸쳐 유대인들 앞에서 자신에게 일어난 일들을 간증했다. 가이사랴로 압송되어 2년 이상을 감옥에 갇혀 있으면서 벨릭스 총독, 베스도 총독, 아그립바 왕 앞에서 간증하며 복음을 전했다. 그가 다메섹 도상에서 주 예수를 만난 간증을 유대인들에게(22장), 아그립바 왕에게(26장) 전한 것은 매우 감동적이다. 로마로 압송되어 가는 뱃길에서 바울은 영적 지도자로서 영향력을 발휘했다. 어디서나 외향적으로는 죄수의 모습이었으나 실제로는 복음을 전하는 전도자요, 사람들을 위로하고 세워주는 지도자였다. 조금도 위축되거나 실망하지 않고 언제나 당당하고 담대했으며, 그의 내면은 고요했다. 로마에 머무는 동안 에베소서, 골로새서, 빌레몬서, 빌립보서를 써서 교회와 형제들을 견고하게 했다.

> 우리가 보니 이 사람은 전염병 같은 자라. 천하에 흩어진 유대인을 다 소요하게 하는 자요 나사렛 이단의 우두머리라 행 24:5

> 바울이 이르되, 말이 적으나 많으나 당신뿐만 아니라 오늘 내 말을 듣는 모든 사람도 다 이렇게 결박된 것 외에는 나와 같이 되기를 하나님께 원하나이다 하니라 행 26:29

Dear. NCer

Bridge Builder : 바나바처럼 전체를 보며, 새로운 사람이 어떻게 하면 공동체에 잘 접목될 수 있을지 관심을 가지고 돌보는 사람이 우리 안에 많기를 바란다.
그리스도인들이 세상 안으로 들어가서 교회 공동체를 이루며 세상에 영향을 주어야 한다. 하나님 안에서 왕의 재정, 왕의 기업, 왕의 교육, 왕의 매스컴, 왕의 예술, 왕의 의료 등으로 땅 전체를 바꾸는 것이 교회가 할 일이다. 그래야 세상이 바뀌고, 사도행전 29장의 역사가 일어난다.

바울의 1차, 2차 전도여행

바울의 3차 전도여행
마게도냐
베뢰아
데살로니가
암비볼리
빌립보
무시아
비두니아
드로아
앗소
에게 해
미둘레네
갈라디아
아가야
두아디라
브루기아
아시아
갑바도기아
고린도
아덴
에베소
안디옥
루가오니아
밀레도
골로새
비시디아
이고니온
루스드라
티아나
밧모
할리카르나소스
길리기아 관문
더베
버가
앗달리아
다소
루기아
길리기아
바다라
무라
안디옥
알렙보
실루기아
크노소스
로도
수리아
크레테
살라미
바보
키프로스(구브로)
대 해
(지중해)
두로
돌레마이
가이사랴
팔레스타인
예루살렘
3차 출발
3차 귀환

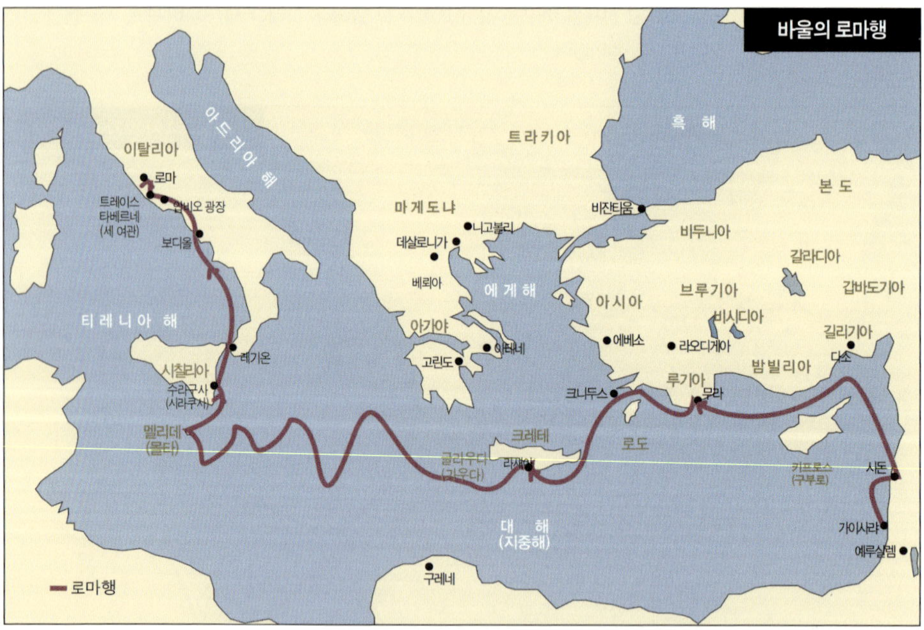
바울의 로마행
아드리아 해
흑 해
트라키아
이탈리아
로마
트레이스 타베르네 (세 여관)
압비오 광장
본 도
마게도냐
비잔티움
니고볼리
데살로니가
비두니아
보디올
베뢰아
갈라디아
에 게 해
브루기아
갑바도기아
아시아
티레니아 해
아가야
비시디아
길리기아
에베소
라오디게아
아덴
레기온
고린도
다소
밤빌리아
시칠리아
루기아
수라구사 (시라쿠사)
크니두스
무라
멜리데 (몰타)
크레테
로도
라새아
사돈
키프로스 (구부로)
대 해
(지중해)
가이사랴
예루살렘
구레네
로마행

5장

서신서

바울서신의 이해

1. 바울은 누구인가?

바울은 바리새인(빌 3:5,6)으로, 길리기아 다소 태생이며 스데반의 순교를 지켜본 목격자(행 7:58)였다. 초대 기독교인들을 박해하던 자(행 9:1,2)였으나, 다메섹에서 극적으로 개종하여 그리스도의 전파자가 되었다. 바울의 다메섹 도상 체험 간증은 사도행전에 세 번(행 9:3-18, 22:6-13, 26:12-18)이나 반복된다. 여기서 바울이 만난 분은 십자가에서 부활하시고 지금 하늘의 보좌 우편에 계신 예수 그리스도다.

그의 생애 전체를 통해 역사적 '예수'보다는 하늘에 계신 영적인 '그리스도'를 더욱 중요시하고 있다(참고, 고후 5:16 이하). 이는 바울의 편지에 '예수 그리스도'란 명칭보다 '그리스도 예수'란 명칭이 더 자주 사용된 것을 통해서도 알 수 있다.

바울이 역사적 예수로부터 직접 부름을 받은 제자나 사도가 아니었기에 초대교회에서 그의 사도적 권위에 대한 이의가 종종 제기되었다. 그래서 바울은 갈라디아서 1장 1절 등 매 서신 첫머리에 사도직의 권위를 언급한다(고전 1:1, 고후 1:1, 엡 1:1, 골 1:1, 딤전 1:1, 딤후 1:1 등).

본래 사도의 자격은 요한이 세례 주던 때부터 예수께서 하늘로 올라가시던 날까지 줄곧 같이 다니던 사람이어야 했고, 무엇보다도 '부활의 증인'이어야 했다(행 1:21,22). 이 같은 점에서 볼 때 바울은 초대교회 안에서 외롭게 그리스도를 위해 투쟁한 복음의 역군이었다.

그의 외모는 "작은 키에 머리카락은 많지 않고, 다리는 굽어있고 몸의 건강 상태도 좋지 않으며, 양 눈썹이 맞붙어 있고, 코는 매부리코다. 그러나 그는 은혜가 충만한 사람이다. 또한 가끔 그는 천사의 얼굴을 갖고 있다"라고 2세기 문헌에 기록되어 있다. 실제로 바울의 외모를 정확하게 알기는 어려우나, 그는 누구보다 내적인 아름다움과 고귀함을 지녔으며 성령이 충만한 인물이었다.

그는 자신을 소개할 때마다 언제나 감격과 감사가 넘쳤다.

- "맨 나중에 **만삭되지 못하여 난 자** 같은 내게도 보이셨느니라"(고전 15:8).
- "**모든 성도 중에 지극히 작은 자보다 더 작은 나**에게 이 은혜를 주신 것은 측량할 수 없는 그리스도의 풍성함을 이방인에게 전하게 하시고 영원부터 만물을 창조하신 하나님 속에 감추어졌던 비밀의 경륜이 어떠한 것을 드러내게 하려 하심이라"(엡 3:8,9).
- "미쁘다, 모든 사람이 받을 만한 이 말이여! 그리스도 예수께서 죄인을 구원하시려고 세상에 임하셨다 하였도다. **죄인 중에 내가 괴수**니라!"(딤전 1:15).

그는 자신이 그리스도 예수의 일꾼 된 것에 늘 감격했다.

- "그러나 내가 **긍휼을 입은 까닭**은 예수 그리스도께서 내게 먼저 일체 오래 참으심을 보이사 후에 주를 믿어 영생 얻는 자들에게 본이 되게 하려 하심이라"(딤전 1:16).
- "이 복음을 위하여 그의 능력이 역사하시는 대로 내게 주신 **하나님의 은혜의 선물을 따라** 내가 일꾼이 되었노라"(엡 3:7).
- "하나님이 우리를 구원하사 거룩하신 소명으로 부르심은 **우리의 행위대로 하심이 아니요,** 오직 자기의 뜻과 영원 전부터 그리스도 예수 안에서 우리에게 주신 **은혜대로** 하심이라"(딤후 1:9).
- "그러나 내가 나 된 것은 **하나님의 은혜**로 된 것이니 내게 주신 **그의 은혜**가 헛되지 아니하여 내가 모든 사도보다 더 많이 수고하였으나 내가 한 것이 아니요 오직 나와 함께하신 **하나님의 은혜**로라"(고전 15:10).

그러므로 바울은 주 예수님에게 죽도록 충성했다.

- "사람이 마땅히 우리를 그리스도의 일꾼이요 하나님의 비밀을 맡은 자로 여길지어다. 그리고 맡은 자들에게 구할 것은 충성이니라"(고전 4:1,2).
- "나를 능하게 하신 그리스도 예수 우리 주께 내가 감사함은 나를 충성되이 여겨 내게 직분을 맡기심이니, 내가 전에는 비방자요 박해자요 폭행자였으나 도리어 긍휼을 입은 것은, 내가 믿지 아니할 때에 알지 못하고 행하였음이라"(딤전 1:12,13).
- "내가 생각하건대 하나님이 사도인 우리를 죽이기로 작정된 자같이 끄트머리에 두셨으매 우리는 세계 곧 천사와 사람에게 구경거리가 되었노라… 바로 이 시각까지 우리가 주리고 목마르며 헐벗고 매 맞으며 정처가 없고, 또 수고하여 친히 손으로 일을 하며, 모욕을 당한즉 축복하고 박해를 받은즉 참고 비방을 받은즉 권면하니, 우리가 지금까지 세상의 더러운 것과 만물의 찌꺼기같이 되었도다"(고전 4:9,11-13).
- "오직 모든 일에 하나님의 일꾼으로 자천하여, 많이 견디는 것과 환난과 궁핍과 고난과 매 맞음과 갇힘과 난동과 수고로움과 자지 못함과 먹지 못함 가운데서도 깨끗함과 지식과 오래 참음과 자비함과 성령의 감화와 거짓이 없는 사랑과 진리의 말씀과 하나님의 능력으로 의의 무기를 좌우에 가지고, 영광과 욕됨으로 그러했으며 악한 이름과 아름다운 이름으로 그러했느니라. 우리는 속이는 자 같으나 참되고, 무명한 자 같으나 유명한 자요, 죽은 자 같으나 보라 우리가 살아있고, 징계를 받는 자 같으나 죽임을 당하지 아니하고, 근심하는 자 같으나 항상 기뻐하고, 가난한 자 같으나 많은 사람을 부요하게 하고, 아무것도 없는 자 같으나 모든 것을 가진 자로다"(고후 6:4-10).
- "그들이 그리스도의 일꾼이냐? 정신없는 말을 하거니와 나는 더욱 그러하도다. 내가 수고를 넘치도록 하고 옥에 갇히기도 더 많이 하고 매도 수없이 맞고, 여러 번 죽을 뻔하였으니 유대인들에게 사십에서 하나 감한 매를 다섯 번 맞았으며 세 번 태장으로 맞고 한 번 돌로 맞고,

세 번 파선하고 일주야를 깊은 바다에서 지냈으며, 여러 번 여행하면서 강의 위험과 강도의 위험과 동족의 위험과 이방인의 위험과 시내의 위험과 광야의 위험과 바다의 위험과 거짓 형제 중의 위험을 당하고, 또 수고하며 애쓰고 여러 번 자지 못하고 주리며 목마르고 여러 번 굶고 춥고 헐벗었노라"(고후 11:23-27).

> **"오직 성령이 각 성에서 내게 증언하여 결박과 환난이 나를 기다린다 하시나, 내가 달려갈 길과 주 예수께 받은 사명, 곧 하나님의 은혜의 복음을 증언하는 일을 마치려 함에는 나의 생명조차 조금도 귀한 것으로 여기지 아니하노라"(행 20:23,24).**

2. 바울서신이란 무엇인가?

신약성경 27권 중 '서신'(Epistle) 혹은 '편지'(Letter)의 형태로 된 글이 21개나 있다. 이 중에서 바울의 이름으로 기록된 것이 13개이다. 이를 다시 구분하면, 바울 한 사람의 이름으로 발신된 것으로는 로마서, 갈라디아서, 에베소서, 디모데전서, 디모데후서, 디도서가 있고 고린도후서, 골로새서, 빌립보서, 빌레몬서는 '바울과 디모데' 두 사람의 이름으로, 고린도전서는 '바울과 소스데네' 두 사람의 이름으로, 데살로니가전서와 후서는 '바울과 실루아노와 디모데' 세 사람의 이름으로 기록된 편지이다. 이를 편의상 다음과 같이 구분한다.

(1) 초기 서신 : 1,2,3차 전도여행

- 갈라디아서 　 이신칭의와 율법과의 관계 　 1차 전도여행 후
- 데살로니가전·후서 　 종말론, 종말론적인 삶 　 2차 전도여행 중
- 고린도전서 　 질문들에 대한 구체적 답변 　 3차 전도여행 중
- 고린도후서 　 바울의 사도권 　 3차 전도여행 중
- 로마서 　 이신칭의, 복음의 보편성 　 3차 전도여행 중

(2) 옥중서신 : A.D.59-61년, 로마

- 에베소서 　 교회론
- 빌립보서 　 그리스도 안에서의 기쁨
- 골로새서 　 그리스도론
- 빌레몬서 　 구원의 은혜

(3) 목회서신 : 교회 운영, 목회 A.D.62-68년경, 로마

- 디모데전서 　 교회의 질서와 구조
- 디모데후서 　 목자적인 돌봄, 멘토링
- 디도서 　 그리스도인의 행동지침서, 멘토링

3. 바울서신의 형식

바울서신은 일정한 형식을 갖추며, 다섯 가지 요소로 구성되어 있다.

1) 인사(발신자, 수신자, 인사)

2) 감사 혹은 축복

3) 교리적 내용

4) 윤리적 내용

5) 마지막 인사(문안인사, 마지막 축도)

(1) 인사말

"하나님 아버지와 주 예수 그리스도로부터 은혜와 평강이 너희에게 있을지어다."

- 롬 1:7, 고전 1:3, 고후 1:2, 갈 1:3, 엡 1:2, 빌 1:2, 살후 1:2, 딤전 1:2, 딛 1:4

"하나님 아버지와 그리스도 예수 우리 주께로부터 은혜와 긍휼과 평강이 네게 있을지어다."

- 딤후 1:2 : 은혜와 긍휼과 평강

"우리 아버지 하나님으로부터 은혜와 평강이 너희에게 있을지어다."

- 골 1:2

(2) 감사의 말

"너희 모든 사람에 관하여 내 하나님께 감사함은 너희 믿음이 온 세상에 전파됨이로다"(롬 1:8).
"내가 너희를 위하여 항상 하나님께 감사하노니"(고전 1:4).
"내가 기도할 때에 기억하며 너희로 말미암아 감사하기를 그치지 아니하고"(엡 1:16).
"내가 너희를 생각할 때마다 나의 하나님께 감사하며"(빌 1:3).
"우리가 너희를 위하여 기도할 때마다 하나님 곧 우리 주 예수 그리스도의 아버지께 감사하노라"(골 1:3).
"우리가 너희 모두로 말미암아 항상 하나님께 감사하며 기도할 때에 너희를 기억함은"(살전 1:2).
"형제들아, 우리가 너희를 위하여 항상 하나님께 감사할지니 이것이 당연함은…"(살후 1:3).
"내가 밤낮 간구하는 가운데 쉬지 않고 너를 생각하여 청결한 양심으로 조상적부터 섬겨 오는 하나님께 감사하고"(딤후 1:3).
"내가 항상 내 하나님께 감사하고 기도할 때에 너를 말함은…"(몬 1:4).

그러나 고린도후서, 갈라디아서, 디모데전서, 디도서에는 이런 언급이 없다. 이 네 편의 서신은 바로 본론으로 들어간다.

(3) 교리적 내용, 윤리적 내용

바울서신은 내용상 두 부분으로 구성된다. 먼저 교리적 설명을 한다. 성경적이며 신학적인 설명을 하고, 그 후 구체적인 삶의 적용을 말한다.
로마서의 경우, 1장-8장은 교리적 설명이고, 9장-11장은 삽입 부분으로서 하나님의 주권적 섭리를 설명하며, 12장-16장은 윤리적 실천을 다룬다.

에베소서의 경우, 1장-3장은 교리적 내용, 4장-6장은 윤리적 실천을 다룬다.
갈라디아서의 경우, 1장-2장은 자신의 간증, 3장-4장은 교리적 내용, 5장-6장은 윤리적 실천을 다룬다.

바울서신은 상아탑에서 연구한 학문적인 업적이 아니다. 어떤 놀라운 이론이나 지식의 전달이 목적이 아니다. 바울이 전하는 복음은 언제나 그의 선교현장에서 겪은 경험에서 나왔다. 그리스도인으로서 어떻게 땅 끝에서 구체적으로 살 것인지가 그 목적이다.
그러나 단순히 윤리적인 면, 실천적인 면만을 강조하는 것이 아니다. 그렇다면 세상의 모든 종교와 다를 바가 없을 것이다. 그리스도인다운 삶은 내 힘과 노력에 의존하거나, 어떤 종교적인 행위나 방법에 의존하는 것이 아니다. 교리적 내용이 언제나 먼저 언급되는 것은 하나님께서 우리를 위하여 이루어놓으신 그분의 구원의 길을 제시하기 위함이다. 우리의 힘으로 구원을 얻을 수 없음을 하나님은 아신다. 그래서 예수 그리스도의 십자가를 통해 구원을 이루시고, 성령으로 이를 이룰 힘과 능력을 주신다. 우리에게 요구되는 것은 오직 믿음이다. 우리의 행위에 의해 그리스도인다운 삶을 살 수 없다. 오직 우리를 위해 이미 이루신 하나님의 구원의 역사를 믿을 때 그의 능력이 내 삶에 작동되어 살아가게 한다.

(4) 결론

바울서신의 결론은 두 형태로 나타난다.
첫째, 권면의 형태다.
"…에게 문안하라"(롬 16장), "서로 문안하라"(고전 16:20, 고후 13:11) 등과 같이 서로 교제하기를 권면한다.
둘째, 문안인사를 전달하는 형태다.
"모든 성도가 너희에게 문안하느니라"(고후 13:12), "나의 동역자 디모데와… 너희에게 문안하느니라"(롬 16:21)처럼 바울 자신만 아니라 다른 형제들이 문안인사를 하는 것도 전달했다.

그의 서신의 결론은 축도로 마친다.
"주 예수 그리스도의 은혜와 하나님의 사랑과 성령의 교통하심이 너희 무리와 함께 있을지어다"(고후 13:13).
"평강의 하나님께서 너희 모든 사람과 함께 계실지어다. 아멘"(롬 15:33).
"우리 주 예수의 은혜가 너희에게 있을지어다"(롬 16:20).
"주 예수 그리스도의 은혜가 너희와 함께하고 나의 사랑이 그리스도 예수 안에서 너희 무리와 함께할지어다"(고전 16:23,24).
"형제들아, 우리 주 예수 그리스도의 은혜가 너희 심령에 있을지어다. 아멘"(갈 6:18, 빌 4:23).
"아버지 하나님과 주 예수 그리스도께로부터 평안과 믿음을 겸한 사랑이 형제들에게 있을지어다"(엡 6:23).
"우리 주 예수 그리스도를 변함없이 사랑하는 모든 자에게 은혜가 있을지어다"(엡 6:24).

때로는 송영으로 마치기도 한다.

“지혜로우신 하나님께 예수 그리스도로 말미암아 영광이 세세무궁하도록 있을지어다. 아멘” (롬 16:27).

4. 바울서신의 성격

서신과 편지는 구분되는데, 바울의 문서들은 대부분 구체적인 상황 속에서 구체적인 목적을 갖고 기록된 것이다. 즉 특수한 교회와 특정한 사람들을 염두에 두고 쓴 글이다. 이런 점에서 실제적인 ‘편지’라고 볼 수 있다. 다른 한편으로 구체적인 상황에 관련된 것이라기보다는 일반적인 교훈을 담고 있고 공개를 목적으로 하는 글로 생각되는 것들도 있는데(에베소서, 골로새서) 이것은 ‘서신’의 형태에 가깝다. 비울서신은 편지와 서신의 특징들이 모두 나타난다. 바울서신은 역사적으로 1세기 중반의 초대교회 상황을 이해하게 해준다. 동시에 오늘의 그리스도인의 삶과 교회의 상황에도 적용하며 살아가야 하는 하나님의 말씀이다.

【 바울서신의 연대 】

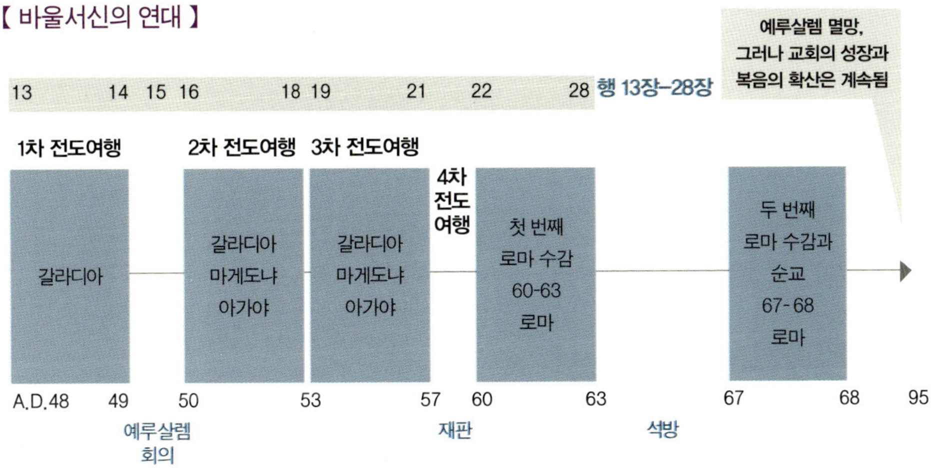

갈라디아서
장소 : 안디옥(?)
연대 : 48-49

데살로니가전서
장소 : 고린도
연대 : 51-52

데살로니가후서
장소 : 고린도
연대 : 51-52

고린도전서
장소 : 에베소
연대 : 56-57

고린도후서
장소 : 마게도냐
연대 : 56-57

로마서
장소 : 고린도
연대 : 57 겨울

에베소서
장소 : 로마
연대 : 60-63

빌립보서
장소 : 로마
연대 : 60-63

골로새서
장소 : 로마
연대 : 60-63

빌레몬서
장소 : 로마
연대 : 60-63

디모데전서
장소 : 마게도냐(?)
연대 : 62-66

디도서
장소 : 마게도냐(?)
연대 : 63-66

디모데후서
장소 : 로마
연대 : 66-67

5. 신약 서신서들의 특징

- 로마서 - 끝없이 솟구쳐 나오는 깊은 샘
- 갈라디아서 - 크리스천의 마그나 카르타(대헌장) : 위대한 검객의 손에 들린 번쩍이는 칼
- 에베소서 - 가장 우수한 서신 : 서신 중의 여왕
- 빌립보서 - 가장 아름다운 책 : 기쁨의 책
- 골로새서 - 에베소서와 쌍둥이 책 : 측량할 수 없는 예수 그리스도의 부요
- 고린도전서 - 교회의 문제에 대한 실제적인 조언
- 고린도후서 - 사역과 사역자 : 교회의 리더십 이슈

- 옥중서신 - 에베소서, 빌립보서, 골로새서, 빌레몬서
- 목회서신 - 디모데전서, 디모데후서, 디도서 : 리더십 매뉴얼

 - 옥중서신인 빌레몬서를 목회서신 다음에 둔 것은 서신의 성격 때문이다.
 - 바울의 다른 서신들은 교회 앞으로 보낸 공적인 편지이다.
 - 바울의 목회서신과 빌레몬서는 개인 앞으로 보낸 사적인 편지이다.

- 디모데전서 - 교회의 질서와 구조
- 디모데후서 - 목자적인 돌봄
- 디도서 - 그리스도인의 행동지침서

- 히브리서 - 신약의 레위기 : 예수 그리스도의 탁월함
- 야고보서 - 신약의 잠언 : 예수를 믿는 자들의 삶의 지침서

- 베드로전서 - 가장 '따뜻한 책' : 말세를 당한 그리스도인의 십계명
- 베드로후서 - 유다서와 거의 비슷한 내용 : 믿음을 위해 싸우라
- 유다서 - 교회를 일깨우는 불의 십자가

- (요한복음) - 하나님이 세상을 사랑하신다.
- 요한일서 - 서로 사랑하라 : 강력한 신학논문
- 요한이서 - 문을 닫으라 Close the Door
- 요한삼서 - 문을 열라 Open the Door
- 요한계시록 - 예수 그리스도의 계시의 드라마

- 바울서신 - 독자를 기반으로 서신의 이름을 적음 : 받는 자
- 일반서신 - 기록자의 이름을 따라 서신의 이름을 적음 : 보내는 자

【 바울서신의 개요 】

서신서	장수	주제	기록 장소	기록 연대	수신인
로마서	16	하나님의 의 이신칭의 / 복음	고린도	57년 겨울	로마에서 하나님의 사랑하심을 받고 성도로 부르심을 받은 모든 자(롬 1:7)
고린도전서	16	분열과 무질서의 해결	에베소	56-57년	고린도에 있는 하나님의 교회와 예수 그리스도의 이름을 부르는 모든 자들(고전 1:2)
고린도후서	13	화해의 사역 / 사도권	마게도냐	56-57년	고린도에 있는 하나님의 교회와 온 아가야에 있는 모든 성도(고후 1:1)
갈라디아서	6	그리스도 안의 자유 이신칭의 / 율법	안디옥(?)	48-49년	갈라디아 여러 교회들(갈 1:2)
에베소서	6	그리스도의 몸인 교회	로마	60-63년	에베소에 있는 성도들과 그리스도 예수 안에 있는 신실한 자들(엡 1:1)
빌립보서	4	그리스도인의 기쁨	로마	60-63년	그리스도 예수 안에서 빌립보에 사는 모든 성도와 또한 감독들과 집사들(빌 1:1)
골로새서	4	우주적인 그리스도 그리스도의 탁월함	로마	60-63년	골로새에 있는 성도들 곧 그리스도 안에서 신실한 형제들(골 1:2)
데살로니가전서	5	그리스도의 오심	고린도	51-52년	하나님 아버지와 주 예수 그리스도 안에 있는 데살로니가인의 교회(살전 1:1)
데살로니가후서	3	주의 날	고린도	51-52년	하나님 우리 아버지와 주 예수 그리스도 안에 있는 데살로니가인의 교회(살후 1:1)
디모데전서	6	목회자에게 주는 충고	마게도냐(?)	62-66년	믿음 안에서 참 아들 된 디모데(딤전 1:2)
디모데후서	4	격려하는 마지막 인사말	로마	66-67년	사랑하는 아들 디모데(딤후 1:2)
디도서	3	그리스도인의 행동지침서	마게도냐(?)	63-66년	같은 믿음을 따라 참 아들 된 디도(딛 1:4)
빌레몬서	1	노예를 형제로 받아들임 – 구원의 은혜	로마	60-63년	사랑하는 우리의 동역자 빌레몬, 압비아, 아킵보와 네 집에 있는 교회(몬 1:1,2)

6장

서신서1

바울의 1-3차 여행 시기의 서신들

서신서1 – 바울의 1–3차 여행 시기의 서신들

신약은 크게 셋으로 구분된다. 역사서와 서신서 그리고 예언서이다. 역사서는 그리스도의 역사를 주로 다룬 복음서와 교회의 역사를 다룬 사도행전으로 이루어졌다. 서신서는 이름 그대로 편지 형식이기 때문에 서신서라고 불린다.

서신서는 바울서신과 이를 제외한 나머지 서신들을 일컫는 일반서신으로 나뉜다. 바울서신은 수신자에 따라 이름을 붙였다. 반면에 일반서신은 발신자에 따라 이름을 붙였다. 바울서신은 일반적으로 특정 그룹에게 보낸 편지이고, 일반서신은 일반적인 모든 교회에 보낸 것이어서 '공동서신'이라고도 불린다.

서신서들은 깊은 신학적 내용을 담고 있다. 놀랍게도 깊은 신학은 단순히 학교에서 연구하고 조사하고 토론하고 의논함으로 이루어진 것이 아니다. 복음을 전파하는 선교현장에서 기록되었다. 즉 복음이 전파되고, 믿는 자들이 교회 공동체를 형성하며 그리스도인의 삶을 살 때 이들의 믿음을 구체적으로 도와서 견고하게 하려는 의도에서 기록되었다. 또한 서신서는 삶의 현장에서 기록되었다. 생각이나 말, 이론에 의해서 나온 것이 아니다. 그리스도인으로서 이 세상에서 어떻게 영향을 미치며 살 것인지 삶을 통해 검증된 구체적인 하나님 말씀의 원리 원칙들이다.

서신서는 크게 세 부분으로 나뉜다.

여기서는 주로 사도 바울의 사역 시기를 기준으로 구분했다.

서신서1

사도 바울의 1,2,3차 전도여행 시기에 기록된 책들이다.

- 1차 여행 전후 시기 : 갈라디아서, 야고보서
- 2차 여행 시기 : 데살로니가전·후서
- 3차 여행 시기 : 고린도전·후서, 로마서

서신서2

바울의 4차 여행 후 로마 감옥에 갇혔던 시기에 기록된 책들이다.

이 책들을 '옥중서신'이라고도 한다.

- 에베소서, 골로새서, 빌레몬서, 빌립보서

또한 감옥에서 나온 후 일명 '바울의 5차 여행 시기'에 기록된 책들이다.

- 디모데전·후서, 디도서, 베드로전·후서

서신서3

사도 바울의 순교 후 후기 사도 시대에 기록된 책들이다.

- 요한1,2,3서, 유다서, 히브리서

❖ 야고보서(James) 신약의 잠언서

야고보서는 '신약의 잠언서' 또는 '신약의 아모스서'라고 불린다. 야고보서는 메시아로서 예수님에 대한 언급이 없다. 예수의 이름이 단지 두 번 언급될 뿐이다. 그것도 우발적이다(약 1:1, 2:1). 예수님의 부활에 대한 언급도 없다. 야고보서를 기록한 사람은 지혜문학에 정통한 듯하다. 산상수훈에 언급된 내용이 23회 나타난다.

야고보서는 정경으로 인정받기까지, 또한 인정받은 후에도 시련을 많이 겪은 책 중에 하나이다. 종교개혁자 마틴 루터는 이 서신을 '지푸라기 서신'으로 여기며 신약에서 기꺼이 삭제하려 했다. 로마서와 상반되는 것처럼 보였기 때문이다.

교회 공동체는 착한 사람들로 넘쳐나는 이상적인 공동체가 아니다. 어찌 보면 오히려 교회는 나쁜 행실을 공개적으로 드러내놓고, 직면하여 처리하는 곳이다. 그릇된 믿음, 잘못된 행실을 다룬다.

내가 섬기는 지역교회는 서울의 어느 한 건물 5층에 자리 잡고 있다. 그런데 바로 아래층은 전체가 내과, 치과, 이비인후과 등등 각종 의원으로 구성되어 있다. 4층은 환자들로 가득하다. 건강한 사람은 병원에 가지 않는다. 병원에서는 환자들이 서로 정죄하지 않는다. 또한 의사는 이들의 건강상태를 꾸짖으며 내쫓지 않는다. 오히려 이들의 건강을 돌아보고 격려하며 치료에 힘쓴다.

야고보서에는 환자를 돌아보며 격려하고 회복에 힘쓰는 능숙한 의사의 모습이 보인다. 전문가의 처방전이 쓰여있다. 지혜가 그 처방전의 기초다. 지혜는 지식과 구분된다. 지혜는 건강한 삶을 사는 힘이다. 지혜에는 하늘에 속한 지혜와 땅에 속한 지혜가 있다.

야고보서 – 행함이 있는 믿음(약 2:22)

믿음의 시험		믿음의 실재					믿음의 승리	
시험의 목적	유혹의 원인	말씀 순종	사랑으로 행함	행함의 믿음	지혜로 혀를 다스림	선을 행하는 진정한 부자	인내로 기다림	행하는 교회
1:1-12	1:13-18	1:19-27	2:1-13	2:14-26	3:1-18	4:1-5:6	5:7-12	5:13-20
믿음의 반응		믿음의 행위와 특징					믿음의 능력	

환자에게는 하늘에 속한 지혜가 절대적으로 필요하다. 그리고 기도는 그 지혜를 나의 것으로 소유하게 해준다. 기도와 지혜는 교회를 건강한 공동체로 이끌고 유지하게 만든다.

건강한 교회 공동체로 이끄는 가장 큰 힘은 믿음이다. 능숙한 의사는 병의 원인을 진단하고 치료하기 위해 믿음을 제시한다. 그는 우스꽝스러운 질문을 한다. "나무가 좋아야 좋은 나무인가? 열매가 좋아야 좋은 나무인가?" 그리고 이어서 말한다. "아무리 말로 '나는 건강하다'고 해도 몸이 병들면 그것은 건강한 몸이 아니다. 몸이 건강해야 진짜 건강한 사람이다." 이것이 야고보서다.

신약성경에는 다섯 명의 야고보가 등장한다.

1. 열두 제자 중 가룟 유다가 아닌 다른 '유다'의 아버지 야고보(눅 6:16)
2. 열두 제자 중 '알패오의 아들 야고보'(마 10:3, 막 3:18, 눅 6:15, 행 1:13)
   - 마태복음 9장 9절과 마가복음 2장 14절을 비교해볼 때 마태와 레위는 동일 인물이다.
   - 레위도 알패오의 아들이기에 마태와 야고보는 형제이다.
3. 작은 야고보(막 15:40, 마 27:56)
4. 열두 제자 중 세베대의 아들, 요한의 형제 야고보(마 10:2, 막 3:17, 눅 6:14, 행 1:13)
   - 최초의 순교자(행 12:1,2) A.D.44년, 아그립바 1세 때
   - 야고보서를 쓰기에는 순교가 너무 빨랐다.
5. 예수님의 형제인 야고보(행 12:17, 15:12-21, 갈 1:19, 2:9, 행 21:18-25)
   - 처음에는 예수님을 제대로 알지 못했다(마 12:46-50, 막 3:21,31-35, 요 7:3-9).
   - 그러나 예수께서 부활 후에 그에게 나타나셨다(고전 15:7).
   - 사도행전에서 변화가 일어났다. 그는 마가의 다락방에 있었다(행 1:14). 오순절 성령을 경험했다.
   - 그는 결혼했다(고전 9:5).
   - 예루살렘교회의 지도자가 되었다(행 12:17).
   - 예루살렘 회의 의장이었다(행 15:12-21).
   - 바울이 예루살렘에 방문했을 때 만났다. 교회의 기둥 같은 존재다(갈 1:19, 2:9).
   - 그러나 열두 사도는 아니다.
   - 바울은 마지막 예루살렘 방문 때에도 야고보를 만났다(행 21:18-25).
   - 그는 기도의 사람이다. 끊임없이 무릎으로 살았다. '낙타무릎'의 소유자다.
   - 역사가 요세푸스에 의하면 그는 돌에 맞아 순교했다. A.D.62년, 산헤드린 사두개인들에 의해 처형당했다.
   - 속사도 시대 알렉산드리아의 클레멘트에 의하면 야고보는 성전 벽에 부딪혀 순교했다고 한다.

그러므로 야고보서의 기록자는 예수님의 형제 야고보가 가장 유력하다.

야고보서의 메시지

야고보는 자신을 "하나님과 주 예수 그리스도의 종 야고보"(약 1:1)라고 소개했다.

절대적 복종을 보여준다. 노예는 권리가 없다. 오직 주인의 말에 순종할 뿐이다.

절대적 겸손을 보여준다. 자신의 권리를 주장하지 않는다. 오직 책임만 있을 뿐이다. 그러므로 자기 자신에 대하여는 '아니요'(No)라고 하며, 오직 하나님에 대하여는 '예'(Yes)라고 말한다.

절대적 충성을 말한다. 자기 자신을 하나님에게 맡긴다. 자신의 이익이나 유익을 계산하지 않는다.

그러나 커다란 자부심이 있다. 하나님과 주 예수 그리스도의 종 됨이 얼마나 영광스러운가! 하나님과 예수 그리스도와 함께 걷는 놀라운 특권이 있다. Walking privilege with God!

자기 자신을 주께 드려 그의 뜻을 따라 살기로 결정한 모든 사역자들이여, 야고보의 고백이 나의 것이 되도록 하자.

1. 믿음의 시험(약 1:1-18)

의미가 다른 세 가지 시험이 있다(약 1:2-15)

TEST 우리를 온전하게 하는 시련 혹은 연단으로서의 시험이 있다.

> 내 형제들아, 너희가 여러 가지 시험을 당하거든 온전히 기쁘게 여기라. 이는 너희 믿음의 시련이 인내를 만들어 내는 줄 너희가 앎이라. 인내를 온전히 이루라. 이는 너희로 온전하고 구비하여 조금도 부족함이 없게 하려 함이라 약 1:2-4

연단으로서의 시험은 억지로 반응하지 않고 오히려 기쁘게 받아들인다. 인내한다. 이런 시험의 목적은 넘어뜨리려는 것이 아니라 더욱 견고하게 세워주려는 것이다. 그 결과 잘 무장되어 조금도 부족함이 없게 된다. 아브라함이 받은 시험이 그 예다. 하나님은 아브라함을 넘어뜨리려고 시험하지 않으셨다.

> 그 일 후에 하나님이 아브라함을 시험하시려고 그를 부르시되, '아브라함아' 하시니, 그가 이르되, '내가 여기 있나이다.' 여호와께서 이르시되, '네 아들, 네 사랑하는 독자 이삭을 데리고 모리아 땅으로 가서 내가 네게 일러준 한 산 거기서 그를 번제로 드리라' 창 22:1,2

TRIAL 예수를 믿음으로 말미암아 오는 고난과 환난으로서의 시험이 있다.

> 시험을 참는 자는 복이 있나니, 이는 시련을 견디어낸 자가 주께서 자기를 사랑하는 자들에게 약속하신 생명의 면류관을 얻을 것이기 때문이라 약 1:12

고난과 환난을 견디는 사람에게는 생명의 면류관이 주어진다.

TEMPTATION 우리를 넘어뜨리려는 마귀로부터 오는 유혹으로서의 시험이 있다.

> 사람이 시험을 받을 때에 '내가 하나님께 시험을 받는다' 하지 말지니, 하나님은 악에게 시험을 받지도 아니하시고 친히 아무도 시험하지 아니하시느니라. 오직 각 사람이 시험을 받는 것은 자기 욕심에 끌려 미혹됨이니, 욕심이 잉태한즉 죄를 낳고 죄가 장성한즉 사망을 낳느니라 약 1:13-15

마귀로부터 오는 시험을 '유혹'이라고 한다. 그것은 근본적으로 우리를 무너뜨리려는 데 있다. 그런데 어떤 사람들은 이런 시험을 받을 때 잘못 생각하여 '내가 하나님께 시험 받는다'라고 말한다. 실제로는 자기 자신에게서 시작되어 마귀에게 유혹거리를 준 것임에도 핑계를 하나님께로 돌린다. 죄를 회개하고 돌이키려는 마음은 없고 다만 하나님을 원망한다. 사람이 욕심이 생기면 유혹에 걸린다. "마귀에게 틈을 주지 말라"(엡 4:27)고 성경은 말씀하신다. 하나님은 사람을 무너뜨리려고 유혹하지 않으신다. 선하고 거룩하신 하나님은 악에게 시험을 받지도 않으시고 또한 아무도 시험하지 않으신다.

> 내 사랑하는 형제들아, 속지 말라. 온갖 좋은 은사와 온전한 선물이 다 위로부터 빛들의 아버지께로부터 내려오나니, 그는 변함도 없으시고 회전하는 그림자도 없으시니라 약 1:16,17

> 도둑이 오는 것은 도둑질하고 죽이고 멸망시키려는 것뿐이요, 내가 온 것은 양으로 생명을 얻게 하고 더 풍성히 얻게 하려는 것이라 요 10:10

예수님이 그렇게 하셨듯이 마귀로부터 오는 유혹으로서의 시험은 대적해야 한다. 말씀으로 대적하고, 예수의 이름으로 대적해야 한다. "마귀를 대적하라. 그리하면 너희를 피하리라"(약 4:7).

하나님은 어떤 분인가?(약 1:16-18)

하나님은 가장 좋은 선물을 주시는 분이다(약 1:17). "우리에게 모든 것을 후히 주사 누리게 하시는 하나님"(딤전 6:17)이시다. 성경은 "자기 아들을 아끼지 아니하시고 우리 모든 사람을 위하여 내주신 이가 어찌 그 아들과 함께 모든 것을 우리에게 주시지 아니하겠느냐?"(롬 8:32)라고 질문한다.

그러므로 우리는 이 세 종류의 시험을 분별할 줄 알아서 올바르게 반응해야 한다. 지혜가 필요하다. 건강한 그리스도인의 삶을 살려면 위로부터 오는 지혜가 필요하다. 지혜가 처방약이다.

> 너희 중에 누구든지 지혜가 부족하거든 모든 사람에게 **후히 주시고 꾸짖지 아니하시는 하나님께** 구하라. 그리하면 주시리라. **오직 믿음으로** 구하고 조금도 의심하지 말라. 의심하는 자는 마치 바람에 밀려 요동하는 바다 물결 같으니 이런 사람은 무엇이든지 주께 얻기를 생각하지 말라. 두 마음을 품어 모든 일에 정함이 없는 자로다 약 1:5-8

하나님은 불변하신다(약 1:17). '변화'(헬, parallage), '회전하는 그림자'(헬, trope)는 천문학 용어다. 즉, 모든 빛은 변화되고 변용되지만 그것을 창조하신 하나님은 변하지 않으신다. 하나님이 행하시는 원칙은 상황에 따라 변하지 않는다. 하나님은 신실하시다. 그분이 행하시는 원칙도 일정하고, 그분은 약속을 어기지 않고 지키신다.

"모든 바람직하고 유익한 선물은 하늘로부터 옵니다. 빛의 아버지로부터 폭포처럼 하염없이 내려옵니다. 하나님께는 속임수나, 겉과 속이 다르거나, 변덕스러운 것이 전혀 없습니다"(약 1:17 메시지성경).

하나님은 그를 대신하여 온 땅을 다스리도록 우리를 영광스럽게 지으셨다(약 1:18). 하나님은 우리를 그의 형상을 따라 지으셨다. 하나님을 대신하여 그가 지으신 모든 피조물을 다스리도록 복을 내리셨다(창 1:26-28). 우리는 세상에 영향을 주는 자이다. 우리는 단지 병든 우리의 삶이 치료받는 것을 넘어서야 한다. 병든 세상을 치료하는 삶을 살아야 한다.

2. 믿음의 실재(약 1:19-5:6)

건강한 그리스도인의 삶은 건강한 믿음에 달려있다. 건강한 믿음을 유지하는 데 필요한 처방전 중 하나는 올바른 혀의 사용이다.

혀를 사용하는 원칙

2대1 원칙을 지키라

"사람마다 듣기는 속히 하고 말하기는 더디 하며 성내기도 더디 하라 사람이 성내는 것이 하나님의 의를 이루지 못함이라"(약 1:19,20).

하나님이 귀는 두 개, 입은 한 개를 주신 이유를 알아야 한다. 듣는 대로 말하면 1대1이 되어 하나님의 원칙을 깨뜨린다. 두 번 듣고 한 번 말하는 것이 건강의 비결이다. 그렇게 하면 성내기도 더디 하게 될 것이다. 더디 성내려면 참아야 한다. 들을 때마다 말하면 성내기도 급히 하게 될 것이다. "성내는 것이 하나님의 의를 이루지 못한다"는 말씀은 올바른 관계를 유지하기 어렵다는 의미다. 성내면 관계를 깨뜨린다. **2대1의 원칙을 지키면 말의 실수가 적어질 것이다.**

혀를 재갈 물리는 것이 경건의 기반이다(약 1:26). 혀를 재갈 물리면 온몸을 제어할 수 있다. 혀는 큰 배를 움직이는 작은 키와 같고, 많은 나무를 불태우는 작은 불과 같다. 혀를 올바르게 사용하면 생명을 얻고, 잘못 사용하면 사망에 이른다. 축복과 저주, 상처를 치유하는 것과 상처를 주는 것이 혀를 사용하는 데 달렸다.

마음의 정원사가 되라

"모든 지킬 만한 것 중에 더욱 네 마음을 지키라. 생명의 근원이 이에서 남이니라"(잠 4:23)라고 하셨다. 내어버릴 것과 받을 것을 구분해야 한다. "모든 더러운 것과 넘치는 악을 내버리고 너희 영혼을 능히 구원할 바 **마음에 심어진 말씀**을 온유함으로 받으라"(약 1:21). 땅에 씨를 뿌림같이 하나님의 말씀을 마음에 심으라. 마음에 말씀의 뿌리를 내리라. 마음의 정원사가 되라.

마음은 혀를 사용하는 데 가장 중요한 역할을 한다. 주께서 "입에서 나오는 것들은 마음에서 나오나니 이것이야말로 사람을 더럽게 하느니라. 마음에서 나오는 것은 악한 생각과 살인과 간음과 음란과 도둑질과 거짓 증언과 비방이니 이런 것들이 사람을 더럽게 하는 것이요 씻지 않은 손으로 먹는 것은 사람을 더럽게 하지 못하느니라"(마 15:18-20)라고 하셨다.

마음의 정원사가 되라

각종 아름다운 꽃과 과일나무가 어우러진 정원은 날마다 돌아보며 가꿔야 한다. 너무 바빠서 며칠이라도 정원 돌보기를 소홀히 하면 놀랍게도 정원은 황폐해진다. 내가 심지 않았는데도 잡초가 나온다. 바람을 타고 날아와서 내 정원에 떨어져 자란다. 정원사가 부지런해야 아름다운 정원을 유지할 수 있다. 마찬가지로 우리 각 사람에게는 마음의 정원이 있다. 야고보서 1장 21절에 "너희 영혼을 능히 구원할 바 마음에 심어진 말씀을 온유함으로 받으라"라고 하였다. 씨앗을 뿌리듯, 나무를 심듯 하나님의 말씀을 내 마음에 심어야 한다. 그리고 잡초가 나서 자라지 않도록, 내가 심은 꽃이 잘 자라도록 돌보듯이 날마다 부지런히 내 마음을 살펴야 한다.

하나님의 말씀을 내 마음의 정원에 심는 길은 날마다 하나님의 말씀을 묵상함으로 이루어진다.

말씀을 듣고 행하는 것이 곧 믿음의 삶이다. 여기 처방전이 있다.

나는 말씀을 듣거나 읽을 때마다 성령께 기도한다. '성령님, 이 말씀을 통해서 제게 무슨 말씀을 하기를 원하십니까?' 그러면 그 말씀이 내게 개인적으로 말씀하심을 듣는다.

그러면 다시 기도한다. '성령님, 제가 그 말씀을 따라 어떻게 구체적으로 살기를 원하십니까?'

믿음의 삶

믿음이란 말씀을 듣고 삶에서 그 말씀을 구체적으로 행하며 살아내는 것이다.

1) 경건하라

경건한 삶은 말로 하는 것이 아니다. 어떤 종교의식이나 특정한 복장을 하는 것이 아니다. 야고보서는 다음 세 가지 삶이 곧 경건한 삶이라고 한다(약 1:26,27).

1. 자기 혀를 재갈 물리라 - 그 사람의 언어생활을 통해 알 수 있다.
2. 고아와 과부를 환난 중에 돌보라 - 가난한 자를 돌보는 삶을 산다.
3. 자기를 지켜 세속에 물들지 말라 - 세상에 살지만 세상에 속하지 않는다. 가치관이 다르다.

2) 차별하지 말라

사람을 외모로 대하지 않는다. 부자와 가난한 자를 차별하지 않는다. 부자에게 관대하고 가난한 자를 업신여기는 어리석음을 행하지 말아야 한다(약 2:1-12).

3)공의로 행하지 말고 긍휼로 행하라

공의의 기반은 옳고 그름에 있다. 긍휼의 기반은 용서와 용납, 이해와 오래 참음, 사랑과 신뢰, 칭찬과 격려에 있다. 그러나 긍휼은 공의를 저버리는 것이 아니라 공의를 기초로 하되 더 넓게 포용한다. 하나님나라는 긍휼이 공의를 이기고 자랑한다(약 2:13).

4)살아있는 믿음으로 행하라

"영혼 없는 몸이 죽은 것같이 행함이 없는 믿음은 죽은 것이니라"(약 2:26).
"행함이 없는 믿음은 그 자체가 죽은 것이라"(약 2:17).
야고보서와 로마서는 상반된 것이 아니라 서로 보충하고 있다.
야고보는 서신을 읽는 사람들이 그들의 삶 속에서 살아있는 믿음의 특징을 보여주길 원했다. 살아있는 믿음은 단순한 지식과 동의를 넘어서는 것이며, 그것은 인내하며 하나님께 순종하는 마음에서 우러나오는 신뢰를 포함한다.

【 바울과 야고보의 비교(로마서 vs. 야고보서) 】

	바울	야고보
관심	율법주의자들을 향하여	자유사상가들을 향하여
강조점	믿음으로 하나님 앞에서 의롭게 됨	행위로써 사람들 앞에서 의롭게 됨
관점	선물로 받은 믿음	진정한 믿음
결과	그리스도 안에서 믿음을 통해 영원히 의롭게 됨	그리스도처럼 행함으로써 매일의 증거로 의롭게 됨

- 바울의 메시지 - 믿음으로만 구원을 받는다. 의롭게 된다.
- 야고보의 메시지 - 구원받은 자는 그 행위로 믿음을 증명한다.

이것은 마치 나무와 열매의 강조와 같다.
나무가 좋아야 좋은 열매를 맺는다. 나무의 생명을 강조한다. 로마서의 강조점이다.
좋은 열매를 맺어야 좋은 나무임을 증명한다. 열매를 강조한다. 야고보서의 강조점이다.

우리는 균형 잡힌 삶이 필요하다. 양자택일이 아니다. 양자 모두 필요하다.

사상과 행동이 일치하라.
기도와 노력이 함께한다.
믿음과 행위는 함께 있다.

5)말에 실수가 없도록 하라

말의 사용에 따라 그 결과는 엄청나다(약 3:1-12). 생명을 주거나 사망을 가져온다. 잠언 18장 21절에는, "죽고 사는 것이 혀의 힘에 달렸다"라고 한다. 온순한 혀는 곧 생명 나무이지만 패역한 혀는 마음을 상하게 한다(잠 15:4). 생명을 주는 입과 독을 머금은 입이 있다(잠 10:11). 혀는 우리 몸의 매우 작은 지체지만, 작은 키로 큰 배를 운행하듯 작은 불이 숲을 태우듯 혀의 힘은 놀랍다. 그러므로 말에 실수가 없도록 혀를 제어해야 한다. 선한 말은 꿀송이 같아서 마음에 달고 뼈에 양약이 된다(잠 16:24)는 것은 혀를 올바르게 사용한 결과다. 또한 경우에 합당한 말은 아로새긴 은 쟁반에 금 사과(잠 25:11) 같은 아름다운 삶이다. 이런 삶은 위로부터 난 지혜로 살 때 가능하다.

6)위로부터 난 지혜로 살아가라

두 종류의 지혜가 있다(약 3:13-18). 건강한 공동체를 세우고 파괴하는 것은 지혜에 달려있다. 위로부터 내려온 지혜는 성결, 화평, 관용, 양순하며, 긍휼과 선한 열매가 가득하고 편견과 거짓이 없다. 땅 위의 지혜는 정욕의 것, 귀신의 것이다. 시기와 다툼, 혼란과 모든 악한 일이 있다.

건강한 그리스도인, 건강한 공동체를 이루는 노련한 의사의 처방전

"야비한 야심은 지혜가 아닙니다. 스스로 지혜롭다고 뽐내는 것도 지혜가 아닙니다. 지혜롭게 보이려고 진실을 왜곡해 말하는 것도 지혜가 아닙니다. 그것은 지혜와는 한참 거리가 멉니다. 그것은 짐승같이 약삭빠르고, 악마같이 교활한 속임수일 뿐입니다. 여러분이 다른 사람보다 더 낫게 보이려고 하거나 다른 사람을 이기려고 할 때마다, 일은 엉망이 되고 서로 멱살을 잡는 것으로 끝나고 말 것입니다"(약 3:14-16 메시지성경).

"참된 지혜, 하나님의 지혜는 거룩한 삶에서 시작됩니다. 참된 지혜의 특징은 다른 사람들과 평화롭게 지내는 것입니다. 참된 지혜는 온유하고, 이치에 맞으며, 자비와 축복이 넘칩니다. 하루는 뜨겁고 다음 날은 차갑고 하지 않습니다. 겉과 속이 다르지 않습니다. 여러분이 서로 평화롭게 지내고 품위와 예의를 갖춰 서로를 대하려고 노력한다면, 여러분은 하나님과 바른 관계를 맺고 사는 건강하고 튼튼한 공동체를 세우고, 그 열매 또한 맛보게 될 것입니다"(약 3:17,18 메시지성경).

얼마나 놀라운 처방전인가!

7)하나님과 벗이 되라

싸움과 다툼의 원인은 욕심과 정욕을 따르기 때문이다. 세상과 벗이 되면 하나님과 원수가 된다. 하나님과 벗이 되는 비결이 있다(약 4:1-10).

하나님의 뜻을 따라 살아가라. 하나님을 가까이하라. 손을 깨끗이 하고 마음을 성결하게 하라.

슬퍼하며 애통하며 울라(즐거움과 웃음을 부정하는 것이 아니라 자신의 죄를 직면하라는 뜻이다).
주 앞에서 낮추라.

8) 서로 비방하지 말라

입법자와 재판관은 오직 하나님 한 분이시다(약 4:11,12).

9) 속부의 삶을 청산하라

속부의 삶의 특징은 그릇된 확신을 가진다. 믿음으로 살아가지 않고 재물에 의해 살아간다. 하나님의 뜻을 따라 살지 않는다(약 4:13-17). 속부는 재물을 땅에 쌓아 놓는다. 오직 자기를 위해 사용한다. 하나님을 향해 인색하고 자신의 필요에만 후하다(약 5:1-3). 속부는 품꾼의 삯을 주지 않는다. 그러면서도 자신의 필요는 다 채우고 사치하고 방종한 삶을 산다(약 5:4-6). 속부의 재물은 썩고 옷은 좀먹으며 금과 은은 녹이 슬 것이다. 속부의 재물은 속히 날아간다.

3. 믿음의 승리(약 5:7-20)

주님 오심을 기다리라(약 5:7-11)

1) 농부의 마음으로 길이 참으라. 인내하며 기다리라
2) 선지자들의 고난과 오래 참음을 본으로 삼으라. 욥의 인내와 그 결말을 보라. 주님은 가장 자비하시고 긍휼히 여기시는 이시다.

건강한 교회 공동체의 특징(약 5:13-20)

건강한 교회 공동체를 이루는 것이 야고보서의 목적이다. 건강한 공동체의 기반은 믿음이다. 건강한 공동체의 모습은 믿음의 결과를 보여준다. 올바른 믿음을 가진 자는 위로부터 난 지혜로 행한다. 기도는 그 지혜의 기초다.
우리는 다음과 같은 건강한 교회 공동체를 기대하고 이를 위해 기도해야 한다.

- 찬송하는 교회 공동체(약 5:13) - 모일 때마다 축제가 있다. 기쁨, 즐거움, 자유가 있다.
- 병 고치는 교회 공동체(약 5:14,15) - 예수의 십자가와 보혈의 능력을 경험한다.
- 기도하는 교회 공동체(약 5:13,16-18) - 응답받는 능력의 기도와 역동적인 간증이 있다.
- 고백하는 교회 공동체(약 5:15,16) - 빛 가운데 행하여 용서와 사랑이 충만하다.
- 전도하는 교회 공동체(약 5:19,20) - 세상에 영향을 주며 하나님나라가 확장된다.

Dear. NCer

행함이 없는 믿음은 그 자체가 죽은 것이다. 믿음은 행함과 함께 일한다. 행함으로 믿음이 온전하게 된다. 우리의 믿음이 이론이 아닌, 살아 역사하는 능력임을 보여주기 때문이다. NCer들은 행함으로 그 믿음을 증명하자!

❖ 갈라디아서(Galatians) 그리스도 안에 있는 자유(이신칭의 / 율법)

다음의 말은 갈라디아서를 잘 설명해주고 있다.
"그리스도인의 자유에 대한 기독교 대헌장"(The Magna Carta of Christian Liberty)
"위대한 검객의 손에 들려진 번쩍이는 칼" - 종교개혁을 일으킨 원동력

바울의 1차 여행지에 유대주의자들(행 15:1)이 계속 영향을 주었다. 그들은 율법의 행위와 믿음을 결합하려 했다. 즉 믿음에 율법의 행위를 더하고, 모세의 율법을 지킴으로 완벽해진다고 가르쳤다. 바울은 이에 대해 구원과 영적 성장은 율법에 있지 않고 오직 믿음에 있음을 강조했다. 갈라디아서는 로마서와 함께 오직 은혜로 구원받음을 설명한다. 특히 갈라디아서는 이를 새 언약을 기반으로 설명하고 있다.

갈라디아서는 바울의 일반적 서신과는 형태와 구성이 사뭇 다르다. 일반적으로 바울은 서론 후에 바로 신학적 기반을 제시한다. 그리고 나서 실제적인 삶의 적용을 제시한다. 그런데 갈라디아서는 먼저 바울 자신의 간증으로 시작한다. 그가 고백하는 것처럼 그는 유대교를 지나치게 믿어 조상의 전통에 대해 "열심"이 있었다(갈 1:14). 그는 "팔 일 만에 할례를 받고 이스라엘 족속이요 베냐민 지파요 히브리인 중의 히브리인이요 율법으로는 바리새인이요 열심으로는 교회를 박해하고 율법의 의로는 흠이 없는 자"(빌 3:5,6)였다.

그러나 다메섹 도상에서 예수를 만난 후 삶에 대전환점을 맞이했다. 이전에 목숨보다 더 중요하게 붙들었던 모든 것을 다 해로 여기고 배설물로 여겼다(빌 3:7,8). 그는 하나님 안에서 자유의 삶을 경험했다. 종교적인 규칙과 규정이라는 울타리에서 벗어났다. 그는 율법에 매여서 죄 아래 갇혀 종노릇하다가 예수로 말미암아 자유인이 되고 나아가 하나님의 아들이 되었다. 그는 "이 후로는 종이 아니요 아들이니 아들이면 하나님으로 말미암아 유업을 받을 자니라"(갈 4:7)라는 놀라운 자유선언문을 감격 가운데 낭독했다.

어찌 보면 갈라디아서는 바울 자신의 간증이라 볼 수 있으므로 어느 서신서보다 설득력이 있다.

갈라디아서 – 그리스도 안에 있는 자유(갈 5:1)

복음의 진정성		복음의 탁월함		복음으로 누리는 자유	
프롤로그 - 인사	바울의 사도적 권위	율법의 속박	은혜의 자유	은혜 안에서 성령으로 성장	에필로그 - 후기
1:1-5	1:6-2:21	3:1-29	4:1-31	5:1-6:10	6:11-18
복음을 변호함		복음을 설명함		복음을 적용함	
자서전적 설명		신학적 해설		실제적 권면	
	자유의 입증	자유에 대한 논쟁		자유의 적용	
바울의 간증		은혜와 율법		은혜 안에서 성령으로 성장함	

갈라디아서의 메시지

1. 바울의 간증(갈 1장-2장)

바울의 간증을 통해서 사역자의 사역의 기초를 볼 수 있다. 그는 여섯 가지 영역에 대해 간증한다.

1) 그는 사도로 부르심을 받았다(갈 1:1)

> 사람들에게서 난 것도 아니요 사람으로 말미암은 것도 아니요 오직 예수 그리스도와 그를 죽은 자 가운데서 살리신 하나님 아버지로 말미암아 사도 된 바울은 갈 1:1

그는 자기의 부르심과 사명이 무엇인지 알았다. 그의 사역의 기초는 사람이나 특정 교단이나 교파, 단체가 아니었다. 그것을 무시하는 것이 아니라, 그것에 갇혀서는 안 된다는 의미다. 그의 부르심과 사명의 기반은 오직 예수 그리스도와 하나님에게 있다.

어떤 역경이나 고난이 와도 견딜 힘은 오직 그의 부르심에 있었다. 그의 권위의 출발은 오직 하나님이다. 이것은 그를 오만하거나 교만하게 만들어 독불장군이 되게 하는 것이 아니다. 오히려 그의 책임을 의식하게 한다. 그는 "주께서 주신 권세는 너희를 무너뜨리려고 하신 것이 아니요 세우려고 하신 것이니, 내가 이에 대하여 지나치게 자랑하여도 부끄럽지 아니하리라"(고후 10:8)라고 담대히 고백했다.

2) 그는 복음에 대한 열정이 있었다(갈 1:6-9)

> 우리가 전에 말하였거니와 내가 지금 다시 말하노니 만일 누구든지 너희가 받은 것 외에 다른 복음을 전하면 저주를 받을지어다 갈 1:9

1장 6-9절에 "다른 복음"이란 단어가 네 차례나 반복된다. 오직 '그리스도의 복음'밖에 없다. 바울은 "다른 복음을 전하면 저주를 받을지어다"(갈 1:8,9)라고 두 번이나 강력하게 말했다. 복음에 대한 바울의 열정이 강력하게 드러난다. 그의 사명은 오직 '그리스도의 복음'을 전하는 데 있었다. 사역자는 오직 복음의 열정만 있어야 한다. 그리스도의 복음만 강단에서 흘러나와야 한다. 다른 복음은 없다. 이것이 사역자의 사역의 원동력이다.

바울은 안디옥에서 베드로를 책망했다(갈 2:11-18)

바울은 권위의 질서를 아는 사람이다. 그러나 또한 하나님을 경외하는 사람이다. 베드로가 이방인 형제들과 식사하다가 유대인 형제들이 나타나자 그 자리를 피해 유대인의 결례에 따라서 따로 식사했다. 예루살렘으로부터 온 유대인들의 비난을 피하고 싶었기 때문이었다. 이에 다른 유대인들도 베드로를 따라서 행동했다. 바울은 이런 베드로의 행동을 보자 언성을 높여 책망했다. 바울의 복음의 열정을 보여준다.

3) 그는 그리스도의 종으로서 사람의 기쁨을 구하지 않고 오직 그리스도의 기쁨만을 구했다 (갈 1:10, 2:11-14)

> 이제 내가 사람들에게 좋게 하랴 하나님께 좋게 하랴 사람들에게 기쁨을 구하랴 내가 지금까지 사람들의 기쁨을 구하였다면 그리스도의 종이 아니니라 갈 1:10

그리스도의 종은 사람을 기쁘게 하려 하지 않고 예수님만을 기쁘시게 한다. 사람을 두려워하지 않고 오직 하나님만을 두려워한다. 사람의 말에 민감하지 않고 오직 하나님의 말씀에 귀를 기울인다. 잠언 29장 25절에, "사람을 두려워하면 올무에 걸리게 되거니와 여호와를 의지하는 자는 안전하리라"라고 하셨다.

4) 그는 그리스도의 학교에서 배웠다(갈 1:11,12)

> 형제들아, 내가 너희에게 알게 하노니 내가 전한 복음은 사람의 뜻을 따라 된 것이 아니니라. 이는 내가 사람에게서 받은 것도 아니요 배운 것도 아니요 오직 예수 그리스도의 계시로 말미암은 것이라 갈 1:11,12

> 또 나보다 먼저 사도 된 자들을 만나려고 예루살렘으로 가지 아니하고 아라비아로 갔다가 다시 다메섹으로 돌아갔노라. 그 후 삼 년 만에 내가 게바를 방문하려고 예루살렘에 올라가서 그와 함께 십오 일을 머무는 동안 주의 형제 야고보 외에 다른 사도들을 보지 못하였노라 갈 1:17-19

그는 사람에게서 배우기보다 먼저 그리스도에게서 배웠다. 머리로 배운 것이 아니라 계시를 통해 심장으로 성령에게서 배웠다. 그는 광야학교에 갔다. 그렇다고 사람에게서 배우는 것을 무시하지 않았다. 훗날 예루살렘에 올라가 신앙의 선배들에게서 그리스도를 배웠다.

하나님의 손에 사로잡혀서(갈 1:17-21, 행 9:1-30, 11:19-30, 13:1-3)
다음은 바울이 부르심을 받고 훈련받아 사역자로서 시작하기까지의 경로다.

- 다메섹으로 가다가 예수 그리스도를 만났다.
- 다메섹으로 가서 금식기도했다. 성령세례를 받고 핍박자에서 전도자로 대전환을 했다. 유대인들이 그를 죽이려 하자 밤에 광주리에 실려 성벽을 내려와 탈출했다.
- 아라비아로 가서 3년간 홀로 머무르며 성령으로부터 배웠다. 광야학교, 그리스도의 학교, 성령의 학교이다.
- 아라비아에서 돌아와 다메섹에서 새로운 차원으로 사역했다.
- 예루살렘에 올라갔다. 그리스도의 몸의 권위를 인정하고 사도들, 제자들과 교제하며 배웠다.
- 예루살렘에 있는 유대인들의 심한 반대에 부딪혀 사역을 잠시 중단하고 고향 다소로 갔다. 약 10년간 개인적으로 그리스도 앞에서 훈련받으며 사역자로서 준비했다.
- 바나바의 부름으로 안디옥에서 사역을 시작했다.
- 구제헌금을 전달하려고 예루살렘에 갔다.
- 바나바와 함께 1차 전도여행을 시작했다.

5) 그는 간증이 있는 사람이다

다메섹 도상에서 예수를 만난 그는 충격을 받았다. 다메섹 이전과 이후의 삶은 뚜렷이 구별되었다. 그는 예수 그리스도의 복음으로 급격한 변화를 경험한 사람이다(갈 1:13-20). 그는 말이나 이론으로 신앙생활을 하지 않고 삶으로 살아냈다. 진정한 그리스도인은 스스로가 아니라 주변 사람들이 증거한다. 삶으로 증명하기 때문이다. 사람들이 바울을 보고 하나님께 영광을 돌렸다(갈 1:21-24).

6) 그는 그리스도의 몸의 권위를 인정할 줄 알았다. 독불장군이 아니었다

그는 그리스도의 학교에서 성령의 계시로 배웠다. 그렇다고 해서 남을 무시하지 않았다. 교회의 권위체계와 질서를 존중하여 순복했다. 선교지에서의 율법 문제를 지도자들에게 호소하러 예루살렘에 올라갔다. 예루살렘 회의에 참석했다(행 15장).

바울의 신앙고백

"내가 율법으로 말미암아 율법에 대하여 죽었나니 이는 하나님에 대하여 살려 함이라. 내가 그리스도와 함께 십자가에 못 박혔나니, 그런즉 이제는 내가 사는 것이 아니요 오직 내 안에 그리스도께서 사시는 것이라. 이제 내가 육체 가운데 사는 것은 나를 사랑하사 나를 위하여 자기 자신을 버리신 하나님의 아들을 믿는 믿음 안에서 사는 것이라"(갈 2:19,20).

2. 율법과 은혜(갈 3장-4장)

바울의 분노(갈 3:1-4)

바울은 그가 전도한 지역의 그리스도인들이 유대주의자들의 가르침을 받아들인 것을 보고 노발대발했다. 그들은 율법을 받아들여 예수 안에 있는 자유로운 삶을 포기했다. 그는 다른 복음을 전한 자들에게 분노하고 이를 받아들인 갈라디아 형제들에게 분노했다.

> 어리석도다, 갈라디아 사람들아! 예수 그리스도께서 십자가에 못 박히신 것이 너희 눈앞에 밝히 보이거늘 누가 너희를 꾀더냐? 갈 3:1

> 정신 나간 갈라디아 사람들이여! 누가 여러분을 홀렸습니까? 여러분은 분별력을 잃었습니까? 십자가에 달리신 예수를 삶의 중심에 놓지 않고 있음이 분명하니, 여러분은 제정신이 아닌 것이 틀림없습니다. 십자가에 달리신 그분의 모습이 여러분의 눈에 선할 텐데, 어찌 그럴 수 있습니까? 갈 3:1 메시지성경

> 내가 너희에게서 다만 이것을 알려 하노니 너희가 성령을 받은 것이 율법의 행위로냐 혹은 듣고 믿음으로냐? 너희가 이같이 어리석으냐? 성령으로 시작하였다가 이제는 육체로 마치겠느냐? 너희가 이같이 많은 괴로움을 헛되이 받았느냐? 과연 헛되냐? 갈 3:2-4

믿음의 결과(갈 3:1-14)

- 의는 율법의 행위가 아니라 듣고 믿음을 통해 온다(갈 3:1,8). '의'란 하나님과의 올바른 관계를 말한다.
- 성령을 받는 것과 또한 우리 가운데서 능력을 행하시는 이의 일도 율법의 행위가 아니라 듣고 믿음으로 말미암는다(갈 3:2,5).

- 오직 믿음으로 아브라함의 자손이 된다(갈 3:7).
- 우리가 죄로 인해 받을 저주는 이미 십자가에서 끝났다(갈 3:13).
- 믿음이 있는 자는 아브라함과 함께 복을 받는다(갈 3:9).
- 믿음이 있는 자는 곧 아브라함의 씨요, 약속대로 유업을 이을 자이다(갈 3:9,29).

율법과 약속(갈 3:15-4:7)

(1) 언약 the covenant(갈 3:15-21)

> 형제들아, 내가 사람의 예대로 말하노니 사람의 언약이라도 정한 후에는 아무도 폐하거나 더하거나 하지 못하느니라. 이 약속들은 아브라함과 그 자손에게 말씀하신 것인데 여럿을 가리켜 그 자손들이라 하지 아니하시고 오직 한 사람을 가리켜 네 자손이라 하셨으니 곧 그리스도라. 내가 이것을 말하노니 하나님께서 미리 정하신 언약을 사백삼십 년 후에 생긴 율법이 폐기하지 못하고 그 약속을 헛되게 하지 못하리라 갈 3:15-17

죄는 하나님과의 교제를 상실케 했다. 그 결과 저주와 사망이 왔다. 이것을 회복하는 것과 하나님의 성품을 드러내는 것, 그리고 기독교 문명개혁 운동을 주도하는 삶을 사는 것이 하나님이 아브라함과 맺은 약속이다. 그러나 그런 삶은 율법이 아니라 오직 믿음으로만 가능하다. 하나님의 약속은 모세의 언약에 연결된 것이 아니라 아브라함처럼 오직 믿음에 의해 이루어진다.

> 그런즉 율법은 무엇이냐? 범법하므로 더하여진 것이라. 천사들을 통하여 한 중보자의 손으로 베푸신 것인데 약속하신 자손이 오시기까지 있을 것이라. 그 중보자는 한 편만 위한 자가 아니나 하나님은 한 분이시니라. 그러면 율법이 하나님의 약속들과 반대되는 것이냐? 결코 그럴 수 없느니라. 만일 능히 살게 하는 율법을 주셨더라면 의가 반드시 율법으로 말미암았으리라 갈 3:19-21

그렇다면 굳이 왜 430년 후에 시내 산에서 모세를 통하여 율법을 주셨을까? 더구나 그 율법이 430년 전에 아브라함과 맺은 하나님의 언약을 폐기하지 못함에도 말이다. 분명한 것은 율법은 하나님의 약속과 반대되는 것이 아니라는 점이다. 오히려 율법은 하나님의 약속을 더 견고하게 해준다. 왜냐하면 율법의 독특한 역할 때문이다.

율법의 역할

> 그런즉 우리가 무슨 말을 하리요 율법이 죄냐 그럴 수 없느니라. 율법으로 말미암지 않고는 내가 죄를 알지 못하였으니 곧 율법이 탐내지 말라 하지 아니하였더라면 내가 탐심을 알지 못하였으리라… 전에 율법을 깨닫지 못했을 때에는 내가 살았더니 계명이 이르매 죄는 살아나고 나는 죽었도다 롬 7:7,9

> 믿음이 오기 전에 우리는 율법 아래에 매인 바 되고, 계시될 믿음의 때까지 갇혔느니라. 이같이 율법이 우리를 그리스도께로 인도하는 초등교사가 되어 우리로 하여금 믿음으로 말미암아 의롭다 함을 얻게 하려 함이라. 믿음이 온 후로는 우리가 초등교사 아래에 있지 아니하도다 갈 3:23-25

율법의 역할은 우리가 죄인임을 나타낸다. 우리의 정체를 알려준다. 율법을 모를 때에는 내가 누구인지 몰랐다. 그러나 율법으로 내가 **'빵점짜리'**인 줄 알게 되었다. 율법은 우리 스스로 구원받을 수 없음을 증명하고 절망에 이르게 한다. 이것이 율법의 강점이다. 그러나 율법의 약점은 그 죄를 없이 하는 데 아무 도움을 주지 못한다는 것이다. 질병 진단은 잘하는데, 정작 고치지는 못한다. 율법의 역할은 초등교사다. 초등교사란 바울 당시에 미성년자들을 학교에 데려다주고 데려오는 역할을 하던 사람이다. 율법은 우리를 예수 그리스도에게 이끌어준다. 오직 예수 그리스도를 믿음으로 구원받도록 이끄는 역할을 한다.

【 세 가지 형태의 약속 】

	계약 주체	조건	대표적 예시	비고
계약1	동등한 관계	있음	아브라함과 아비멜렉 야곱과 라반	
계약2 (율법)	상하 관계	있음	왕과 백성 하나님과 이스라엘	신명기 28장 (시내 산 언약)
언약 (은혜)	동등 또는 상하 관계	없음	유언 새 영(겔 36:26,27)	GOOD NEWS!!

(2) 이중적 은혜(갈 3:23-4:7)

우리는 "믿음이 오기 전에" 율법 아래 매인 바 되어 갇혔다가(갈 3:23), "믿음이 온 후로" 초등교사 아래에 있지 아니하고(갈 3:25), "믿음으로 말미암아"(갈 3:26) 하나님의 아들이 되었다.
Good News!

> 그러므로 네가 이후로는 종이 아니요 아들이니 아들이면 하나님으로 말미암아 유업을 받을 자니라 갈 4:7

하나님께서 아브라함과 맺은 언약을 따라 그 아들 예수 그리스도를 보내셨다. 그를 믿는 자마다 속량하시고 아들의 명분을 얻게 하셨다. 하나님을 아빠 아버지라 부르게 하셨다.
첫 번째 은혜! 종에서 자유인이 되었다.
두 번째 더 큰 은혜! 하나님의 아들이 되었다. 유업을 이을 자다.

【 율법과 복음 】

율법의 역할 – 몽학선생(갈 3:23–25)	복음의 역할 – 은혜(갈 3:26–29)
내가 아무것도 할 수 없음을 알려주며 나를 그리스도에게 인도함. 예수 그리스도의 십자가가 해결책임을 알려줌	미성년자에서 성인으로! 무기징역 받은 자를 완전한 자유인으로! 죄의 종이었던 자를 하나님의 아들로!
하나님의 이중적 은혜(갈 3:15-4:7) 첫 번째 은혜 : 종에서 자유인으로!(갈 5:1) 두 번째 은혜 : 종에서 아들로!(갈 4:7) 그러므로 하나님의 은혜를 누리라!	

3. 은혜 안에서 성장하라(갈 5장-6장) - 삶으로 증명하라!

우리가 은혜를 받은 것은 행위가 아닌 오직 믿음으로, 또한 은혜를 누리는 것도 믿음으로다. 행함으로 믿음을 보이라.

> **그리스도인의 자유선언문**
> **"그리스도께서 우리를 자유롭게 하려고 자유를 주셨으니**
> **그러므로 굳건하게 서서 다시는 종의 멍에를 메지 말라"(갈 5:1).**

자유가 선포되었으니 더 이상 노예처럼 살지 말라!
아들인 것을 알면서 더 이상 종처럼 살지 말라!

그리스도 예수 안에서는 할례나 무할례나 효력이 없으되 사랑으로써 역사하는 믿음뿐이니라 갈 5:6

율법을 자기 삶의 원리로 삼는 사람은 노예의 입장에 서 있다. 평생 그 주인인 율법을 만족하게 하려는 길을 찾아 헤맨다. 그러나 은혜를 자기 삶의 원리로 삼는 사람은 사랑을 지배 원리로 만든다. 그는 자유하지만 새로이 얻은 자유를 남용해서는 안 된다. '육체'를 제멋대로 버려두면 방종으로 가게 된다. 예수 그리스도로부터 주어진 자유를 누리는 삶은 오직 성령의 능력으로만 가능하다.

성령으로 행하라(갈 5:16-24)

성령의 인도하심을 받으라(갈 5:16-18)

- 성령의 가르침을 받으라.
- 성령의 능력으로 행하라.
- 성령의 인도하심을 받으라.
- 성령의 코치를 받으라.

【 육체의 일과 성령의 열매(갈 5:19-24) 】

육체의 일	성령의 열매
음행, 더러운 것, 호색 우상숭배, 주술 원수 맺는 것, 분쟁 시기, 분냄 당 짓는 것, 분열함, 이단 투기, 술 취함, 방탕함 또 그와 같은 것들	사랑 희락 화평 오래 참음 자비 양선 충성 온유 절제
내 힘으로 해보려고 할 때	성령의 능력으로 순종할 때

성령으로 살아가는 방법

말씀대로 살고자 순종할 때 내 안에 계신 성령께서 말씀대로 행할 힘을 주신다(겔 36:26,27). 내가 할 최선은 오직 믿음이다. 믿음은 순종과 신뢰의 두 요소로 이루어진다. 즉, 내가 해야 할 최선의 1을 다하여 순종하면, 하나님이 그의 능력으로 일하실 것을 신뢰하는 것이다.

다음 공식을 기억하라!

0 x 1억 = 0

1 x 1억 = 1억

성령으로 살아가는 사람의 특징 – 성령 안에서 안식한다. Rest in the Spirit

내 힘으로 잘해보려고 발버둥 칠수록 내 힘의 결과인 육체의 일만 나온다. 오직 성령의 능력을 의지하여 순종하며 행할 때 성령의 열매가 나온다.

성령을 좇아 사는 삶은 질서가 있다. 성령의 열매는 한마디로 '사랑'이다. 마치 햇빛이 프리즘을 통과할 때 여러 색깔이 나타나듯, 사랑이 프리즘을 통과할 때 아홉 가지 성령의 열매가 나타난다. 서로 짐을 질 때 그리스도의 법을 성취할 수 있다. 그것은 곧 사랑의 법이다. 각자의 짐을 질 뿐 아니라 다른 사람을 돌아보라. 우리가 가진 것으로 사랑하며 섬기는 법을 배우라. 먼저 말씀을 가르치는 자를 섬기고, 또한 믿음의 가정들을 섬기라. 더 나아가 기회 있는 대로 모든 사람에게 착한 일을 해야 한다(갈 6:6,10).

성령을 좇아 사는 삶, 사랑으로 진정한 자유를 누리는 삶은 십자가에서 시작된다.

> 그러나 내게는 우리 주 예수 그리스도의 십자가 외에 결코 자랑할 것이 없으니, 그리스도로 말미암아 세상이 나를 대하여 십자가에 못 박히고, 내가 또한 세상을 대하여 그러하니라 갈 6:14

Dear. NCer

회심 후 하나님의 손에 이끌려 다닌 바울처럼 매 순간 하나님의 인도하심에 순종하는 삶을 살자. 내 안에 계신 성령님의 음성을 따라 내가 해야 할 최선의 일에 순종하고, 주께서 하실 일을 신뢰하자.

우리는 육체의 일을 추구하지 말고 오직 성령의 열매를 맺는 삶을 살며, 내 힘으로 잘해보려 발버둥 치지 말고 성령의 인도함을 받아 믿음으로 사는 사람이 되자.

미성년자에서 성인으로, 무기징역 받은 자에서 자유인으로, 죄의 종에서 하나님의 아들로 삼아주신 주님의 은혜를 기억하고, 노예처럼 종처럼 살지 말고 성령의 능력으로 행하자.

❖ 데살로니가전·후서(Thessalonians)

데살로니가는 항구도시로서 지중해 지역에서 가장 인구가 많고 상업이 성행했다. 데살로니가 교회는 바울의 2차 여행 중에 빌립보교회에 이어 유럽에서 두 번째로 세워진 교회이다.
바울 팀은 유럽의 교두보인 빌립보에 교회를 세운 후 데살로니가로 갔다. 언제나 그렇듯이 바울은 먼저 유대인들과 접촉했다. 회당에서 세 번의 안식일에 걸쳐 예수님의 고난과 부활을 전했다. 대부분의 유대인이 바울의 메시지를 배척했다. 그러나 경건한 헬라인의 큰 무리와 적지 않은 귀부인들은 복음을 받아들였다(행 17:1-4). 데살로니가교회는 이렇게 시작되었다.
유대인들이 시기하여 불량한 사람들을 선동해 떼를 지어 도시를 소동하게 했다. 바울은 손수 노동하여 생활비를 충당했기에 야손의 집에 있었다. 사람들이 바울을 찾지 못하자 야손과 몇 형제들을 관원들 앞에 끌고 가 그들이 로마의 황제가 아닌 예수를 황제라고 선포한다며 고소했다. 또한 그들은 바울 팀을 "천하를 어지럽게 하던 이 사람들"(행 17:6)이라고 칭했다.
이 시대에 우리가 듣고 싶은 말이다. 유대인들은 거룩하지 못한 소동을 일으켰으나 바울 팀은 거룩한 소동을 일으켰다! 전자는 무질서와 폭력을 가져오지만 후자는 질서, 평화, 기쁨, 생명을 가져온다.

Dear NCer! 당신들은 천하를 어지럽게 하는 사람들이다!

야손 일행은 보석금을 내고 석방되었다(행 17:5-9). 이후 바울은 데살로니가에서의 사역을 중단하고 베뢰아로 가서 복음을 전했다. 그러나 데살로니가의 유대인들은 거기까지 와서 소동을 일으켰다. 바울은 데살로니가와 베뢰아 지역 그리스도인들의 양육을 위해 실라와 디모데를 남겨두고 아덴으로 가서 아레오바고에서 복음을 전하고 고린도로 갔다. 바울이 고린도에 있을 때에 실라와 디모데가 내려왔다. 바울은 이들로부터 데살로니가와 베뢰아의 성도들이 믿음 안에서 잘 자라나고 있으나 예수님의 재림과 종말에 관한 논쟁이 일어나 혼란에 빠졌다는 소식을 전해 들었다.

- **기쁜 소식 : 견고한 믿음(살전 1:8,9, 3:4-6, 4:9,10)**
- **나쁜 소식 : 재림에 대한 오해**

바울은 재림에 대한 올바른 이해를 주고자 두 통의 편지를 썼다. 이 편지들을 '양육'의 방편으로 삼았다. 데살로니가전·후서는 짧은 몇 주간 사이에 보낸 두 통의 편지에 붙은 이름이다. 데살로니가전서는 소망을 더 많이 심어주고 그리스도인으로서 어떻게 살 것인지 가르치고자 했고, 데살로니가후서는 재림에 대한 잘못된 생각을 추가로 바로잡고자 했다. 균형 있는 생각과 생활을 하도록 하기 위함이다.

바울 팀이 유럽으로 건너가게 된 과정(행 16:6-18:17)

마게도냐 환상(행 16:6-10)

바울이 아시아로 가고자 할 때 성령께서 허락하지 않으셨다. 드로아로 내려갔을 때 밤에 환상 중에 마게도냐 사람이 나타나 "마게도냐로 건너와서 우리를 도우라!"라고 청했다. 이에 바울은 아시아가 아니라 유럽으로 가는 것이 주의 뜻인 줄 알고 곧 마게도냐로 가기를 힘썼다. 환상은 하나님이 말씀하시는 방법의 하나다. 사도행전 10장에서도 베드로에게 환상을 보여주시어 고넬료의 집에 가게 하셨다.

유럽 사역(행 16:11-18:17)

당시 바울 팀이 사역하던 유럽은 마게도냐와 아가야 지역이다. 마게도냐는 알렉산더의 나라이다. 마게도냐 지방에 속한 도시들은 빌립보, 데살로니가, 베뢰아이다. 아가야 지방에 속한 도시들은 아덴과 고린도다.

바울 일행은 드로아에서 배를 타고 빌립보로 건너갔다. 빌립보에서 복음을 전할 때 루디아가 믿고 그와 그의 온 집이 세례를 받았다. 루디아는 자색 옷감 장사였는데, 이는 당시 가장 성업하던 사업이다. 바울 팀이 복음을 전파할 때 그들을 따라 다니던 점치는 귀신들린 여자를 귀신으로부터 자유케 했다. 이로 인해 바울과 실라는 붙잡혀 심하게 매를 맞고 감옥에 갇혔다. 바울과 실라가 감옥에 갇혔다가 풀려난 뒤에 빌립보교회가 본격적으로 세워졌다. 이후 바울은 데살로니가 - 베뢰아를 거쳐 아가야 지방의 아덴 - 고린도로 가서 1년 6개월간 사역했다(행 17:1-18:17).

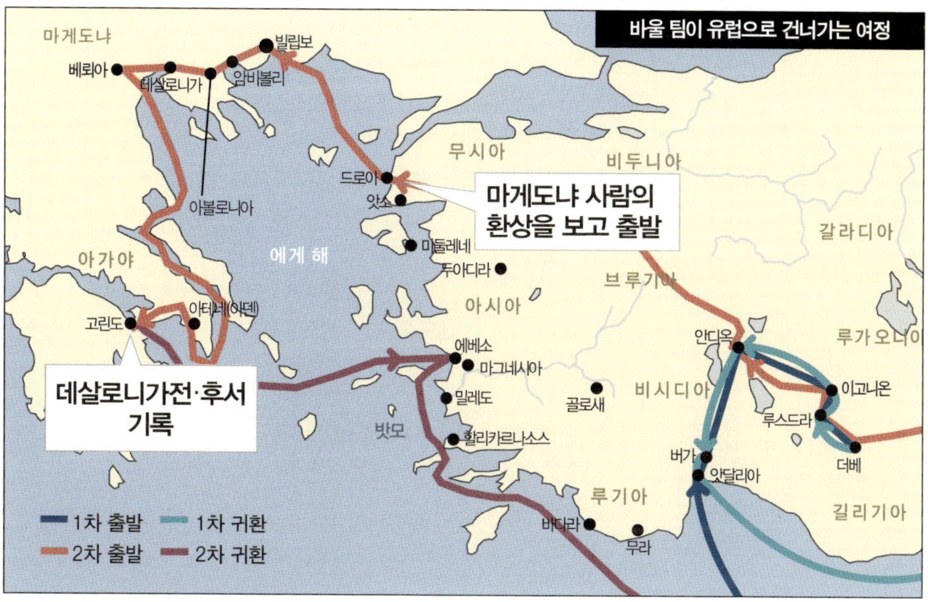

❖ 데살로니가전서(1 Thessalonians) 그리스도의 재림

바울이 디모데를 통해 데살로니가 성도들의 소식을 들었을 때 그에게는 감사할 이유가 충분했다. 바울은 이들에게 감사의 표현을 하고 싶었다. 또한 영적으로 교정해야 할 몇 가지 필요를 보았다.

어떤 거짓 교사들이 데살로니가 성도들에게 와서 바울을 트집 잡아 그에 대해 의구심을 가지게 만들었다. 거짓 교사들은 바울이 헌금을 잘못 사용하고 있다고 비난했다. 또한 위험할 때마다 숨거나 도망하는 비겁자라고 공격했다. 바울은 이에 대해 '변명서'를 써 보낼 필요를 느꼈다. 그는 자신이 데살로니가에 도착하여 어떻게 사역했는지 담대하게 말했다. 또한 그들에게 재정적인 부담을 주지 않으려고 자신의 손으로 밤낮 수고한 것도 말했다.

또 다른 이슈는 그리스도의 재림에 대한 것이었다. 그들 중 어떤 그리스도인들이 죽자 궁금증이 생겼다. '내 장래는 어떻게 될 것인가?' 또한 재림에 들떠 게으름뱅이가 된 그리스도인들도 있었다. 주께서 곧 재림하실 터인데 부지런히 힘써 일할 필요가 있는지 의문을 가졌다. 미래에 대한 뚜렷한 이해가 없으면 무력하고 무질서한 삶을 산다. 그리스도의 재림에 대한 올바른 이해는 현재 삶을 뚜렷하고 확실히 살게 한다. 불안과 두려움, 불확실성에 붙잡히지 않는다. 활기가 넘치고 기쁨과 소망의 삶을 산다.

미래에 대한 뚜렷한 확신을 가진 그리스도인의 삶은 어떠해야 하는가? 나는 자주 다음과 같이 말한다.

"어떤 일을 계획하고 추진할 때는 주의 재림이 마치 500년 후에 임할 것처럼 확실하고도 구체적으로 계획을 세워야 한다. 그러나 우리의 일상의 삶은 주님이 내일 재림하실 것처럼 깨어있으며 절제하는 삶을 살아야 한다."

만일 잘못된 미래관으로 내가 제안한 삶과 정반대로 산다면 매우 끔찍한 일이 벌어질 것이다. 즉, 어떤 일을 계획하고 추진할 때는 주님이 내일 재림하실 것처럼 한다면 아무 계획도 세우지 않고 게으르고 무질서하게 살 것이다. 또한 주님이 500년 후에 재림하실 것처럼 산다면 날마다 깨어있지도 않고 근신하지도 않으며 육신적으로 쾌락을 추구할 것이다.

하나님은 우리의 눈을 가까이도, 멀리도 볼 수 있도록 지으셨다. 멀리 보며 장기적으로 철저한 계획을 수립하는 것과 그것을 성취하기 위해 날마다 부지런히 일하는 것이 기독교의 정신이다.

데살로니가전·후서는 주의 재림을 기다리며 이 세상을 살아가는 그리스도인의 삶에 대해 올바른 이해를 준다.

데살로니가전서 - 그리스도의 재림

데살로니가 성도들에 대한 사랑			데살로니가 성도들에게 주는 교훈			
믿음에 대한 감사	진실된 사역자의 삶	목자의 삶	하나님을 기쁘시게 하는 삶	주의 강림과 죽은 자의 부활	그리스도의 재림	거룩한 삶
1:1-10	2:1-16	2:17-3:13	4:1-12	4:13-18	5:1-11	5:12-28
개인적 경험			실제적 권면			
회상			미래를 내다봄			

데살로니가전서의 메시지

기독교 생활의 위대한 3요소

> 너희의 믿음의 역사와 사랑의 수고와 우리 주 예수 그리스도에 대한 소망의 인내를 우리 하나님 아버지 앞에서 끊임없이 기억함이니 살전 1:3

'믿음의 역사, 사랑의 수고, 소망의 인내'는 기독교 생활의 위대한 3요소다. 특히 이 구절만큼 이 3요소를 간단명료하게 정의한 곳이 없다.

> 이는 그리스도 예수 안에 너희의 믿음과 모든 성도에 대한 사랑을 들었음이요, 너희를 위하여 하늘에 쌓아둔 소망으로 말미암음이니 곧 너희가 전에 복음 진리의 말씀을 들은 것이라 골 1:4,5

올바른 사역자의 증거 - 능력 있는 사역

> 이는 우리 복음이 너희에게 말로만 이른 것이 아니라 또한 능력과 성령과 큰 확신으로 된 것임이라 살전 1:5

바울이 복음을 전할 때 성령께서 표적으로, 말뿐 아니라 능력으로 바울이 전하는 복음을 확증하셨다. 또한 복음을 듣는 데살로니가 사람들에게 큰 확신을 주시어 복음을 받아들이게 하셨다.

성경은 이에 대해 여러 번 말씀하신다.

> 제자들이 나가 두루 전파할새 주께서 함께 역사하사 그 따르는 표적으로 말씀을 확실히 증언하시니라 막 16:20

> 그리스도께서 이방인들을 순종하게 하기 위하여 나를 통하여 역사하신 것 외에는 내가 감히 말하지 아니하노라. 그 일은 말과 행위로, 표적과 기사의 능력으로, 성령의 능력으로 이루어졌으며 롬 15:18,19

> 하나님도 표적들과 기사들과 여러 가지 능력과 및 자기의 뜻을 따라 성령이 나누어주신 것으로써 그들과 함께 증언하셨느니라 히 2:4

그러므로 주의 복음을 전하는 사역자들은 마땅히 사역할 때마다 성령께서 역사하심을 기대해야 한다. 성령의 능력을 기대해야 한다. 성령께서 복음을 듣는 사람들에게 큰 확신으로 일하심을 기대해야 한다.

우리 주 예수님은 "내게는 요한의 증거보다 더 큰 증거가 있으니 아버지께서 내게 주사 이루게 하시는 역사 곧 내가 하는 그 역사가 아버지께서 나를 보내신 것을 나를 위하여 증언하는 것이요"(요 5:36)라고 하셨다.

"하나님의 나라는 말에 있지 아니하고 오직 능력에 있음이라"(고전 4:20).

이것이 진정한 사역자의 표시다.

올바른 사역자의 증거 - 변화된 데살로니가 그리스도인

데살로니가 그리스도인들은 많은 환난 가운데서 성령의 기쁨으로 바울이 전한 말씀을 받았다. 그들은 마게도냐와 아가야의 모든 믿는 자의 본이 되었다. 그들에 대한 믿음의 소문은 마게도냐와 아가야만 아니라 다른 지역 사람들에게도 전해졌다. 바울은 어떤 루머에도 담대했다. 왜냐면 데살로니가 사람들의 삶이 바울의 사역을 증명했기 때문이다(살전 1:5-10). 변화된 데살로니가 그리스도인들이 사역의 열매다.

> 그들이 우리에 대하여 스스로 말하기를, 우리가 어떻게 너희 가운데에 들어갔는지와, 너희가 어떻게 우상을 버리고 하나님께로 돌아와서 살아계시고 참되신 하나님을 섬기는지와, 또 죽은 자들 가운데서 다시 살리신 그의 아들이 하늘로부터 강림하실 것을 너희가 어떻게 기다리는지를 말하니 이는 장래의 노하심에서 우리를 건지시는 예수시니라 살전 1:9,10

> '케리그마'(헬, Kerygma)란 복음 즉 예수 그리스도의 죽음과 부활을 선포(proclamation)하는 것을 말한다. 이로 인해 사람들이 회개하여 믿음과 순종의 길로 들어선다. 사도들의 설교가 그 대표적인 예이다(행 2:14-39, 3:12-26, 4:8-12, 10:34-43). 바울은 데살로니가에서 케리그마, 즉 복음을 전했다.

올바른 사역자의 증거 - 진실된 사역자의 삶(살전 2:1-12)

사역자의 기초 : 올바른 사역자는 듣는 자들이 본받아 살도록 하기 위해 먼저 본을 보인다.

예수 그리스도(행 1:1), 에스라(스 7:10), 바울(고전 11:1)이 그 예다.

바울은 '우리가 너희를 향하여 어떻게 거룩하고 옳고 흠 없이 행하였는지 너희와 하나님이 증인이다', '우리가 너희 가운데에 행하는 것은 너희가 하나님께 합당히 행하게 하려 하기 때문이다' 라고 말했다(살전 2:10,12). 변화된 데살로니가 그리스도인들이 사역의 열매다.

올바른 사역자의 진실된 삶 여덟 가지

1) 하나님께로 옳게 여기심을 입어야 한다.

오직 하나님께 옳게 여기심을 입어 살전 2:4

올바른 사역자는 끊임없이 테스트를 통과하여 하나님께 인정받아야 한다. 한 번만 테스트를 받는 게 아니라 반복해서 테스트를 받아 합격해야 한다.

2) 하나님으로부터 복음을 위탁받아야 한다.

복음을 위탁받았으니 살전 2:4b

"위탁받았다"라는 것은 '신뢰하여 맡기다', '마음 놓고 일을 맡기다'라는 뜻이다(고전 4:1,2, 벧전 4:10, 딤전 1:12). 디모데를 보내는 바울의 심정이 이를 잘 보여준다(빌 2:19-24).

3) 어려움이 있어도 복음을 전하는 사역을 계속해야 한다.

너희가 아는 바와 같이 우리가 먼저 빌립보에서 고난과 능욕을 당하였으나 우리 하나님을 힘입어 많은 싸움 중에 하나님의 복음을 너희에게 전하였노라 살전 2:2

사역자의 삶은 쉬운 것이 아니다. 많은 어려움이 반복적으로 일어난다. 바울은 대적자로 인하여 핍박을 받으면서 복음을 전했다. 어려운 여건, 환경 가운데서도 포기하지 않았다. 핑계 대지 않았다. 변하지 않는 마음으로 신실하게 복음을 전했다. 포기하지 않는 마음, 한결같은 마음이 귀하다.

4) 사역의 동기가 순수해야 한다.

우리의 권면은 간사함이나 부정에서 난 것이 아니요, 속임수로 하는 것도 아니라… 우리가 이와 같이 말함은 사람을 기쁘게 하려 함이 아니요 오직 우리 마음을 감찰하시는 하나님을 기쁘시게 하려 함이라… 또한 우리는 너희에게서든지 다른 이에게서든지 사람에게서는 영광을 구하지 아니하였노라 살전 2:3,4,6

사역의 동기는 간사함(error)이나 부정(impurity)에서 난 것이 아니요, 속임수(deceit)로 하는 것도 아니다. 사람을 기쁘게 하려 함이 아니라 오직 하나님만 기쁘시게 하려 함이다. 하나님은 마음을 감찰하신다. 사람에게서 영광을 구하지 않으신다. 우리는 오직 하나님의 영광만을 추구해야 한다.

5) 재물에 충성되어야 한다.

너희도 알거니와 우리가 아무 때에도 아첨하는 말이나 탐심의 탈을 쓰지 아니한 것을 하나님이 증언하시느니라 살전 2:5

바울은 아첨하는 말(잘못된 동기로 사람을 조종하려 하는 것)이나 탐심의 탈을 쓰지 않았다. 사람으로부터 재정적 도움을 받는 게 나쁜 일은 아니나 바울은 특히 이 영역에서 공격받지 않으려 조심했다. 그러므로 자기 손으로 쓸 것을 채웠다. 물론 나중에 바울은 두 차례나 빌립보교회를 통해서 재정적인 도움을 받았다(빌 4:16, 참조 고전 9:1-15,18, 갈 6:6). 그러나 바울은 재물을 위해 일하지 않았다. 하나님이 증언하신다. 바울은 이런 삶에 담대했다.

> 형제들아, 우리의 수고와 애쓴 것을 너희가 기억하리니 너희 아무에게도 폐를 끼치지 아니하려고 밤낮으로 일하면서 너희에게 하나님의 복음을 전하였노라 살전 2:9

바울은 아무에게도 폐를 끼치지 않으려고 밤낮으로 일했다. 이는 하나님의 복음을 전함에 장애가 없도록 하기 위함이었다. 바울은 오직 하나님의 복음을 전하는 데 목숨을 걸었다. 하나님의 복음을 전하는 데 방해가 되는 것이라면 기꺼이 권리를 포기했다. 하나님의 복음을 전하는 데 유익하다면 기꺼이 고난도 택했다.

그는 열심히 일한 것을 "수고와 애쓴 것"(labor and hardship)으로 표현했다. 바울이 사용한 '수고하다'라는 단어는 보통 노예가 일하는 것을 나타내는 표현이다. 이는 주의 재림을 기다리던 데살로니가의 어떤 그리스도인들이 보여준 일하지 않는 태도와 행동에 대해 주는 메시지가 크다(살후 3:6-15, 살전 4:9-12).

6) 마땅히 권위를 주장할 수 있지만 주어진 권위를 다 사용하지 않아야 한다.

> 우리는 그리스도의 사도로서 마땅히 권위를 주장할 수 있으나 살전 2:7

바울은 "그런즉 내 상이 무엇이냐 내가 복음을 전할 때에 값없이 전하고 복음으로 말미암아 내게 있는 권리를 다 쓰지 아니하는 이것이로다"(고전 9:18)라고 했다. 그는 주어진 권리를 다 쓰지 않았다.

7) 어미의 심정으로 대해야 한다.

> …너희 가운데서 유순한 자가 되어 유모가 자기 자녀를 기름과 같이 하였으니, 우리가 이같이 너희를 사모하여 하나님의 복음뿐 아니라 우리의 목숨까지도 너희에게 주기를 기뻐함은 너희가 우리의 사랑하는 자 됨이라
> 살전 2:7,8

바울은 그들을 어미의 심정으로 대했다. 그들에게 하나님의 복음뿐 아니라 목숨까지도 주기를 기뻐했다. 그들을 사랑하기 때문이다. 그는 사역만 한 것이 아니라 삶을 주었다.

8) 아비의 태도로 대해야 한다.

> 너희도 아는 바와 같이 우리가 너희 각 사람에게 아버지가 자기 자녀에게 하듯 권면하고 위로하고 경계하노니 이는 너희를 부르사 자기 나라와 영광에 이르게 하시는 하나님께 합당히 행하게 하려 함이라 살전 2:11,12

아버지의 역할은 권면(exhorting), 위로(encouraging), 경계(imploring)이다. 이 단어는 성령이 '보혜사'이심을 소개할 때와 같다. 바울은 아비의 태도로 이들을 대했다. 사역자는 어미의 심정과 아비의 태도로 대하는 균형이 필요하다. 이 두 역할을 조화 있게 구사할 줄 알아야 한다.

이상의 여덟 가지 사역자의 사역 기초를 말한 후에 바울은 담대히 말했다.

> "우리가 너희 믿는 자들을 향하여 어떻게 거룩하고 옳고 흠 없이 행하였는지에 대하여 너희가 증인이요 하나님도 그러하시도다"(살전 2:10).

주여, 이 같은 사역자가 되기를 원합니다!
주여, 이 같은 사역자들을 이 땅에 많이 일으켜주소서!

그리스도인의 재림신앙

그리스도의 재림에 대한 올바른 이해는 미래에 대한 것만이 아니라 현재를 사는 삶에도 큰 영향을 미친다. 주의 재림을 기다리느라 일을 하지 않는 잘못된 노동관을 가져서는 안 된다. 열심히 자기 손으로 수고하는 것이 올바른 기독교적인 삶이다. 게으른 삶, 규모가 없는 삶, 근신하지 않는 무절제한 삶은 기독교적 사고가 아니다.

재림을 소망하는 삶은 이 세상에서 거룩하고 흠이 없이 살게 한다(살전 3:13, 4:3-8). 성령을 주신 하나님을 향한 올바른 삶은 거룩함이다. 거룩함은 우리의 부르심이다. 하나님을 모르는 이방인과 구별된 삶이 여기에 있다.

주의 강림과 믿는 자의 부활(살전 4:13-18)

주 예수님의 재림 시에 믿는 자의 부활 순서는 다음과 같다.
1) 그리스도 안에서 죽은 자가 먼저 일어나 변화된 몸으로 공중에서 주를 만난다.
2) 주의 강림 시에 살아서 믿고 있는 자들의 몸이 변화되면서 올라가 공중에서 주를 만난다.
그러므로 소망이 없는 것처럼 슬퍼하지 말고 서로 위로하라(살전 4:13,18).

그리스도의 재림 시기(살전 5:1-11)

주의 날은 도둑같이, 임신한 여자에게 해산의 고통이 이름과 같이 갑자기 임한다. 그러므로 깨어있으라.

그리스도의 재림을 기다리는 그리스도인의 삶의 지침서(살전 5:12-22)

1) 수고하고 다스리며 권하는 자들을 사랑 안에서 가장 귀히 여기라.
2) 서로 화목하라.
3) 게으른 자들을 권계하라. 무질서하게 행동하는 자들에게 경고하라.

4) 마음이 약한 자들을 격려하라(롬 14:1-15:13, 고전 8:10).

5) 힘이 없는 자들을 붙들어주라(롬 14:1-15:13).

6) 모든 사람에게 오래 참으라.

7) 선으로 악을 이기라.

8) 항상 기뻐하라.

9) 쉬지 말고 기도하라.

10) 범사에 감사하라.

11) 성령을 소멸하지 말라.

12) 예언을 멸시하지 말라.

13) 범사에 헤아려 좋은 것을 취하라.

14) 악은 어떤 모양이라도 버리라.

재림을 소망하는 삶(살전 5:23,24)

"평강의 하나님이 친히 너희를 온전히 거룩하게 하시고, 또 너희의 온 영과 혼과 몸이 우리 주 예수 그리스도께서 강림하실 때에 흠 없게 보전되기를 원하노라. 너희를 부르시는 이는 미쁘시니 그가 또한 이루시리라"(살전 5:23,24).

신실하신 하나님이 우리를 부르신 부르심을 따라 '거룩함의 삶'을 살도록 도우실 것이다.

Dear. NCer

때로는 고난에 맞서 싸워야 하는 녹록지 않은 삶이지만 여건과 환경을 핑계 대지 말고 믿음의 역사, 사랑의 수고, 소망의 인내로 자신을 새롭게 정비하자.

어떠한 환경에서도 포기하지 말고 변함없이 신실하게, 한결같은 마음으로 행하자.

항상 기뻐하며 범사에 감사하고 쉬지 말고 기도함으로 거룩한 삶을 살아가자.

❖ 데살로니가후서(2 Thessalonians) 주의 날

바울은 데살로니가의 회당에서 성경을 가지고 뜻을 풀어 강론했다. 그리스도가 해를 받고 죽은 자 가운데서 다시 살아나야 할 것을 증언했다. 그리고 그가 전하는 예수가 곧 그리스도라 증언했다(행 17:1-3).

많은 데살로니가 사람들이 믿고 주를 따랐다. 놀랍게도 데살로니가 형제들의 믿음이 자랐다. 서로 사랑함이 풍성했다. 모든 박해와 환난 중에도 인내와 믿음으로 여러 교회의 자랑거리가 되었다(살후 1:3,4).

특히 그들에게 예수 그리스도의 죽으심과 부활만큼이나 충격적인 것은 그리스도의 재림이었다. 이는 그때까지 들어본 적도, 생각해본 적도 없는 놀라운 진리였다. 주가 재림하실 때에 주의 영광을 보게 될 거란 바울의 말은 분명 놀라웠다.

그리스도의 재림은 미래에 대한 것이다. 그에 대한 이해에 따라서 현재의 모습이 달라지게 된다. 미래에 대한 소망이 없는 사람은 하루하루를 대강 살 가능성이 짙다. 특히 어려운 상황이 올 때 더욱 그렇다. 환난을 견딜 힘이 없어서 삶을 포기할 가능성도 크다. 그러나 미래에 소망이 있는 사람들은 훨씬 다르게 산다. 인내하고 절제한다. 긍정적이며 적극적으로 살 이유가 있다. 데살로니가의 그리스도인들은 그렇게 믿음의 삶을 시작했다.

그러나 바울은 얼마 머물지 못하고 유대인들에 의해 쫓겨났다. 사도행전 17장에 의하면 그가 머문 기간은 3주였다고 한다. 그 후 얼마 동안 더 머물렀는지는 알 수 없으나 충분히 가르칠 시간이 부족했던 것은 분명하다. 바울이 떠난 후 데살로니가교회는 여러 거짓 교사들로 인해 주의 재림에 대한 혼란이 일어났다.

오직 주의 재림만을 기다리느라 현재의 삶과 담을 쌓는 사람들이 생겨났다. 어떤 사람들은 직업까지도 버렸다. 주의 재림이 임박했으니 일을 하는 것이 무슨 소용이 있느냐고 생각했다.

데살로니가후서 – 주의 날(살후 1:7–10)

환난 받는 형제들을 위로		주의 날에 대한 설명		형제들을 향한 권면	
자랑거리	환난 받는 형제들을 위로	배교와 적그리스도-주의 날 이전	가르침을 지키라	인내하며 기다리라	우리를 본받으라
1:1-4	1:5-12	2:1-12	2:13-17	3:1-5	3:6-18
낙심한 신자들		혼란을 겪는 신자들		불순종하는 신자들	
신자들에 대한 감사		주의 날에 대하여 신자들을 가르침		신자들의 행동을 바로잡음	

교회 역사에서 볼 때 이 같은 일은 계속 일어났다. 이들의 재림신앙과 삶은 엉뚱한 방향으로 흘렀다. 바울은 이들의 재림신앙을 교정하기 위해 데살로니가전서를 보낸 지 불과 얼마 후에 다시 편지를 보냈다.

데살로니가후서의 메시지

바울은 데살로니가교회의 혼란에 대해 목자의 태도로 그들을 돕는다. 부정적이고 강한 태도로 그들을 대하기보다 데살로니가전서에 이미 언급했듯이 어미와 아비처럼 그들을 돌보며 이끌었다. 그러나 문제를 명확하게 지적하고 자세히 설명했다.

교회(그리스도인)의 표지

데살로니가전서 1장 3절에서 그리스도인의 신앙생활의 위대한 3요소를 언급했듯이 데살로니가후서에서도 이것으로 편지를 시작했다. 성급하게 문제를 지적하기보다는 이미 잘하고 있는 것을 칭찬하며 격려했다.

> …너희의 믿음이 더욱 자라고 너희가 다 각기 서로 사랑함이 풍성함이니 그러므로 너희가 견디고 있는 모든 박해와 환난 중에서 너희 인내와 믿음으로 말미암아 하나님의 여러 교회에서 우리가 친히 자랑하노라 살후 1:3,4

자라나는 믿음 - 그리스도인의 믿음은 멈추지 않고 갈수록 자라난다.
증가하는 사랑 - 그리스도인의 사랑은 갈수록 풍성해진다.
인내하는 지구력 - '인내'란 어떤 일을 단순히 수동적으로 잘 견디는 것을 말하는 것이 아니다. 이는 주어진 상황을 극복하는 힘이며, 더 나아가 시련을 통해 더욱 강해지고 성숙에 이르기 위해 사용할 줄 아는 힘이다.
믿음, 사랑, 소망의 인내는 예수 그리스도를 믿음으로 살아가는 그리스도인의 표지다.

세 종류의 믿음

첫째, 구원받을 때에 주어지는 믿음이다. **"너희는 그 은혜에 의하여 믿음으로 말미암아 구원을 받았으니, 이것은 너희에게서 난 것이 아니요 하나님의 선물이라. 행위에서 난 것이 아니니…"**(엡 2:8,9). 구원은 예수를 믿음으로 받는다. 하나님이 우리에게 구원받음에 필요한 믿음을 선물로 주셨다.
둘째, 성령의 은사로서 주어지는 믿음이다. **"다른 사람에게는 같은 성령으로 믿음을"**(고전 12:9). 이 믿음의 은사로 우리는 어떤 상황이든 돌파할 수 있다.
셋째, 성령의 열매로서 자라나는 믿음이다. **"오직 성령의 열매는… 충성과"**(갈 5:22). 여기서 "충성"은 '믿음'을 말한다. 열매는 한 번에 주어지는 것이 아니라 자라나는 것이다. 성경에서 일반적으로 말하는 믿음은 이 열매로서의 믿음을 말한다. 믿음은 순종과 신뢰가 기반이다. 하나님의 말씀에 구체적으로 응답하는 것이 순종이요, 순종할 때 하나님의 약속이 이루어질 것을 믿는 것이 신뢰다. 순종은 우리의 영역이고, 신뢰는 하나님의 영역이다.

우리는 순종하며 하나님께서 그의 일을 하실 것을 신뢰한다. 하나님은 우리의 믿음을 따라 그의 능력으로 일하신다. 또 우리의 믿음에 따라 영적 성장이 일어난다. 그러므로 믿음이 자라야 한다. 믿음이 자라는 비결은 오직 말씀이다. 믿음은 말씀을 들을 때 생겨난다(롬 10:17). 날마다 말씀을 대하는 것이 믿음이 자라는 비결이다. 또한 하나님과 친밀한 교제를 지속하는 것도 믿음이 자라는 비결이다. 하나님을 알수록 우리의 믿음이 자라난다.
또한 믿음은 연습함으로 자라난다. 작은 믿음으로 주어진 상황에 순종하여 한 걸음 나아갈 때 하나님을 경험한다. 그러면 우리의 믿음이 견고해지고 또 다른 상황이 올 때도 그 믿음으로 반응하여 주님의 일하심을 경험한다. 그러한 과정들을 통해 믿음이 자라난다.

데살로니가교회를 향한 기도(살후 1:11,12)

바울은 그들을 위해 항상 기도했다. 그는 두 가지 면에서 기도했다.
첫째, "그들이 하나님의 부르심에 합당한 자가 되게 하소서."

'합당한 자로 여기다'는 '자격이 있다고 생각하다'와 '합당하게 하다'의 두 가지 뜻을 가진다. 그러므로 "하나님이 너희를 그의 부르심을 따라 살 자격이 있다고 생각하셔서, 그 부르심을 따라 살 수 있도록 모든 필요를 채워주셔서 충분히 그 부르심을 따라 살아가게 하소서"라고 기도했다.

둘째, "하나님의 능력으로 그들이 모든 선한 뜻과 믿음의 행위를 이루게 하소서."

"그의 능력으로 모든 선한 뜻과 믿음의 행위를 완성해주시기를 비는 것입니다"(살후 1:11 새번역).
"여러분의 선한 생각과 믿음의 행위에 그분의 능력을 가득 채워주셔서, 그것이 온전해지기를 기도합니다"(살후 1:11 메시지성경).

이런 삶을 살면 우리 주 예수의 이름이 우리 가운데서 우리를 통해 영광을 받으실 것이다. 또한 우리도 그 안에서 하나님의 은혜로 말미암아 영광을 받게 될 것이다.
우리 그리스도인들을 통해 하나님이 영광을 받으시는 삶, 또한 하나님으로 말마암아 우리 그리스도인들도 영광을 받는 삶은 얼마나 아름다운가! 그러므로 바울의 두 가지 기도는 중요하다. 서로를 위해서 이렇게 기도하는 것도 중요하다.

불법자에 대한 경고(살후 2:1-12)

바울은 주의 재림 전에 불법자가 등장할 것에 대해 데살로니가 형제들에게 예언하여, 그들이 동요하거나 혼란에 빠지거나 속임을 당하지 않도록 경각심을 일깨웠다.

"이 세상에는 악의 세력이 존재한다. 불법자가 일어나 이적과 기사로 사람들을 미혹시키고 배교하게 하려고 할 것이다. 이들의 주 대상은 진리를 믿지 않고 불의를 좋아하는 사람들이다. 내가 이미 이에 대하여 너희에게 말한 것을 기억해야 한다. 불법자는 사단으로부터 능력을 받아 온갖 능력과 표적과 거짓 기적과 불의의 모든 속임수로 멸망을 받을 자들을 속일 것이다. 그러나 주 예수께서 강림하실 때에 그 입의 기운으로 그를 죽이시고 폐하실 것이다. 그러므로 쉽게 마음이 흔들리거나 두려워하지 말라. 미혹되지 말라. 하나님이 이 모든 것을 다스리신다. 하나님이 승리하신다. 하나님이 결정적이고 최후 승리자이시다."

하나님의 부르심과 우리의 수고(살후 2:13-17)

하나님이 우리를 부르심은 거룩함과 구원의 완성에 이르게 하기 위함이다. 우리가 이런 삶을 사는 데 담대한 확신이 있는 것은 하나님이 처음부터 우리를 택하셨기 때문이다. 구원의 완성과 거룩함으로 살도록 우리를 부르신 것은 하나님의 계획이다. 하나님은 이를 이루시기 위해 성령을 보내셨다.

그러나 단순히 수동적으로 하나님의 부르심이 이루어지는 것이 아니라 우리의 적극적이고 능동적인 응답으로 이루어진다. 이는 마치 농사를 짓는 것과 같다. 땅을 개간하고 씨를 뿌리고 돌보는 것은 우리의 일이며, 하나님은 그 씨앗이 자라나 열매를 풍성히 맺게 하신다. 하나님은 그의 부르심과 우리의 수고가 함께하도록 설계하셨다.

하나님의 놀라운 구원 계획을 들은 우리에게 요청되는 건 믿음이다. 하나님께 감사를 드리고 주어진 상황에서 한 걸음씩 최선을 다해 순종하며 나아갈 때 성령께서 우리 안에 이를 이루신다.

또 다른 기도

데살로니가 형제들을 향한 바울의 마음이 이 짧은 편지에 풍성하게 나타난다. 바울은 세 번에 걸쳐 "원하노라"라고 표현했다(살후 2:16,17, 3:5,16).

> 우리 주 예수 그리스도와 우리를 사랑하시고 영원한 위로와 좋은 소망을 은혜로 주신 하나님 우리 아버지께서, 너희 마음을 위로하시고, 모든 선한 일과 말에 굳건하게 하시기를 원하노라 살후 2:16,17

> 주께서 너희 마음을 인도하여 하나님의 사랑과 그리스도의 인내에 들어가게 하시기를 원하노라 살후 3:5

> 평강의 주께서 친히 때마다 일마다 너희에게 평강을 주시고 주께서 너희 모든 사람과 함께하시기를 원하노라 살후 3:16

사랑의 당부

바울은 겸손하게 데살로니가 형제들에게 중보기도를 요청했다. 기도는 사역자가 성도를 향해 일방적으로 하는 것이 아니다. 성도들도 사역자들을 위해 기도해야 한다. 바울은 데살로니가 형제들에게 자신과 그 팀을 위해 다음과 같이 기도해주기를 구체적으로 제시했다.

> 너희는 우리를 위하여 기도하기를 주의 말씀이 너희 가운데서와 같이 퍼져 나가 영광스럽게 되고 또한 우리를 부당하고 악한 사람들에게서 건지시옵소서 하라 살후 3:1,2

위로

위로라는 영어 Comfort는 'com'이라는 접두어와 'fort'(요새, 산성)라는 명사의 합성어다. 접두어 'com-'은 뒤 단어를 더 견고하게 할 때 사용되기도 한다. 그러므로 comfort는 "요새를 더 견고하게 하다"라는 뜻이다. 이같이 위로는 요새를 더욱 강화시키듯 우리의 삶을 견고하게 한다. 헛된 위로는 단지 요망 사항일 뿐이다. 그러나 진정한 위로는 하나님의 성품과 진리를 기반으로 한다.

> 주는 미쁘사 너희를 굳건하게 하시고 악한 자에게서 지키시리라 살후 3:3

"지키다"라는 단어, '필랏소'(헬, phulasso)는 군대용어다. '보초병이 경계를 하고 보호한다'는 뜻이다. "목자들이 밤에 밖에서 자기 양 떼를 지키더니"(눅 2:8)에서도 같은 단어를 사용했다. 신실하신 주님이 우리를 강하고 견고하게 하셔서 어떤 상황에도 흔들리지 않게 하실 것이다. 그리고 직접 우리를 위해 보초를 서셔서 악한 자에게서 안전하게 지켜주실 것이다.

격려

격려와 칭찬은 언제나 힘과 용기를 준다. 특히 신뢰와 확신은 더욱 자신감과 책임감을 가지게 한다.

> 우리가 명령한 것을 여러분이 지금도 실행하고 있고, 또 앞으로도 실행하리라는 것을, 우리는 주님 안에서 확신하고 있습니다 살후 3:4 새번역

무질서와 게으름의 질병을 치유하기 위해서(살후 3:6-15)

데살로니가인들은 처음에는 예수 그리스도의 재림에 대해 듣고 충격을 받았다. 재림신앙은 사람들의 삶에 결정적인 영향을 준다. 현재의 삶을 고품격으로 고상하게 살게 한다. 방탕하고 규모가 없는 무질서하고 무절제한 삶에 큰 변화를 준다. 정상적인 사고를 가진 사람이라면 "우리가 주목하는 것은 보이는 것이 아니요 보이지 않는 것이니, 보이는 것은 잠깐이요 보이지 않는 것은 영원함이라"(고후 4:18)라고 고백할 것이다.

그런데 데살로니가 그리스도인들의 재림신앙이 잘못된 방향으로 흘렀다. "예수께서 곧 오실 터이니 지금 열심히 일할 필요가 있는가?" 게으른 사람들에게 핑곗거리가 생겼다. 변명하며 일손을 놓았다. 기독교 정신은 성실함과 부지런함이다. 열심히 일하는 것이다. 바울은 이를 명확하고도 강하게 가르쳤다.
"도둑질하는 자는 다시 도둑질하지 말고 돌이켜 가난한 자에게 구제할 수 있도록 자기 손으로 수고하여 선한 일을 하라"(엡 4:28). 열심히 자기 손으로 일하는 목적은 자기 자신의 필요만 채우려는 것이 아니라 가난한 사람을 돕기 위함이다.

"너는 반드시 그(가난한 이웃)에게 줄 것이요, 줄 때에는 아끼는 마음을 품지 말 것이니라. 이로 말미암아 네 하나님 여호와께서 네가 하는 모든 일과 네 손이 닿는 모든 일에 네게 복을 주시리라"(신 15:10). 하나님은 열심히 손으로 수고하여 가난한 이웃을 돌보는 사람들에게 복을 주셔서 선한 일을 풍성하게 하신다. 이것이 기독교 정신이다.

그러므로 바울은 데살로니가의 형제들에게 강하고 엄격하게 명령했다.
"게으르지 말라. 누구든지 일하기 싫어하거든 먹지도 말게 하라. 규모 있게 살라. 선을 행하라. 소명감을 가지고 일하라. 자기의 맡은 바 책임을 다하는 것과 구제하는 일과 일상적인 노동이 곧 선을 행하는 것이다. 선을 행하다가 낙심하지 말라. 주께서 보고 계신다. 반드시 상급이 주어질 것이다."
게으름, 일하기 싫어함, 규모 없음…. 이런 것들은 기독교 신앙이 아니다. 성경은 "일하기 싫어하거든 먹지도 말게 하라"(살후 3:10)라고 강하게 말씀하시며, 부지런하고 열심히 일하여 규모가 있는 삶, 선을 행하는 삶을 살도록 명령한다.
바울은 자신이 그들에게 어떻게 살아야 할지 본을 보였음을 상기시킨다.

> "어떻게 우리를 본받아야 할지를 너희가 스스로 아나니, 우리가 너희 가운데서 무질서하게 행하지 아니하며, 누구에게서든지 음식을 값없이 먹지 않고, 오직 수고하고 애써 주야로 일함은 너희 아무에게도 폐를 끼치지 아니하려 함이니, 우리에게 권리가 없는 것이 아니요 오직 스스로 너희에게 본을 보여 우리를 본받게 하려 함이니라"(살후 3:7-9).

부지런하여 주어진 일을 열심히 하고 선을 행하는 것이 기독교 정신이다. 기독교 문명개혁 운동을 주도하는 사람의 삶이다.

Dear. NCer

우리는 성경과 다른 가치관이 범람하는 시대를 살고 있다. 그러나 어떤 상황에서도 말씀을 붙드는 신실함으로 시대의 위기를 분별하며 영적인 잠에 취한 이웃을 깨우는 자로 서야 한다. 그리스도의 오심을 사모하는 자답게 일상의 책임을 다하며, 선한 일에 더욱 열심을 내는 NCer가 되자.

❖ 고린도전·후서(Corinthians)

고린도 시와 고린도교회

고린도 시는 인구 60-70만 명 규모의 무역 중심 항구도시로서 동쪽으로는 겐그레아 항구가 있었다. 남북으로 육로, 동서로 해로를 연결하는 교통의 요충지로, 그리스로 항해하는 모든 배가 정박했다. 또한 체육이 성행했다(고전 9:24-27).

그래서 먹고 마시고 즐기는 소리가 그치지 않았다. 온갖 종류의 일이 그 항구도시에서 일어났다. 허영으로 가득 찬 헬라의 사교장으로 도덕 수준이 낮았다. 미의 여신 아프로디테의 신전에서 1,000여 명의 여사제들이 도덕적으로 문란한 행위를 했다. 세계 각처의 상인과 선원들이 고린도에 들어왔다. 이 도시는 부와 사치, 술 취함과 방탕, 부도덕으로 이름 높았다. '코린티아제스타이'(헬, korinthiazesthai : 고린도인과 같이 생활한다)라는 단어가 등장할 정도였다.

바울은 2차 여행 때 마게도냐에서 아덴을 거쳐 고린도에 온 뒤 1년 6개월을 머물며 활발하게 사역했다(행 18:1-18). 에베소 다음으로 오랫동안 머물며 사역한 곳이다. 이때 바울은 로마에서 온 아굴라와 브리스길라를 만나 동역했다. 당시의 고린도교회 그리스도인의 숫자가 약 25,000명이었다고 한다.

고린도전•후서

바울이 3차 여행 당시, 에베소에 머물며 사역할 때(고전 16:8-19), 고린도교회에 문제가 있다는 소식을 여러 통로로 듣게 되었다. 글로에의 집 사람들에게서도 들었고(고전 1:11), 스데바나와 브드나도와 아가이고가 에베소에 방문했을 때도 들었다(고전 16:17). 결정적으로 고린도교회가 직접 편지를 보내어 그에게 도움을 청했다. 교회 내에 파벌이 생기고, 도덕이 무너지고, 예배가 한쪽으로 치우치는 어려움이 발생했다는 것이다. 고린도전서는 교회 안의 이런 문제에 대한 바울의 답변이다.

그는 편지를 디모데 편에 보낸 후에(고전 4:17), 직접 고린도를 방문했다(행 20:1,2).

고린도전서를 기록한 후 얼마 되지 않아서 바울이 에베소를 떠나 마게도냐 지방에 머물며 사역할 때, 디도가 고린도교회를 방문하고 돌아와 교회가 바울의 편지를 읽고 회개하여 회복되었음을 전했다(고후 2:13, 7:5-8,12,13). 그러나 그들은 이전보다 훨씬 심각한 문제에 직면했다. 고린도교회는 거짓 교사들의 영향을 받았다. 그것은 곧 바울의 지도력에 대한 공격이었다. 이에 대해 바울은 온유하면서도 단호하게 다시 편지를 써서 디도 편에 보냈다. 이것이 고린도후서다.

고린도교회는 분명 놀라운 교회임에 틀림없다(고전 1:4-9). 그렇지만 문제도 많은 교회였다(고전 1:10-17, 3:1-3). 초대교회 리더들은 바울의 다른 어떤 서신보다 고린도전·후서를 많이 인용했다. 그만큼 고린도전·후서는 중요하고 유용했다.

고린도전서 : 교회의 전반적인 문제를 다룸에 있어서 실제적인 교과서

고린도후서 : 교회의 리더십 이슈를 다룸에 있어서 실제적인 교과서

고린도전·후서를 통해 나타난 고린도교회를 향한 바울의 지도력

바울은 이 교회의 리더였고 목자였다. 그에게는 그들을 향한 책임이 있었다. 그는 다음의 세 가지 모습으로 그들을 대했다.

1) 목자로서 기도로 섬겼다(고전 1:4-9)

바울은 먼저 그들로 인해 하나님께 감사했다. 비록 이들의 관계 속에 많은 문제(음행, 분열, 성만찬 시 술 취함, 분쟁, 시기 등)가 있지만 그들 가운데 하나님이 행하신 일들로 인해 감사했다. 그는 영적인 은사가 부족함이 없음을 언급하며 이들이 얼마나 훌륭한지 말해준다(고전 1:5-9).

이는 목자의 마음이다. 그는 최악의 조건을 가진 자들에 대해서 감사하는 마음을 가졌다. 목자는 양 떼에게서 좋은 것을 볼 줄 알아야 한다. 또한 목자적 돌봄은 사람들 위에 군림하는 것이 아니라 그들의 아래에 들어가는 것이다. 사도 바울은 중보기도로 그들을 뒷받침했다.

그리고 직접 가서 그들을 만나기를 계획했다. 편지에는 그들이 야단맞아야 할 것에 대해 명백하게 지적했다. 그러면서도 후에 방문할 때에는 야단칠 것이 없기를 기대한다고 적었다. 그들이 이 문제를 가지고 스스로 하나님 앞에 나아가기를 원했기 때문이다.

2) 형제로서 그들과 동행했다(고전 1:10)

바울은 고린도교회를 개척하여 영적으로 그들을 가르치고 양육했다. 그러나 그는 그들 위에 군림하거나 권위를 내세워 명령하지 않았다. 고린도 교인들을 "형제들아"라고 부르며 자신과 동등하게 대했다. 고린도전서에 이런 호칭이 스무 번이나 언급된다. 그는 "형제들아, 내가 우리 주 예수 그리스도의 이름으로 너희를 권하노니"(고전 1:10)라며 본론을 시작한다. 이는 명령과 다른 청유형이다. 사람들을 대할 때 옆에서 동행하는 자로 그리고 청유하는 자로 있다. 리더에게 중요한 것은 '겸손'이다.

예수님은 리더가 되고자 하는 자는 겸손해야 한다고 말씀하신다. 그 호칭이나 위치를 이용하여 사람들을 억압하거나 일방적으로 명령하지 말아야 한다. 바울은 그들 옆에서 도움을 주는 자가 되었다.

3) 아비로서 그들을 격려하고 권면하고 경계했다(고전 4:14-16)

"너희를 내 사랑하는 자녀같이 권하려 하는 것이라"(고전 4:14).

"그리스도 안에서 일만 스승이 있으되 아버지는 많지 아니하니 그리스도 예수 안에서 내가 복음으로써 너희를 낳았음이라"(고전 4:15).

바울은 고린도 형제들을 선생이 아닌 아비로서 대했다.

"그러므로 내가 떠나있을 때에 이렇게 쓰는 것은 대면할 때에 주께서 너희를 넘어뜨리려 하지 않고 세우려 하여…"(고후 13:10).

바울은 고린도 교인들에게 두 가지 아비의 역할을 했다.

첫째, 그들을 향해 인내를 갖고 그들을 방문하거나 편지를 쓰거나 다른 동역자를 보냈다. 아비의 역할을 하기 위해서는 부지런함과 인내가 필요하다.

둘째, 그들을 훈련시키고 징계했다. 고린도후서 13장 10절 말씀처럼 엄하게 대해야 할 때는 그렇게 했다.

【 바울의 사역과 고린도교회, 고린도전·후서 】

첫 번째 방문 (A.D.51–52년경)	2차 전도여행 중에 고린도에 도착하여 복음을 전하고 교회를 개척했다. 아굴라와 브리스길라를 만나 함께 일하며 1년 6개월간 사역했다(행 18:1-17).
고린도전서보다 먼저 보낸 편지가 있었다(고전 5:9). 없어졌거나 아니면 고린도후서 6장 14절에서 7장 1절의 내용이 그 편지인데 나중에 고린도후서로 함께 편집되었을 가능성이 있다.	**첫 번째 편지 고후 6:14-7:1**
바울이 3차 전도여행 중에 갈라디아 지방을 거쳐 에베소에 2년 3개월간 머물고 있을 때 고린도교회의 문제가 바울에게 전해졌다. -고전 1:11 글로에의 집 사람들로부터 들음 -고전 16:17 스데바나, 브드나도, 아가이고 등이 에베소에 방문함 -고전 7:1,25, 8:1, 12:1 고린도교회가 직접 바울에게 편지를 써서 보냄	고린도교회가 바울에게 보낸 편지
바울이 글로에의 보고와 고린도교회의 편지를 받고 성령으로 답변을 써서 디모데를 통해 보냈다(고전 4:17). 에베소에서 편지를 썼다(고전 16:8,19, 행 19:1,2).	**두 번째 편지 고린도전서**
두 번째 방문(고후 2:1) 고통의 방문 Painful Visit	고린도후서 12장 14절과 13장 1,2절에 "세 번째"라고 했으니 '두 번째 방문'이 있었을 것이다(첫 번째, 행 18:1-17). 두 번째 - 고린도전서를 써서 보낸 후에 바울이 직접 방문했을 것이다. 사도행전에 기록은 없으나 고린도는 에베소에서 뱃길로 2-3일 걸리는 거리이다.
고린도후서 2장 2-4절, 고린도후서 7장 8절에 언급한 편지는 고린도전서가 아니다. 고린도후서 10장-13장일 것이다. 이 부분을 "견책의 편지"(Painful/Severe Letter)라고 일컫는다. 두 번째 방문 후에 바울은 에베소를 떠나 드로아를 거쳐서 마게도냐 지방으로 갔다. 거기에서 그는 디도를 만났다. 그때 이 편지를 써서 디도의 편에 다시 보냈다(고후 2:13, 7:13). 이 편지는 고린도후서 1장-9장보다 먼저 쓰였을 것이다. 나중에 고린도후서의 한 서신으로 완성되었다.	**세 번째 편지 고후 10장-13장** (엄한 편지- Painful/ Severe Letter)
네 번째 편지(고후 1장-9장)는 디도가 고린도교회를 방문하고 돌아와서 교회가 바울의 편지를 읽고 회개하여 회복되었다는 소식을 전한 후에 쓴 편지이다(고후 2:13, 7:5,13). 바울이 빌립보(마게도냐)에서 썼을 것이다(고후 2:12-14, 행 20:1,2).	**네 번째 편지 고후 1장-9장** 화해의 편지
세 번째 방문 마지막 방문 Fine Visit	3차 전도여행 당시 에베소에 머물 때 고린도전서를 써서 보내고, 잠시 방문했다. 드로아를 거쳐 마게도냐에 머물 때 엄한 편지를 보내고, 다시 화해의 편지를 보낸 후에 세 번째 방문을 하여 고린도에서 3개월을 유했다. 고전 16:5-7, 고후 12:14, 13:1, 행 20:2,3

- 이 내용은 단지 참고사항이다. 성령 하나님이 고린도전서와 고린도후서 이 두 개의 편지로 우리에게 메시지를 전하고자 하신다는 사실이 가장 중요하다.

❖ 고린도전서(1 Corinthians) 그리스도인의 신앙생활 지침서

바울의 2차 여행에서 주목할 만한 것은, 선교의 방향이 아시아에서 유럽으로 전환된 것이다. 물론 그 결정은 바울 자신에 의한 것이 아니었다. 드로아 해안에 머물며 아시아로 가고자 할 때, 성령께서 마게도냐인의 환상을 통해 유럽으로 갈 것을 말씀하셨다. 바울은 즉시 순종했다. 이로써 복음이 동쪽이 아닌 서쪽으로 향했다.

바울은 먼저 마게도냐의 중심도시인 빌립보에서 복음을 전하고 이어서 데살로니가와 베뢰아에서 전했다. 그러나 유대인들의 핍박으로 바울은 아가야 지방으로 옮겨 갔다. 아가야 지방의 중심은 아덴과 고린도 두 도시다. 바울은 고린도에서 장기간 머물며 복음을 전했다. 고린도 시는 여신 아프로디테의 신전에 의해 크게 영향을 받았다. 또한 무역이 활발한 항구도시로서 유흥과 쾌락이 만연했다. 먹고 마시며 즐기는 소리가 그치지 않았다. 부자나 부두에서 일하는 노동자, 선원들 모두 쾌락을 좇아 행했다.

바울은 그곳에서 경건하고 성숙한 브리스길라와 아굴라 부부를 만나 동역했다. 바울은 고린도인들에게 십자가의 복음을 전했고, 많은 사람이 복음을 받아들여 교회가 부흥했다. 그는 1년 6개월의 고린도 사역을 마친 후 안디옥으로 돌아갔다.

3차 전도여행 당시 바울은 특히 소아시아의 전략적 거점도시인 에베소에서 장기간 사역했다. 그 기간에 고린도교회에서 사람들을 보내고 편지를 보내어 교회에 발생한 여러 가지 문제를 해결해주기를 요청했다. 고린도전서는 이에 대한 응답이다. "…에 대하여는"(고전 7:1, 8:1, 12:1, 16:1)이라는 문구는 편지를 통한 질문의 답변이고, 그 외의 일들(분열, 부도덕 등)에 대해서도 전해 들은 것을 중심으로 고린도교회 공동체를 바로잡아주고자 했다.

고린도전서 – 무엇을 하든지 오직 하나님의 영광을 위하여 하라(고전 10:31)

<table>
<tr><th colspan="6">책망</th><th colspan="11">조언</th></tr>
<tr><td colspan="6">그리스도인의 징계</td><td colspan="6">그리스도인의 자유</td><td colspan="5">그리스도인의 능력</td></tr>
<tr><td>서론</td><td>복음의 내용</td><td>복음의 전달자</td><td colspan="3">판단 - 징계</td><td>부르심 따라 행하라</td><td colspan="3">사랑의 법 - 그리스도인의 자유에 대하여</td><td colspan="2">사랑의 법 - 공적인 예배</td><td colspan="3">영적 은사들에 대하여</td><td>부활에 대하여</td><td>모금</td></tr>
<tr><td>1:1-16</td><td>1:17-2:16</td><td>3장-4장</td><td colspan="3">5장-6장</td><td>7장</td><td colspan="3">8장-10장</td><td colspan="2">11장</td><td colspan="3">12장-14장</td><td>15장</td><td>16장</td></tr>
<tr><td colspan="3" rowspan="2">불일치에 대하여</td><td>5장</td><td>6:1-11</td><td>6:12-20</td><td rowspan="2">결혼에 대하여</td><td>8장</td><td>9장</td><td>10장</td><td>11:2-16</td><td>11:17-34</td><td>12장</td><td>13장</td><td>14장</td><td colspan="2" rowspan="2"></td></tr>
<tr><td>음행</td><td>소송</td><td>방자</td><td>우상 제물</td><td>전도자의 보수</td><td>우상 숭배</td><td>여자에 대하여</td><td>성만찬</td><td>은사들</td><td>사랑</td><td>방언 예언</td></tr>
</table>

고린도전서의 메시지

하나님의 은혜에 감사(고전 1:1-9)

바울은 고린도교회의 문제로 바로 접근하지 않고 먼저 그들을 격려하고 칭찬했다. "고린도에 있는 하나님의 교회 곧 그리스도 예수 안에서 거룩하여지고 성도라 부르심을 받은 자들과…"(고전 1:2)로 시작했다. 문제가 많은 사람들이 아니라 거룩한 성도로 부르심을 받은 교회를 먼저 보았다. 또한 그들에게 주신 하나님의 놀라운 은혜에 감사했다. 은사도, 능력도 많은 고린도교회였다(고전 1:4-9).

그 후 그들의 문제를 지적했다. 우리는 자칫 사람들이 행한 문제에만 집중하기 쉽다. 그러나 그들 가운데 행하시는 하나님의 은혜를 먼저 봐야 한다. 하나님이 행하신 은혜는 바라보지 않고 사람들이 행한 문제에만 집중하는 것은 성숙한 리더의 모습이 아니다. 마치 하나님이 계시지 않은 것처럼 부정적이며 불신앙적이 되기 쉽다. 언제나 우리 가운데 계시며 행하시는 하나님의 은혜를 봐야 한다. 그리고 사람들이 자신의 문제를 하나님에게 가지고 나아가 하나님 앞에서 그분과 함께 겸손과 믿음으로 해결하도록 도와야 한다. '오순절의 사람 바나바'가 그런 리더였다. 그는 안디옥에 이르러 가장 먼저 하나님의 은혜를 보고 기뻐했다. 그리고 "모든 사람에게 굳건한 마음으로 주와 함께 머물러 있으라"(행 11:23)라고 권면했다.

문제를 직면함 - 분열에 대해(고전 1:10-4:21)

고린도교회의 가장 큰 문제는 분열이었다. 이들은 '바울, 아볼로, 게바, 그리스도' 네 파로 나뉘었다. 아볼로는 탁월한 성경교사였다. 바울이 떠난 후 그가 이들을 섬겼다. 게바는 당시 교회 전체의 리더였다. 그러나 이들의 근본적인 문제는 이런 분열이 아니었다. 그들은 자신들의 견해를 기록된 하나님의 말씀의 원칙보다 위에 두었다. 이들은 십자가의 도를 따르지 않고 육신을 따라 자신들의 지혜와 지식을 더 중시했다.

바울은 이들을 "신령한 자가 아니라 육신에 속한 자"라고 했다(고전 3:1-3). 고린도교회는 각종 성령의 은사가 풍성했다. 우리는 자칫 이런 교회, 이런 사람들을 '신령하다'라고 오해할 수 있다. 바울은 신령한 자들이라면 '시기와 분쟁'이 있을 수 없다고 했다. 이들의 분열된 행동은 육신에 속하여 사람을 따라 행하는 것이라고 했다. 하나님의 말씀보다 자신들의 견해를 더 중히 여기는 사람들은 신령한 자가 아니라 육신에 속한 자, 세상의 지혜를 따르는 자다.

해결1 - 성령으로 분별하라

'신령한 자'란 성령을 따라 행하는 자를 말한다. "우리가 이것을 말하거니와 사람의 지혜가 가르친 말로 아니하고, 오직 성령께서 가르치신 것으로 하니, 영적인 일은 영적인 것으로 분별하느니라. 육에 속한 사람은 하나님의 성령의 일들을 받지 아니하나니 이는 그것들이 그에게는 어리석게 보임이요, 또 그는 그것들을 알 수도 없나니 그러한 일은 영적으로 분별되기 때문이라"(고전 2:13,14).

해결2 - 팀 사역에 대한 이해를 가지라

고린도교회는 바울과 아볼로에 의해 세워지고 성장했다. 그러므로 누가 더 좋으냐가 그들을 보는 관점이 되어서는 안 된다. 오직 성령이 주신 은사와 직분으로 각자에게 맡겨진 사역을 감당하는 팀 사역의 관점으로 바라봐야 한다. 바울은 결코 자기의 사람들을 만들지 않았다. 오직 모두가 예수를 따르기를 바랐다.

"그런즉 아볼로는 무엇이며 바울은 무엇이냐? 그들은 주께서 각각 주신 대로 너희로 하여금 믿게 한 사역자들이니라. 나는 심었고 아볼로는 물을 주었으되, 오직 하나님께서 자라나게 하셨나니, 그런즉 심는 이나 물 주는 이는 아무것도 아니로되, 오직 자라게 하시는 이는 하나님뿐이니라. 심는 이와 물 주는 이는 한 가지이나 각각 자기가 일한 대로 자기의 상을 받으리라"(고전 3:5-8).

얼마나 아름다운 모습인가! 바울과 아볼로는 경쟁과 비교, 시기, 질투의 관계가 아니다. 서로 하나님이 주신 은사와 직분대로 주어진 일에 수고할 뿐이다. 거기에는 위치나 가치가 논의의 여지가 전혀 없다. 오직 성령으로 하나님의 교회를 섬기기 위해 주어진 은사와 직분, 기능만 있을 뿐이다. 이들은 서로를 인정하고 존중했다. 이들은 팀 사역을 했다. 오늘에도 이 같은 팀 사역을 한다면 하나님의 교회는 더욱 견고하고 풍성해질 것이다.

'3M' - 복음의 내용, 전달자, 방법(Message, Messenger, Method) (고전 1:17-4:21)

복음을 전함에 있어 세 가지 필수품이 있다. 복음의 내용 즉 '메시지'(Message)와 복음의 전달자 즉 '메신저'(Messenger)와 복음 전달 방법 즉 '메소드'(Method)가 그것이다. 이것을 '3M'이라 한다.

복음의 내용(메시지 Message) - 그리스도의 십자가만을 전한다(고전 1:18-23, 2:2)
복음의 전달자(메신저 Messenger) - 오직 주 안에서 자랑한다(고전 1:26-31)
복음 전달 방법(메소드 Method) - 오직 성령으로 전한다(고전 2:1-16)

복음의 내용(메시지) - 오직 예수 그리스도(고전 3:10-12)
복음의 전달자(메신저) - 바울과 아볼로 : 하나님의 비밀을 맡은 그리스도의 충성된 일꾼(고전 3:1-9, 4장)
복음 전달 방법(메소드) - 팀 사역, 성령의 능력 (고전 3:4-9,12-17)

문제 해결자 바울(고전 4:14-21)

고린도교회의 문제를 해결하는 바울을 통해 오늘날 교회 공동체의 문제를 해결하는 리더의 모습을 배운다. 바울은 문제를 지적하고 가르치는 스승의 자리가 아니라 아버지로서 나아갔다. 즉, 정죄나 심판이 아니라 사랑과 온유한 마음으로 나아갔다. 바울은 우리 모두에게 담대히 말한다.

"그러므로 내가 너희에게 권하노니 너희는 나를 본받는 자가 되라"(고전 4:16).

문제를 직면함 - 불의에 대해(고전 5:1-6:11)

의는 올바른 교제를 형성하지만 불의는 공동체의 관계를 깨뜨린다. 고린도교회는 하나님의 말씀의 원칙을 따라 행하지 않고 당시 고린도 사회에서 묵인되던 것들을 아무런 비판이나 제재 없이 그대로 행했다.

무엇보다 고린도교회의 가장 큰 문제는 근친상간의 죄였다. 그런 사람들을 엄격하게 대해야 한다. 바울은 교회에서 내쫓으라고 했다(고전 5:13). 그런 죄들은 누룩 같아서 교회 공동체 전체에 부정적인 영향을 준다. 그러나 교회 밖의 이런 사람들과 도무지 사귀지 말라는 것은 아니다.

고린도교회의 또 다른 불의는, 형제들 사이의 다툼을 교회 밖의 세상 법정에서 해결하려 한 것이었다. 세상의 법적인 판단과 권위를 교회의 판단과 권위보다 절대 우위에 두어서는 안 된다. 오늘날 가장 공정하다는 세상의 법은 함무라비 법전에 근거를 둔다. 함무라비 법전은 성경에 근거하여 구축되었다. 가장 올바른 법은 오직 하나님의 말씀에 근거한다. 교회 공동체에는 이토록 놀라운 하나님의 말씀의 원칙이 있다. 교회는 이런 말씀의 원칙에 따라 판단할 지혜와 권위를 가진다. 그리스도인들에게 어떤 분쟁이나 다툼이 있다면 당연히 교회 공동체가 하나님의 말씀을 근거로 해결해야 한다. 세상 사람들은 하나님이 심판하실 것이나 교회 안의 일은 교회 공동체가 해결해야 한다.

해결 - 교회의 권위를 회복하여 공동체가 올바른 교제를 하게 하라

올바른 교제가 해결책이다. 그것은 죄를 용납하지 말고 엄격히 징계하라는 것이다. 물론 교회는 의인들만 모이는 곳이 아니다. 죄인들이 주께로 와서 용서받고 용납된다. 더 나아가 주 예수의 십자가와 보혈로 죄 씻음을 받고 믿음으로 구원받아 새로운 공동체가 되는 곳이다. 그렇다고 죄의 행동이 용인되거나 용납되어서는 안 된다. 죄는 올바른 교제를 깨뜨린다. 하나님과의 관계를 깨뜨리고 그리스도인 공동체를 해친다. 그러므로 교회 공동체는 이에 대하여 마땅히 징계하는 교회의 권위를 회복해야 한다. 또한 그리스도인들 사이의 분쟁을 세상 법정으로 가져가지 말고, 교회가 권위를 가지고 기록된 말씀을 따라 스스로 해결해야 한다. 그리스도인들이 교회 공동체의 징계의 권위를 무시하고 세상 법정의 권위를 더 높게 평가해서는 안 된다. 이는 부끄러운 일이다.

문제를 직면함 - 하나님이 거하시는 성전으로서의 몸(고전 6:12-7:40)

헬라적 사고는 몸과 영혼이 분리되는 이원론적 사고다. 육체는 일시적이고 영혼은 영원불멸하다는 것이다. 이에 따라 두 가지 극단적 철학이 생겼다. 육체를 엄격히 다루어야 한다는 금욕주의적 사고인 스토아 철학과 육체는 원하는 대로 제멋대로 살아도 된다는 쾌락주의적 사고인 에피쿠로스 철학이다. 이들은 바울이 아덴에 이르렀을 때에 바울과 쟁론했다(행 17:18).

고린도교회는 이런 '영적인 극단주의자들'에 의해 영향을 받았다. 이것은 결혼생활에도 영향을 미쳐서 결혼을 금지하거나 혹은 결혼생활을 문란하게 했다.

그리스도의 복음은 이원론을 배격한다. 성경은 "평강의 하나님이 친히 너희를 온전히 거룩하게 하시고 또 너희의 온 영과 혼과 몸이 우리 주 예수 그리스도께서 강림하실 때에 흠 없게 보전되기를 원하노라"(살전 5:23)라고 하셨다. 우리의 몸은 성령의 전이며 그리스도의 부활에 참여하게 될 것이다. 그러므로 "(하나님의 성전인) 너희 몸으로 하나님께 영광을 돌리라"(고전 6:20)라고 하신다.

육체를 부인하고 영만 인정하는 이원론적 사고를 버려야 한다. 기독교는 쾌락주의나 금욕주의를 초월한다.

해결 - 하나님이 거하시는 성전으로서 올바른 결혼생활을 하라

기독교는 결혼생활을 부정하지 않는다. 결혼은 하나님이 정하신 것이다. 성생활을 경멸해야 할 부끄러운 것으로 보아서는 안 된다. 하나님이 거하시는 성전으로서의 육체로 올바른 결혼생활을 해야 한다. 주를 위하여 결혼하지 않고 사는 것이나 결혼하여 주를 따라 사는 것이나 다 귀하다. 어느 것이 더 영적이거나 덜 영적인 것이 아니다. 오직 부르심을 따라 행해야 한다. "너희 몸은 너희가 하나님께로부터 받은 바 너희 가운데 계신 성령의 전인 줄을 알지 못하느냐? 너희는 너희 자신의 것이 아니라. 값으로 산 것이 되었으니 그런즉 너희 몸으로 하나님께 영광을 돌리라"(고전 6:19,20).

문제를 직면함 - 그리스도인의 자유에 대해(고전 8장-10장)

고린도전서 8장-10장은 우상에게 드려진 희생의 제물을 먹는 문제에 대해(8장), 복음 전하는 자가 받는 보수에 대해(9장), 우상 숭배(10장)에 대해 다루고 있다. 이것은 고린도교회가 당면한 주요 문제 중 하나였다. 고린도교회는 바울에게 이 문제들을 해결해주기를 요청했다. 매우 현실적인 문제를 다룬다. 고린도전서 8장-10장은 고린도교회의 당시 상황에 대한 것이지만 여기서 성경적 원리원칙을 배울 수가 있다.

우상의 제물을 먹음에 있어서(8장)

고린도 시장에서는 음식을 많이 팔았다. 그중에 우상에게 드렸던 것들이 많았다. 그리스도인으로서 이에 대해 어떻게 행할 것인가, 우상에게 바쳤던 고기를 먹어도 좋은가에 대한 문제이다. 성숙한 믿음과 충분한 지식이 있는 그리스도인은 우상의 제물은 별것이 아니어서 영향을 줄 수 없다는 것을 알고 있다. 단지 고기일 뿐 아무런 영적인 힘이 없다는 것이다. 그러나 자신만큼 성숙한 믿음이 없고 충분한 지식이 없는 형제의 양심을 상하게 하거나 혼란을 주어서는 안 된다. 고린도교회에서는 우상에게 바쳐진 음식을 거부하는 그리스도인(:이들을 '연약한 자'라고 하였다)과 그것을 먹는 그리스도인(:이들을 '강한 자'라고 하였다) 사이에 다툼이 일어났다. 대원칙이 있다. 성경은 "지식은 교만하게 하며 사랑은 덕을 세우나니"(고전 8:1)라고 말씀하시고, 또한 "너희의 자유가 믿음이 약한 자들에게 걸려 넘어지게 하는 것이 되지 않도록 조심하라"(고전 8:9)라고 말씀하신다. 지식을 따르지 말고 사랑을 따라 행하는 것이 기독교의 원리다.

복음 전하는 자가 받는 보수에 대하여(9장)

복음을 전하는 자가 그 행한 사역에 대하여 보수를 받는 것은 당연하다. 일꾼이 삯을 받는 것은 정당하다. 주님은 복음을 전하는 자들이 복음으로 말미암아 살리라 명하셨다(고전 9:14). 바울 자신도 많은 일을 하지 않고 오직 복음만 전함으로 성도로부터 생활비를 공급받을 수 있었다. 그러나 바울은 그 권리를 행사하지 않았다. 그 이유는 복음 전파에 장애가 없도록 하기 위함이며(고전 9:12), 그것을 자랑거리로 삼고자 함이며(고전 9:15), 보수를 받음이 없이 값없이 전하고(고전 9:18), 나아가 더 많은 사람을 얻고자(고전 9:19) 함이라고 했다. 복음을 전하는 자가 복음으로 사는 것이 당연하지만 바울은 자신에게 있는 모든 권리를 다 쓰지 않겠다고 했다(고전 9:18).

우상 숭배에 대하여(10장)

하나님이 택하신 특권을 기지고 있으면서도 우상 숭배를 함으로 죄에 떨어진 이스라엘의 예를 들고 있다. 그 결과로 그들은 광야에서 멸망을 받았다. 그런 일들은 "우리의 본보기"가 되어 "우리를 깨우치기 위한 것"이라고 했다(고전 10:1-13). 결론적으로 '너희는 우상 숭배하는 자가 되지 말라'는 것이다.

주의 식탁에 앉았던 그리스도인은 우상의 식탁에 앉을 수 없다(고전 10:14-22). 그러나 지나친 결백을 경고한다. 즉, 시장에서 물건을 살 때 그것에 대해 지나치게 따지지 말라(고전 10:23-26). 또한 가정에서 그리스도인은 식탁에 놓인 것을 그냥 먹고 너무 따지지 말라. 그러나 앞에 있는 것이 우상의 제물로 알려지면 기독교적인 입장에서 먹기를 거부해야 한다(고전 10:27,28). 다시 말해 그리스도인의 권리가 사람들을 거치게 한다면 그 권리를 포기하라(고전 10:29-11:1).

결론 : 해결책 - 사랑의 법이 가장 큰 법이다. 사랑의 법이 가장 큰 자유이다.

"모든 것이 가하나 모든 것이 유익한 것은 아니요, 모든 것이 가하나 모든 것이 덕을 세우는 것은 아니니, 누구든지 자기의 유익을 구하지 말고 남의 유익을 구하라"(고전 10:23,24).

"그런즉 너희가 먹든지 마시든지 무엇을 하든지 다 하나님의 영광을 위하여 하라. 유대인에게나 헬라인에게나 하나님의 교회에나 거치는 자가 되지 말고, 나와 같이 모든 일에 모든 사람을 기쁘게 하여 자신의 유익을 구하지 아니하고 많은 사람의 유익을 구하여 그들로 구원을 받게 하라"(고전 10:31-33).

문제를 직면함 - 여자에 대해(고전 11:2-16)

그리스도인에게는 자유가 있다. 그러나 그 자유는 사랑 안에서 누려야 한다. 그 한계를 무시하고 이기주의에 근거해서 자기의 권리를 보장받으려 해서는 안 된다. 그리스도인의 자유는 사랑에 근거해서 섬기는 자유, 즉 하나님의 말씀에 순종하고 그것을 존중히 여기는 자유를 말한다.

역사상 끊임없이 여성의 권리에 대해 논의되어 왔다. 한동안 여성에 대한 극단적인 견해가 있었다. 여성을 남성에 비해 열등한 존재로 비하하는 것이 그것이다.

특히 지적인 영역, 판단력, 추진력에서 열등한 존재로 무시되었다. 그래서 사회의 각 영역에 여성을 위한 자리는 극히 제한적이었다. 그리스 신화를 비롯하여 동서양을 막론하고 분명히 이런 사고가 이어져 왔다. 이런 사고는 여성들의 반격을 불러일으켰다. 이제는 정반대의 방향으로 나아가려 한다. 여성상위주의가 그것이다. 그러나 성경은 처음부터 이런 극단적인 견해를 부정한다.
"하나님이 이르시되, '우리의 형상을 따라 우리의 모양대로 우리가 사람을 만들고 그들로 바다의 물고기와 하늘의 새와 가축과 온 땅과 땅에 기는 모든 것을 다스리게 하자' 하시고, 하나님이 자기 형상, 곧 하나님의 형상대로 사람을 창조하시되, 남자와 여자를 창조하시고, 하나님이 그들에게 복을 주시며, 하나님이 그들에게 이르시되, '생육하고 번성하여 땅에 충만하라, 땅을 정복하라, 바다의 물고기와 하늘의 새와 땅에 움직이는 모든 생물을 다스리라' 하시니라" (창 1:26-28).
얼마나 놀라운 말씀인가! 하나님은 사람을 창조하시되 하나님의 형상을 따라 남자와 여자로 창조하셨다. 남자만 하나님의 형상이 아니다. 여자도 하나님의 형상이다. 남자에게만 하나님의 창조물을 다스리고 정복하라고 하지 않으셨다. 남자와 여자에게 말씀하셨다.
이것이 여자에 대한 하나님의 말씀이다. 남자와 여자는 가치나 위치나 능력, 어느 것도 차이가 없다. 동등하다. 지적인 능력, 판단력, 분별력, 이해력, 추진력 등 그 어느 것도 차이가 없다. 고린도전서에서 남자와 여자의 복장에 대해 말하는 것은 이런 차이를 말하는 것이 아니다. 당시 문화와 관습에 대한 것이다.

…각 남자의 머리는 그리스도요, 여자의 머리는 남자요, 그리스도의 머리는 하나님이시라 고전 11:3

이 말씀은 **권위의 문제**를 말하는 것이 아니라 **기원의 문제**를 말한다. 하나님께서 남자를 먼저 만드시고, 남자의 갈빗대 하나를 취하여 돕는 배필로 여자를 만드셨다(창 2:18,21). "돕는 배필"이란 기능을 말하는 것이지 권위나 위치를 말하는 것이 아니다. 실제로 "배필"이란 '나란히, 맞은편에'라는 뜻이다. 즉, 위치에 있어서 동등함을 말한다. 하나님이 여자를 만듦에 있어서 남자의 머리뼈나 어깨뼈로 만드실 수도 있었다. 또는 다리뼈나 발가락뼈로도 충분히 만드실 수 있었다. 그러나 갈빗대는 옆구리를 말한다. 위나 아래가 아닌 바로 옆이다.

고린도전서 11장 4-7절은 올바른 복장의 문제를 말한다. 여자는 긴 머리카락, 남자는 짧은 머리카락이 정상이다. 그러므로 여자가 머리를 깎는 것이나 남자가 머리를 기르는 것은 정상이 아니다. 남자는 남자로서, 여자는 여자로서의 정체성과 아름다움을 유지하고 나타내야 한다.
고린도전서 11장 8-12절은 올바른 태도를 말한다. "남자가 여자에게서 난 것이 아니요, 여자가 남자에게서 났으며"(고전 11:8)는 창조의 순서를 말한다. "남자가 여자를 위하여 지음을 받지 아니하고 여자가 남자를 위하여 지음을 받은 것이니"(고전 11:9)는 여자의 역할, 즉 "돕는 배필"을 의미한다.

결론적으로, "그러나 주 안에는 남자 없이 여자만 있지 않고, 여자 없이 남자만 있지 아니하니라. 이는 여자가 남자에게서 난 것같이 남자도 여자로 말미암아 났음이라. 그리고 모든 것은 하나님에게서 났느니라"(고전 11:11,12). 남자와 여자는 동등하며 서로의 도움을 필요로 한다. 고린도전서 11장 2-16절 말씀의 구조는 이런 관점에서 보아야 한다.

고전 11:2 서론

- **고전 11:3 올바른 태도 A 머리 - 창조의 순서에 대해**
- **고전 11:4-7 올바른 복장 B 머리 - 복장에 대해**
- **고전 11:8-12 올바른 태도 A 서로 섬기라**
- **고전 11:13-15 올바른 복장 B 본성을 따라 합당하게 행하라**

고전 11:16 결론

해결 - 절대성과 상대성의 균형을 가지라 - 성경에는 절대적인 진리와 상대적인 상황의 언급이 있다.

진리는 절대적이다. 시대와 문화를 초월한다. 한편 상대적인 영역도 있다. 특정한 시기, 장소, 상황 등 문화와 관련된 것들이다. 복음 전파에 있어서 이 둘의 조화가 필요하다. 문화적인 면을 소홀히 해서 반감을 갖게 하여 복음 전파에 방해를 주지 말아야 한다. 그러나 절대적인 진리를 상대화하거나 상대적인 것을 절대화해도 안 된다.

자유주의는 절대적인 진리를 상대화할 때 일어난다. 변하지 않는 절대적 진리를 시대적 상황이나 장소에 따라 상황화할 때 혼합주의로 가기 쉽다. 율법주의는 상대적인 것을 절대화할 때 일어난다. 바리새인은 생명을 주는 하나님의 말씀인 성경을 성령으로 제대로 알지 못하고 장로들의 유전과 전통을 절대화하여 성경보다 앞세웠다.

그러므로 첫째, 하나님을 알아야 한다. 이미 주어진 진리 외에 변경해야 할 새로운 진리는 없다. 진리는 인격체이신 하나님으로부터 나온다. 성경의 저자이신 그분으로부터 나온다. 성경을 성령으로 아는 것이 중요하다. 성경을 지식으로 아는 것을 넘어서서 성경을 통해 예수 그리스도를 만나야 한다. 하나님을 알수록 성경을 생활에 어떻게 적용해야 하는지 알 수 있다. 새로운 진리는 없지만 성령을 통해 성경을 볼 때 새로운 이해를 얻을 수 있다.

둘째, 성경을 이해하기 위해 성경을 사용해야 한다. 개별적인 문제를 알고 해결하기 위해서는 성경 전체를 아는 것이 중요하다. 성경 전체에 나타나는 하나님을 알면 개별적인 문제도 해결하기 쉽다. 하나님의 성품과 하나님의 말씀은 언제나 일치하기 때문이다.

가령, "여자는 교회에서 잠잠하라. 그들에게는 말하는 것을 허락함이 없나니 율법에 이른 것같이 오직 복종할 것이요"(고전 14:34)라는 말씀은 절대적 진리를 언급한 것이 아니라 상대적인 언급이다. 당시에 당면한 특정한 상황을 고치기 위한 가르침이다.

만일 여자들이 교회에서 잠잠해야 한다면 성경 전체에 나타나는 말씀과 일치하지 않는다. 요엘서의 "내가 내 영을 만민에게 부어주리니… 남종과 여종에게 부어줄 것이며"(욜 2:28,29)라는 말씀과도 상충된다.

문제를 직면함 - 애찬과 성만찬(고전 11:17-34)

고린도교회 공동체는 성만찬 때 '공동체 애찬'(Love Feasts)의 자리도 함께 마련했다. 이것은 안식일에 회당에서 함께 식사하던 유대인의 전통을 따른 것으로 보인다. 그러나 이런 자리에서 오히려 온갖 이기적이며 개인주의적인 행위들이 나타났다. 공동체의 유대감을 높이기 위한 애찬의 자리가 오히려 서로에게 적대감과 이질감을 불러일으켜 분쟁의 원인이 되었다.
내용인즉 이렇다. 식사에 참여하는 사람들이 각자 음식을 가져왔다. 그러나 먼저 음식을 가져온 자들이 나중 온 자들을 기다리지 못하고 음식을 먹어 치웠다. 종의 신분인 어떤 사람들은 행동의 제약으로 다른 사람들처럼 음식을 일찍 가져올 수가 없었다. 그들은 '애찬'에 늦게 참석하여 음식이 모자랐고 일찍 온 사람만큼 먹을 수 없었다. 그 결과 그들은 교회의 친교 모임에 전적으로 참여하지 못했다. 그 이후에 거행되는 주의 성만찬은 성도의 교제를 우스운 모양으로 만들었다.
이런 잘못된 현상을 바로잡기 위해 바울은 주의 만찬의 목적을 상기시킨다. 공동체 애찬은 배불리 먹기 위해 정한 것이 아니요, 또한 주의 만찬은 그리스도의 희생적 죽으심을 기념하기 위한 것이다. 그러므로 그리스도인들은 공동의 교제로서의 식사를 위한 애찬식에 다른 사람들이 도착하기까지 기다려야 한다(고전 11:33). 또한 바울은 주의 만찬을 합당하게 행하는 것이 매우 중요함을 강조한다. 성만찬을 행할 때 성도들은 공동체로서의 "주의 몸"인 자신을 살피고 분별하는 법을 배워야 한다(고전 11:26-29).

문제를 직면함 - 영적인 은사들, 특히 방언과 예언(고전 12장-14장)

나는 햄버거를 좋아한다. 햄버거는 구성요소가 단순하다. 가운데 고기 패티를 중심으로 치즈와 야채가 곁들여 있고, 양면으로 빵이 덮여있다. 햄버거는 빵과 고기를 함께 먹어야 제대로 된 맛이 난다. 빵을 뺀 고기나 고기를 뺀 빵만을 먹지 않는다. 그것은 햄버거가 아니다.
고린도전서 12장-14장의 구성이 바로 이와 같다. 12장과 14장은 은사장이다. 가운데 낀 13장은 사랑장이다. 12장의 은사장(1)은 여러 가지 성령의 은사에 대해 전반적으로 설명했다. 14장의 은사장(2)은 여러 가지 은사 중에 특히 방언과 예언의 중요성과 사용법을 설명하고, 가운데의 13장은 사랑의 특성과 아름다움을 나열했다.

고린도교회는 은사가 풍성하게 나타나는 교회였다. 그리고 그것의 중요성을 강조했다. 그럼에도 고린도교회에는 여러 가지 문제가 발생했다. 바울은 성령으로 문제의 원인을 진단하고 처방했다.

우리는 여기서 잠시 질문하게 된다. 성령의 은사가 충만한 교회에 문제가 발생할 수 있을까? 성령의 은사가 무엇인가? 고린도전서 12장 7-11절에 나오는 것처럼 지혜의 말씀의 은사, 지식의 말씀의 은사, 믿음의 은사, 병 고치는 은사, 능력 행함의 은사, 예언함의 은사, 영들 분별함의 은사, 각종 방언 말함의 은사, 방언들 통역함의 은사가 그것이다.
고린도교회는 예배 때마다 이런 은사들이 풍성히 나타났다. 그럼에도 성령은 이 교회를 신령한 교회라고 하지 않고 "육신에 속하였다"라고 하셨다. 우리가 살펴본 고린도교회의 문제는 능력에 있지 않고 사랑의 결핍에 있다. 이 모든 문제의 해결은 사랑의 법으로 행하는 것에 있다. 그래서 고린도전서 12장은 각종 은사를 나열한 후에 맨 마지막에 "너희는 더욱 큰 은사를 사모하라. 내가 또한 가장 좋은 길을 너희에게 보이리라"(고전 12:31)라고 하셨다. "더욱 큰 은사" 곧 "가장 좋은 길"이란 고린도전서 13장의 '사랑'으로 행하는 것이다.

해결 - 영적 균형을 가지라

그리스도인의 신앙생활과 교회 공동체의 신앙생활은 영적인 균형이 필요하다. 어떤 사람들은 성령의 은사가 최고라고 하며 은사만 강조한다. 반면 어떤 사람들은 사랑이 더욱 큰 은사이며 가장 좋은 길이기에 오직 사랑, 즉 성령의 열매만 강조한다. 그러나 고린도전서는 영적인 균형을 가지라고 말씀한다. 사랑이 결핍된 성령의 은사나 성령의 은사가 나타나지 않는 사랑의 신앙생활은 있을 수 없다. 서두에 햄버거를 가장 맛있게 먹는 방법을 언급한 것처럼 성령의 은사를 소홀히 하지 말아야 하며, 또한 성령의 은사만 강조하지 말아야 한다.

성령의 은사가 나타나기를 사모하며, 그 은사를 사용할 때도 사랑이 그 중심에 있어야 한다. 또한 14장의 내용과 같이 방언과 예언이 동시에 드러나는 신앙생활을 해야 한다. "그런즉 내 형제들아, 예언하기를 사모하며 방언 말하기를 금하지 말라. 모든 것을 품위 있게 하고 질서 있게 하라"(고전 14:39,40).

문제를 직면함 - 부활에 대하여(고전 15장)

고린도교회의 문제는 부활에 대한 것이 아니었다. 고린도교회 그리스도인들은 부활신앙을 가지고 있었다. 이들은 헬라적 사고인 이원론에 영향을 받았다. 그래서 영적인 부활은 믿지만 육체의 부활은 불필요하다고 생각했다. 바울은 성령으로 고린도교회에 부활에 대한 올바른 이해를 주었다. 바울은 예수 그리스도의 부활을 직접 증거함으로 그리스도인의 부활을 설명했다. 예수 그리스도의 부활은 꾸며낸 이야기가 아니라 역사적인 사건이다. 당시 예수 그리스도의 부활을 목격한 사람들이 그들 중에 태반이나 아직 살아있었다. 그리고 바울 자신도 예수의 부활을 목격했다(고전 15:1-11). 이것이 우리와 어떤 연관이 있는가? "그리스도께서 죽은 자 가운데서 다시 살아나사 잠자는 자들의 첫 열매가 되셨도다"(고전 15:20). 예수 그리스도의 부활은 우리 믿는 모든 자들의 부활의 보증이다.

부활에 대한 또 다른 질문이 제기된다. 그렇다면 부활의 몸은 어떠한 몸인가? 지난 2,000년의 교회 역사에서 이 문제는 반복적으로 제기되었다. 다음과 같은 우스갯소리가 있다.
처음에는 죽었던 몸이 그대로 부활한다는 이론이 지배적이었다. 그러자 많은 사람이 심하게 반발했다. '60세 이상 그리스도인 클럽'이 피켓을 들고 대규모 반대 시위를 벌였다.
그러자 조금 더 나은 이론이 뒤를 이었다. 바로 몇 살에 죽었든지 '인생에서 가장 꽃다운 나이'의 모습으로 부활할 것이라는 이론이다. 데모 진영에 있던 여러 사람이 그나마 만족하여 데모를 중단했다. 그러나 여전히 많은 수가 피켓을 들고 시위했다.

바울은 성령으로 부활의 몸을 아주 쉽게 그러나 놀랍게 설명한다(고전 15:35-55).
"네가 뿌리는 것은 장래의 형체를 뿌리는 것이 아니요 다만 밀이나 다른 것의 알맹이뿐이로되, 하나님이 그 뜻대로 그에게 형체를 주시되 각 종자에게 그 형체를 주시느니라"(고전 15:37,38).

나는 단지 맨드라미 씨앗을 땅에 뿌렸을 뿐인데, 그 씨앗이 죽자 거기에서 싹이 나고 줄기가 나고 가지와 잎이 생기고 놀라운 꽃이 피었다. 코스모스도, 해바라기도, 백일홍도…. 씨앗 알갱이와 꽃, 이것은 비교 불가능이다. 상상을 초월하는 것이다.
부활의 몸도 이와 같다. 아무리 육체를 자랑해도 우리의 육체는 씨앗 알갱이와 같다. 부활의 몸은 이 씨앗이 죽은 후에 핀 꽃과 같다. 얼마나 놀라운 부활의 몸인가!

문제를 직면함 - 연보에 대하여(고전 16:1-6)

마지막으로 고린도교회가 바울에게 요청한 문제는 연보에 대한 것이었다. 바울은 여기서 길게 설명하지 않고, 고린도후서에서 두 장에 걸쳐(고후 8장-9장) 자세히 설명했다.
특히 여기에 언급한 연보는 구제라는 목적이 있었다. 당시 기근으로 심한 어려움을 겪던 예루살렘교회를 위한 헌금이었다. "매주 첫날에 너희 각 사람이 수입에 따라 모아두어서"(고전 16:2). 바울이 방문할 때 허둥지둥 헌금하지 말고 지금부터 매 주일 이런 목적으로 헌금을 하라는 것이다.

Dear. NCer

성령의 은사가 영적 성숙도를 나타내는 것은 아니다. NCer인 우리는 신령한 은사를 사모하고 또한 성령의 열매를 사모하자. 영적 균형이 필요하다.
절대적 진리를 무시하는 세상에서 진리의 말씀의 가치를 따라 사는 것이 중요하다. 절대적 진리는 타협하지 않는다. 동시에 문화에 민감하게 반응하여 양보해야 할 것과 타협하지 말아야 할 것을 분별하자.
가장 중요한 것은 사랑의 법을 따라 행하는 것이다.

❖ 고린도후서(2 Corinthians) 사역과 사역자의 원리

종교개혁에 영향을 준 인문주의자 에라스무스(Erasmus)는 고린도후서를 잔잔히 흐르다가 한꺼번에 모든 것을 휩쓸고 지나가는 강에 비유했다. 또한 바닥이 말랐다가 어느 날 갑자기 범람하는 강에 비유했다. 고린도후서는 너무 넓고 깊어서 살펴보거나 이해하기 쉽지 않다. 마치 넓은 바다와 같다.

고린도후서는 사역자와 사역에 관한 영역을 다루고 있다. 달리 말하면 리더십 이슈를 다루고 있다. 모든 종류의 문제들이 다뤄진다. 그래서 부모든, 목회자든, 교사든, 직장의 크고 작은 영역의 리더든, 어떤 영역에서든지 지도력을 행사하도록 부르심을 받은 사람들은 고린도후서를 통해 큰 도움을 받을 것이다.

바울을 대신하여 고린도교회를 방문하고 돌아온 디도를 통해서 두 가지 소식을 듣게 되었다.

첫 번째 소식은 고린도교회의 문제가 잘 해결되었다는 좋은 소식(:굿뉴스)이었다.

> 낙심한 자들을 위로하시는 하나님이 디도가 옴으로 우리를 위로하셨으니, 그가 온 것뿐 아니요 오직 그가 너희에게서 받은 그 위로로 위로하고 너희의 사모함과 애통함과 나를 위하여 열심 있는 것을 우리에게 보고함으로 나를 더욱 기쁘게 하였느니라. 그러므로 내가 편지로 너희를 근심하게 한 것을 후회하였으나 지금은 후회하지 아니함은 그 편지가 너희로 잠시만 근심하게 한 줄을 앎이라. 내가 지금 기뻐함은 너희로 근심하게 한 까닭이 아니요 도리어 너희가 근심함으로 회개함에 이른 까닭이라. 너희가 하나님의 뜻대로 근심하게 된 것은 우리에게서 아무 해도 받지 않게 하려 함이라 고후 7:6-9

두 번째 소식은 아주 다른 영역이었다. 이제 고린도교회의 내부 문제는 잘 해결되었다. 그러나 또 다른 문제가 발생했다. 그것은 고린도교회에 바울에 대한 불신이 몇 가지 일어났다는 나쁜 소식이었다. 바울의 사도직과 지도력에 대한 부정적 평가가 생겼다. 그들은 바울이 권위를 남용한다고 오해했다. 고린도교회를 방문한 '자칭 큰 사도'라고 하는 어떤 거짓 교사들이 온갖 속임수와 거짓말로 바울에 대해 비판했기 때문이다(고후 11:5).

남을 중상하는 거짓말은 사람들의 뇌리에 오래 남아 좀처럼 사라지지 않는다. 그들은 등 뒤에서 험담한다. 바울은 이에 침묵하지 않고 명백하고도 단호하게 대처했다. 바울은 자신이 개인적으로 당하는 어려움이라면 얼마든지 묵묵히 참고 견딜 수 있었다. 그러나 그가 겪는 어려움이 그리스도의 복음 전파 사역에 방해를 주기 때문에 침묵하지 않았다.

고린도후서 – 그리스도의 대사(고후 5:20,21)

바울의 사역에 대한 설명			바울의 은혜의 직무		사도직에 대한 바울의 변론		
바울의 계획 변경	바울의 사역 철학	고린도인들에 대한 격려	마게도냐 인들의 모범	고린도인들에 대한 권고	비난하는 자들에 대한 답변	사도직 변론	임박한 방문
1:1-2:13	2:14-6:10	6:11-7:16	8:1-6	8:7-9:15	10장	11:1 -12:13	12:14 -13:13
바울의 성품			성도들을 위한 모금		바울의 신뢰성		
에베소에서 마게도냐로 : 일정 변경			마게도냐 : 방문 준비		고린도 : 임박한 방문		

고린도후서의 메시지

사역의 원리들(고후 1장-7장)

사도직(고후 1:1)

고린도후서는 "하나님의 뜻으로 말미암아 그리스도 예수의 사도 된 바울"(고후 1:1)이라는 구절로 시작하며 자신의 사도적 권위를 부각시킨다. 물론 이 구절은 바울의 여러 다른 서신에서도 볼 수 있지만 고린도후서에서는 그 표현의 비중이 사뭇 다르다. 고린도후서 전체를 통해 바울은 자신의 사도직을 여러 차례 언급한다.

찬양과 위로(고후 1:3-11)

바울의 서신에서 찬송으로 시작하는 것은 오직 두 서신이다. 에베소서와 고린도후서다.

갈라디아서는 복음에 대한 갈라디아교회의 잘못된 태도로 인해 서신의 서두부터 바로 본론으로 들어간다. 고린도후서는 전서와는 달리 고린도 형제들을 향해 근심과 책망을 많이 한다. 그리고 자신에 대한 오해들을 풀기 위한 해명이 많다. 그럼에도 고린도후서는 하나님을 찬양함으로 시작한다. 바울의 성숙함, 여유로움을 볼 수 있다. 그는 절대로 서두르지 않는다. 성급하게 반응하지 않는다. 물론 진리에 대하여는 신속하고 명쾌하고 타협이 없다.

바울이 하나님을 찬양하는 이유는 명백하다.

"그는 우리 주 예수 그리스도의 하나님이시요 자비의 아버지시요 모든 위로의 하나님이시며 우리의 모든 환난 중에서 우리를 위로하사 우리로 하여금 하나님께 받는 위로로써 모든 환난 중에 있는 자들을 능히 위로하게 하시는 이시로다"(고후 1:3,4).

바울은 자신이 오해받는 것은 물론이요 여러 가지 험담과 루머와 중상모략이 있음을 들어서 알고 있었다.

그러나 바울은 이런 것들로 인해 조금도 흔들리거나 낙심하지 않았다. 불안해하거나 두려워하지도 않았다. 자신이 개척하고 목숨 바쳐 헌신하며 양육한 고린도교회의 반응 때문에 큰 아픔 속에서 허우적거리지도 않았다. 고린도후서 1장 3-11절에서 바울은 "위로"라는 단어를 열 번이나 언급한다. 하나님은 위로의 하나님이시다. '모든' 위로의 하나님이시다. 모든 환난 중에 있는 자들을 '능히' 위로하는 하나님이시다. 더 나아가 "하나님께 받는 위로로써 모든 환난 중에 있는 자들을 능히 위로하게 하시는"(고후 1:4) 하나님이시다. 바울은 이미 하나님께 위로를 넘치게 받았다. 이것이 그가 어떤 상황에도 흔들리지 않는 이유다.

환난을 당할 때 절대로 해서는 안 되는 반응이 있다. 환난 당한 나의 환경을 바라보는 것이다. 그러면 낙심하게 된다. 환난 당하는 나 자신을 바라보면 자기 자신을 불쌍히 여기게 된다. 환난의 원인 제공자를 색출하게 된다. 그러면 그에게 모든 원망의 화살을 돌리게 될 것이다.
환난을 당할 때는 바울처럼 모든 환난 중에 위로하시는 하나님을 바라보아야 한다. 더 나아가 오히려 환난 당하는 다른 사람을 위로하는 계기로 삼아야 한다. 환난은 우리를 성장시키며 더욱 굳건하게 한다. 자기를 의지하지 않고 오직 하나님만을 의지하게 해준다.
"형제들아, 우리가 아시아에서 당한 환난을 너희가 모르기를 원하지 아니하노니, 힘에 겹도록 심한 고난을 당하여 살 소망까지 끊어지고, 우리는 우리 자신이 사형 선고를 받은 줄 알았으니, 이는 우리로 자기를 의지하지 말고 오직 죽은 자를 다시 살리시는 하나님만 의지하게 하심이라"(고후 1:8,9).
살 소망까지 끊어질 정도의 환난을 당한 적이 있는가? 마음에 사형 선고를 받은 줄 알았다는 말은, '이제 나는 죽었다'라는 것이다. 하나님은 죽은 자를 다시 살리는 하나님이시다. 큰 사망에서 건지는 하나님이시다. 이때야말로 하나님을 의지할 때다. 절망하여 축 늘어져서는 안 된다. **"오직"**이라는 단어에 밑줄을 그어야 한다. 큰 글자로 심장에 새겨야 한다.
바울은 또한 중보기도의 힘을 의지했다. 중보기도 자체를 의지한 것이 아니라 중보기도를 들으시고 응답하시는 하나님을 의지했다. 그러므로 여러 차례 자신을 위한 중보기도를 형제들에게 겸손하게 요청했다.
"너희도 우리를 위하여 간구함으로 도우라. 이는 우리가 많은 사람의 기도로 얻은 은사로 말미암아 많은 사람이 우리를 위하여 감사하게 하려 함이라"(고후 1:11).

계획을 연기함(고후 1:12-24)

바울의 원래 계획은, 에베소에서 고린도를 방문한 다음 마게도냐로 갔다가 다시 고린도를 방문하고 유대로 가려는 것이었다. 고린도를 두 차례 방문할 계획을 세웠다. 그런데 바울은 고린도교회 방문을 연기하고 에베소에서 바로 마게도냐로 갔다. 이를 두고 고린도교회는 바울이 약속을 쉽게 뒤집는다고 비난했다. 한 입으로 "예"와 "아니요" 두 말을 하는 사람이라고 했다. 경솔하게 말하고, 경솔하게 계획을 세웠다가 뒤집는다며 일관성이 없다고 비난했다.

일반적으로 계획을 세웠다가 연기하거나 변경 혹은 취소할 때는 그 계획을 성취할 능력이 없거나 잘못된 계획을 세운 경우가 많다. 한마디로 경솔한 계획을 세웠기 때문이다.

그러나 바울이 계획을 연기한 데는 다른 이유가 있었다. 바울의 방문이 그들에게 아픔을 줄 수 있었다. 그래서 방문을 연기함으로 그들의 아픔을 덜어주려고 했다. 그들을 배려한 것이다. 그들의 흠을 들추어내고 그들의 믿음생활을 체크하는 감독자가 되는 대신 그들의 믿음이 서도록 돕기 위해서였다.

"내가 내 목숨을 걸고 하나님을 불러 증언하시게 하노니 내가 다시 고린도에 가지 아니한 것은 너희를 아끼려 함이라. 우리가 너희 믿음을 주관하려는 것이 아니요, 오직 너희 기쁨을 돕는 자가 되려 함이니 이는 너희가 믿음에 섰음이라"(고후 1:23,24).

약속을 지키시는 신실하신 하나님

"하나님의 약속은 얼마든지 그리스도 안에서 '예'가 되니 그런즉 그로 말미암아 우리가 '아멘' 하여 하나님께 영광을 돌리게 되느니라"(고후 1:20).

이 놀라운 말씀은 주 예수님의 말씀을 상기시켜준다.

"너희가 내 이름으로 무엇을 구하든지 내가 행하리니 이는 아버지로 하여금 아들로 말미암아 영광을 받으시게 하려 함이라. 내 이름으로 무엇이든지 내게 구하면 내가 행하리라"(요 14:13,14).

하나님은 그 하신 약속을 반드시 지키신다.

"하나님은 사람이 아니시니 거짓말을 하지 않으시고, 인생이 아니시니 후회가 없으시도다. 어찌 그 말씀하신 바를 행하지 않으시며 하신 말씀을 실행하지 않으시랴"(민 23:19).

사역(고후 1:23-2:13)

책망의 사역(고후 1:23-2:4)

사역자는 그저 좋은 말만 하는 것이 아니라 어떤 때는 책망도 해야 한다. 고린도교회의 설립자요 사도로서 바울은 고린도교회를 어떻게 책망했는가?

사랑으로 책망했다.

바울은 그들에게 고통을 주기 위해 책망한 것이 아니다. 기쁨을 되찾아주기 위해 책망했다. 죄는 미워하고 죄인은 사랑해야 한다. 책망은 언제나 회복을 위한 것이다.

주관하는 자로서가 아니라 돕는 자로서 책망했다.

바울은 그들의 리더요 선생이지만 결코 일방적인 top-down형태(하향식)의 지도력을 행사하지 않았다. 그들의 믿음을 주관하고자 하지 않았다. 바울은 그들의 기쁨을 돕는 자가 되고자 했다. 그들을 섬기고자 했다.

그러나 책망이 필요할 때는 피하지 않았다. 사랑하기에 책망했다. 진리를 말할 때는 언제나 사랑으로 해야 한다. 책망은 근심하게 하려 함이 아니다. 고린도후서 2장 1-4절은 고린도교회를 향한 바울의 넘치는 사랑을 보여준다.

화해의 사역(고후 2:5-13)

공동체 내에 죄 지은 형제를 용서하는 법을 가르쳐야 한다. 바울은 고린도교회 내의 문제로 근심하게 했던 자들에 대해서 이미 주어진 징계로 충분하니 이제는 사랑을 나타내라고 권한다. 용서는 사랑의 표현이다. 바울이 행한 징계의 목적은 복수가 아니라 교정과 회복이다. 그들에게 회복의 기회, 변화의 기회를 주고자 징계하는 것이다. 징계가 그 사람을 절망으로 몰고 가거나 낙심하게 해서는 안 된다. 징계가 너무 엄격하면 낙심하고 상하게 된다. 무엇보다 근본적으로 용서가 있어야 한다.

용서는 마귀에게 속지 않는 길이다. 용서는 마귀에게 틈을 주지 않는 길이다(고후 2:11). 우리가 용서할 때 강력한 그리스도인의 공동체가 이루어지고, 우리가 용서하지 않을 때 어둠의 세력이 공동체에 영향을 끼치는 문이 열린다.

사역자(고후 2:14-6:10)

예수 그리스도의 사역자로서 정체성은 무엇인가?

사역의 기반

우리는 승리자다. 패배자가 아니다. 그리스도께서 항상 우리를 그리스도 안에서 이기게 하신다(고후 2:14). 예수 그리스도를 증거하는 사역자의 기반은 십자가와 부활이다. 그것은 사망과 죄를 이긴 하나님의 능력이다. 우리는 승리를 장담할 수 없는 싸움을 하는 것이 아니다. 이미 승리한 것을 선포하는 자이다.

사역자의 삶

우리는 그리스도의 향기다. 하나님은 우리가 어디를 가든지 우리를 통해 그리스도를 아는 냄새를 나타내신다(고후 2:14-16). 세상은 우리를 통해 예수 그리스도의 고상한 향기, 생명을 주는 향기를 맡는다. 사역자는 그 삶을 통해 예수 그리스도를 세상에 보여주어야 한다. "당신에게서 예수 그리스도의 빛을 봅니다. 당신에게서 그리스도의 향기가 납니다"라는 증언이 있는 것이 아름다운 사역자의 삶이다.

말씀 사역자

우리는 하나님의 말씀을 아주 소중하고 값비싼 보배처럼 대한다. 하나님의 말씀을 혼잡하게 하지 아니한다(고후 2:17). "혼잡하게 한다"는 것은 '떨이상품'처럼 값싼 물건 취급한다는 뜻이다. 우리는 하나님의 말씀을 순전함으로 말한다. 말씀을 전함에 있어서 동기가 순수하고 순결하다. 말씀 사역자는 하나님께 받은 것을 하나님 앞에서와 그리스도 안에서 담대하게 확신을 가지고 말한다.

자기추천서

사도 바울은 고린도교회에게 굳이 바울 자신을 소개하는 "추천서"를 보낼 필요가 없다고 단호라게 말한다.

"우리가 어찌 어떤 사람처럼 추천서를 너희에게 부치거나 혹은 너희에게 받거나 할 필요가 있느냐?"(고후 3:1)

고린도교회 자체가 바울이 누구인가를 보여주는 추천서이다. "너희는 우리의 편지라"(고후 3:2), "너희는 우리로 말미암아 나타난 그리스도의 편지니"(고후 3:3)라고 했다.

바울이 누구인지 추천하는 것이 그가 사역한 고린도교회이듯이 우리의 사역이 곧 우리가 누구인지 보여주는 추천서가 되도록 해야 한다. 그것은 사역자의 삶과 사역, 그리고 사역의 열매로 증명된다. 농부가 열심히 농사를 지었다고 아무리 자랑해도 수확이 없다면 무슨 소용인가? 농부를 증명하는 것은 수확뿐이다. 좋은 나무라는 것을 좋은 열매로 증명하듯이 사역자를 증명하는 것은 사역이다. 생명에서 생명을 낳는다.

영광스러운 직분

새 언약의 일꾼은 영광스러운 직분이다. 먹으로 쓴 것이 아니라 오직 살아계신 하나님의 영으로 쓴 것이다. 돌판에 쓴 것이 아니요 오직 육의 마음판에 쓴 것이다. 죽이는 율법 조문으로 하지 않고 오직 살리는 영으로 했다. 정죄의 직분이 아니라 의의 직분이다. 없어질 것이 아니라 길이 있을 것이다(고후 3:3-11).

우리는 우리의 직분이 얼마나 영광스러운지 확신을 가져야 한다. 또한 우리의 직분에 대한 만족이 있어야 한다. 고린도후서 3장 5절의 "만족"(헬, 히카노테스)이란 '충분한 능력이나 역량, 자격'을 말한다. 우리가 맡은 바 사역을 감당할 만한 능력이 하나님으로부터 충분히 주어진다는 확신을 가져야 한다.

"우리가 무슨 일이든지 우리에게서 난 것같이 스스로 만족할 것이 아니니, 우리의 만족은 오직 하나님으로부터 나느니라"(고후 3:5).

낙심하지 않는 사역자

사역자에게 가장 큰 장애물 중 하나는 '낙심'이다. 다음과 같은 질문들이 우리를 낙심하게 만든다. '사역자로서의 자격이 충분한가? 감당할 능력이 충분히 있는가? 괄목할 만한 열매가 나오는가?'

그러나 낙심하지 말아야 할 이유가 있다. 하나님의 긍휼하심을 입었기 때문이다. 전적인 하나님의 은혜다. 이 세상의 신이 믿지 않는 자들의 마음을 혼미하게 한다는 것을 잊지 말아야 한다. 우리는 최선을 다해 그리스도 예수를 전할 뿐이다. 우리는 단지 질그릇일 뿐이다. 그러나 보배이신 예수 그리스도를 담은 질그릇이다. 능력은 우리에게서 나오는 것이 아니라 오직 하나님에게서 나온다.

환경적인 어려움이 낙심하게 할 수 있다. 그러나 우리는 낙심하지 않는다. 어떠한 상황에도 우리는 눌리지 않고 넘어지지 않고 망하지 않는다. 예수님을 살리신 그 능력이 우리를 살리실 것이기 때문이다. 예수님의 생명이 우리 안에 있어서 어려움을 당할수록 그 생명이 나타나게 된다. 그 어려움이 오히려 듣는 자들을 유익하게 한다.
우리의 겉사람이 점점 낡아지게 되어 낙심할 수 있다. 힘도 예전 같지 않고, 외모도 점점 늙어간다. 그러나 우리는 낙심하지 않는다. 왜냐하면 우리의 속사람은 날마다 새로워지기 때문이다. 우리는 한순간 지나는 보이는 것에 시선을 고정하지 않고 보이지 않는 영원한 것에 고정한다(고후 4:1-16).

보배를 담은 질그릇

질그릇은 사람들의 관심을 끌지 못한다. 흙으로 만들어졌기 때문이다. 어디에서나 구입하기 쉬운 값싼 것이다. 더구나 깨지기 쉽다. 그런데 그 질그릇에 보배가 담겨있으면 상황은 달라진다. 누구나 볼 수 있는 가장 좋은 자리에 그 질그릇을 전시해서 사람들의 관심을 끌 것이다. 질그릇 때문이 아니라 질그릇에 담긴 보배 때문이다. 사람들이 질그릇에 담긴 보배를 보며 감탄할 때 질그릇은 착각하면 안 된다.
우리는 질그릇이다. 그러나 보배를 담은 질그릇이다. 예수 그리스도가 보배이시다. 우리는 교만하지 말고 자부심을 가져야 한다. 그리고 질그릇에 담긴 보배를 사람들이 잘 볼 수 있도록 책임을 다해야 한다.
"우리가 이 보배를 질그릇에 가졌으니 이는 심히 큰 능력은 하나님께 있고 우리에게 있지 아니함을 알게 하려 함이라"(고후 4:7).

그리스도의 대사

우리는 그리스도의 대사이다(고후 5:20-6:2).
"우리가 그리스도를 대신하여 사신이 되어 하나님이 우리를 통하여 너희를 권면하시는 것같이 그리스도를 대신하여 간청하노니 너희는 하나님과 화목하라"(고후 5:20).
"사신이 되다"라는 단어의 헬라어는 '프레스뷰오'(presbeuo)라는 동사이다. 이는 '프레스뷰테스'에서 유래된 것으로 '어떤 메시지를 전달하는 자로 보내심을 받은 자'라는 뜻이다.

로마의 영토는 두 가지로 구분된다.
1) 원로원의 직접 관할하에 있는 영토가 있다. 여기는 주둔군이 필요 없는 평화로운 곳이다.
2) 황제의 직접 관할하에 있는 영토가 있다. 여기는 언제나 반란의 여지가 있어서 주둔군이 주재하고 있다. 황제는 주둔군을 관할하기 위해서 사신을 파견한다. 이 '사신'을 '프레스뷰테스'라고 한다.

'프레스뷰테스'는 헬라어이고, '레가터스'는 라틴어다. 이 사람은 원로원에서 파송한 것이 아니라 황제에게 직접 임명을 받아 황제의 영토를 대신 관리한다.

바울은 **"그리스도의 사신"**이라는 단어를 이런 의미에서 사용했다. 즉 자신은 왕이신 그리스도로부터 직접 위임을 받아 복음을 전하는 사람이라는 의미다. 다시 말하면 **'그리스도의 대사'**이다.

대사는 자기 국가를 대표한다.
파송된 국가와는 다른 언어, 다른 생활방식, 다른 문화를 가지고 있다. 우리는 천국 시민으로서 하나님으로부터 이 세상에 파송되어 이 세상을 살아간다. 그러므로 우리는 천국의 언어, 문화, 생활양식, 원칙을 이 세상에 보여주어야 한다.

대사는 자기 국가를 대언한다.
대사의 발언은 곧 그를 보낸 나라의 메시지이다. 그리스도의 대사는 그리스도를 대신하는 발언을 한다. 우리의 메시지는 그리스도의 메시지를 전달하는 것이어야 한다.

한 국가의 명예는 그 나라의 대사의 손에 달렸다.
그의 국가는 대사에 의해서 판단 받는다. 사람들은 대사를 보면서 그 나라의 말과 행동과 문화를 판단한다. 그리스도와 교회의 명예는 그리스도의 대사인 그리스도인의 손에 달렸다.
바울이 말하는 그리스도의 대사 직분이란 그리스도를 대신하는 것만이 아니다. 더 나아가 사람들이 하나님을 직접 상대할 수 있도록 화목하게 하는 자, 중계자 역할을 하는 것이다(고후 5:18-21).

하나님의 일꾼의 표시

하나님의 일꾼의 표시는 무엇인가? 학력인가? 외모인가? 배경인가? 탁월한 언변에 있는가? 높은 학식에 있는가? 바울은 하나님의 일꾼의 표시를 명확히 설명한다.
하나님의 사역자는 모든 행동에 조심을 해야 한다. 그래야 사역이 비난을 받지 않는다.
"우리의 사역이 비난을 받지 않게 하려고 우리는 그 누구에게도 흠이 될 만한 일을 행하지 않았습니다"(고후 6:3 쉬운성경).
더 나아가 모든 일에 하나님의 일꾼답게 행동해야 한다. 어떤 행동이 사역자다운 것인가?
"우리는 매번 환난과 역경과 어려움을 견뎌 냈습니다. 또 매를 맞고, 옥에 갇히고, 폭도들에게 당하기도 하고, 고된 일에 시달리며, 잠도 못 자고, 굶주렸습니다. 그리고 우리는 정결함과 지식과 인내와 친절함을 나타내었으며, 성령의 감화와 거짓 없는 사랑과, 진리의 말씀과, 하나님의 능력으로 모든 일을 행하였습니다. 우리는 의를 무기 삼아 양손에 지니고 다녔습니다. 우리는 영예도 얻었고, 모욕도 받았고, 비난과 칭찬도 받았습니다.
우리는 거짓말쟁이로 취급받았지만, 사실은 진리를 말하였습니다. 무명인 취급을 받았으나 사실은 유명한 사람들이며, 죽은 자로 여겨지기도 했으나 보시는 바와 같이 우리는 살아있으며, 매를 많이 맞았지만 죽지 않았습니다. 또 슬픈 사람 취급을 받았으나 우리는 항상 기뻐하였으며, 가난한 자 같으나 많은 사람을 부유하게 하였고, 아무것도 가지지 않은 자 같으나 우리는 모든 것을 소유한 사람입니다"(고후 6:4-10 쉬운성경).

하나님의 일꾼답게 행동하는 것의 기준, 태도, 삶을 나타낸다. 자기 십자가를 지고 주를 따르라. 그럴 때 하나님의 복음이 힘 있게 전해질 것이다. 지금은 영적인 휠 얼라인먼트(wheel alignment)를 할 때다! 나부터 재정비하자! 주여, 이와 같은 일꾼들이 이 땅에 가득히 일어나게 하소서!

거룩함으로 살아가라

믿는 자가 믿지 않는 자와 멍에를 메지 말아야 할 이유는 다섯 가지다(고후 6:14-16).

1) 의와 불법이 함께할 수 없기 때문이다.
2) 빛과 어둠이 사귈 수 없기 때문이다.
3) 그리스도와 벨리알이 화목하게 지낼 수 없기 때문이다.
4) 믿는 자와 믿지 않는 자 사이에 어떤 공통점도 없기 때문이다.
5) 하나님의 성전과 우상이 전혀 어울릴 수 없기 때문이다.

우리는 하나님의 성전이요, 하나님의 백성이요, 하나님의 자녀이다. 그러므로 거룩함을 이루어야 한다. 그 길은 하나님을 경외함으로 가능하다. 몸만 아니라 몸과 영혼의 두 영역에서 온갖 더러운 것으로부터 자신을 깨끗하게 하라. 하나님이 이미 그리스도의 십자가로 이루어놓으신 거룩함을 우리는 날마다 단호함과 결단력으로, 성령의 능력을 힘입어 살아가야 한다. 그렇게 살아가야 할 이유는 충분하다.

헌금 - 재물을 올바르게 다루는 삶, 특히 심고 거두는 법에 대하여(고후 8장-9장)

고린도후서 8장-9장은 성경에서 특별한 위치를 가지고 있다. 이 두 장을 '연보장' 즉 '헌금장'이라고 한다. 이 두 장은 헌금에 대한 올바른 이해를 갖게 한다. 더 나아가 재물을 올바르게 다루는 원칙도 포함한다. 성경 신구약은 이 영역에 대하여 명확하고도 풍성하게 말씀하고 있다. 우리 주 예수님은 주로 비유로 말씀하셨는데, 그 비유의 상당 부분은 재물이 주제였다. 교회는 이런 면을 잘 이해하고 다룰 줄 알아야 한다. 세상은 재물 자체에 관심을 가지지만 우리는 재물을 통한 하나님의 공급하심과 부요하게 하심에 관심을 가져야 하며, 더 나아가 재물을 하나님 나라가 임하게 하는 도구로 사용해야 한다.

이것은 하나님나라의 비밀이다

재물에 대한 일반적인 이해는 '재물은 지극히 작은 것이다', '재물은 불의하다', '재물은 남의 것이다'라는 것이다. 그렇기에 자칫 재물에 대해 소홀히 여기고 무시하며 멀리하여 충성되지 못할 수 있다. 그런데 놀랍게도 이처럼 지극히 작게 여기고, 불의하다고 여기고, 남의 것이라고 여기는 재물을 어떻게 다루느냐에 따라서 '지극히 큰 것', '참된 것', '나의 것'을 맡을 자격이 결정된다. 주 예수님은 단호하게 "하나님과 재물을 겸하여 섬길 수 없다"고 말씀하신다(눅 16:10-13).

단순히 재물에 대한 것을 넘어서서 '누가 너의 주인이냐'에 대한 영역이다. 이런 내 말이 지나치다고 할 수 없다. 왜냐하면 나의 의견이나 이론이 아니라 주 예수님의 말씀이기 때문이다. 그러므로 헌금에 대해, 또 재물에 대해 올바른 이해를 가져야 한다.
성경적 재물에 대한 정의가 너무 명확하다.
"하나님이 능히 모든 은혜를 너희에게 넘치게 하시나니, 이는 너희로 모든 일에 항상 모든 것이 넉넉하여 모든 착한 일을 넘치게 하게 하려 하심이라"(고후 9:8).
하나님은 우리에게 모든 은혜가 넘치기를 원하신다.
하나님은 우리에게 항상 모든 것이 넉넉하기를 원하신다.
하나님은 우리가 모든 착한 일을 넘치게 하기를 원하신다.
이런 이유로 하나님은 우리에게 재물을 넉넉히 주기 원하신다. 하나님의 공급 비밀을 알아야 한다. 우리는 '물고기를 많이 주는 것과 물고기를 잡는 법을 가르치는 것'의 차이를 잘 안다.
"심는 자에게 씨와 먹을 양식을 주시는 이가 너희 심을 것을 주사 풍성하게 하시고 너희 의의 열매를 더하게 하시리니"(고후 9:10)의 말씀이 그 비밀이다. 하나님은 우리에게 "심을 씨와 먹을 양식"을 주신다. 그러기 위해 "심을 것"을 풍성하게 주신다. 하나님은 우리가 넉넉하기를 원하신다. 그러나 하나님은 더 나아가 우리가 '의의 열매'를 맺게 하신다. 나의 쓸 것도 넉넉할 뿐 아니라 착한 일을 넘치게 하도록 풍성하게 하신다. '착한 일'이란 가난한 자들에게 주는 것을 말한다.
"그가 흩어 가난한 자들에게 주었으니 그의 의가 영원토록 있느니라"(고후 9:9).

심고 거두는 법

하나님은 우리가 넉넉히 주기를 원하신다.
"적게 심는 자는 적게 거두고, 많이 심는 자는 많이 거둔다"(고후 9:6).
수확량의 많고 적음은 심는 양에 달려있다. 심는 것이 중요하다. 농부는 씨앗을 심을 때 거둘 것을 기대한다.
씨앗을 땅에 심고 흙을 덮으면, 어떤 일이 일어나는가? 놀랍게도 그 씨앗이 땅속에서 죽는다. 그리고 더 놀랍게도 그 후에 생명이 나온다. 나올 때는 그 결과가 더욱 놀랍다. 주께서, "한 알의 밀이 땅에 떨어져 죽지 아니하면 한 알 그대로 있고 죽으면 많은 열매를 맺느니라"(요 12:24)라고 하셨다. "한 알"을 심었을 뿐인데 "많은 열매"를 맺는다. 그러므로 심는 것이 중요하다. 이것은 불변의 법칙이다.
성경은 심는 것과 주는 것을 동일한 선상에 둔다. 주는 것은 사라지는 것이 아니라 심는 것과 같아서 많은 열매를 거둔다. 이 법칙을 알게 되면 헌금할 때 인색함으로나 억지로 하지 않게 될 것이다. 너그럽게 헌금할 것이다. 하나님은 우리가 즐겨 내기를 원하신다. 세상이 바라볼 때 헌금을 마치 회비 납부로 이해할 것이다. 또는 단체 유지비로 알 것이다. 믿음이 연약한 그리스도인도 간혹 헌금에 대해 오해한다. 그렇지 않다. 하나님은 이를 통해 우리 모두가 풍성해지기를 원하신다. 하나님의 성품과 하시는 일의 원칙과 하나님나라의 원칙을 분명히 알아야 한다. "우리 주 예수 그리스도의 은혜를 너희가 알거니와, 부요하신 이로서 너희를 위하여 가난하게 되심은, 그의 가난함으로 말미암아 너희를 부요하게 하려 하심이라"(고후 8:9).

그렇다고 빚내어 헌금하라는 말은 절대 아니다. "있는 대로 하라. 할 마음만 있으면 있는 대로 받으실 터이요 없는 것은 받지 아니하시리라"(고후 8:11,12)라고 하셨다. 하나님나라의 헌금은 액수가 아니라 퍼센트다. 우리 주 예수님은 헌금함을 마주 대하여 앉으셔서 무리가 어떻게 헌금함에 돈 넣는가를 보셨다. 여러 부자는 많이 넣는데, 한 가난한 과부는 두 렙돈을 넣었다. 주님은 "이 가난한 과부는 헌금함에 넣는 모든 사람보다 많이 넣었도다"(막 12:43)라고 하셨다. 분명 여러 부자들의 헌금은 이 과부와 비교할 수 없을 만큼 액수가 많았다. 그러나 주님은 액수가 아니라 퍼센트로 계산하신다. "그들은 다 그 풍족한 중에서 (일부를) 넣었거니와 이 과부는 그 가난한 중에서 자기의 모든 소유 곧 생활비 전부를 넣었느니라"(막 12:44)라고 하셨다.

하나님나라의 원칙

조선 후기의 사업가 임상옥은 그가 즐겨 마시는 컵의 바깥 언저리에 다음과 같은 글을 새겼다. **"재상평여수인중직사형"(財上平如水人中直似衡) - 재물은 평등하기가 물과 같고, 사람은 바르기가 저울과 같다.** 그는 성경적인 재물의 원칙을 이해하는 사람이었다.

하나님나라의 재물의 원칙은 두 가지다. '심고 거두는 법'과 '주고받는 법'이다. '심고 거두는 법'은 우리를 넉넉하게 하고, 더 나아가 풍성하게 주는 삶을 위한 하나님의 법칙이다. 그리고 '주고받는 법'은 재물의 평등원칙이다. 나누는 삶, 주는 삶으로 이루어진다.

"이는 다른 사람들은 평안하게 하고 너희는 곤고하게 하려는 것이 아니요, 균등하게 하려 함이니, 이제 너희의 넉넉한 것으로 그들의 부족한 것을 보충함은 후에 그들의 넉넉한 것으로 너희의 부족한 것을 보충하여 균등하게 하려 함이라. 기록된 것같이, 많이 거둔 자도 남지 아니하였고, 적게 거둔 자도 모자라지 아니하였느니라"(고후 8:13-15).

주고받는 법으로 살아갈 때 균등의 법이 작동된다. 물론 사람들이 이기적이고 악해서 이런 법이 자연스레 작동되지 않는다. 그래서 국가는 강제적으로 이를 행한다. 세금이 그것이다. 교회도 물론 세금을 내지만 주고받는 법은 이를 넘어선다. 주고받는 법은 하나님의 백성들이 행해야 할 하나님나라의 원칙이다. 그것은 자발적인 사랑의 표현이다. 고린도후서 8장-9장은 이런 행위를 '하나님의 은혜'라고 표현한다(고후 8:1,4,6,7, 9:8,14).

바울은 마게도냐와 아가야의 그리스도인이 가난한 자들에게 헌금할 수 있는 기회를 주었다. 그리고 세 사람, 즉 "디도와 그 형제"(:누가로 추정), 그리고 "우리의 한 형제"(:아볼로로 추정)를 헌금위원으로 추천하여 이 일을 섬기도록 했다(고후 8:16-9:5). 재물을 관리할 때는 언제나 두세 사람을 두는 것이 덕을 세우는 길이다.

사도의 사역(고후 10장-13장)

고린도후서 10장-13장은 이제까지와는 그 어조와 표현이 사뭇 다르다. 이 네 장을 '견책의 편지' 또는 '엄한 편지'(Painful Letter)라고 부르기도 한다. 바울은 다음과 같이 시작한다.
"나 바울은 그리스도의 온유함과 너그러움을 의지하여 여러분에게 권합니다. 나는 여러분과 얼굴을 맞대고 있으면 유순하다가도, 여러분을 떠나 멀리 가 있으면 담대해집니다. 여러분에게 부탁합니다. 내가 여러분에게 갈 때에 우리를 보고 세상의 표준대로 산다고 헐뜯는 사람들에 대해 강경하게 대하듯이, 여러분에게 내가 그렇게 대하지 않도록 해주십시오"(고후 10:1,2 쉬운성경).

사도직

바울은 그들에게 나무만 보지 말고 숲을 보라고, 즉 더 큰 원을 그리라고 요청한다.
"여러분은 사물의 겉모습만 보고 있습니다. 누구든지 자기가 그리스도께 속한 사람이라고 생각하는 사람이 있다면, 그 사람은 자기가 그리스도께 속한 것처럼, 우리도 그리스도께 속한 사람이라는 사실을 다시 한 번 생각해보아야 합니다"(고후 10:7 쉬운성경).
바울은 주어진 권위를 올바르게 사용하고 있음을 자랑했다.
"주께서 주신 권세는 너희를 무너뜨리려고 하신 것이 아니요 세우려고 하신 것이니, 내가 이에 대하여 지나치게 자랑하여도 부끄럽지 아니하리라"(고후 10:8).
"우리는 스스로를 칭찬하는 사람들로 비춰지거나 그런 사람들과 비교될 생각이 조금도 없습니다. 그런 사람들은 자기들이 만든 표준에다 자신들을 재거나 비교하는데, 이는 그들이 지혜가 없다는 것을 드러내는 것입니다"(고후 10:12 쉬운성경).
"우리는 우리의 한계를 넘어서서 다른 사람들이 수고한 것을 이용하여 자랑하지 않습니다. 우리에게 바라는 것이 있다면, 여러분의 믿음이 자라감에 따라 우리의 활동범위도 여러분 가운데서 크게 확장되는 것입니다"(고후 10:15 쉬운성경).

재정 영역에서 바울의 사역

바울은 고린도교회가 그의 재정 영역에 이의를 제기하자 강하고 담대하게 말했다.
"내가 여러분에게 아무런 보수도 받지 않고 하나님의 복음을 전파하면서, 여러분을 높이기 위해 나를 낮춘 것이 죄가 된단 말입니까? 나는 여러분을 위한 사역을 완수하는 데 드는 비용을 다른 교회를 통해 충당하였습니다. 말하자면, 다른 교회들의 것을 빼앗은 셈입니다. 내가 여러분과 함께 있는 동안에 궁핍했지만, 나는 여러분 중 어느 누구에게도 폐를 끼치지 않았습니다. 내게 부족한 것은 마케도니아에서 온 성도들이 채워주었습니다. 나는 모든 경우에 있어서 여러분에게 짐을 지우지 않았고, 앞으로도 계속 그럴 것입니다"(고후 11:7-9 쉬운성경).
"내가 친히 여러분에게 짐을 지우지 않은 것 외에, 내가 다른 교회에 비해 여러분에게 못한 것이 무엇입니까? 내가 여러분에게 폐를 끼치지 않은 것이 잘못이라면 저를 용서하십시오"(고후 12:13 쉬운성경).

사도의 표

바울은 자신의 사도의 표는 "참음과 표적과 기사와 능력을 행한 것"(고후 12:12)이라고 증거했다. 사도의 표는 스스로 내세우는 것이 아니다. 그 삶과 사역에서 객관적으로 증명된다.

"나는 어리석은 사람이 되었습니다. 여러분이 나를 억지로 어리석은 사람이 되게 했습니다. 사실 나는 여러분에게 칭찬을 받아 마땅합니다. 비록 나는 아무것도 아니지만, 저 '가장 위대한 사도들'보다 조금도 뒤질 것이 없습니다. 나는 여러분 가운데서 모든 것을 인내하면서 사도의 표시인 표적과 기적과 놀라운 일들을 행했습니다"(고후 12:11,12 쉬운성경).

진정한 자랑거리

어리석은 사람들은 세상의 기준에 비추어 자랑한다. 바울은 그런 기준으로 말한다면 자신도 자랑거리가 많다고 했다.

"…만일 어떤 사람이 감히 자랑할 것이 있다면, 어리석은 말 같지만, 나 역시 자랑할 것이 있습니다. 그들이 히브리인입니까? 나도 히브리인입니다. 그들이 이스라엘 사람입니까? 나도 그렇습니다. 그들이 아브라함의 자손입니까? 나도 그렇습니다. 그들이 그리스도의 일꾼입니까? 이 말을 할 때에 내가 제정신이 아닌 사람처럼 보이겠지만, 나는 그 사람들보다 더 뛰어난 일꾼입니다. 나는 더 많이 수고했고, 감옥에도 더 많이 갇혔으며, 셀 수 없을 정도로 매를 많이 맞았고, 죽을 고비도 여러 번 넘겼습니다. 또 유대인에게 서른아홉 대 맞는 태형을 다섯 번이나 당하였습니다. 몽둥이로 세 차례 맞고, 돌에 맞은 적도 한 번 있었습니다. 배가 난파된 적도 세 번 있었으며, 밤낮을 망망대해에서 표류한 적도 있었습니다.

자주 여행을 하는 동안, 강물의 위험과 강도들로부터 오는 위험, 내 동족들에게서 받는 위험, 이방인들에게서 받는 위험, 도시에서 당하는 위험, 황량한 광야에서 당하는 위험, 바다의 위험, 또한 거짓 신자들로부터 오는 위험을 겪었습니다. 나는 수고하고 애쓰며 살았습니다. 잠 못 들어 밤을 지샌 적이 여러 번이고, 배고프고 목마르고, 굶기도 자주 하고, 추위에 떨고, 헐벗음의 고통도 받았습니다"(고후 11:21-27 쉬운성경).

그는 계속해서 그가 받고 경험한 주의 환상과 계시를 부득불 자랑했다(고후 12:1-6). 그러나 실상 그가 자랑하고자 한 것은 다른 것이다. 바울의 진정한 자랑거리는 그의 약한 것이었다.

"내가 부득불 자랑할진대 내가 약한 것을 자랑하리라"(고후 11:30).

일반적으로 사람들은 자기의 강한 것을 자랑하지만, 바울은 자기의 약한 것들을 자랑했다. 그것은 바로 "육체의 가시"다. 그는 이것을 "사단의 사자"라고 했다(고후 12:7).

"이것이 내게서 떠나가게 하기 위하여 내가 세 번 주께 간구하였더니 나에게 이르시기를, '내 은혜가 네게 족하도다. 이는 내 능력이 약한 데서 온전하여짐이라' 하신지라. 그러므로 도리어 크게 기뻐함으로 나의 여러 약한 것들에 대하여 자랑하리니 이는 그리스도의 능력이 내게 머물게 하려 함이라. 그러므로 내가 그리스도를 위하여 약한 것들과 능욕과 궁핍과 박해와 곤고를 기뻐하노니 이는 내가 약한 그때에 강함이라"(고후 12:8-10).

재물이 아니요 오직 너희니라

바울은 이제 이 고통의 편지를 마무리 지으면서 사도로서 그의 마음을 잘 보여준다.

"보라 내가 이제 세 번째 너희에게 가기를 준비하였으나 너희에게 폐를 끼치지 아니하리라. 내가 구하는 것은 너희의 재물이 아니요 오직 너희니라… 내가 너희 영혼을 위하여 크게 기뻐하므로 재물을 사용하고 또 내 자신까지도 내어주리니 너희를 더욱 사랑할수록 나는 사랑을 덜 받겠느냐?"(고후 12:14,15)

마지막 말, 그리고 축도

"마지막으로 말하노니, 형제들아, 기뻐하라. 온전하게 되며 위로를 받으며, 마음을 같이하며 평안할지어다. 또 사랑과 평강의 하나님이 너희와 함께 계시리라… 주 예수 그리스도의 은혜와 하나님의 사랑과 성령의 교통하심이 너희 무리와 함께 있을지어다"(고후 13:11,13).

【 고린도후서 사역자와 사역 】

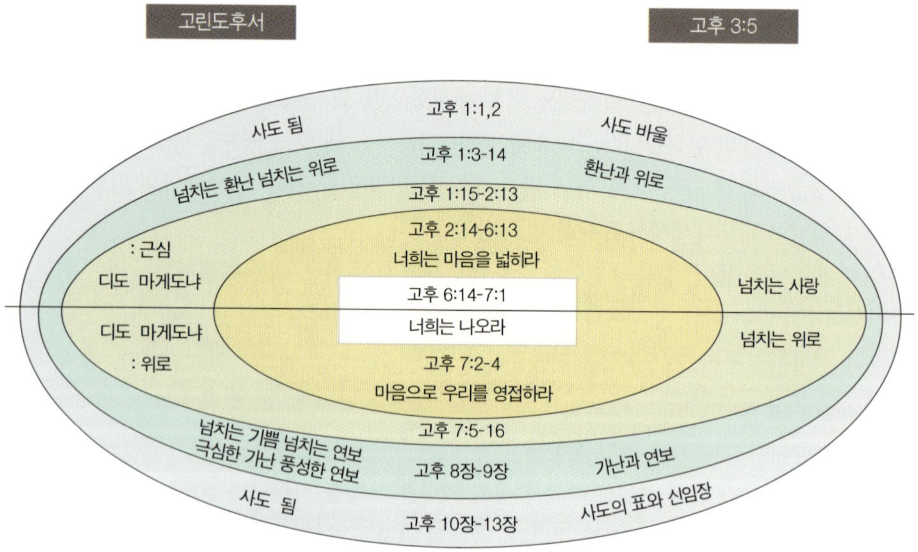

스트레스를 어떻게 다룰 것인가?

- 고린도후서를 통해서 갈등을 해소하는 법을 살펴본다.

1. 어려운 환경과 사람들을 어떻게 다룰 것인가?(고후 1:8-11)

고통과 괴로움은 어려운 환경과 사람을 통해 나타난다. 이런 환경에 처할 때 우리는 어떻게 반응할 것인가? 다음의 중요한 원칙을 살펴야 한다.

1) 우리의 힘이 약할 때 하나님의 힘이 나타난다(고후 1:9)
우리가 스스로의 힘으로 살아있는 한 하나님께서 일하실 수 없다. 우리 능력의 한계에 다다를 때 하나님의 능력을 경험할 수 있다.

2) 어려운 환경에 도달할 때 좋았던 환경을 기억하라(고후 1:10).
과거에 역사하신 하나님께서 지금도 행하실 것을 믿는다. 시편에 "기억하라"라고 반복적으로 말씀하신다(시 77편을 묵상하자).

3) 어려움에 처할 때 그리스도의 몸에게 기도를 요청하라(고후 1:11)
바울은 어려울 때 기도를 요청하기를 주저하지 않았다.
"나를 위하여 구할 것은…"(엡 6:19,20).
"너희의 간구와 예수 그리스도의 성령의 도우심으로…"(빌 1:19).

2. 스트레스를 받을 때 어떻게 처리할 것인가?(고후 4:7-12,16-18)
질그릇은 매우 값싸고, 깨어지기 쉽다. 우리는 슈퍼맨이 아니다. 우리는 깨어지기 쉬운 질그릇이다. 인간이기에 스트레스를 받지만, 중요한 것은 그것을 어떻게 처리하느냐이다.

1) 고통을 당할 때 하나님께서는 반드시 한계를 지으신다(고후 4:7-9)

우리 그리스도인들은 환경, 마귀 등 어떤 것에 의해서도 패배하도록 되어있지 않다. 하나님의 다스리심이 우리의 삶에 한계를 지으신다(고전 10:13). "이르기를, '네가 여기까지 오고 더 넘어가지 못하리니 네 높은 파도가 여기서 그칠지니라' 하였노라"(욥 38:11).
주님은 다음과 같이 말씀하신다.

> "네가 나의 뜻 밖에 있을 때는 나를 이해하지 못한다."
> "네가 나의 뜻 안에 있을 때만 나를 이해하게 된다."

그러면 어떻게 하나님의 뜻 안에 거할 수 있는가? 이해하지 못할 때는 그 상황을 받아들이라. 우리에게 일어난 모든 일은 하나님의 섭리 안에 있다. 이것을 받아들일 때 이해가 생긴다.

2) 기억하라 - 십자가의 원칙과 희생을 기억하라(고후 4:10-12)
생명이 죽을 때 열매를 맺는다(요 12:24). 예수께서 죽음을 선택하심으로 부활에 이르셨다. 바울은 이 원칙을 알았다. "그런즉 사망은 우리 안에서 역사하고 생명은 너희 안에서 역사하느니라"(고후 4:12).

3) 하나님의 섭리가 균형을 이룬다(고후 4:17)
바울에게 일어난 모든 일은 그의 삶의 목적의 정도에 따라서 일어났다. 바울이 겪은 어려움은 하나님이 다스리시는 기준으로, 우리를 위해서 하나님의 영광을 우리의 삶에 나타내신다.
하나님의 임재하심을 안다면 내가 당하는 고통은 작게 여겨진다. 고통을 이길 수 있는 용기를 가지게 된다. 이는 우리가 기도할 때 가능케 된다. 기도하지 않는다면 어려움을 이기지 못할 것이다. 하나님께 기도할 때 하나님의 일하심을 보게 된다.

3. 고통, 고난을 어떻게 이해할 것인가?(고후 6:4-10)

1) 고통, 고난은 성장의 필수요소이다
마라톤을 할 때 20킬로미터 지점에 이르면 고통의 벽에 도달한다. 이 벽 앞에서 쓰러지거나 또는 극복하여 넘어서게 된다. 넘어설 때 계속 달릴 수 있다. 우리의 육체는 고통이 있어야 성장을 한다. 육체적, 정서적, 정신적, 영적인 고통이 없으면 성장할 수 없다.
우리는 인간관계에서 많은 상처를 주고받는다. 용서를 구할 때 또한 용서할 때 성장이 일어난다. 하나님께서 훈련시키실 때는 즐거운 것이 아니라 고통스럽다. 고통을 겪지 않은 육체의 연습은 육체를 강건하게 할 수 없다는 사실을 기억해야 한다. 인간관계에서 고통을 면하려 한다면 고독하게 될 것이다.

2) 고통을 겪는 것과 고통을 통해 얻는 결과 사이에는 시간적 간격이 있다
운동을 시작한 다음 날에는 근육이 더 고통스럽다. 그때를 잘 넘겨야 한다. 열매를 얻기 위해서는 반드시 시간이 필요하다(시 126:5,6). 고통이 좋은 결과를 얻기까지는 시간적 간격이 요구된다.

3) 고통의 양은 삶의 목표에 따라서 달라진다
목표가 크면 클수록 고통은 더 커진다. 우리는 큰 목표를 가져야 한다. 하나님의 목표는 이 땅에 그의 나라를 이루는 것이다. 예수님은 진주의 비유를 통해 하나님나라를 얻기 위해서 내게 있는 것을 다 팔아야 한다고 말씀하셨다. 우리의 필요가 채워지면 더 이상 할 일이 없다. 하나님은 우리를 축복하기 원하신다. 하나님께서 우리에게 주시는 축복을 다룰 수 있는 더 큰 목표가 있어야 한다.

4. 육체의 가시를 어떻게 이해할 것인가?(고후 12:7-10)

'육체의 가시'란 기도해도, 노력해도 응답이 없는 것이다. 우리의 믿음이 다른 것에는 역사하나 이 영역에는 역사가 일어나지 않는다. 다른 사람에게는 그것이 쉽게 해결되지만 나에게는 되지 않는다. 이처럼 육체의 가시는 해결할 수 없는 고통이다. 바울의 육체의 가시가 무엇이었는지는 확실히 알 수 없다.

'가시'

가시는 바울에게 혼란과 혼동을 일으키는 장애물이 아니라 하나님께 기도하게 하며 응답을 받게 하는 도구였다. 가시는 바울이 균형을 갖도록 만들어주었다.

- 가시는 교만해질 수 있는 가능성을 억제한다.
- 하나님께서 이 가시를 남겨두심은 바울이 이 땅에서 걸어 다니도록 하기 위함이다.
- 육체의 가시의 목적은 하나님의 더 크신 역사하심을 알려주기 위함이다.
- "내 능력이 약한 데서 온전하여짐이라"(my power is made perfect in weakness). 가령 전기를 전도하는 데 유익한 금속과 방해하는 금속이 있다고 생각해보자. 구리는 전자가 들어가기가 쉽다. 그래서 전선으로 사용한다. 반면에 니크롬선은 전자가 들어가는 것을 방해한다. 그래서 열선으로 사용한다.

우리 가운데 하나님의 능력을 거부하고 방해하는 현상이 일어날 수 있다. 이때는 우리가 강할 때, 살아있을 때이다. 하나님의 능력이 우리 가운데 역사하기 쉬울 때는 우리가 죽을 때이다. 하나님은 그의 능력을 우리 육체의 가시를 통해서 나타내신다.

바울은 어디에서 이 같은 것을 배웠는가?

- 하나님의 은혜가 모든 일에 넘친다는 것을 그는 육체의 가시를 통해서 배웠다.

예수님은 가시 면류관을 쓰셨다. 그것을 통해서 생명을 전달하셨다.
예수님은 우리 속에 육체의 가시를 그대로 두라고 하실 때가 있다.

A. D. 200년경에 쓰인 글에, 바울의 외모에 대해 이렇게 언급했다.
"키가 작고, 이마는 벗겨지고, 안짱다리이며, 눈썹은 맞붙었고, 코는 매부리코다. 그러나 은혜가 넘쳐서 때로는 천사의 얼굴로 보였다."

Dear. NCer

NCer인 우리는 그리스도의 향기로서 자신의 영역에서 영향력을 주는 사람이 되어야 한다. 그 모든 능력은 질그릇 같은 내 안에 계신 보물인 그리스도께 있음을 알고 겸손해야 한다.
그리스도 안에 있는 부요한 자로서 하나님나라와 열방을 위해 재물을 심어야 한다.
NCer로서 우리는 스트레스를 다루는 법을 배워야 한다.

❖ 로마서(Romans) 예수 그리스도의 복음

> 로마서는 신약의 으뜸이요 복음을 가장 잘 설명한 서신이다. — 마틴 루터

로마서가 서신들 중 가장 앞에 놓인 것은 대선지서가 앞에 놓인 것처럼 그 길이 때문이다. 쓰인 시기와는 아무런 상관이 없다. 로마서는 신약 서신서 중에서 가장 길며 약 7,100단어로 되어 있다. 다음으로 고린도전서가 6,800단어이며, 고린도후서가 4,600단어로 그다음으로 길다.

로마서는 바울의 다른 서신과는 분위기와 방법 면에서 명백한 차이가 있다. 바울은 자신이 직접 개척하지 않고 관련이 없는 교회의 현안에 대해서는 다루지 않았다. 그러나 로마교회는 바울이 직접 개척하지 않았고 한 번도 방문한 적이 없음에도 교회의 현안들을 다루었다.

로마서는 바울의 서신 중에서 가장 탁월하고 조직적이며 논리적이고 풍성한 책이다. 누군가 말했듯, 로마서는 끊임없이 솟구쳐 나오는 샘과 같다. 갈라디아서와 로마서가 말하는 복음의 내용은 근본적으로 변함이 없지만 그것을 설명하는 방법은 다르다. 로마서를 알면 기독교를 알게 된다.

로마서에 의해 영향을 받은 사람들

- 수사학자요 무신론자였던 어거스틴(A.D.386)은 **로마서 13장 13,14절**에 의해 방탕한 삶을 청산하고 전적으로 주를 위해 살게 되었다. 그에게는 어머니 모니카의 오랜 기도가 있었다.
- 마틴 루터(A.D.1513)는 **로마서 1장 17절** "오직 의인은 믿음으로 말미암아 살리라"의 말씀으로 대전환점을 맞이했다.
- 요한 웨슬리(A.D.1738)는 마틴 루터의 로마서 강해서를 읽으면서 힘 있는 사역을 했다.
- 크리소스톰(A.D.349-407)은 로마서를 한 주에 두 번씩 읽었다.

로마서 – 복음의 능력(롬 1:16,17)

하나님의 의에 대한 계시			하나님의 의에 대한 변론			하나님의 의에 대한 적용	
하나님의 의가 필요함	하나님의 의가 전가됨	하나님의 의를 입증함	이스라엘 과거 -선택	이스라엘 현재 -거절	이스라엘 미래 -회복	그리스도인의 의무	그리스도인의 자유
1:1-3:20	3:21-5:11	5:12-8:39	9:1-29	9:30 -10:21	11장	12장-13장	14장-16장
죄와 죄인	죄행 -그리스도의 피	죄성 -그리스도의 십자가	하나님의 주권			그리스도인의 섬김	
행위가 아니라 **오직 믿음**으로 구원받음			**오직 긍휼로**			**오직 행함**으로 믿음을 증명함	

로마서는 바울의 3차 전도여행 중 고린도에서 사역하는 동안에 기록되었다. 바울은 장차 예루살렘을 거쳐서 로마로 가려는 계획을 세우고 먼저 서신을 보냈다. 로마교회는 유대인과 이방인이 함께 어우러진 공동체였다. 다른 곳처럼 로마교회도 유대인의 율법주의적 정신에 영향을 받았다. 바울은 차분한 어조로 복음의 핵심을 전해 교회를 견고하게 하고자 했다. 그러나 '구원이 유대인에게서 난다'는 점을 잊지 않도록 했다(요 4:22).

로마서의 메시지

서론 | 예수 그리스도가 복음이다(롬 1:1-17)

바울의 서신은 대체로 일정한 형식을 갖추고 있다. 발신자와 수신자가 명시된 후 인사가 나온다. 그러나 기록 목적에 따라서 비교적 자유롭게 그 형식을 취하고 있다. 로마서의 서두는 전체의 내용과 조화를 이룬다. 로마서는 "하나님의 복음"으로 시작하여(롬 1:1), "나의 복음"으로 마친다(롬 16:25). 그는 '예수 그리스도의 종이며 사도'라고 간단히 자기소개를 한 다음 곧바로 복음의 핵심으로 나아갔다(롬 1:1-4).

> **"예수 그리스도는 모든 성경을 통해 미리 약속하신 하나님의 아들이다. 모든 성경이 그의 오심을 선포하였다. 그는 육신으로는 다윗의 혈통으로 나셨다. 또한 십자가에 죽으시고 부활하셔서 능력으로 하나님의 아들로 선포되셨다"(롬 1:2-4 참조).**

"하나님의 아들로 선포되셨다"는 말씀을 오해해서는 안 된다. 예수님이 인간으로 태어나셨으나 부활로써 하나님의 아들이심을 인정받으셨다는 의미가 아니다. 요한복음 1장에서 말씀하시듯, 예수님은 태초부터 계시는 창조주 하나님이시다. 그는 우리의 구원을 위해 육신으로 오신 하나님의 아들이시다. 그러므로 로마서의 이 말씀은 예수님이 능력으로 그가 하나님의 아들이심을 우리에게 보여주심을 설명한 것이다. 다시 말하면, 예수님의 부활로 그가 하나님의 아들이심을 누구도 부인할 수 없도록 선포하셨다는 것이다.

하나님께서 그의 선지자들을 통해 말씀하신 것을 기록한 성경에 예수께서 다윗의 혈통으로 오심을 말씀하신 것과 그의 죽으심과 부활하심을 통해 우리는 복음을 이해하게 된다.

로마서는 처음부터 복음의 능력을 강하게 전한다.

> 내가 복음을 부끄러워하지 아니하노니, 이 복음은 모든 믿는 자에게 구원을 주시는 하나님의 능력이 됨이라. 먼저는 유대인에게요, 그리고 헬라인에게로다. 복음에는 **하나님의 의**가 나타나서 믿음으로 믿음에 이르게 하나니 기록된 바 오직 의인은 믿음으로 말미암아 살리라 함과 같으니라 롬 1:16,17

하나님의 의

구약에 "의"라는 표현이 매우 많은 것을 알면 놀랄 것이다. 다윗은 "주의 공의로 나를 건지소서"(시 31:1), "내 의의 하나님이여, 내가 부를 때에 응답하소서"(시 4:1)라고 했고, 예레미야는 메시아에 대해 "그의 이름은 '여호와 우리의 공의'라 일컬음을 받으리라"(렘 23:6)라고 했다. 이사야는 하나님께서 우리를 구원하심을 두고 "공의를 갑옷으로 삼으시며"(사 59:17)라고 하였다. 그러므로 "하나님의 의"는 우리에게 주시는 하나님의 성품을 의미하는 것이 아니라 우리를 향한 하나님의 구속의 행위를 말한다. 로마서의 중심적인 단어는 "하나님의 의"다.

'의인'이란 자기 공로로 죄 사함 받은 사람이 아니라 자신이 어떤 율법의 행위로도 구원받을 수 없는 죄인임을 인정하고 오직 하나님이 마련하신 구원의 은혜를 믿음으로 응답하는 사람을 가리킨다.

로마서를 통한 바울의 사역은 훼파된 그림을 복원하는 작업과 같다. 바울은 나중에 첨가된 모든 물감과 방부제를 제거하고 원래의 그림으로 복원하는 공교한 작업을 했다. 하나님께서 그리스도 안에서 베푸신 밝고 아름다우며 은혜로운 구속의 빛을 로마서를 통해 드러냈다.
하나님은 로마서를 통해 자기 행위의 의에 기초한 구원이 아니라 '오직 예수 그리스도 안에 나타난 하나님의 의를 믿는 믿음으로 인한 구원'임을 보여주신다.

하나님의 의가 필요함(롬 1:18-3:20)

로마서를 읽다 보면 첫 부분부터 쇠망치로 머리를 맞는 듯하다. 충격을 받는다. "유대인이나 헬라인이나 다 죄 아래에 있다"(롬 3:9)라는 검사의 기소문 낭독 때문이다.

검사의 기소문 낭독

의인은 없나니 하나도 없으며, 깨닫는 자도 없고 하나님을 찾는 자도 없고, 다 치우쳐 함께 무익하게 되고, 선을 행하는 자는 없나니 하나도 없도다. 그들의 목구멍은 열린 무덤이요, 그 혀로는 속임을 일삼으며, 그 입술에는 독사의 독이 있고, 그 입에는 저주와 악독이 가득하고, 그 발은 피 흘리는 데 빠른지라. 파멸과 고생이 그 길에 있어 평강의 길을 알지 못하였고, 그들의 눈앞에 하나님을 두려워함이 없느니라 롬 3:10-18

검사는 한 번 더 힘주어 낭독한다.

모든 사람이 죄를 범하였으매 하나님의 영광에 이르지 못하더니 롬 3:23

검사의 수사기록

검사의 수사기록을 살펴보면 날카롭고 예리하고 정확하다. 로마서 1장 18-32절의 내용이 그것이다. 여러분의 입으로 직접 소리 내어 읽어보기 바란다.

- 아무도 핑계할 수 없다(롬 1:18-23).
- 그러므로 하나님께서 그들을 마음의 정욕대로 내버려두셨다(롬 1:24,25).
- 그러므로 하나님께서 그들을 부끄러운 욕심대로 내버려두셨다(롬 1:26,27).
- 그러므로 하나님께서 그들을 그 상실한 마음대로 내버려두셨다(롬 1:28-32).

검사는 애통함으로 마무리 짓는다.

그들이 이 같은 일을 행하는 자는 사형에 해당한다고 하나님께서 정하심을 알고도 자기들만 행할 뿐 아니라 또한 그런 일을 행하는 자들을 옳다 하느니라 롬 1:32

검사의 의견

"죄의 삯은 사망이요"(롬 6:23)라는 검사의 기소문은 우리를 더욱 절망에 이르게 한다.

"사망!"

공정한 수사

검사가 담대하고 단호한 이유는 공정성 때문이다. 검사의 수사 기준은 다음과 같다(롬 2:1-16).

- 진리대로 판결했다(롬 2:2).
- 고집과 회개하지 아니한 마음을 따라 판결했다(롬 2:5).
- 각 사람이 행한 대로 판결했다(롬 2:6).
- 율법을 따라 판결했다(롬 2:12).
- 율법 없는 자는 본성(롬 2:14)과 양심을 따라 판결했다(롬 2:15).

얼마나 공정한 판결 기준인가! 아무도 이의를 제기할 수 없다.
이사야의 고백이 저절로 나온다.
"화로다, 나여! 망하게 되었도다!"(사 6:5).

하나님의 의가 나타남(롬 3:21-5:11)

속량, 은혜, 칭의

사망 언도!

검사의 수사기록과 기소문은 우리를 절망에 이르게 한다.
그런데 갑자기 변호사의 변론이 시작된다!

"검사의 수사 기준이 공정한 것을 인정합니다. 수사기록에 전혀 거짓이 없음을 인정합니다. 검사의 기소 내용에도 이의가 없습니다. 피고는 이 상황을 벗어날 어떠한 방법도 없습니다. 그러나 여기 놀라운 일이 일어났습니다."

이제는 율법 없이도 하나님께로부터 오는 의가 나타났습니다. 이것은 율법과 예언자들도 증언한 것입니다. 하나님께로부터 오는 의는 예수 그리스도를 믿는 믿음을 통해 옵니다. 이 의는 믿는 사람이라면 누구에게나 주어지는 것이며, 사람을 차별하지 않습니다 롬 3:21,22 쉬운성경

이 얼마나 놀라운 소식인가!

모든 사람이 죄를 범하였으매 하나님의 영광에 이르지 못하더니, 그리스도 예수 안에 있는 **속량**으로 말미암아 하나님의 은혜로 값없이 **의롭다 하심**을 얻은 자 되었느니라. 이 예수를 하나님이 그의 피로써 믿음으로 말미암는 **화목제물**로 세우셨으니, 이는 하나님께서 길이 참으시는 중에 전에 지은 죄를 **간과하심**으로 자기의 의로우심을 나타내려 하심이니, 곧 이때에 자기의 의로우심을 나타내사 자기도 의로우시며 또한 예수 믿는 자를 의롭다 하려 하심이라 롬 3:23-26

모든 사람이 죄를 범했다. 그 결과로 '하나님의 영광에 이르지 못하였다'(롬 3:23).
죄는 암세포와 같아서 모든 관계를 파괴시킨다. 죄는 하나님과의 관계를 파괴시킨다. 하나님과 친밀한 관계를 맺지 못하게 한다. 하나님으로부터 우리를 멀리 떨어뜨려 놓는다. 결국 하나님과 원수가 되게 한다.

> 너희 죄악이 너희와 너희 하나님 사이를 갈라놓았고 너희 죄가 그의 얼굴을 가리어서 너희에게서 듣지 않으시게 함이니라 사 59:2

죄는 나와 나의 관계를 파괴시킨다. 담대함과 확신, 기쁨과 평강을 빼앗아가고 대신에 두려움, 정죄감, 죄책감, 죄의식을 준다. 우리의 양심을 더럽힌다. 나의 양심이 나를 비난한다. 원수가 나를 참소한다. 죄는 원수가 내 삶을 합법적으로 주관하도록 틈을 만든다. 결국 마귀의 종노릇하게 한다.

속량

이제 우리는 '그리스도 예수 안에서 속량되었다'(롬 3:24).
"속량되었다"는 것은 대신 값을 치렀다는 뜻이다. 내가 도저히 치를 수 없던 죄의 값을 그리스도 예수께서 대신 지불하셨다. 그것은 다음과 같은 결과를 가져왔다.
가장 먼저 나의 죄가 처리되었다. 그러므로 정죄감에서 자유하게 되었다. 양심의 비난으로부터 자유하게 되었다. 마귀의 비난, 속박에서 자유하게 되었다. 더 이상 나의 원수가 참소하지 못한다.

어떻게 속량되었는가?

어린양이신 예수 그리스도의 피로 인해 구속되었다.

> 이 예수를 하나님이 그의 피로써 믿음으로 말미암는 화목제물로 세우셨으니 롬 3:25

화목제물은 사람의 죄를 해결하는 하나님의 방법이다. 구약에서는 죄를 지은 사람이 양을 가지고 제사장에게 오면, 제사장은 그 양의 머리에 안수하고 제단에서 양을 죽여 그 피를 가지고 하나님 앞에 나아가 성소에 뿌렸다.

이것은 장차 우리의 죄를 짊어지고 화목제물이 되시는 예수 그리스도를 예표한 것이다. 세례 요한은 "보라 세상 죄를 지고 가는 하나님의 어린양이로다"(요 1:29)라고 예수님을 소개했다. 이사야 53장 6절에 "여호와께서는 우리 모두의 죄악을 그에게 담당시키셨도다"라고 했고, 또 이사야 53장 8절에 "그가 살아있는 자들의 땅에서 끊어짐은 마땅히 형벌 받을 내 백성의 허물 때문이라"라고 했다.

> 우리는 그리스도 안에서 그의 은혜의 풍성함을 따라 그의 피로 말미암아 속량 곧 죄 사함을 받았느니라 엡 1:7

우리가 지은 죄를 간과하셨다

'간과하셨다'는 것은 '넘어가셨다'는 뜻이다. 우리가 전에 지은 죄를 넘어가셨다. 주목하지 않고 통과하셨다.

(1) 오래 참으심으로 넘어가셨다.

(2) 용서하심으로 넘어가셨다.

(3) 대신 지불하심으로 넘어가셨다.

하나님께서 출애굽 당시 어린 양의 피를 보시고 넘어가셨다. "내가 피를 볼 때에 너희를 넘어가리니"(출 12:13).

"너희가 알거니와 너희 조상이 물려준 헛된 행실에서 대속함을 받은 것은 은이나 금같이 없어질 것으로 된 것이 아니요, 오직 흠 없고 점 없는 어린양 같은 그리스도의 보배로운 피로 된 것이니라"(벧전 1:18,19).

칭의

속량의 결과로 우리는 의롭게 되었다.

> 곧 이때에 자기의 의로우심을 나타내사 자기도 의로우시며 또한 예수 믿는 자를 의롭다 하려 하심이라 롬 3:26

하나님은 예수 그리스도의 피로 우리를 속량하셨음을 믿는 자마다 의롭다 하신다.

'의롭게 되었다'는 것은,

1) 우리로 하나님에게 가까이 나아가게 한다.

예수의 보혈로 우리의 양심이 깨끗해지고 하나님을 섬기게 되었다(히 9:14).

우리는 보혈을 의지하여 지성소에 계시는 하나님의 보좌로 나아간다. 나의 행위와 공로를 의지하여 나아가는 것이 아니라 오직 예수 그리스도의 보혈을 의지한다. 나의 감정과 상태에 의하여 나아가는 것도 아니다.

죄 사함을 받고 의롭게 된 우리는 단지 나의 죄로부터의 자유를 얻은 것만이 아니다. 더 나아가 지성소에 계시는 하나님께 나아가서 그분 앞에 머무는 삶을 살게 되었다. 지성소에서 하나님과의 친밀한 교제가 이루어진다. 그곳에서 우리는 하나님의 임재를 경험한다(히 10:19).

> 여기(지성소)서 아버지의 얼굴을 볼 것이요, 그의 사랑을 맛볼 것이다. 여기서 그의 거룩함을 나타내신다. 여기서 사랑과 예배와 기도의 향연이 이루어진다. 여기서 하나님과의 풍성한 교제가 이루어진다. 여기서 중보기도자의 능력 있는 기도가 이루어진다. 여기에 하나님과 어린양의 보좌로부터 끊임없이 흐르고 넘치는 성령의 강이 있다. 여기에서 영혼이 독수리의 날개 치며 올라감같이 새 힘을 얻고 또한 제사장으로서 세상에 축복을 줄 수 있는 힘과 사랑을 갖게 된다. 여기에서 매일 그의 뜻을 이루는 통로가 되도록 신선한 기름부음을 받는 것을 체험하게 된다.
>
> — 앤드류 머레이, 《지성소》 발췌

2) 우리로 참소자를 이기게 한다.

…우리 형제들을 참소하던 자 곧 우리 하나님 앞에서 밤낮 참소하던 자가 쫓겨났고, 또 우리 형제들이 어린양의 피와 자기들이 증언하는 말씀으로써 그를 이겼으니 계 12:10,11

그 아들 예수의 피가 우리를 모든 죄에서 깨끗하게 하실 것이요 요일 1:7

예수님의 보혈은 우리가 일상생활에서 짓는 낱낱의 죄(every sin)를 깨끗게 한다.

낱낱의 죄 : 큰 죄와 작은 죄, 아주 검은 죄와 그렇게 검게 보이지 않는 죄, 용서받을 수 있다고 생각하는 죄와 용서받을 수 없다고 생각하는 죄, 의식하고 있는 죄와 의식하고 있지 않은 죄, 기억하는 죄와 기억하지 않고 잊어버린 죄 등을 다 포함한다.

그러므로 더 이상 정죄함이 없다(롬 8:1,2).

- 사단이 긴 죄 리스트를 가지고 우리를 참소한다 할지라도 그것을 더 이상 받아들이지 말아야 한다. 그것이 사실일지라도 주께서 이미 그 대가를 지불하셨다! 예수의 영원한 언약의 피로 말미암아 이미 지불하셨다. 이것을 선포하라!(롬 8:31-34)
- 사단의 비난을 받아들이는 이유는 여전히 자신의 의를 내세우기 때문이다. 사단은 우리가 자신의 의를 의지하기를 원한다. 그러나 하나님은 우리가 예수의 피를 의지하기를 원하신다.
- 우울증의 원인 - 사단의 거짓말을 받아들이기에 우울증이 생긴다. 감정의 기복이 심하다. 마치 코사인 곡선과 같은 삶이다. 정죄감은 마치 낚싯바늘과 같다. 과거의 악한 생활, 죄악 된 생활이 낚싯바늘같이 나를 잡아당겨 과거의 실패의 삶, 죄의 삶에 매여 살게 한다.

이제 우리가 그의 피로 말미암아 의롭다 하심을 받았으니 롬 5:9

하나님께서 예수의 피로 말미암아 나를 완전히 용서하셨다. 더 이상 죄책감과 정죄감에 사로잡힐 이유가 없다. 나는 완전히 용서받았다. 더 이상 죄인이 아니다. 공개적으로 시인하라!
예수의 보혈의 능력을 선포하라! 예수의 보혈을 의지하라!

최종 판결

의로운 재판장이신 하나님이 최종적으로 판정하신다.
"무죄!"
화목제물이 되신 예수 그리스도의 피로 우리는 속량함을 받았다. 무죄 판결을 받았다!

은혜

우리는 예수 그리스도의 피로 속량함을 받아 의롭게 되었다. 그 결과 우리의 죄의 값이 이미 치러졌기에 더 이상 사망에 이르지 않게 되었다. 양심의 비난에서도 자유하게 되었다. 사단의 참소에서도 자유하게 되었다. 게다가 하나님의 보좌에 나아가 하나님과 사귐을 갖게 되었다. 이것은 우리 인생에 가장 놀라운 대역전 드라마다.
이것은 하나님의 은혜다. 하나님의 '지극히 풍성한 은혜'다(엡 2:7).

그런즉 자랑할 데가 어디냐? 있을 수가 없느니라. 무슨 법으로냐? 행위로냐? 아니라! 오직 믿음의 법으로니라. 그러므로 사람이 의롭다 하심을 얻는 것은 율법의 행위에 있지 않고 믿음으로 되는 줄 우리가 인정하노라 롬 3:27,28

믿음

로마서 3장 21-28절은 하나님의 의가 나타남을 설명한다. 사망 언도를 받았던 우리가 예수의 피로 말미암아 속량을 받아 믿음으로 의롭게 되었다. 구사일생으로 사망에서 생명으로 옮겨졌다. 이것은 우리의 의가 아니라 전적으로 하나님의 의로 이루어진 것이다. 전적인 하나님의 은혜로 되었다. 우리에게 요구되는 것은 오직 믿음뿐이다. 믿음으로 하나님이 이루신 구원의 역사를 나의 것으로 누리게 되었다.

로마서 4장은 믿음장이다. 오직 믿음으로 속량을 받아 의롭게 되었음을 더 자세히 설명한다.

다윗의 믿음

믿음으로 우리는 의롭다 함을 얻는다. 그것은 전적으로 하나님의 은혜에 근거한다. 나의 행위가 아니다.

일하는 자에게는 그 삯이 은혜로 여겨지지 아니하고 보수로 여겨지거니와, 일을 아니할지라도 경건하지 아니한 자를 의롭다 하시는 이를 믿는 자에게는 그의 믿음을 의로 여기시나니, 일한 것이 없이 하나님께 의로 여기심을 받는 사람의 복에 대하여 다윗이 말한 바, '불법이 사함을 받고, 죄가 가리어짐을 받는 사람들은 복이 있고, 주께서 그 죄를 인정하지 아니하실 사람은 복이 있도다' 함과 같으니라 롬 4:4-8

다윗은 믿음으로 하나님의 의를 경험했다.

아브라함의 믿음

아브라함이 의롭다 함을 받은 것도 할례의 행위가 아니라 오직 믿음으로다. 아브라함의 할례의 행위는 "무할례 시에 믿음으로 된 의를 인친 것"(롬 4:11)이다. 그러므로 아브라함은 믿는 모든 자의 조상이 되었다. 또한 아브라함은 믿음으로 하나님의 능력을 경험했다.

…그가 믿은 바 하나님은 죽은 자를 살리시며, 없는 것을 있는 것으로 부르시는 이시니라. 아브라함이 바랄 수 없는 중에 바라고 믿었으니… 그가 백 세나 되어 자기 몸이 죽은 것 같고, 사라의 태가 죽은 것 같음을 알고도 믿음이 약하여지지 아니하고 믿음이 없어 하나님의 약속을 의심하지 않고, 믿음으로 견고하여져서 하나님께 영광을 돌리며, 약속하신 그것을 또한 능히 이루실 줄을 확신하였으니, 그러므로 그것이 그에게 의로 여겨졌느니라 롬 4:17-22

하나님의 의를 경험함(롬 5:1-11)

로마서 5장 1,2절은 하나님의 의를 통해 의롭게 된 자의 감격으로 시작한다. 그리고 그 감격은 갈수록 더욱 커져간다. 하나님의 의를 경험한 자의 고백이다.

그러므로 우리가 믿음으로 의롭다 하심을 받았으니 우리 주 예수 그리스도로 말미암아 하나님과 화평을 누리자! 또한 그로 말미암아 우리가 믿음으로 서 있는 이 은혜에 들어감을 얻었으며 하나님의 영광을 바라고 즐거워하느니라 롬 5:1,2

의롭다 함을 얻은 자의 삶은 하나님과 화평을 누리는 삶이다. 이미 언급했듯이 지성소에 계시는 하나님 앞에 자유로이 나아가며 교제하는 삶이다. 구약적 사고의 사람이라면 이것은 충격이다. 한 번도 상상하지 못했던 일이다.

메시지성경은 이렇게 말한다.

"하나님께서 우리를 위해 늘 하고자 하셨던 일, 곧 그분 앞에 우리를 바로 세워주시고, 그분께 합당한 사람으로 만들어주는 일에 우리는 믿음으로 뛰어들었습니다. 그러므로 지금 우리는, 우리 주인이신 예수로 말미암아 하나님 앞에서 이를 누리고 있습니다. 그뿐 아닙니다. 하나님을 향해 우리 문을 활짝 열어젖히는 순간, 우리는 그분께서 이미 우리를 향해 문을 활짝 열어놓고 계셨음을 발견합니다. 우리가 늘 있고자 원했던 그곳에, 마침내 우리가 서 있음을 알게 됩니다. 우리는 하나님의 은혜와 영광의 그 넓고 탁 트인 공간에서, 고개 들고 서서 소리 높여 찬양하는 우리 자신을 발견하게 됩니다"(롬 5:1,2 메시지성경).

우리가 서 있는 자리는 은혜의 자리다. 하나님과 화평을 누리는 곳, 하나님의 영광을 바라보며 즐거워하는 곳이다. 하나님의 영광과 위엄이 있음과 동시에 자유, 사랑, 기쁨, 평강, 생명, 힘이 있어서 그것을 전인격적으로 누린다. 그러나 하나님의 의를 경험한 자의 삶은 '이뿐 아니라 더 있다.'

"그뿐 아닙니다. 온갖 환난에 포위되어 있을 때에도 우리는 소리 높여 찬양하기를 멈추지 않습니다. 환난이 우리 안에 열정 어린 인내를 길러주고, 그 인내가 쇠를 연마하듯 우리 인격을 단련시켜주며, 우리로 하여금 하나님께서 장차 행하실 모든 일에 대해 늘 깨어있게 해준다는 것을 우리가 알기 때문입니다. 이 같은 희망 속에 늘 깨어있을 때, 우리는 결코 실망하는 법이 없습니다. 오히려 정반대입니다. 우리가 하나님께서 성령을 통해 우리 삶 속에 아낌없이 쏟아 붓고 계신 그 모든 것을 다 담아내기에는, 아무리 많은 그릇으로도 부족합니다!"(롬 5:3-5 메시지성경)

이제 하나님의 의를 경험한 자의 감격의 외침을 들어보자.

그뿐 아니라 이제 우리로 화목하게 하신 우리 주 예수 그리스도로 말미암아 하나님 안에서 또한 즐거워하느니라! 롬 5:11

하나님의 의를 완성함(롬 5:12-8:39)

잡초를 제거하려면 눈에 보이는 부분만 아니라 보이지 않는 부분, 즉 뿌리를 제거해야 한다. 눈에 보이는 잡초만 낫으로 벤다고 다 해결되는 것이 아니다. 근본적으로 해결해야 한다.
죄에 대한 두 가지 질문이 있다. '죄를 지어서 죄인인가? 죄인이어서 죄를 짓는가?' 일반적 세상의 법은 죄의 행동을 통해 죄를 규정한다. 그러나 성경은 다르다. 성경은 죄를 지어서 죄인이지만 동시에 죄인이어서 죄를 짓는다고 말한다. 그러면 이를 어떻게 다루어야 하는가? 해결이 가능한가? 죄성은 우리를 강제로 죄를 짓게 한다. 다윗은 "죄악이 나를 이겼다"라고 말한다.

> 죄악이 나를 이겼사오니 우리의 허물을 주께서 사하시리이다 시 65:3

죄성으로부터 벗어나 해방을 받아야 한다. 로마서는 죄를 두 가지 면에서 다룬다. 우리가 지은 죄의 행위를 해결하는 것도 중요하지만 죄를 짓는 죄인으로서의 죄성도 해결해야 한다는 것이다. 하나님의 놀라운 해결책은 예수 그리스도의 피와 십자가다.
예수 그리스도의 보혈이 우리의 죄/죄행을 처리했다면,
예수 그리스도의 십자가는 죄인 된 우리 자신/죄성을 처리했다.

죄와 율법으로부터 해방과 계속적인 성장(롬 5:12-8:39)

5장 12-21절, 6장-8장은 죄인 된 우리의 몸, 죄성에 대해 하나님이 행하신 놀라운 일의 간증이다.

- 우리는 날 때부터 죄인이다. 아담 안에서 사망을, 그리스도 안에서 생명과 은혜를 얻었다(롬 5:12-21).
- 우리는 죄로부터 해방되었다(롬 6장).
- 우리는 율법으로부터 해방되었다(롬 7장).
- 그러면 우리는 어떻게 살 것인가?(롬 8장)

【 죄행과 죄성을 해결하심 】

<table>
<tr><th colspan="2">죄행(롬 3:21-5:11)</th><th colspan="2">죄성(롬 5:12-8:39)</th></tr>
<tr><td colspan="2">행위로 지은 죄</td><td colspan="2">죄를 지을 수밖에 없는 본성</td></tr>
<tr><td colspan="2">예수 그리스도의 피로</td><td colspan="2">예수 그리스도의 십자가로</td></tr>
<tr><td>롬 3:21-31</td><td>하나님의 의와 칭의</td><td>롬 5:12-21</td><td>죄의 DNA</td></tr>
<tr><td rowspan="2">롬 4장</td><td rowspan="2">• 칭의의 길 : 믿음
• 다윗 : 하나님의 의
• 아브라함 : 하나님의 능력</td><td>롬 6장</td><td>죄로부터의 자유 : 노예와 주인</td></tr>
<tr><td>롬 7장</td><td>율법으로부터의 자유 : 아내와 남편</td></tr>
<tr><td>롬 5:1-11</td><td>이신칭의의 결과</td><td>롬 8장</td><td>성령으로 성장, 승리</td></tr>
</table>

출생의 비밀(롬 5:12-21)

로마서 3장 21절에서 5장 11절까지 말씀에서 우리는 큰 은혜를 받는다. 내가 지은 죄의 행위를 예수 그리스도의 피로 속량함을 받았다. 사형 언도를 받았다가 극적으로 무죄 판결을 받았다. 그것은 나의 행위로 된 것이 아니라 전적인 하나님의 은혜다. 이 놀라운 은혜의 감격에 젖어서 앞으로는 다윗과 아브라함처럼 오직 믿음으로 살리라 굳게 결심했다. 그리고 의롭다 함을 받은 엄청난 자유와 충만함과 영광의 삶으로 기뻐 노래하며 춤을 추었다. 그런데 갑자기 청천벽력 같은 새로운 사실을 알게 되었다. 나의 출생 비밀을 알게 된 것이다.

내가 죄인인 것은 나의 죄의 행위 때문만이 아니라 나의 죄성, 즉 내가 근본적으로 죄성을 가지고 태어났기 때문이라는 것이다. 나의 죄에 대한 새로운 사실이다. 이것은 나를 더 큰 절망으로 몰고 간다.

날 때부터 죄인이라는 사실을 우리는 인정하고 싶지 않다. 어느 정도 착한 부분이 있다고 생각한다. 그런데 성경은 우리가 날 때부터 죄인이라고 한다. 죄성을 가지고 출생했다고 선언한다. 죄를 지어서 죄인이 아니라 죄인이어서 죄를 짓는다고 말한다.

> 그러므로 한 사람으로 말미암아 죄가 세상에 들어오고 죄로 말미암아 사망이 들어왔나니, 이와 같이 모든 사람이 죄를 지었으므로 사망이 모든 사람에게 이르렀느니라 롬 5:12

내가 죄성을 가지고 출생한 이유는 나의 조상이 죄를 지었기 때문이라는 것이다.

내가 한국인인 이유는 날 때부터 한국인이기 때문이다. 나의 아버지와 할아버지도 한국인이다. 그러므로 나도 날 때부터 한국인이다. 내가 미국에 있어도 나는 한국인이다. 이는 나의 혈통과 유전의 문제이다. 내 아들은 미국에서 태어났다. 당시에 내가 미국에서 사역하고 있었기 때문이다. 그러나 내 아들은 여전히 한국인이다. 머리 색깔, 피부 등 모든 면에서 한국인이다. 왜냐하면 내가 한국인이기 때문이다. 사과나무에서는 사과가 맺힌다. 포도가 맺힐 수 없다. 오직 포도나무에서만 포도가 열린다. 이는 생명과 본질에 관한 것이다.

그러면 나의 죄성으로 죄를 지어도 좋다는 말인가? 결코 아니다! 그러면 나의 죄성은 어떻게 해결할 수 있는가? 여기 하나님의 놀라운 해결책이 있다.

> 한 사람이 순종하지 아니함으로 많은 사람이 죄인 된 것같이, 한 사람이 순종하심으로 많은 사람이 의인이 되리라 롬 5:19

한 사람 아담의 불순종으로 죄인이 되었다면, 한 사람 예수 그리스도의 순종하심으로 의인이 되었다.

> 이는 죄가 사망 안에서 왕 노릇 한 것같이, 은혜도 또한 의로 말미암아 왕 노릇 하여 롬 5:21

하나님의 해결 - 십자가

그렇다면 하나님은 어떻게 우리의 죄성을 해결하시는가? 하나님은 우리를 아담으로부터 예수 그리스도에게로 옮기심으로 이를 해결하셨다. 로마서 6장과 7장에는 이를 해결하시는 하나님의 지혜가 나타난다. 예수 그리스도의 십자가가 하나님의 해결책이다. 십자가는 하나님의 구원의 능력이다.

십자가의 도가 멸망하는 자들에게는 미련한 것이요, 구원을 받는 우리에게는 하나님의 능력이라 고전 1:18

내게는 우리 주 예수 그리스도의 십자가 외에 결코 자랑할 것이 없으니, 그리스도로 말미암아 세상이 나를 대하여 십자가에 못 박히고, 내가 또한 세상을 대하여 그러하니라 갈 6:14

십자가의 능력1 - 죄로부터 해방(롬 6장)

죄가 우리를 주관하므로 우리가 죄에게 종노릇한다. 우리의 몸은 죄의 몸이다. 아담으로부터 물려받은 우리의 몸 즉 '옛사람'은 완전히 부패하고 타락했다. 나무 전체가 돌배나무이므로 그 나무의 뿌리, 줄기, 가지, 잎사귀, 열매는 모두 돌배나무의 본성으로 가득하다. 우리가 죄의 권세로부터 자유하려면, 그것을 이기려고 노력하는 것이 아니라 단순히 종 된 죄인/죄의 몸이 죄에 대하여 죽어야 한다.

알렉상드르 뒤마의 작품《몬테크리스토 백작》은 이를 잘 보여주는 예이다. 주인공 에드몽 단테스는 누명을 쓰고 절대로 벗어날 수 없는 감옥에 갇힌다. 사방이 깊은 바다로 둘러싸인 섬의 절벽에 감옥이 있어서 죽어야만 벗어날 수 있었다. 주인공은 감옥에서 알게 된 파리아 신부로부터 높은 학문과 더불어 탁월한 검술을 익히게 된다. 더구나 신부는 보물지도를 가지고 있었다. 어느 날, 그 신부가 죽자 주인공은 죽은 신부를 대신하여 시신을 넣은 자루에 들어간다. 시신을 담은 자루는 바다에 던져지고 주인공은 감옥을 탈출하여 새로운 삶을 살게 된다.

죄를 이기려고 아무리 발버둥치고 싸워도 도저히 이기지 못한다. 언제나 죄에 끌려 죄를 짓는다.

세계 헤비급 챔피언

로마서 6장은 죄를 악독한 노예 주인으로, 죄의 몸은 힘없이 평생 매여 사는 노예로 비유했다. 악독한 노예 주인은 세계 헤비급 챔피언이다. 불사신이다. 병들지도 않는다. 힘없는 노예는 평생 매여 살 수밖에 없다. 벗어나는 유일한 길은 죽음으로써 해방을 받는 것뿐이다.

죄의 몸이 죽는 방법은 오직 예수 그리스도의 십자가에 있다. 이것이 하나님의 해결책이다. 하나님의 구원 계획이다.

무릇 그리스도 예수와 합하여 세례를 받은 우리는 그의 죽으심과 합하여 세례를 받은 줄을 알지 못하느냐? 그러므로 우리가 그의 죽으심과 합하여 세례를 받음으로 그와 함께 장사되었나니 롬 6:3,4

우리는 "죄에 대하여 죽었다"(롬 6:2). 죄가 더 이상 왕 노릇 하지 못한다.

우리가 알거니와 우리의 옛 사람이 예수와 함께 십자가에 못 박힌 것은 죄의 몸이 죽어 다시는 우리가 죄에게 종노릇하지 아니하려 함이니 이는 죽은 자가 죄에서 벗어나 의롭다 하심을 얻었음이라 롬 6:6,7

이제 우리는 예수의 부활에 연합한 자가 되었다. 우리는 예수가 십자가에서 죽으심과 부활하심을 믿는다.

만일 우리가 그의 죽으심과 같은 모양으로 연합한 자가 되었으면, 또한 그의 부활과 같은 모양으로 연합한 자도 되리라… 만일 우리가 그리스도와 함께 죽었으면 또한 그와 함께 살 줄을 믿노니 롬 6:5,8

예수의 갈보리 십자가 위에 우리도 함께 못 박혔다. 그리스도의 십자가를 통해 우리의 옛사람이 죽으면, 예수님의 부활로 우리의 몸을 재창조하는 것이 하나님의 계획이다. 새 창조, 새로운 피조물이 되게 하셨다. 인격에 대한 억압이 아니라 인격의 재창조이다. 그리스도의 십자가는 우리를 자유케 한다.

십자가의 능력2 - 율법으로부터 해방(롬 7장)

십자가를 통해 세계 헤비급 챔피언인 무자비하고 악독한 노예 주인으로부터 해방되어 기쁨을 누리는 것도 잠깐이요, 또 다른 엄청난 존재가 나를 붙잡아 죄 아래로 끌어간다. 그것은 바로 거룩하고 의로우며 선한 율법이다. 이 율법이 나의 죄를 죄로 드러내어 나를 죄 아래에 팔았다. 로마서 7장은 율법을 남편으로, 죄인인 나를 아내로 묘사한다(롬 7:1-3).

빵점짜리 결혼생활

내 남편은 거룩하고 의로우며 선하다. 또한 신령하다. 너무너무 완벽하다. 이런 남자를 남편으로 둔다면 어떨까? 주변의 여자들이 모두 나를 부러워한다. 그런데 어이없게도 나는 너무너무 불행하다! 왜냐하면 이런 남편에 비해 나는 허물투성이이기 때문이다. 실수를 연발하고 무엇 하나 잘하는 것이 없다. 요리를 하다가 깜빡해 까맣게 태우는 일이 다반사다! 한 번은 넘어가겠는데, 남편만 만나면 정죄감, 죄책감에 사로잡힌다. 남편은 내가 자신처럼 완벽해지기를 요구한다. 나는 결심도 하고, 금식기도도 하는데 변함이 없다. 나의 결혼생활은 빵점이다!
그런데 어느 날 커다란 문제가 발생했다. 전망 좋은 카페에서 혼자 커피를 마시며 내 신세가 너무 불쌍하여 침울해 있는데, 한 남자가 옆 테이블에 있다가 나를 보았다. 그는 내게 무슨 일이 있냐며 조심스럽고 예의 바르게 질문했다. 점점 알게 된 것은 이 남자도 내 남편처럼 거룩하고 의로우며 선하다는 것이다. 완벽한 점도 똑같다! 그런데 한 가지가 너무 달랐다. 나를 이해해 주고 나의 연약함을 대신 채워준다는 것이다. 용납, 용서, 오래 참음, 이해, 그리고 사랑으로 가득하다! 나도 모르게 내 마음이 이 남자에게로 가려 한다. 그러나 그럴 수 없다. 나에게는 이미 남편이 있지 않은가! 내 남편은 불사조와 같아서 병들지도 않고 죽지도 않는다. 나는 어쩔 수 없이 평생 불행한 결혼생활에 매여 살아야 한다.
그런데 어느 날, 지혜로운 상담가를 통해 자유하게 되는 길, 행복한 결혼생활의 비결을 알게 되었다. 그 길은… 내가 죽는 것이다! 그러면 나는 남편으로부터 자유케 된다. 더 놀라운 것은 내가 새로 태어난다는 것이다. 그러면 이 멋있는 남자와 결혼할 수 있다! 그것이 가능할까? 가능하다! 하나님이 나에게 해결책을 주셨다. 바로 예수 그리스도의 십자가다.

> 그러므로 내 형제들아, 너희도 그리스도의 몸으로 말미암아 율법에 대하여 죽임을 당하였으니, 이는 다른 이 곧 죽은 자 가운데서 살아나신 이에게 가서 우리가 하나님을 위하여 열매를 맺게 하려 함이라. 우리가 육신에 있을 때에는 율법으로 말미암는 죄의 정욕이 우리 지체 중에 역사하여 우리로 사망을 위하여 열매를 맺게 하였더니, 이제는

우리가 얽매였던 것에 대하여 죽었으므로 율법에서 벗어났으니, 이러므로 우리가 영의 새로운 것으로 섬길 것이요, 율법 조문의 묵은 것으로 아니할지니라 롬 7:4-6

십자가는 나의 옛사람을 멸하고, 나아가 나로 율법에 대해 죽게 한다. 예수 그리스도의 십자가에서 함께 죽음으로 죄에서 해방되고, 율법에 대하여도 해방되었다.

십자가의 능력을 경험하는 길

우리는 로마서 6장과 7장을 통해 놀라운 십가가의 능력을 보았다. 십자가는 나를 죄와 사망으로부터 자유하게 했다. 율법의 정죄로부터 나를 자유하게 했다. 이 놀라운 십자가의 능력을 계속 경험하며 사는 것이 곧 승리의 길이다. 진정한 자유를 맛보며 사는 길이다. 로마서에서 이런 길을 세 가지로 제시했다. 앎, 여김, 드림이 그 길이다.

십자가의 능력을 경험하는 길 - 앎(롬 6:9), 여김(롬 6:11), 드림(롬 6:13)

첫째, 앎 - 롬 6:6-9

어떤 사실을 아는 것과 모르는 것은 차이가 크다. 우리의 삶에 절대적인 영향을 준다. 1990년 미국령 괌에 강의하러 갔을 때다. 공항에 영접 나온 형제들이 나에게 최근 괌에서 일어난 빅뉴스를 서로 말해주느라 떠들썩했다. 내용은 대강 이렇다. 사람들이 밀림에서 우연히 어떤 사람을 발견했다. 옷을 입지 않고 머리카락은 길며 원시 수준의 삶을 사는 60대 초반의 남자였다. 그는 태평양 전쟁에 소집된 일본군 병사였다.

일본군이 연합군에 항복할 때, 스무 명의 일본 군인들은 항복하지 않고 밀림 속으로 들어갔다. 그들은 거기에서 원시적인 삶을 살았다. 흐르는 시내의 물고기, 나무 열매, 그리고 산나물이 그들의 식량이었다. 시간이 흘러 한 명씩 죽고 마지막 한 사람만 남았다가 사람들에게 발견된 것이다. 그들은 전쟁이 이미 끝났다는 소식을 몰랐다. 항복하면 바로 자유인이 되어 본국으로 귀환된다는 것을 알지 못했다. 만일 알았다면 자유의 몸이 되어 젊은 나이에 그들의 비전을 이루며 살았을 것이다. 그러나 그들은 이 소식을 알지 못했다.

마찬가지다. 로마서는 그리스도의 십자가의 비밀을 알려준다. 우리 옛사람이 예수 그리스도와 함께 십자가에 못 박혔다고. '못 박아 주소서'가 아니라 이미 못 박혔다.

예수님이 십자가에서 죽으실 때 나도 함께 죽었다. 그리스도 안에서 죽었다(롬 5:8). 그리스도께서 우리를 위해 죽으셨다(롬 6:8). 우리는 그리스도와 함께 죽었다. 죄의 몸이 멸하여 더 이상 죄에게 종노릇하지 않게 되었다. 우리는 죄에게서 벗어났다. 그리하여 이제는 그리스도와 함께 죽고, 그리스도와 함께 산다.

"우리가 알거니와"(롬 6:6), "앎이로라"(롬 6:9). 그리스도의 십자가 능력을 경험하는 길은 이 사실을 아는 것에서 시작된다.

둘째, 여김 - 롬 6:11

십자가의 능력을 경험하는 길을 먼저 "알고" 다음으로 "여기는 것"이다.

> 이와 같이 너희도 너희 자신을 죄에 대하여는 죽은 자요, 그리스도 예수 안에서 하나님께 대하여는 살아있는 자로 **여길지어다** 롬 6:11

"여기다"라는 말은 헬라어로 '회계하다, 부기하다'라는 뜻이다. 즉 장부에 기입하여 이루어진 결과를 받아들이라는 것이다. 회계장부 결산서에는 이렇게 기록되어 있다. **'나 자신은 죄에 대하여 죽었다.'**

셋째, 드림(내줌) - 롬 6:12,13,16,19 여섯 번 언급

"알고", "여기고" 이제 드린다.

> 그러므로 너희는 죄가 너희 죽을 몸을 지배하지 못하게 하여 몸의 사욕에 순종하지 말고, 또한 너희 지체를 불의의 무기로 죄에게 내주지 말고, 오직 너희 자신을 죽은 자 가운데서 다시 살아난 자같이 하나님께 드리며, 너희 지체를 의의 무기로 하나님께 드리라 롬 6:12,13

우리 자신을 드린다는 말은 헌신을 의미한다. 나 자신을 드리라는 것이다. 로마서 6장에는 "드리라/내주다"라는 말씀이 여섯 번 언급(6:13,16,19)된다. 나는 이제 하나님의 것이 되었다. '거룩'이라는 말은 구별했다는 뜻이다. 나는 구별된 하나님의 소유다. 하나님의 부동산이다. 평생, 매순간, 끊임없이 십자가 사건을 통한 결과를 **알고, 여기고, 드리는** 삶을 살아야 한다.

톨레돗의 길 - 성령으로 행함(롬 8장)

예수 그리스도의 십자가로 죄와 율법으로부터 자유하게 된 나는 앞으로 어떻게 살아야 하는가? 죄의 멍에와 율법의 정죄로부터 자유하게 된 감격의 삶으로 충분하지 않은가? 나를 향한 하나님의 놀라운 계획은 거기서 끝나지 않는다! 하나님은 우리가 톨레돗의 삶을 살기를 원하신다. 변화될 뿐 아니라 성장하는 삶이다. 변화를 주는 삶이자 영향을 주는 삶이다.
이스라엘 백성이 애굽의 종살이에서 벗어나는 것이 하나님의 계획의 전부가 아니었다. 광야를 통과하는 것도 그분의 목표가 아니었다. 가나안에 들어가 그 땅을 정복하는 것도 아니었다. 그 땅의 가나안 족속들을 몰아내는 것으로 하나님의 비전이 성취되는 것도 아니었다. 하나님의 놀라운 계획은 그 땅에서 바알 제단과 아세라 우상을 제거하고 그 땅에 하나님나라가 임하게 하는 것이었다. 더 나아가 모든 민족에게 하나님을 알리고 그곳에 하나님나라가 임하게 하는 것이었다. "물이 바다를 덮음같이 여호와의 영광을 인정하는 것이 세상에 가득함이니라"(합 2:14). 이것이 하나님의 비전이다.

로마서 8장은 이런 삶의 비결을 말씀하신다.

오직 성령!

> 질문1 : 나는 아담 안에 있는가? 그리스도 안에 있는가?
> 질문2 : 나는 육으로 살고 있는가? 성령으로 살고 있는가?

- 우리의 **죄행**에 대하여 **예수의 보혈**로 정결하게 하셨다(롬 1:1-5:11).
- 우리의 **죄성**에 대하여 **예수의 십자가**로 해결하셨다(롬 5:12-8:39).
- '아담 안에서'와 '그리스도 안에서'의 대조는, 객관적인 우리의 위치를 말한다(롬 5:12-6:23).
- '육 안에서'와 '영 안에서'의 대조는, 주관적인 우리의 행함을 말한다(롬 7장-8장).

1) 객관적 : 우리의 위치(롬 5:12-6:23)
- 아담 안에서 - 출생을 통한 과거의 위치
- 그리스도 안에서 - 그리스도의 십자가의 구속으로 인한 우리의 현재 위치

2) 주관적 : 우리의 행함(롬 7장-8장)
- 육으로 산다 - 아담 안에서와 같이 자기 자신의 힘으로 무엇을 하는 것이다.
- 성령으로 산다 - 그리스도 안에서 성령의 힘과 인도하심으로 행하는 것이다.

그리스도의 십자가 - 우리에게 구원을 주기 위해 우리 안에서 역사하신다.
성령 - 우리 안에 있는 구원을 나타내기 위해 우리 안에서 역사하신다.

생명의 성령의 법(롬 8:1,2)

> 그러므로 이제 그리스도 예수 안에 있는 자에게는 결코 정죄함이 없나니, 이는 그리스도 예수 안에 있는 생명의 성령의 법이 죄와 사망의 법에서 너를 해방하였음이라 롬 8:1,2

법이란 무엇인가? '법칙'의 준말이다. 계속 반복해서 일어나는 어떤 사실이다. 예를 들면 교통법규 같은 것이다.

만유인력의 법칙을 **뉴턴의 법칙** 혹은 **중력의 법칙**이라고 한다. 사과가 꼭지에서 떨어지면 땅으로 떨어진다. 사과가 아무리 발버둥쳐도 어림없다. 무력하다. 예외가 없다. 이것이 법이다.
죄와 사망의 법 - 내 육신으로 하나님을 기쁘시게 할 수 없다. 능력이 없다.
생명의 성령의 법 - 내 육신으로 할 수 없는 그것이 오직 성령의 법으로만 가능하다.

오직 내 육신은 죄와 사망의 법만이 작동한다. 마치 뉴턴의 법칙과 같다. 그런데 또 다른 법칙이 있다. 새가 하늘을 나는데, 땅으로 떨어지지 않는다. 여전히 뉴턴의 법칙은 작동되지만 새에게는 적용되지 않는다. 조금도 영향을 주지 않는다. 왜냐하면 새는 다른 법칙에 의해 움직이기 때문이다. 바로 생명의 법이다.
돌배나무와 참배나무는 그 열매가 각각 다르다. 각각 작용하는 생명이 다르기 때문이다. 돌

배나무는 오직 돌배만 맺는다. 참배를 맺을 수 없다. 참배나무에서만 참배를 맺는다. 그러나 돌배나무 가지를 참배나무에 접붙이면 참배를 맺는다. 왜냐하면 생명의 흐름이 바뀌었기 때문이다.

이처럼 하나님은 우리를 죄와 사망의 법에서 자유케 하시고 생명의 성령의 법 아래로 옮기셨다. 이제 우리는 새로운 법 아래에서 살게 되었다. 성령으로 살 때 우리는 새로운 생명의 법에 의해 작동된다.

성령으로 사는 법을 배워야 한다. 연습해야 한다.

- 내가 할 수 없는 그것을 성령께서 내 안에 행하여 주심을 믿는 것이다(겔 36:26,27).
- 노력하는 것에 있지 않고 신뢰하는 것에 있다.
- 발버둥치는 대신 성령 안에서 쉬는 법을 배운다(시 46:10,11).
- 성령께서 내 안에서 일하시도록 요청하는 것이다.

성령을 좇아 행하라(롬 8:3,4)

(1) 노력이 아니라 행동이다.

> 이를 위하여 나도 내 속에서 능력으로 역사하시는 이의 역사를 따라 힘을 다하여 수고하노라 골 1:29

원동력은 성령이시다. 그러나 시동력은 내게 있다. 내가 믿음으로 힘을 다해 순종할 때, 성령께서 내 속에서 능력으로 일하신다.

(2) 성령께 복종하는 것이다.

조급한 기질, 불결한 생각, 경솔한 혀, 비판적인 마음 등을 극복하고 변화하려고 나 자신이 스스로 노력해도 소용이 없다.

> 육신에 있는 자들은 하나님을 기쁘시게 할 수 없느니라 롬 8:8

이런 일들에 대하여 나는 그리스도 안에서 이미 죽은 자로 알고 여겨야 한다. 그리고 나에게 필요한 거룩함, 겸손, 온유함을 내 안에 나타내 달라고 성령을 의지해야 한다. 오직 성령으로만 가능하다.

> 예수를 죽은 자 가운데서 살리신 이의 영이 너희 안에 거하시면, 그리스도 예수를 죽은 자 가운데서 살리신 이가 너희 안에 거하시는 그의 영으로 말미암아 너희 죽을 몸도 살리시리라 롬 8:11

> 무릇 하나님의 영으로 인도함을 받는 사람은 곧 하나님의 아들이라 롬 8:14

우리가 성령께 순복할 때 우리 안에 거하시는 성령이 우리를 인도하여 새로운 법 아래 살게 하신다. 우리로 능히 톨레돗의 삶을 살게 하신다. 날마다 순간마다 성령의 인도하심을 받으라. 그래야 내 삶의 모든 영역에서 그분께 순복하고 그의 힘을 의지하여 믿음으로 그물을 들고 깊은 데로 나아갈 수 있다.

우리들이 밤이 새도록 수고하였으되 잡은 것이 없지마는 말씀에 의지하여 내가 그물을 내리리이다 하고 그렇게 하니 고기를 잡은 것이 심히 많아 그물이 찢어지는지라 눅 5:5,6

하나님의 주권과 사람의 선택(롬 9장-11장)

로마서 9장-11장의 내용은 유대인의 구원과 이방인의 구원에 관한 것이다. 이 내용의 기반에는 **'하나님의 주권적 섭리와 사람의 의지적 선택'**이라는 논리가 깔려있다. 이것은 서로 상충하면서도 보완되는 내용이다. 이 세 장의 내용은 유대인의 구원을 다루고 있다. 그러나 유대인의 미래는 이방인에게 달려있음도 보여준다.

깊도다, 하나님의 지혜와 지식의 풍성함이여! 그의 판단은 헤아리지 못할 것이며, 그의 길은 찾지 못할 것이로다 롬 11:33

하나님의 선택 - 긍휼의 그릇(롬 9장)

바울은 자신의 동족 이스라엘의 구원을 위해서라면 자신이 누리는 분깃을 기꺼이 포기하겠다고 선언한다. 이전에 모세도 이와 같은 말을 하나님에게 고백했다. 바울은 어디를 가든지 먼저 유대인의 회당에서 복음을 전했다. 그러나 그의 마음을 끊임없이 고통스럽게 하는 것은 유대인의 강퍅함이었다. 그들은 복음을 거절했다.

내가 그리스도 안에서 참말을 하고 거짓말을 아니하노라. 나에게 큰 근심이 있는 것과 마음에 그치지 않는 고통이 있는 것을 내 양심이 성령 안에서 나와 더불어 증언하노니, 나의 형제, 곧 골육의 친척을 위하여 내 자신이 저주를 받아 그리스도에게서 끊어질지라도 원하는 바로라 롬 9:1,2

이스라엘은 분명히 이방인과는 구별된다. 그들에게는 하나님의 약속이 있다(롬 9:4,5). 그렇다고 자동적으로 모든 이스라엘이 구원받는 것은 아니다. 오직 남은 자만 구원을 받을 것이다(롬 9:27).

하나님은 그의 주권적 은혜로 이스마엘이 아닌 이삭을, 에서가 아닌 야곱을 선택하셨다. 메시아 약속을 이루기 위한 통로로 그들을 선택하여 세우셨다. 이같이 진노의 그릇과 긍휼의 그릇의 선택은 오직 하나님께 있다. 이런 하나님의 주권 가운데서 감사한 것은 우리가 바로 긍휼의 그릇이라는 사실이다.

이 그릇은 우리니, 곧 유대인 중에서뿐 아니라 이방인 중에서도 부르신 자니라 롬 9:24

오직 믿음으로 구원을 받으리라(롬 10장)

유대인에게는 분명 더 많은 특권이 있다. 그들은 아브라함의 자손이다. 그렇지만 유대인이라고 자동적으로 구원받는 것이 아니다. 하나님의 구원 계획은 오직 믿음으로 이루어진다. 유대인이나 이방인이 차별이 없다.

네가 만일 네 입으로 예수를 주로 시인하며, 또 하나님께서 그를 죽은 자 가운데서 살리신 것을 네 마음에 믿으면 구원을 받으리라. 사람이 마음으로 믿어 의에 이르고, 입으로 시인하여 구원에 이르느니라 롬 10:9,10

누구든지 주의 이름을 부르는 자는 구원을 받으리라 롬 10:13

그러므로 믿음은 들음에서 나며 들음은 그리스도의 말씀으로 말미암았느니라 롬 10:17

이스라엘은 복음을 들었으나 믿음으로 반응하지 않았다. 그러나 이방인은 복음을 듣고 믿어 구원을 받았다.

이스라엘의 남은 자(롬 11장)

그러나 바울은 여전히 자기의 동족 이스라엘이 구원받기를 간절히 바랐다. 그는 이스라엘은 버림을 받지 않고 반드시 구원에 이를 것이라고 믿었다.

…하나님이 자기 백성을 버리셨느냐? 그럴 수 없느니라! …하나님이 그 미리 아신 자기 백성을 버리지 아니하셨나니… 롬 11:1,2

엘리야 시대에 바알에게 무릎을 꿇지 아니한 사람 칠천 명을 남겨두셨듯이, 이스라엘 중에 은혜로 남은 자가 있다. 로마서 11장 26절에, "온 이스라엘이 구원을 받으리라"라고 하신 것은 모든 이스라엘을 가리키는 것이 아니라 **"남은 자"**를 가리킨다.

…바알에게 무릎을 꿇지 아니한 사람 칠천 명을 남겨두었다 하셨으니, 그런즉 이와 같이 지금도 은혜로 택하심을 따라 **남은 자**가 있느니라 롬 11:4,5

그러므로 우리는 이스라엘을 향해 하나님의 긍휼을 가져야 한다.

형제들아, 너희가 스스로 지혜 있다 하면서 이 신비를 너희가 모르기를 내가 원하지 아니하노니, 이 신비는 이방인의 충만한 수가 들어오기까지 이스라엘의 더러는 우둔하게 된 것이라 롬 11:25

복음이 모든 민족에게 전파되어 구원받는 자가 일어나도록 복음을 부지런히 전해야 하다. 동시에 이스라엘의 남은 자가 주께로 돌아오도록 이스라엘에도 복음을 부지런히 전해야 한다.

경고

바울은 이방인들에게도 경고한다. 원래는 돌감람나무인 이방인이 하나님의 긍휼로 참감람나무에 접붙임이 되었다. 그리하여 참감람나무 뿌리의 진액을 함께 받는 자가 되었다(롬 11:17).

옳도다, 그들은 믿지 아니하므로 꺾이고 너는 믿으므로 섰느니라. 높은 마음을 품지 말고 도리어 두려워하라… 그러므로 하나님의 인자하심과 준엄하심을 보라. 넘어지는 자들에게는 준엄하심이 있으니, 너희가 만일 하나님의 인자하심에 머물러 있으면 그 인자가 너희에게 있으리라. 그렇지 않으면 너도 찍히는 바 되리라 롬 11:20,22

유대인의 교만이 그 대표적인 예다. 하나님의 긍휼로 그들을 부르셨으나 이스라엘은 순종하지 않았고 그 결과로 구원에 이르지 못했다. 하나님의 말씀에 순종한 이방인은 하나님의 긍휼하심을 입어 구원에 이르렀다. 불순종하는 자에게는 하나님의 준엄하심이, 순종하는 자에게는 하나님의 인자하심이 머문다. 그러므로 이방인들도 항상 이스라엘의 교만과 불순종을 경계해야 한다. 겸손해야 한다. 순종의 삶을 살아야 한다. 하나님의 긍휼을 믿음으로 구원받은 이방인이 이스라엘처럼 교만하여 불순종한다면 유대인처럼 하나님의 준엄하심이 있을 것이다.

나는 한국인으로서 내 나라의 교회가 하나님의 비전을 성취하는 데 놀랍게 쓰임 받기를 간절히 원한다. 최근에 계속 내 마음에 큰 부담이 있다. 이웃나라들에 갔을 때 먼저 내 민족의 교회에서 말씀을 전했을 때의 반응과 현지 교회에서 말씀을 전했을 때의 반응 차이 때문이다.

일본, 중국, 베트남, 캄보디아, 필리핀, 파라과이, 페루, 그리고 케냐에서 말씀을 전하면서 느꼈는데, 한인 교회보다 현지 교회가 더 갈급하고 간절하게 말씀을 받아들인다. 그 속에서 겸손함을 보게 된다. 로마서 9장-11장의 말씀은 단순히 이스라엘과 이방인에 대한 것만이 아니다.

하나님의 의의 선물의 결과(롬 12:1-15:13)

기독교의 진리의 탁월함은 그 진리가 듣는 자를 자유하게 한다는 것이다. 기독교의 진리는 단순한 이론이 아니다. 우리의 일상생활과는 동떨어진 저 먼 피안의 세계에 대한 것이 아니다. 어떤 고상한 종교와 철학에 대한 것은 더구나 아니다. 특별히 종교성이 깊은 사람들만을 위한 것도 아니다. 명상록도 아니다. 기독교의 진리는 보통 사람을 위한 것이다. 교회 공동체와 가정은 물론 마트에서, 카페에서, 사무실에서, 학교에서, 길에서, 식당에서 일상생활을 영위하는 사람들을 위한 하나님의 진리다. 삶의 모든 영역(정치, 경제, 교육, 매스컴, 예술, 과학, 법률이나 병원, 가정 등)에서 어떻게 올바른 삶을 사는가에 대한 것이다.

로마서는 어찌 보면 12장부터가 본론이라고 볼 수 있다. 로마서 1장-8장(9장-11장은 삽입장)의 긴 내용의 결과이기 때문이다. 처음 여덟 장의 내용이 있어야 12장부터의 내용이 실제적이며 구체적이 된다. 로마서 1장-8장은 에베소서와 골로새서처럼 하나님께서 그리스도를 통해 우리에게 행하신 일과 베풀어주신 일을 보여준다. 그리고 그 사실에 기초하여 '삶의 모든 영역'에서 구체적으로 살아내야 함이 로마서 12장부터의 내용이다.

진정한 예배(롬 12:1,2)

로마서 12장 1절은 **"그러므로"**로 시작한다. 이것은 로마서 1장 18절부터 8장 39절 말씀의 결론이다. 하나님의 공의 앞에 '사형 언도'를 받았다가 '하나님의 의'가 나타나 '속량'하심으로 '무죄'를 선고받고 더 나아가 '의롭다 함'을 받은 우리가 앞으로 어떻게 살아야 하는가에 대한 출발이다. '속량'은 노예를 값을 주고 자유하게 했을 때 사용하는 단어다. 속량의 결과는 자유다. 우리는 노예의 신분에서 자유케 되었다.

우리는 **"그러므로"**에 밑줄을 긋고 색칠을 하고 마음판에 깊이 새겨야 할 것이다. 그것은 두려움, 의무감, 공포에 대한 반응이 아니라 감사, 감격, 기쁨, 자원함으로 나오는 반응이다. **"그러므로… 너희 몸을 하나님이 기뻐하시는 거룩한 산 제물로 드리라"**(롬 12:1)라고 하셨다. "몸"이란 단순히 육체만을 말하는 것이 아니라 '나의 육체, 나의 마음, 나의 생각, 나의 뜻, 나의 시간, 나의 재물, 나의 계획 등' 나의 전인격을 말한다. '당신이 나를 위해 당신의 생명을 값으로 주고 죄와 사망에서 나를 사셨습니다', '나는 나의 것이 아니라 주 예수님 당신의 것입니다', '그러므로 나는 나의 뜻을 따라 살지 않고 매 순간 당신의 뜻을 따라 살겠습니다'라는 고백이다.

"이는 너희가 드릴 영적 예배니라"(롬 12:1)라고 하신다. "영적"이라는 헬라어 '로기코스'(logikos)는 '신령한, 영적인'(spiritual)과 '합리적인, 이성적인, 합당한'(rational)의 두 가지 뜻으로 해석된다. 그러므로 "영적 예배"는 하나님께 드리는 '신령한 예배'요, '합당한 예배'다. "예배"(worship)라는 단어는 헬라어로 '라트레이아'(명사 latreia, 동사 latreuein)이다. 이는 '고용이나 임금을 받기 위해 일하다'라는 뜻이다.

- 고용주가 주는 품삯의 대가로 주인/고용주에게 자신의 노동력을 제공하는 노동자의 행동이다.
- 노예처럼 억지로가 아니라 자발적으로 일하는 것이다.

그러므로 "영적 예배"는 속량을 받은 자로서 자발적으로, 기쁨으로, 자원하여 반응하는 '합당한 예배'다.

예배란 기도나 의식만 아니라 하나님께 매일의 삶을 드리는 것이다. 나의 모든 것을 날마다 매 순간 결정하며 평생 드리는 것이다. 크든지 작든지, 집, 직장, 교회… 어디에서나 매 순간 그분의 뜻을 따라 사는 것이다. 예배는 교회당에서의 행사로 제한하지 말아야 한다. 온 세상을 살아계신 하나님의 성전으로 알고, 모든 일상 행동이 하나의 예배 행위가 되어야 한다. 그러므로 우리는 '교회에 하나님께 예배하러 간다'라고 말하는 것처럼 '공장에, 상점에, 사무실에, 학교에, 밭에, 들에… 하나님을 예배하러 간다'라고 말해야 한다.

로마서 12장 2절에서 보듯, 우리는 세상의 문화에 순응하여 따르는 사람이 아니다. 세상의 문화에 동화되어서는 안 된다. 우리는 하나님의 뜻에 생각을 고정시켜야 한다. 나부터 변화되어야 한다. 그리고 오히려 세상에 하나님의 문화를 창조해야 한다. 이것이 기독교 문명개혁 운동을 주도하는 자의 삶이다. 우리는 이를 위해 부르심을 받았다.

로마서 12장 1,2절을 기초로 하여 12장 3절부터 15장 13절까지 진행된다. 이 짧은 두 구절이 모든 행동의 기초요 핵심이며 원리다.

12장-13장은 그리스도인으로서의 책임과 의무에 대한 것이다.

12장은 그리스도인으로서 책임과 의무에 대한 일반적 사항이다.

13장은 사회 구성원으로서 그리스도인이 감당해야 할 행동지침이다.

14장에서 15장 13절까지는 교회 공동체의 구성원으로서 지켜야 할 행동지침이다.

사명자답게 살아가라(롬 12:3-8)

하나님은 각 사람에게 은혜대로 사명을 감당할 은사를 주셨다. 우리는 자기 자신의 은사가 무엇인지 알고 받아들여 하나님이 주신 은사를 사용해야 한다. 나에게 있는 은사는 하나님이 은혜로 주신 것이다. 다시 말하면, 인간의 노력이나 힘으로 얻은 것이 아니라 하나님이 주신 선물이다. 서로 비교하거나 시기, 질투, 경쟁할 것이 아니다. 각각의 은사는 다 귀하다. 은사는 나 자신의 유익을 위해서 주신 것이 아니다. 또한 교만하게 자랑하라고 주신 것도 아니다. 무슨 은사든지 전체의 유익을 위해서 사용해야 한다.

- 예언 - 하나님이 주신 말씀만을 바로 말해야 한다. 하나님이 주신 말씀과 상관없는 내용은 전하지 말아야 한다.
- 섬기는 일 - 섬김(헬, diakonia) 외에 월권하지 말아야 한다.
- 가르치는 자 - 하나님의 말씀을 바로 설명하는 데 힘써야 한다.
- 위로하는 자 - 격려, 위로로 세워주되 가르치려고 하지 말아야 한다.
- 구제하는 자 - 성실함으로 나누어야 한다. 늘 눈을 크게 뜨고 잘 살펴 신속하게 움직여야 한다.
- 다스리는 자 - 행정, 관리(operation)의 일을 한다. 부지런해야 한다. 멋대로 권력을 휘두르지 말아야 한다.
- 긍휼을 베푸는 자 - 친절한 마음, 즐거운 마음으로 하되, 화를 내거나 우울한 표정이 아니라 늘 미소를 띠어야 한다.

사명자다운 삶의 원칙들(롬 12:9-13)

1. "사랑에는 거짓이 없나니" - 사랑하는 척하는 것이 아니라 중심에서 우러나오는 사랑으로 사랑하는 것이다.
2. "악을 미워하고 선에 속하라" - 악은 필사적으로 피하고 선은 필사적으로 붙드는 것이다.
3. "형제를 사랑하여 서로 우애하고 존경하기를 서로 먼저 하며" - 깊이 사랑하는 좋은 친구가 되라는 것이다. 서로를 위해 무대 중심에서 벗어나 기꺼이 조연이 되라.
4. "부지런하여 게으르지 말고 열심을 품고 주를 섬기라" - 인간적인 힘과 열정으로 하여 지쳐 나가떨어지지 않도록 늘 주를 사랑함을 동기로 삼고 성령을 의지함으로 힘과 열정이 가득한 사람이 되라는 것이다. 안일한 삶을 경계해야 한다. 무기력함은 게으름에서 나오고 열정은 부지런함에서 나온다.
5. "소망 중에 즐거워하며 환난 중에 참으며 기도에 항상 힘쓰며" - 미래를 긍정적으로 바라보며 힘든 시기에도 주저앉지 말고, 그럴수록 더욱 열심히 기도하라는 것이다. 기도는 자동적으로 되는 것이 아니다.
6. "성도들의 쓸 것을 공급하며 손 대접하기를 힘쓰라" - 도움이 필요한 그리스도인을 살펴서 함께 나누고 정성껏 환대하라는 것이다. "힘쓰라"는 말은 '연습하라'는 뜻이다. 남을 섬기는 것은 결코 자동적이지 않다. '나는 체질이 아니다'라고 핑계하지 말고 작은 것부터 섬기는 연습을 해야 한다.

일곱 가지 관계의 원칙들(롬 12:14-21)

1. 자신을 핍박하는 자를 위해 기도하라. 결코 악담을 퍼붓지 말아야 한다.
2. 즐거워하는 자들과 함께 즐거워하고, 우는 자들과 함께 울라. 함께 울고 함께 웃는다. 타인의 성공을 즐거워한다. 슬픔을 나누면 반이 되고, 기쁨을 나누면 배가된다.
3. 서로 마음을 같이하여 살아야 한다. 무엇보다 하나 됨에 힘쓰라.
4. 모든 교만과 신사인 체하는 것을 버리라. 혼자 잘난 척하지 말아야 한다. 대단한 사람인 양 굴지 말아야 한다. 겸손으로 행하라.
5. 행동이 공명정대해야 한다. 객관적으로 인정받는 사람이 되라.
6. 할 수 있다면 모든 사람과 더불어 화평하라. 사이좋게 지내라.
7. 원수 갚을 생각을 하지 말라. 원수 갚는 것은 우리의 일이 아니라 하나님의 일이다. 원수 갚으려는 것이 지는 것이다. 반대 정신이 이기는 길이다.

그리스도인과 세상 권위(롬 13:1-7)

그리스도인은 훌륭한 시민이 되어야 한다. 모든 정부는 다 하나님의 주권 아래 있음을 확신해야 한다. 다윗은 "여호와께서 살아계심을 두고 맹세하노니"(삼상 26:10)라고 했다. 에녹은 "오직 믿음만이 하나님을 기쁘시게 할 수 있다"라고 했다. 하나님이 살아계심과 기도에 반드시 응답하심을 믿어야 한다(히 11:6).

정부는 평화와 질서를 유지할 책임이 있다. 공정한 법 집행이 이를 유지하게 한다. 하나님은 평화와 질서, 그리고 공의에 관심이 많으시다. 그러므로 우리는 정부를 위해 기도하고 책임감 있는 시민으로 살아가야 한다. 질서가 유지되도록 세금을 내야 한다. 시민의 의무를 다하고 지도자를 존중해야 한다. 하나님이 다스리신다.

사랑은 율법의 완성(롬 13:8-14)

사랑의 빚 외에는 빚지는 삶을 살지 말아야 한다. 율법의 완성은 사랑이다. 하나님을 사랑하고 이웃을 사랑하라. 시간을 낭비하지 말고 기독교 문명개혁 운동을 주도하는 삶을 살라. 세상에 영향을 받지 말고 세상에 영향을 주는 삶을 살라.

사랑을 기반으로 하고 믿음으로 행하라(롬 14장)

나와 생각이 다른 사람을 포용해야 한다. 다른 것이지 틀린 것이 아니다. 다양함을 인정하라. 서로에게 마음을 열고 경청하는 법을 배우라. 혹 필요하다면 일방적으로 주장하지 말고 설득하라.

쓸데없이 남의 일에 지나치게 간섭하지 말라. 무엇보다 중요한 것은 하나 됨을 열심히 지키는 것이다. 그렇다고 타협하라는 것이 아니다. 양보할 것과 양보하지 말아야 할 것이 무엇인지 말씀을 통해 분별하는 것이 중요하다. 필요하면 원을 더 크게 그려야 한다. 모든 것을 사랑을 기반으로 하고 믿음으로 행해야 한다.

그리스도인의 교제의 특징(롬 15:1-6)

1. 구성원들이 서로 남을 생각하는 것으로 특징 지어져야 한다. 자기 편한 대로 살아서는 안 된다. 힘은 섬기라고 있는 것이다. 남의 유익을 도모해야 한다.
2. 불굴의 정신을 가지라. 어려움을 견디기에 급급하지 말고 승리와 영광을 바라보라. 서로를 위로하고 도움을 주고자 힘쓰라.
3. 말씀을 연구하고 삶에 구체적으로 적용하여 살아가는 데 힘쓰라. 성경을 지식으로만 대해서는 안 된다. 나를 향해 무엇을 말씀하시는가에 귀를 기울이고 구체적으로 어떻게 살 것인가에 집중하라.
4. 소망을 가지라. 하나님 안에 있는 능력의 소망으로 서로를 대하라. 어떠한 경우에도 포기하지 말라. 서로를 도와 사이좋게 지내라.

화가 조지 프레드릭 와츠의 〈소망〉이란 그림을 보면,
"한 여인이 한 줄만 남고 다 끊어지고
활처럼 구부러진 거문고를 가지고 있다."
- 끝까지 견디고, 실망하지 않는다.

조지 프레드릭 와츠, 〈소망〉
© Hope, 1886, George Frederic Watts and assistants, Presented by George Frederic Watts 1897

5. 우리는 합창단 단원이다. 우리는 찬양의 공동체다. 우리의 목소리뿐 아니라 삶이 서로 어우러져서 하모니를 이루며 힘차게 하나님을 찬양한다.

포용하는 공동체의 네 가지 특징(롬 15:7-13)

그리스도인의 공동체는 포용력이 있다. 예수께서 우리에게 그렇게 하셨듯이 두 팔을 벌려 서로를 받아들인다. 이렇듯 포용하는 공동체는 다음과 같은 네 가지 특징을 가진다.

1. 소망이 충만하다. 하나님은 소망의 하나님이시다. 하나님은 어떠한 상황이라도 변화시킬 수 있다. 하나님은 우리도 소망이 넘치기를 원하신다.
2. 기쁨이 충만하다. 기독교의 특징은 기쁨이다. 예수 그리스도가 우리의 기쁨이다.
3. 화평이 있다. 진정한 화평은 내적 긴장과 외적 염려로부터 자유하다.
4. 능력이 있다. 이 같은 소망, 기쁨, 화평은 우리의 힘으로 이루어낼 수 없다. 우리는 자신의 힘으로 살아가지 않는다. 오직 성령의 능력을 의지하며 살아간다.

결론(롬 15:14-16:27)

바울의 사역과 계획(롬 15:14-33)

바울의 사역의 특징

제사장 복음 사역이다. 그는 자신의 복음 전파 사역을 이방인들을 하나님이 받으실 만한 거룩한 제물로 드리는 제사장 직분을 행하는 것으로 이해했다(롬 15:16). 얼마나 귀한가!

능력 전도 사역이다. 바울이 복음을 전파할 때마다 하나님께서 그와 동역하셨다. 바울은 "그 일은 말과 행위로, 표적과 기사의 능력으로, 성령의 능력으로 이루어졌으며"(롬 15:18,19)라고 고백한다. 하나님의 동역자가 되는 사역! 얼마나 큰 특권이요 영광인가!

개척자 사역이다. 그는 남의 터 위에 건축하지 않기로 힘썼다. 그래서 주의 이름을 한 번도 들어보지 못한 지역에 가서 복음을 전했다. "내가 그리스도의 이름을 부르는 곳에는 복음을 전하지 않기를 힘썼노니 이는 남의 터 위에 건축하지 아니하려 함이라"(롬 15:20). "힘썼다"는 말은 '열망하다. 야망을 가지다'의 의미이다. 그는 거룩한 사도적 야망(Holy Apostolic Ambition)을 가진 사역자였다.

구제 사역이다. 그는 이제 고린도에서 예루살렘으로 가고자 한다. 마게도냐와 아가야의 교회들이 가난한 자들을 위해 헌금한 것을 가지고 예루살렘 지역을 섬기고자 하기 때문이다(롬 15:25,26). 바울은 복음을 전파하면서 언제나 가난한 자들을 위한 구제 사역에 힘썼다(갈 2:10). 초대교회는 가난한 자들을 위한 구제 사역에 언제나 힘을 기울였다. 교회의 특징은 구제 사역이다.

바울의 사역 계획

그동안 바울은 예루살렘에서 두루 행하여 일루리곤까지 그리스도의 복음을 편만하게 전했다. 그는 이제 다시 예루살렘으로 가서 거기서 로마로 가고, 로마에서 서바나로 가려고 계획을 세웠다. 바울은 "주의 소식을 받지 못한 자들이 볼 것이요, 듣지 못한 자들이 깨달으리라"(롬 15:21)라고 하신 말씀의 성취를 위해 모든 생애를 바쳤다.

인사(롬 16:1-16)

16장의 인사에서 많은 사람(29명)의 이름이 나오는 이유가 무엇인가?

1) 바울 사도가 사람들을 개인적으로, 인격적으로 안다는 것을 알 수 있다.

사도 바울은 항상 너무 높은 차원에서 아이디어만 가지고 있지 않았다. 그는 사람들에게 큰 관심을 가졌다. 많은 아이디어를 가지고 있지만 사람에게는 무관심한 이들도 많다. 사도 바울은 로마서라는 대사상을 쓴 후에 사람들에게도 깊은 관심을 가졌다. 그는 로마에 한 번도 가보지 않았으나 사람들에 대해 깊은 관심이 있었기에 그들이 누구인지, 어디 있는지 알고 있었다.

교회 공동체란 뜨거운 사랑(형제, 자매로서)이 있는 그리스도의 몸이다.

냉랭한 사회에서 가족으로서의 만남이 있는 교회의 모습이 나타난다. 하나님은 우리 각자가 그분에게 너무 중요하기에 우리 이름까지도 아신다. 하나님이 사랑하신다. 오늘날 사람의 가치가 떨어지고, 사람에 대한 관심이 없는 시대이나 하나님나라는 다르다. 오늘날은 이름보다 번호가 사람을 대신하고 있다. 컴퓨터가 발달할수록 더욱 그렇다.

사람은 번호가 아닌 이름을 가진 인격적인 존재이다. 주께서 나에게 구체적인 관심을 가지신다. 개인적인 관심을 가진다. 주께서 나의 수고를 기억하신다.

2) 하나님은 우리가 함께 모일 때 서로에 대해 긍정적인 말이 오가기를 바라신다.

하나님은 우리가 모일 때 비난하거나 비평하는 것이 아니라 칭찬과 격려와 권면이 있기를 원하신다. 서로서로 권면하고 위로하는 것, 이것만이 고독한 세상에 그리스도인들이 줄 수 있는 것이다. 그리스도의 몸의 교제는 편히 쉬게 한다(롬 15:32). 그리스도의 몸의 교제는 만족을 얻게 한다(롬 15:24). 그리스도의 몸은 화평의 일과 서로 덕을 세우는 일에 힘쓴다(롬 14:19).

3) 그리스도의 몸으로 모일 때에는 깊이있는 감정을 표현할 수 있다.

서로를 신뢰함으로 교제한다. 마음속 느낌을 말하려면 먼저 서로 신뢰가 있어야 한다. 느낌을 말하는 것이 중요하다. 생각하는 것을 말하는 것이 아니라 느낌을 말하는 것은 인격적이다. 친밀감을 준다. 생각을 말하는 것은 지위, 위치, 사역의 차원에서 이루어지는 것이다.

느낌을 나타내는 단어들 : 감사(롬 1:8), 보기를 간절히 원한다(롬 1:11), 복음을 전하고 싶다(롬 1:15), 복음을 부끄러워하지 않는다(롬 1:16).

로마서는 교리서, 신학서임에도 불구하고 느낌을 말하는 책이다.

4) 하나님은 우리가 그리스도의 몸으로 모일 때 하나님나라가 드러나기를 원하신다.

하나님나라는 계급이나 인종, 국가를 초월한다. 로마서 16장에 언급된 29명 중 상당수가 여자다. 이는 당시의 문화적 배경으로는 큰 패러다임의 변화다. 더구나 자매들의 섬김, 수고, 리더십이 언급되고 있다. 뵈뵈, 브리스길라 등이 그 예다. 29명 중 13명이 당시 로마 제국의 고위직에 있었다. 또한 29명 중 15퍼센트가 유대인, 85퍼센트가 이방인이다. 안드로니고(롬 16:7), 유니아(롬 16:7), 헤로디온(롬 16:11), 아굴라(행 18:2, 롬 16:3), 아리스도불로(롬 16:10)가 유대인이다. 또한 이들 중 3분의 2는 노예거나 노예 출신이다. 또한 최소한 열두 명은 로마 출신이 아니다. 로마인의 이름이 아니다. 얼마나 넓은 교회 공동체인가! 하나님나라는 넓은 나라다.

5) 많은 가정교회에 편지하고 있다.

일곱 가정교회가 언급되고 있다. 한 교회만 언급되지 않았다.

- **브리스가**(로마의 귀족 출신)**와 아굴라**(유대인)**, 저의 집에 있는 교회**
- **에베네도, 마리아, 안드로니고와 유니아, 암블리아, 우르바노와 스다구, 아벨레**
- **아리스도불로의 권속**

- 나깃수의 가족(나깃수는 글라우디아 수하의 가장 힘 있는 노예 출신이다)
- 드루배나와 드루보사, 버시, 루포와 그의 어머니
- 아순그리도, 블레곤, 허메, 바드로바, 허마, 그들과 함께 있는 형제들
- 빌롤로고와 율리아, 네레오와 그 자매, 올름바와 그들과 함께 있는 모든 성도

교파, 교단, 지역을 넘어서서 예수 그리스도의 이름으로 모인 교회라면 서로 하나가 되고, 교제하며, 돌아보았다. 교회적 이기주의, 개인주의, 무관심을 경계했다. 서로 경쟁하거나 비교하지 않았다. 서로 시기와 질투를 하거나 헐뜯고 비난하지 않았다. 하나님은 형제가 연합하여 동거하는 곳에 복을 명하신다. 거기에 위로부터 부어주시는 기름부음이 흘러내린다(시 133편).

Dear. NCer

❶ NCer인 우리는 믿음으로 의롭다 하심을 받은 자들이다. 예수 그리스도의 피와 십자가로 죄 사함을 받아 죄와 율법에서 자유함을 얻었다.

❷ 삶의 모든 영역에서 하나님의 의를 실천하고 동시에 예수님을 닮아가는 사람이 되어 성령의 능력으로 기독교 문명개혁 운동을 주도하자.

7장

서신서2

바울의 4,5차 여행 시기의 서신들

서신서2 – 바울의 4,5차 여행 시기의 서신들

- **4차 여행 - 옥중서신들 : 에베소서, 골로새서, 빌립보서, 빌레몬서**
- **5차 여행 - 디모데전서, 디도서, 디모데후서, 베드로전서, 베드로후서**

에베소서와 골로새서

내용상으로 보면 에베소서와 골로새서 사이에는 공관복음처럼 상당한 유사성이 있다. 55개 이상의 구절이 유사하여 쌍둥이 서신과도 같다. 그러나 이 두 서신은 많은 공통점을 가지면서도 각각 독특한 강조점과 목표를 가지고 있다. 에베소서는 보다 더 우수한 또 하나의 골로새서이다. 골로새서는 에베소서가 '넘쳐 나온' 듯한 서신이다.
두 서신 다 바울이 옥중에서 기록했다(엡 3:1, 4:1, 6:20, 골 4:10). 골로새서, 에베소서, 빌레몬서는 거의 같은 시기에 기록되었을 것이다. 골로새서와 에베소서 두 서신의 편지 배달부는 두기고로 언급되며, 오네시모가 그와 동행했던 것을 알 수 있다(엡 6:21, 골 4:7-9).

골로새서는 예수 그리스도의 뛰어나심을 강조하여 거짓 교훈들을 물리친다. 에베소서는 그리스도의 몸으로서 교회의 충만함을 강조한다.

	에베소서	골로새서
주제	엡 1:9,10,23	골 1:18,19, 2:3,9,10, 3:4
	충만하게 하시는 예수 그리스도의 충만한 교회	모든 것 위에 뛰어나신 예수 그리스도
기도문	**엡 1:17-19 간구의 기도**	**골 1:9-11 간구의 기도**
	1. 지혜와 계시의 영을 주셔서 하나님을 알게 하소서 2. 마음의 눈을 밝히사 1) 부르심의 소망이 무엇인지 알게 하소서 2) 그 기업의 영광의 풍성함이 무엇인지 알게 하소서 3) 믿는 자를 통한 하나님의 능력이 어떠한지를 알게 하소서	1. 하나님의 뜻을 알게 하소서 2. 주의 뜻에 합당하게 행하게 하소서 3. 하나님의 능력으로 능하게 하소서 4. 기쁨으로 모든 견딤과 오래 참음에 이르게 하소서 5. 아버지께 감사의 기도를 하게 하소서
	엡 3:14-19 간구의 기도	**골 1:12-14 감사의 기도**
	1. 성령의 능력으로 속사람을 강건하게 하소서 2. 믿음으로 그리스도의 임재를 경험하게 하소서 3. 4차원적인 그리스도의 사랑(너비, 길이, 높이, 깊이)을 경험하게 하소서	1. 우리로 하나님의 기업을 이을 자가 되게 하심을 감사 2. 우리를 흑암의 권세에서 건져내어 사랑의 아들의 나라로 옮기심을 감사 3. 우리가 속량 곧 죄 사함을 얻게 하심을 감사

❖ 에베소서(Ephesians) 예수 그리스도의 몸 된 교회의 충만함

에베소서는 가장 우수한 서신으로, '서신 중의 여왕'이라는 별명을 가지고 있다. 시인이며 철학가인 사무엘 테일러 코울리지(Samuel Taylor Coleridge)는 에베소서를 '인간이 쓴 가장 신성한 작품'이라고 소개했다.

에베소서는 특정 교회에만 보낸 서신이 아니다. 갈라디아서처럼 일반적인 성격을 띠고 소아시아 여러 교회에 보낸 회람장이다. 골로새서 4장 16절에 '회람장이 있다. 현재는 라오디게아교회에 있다. 그것이 너희에게 올 때 반드시 읽어라'라고 했다. 이것은 에베소서를 가리킨다.

> 나의 사정 곧 내가 무엇을 하는지 너희에게도 알리려 하노니, 사랑을 받은 형제요 주 안에서 진실한 일꾼인 두기고가 모든 일을 너희에게 알리리라 엡 6:21
>
> 두기고가 내 사정을 다 너희에게 알려주리니, 그는 사랑받는 형제요, 신실한 일꾼이요, 주 안에서 함께 종이 된 자니라 골 4:7

이 세상에 빛과 소금으로 부르심을 받은 그리스도인은 그의 삶을 통해 '그리스도인답게 살아냄'을 보여주어야 한다. 에베소서는 그리스도인의 행함을 강조한다. 그러기 위해서는 먼저 하나님을 알아야 한다. 그래야 믿는 내용이 무엇인지 보여줄 수 있다. 믿음과 행함의 유기적 일치가 이루어져야 한다.

에베소서 – 충만한 그리스도의 몸 된 충만한 교회(엡 1:23)

그리스도 안에 있는 믿는 자의 유업						믿는 자 안에 있는 그리스도의 생명					
아버지의 뜻		아들의 구원		성령의 사역		그리스도 안에서 우리의 부르심					영적 전쟁
모든 신령한 복	마음 눈을 밝히사	살리심 일으킴 앉히심	한 새사람	그리스도의 비밀	무릎을 꿇고 비노니	부르심에 합당하게 행하라	진리로 행하라	사랑 가운데서 행하라	빛의 자녀들처럼 행하라	지혜로 행하라	하나님의 전신 갑주를 입으라
1:1-14	1:15-23	2:1-10	2:11-22	3:1-13	3:14-21	4:1-16	4:17-32	5:1-7	5:8-14	5:15-6:9	6:10-24
그리스도인의 위치						그리스도인의 행함					
그리스도인의 특권						**그리스도인의 책임**					
앉으라(좌)						행하라(행)					서라(참)
첫인사 찬송	기도	B.C./A.D. 한 개인	B.C./A.D. 공동체	더 큰 공동체	기도 찬송	하나 됨	진리	사랑	빛	지혜	끝인사

에베소서의 메시지

바울의 시편(엡 1:3-14)

성경에서 가장 긴 문장을 사용하여 삼위일체 하나님을 찬양한다. 한글 성경에는 여러 문장으로 나뉘어 번역되었지만 헬라어 원문에는 한 문장으로 되어 있다.
"찬송하리로다!"로 시작하여 성부 하나님, 성자 예수 그리스도, 성령 하나님을 찬양한다. 특히 "하늘에 속한 모든 신령한 복"을 주심으로 인해 찬송했다(엡 1:3). 그 복이 무엇인가를 나열했다.

1. 하나님 아버지께서 우리를 창세전에 택하시고 예정하여 자녀 삼으심을 찬송했다(엡 1:4-6).
2. 그리스도의 피로 우리를 속량 곧 죄 사함을 받게 하시고 기업이 되게 하심을 찬송했다(엡 1:7-12).
3. 구원의 복음을 듣고 믿는 이들에게 약속의 성령으로 인치셔서 우리 기업의 보증이 되심을 찬송했다(엡 1:13,14).

하나님 아버지를 찬송

하나님께서 창세전에 우리를 선택하셨다. 우리는 하나님의 예정함을 입어 그의 자녀가 되었다. 이것은 전적으로 하나님의 주권과 그분의 자유로운 선택에 의한 것이다. 이것보다 더 놀라운 사실이 또 있을까! 왜냐면 우리를 선택하신 시기(**:창세전**) 때문이다. 창세전에 우리에게 무슨 행위로 인한 공로나 자격이 있을 수 없다. 전적인 하나님의 은혜다.

> 하나님이 우리를 구원하사 거룩하신 소명으로 부르심은 우리의 행위대로 하심이 아니요 오직 자기의 뜻과 영원 전부터 그리스도 예수 안에서 우리에게 주신 은혜대로 하심이라 딤후 1:9

우리에게 거저 주시는 그의 은혜로 하나님의 자녀가 되었다. 언제나 용납되고 환영받는 하나님의 가족의 일원이 된 것이다. 이보다 더 놀라운 특권과 영광이 있을 수 없다. 우리는 가장 놀라운 **'로열패밀리 멤버'**다!
이것이 우리가 하나님이 우리에게 주신 "하늘에 속한 모든 신령한 복"(엡 1:3)을 받아 누리는 근거다. 또 우리가 기뻐하며 찬양하는 이유다. 위축되지 않고 힘 있게 당당히 사는 이유다.
다윗은 요나단의 아들 므비보셋에게 항상 그의 상에서 식사할 수 있는 특권과 영광을 주었다. 므비보셋은 감격했다.

> 이 종이 무엇이기에 왕께서 죽은 개 같은 나를 돌아보시나이까? 삼하 9:8

예수 그리스도를 찬송

우리는 사면되고 석방되었다. 속량함이 없이는 사면될 수 없다. 죄가 우리를 사로잡아 노예로 삼았다. 그러나 그리스도의 피로 우리는 속량 곧 죄 사함을 받았다. 이제 우리는 죄로부터 자유하게 되었다. 더 이상 정죄가 없다. 이 자유는 그리스도 안에서 그의 은혜의 풍성함을 따라 받은 것이다. 우리는 죄 사함을 받고 자유함을 얻었을 뿐 아니라 그의 기업이 되었다. 하나님은 우리가 영광스러운 삶을 살도록 예정하셨다. 이것이 우리가 누리는 또 다른 "하늘에 속한 모든 신령한 복"(엡 1:3)이다.

성령 하나님을 찬송

우리가 창세전에 택하심을 받아 하나님의 자녀 됨과 그리스도의 피로 속량함을 받고 하나님의 기업이 됨을 어떻게 알 수 있는가? 어떻게 이것을 조금도 의심 없이 확신할 수 있는가? 우리가 이 놀라운 진리의 말씀을 듣고 믿을 때 성령께서 서명하시고 보증하셔서 우리가 구원받았음을 확신하게 된다.

> 무릇 하나님의 영으로 인도함을 받는 사람은 곧 하나님의 아들이라… 성령이 친히 우리의 영과 더불어 우리가 하나님의 자녀인 것을 증언하시나니 롬 8:14,16

우리는 성령께서 보증하시고 서명하신 인증서를 가지고 있다. 이것은 시작에 불과하다. 하나님께서 예수 그리스도 안에서 우리를 위해 계획하신 하늘에 속한 모든 신령한 복을 더욱 누리도록 성령께서 이끄실 것이다.

바울의 기도(엡 1:15-23)

바울은 하나님이 우리에게 행하신 놀라운 일들로 인해 하나님을 찬양할 뿐 아니라 그분의 뜻이 우리 가운데 더 풍성하게 드러나도록 에베소를 비롯한 소아시아의 성도들을 위해 하나님께 기도한다. 이 기도는 내가 무엇을 구해야 하는지, 중보기도하는 사람들(가족이나 친구, 나와 연관된 사람들, 그리고 성령께서 기도의 부담감을 주시는 사람들)을 위해 무엇을 구해야 하는지 알려준다.

1. 하나님을 알게 하소서

하나님을 아는 것은 신앙생활에 가장 중요한 부분이며 우리를 향한 하나님의 뜻이다.

> 나는 인애를 원하고 제사를 원하지 아니하며, 번제보다 하나님을 아는 것을 원하노라 호 6:6

하나님을 아는 것이 우리의 자랑거리다. 또한 우리가 하나님을 알 때 하나님이 기뻐하신다.

> 여호와께서 이와 같이 말씀하시되, '지혜로운 자는 그의 지혜를 자랑하지 말라. 용사는 그의 용맹을 자랑하지 말라. 부자는 그의 부함을 자랑하지 말라. 자랑하는 자는 이것으로 자랑할지니, 곧 명철하여 나를 아는 것과 나 여호와는 사랑과 정의와 공의를 땅에 행하는 자인 줄 깨닫는 것이라. 나는 이 일을 기뻐하노라. 여호와의 말씀이니라 렘 9:23,24

하나님을 알 때 우리는 어떤 상황에도 흔들리지 않고 더 나아가 환경에 영향을 주는 삶을 살 수 있다.

> 오직 자기의 하나님을 아는 백성은 강하여 용맹을 떨치리라 단 11:32

우리의 지혜와 지식으로는 하나님을 알 수가 없다. 그분이 지혜와 계시의 영을 주셔야 한다. 성령으로 말미암아 우리에게 이해력과 분별력을 주셔야 알 수 있다.

2. 나/그를 향한 그의 부르심의 소망이 무엇인지 알게 하소서

하나님은 각 사람에게 사명을 주시어 이 세상에 보내셨다. 내 사명이 무엇인지 알 때 삶은 비로소 방향성을 갖게 되고 활력이 넘친다. 사명이 있는 자는 어떤 어려움이 와도 쉽게 포기하지 않는다.

3. 그 기업의 영광의 풍성함이 무엇인지 알게 하소서

우리를 위해 마련하신 이 땅에서 누릴 것이 무엇인지, 영원한 나라에서 누릴 내 기업이 무엇인지 알 때 우리는 어떤 형편에 처해도 부요한 마음으로 풍성한 삶을 살 수 있다. 영적인 거지처럼 구차하게 살지 않고 늘 만족스럽고 여유롭게 살 것이다.

4. 믿는 자를 통해 역사하시는 하나님의 능력이 어떠한지를 알게 하소서

전능하신 하나님의 능력이 우리의 믿음을 통해 이 세상에 풀어진다. 비밀번호를 입력할 때 보물창고에 들어가듯이 우리가 믿을 때 이미 가득 찬 하나님의 끊임없는 에너지와 한없는 능력이 우리를 통해 강같이 흐를 것이다.

이 놀라운 에너지와 능력은 그리스도에게서 나온다. 그분은 죽음에서 부활하시어 하늘에 오르시고 하나님의 보좌 우편에 앉아 모든 것을 다스리신다. 예수 그리스도는 모든 것의 최종 결정권자이시다. 놀라운 비밀은 그리스도는 교회의 머리이시며 교회는 그리스도의 몸이라는 것이다. 머리이신 그리스도께서 충만하시니 몸 된 그의 교회도 충만하지 않은가! 놀랍게도 그리스도께서 교회를 통해 그의 충만하심을 온 땅에 드러내신다(엡 1:20-23).

개인의 B.C./A.D.와 교회 공동체의 B.C./A.D.(엡 2장)

에베소서 2장은 간증의 책이다. 세계 역사가 예수 그리스도가 오시기 전의 시기(B.C.)와 오신 후의 시기(A.D.)로 나뉘듯이, 전반부는 개인의 B.C./A.D.를, 후반부는 공동체의 B.C./A.D.를 설명한다.

개인의 B.C./A.D.(엡 2:1-10)

B.C. 허물과 죄로 죽었다. 이 세상 풍조와 공중의 권세 잡은 자를 따랐다. 본질상 진노의 자녀였다(엡 2:1-3)

A.D. 그리스도와 함께 살리시고, 일으켜서, 함께 하늘에 앉히심(엡 2:4-10)

전환점 : 긍휼이 풍성하신 하나님의 큰 사랑(엡 2:4)

결과 : 그리스도 예수 안에서 선한 일을 위하여 지으심을 받은 하나님의 걸작품(엡 2:10)

교회 공동체의 B.C./A.D.(엡 2:11-22)

B.C. 이방인, 무할례자, 그리스도 밖, 이스라엘 밖, 외인, 소망이 없고 하나님도 없는 자(엡 2:11,12)

A.D. 한 새 사람으로 화평, 한 몸으로 하나님과 화목, 한 성령 안에서 아버지께 나아감(엡 2:13-18)

전환점 : 그리스도의 피와 그리스도의 육체(엡 2:13,14)

결과 : 외인도 나그네도 아니요 오직 하나님나라의 시민, 하나님의 권속, 하나님의 성전(엡 2:19-21)

"너희는 그 은혜에 의하여 믿음으로 말미암아 구원을 받았으니, 이것은 너희에게서 난 것이 아니요 하나님의 선물이라"(엡 2:8).

그리스도의 비밀(엡 3:1-13)

바울은 계시로 그리스도의 비밀을 깨달았다. 그것은 "하나님의 그 은혜의 경륜"(엡 3:2)이다. 이전에는 그것을 알지 못했으나 이제 사도들과 선지자들에게 성령으로 나타내셨다. 그 비밀은 이방인들이 복음으로 그리스도 안에서 함께 상속자가 되고, 지체가 되고, 약속에 참여하는 자가 된다는 사실이다. 이를 아는 순간 바울의 삶은 대전환점을 맞게 되었다. 그는 측량할 수 없는 그리스도의 풍성함을 이방인에게 전하는 일꾼이 되었다. 대핍박자가 복음 전도자가 되었다.

"모든 성도 중에 지극히 작은 자보다 더 작은 나에게 이 은혜를 주신 것은, 측량할 수 없는 그리스도의 풍성함을 이방인에게 전하게 하시고, 영원부터 만물을 창조하신 하나님 속에 감추어졌던 비밀의 경륜이 어떠한 것을 드러내게 하려 하심이라"(엡 3:8,9).

바울의 기도(엡 3:14-19)

이방인을 향한 하나님의 그 은혜의 경륜을 알게 된 바울은 자연스럽게 하나님 앞에 무릎을 꿇고 기도했다. 그분은 하늘과 땅의 각 족속에게 이름을 주신 아버지시다.

1. 성령의 능력으로 속사람을 강건하게 하여 주소서

속사람이 강건해야 겉사람도 강건하다. 예수님은 "사람이 떡으로만 살 것이 아니요, 하나님의 입으로부터 나오는 모든 말씀으로 살 것이라"(마 4:4)라고 하셨다. 또한 요한삼서 1장 2절에 "사랑하는 자여, 네 영혼이 잘됨같이 네가 범사에 잘되고 강건하기를 내가 간구하노라"라고 하셨다. 속사람은 오직 말씀과 성령으로 강건해질 수 있다.

2. 믿음으로 마음에 그리스도의 임재를 경험하게 하소서

마음에 그리스도가 계시면 언제나 풍성하다. 승리하며 살게 된다. 그리스도는 생명의 떡, 세상의 빛, 부활이요 생명이시며 참포도나무이시다. 그가 마음에 계시면 삶에 힘이 있고, 빛 가운데 행한다. 그의 모든 풍성함, 충만함, 생명과 부요를 삶에서 넘치도록 경험한다.

3. 그리스도의 4차원적인 사랑을 경험하게 하소서

나무가 잘 자라려면 좋은 땅에 뿌리를 깊이 내려야 하듯이 우리 삶도 그리스도의 사랑 가운데 깊이 뿌리내려야 한다. 그리스도의 4차원적인 사랑, 즉 그 사랑의 너비, 길이, 높이, 깊이를 경험하면 하나님의 충만하심 가운데서 충만한 삶을 살게 된다.

* 그리스도의 사랑의 너비, 길이, 높이, 깊이를 묵상하자.

좌.행.참.

중국의 탁월한 성경교사인 워치만 니는 《좌행참》에서 에베소서의 핵심을 설명한다.

좌(坐) : 앉다, Sit(엡 1장-3장)

그리스도의 위치는 하나님 보좌 오른편이다. 모든 권세와 능력을 다스리는 자리다.

> 그의 능력이 그리스도 안에서 역사하사 죽은 자들 가운데서 다시 살리시고 하늘에서 자기의 **오른편에 앉히사** 모든 통치와 권세와 능력과 주권과 이 세상뿐 아니라 오는 세상에 일컫는 모든 이름 위에 뛰어나게 하시고, 또 만물을 그의 발아래에 복종하게 하시고 그를 만물 위에 교회의 머리로 삼으셨느니라 엡 1:20-22

주님은 놀랍게도 우리의 자리를 마련하셨다. 하나님은 우리를 그리스도와 함께 살리셨을 뿐 아니라 함께 일으키시고, 함께 하늘에 앉히신다. 그곳은 지정석이다. 내 이름이 의자에 새겨져 있다.

> 허물로 죽은 우리를 그리스도와 함께 살리셨고, (너희는 은혜로 구원을 받은 것이라) 또 함께 일으키사 그리스도 예수 안에서 **함께 하늘에 앉히시니,** 이는 그리스도 예수 안에서 우리에게 자비하심으로써 그 은혜의 지극히 풍성함을 오는 여러 세대에 나타내려 하심이라 엡 2:5-7

이것이 "예수 안에서" 우리의 자리다. "앉히시다"는 과거시제가 아니라 현재완료형으로 '지금 현재 우리의 위치'를 말한다. 우리의 위치는 단지 죽음에서 다시 살리신 것만이 아니다. 우리는 땅에 있지 않고 예수 그리스도와 함께 하늘에 있다. 하나님은 우리를 예수 그리스도와 함께 다스리는 자리에 두셨다. 이는 우리의 권세와 능력을 말한다. 예수 그리스도의 권세와 능력을 우리의 것이 되게 하셨다.

에베소서 1장-3장에는 **"그리스도 안에"**라는 표현이 22회(1장 12회, 2장 6회, 3장 4회)나 나타난다. 예수 그리스도의 충만함이 곧 교회의 충만함이다. 예수 그리스도의 권세와 능력을 교회가 공유한다.

> 너희는 하나님으로부터 나서 그리스도 예수 안에 있고, 예수는 하나님으로부터 나와서 우리에게 지혜와 의로움과 거룩함과 구원함이 되셨으니, 기록된 바 자랑하는 자는 주 안에서 자랑하라 함과 같게 하려 함이라 고전 1:30,31

예수님은 우리에게 지혜, 의로움, 거룩함, 구원함이 되셨다. 우리는 우리에게 주어진 하늘에 속한 모든 신령한 복을 그리스도 안에서 누린다. 우리의 위치와 능력, 충만함과 풍성함은 전적으로 은혜다. 그러므로 아무도 자랑할 수 없다.
우리의 힘과 능력, 노력으로 이룬 것(DO)이 아니다. 예수 그리스도 안에서 주어진 것(DONE)이다. 이것이 기독교의 핵심이다. 우리는 두 글자 **'DO'**를 굵은 펜으로 지우고, 네 글자 **'DONE'**을 우리의 심장에 황금문자로 새겨야 할 것이다.

행(行) : 행하다, Walk(엡 4:1-6:9)

하늘에 있는 내 위치는 이 세상에서의 일상생활에 결정적 역할을 한다. 에베소서 4장 1절에서 6장 9절은 우리가 일상을 어떻게 살지 다섯 가지 영역에서 설명하고 있다. 이때 매번 "그러므로"라고 시작한다.

이는 1장-3장에서 말했던 우리의 위치에 따르는 결과를 말한다. 결코 잊지 말아야 할 것은 우리는 **'DO'**가 아니라 **'DONE'**에서 시작한다는 사실이다. 우리는 힘 있게 걸어가면 된다. 우리에게는 **"사랑으로써 역사하는 믿음뿐"**(갈 5:6)이다.

1. 부르심에 합당하게 행하라(엡 4:1-16)

우리는 '하나 됨'으로 부르심을 받았다. 그리스도인의 삶은 하나 됨이다. 하나님은 그리스도인들이 하나 됨을 이루는 곳에 "복이 있으라"라고 명령하신다. 거기에 선함과 아름다움이 있다. 충만한 기름부으심이 위로부터 부어진다(시 133편). 예수 그리스도는 믿는 자들을 위해 "저희가 하나 되게 하소서"라고 기도하신다(요 17:21-23). 믿는 자들이 하나가 되면 전도의 문이 열리고 사랑의 혁명이 일어난다.

하나 됨의 기반은 다음의 일곱 가지다. '한 몸', '한 성령', '한 소망', '한 분 주 예수 그리스도', '한 믿음', '한 세례', '한 분 하나님 아버지'이다. 교단이나 교파가 아니다. 우리는 원을 크게 그려야 한다. 사소한 일에 목숨 걸지 말아야 한다.

하나 됨을 이루는 길은 다음의 다섯 가지다. '모든 겸손', '모든 온유', '오래 참음', '사랑', '서로 용납'이다. 바벨탑은 분열을 이루지만 십자가는 하나 됨을 이룬다. 우리 모두 예수 그리스도의 십자가 아래 모이자.

2. 진리로 행하라(엡 4:17-32)

옛 사람을 벗어버리고 새 사람을 입는 길은 진리를 행하는 것이다. 그 비결은 우리의 생각이 새로워짐으로 이루어진다.

> 너희는 유혹의 욕심을 따라 썩어져 가는 구습을 따르는 옛 사람을 벗어버리고, 오직 너희의 심령이 새롭게 되어, 하나님을 따라 의와 진리의 거룩함으로 지으심을 받은 새 사람을 입으라 엡 4:22-24

"오직 너희의 심령이 새롭게 되어"가 열쇠다. "심령"이란 '생각', '사고방식'을 말한다. 그것은 한 번만이 아니라 매 순간 우리의 생각을 예수 그리스도께로 초점 맞추는 것을 말한다.

3. 사랑 가운데서 행하라(엡 5:1-7)

사랑으로 행하는 삶은 하나님의 사랑을 받는 자녀답게 사는 것이다. 하나님 아버지를 본받는 순종하는 자녀가 되자. 그리스도께서 우리를 사랑하신 것같이 우리도 사랑 가운데서 행하며 그리스도의 제자답게 그분을 본받는 자가 되자.

> 새 계명을 너희에게 주노니 서로 사랑하라. 내가 너희를 사랑한 것같이 너희도 서로 사랑하라. 너희가 서로 사랑하면 이로써 모든 사람이 너희가 내 제자인 줄 알리라 요 13:34,35

4. 빛의 자녀들처럼 행하라(엡 5:8-14)

우리는 빛의 자녀이므로 빛 가운데서 행한다. 빛의 열매는 모든 착함과 의로움과 진실함에 있다(엡 5:9). 하나님 아버지를 기쁘시게 하는 자녀가 되라. 열매 없는 어둠의 일에 참여하지 말고 도리어 책망하라.

5. 지혜로 행하라(엡 5:15-6:9)

지혜로 행하는 길은 세월을 아끼는 것이다. 무슨 일이든지 하나님의 뜻을 따라 결정하여 행하라. 때를 잘 분별해야 한다. 과음하지 말고 성령으로 흠뻑 취하라. 예배자가 되라. 그리고 모든 관계에 있어서 지혜로 행하라. 아내는 남편을 이해하고 지지하고, 남편은 아내를 소중히 여기라. 아내는 주 예수께 하듯 남편에게 순종하고, 남편은 주 예수께서 교회에게 하시듯 아내를 목숨을 주어 사랑하라. 부모를 주 안에서 순종하고 공경하라. 아버지들은 주님의 방법으로 자녀를 양육하라. 종들은 그리스도에게 하듯 주인에게 마음으로 복종하라. 주인들도 동일하게 종들을 대하라.

이 같이 다섯 영역에서 행함은 NCer로서 이 세상에 영향을 주는 삶이다. 그런 삶을 사는 원동력은 먼저 그리스도와 함께 하늘에 앉음에서 오는 능력으로 가능하다.

참(站) : 서다, Stand(엡 6:10-20)

우리가 이 세상에서 하나님의 뜻을 따라 살 때 반드시 염두에 두어야 하는 것은 우리의 대적자가 있다는 사실이다. 우리가 하나님의 뜻을 따라 살면 살수록 대적자는 더욱 긴장하여 어찌하든 우리가 세상에 영향을 주는 삶을 살지 못하게 방해하려고 안간힘을 쓴다. 기독교 문명개혁 운동은 저절로 이루어지는 것이 아니다. 하나님은 우리를 영적 전쟁터로 부르셨다.

우리의 대적자는 눈에 보이는 사람들이 아니다. 눈에 보이지 않는 영적 존재들이다. 우리는 그들이 누구인지, 어떤 영역에서 어떻게 활동하는지 알아야 한다. "나를 알고 적을 알면 백전백승"이라고 했다.

- 영적 전쟁 대상인 사단의 네 영역의 세력들 - 통치자들, 권세들, 이 어둠의 세상 주관자들, 하늘에 있는 악의 영들이다(엡 6:12).
- 하나님의 전신갑주를 취하라 - 진리의 허리띠, 의의 호심경, 평안의 복음이 준비한 신발, 믿음의 방패, 구원의 투구, 성령의 검 곧 하나님의 말씀이다(엡 6:14-17).

  * 사단의 세력과 우리의 전신갑주를 묵상하자.

교회에 대한 이해

에베소서는 '교회론 교과서'이다. 교회의 여러 가지 모습을 보여준다.

1 — **교회는 그리스도의 몸이다(엡 1:22,23).** 예수 그리스도는 교회의 머리, 교회는 그의 몸이다. 교회는 충만하다. 머리가 충만하면 몸도 충만하다.

> 그에게서 온몸이 각 마디를 통하여 도움을 받음으로 연결되고 결합되어 각 지체의 분량대로 역사하여 그 몸을 자라게 하며 사랑 안에서 스스로 세우느니라 엡 4:16

2 — **교회는 건물로서의 성전이다(엡 2:20-22).** 예수 그리스도는 모퉁잇돌이다. 사도들과 선지자들의 터 위에 세우심을 입었다. 건물마다 서로 연결되어 성전이 되어간다.

3 — **교회는 그리스도의 신부다(엡 5:22-33).** 아내와 남편의 관계를 이 구절이 성경 전체에서 가장 구체적으로 설명한다. 그러면서 동시에 신랑이신 예수 그리스도의 신부 된 교회의 모습도 보여준다.

> 이 비밀이 크도다. 나는 그리스도와 교회에 대하여 말하노라 엡 5:32

4 — **교회는 영적 군사다(엡 6:10-18).** 우리는 이 세상에 소풍이나 관광 온 것이 아니다. 하나님 나라와 하나님의 의가 이 땅에 세워지도록 부르심을 받았다. 하나님은 그의 교회를 영적 전쟁으로 부르셨다.

교회의 직임

하나님은 교회가 그 사명을 감당하도록 사람들을 불러 직임을 맡기셨다.

> 그가 어떤 사람은 사도로, 어떤 사람은 선지자로, 어떤 사람은 복음 전하는 자로, 어떤 사람은 목사(:목자)와 교사로 삼으셨으니 엡 4:11

이들은 교회의 사명을 감당하도록 불러 세우신 직임자들이다. "성도를 온전하게 하여 봉사의 일을 하게 하며, 그리스도의 몸을 세우려 하심"(엡 4:12)이 이들의 역할이다.

변함없는 사랑

바울은 다음과 같은 멋있는 축도로 서신을 끝맺는다.

> **우리 주 예수 그리스도를 변함없이 사랑하는 모든 자에게 은혜가 있을지어다 엡 6:24**

"아멘!"

Dear. NCer

에베소서 1장과 3장의 기도를 항상 지니고 암송하여 하나님을 알고 그분을 경험하자. 그리스도의 풍성함을 알고 그리스도 안에 있는 그리스도인의 위치를 알아 세상에 영향력을 미치는 사람으로 살자. 중보기도와 영적 전쟁을 바르게 이해하고 적용하자.

❖ 골로새서(Colossians) 예수 그리스도의 탁월함

에베소에서 약 160킬로미터 떨어진 곳에 라오디게아, 히에라폴리스(온천 지대), 골로새가 있다. 이 세 도시는 서로 시야에 들어올 만큼 가까이 있다. 이 지역에는 상당수의 유대인들이 살고 있었다. 골로새교회는 바울이 세운 교회가 아니다. 또한 한 번도 방문한 적이 없다. 골로새서 2장 1절에서 바울은 그들을 향해 "내 육신의 얼굴을 보지 못한 자들"이라고 했다. 골로새교회는 바울의 동역자인 에바브라에 의해 세워졌다(골 1:7). 바울이 이 서신을 쓸 때 에바브라는 감옥에 있는 바울의 곁에서 그의 필요를 돌보는 일을 했다(골 4:12). 바울이 한 번도 간 적이 없는 이 지역에 대하여 어느 정도 이해가 있는 것은 에바브라가 그들의 형편과 사정을 알려주었기 때문이다(골 1:8).
바울이 에베소에서 사역하는 동안 아시아 전 지역에 복음이 전파되었다. 그 결과 아시아에 살고 있는 유대인이나 헬라인이 모두 말씀을 들었다(행 19:10). 골로새교회도 이때 세워졌다. 골로새서 1장 21절의 "전에 악한 행실로 멀리 떠나 마음으로 원수가 되었던 너희를"이라는 문구에서 골로새교회는 주로 이방인으로 구성되었음을 알 수 있다. 골로새서 3장 5-7절의 죄의 목록은 이방인의 모습이기도 하다.

골로새서는 우주적인 그리스도, 그리스도의 탁월함이 주제이다.
골로새서는 다음의 세 가지 면에서 경계하라고 메시지를 전한다.

1. 유대주의적 율법주의, 외식주의를 경계하라.
2. 천사 숭배와 거짓 신비주의를 경계하라(골 2:18,19).
3. 그노시스주의(:영지주의)와 금욕주의, 인간적인 철학을 경계하라(골 2:20-23).

골로새서 – 그리스도의 탁월하심과 충만하심(골 1:18,19)

그리스도의 최고권			그리스도에게 순종		
첫인사와 감사와 기도	그리스도의 탁월성	그리스도 안에 있는 자유	그리스도인의 위치	그리스도인의 새로운 삶	끝인사와 성도의 교제
1:1-14	1:15-2:5	2:6-23	3:1-4	3:5-4:6	4:7-18
그리스도가 우리를 위해 하신 일			그리스도가 우리를 통해 하시는 일		
교리적 부분			실천적 행동		

이 같은 것들은 인간의 지혜와 제도를 너무 강조하고 그리스도께 마땅히 드려야 할 최고의 자리를 드리려고 하지 않는다. 이러저러한 영적 존재를 예수 그리스도와 동급으로 여겨서는 안 된다. 그 어떤 것도 예수 그리스도와 견줄 수 없다. 오직 그리스도께만 최고의 자리를 드리라. 그분은 교회의 머리시다(골 1:18). 또한 그분은 전 우주의 머리시다(골 2:10).

골로새서의 메시지

감사(골 1:3-8)

바울은 골로새의 그리스도인들로 인해 하나님께 감사를 드린다. 그 이유는,

- 예수 안에 있는 믿음, 모든 성도에 대한 사랑, 하늘에 쌓아둔 소망 때문이다.
- 그들에게 전해진 복음이 그들은 물론 온 천하에서 열매를 맺어 자라기 때문이다.

> 우리는 여러분이 한결같은 마음으로 우리 예수 그리스도를 잘 믿고 있으며, 모든 그리스도인에게 끊임없이 사랑을 베풀고 있다는 소식을 전해 듣고 있습니다. 여러분의 삶에 놓인 목표는 동아줄 같아서, 결코 느슨해지지 않을 것입니다. 그것은 하늘에 있는 여러분의 미래와 단단히 연결되어 있고, 희망으로 든든히 묶여있기 때문입니다
> 골 1:4,5 메시지성경

기도(골 1:9-14)

바울의 이 기도는 에베소서와 함께 기도의 모범을 제시하고 있다. 그는 간구의 기도와 감사의 기도를 드렸다.

간구의 기도(골 1:9-11)

- 하나님의 뜻이 무엇인지를 아는 통찰력과 이해력을 주소서.
- 하나님의 뜻을 알 뿐만 아니라 칭찬받을 만한 모범적인 삶을 살아서 범사에 주를 기쁘시게 하게 하소서.
- 모든 선한 일에 열매를 맺게 하여 주소서.
- 하나님을 아는 것에 자라게 하여 주소서.
- 중간에 포기하지 않고 끝까지 해낼 수 있는 하나님의 능력으로 능하게 하여 주소서.
- 어떤 일에든지 견디고, 어떤 사람이든지 참고, 어떤 일에나 어떤 사람이든 상관없이 기쁨으로 살게 하소서.
  - 모든 견딤은 환경과 상황에 대하여 견디는 것이다.
  - 오래 참음은 사람에 대하여 참는 것이다.
  - 기쁨은 상황과 사람에 대하여 기뻐하는 것이다.

감사의 기도(골 1:12-14)

바울은 하나님께서 그리스도로 말미암아 우리에게 행하신 놀라운 세 가지 은혜로 인해 하나님께 감사의 기도를 드린다.

- 우리로 하나님의 기업을 이을 자, 즉 상속자게 되게 하여 주심을 감사
- 우리를 흑암의 권세에서 사랑의 하나님의 나라로 옮기심을 감사
- 우리가 속량 곧 죄 사함을 얻게 하심을 감사

이 기도문은 우리에게 응답받는 기도의 내용을 보여준다. 기도는 간구의 기도만이 아니라 하나님이 이미 우리에게 이루신 놀라운 일들에 대한 감사의 기도도 중요하다.

그리스도의 탁월하심(골 1:15-23)

골로새서는 예수 그리스도의 탁월하심을 가장 잘 설명한 서신이다.

1. 예수 그리스도는 보이지 아니하는 하나님의 형상이다(골 1:15)

하나님이 어떤 분인지를 알려면 예수 그리스도를 바라봐야 한다. 예수님은 우리가 보고, 알고, 이해할 수 있는 형상을 가진 하나님의 완전한 초상이요, 완전한 현현이다. 요한복음 1장 18절에, "본래 하나님을 본 사람이 없으되 아버지 품 속에 있는 독생하신 하나님이 나타내셨느니라"라고 하셨다. 예수께서 "나를 본 자는 아버지를 보았다"(요 14:8,9), "내가 곧 너희를 내 아버지께로 인도하는 그 길이다"라고 하셨다(요 14:6). 예수님은 단순히 하나님의 스케치나 하나님의 요약이 아니다. 그분은 하나님의 완전하고 최종적인 계시다.

2. 예수 그리스도는 모든 피조물보다 먼저 나신 분이다(골 1:15)

예수 그리스도는 만물이 존재하기 전부터 계셨다. "모든 피조물보다 먼저 나신 이"(골 1:15)라는 구절은 문자적인 의미가 아니라 비유적인 의미로 이해해야 한다. 창조의 중개자에 대한 의미로 이해해야 한다. 골로새서 1장 17절의 "그가 만물보다 먼저 계시고 만물이 그 안에 함께 섰느니라"에서 예수 그리스도는 모든 것보다 앞서 계시며 어떤 것도 예수님의 위치와 비교될 수 없음을 보여준다. 위치에 있어서 그리스도의 탁월성을 보여준다.

3. 예수 그리스도는 창조주시다. 만물이 그에게서 창조되었고, 그를 위하여 창조되었다(골 1:16)

만물이 그리스도를 통해 창조되었다. 모든 피조물은 아들의 것이고, 아들에게 영광을 돌리기 위해 창조되었다. 그가 처음이요 나중이며 모든 것의 목표요 종점이시다.

> 하늘에 있는 것이나 땅에 있는 것이 다 그리스도 안에서 통일되게 하려 하심이라 엡 1:10

4. 예수 그리스도는 몸 된 교회의 머리시다(골 1:18)

예수님은 몸의 머리, 즉 교회의 머리시다. 몸은 머리가 명령하는 대로 움직인다. 몸 자체는 무능하다. 머리가 없이는 죽은 것이다. 예수 그리스도는 교회를 인도하고, 명령하고, 지배하신다. 예수 그리스도는 머리와 몸의 관계처럼 교회를 하나의 유기체로 조직하고 유지시켜주신다.

5. 그는 근본이시며 부활의 첫 열매로서 친히 만물의 으뜸이 되신다(골 1:18)

기독교의 핵심은 그리스도의 십자가의 죽으심과 부활하심이다. 그리스도는 죽은 자들 가운데서 먼저 나신 자다. 모든 것이 그리스도로부터 시작되었다. 그는 모든 만물의 으뜸이시며, 처음에도 으뜸이시고 마지막에도 으뜸이시다. 그리스도는 부활로써 사망을 이긴 최후의 승리자가 되신다.

6. 아버지께서 모든 충만으로 예수 안에 거하게 하신다(골 1:19)

아버지 하나님의 모든 것 즉 하나님의 속성, 능력, 완전하심 등이 다 그리스도 안에 거해도 조금도 비좁지 않다. 예수 그리스도는 광대하고 광활한 분이시다. 하나님은 우리에게 필요한 모든 것을 예수님으로부터 받게 하신다. "우리가 다 그의 충만한 데서 받으니 은혜 위에 은혜러라"라고 하시고(요 1:16), 또한 "너희는 하나님으로부터 나서 그리스도 예수 안에 있고, 예수는 하나님으로부터 나와서 우리에게 지혜와 의로움과 거룩함과 구원함이 되셨으니"라고 하셨다(고전 1:30).

7. 아버지께서 예수 그리스도의 십자가의 피로 화평을 이루사 만물과 화목하게 되기를 기뻐하신다(골 1:20)

예수께서 십자가에서 흘리신 피로 평화의 길을 열어놓으셨다. 우리와 하나님 사이를 화목하게 하셨다. 화목의 목적도 결과도 '거룩함'이다. 그리스도는 그의 십자가의 피로 우리를 거룩하고 흠 없고 책망할 것이 없는 자로 하나님 앞에 서게 하셨다. 더 나아가 화목하게 하는 화해자로 서게 하셨다(골 1:21-23).

그러므로 우리는 예수 그리스도께 모든 것 위에 가장 높은 최고의 자리를 드린다.

믿음에 굳게 서라(골 2장)

그리스도를 확실하게 아는 것이야말로 각종 이단 사상의 속임수에 넘어가지 않는 지름길이다. 그리스도를 확실히 알면 세상적인 사고방식을 분별하게 된다. 더 이상 율법에 매여 딱딱한 신앙생활을 하거나 형식적이며 종교적인 사람이 되지 않는다.

> 나는 여러분이 다채로운 색실로 엮인 비단처럼 사랑으로 함께 연결되어, 하나님을 아는 모든 일에 닿아있기를 바랍니다 골 2:2 메시지성경

> 이는… 하나님의 비밀인 그리스도를 깨닫게 하려 함이니 그 안에는 지혜와 지식의 모든 보화가 감추어져 있느니라 골 2:2,3

예수 그리스도를 확실히 알게 되면 교묘한 말에 속지 않는다. 철학과 헛된 속임수가 더 이상 통하지 않게 된다. 믿음에 굳게 서게 된다.

> 그리스도 안에는 하나님의 모든 것이 표현되어 있어서, 여러분은 분명하게 그분을 볼 수 있고 그분의 말씀을 들

을 수 있습니다. 그리스도의 충만하심을 알고, 또 그분 없이는 우주가 공허하다는 사실을 알기 위해서, 망원경이나 현미경이나 점성술 같은 것이 필요한 것은 아닙니다. 그분께 다가가기만 하면, 여러분에게도 그분의 충만하심이 나타날 것입니다. 그분의 능력은 모든 것에 두루 미칩니다 골 2:9,10 메시지성경

예수 그리스도의 구속 사역에는 더 이상 어떤 '보충'이 필요하지 않다.

그러므로 너희가 그리스도 예수를 주로 받았으니 그 안에서 행하되 그 안에 뿌리를 박으며 세움을 받아 교훈을 받은 대로 믿음에 굳게 서서 감사함을 넘치게 하라 골 2:6,7

거짓 교사들의 가르침을 주의하고 이단 사상을 배격하라

누가 철학과 헛된 속임수로 너희를 사로잡을까 주의하라. 이것은 사람의 전통과 세상의 초등학문을 따름이요 그리스도를 따름이 아니니라 골 2:8

초대교회를 괴롭게 한 것은 유대주의적 전통에 헬라 철학, 특히 영지주의와 신비주의를 결합시킨 거짓 교사들의 가르침이었다. 이들은 완전한 구원에 도달하려면 일종의 신비한 지식을 소유해야만 한다고 주장했다. 이런 지식을 얻으려면 금욕주의의 삶을 준수해야 한다고 강조했다. 특정한 날에 어떤 음식은 삼가해야 하고, 할례가 매우 중요하다고 했으며, 구원사역에 천사가 중요한 역할을 담당한다고도 했다.

영지주의는 물질에 대한 잘못된 이해를 가지고 있었다. '영혼만이 선하고 물질은 불완전하고 악하다. 영혼은 불멸이고 물질은 사라진다. 물질이 악하기에 육체도 악하다.' 이 같은 사고는 다음의 두 가지 철학으로 이어졌다.

- 금욕주의 : 육체는 악하기에 엄하게 다스려야 한다.
  육체를 억압, 학대, 징계할 때 육체의 본능을 말살할 수 있다.
- 쾌락주의 : 육체는 곧 사라질 것이기에 육체에 어떤 것을 행해도 괜찮다.
  쾌락을 누리고 결과적으로 도덕성이 파괴된다.

이 같은 사상은 창조 사실에 영향을 주고, 예수의 육체로 오심을 부인한다. 따라서 예수님의 육체의 부활을 부정한다. 이런 거짓 교사들의 가르침에 주의하고 이단 사상을 배격하는 길은 복음을 명확하게 아는 것뿐이다. 요한복음과 요한일서, 디모데전서, 골로새서는 이런 가르침에 주의하라고 거듭 강조한다. 구원은 오직 예수로부터 온다. 예수 그리스도의 십자가의 죽으심과 부활하심이 구원의 핵심이다.

오직 예수

하나님의 모든 성품은 이 땅에서 사람의 모습으로 사신 그리스도께 완전히 나타난 바 되었습니다. 여러분은 그리스도 안에서만 진정으로 완전한 삶을 누릴 수 있습니다… 그리스도를 믿었을 때, 여러분은 새로운 할례를 받았습니다… 여러분은 세례를 받음으로 그리스도와 함께 죽었고, 믿음 안에서 다시 그리스도와 함께 살아났습니다. 이 믿음은 모든 죽은 사람 가운데에서 그리스도를 다시 살리신 하나님의 능력을 믿는 것입니다 골 2:9-12 쉬운성경

우리의 구원과 믿음은 오직 예수 그리스도 안에 있다. 즉 예수 그리스도의 십자가의 죽으심과 부활하심에 있다. 예수 그리스도의 십자가의 죽으심과 부활하심을 믿을 때 죄의 세력에서 벗어나고 새 생명을 받아 새 사람이 된다.

그리스도와 함께 죽은 여러분은 이 세상의 헛된 규칙들로부터 자유로운 사람들입니다. 그런데 왜 이 세상에 속한 사람들처럼 행동하십니까? 골 2:20 쉬운성경

이 진리를 굳게 붙드는 것이 바로 그노시스주의적 이단사상을 물리치며 유대주의적 거짓 가르침에 주의하는 길이다. 이것은 초대교회에만 해당하는 것이 아니다. 오늘도 여전히 이런 사고들이 교회를 어지럽힌다. 우리는 성경에서 말씀하시듯이 거짓 교사들과 이단들을 주의하고 경계해야 하지만 그들의 가르침에 대해 집중하기보다는 진리를 확실하게 알고 그 기반 위에 굳게 서야 한다.

몸은 머리에 붙어있어야 합니다. 그래야 몸의 각 마디가 서로 도와 영양분을 받아 유지하고, 하나님이 바라시는 모습으로 자라갈 수 있는 것입니다 골 2:19 쉬운성경

충만하신 예수 그리스도는 교회의 머리시다. 교회가 머리 되신 예수 그리스도께 굳게 붙어있으면 강건해지고 성장한다.

사고방식이 열쇠다(골 3:1-17)

변화는 어디에서부터 일어나야 하는가? 변화의 열쇠는 어디에 있는가? 행동인가? 습관인가?

컴퓨터는 입력된 대로 출력이 된다. 본체에는 입력한 것이 저장된다. 잘못 입력한 것이 본체에 저장되어 있으면 잘못된 것이 그대로 출력된다. 원하는 것이 출력되기를 원한다면 두 가지 면에서 수정을 해야 한다. 먼저 본체에 잘못 입력되어 저장된 것들을 휴지통에 버려야 한다. 그리고 처음부터 다시 올바르게 입력해야 한다.

본체는 우리의 생각에 해당하고 출력은 우리의 행동에 해당한다. 저장된 것을 그대로 두고 원하는 것을 출력할 수 없다. 이처럼 우리의 행동에 초점을 둘 것이 아니라 먼저 우리의 생각을 새롭게 해야 한다. 그리고 다시 입력해야 한다. 이러한 과정이 생각을 새롭게 하는 것이다.

그러므로 너희가 그리스도와 함께 다시 살리심을 받았으면 위의 것을 찾으라. 거기는 그리스도께서 하나님 우편에 앉아계시느니라. 위의 것을 생각하고 땅의 것을 생각하지 말라 골 3:1,2

로마서, 에베소서, 골로새서, 빌립보서는 공통적으로 이것을 말씀하고 있다. “마음”, “심령”으로 표현된 단어들은 모두 ‘생각, 사고방식’의 영역을 말한다.

너희는 이 세대를 본받지 말고 **오직 마음을 새롭게 함으로** 변화를 받아 하나님의 선하시고 기뻐하시고 온전하신 뜻이 무엇인지 분별하도록 하라 롬 12:2

이 세대를 본받지 말고 변화를 받아 하나님의 뜻을 분별하며 살아가는 열쇠는 오직 생각(:마음)을 새롭게 함에 있다.

> 너희는 유혹의 욕심을 따라 썩어져 가는 구습을 따르는 옛 사람을 벗어버리고 **오직 너희의 심령이 새롭게 되어** 하나님을 따라 의와 진리의 거룩함으로 지으심을 받은 새 사람을 입으라 엡 4:22-24

벗어버릴 것은 '옛 사람과 옛 습관, 그 행위'(엡 4:17-21)이고, 입을 것은 '새 사람과 그 행위'(엡 4:24-32)다. 그 열쇠는 오직 생각(:심령)이 새롭게 되는 것에 있다.

> …옛 사람과 그 행위를 벗어버리고 새 사람을 입었으니 이는 자기를 창조하신 이의 형상을 따라 **지식에까지 새롭게 하심을** 입은 자니라 골 3:9,10

벗어버릴 것은 '옛 사람과 그 행위'(골 3:5-9)이고, 입을 것은 '새 사람과 그 행위'(골 3:12-17)이다. 그 열쇠는 오직 생각(:생각은 감정이나 의지가 아닌 지식의 영역이다)을 새롭게 함에 있다.

> 대저 그 마음의 생각이 어떠하면 그 위인도 그러한즉 잠 23:7

> 모든 지킬 만한 것 중에 더욱 네 마음을 지키라. 생명의 근원이 이에서 남이니라 잠 4:23

> 위의 것을 생각하고 땅의 것을 생각하지 말라 골 3:2

생각의 출발은 귀, 눈, 입, 입술, 눈, 눈꺼풀, 발(잠 4:20-27)에 있다. 듣는 것과 보는 것에서부터 시작하라. 영적 전쟁은 눈, 입, 귀, 생각에서 시작된다. 거룩함의 시작은 생각에서부터 비롯된다(출 28:36-38).
생각에 깔때기를 끼우라(빌 4:8). 무엇을 보는가, 말하는가, 듣는가, 생각하는가가 중요하다. 오직 말씀을 생각에 입력하라(잠 4:20-22).

> 그리스도의 말씀이 너희 속에 풍성히 거하여… 또 무엇을 하든지 말에나 일에나 다 주 예수의 이름으로 하고 그를 힘입어 하나님 아버지께 감사하라 골 3:16,17

여기에 열쇠가 있다. 그리할 때 용서와 감사의 삶을 살게 된다. 새 사람의 삶을 살게 된다. 가장 적극적이고 효과적인 길은 오직 그리스도의 말씀을 내 속에 풍성히 거하게 하는 것이다. 여기서 "거하다"의 의미는 머리로 아는 지식을 말하는 것이 아니라 성령을 힘입어 말씀이 생각에 자리잡게 하라는 것이다. 말씀이 생각에 자리잡기 위해서는 말씀을 마음에 심는 것이 가장 좋다(약 1:21).

여덟 명의 히어로들(골 4:7-14)

바울은 이 짧은 편지에서도 그의 주변 히어로들을 여덟 절에 걸쳐 언급하고 있다. 그들을 소개하는 부분이 은혜롭다.

두기고 - 그는 사랑받는 형제요 신실한 일꾼이요 주 안에서 함께 종이 된 자이다. 특별히 그를 골로새교회로 보내는 것은 단지 편지 배달부로서의 역할을 넘어서서 그를 통해 내 사정을 다 너희에게 알려주어 너희로 우리 사정을 알게 하고 너희 마음을 위로하게 하려 함이다.
오네시모 - 그는 신실하고 사랑받는 형제다. 그는 너희에게서 온 사람이다(그에 대하여는 빌레몬서를 참고하라).
아리스다고, 마가, 유스도 - 나와 함께 갇힌 아리스다고, 바나바의 조카 마가, 유스도라 하는 예수 이 세 사람은 할례파이나 이들만은 하나님나라를 위해 함께 역사하는 자들이다. 이런 사람들이 나의 위로가 되었다. 특히 마가에 대하여는 괄호로 언급했다(여러분은 전에 그에 대한 편지를 받았으니, 그가 여러분에게 가거든 반갑게 맞이해주기 바랍니다).
에바브라 - 그는 그리스도 예수의 종이다. 그는 항상 너희를 위해 애써 기도하여 너희로 하나님의 모든 뜻 가운데서 완전하고 확신 있게 서기를 구한다. 그가 너희를 위해 많이 수고하는 것을 내가 증언한다.
누가 - 그는 사랑받는 의사다. 그는 바울 팀의 건강을 돌보는 주치의로서 팀원들로부터 사랑을 받았다.
데마 - 이름만 적혀 있다. "데마는 이 세상을 사랑하여 나를 버리고 데살로니가로 갔고"(딤후 4:10)에 나오는 데마와 동일인일 가능성이 많다. 그렇다면 이름만 적힌 것도 이해가 된다.

바울은 감옥에 갇혔지만 어느 정도 자유가 있었던 것으로 보인다. 그는 결코 혼자가 아니었다. 그의 주변에는 이처럼 귀한 사람들이 많았다.
바울은 단지 사람들의 이름만 아는 정도가 아니었다. 각 사람을 소개할 만큼 관심을 가졌다. 내게는 서신을 보낼 때 소개할 만한 주변 사람들이 있는가? 있다면 어떻게 소개할 것인가?

말할 때에는 은혜가 넘치게 하십시오. 대화할 때는 다른 사람을 깎아내리거나 제치는 것이 아니라, 그들에게서 가장 좋은 점을 이끌어 내는 것을 목표로 삼으십시오 골 4:6 메시지성경

Dear. NCer

골로새서 1장의 감사의 기도와 간구의 기도를 항상 지니고 암송하여 하나님을 알고 그분을 경험하자.

탁월하신 그리스도의 성품을 알고 지식을 새롭게 함으로 변화를 받아 세상에 영향력 있는 삶을 살자.

생각부터 새로워져야 한다. 영적 전쟁은 우리의 눈, 입, 생각과 마음에서 시작된다.

❖ 빌립보서(Philippians) 그리스도인의 표지는 기쁨이다

빌립보 도시는 알렉산더 대왕의 아버지인 필리포스(Philippos)가 건설했기에 그의 이름을 따서 명명한 로마의 식민지였다. 아시아와 유럽, 동과 서를 잇는 전략적 거점도시였다. 바울이 2차 전도여행 중 드로아 항구에 머물 때 마게도냐인의 환상을 보고 아시아행을 유럽행으로 변경하여 사역한 곳이 빌립보다. 특히 바울과 실라가 복음을 전파하던 중 감옥에 갇혔다가 풀려난 곳이기도 하다.

빌립보교회는 바울이 유럽 대륙에 가장 먼저 세운 교회다. 다양한 국적과 사회계층, 세대의 사람들로 구성된 교회였다. 사도행전 16장을 통해서 교회 구성원들을 짐작할 수 있다.

- 자색 옷감 장사 루디아와 그의 가정 - 아시아인으로서 당시 가장 유력한 사업을 하던 상인이다. 당시의 상류계층에 속한다.
- 간수와 그의 가정 - 로마의 군인으로서 당시의 중류계층에 속한다.
- 점치는 귀신이 들렸던 여자 - 헬라인이며 노예이다. 당시의 하류계층에 속한다.

이들 외에도 다양한 사람들로 구성된 교회 공동체이다.

바울과 빌립보교회는 다른 어떤 교회보다 더 깊은 친밀감이 있었다. 루디아는 바울 전도 팀이 자신의 집에 머물도록 초청했다. 일반적으로 바울은 숙식 문제를 스스로 해결했다. 그러나 빌립보교회는 바울을 후원했다(빌 4:15-18). 바울은 다른 교회들(특히 고린도교회)에게는 부담을 주지 않으려 노력했다. 바울은 빌립보 교인들을 향해 '예수 그리스도의 심장으로 사모한다'고 고백했다(빌 1:8). 또한 그들을 "나의 기쁨이요 면류관"이라고 칭했다(빌 4:1).

빌립보서 – 그리스도인의 기쁨(빌 4:4)

그리스도의 복음	그리스도의 마음	그리스도의 지식	그리스도의 평강
그리스도와 함께함	그리스도의 백성	그리스도를 쫓아감	그리스도의 능력
1장	2장	3장	4장
고난	복종	구원	성화
경험	모범	격려	

빌립보서는 '가장 아름다운 책'으로 알려져 있다. 바울은 감옥에서 이 '기쁨의 책'을 썼다. 감옥 안에 있는 사람이 감옥 밖의 그리스도인들에게 보내는 메시지가 '기뻐하라!'이다. 하나님이 주시는 기쁨은 주변의 여건이나 상황과는 아무런 연관이 없다.

> 비록 무화과나무가 무성하지 못하며, 포도나무에 열매가 없으며, 감람나무에 소출이 없으며, 밭에 먹을 것이 없으며, 우리에 양이 없으며, 외양간에 소가 없을지라도 나는 여호와로 말미암아 즐거워하며, 나의 구원의 하나님으로 말미암아 기뻐하리로다. 주 여호와는 나의 힘이시라. 나의 발을 사슴과 같게 하사, 나를 나의 높은 곳으로 다니게 하시리로다 합 3:17-19

진정한 기쁨은 주변의 여건과 상황에 의해 오는 것이 아니다. 하나님이 나의 힘이요 나의 기쁨이다.

빌립보서의 메시지

바울의 기도

"그래서 나는, 여러분의 사랑이 풍성해지고, 여러분이 많이 사랑할 뿐 아니라 바르게 사랑하게 해주시기를 기도합니다. 적절하게 사랑하는 법을 익히십시오. 여러분의 사랑이 감정의 분출이 아니라 진실하고 지각 있는 사랑이 되려면 지혜로워야 하고 자신의 감정을 살필 줄 알아야 합니다. 사랑하는 삶을 살되 신중하고도 모범적인 삶, 예수께서 자랑스러워하실 삶을 사십시오. 그것은 영혼의 열매를 풍성히 맺고, 예수 그리스도를 매력적인 분으로 만들며, 모든 이들로 하여금 하나님께 영광과 찬송을 돌려드리도록 하는 삶입니다"(빌 1:9-11 메시지성경).

주 안에서 항상 기뻐하라!

바울은 기쁨이 충만했다. 그가 가진 기쁨은 교과서에서 지식으로 습득해서 나오는 것이 아니다. 편안하고 안락한 말년의 삶도 아니다. 이제는 더 이상 굶주림, 목마름, 매 맞음이 없이 안전하고 편안하기 때문은 더욱 아니다. 나는 오래전, 이십 대 초에 이런 글을 본 적이 있다.
"평생 복음을 위해 살아온 바울의 말년은, 감옥, 겉옷 한 벌(:그것도 현재는 없고 드로아 가보의 집에 있다), 안경, 그리고 가죽 성경뿐이었다."
너무 인상적이었다. 이것이 바울이 처한 상황이었지만 그는 언제나 기쁨이 충만했다.

복음이 전파되는 기쁨(빌 1:12-18)

바울이 감옥에 갇힘으로 그의 사역이 사실상 끝났다고 생각할 수 있다. 그러나 그렇지 않다. 오히려 바울이 감옥에 갇힘으로 복음 전파에 진전을 이루었다.

> 형제들아, 내가 당한 일이 도리어 복음 전파에 진전이 된 줄을 너희가 알기를 원하노라 빌 1:12

"진전"(헬, 프로코페 prokope)은 '군대나 탐험대가 앞으로 더 나아가다'라는 뜻이다. 앞으로 나아가는 데 방해되는 것을 제거할 때 사용되는 용어다. 바울의 감옥생활은 복음 전파의 문을 닫는 것이 아니라 도리어 더 크게 여는 계기가 되었다. 전화위복이 되었다.

바울의 매임으로 오히려 복음이 모든 시위대 안에 전파되었다. 시위대는 황제의 친위대가 주둔하는 곳으로 '로마군의 꽃'이었다. 바울은 이들과 교제하고 이들에게 설교했다(빌 1:13). 감옥에 갇히지 않았다면 그들에게 접근하기가 쉽지 않았을 것이다.

삶이 벼랑 끝에 있을 때 낙심하면 안 된다. '나는 이제 끝이야'라고 쉽게 결론을 내리지 말아야 한다. 어떤 상황에도 하나님을 의지하고 그분의 뜻 한가운데 있는 것이 중요하다. 바로 거기에서 하나님이 일하신다.

바울의 옥중생활은 시위대에서만이 아니라 시위대 밖에서도 복음 전파에 자극을 주었다. 이는 두 방향으로 움직였다.

첫째는, 바울을 사랑하는 로마의 그리스도인 대다수가 그의 사정을 알고 전보다 믿음을 더 확고히 했다. 이들은 하나님과 메시아에 대해 더 담대하게, 두려움 없이 전했다(빌 1:14). 이러한 현상은 지난 2천 년의 교회 역사에 언제나 같은 패턴으로 일어났다. 구소련이 교회의 문을 닫고, 목회자를 감옥에 넣고, 성경을 불태운 결과로 더 많은 지하교회가 일어났다. 한 명의 그리스도인을 수감하면 열 명의 새로운 그리스도인이 생겨났다. 누군가 말했듯 "순교자의 피는 교회의 씨앗"이다.

둘째는, 바울을 경쟁자로 여기는 사람들이다. 바울을 시기, 질투하고 그에게 비교의식과 경쟁의식이 있던 이들은 그가 감옥에 갇힌 틈을 타서 사람들의 관심을 끌기 위해 복음을 전했다.

바울은 이렇듯 전혀 다른 두 가지 방향으로 복음이 전파되는 것을 보고 기뻐했다. 그들의 동기가 순수하든 그렇지 않든 신경 쓰지 않았다. 그의 관심은 오직 복음이 전파되는 데 있었다. **"무슨 방도로 하든지 전파되는 것은 그리스도니, 이로써 나는 기뻐하고 또한 기뻐하리라"**(빌 1:18)라고 했다. 그들이 바울 자신에 대해 무엇이라 말하든, 적대의식을 가졌든, 심지어 자신을 축출하려고 해도 조금도 신경 쓰지 않았다. 오직 복음이 전파되는 것으로 인해 만족하고 기뻐했다.

이것이 바울에게 제일 큰 기쁨이었다. 자신이 알려지든 그렇지 않든, 중요한 것은 주 예수 그리스도가 전파되는 것이었다. 이보다 더 큰 기쁨이 없다. 당시 그가 주를 섬기며 복음을 전파한 지 20년이 넘었다. 혹독한 여행으로 지쳤을 만도 했다. 더구나 감옥에 갇혀서 위로가 필요할 수 있었다. 하지만 그는 기뻐했다. 그로 인해 복음이 전파되기 때문이었다.

어떤 사람은 자신이 책임을 맡고 있을 때는 목숨을 다해 수고하다가 책임이 다른 사람에게 넘어가면 전혀 상관하지 않는다. 어떤 직임이나 책임을 말하는 것이 아니다. 그가 감당했던 사역에 대한 마음가짐을 말하는 것이다. 자기를 위한 사역을 했는지, 주님의 사역을 했는지 그 마음이 보인다.

바울은 그가 책임을 맡고 있든 아니든 오직 복음 전파에 관심이 있었다. 바울이 위로를 받으며 기뻐하는 이유는 여기에 있다. 어떤 직책이 주어지든 그렇지 않든, 사람들이 인정을 하든 안 하든, 오직 우리의 관심은 주의 뜻이 이루어지는 데 있어야 한다.

내 관심은 어디에 있는가? 나는 정말로 하나님나라에 집중하는가 아니면 내 이름이 드러나는 데 관심이 있는가? 내가 무대 중앙에 있을 때나 뒤에 있을 때나 하나님나라에 관심이 있는가? 그의 뜻이 성취되는 것, 그가 영광을 받으시는 것에만 관심이 있는가?

사나 죽으나 오직 예수!

바울은 행복 바이러스를 퍼뜨리는 사람이다. 행복은 전염성이 강하다. 바울에게 귀를 기울이고 있으면 금세 기쁨이 전해진다. 그의 말은 춤을 추는 듯하고 기쁨의 탄성을 자아낸다. 우리의 심장을 두드린다. 그는 우리에게 행복의 비결을 가르치지 않는다. 그저 그의 삶이 행복할 뿐이다. 그럼에도 사람들은 바울을 가리켜 "이 사람은 전염병 같은 자라"(행 24:5)라고 말했다.

바울은 사람과 환경을 초월하여 오직 복음을 위해 살았다. 그가 이같이 복음을 위해 목숨을 바칠 수 있었던 이유는 무엇인가?

오직 예수(빌 1:20,21)

바울에게는 살든지 죽든지 오직 그리스도가 존귀하게 되는 것만이 중요했다. 살아서는 그리스도의 심부름꾼, 죽어서는 그리스도와 함께하는 선물. 살아도 예수! 죽어도 예수! 그러므로 사는 것도 유익하고 죽는 것도 유익하다고 했다. 그는 사지에 뛰어드는 용사처럼 비장한 각오로 엄숙하고 심각하게 말하지 않는다. 우울하거나 절망을 벗어나려고 몸부림치지도 않는다. 고통의 부르짖음도 아니다. 너무도 행복하게 말한다. 죽는 것이 더 좋다고. 이는 세상의 삶이 너무 힘겹고 피곤하고 어려워서 하는 말이 아니다.

> …살든지 죽든지 내 몸에서 그리스도가 존귀하게 되게 하려 하나니, 이는 내게 사는 것이 그리스도니 죽는 것도 유익함이라 빌 1:20,21

바울에게 예수 그리스도는 누구신가?

그의 생애의 시작이다. 다메섹 도상에서 주 예수를 만난 이후 거듭나서 새로운 삶이 시작되었다. 그의 생애의 계속이다. 그는 날마다 그리스도 앞에서 살았다. 예수는 언제나 그와 함께 계셨다.

그의 생애의 마지막이다. 그의 종착지는 영원하신 예수 그리스도 앞이다.
그의 삶의 영감이다. 예수 그리스도는 그의 활력과 삶의 원동력이 되시며 그에게 힘을 주신다.
그의 생에 과제를 주셨다. 예수께서 핍박자인 그를 이방인의 사도로 부르셨다.
그의 생의 보상이다. 그가 바라는 보상은 그리스도와 교제하는 것이다.
한마디로, 그에게 예수 그리스도는 인생 그 자체다!

가장 귀한 것(빌 3:4-9)

바울은 육체를 신뢰하거나 자랑하지 않았다. 학력, 경력, 배경 등 세상이 의지하고 자랑하는 것을 조금도 의지하지 않았다. 사람들은 이것들이 자신에게 유익하다고 여긴다. 바울도 한때는 유익하게 여겼다. 그러나 더 이상 그것들을 유익하다고 여기지 않았다. 오히려 해로 여기고 배설물로 여겼다. 예수 그리스도를 아는 지식에 비하면 배설물 정도밖에 되지 않기 때문이다

> 그러나 무엇이든지 내게 유익하던 것을 내가 그리스도를 위하여 다 해로 여길 뿐더러, 또한 모든 것을 해로 여김은 내 주 그리스도 예수를 아는 지식이 가장 고상하기 때문이라. 내가 그를 위하여 모든 것을 잃어버리고 배설물로 여김은 그리스도를 얻고, 그 안에서 발견되려 함이니… 빌 3:7-9

바울의 이 같은 태도는 어떤 학자적인 고집이 아니다. 막무가내식 외통수도 아니다. 이는 진심으로 심장에서부터 나오는 말이다. 바울의 이 같은 태도를 보며 베스도 총독은 크게 소리를 질렀다. "바울아, 네가 미쳤도다! 네 많은 학문이 너를 미치게 한다!"(행 26:24) 그러나 바울은 차분히 내적 평강 가운데 대답했다. "베스도 각하여, 내가 미친 것이 아니요 참되고 온전한 말을 하나이다"(행 26:25). 바울은 자신의 말을 듣고 있던 아그립바 왕과 베스도 총독, 그리고 고위직 사람들에게 담대히 말했다.

> 말이 적으나 많으나 당신뿐만 아니라 오늘 내 말을 듣는 모든 사람도 다 이렇게 결박된 것 외에는 나와 같이 되기를 하나님께 원하나이다 행 26:29

바울은 자신이 지금 참되고 온전한 말을 하고 있다고 했다. 그곳에 있던 가장 똑똑하고 지혜롭다는 사람들, 고위직, 부유층의 사람들에게 "다 나와 같이 되십시오"라고 말했다. 진리를 아는 사람, 예수를 인격적으로 아는 사람만이 가진 자신감, 만족, 확신, 담대함이다. 바울에게는 예수 그리스도보다 더 귀한 것이 없었다.

더 좋은 일보다 더 유익한 것(빌 1:22-26)

바울은 이 땅에서의 삶보다 육신의 장막을 벗고 주와 함께 있고 싶은 마음이 간절하지만, 이 세상에서 동료 그리스도인과 함께 있는 것이 그들의 영적인 성장과 기쁨을 위해 더 유익하다면 기꺼이 이 세상에 더 머물러 있겠다고 했다.
그는 염세주의자도 비관주의자도 아니다. 낙관주의자는 더욱 아니다. 그는 가장 실제적인 사람이다. 그는 영적 실재를 볼 줄 알았다.

우리가 주목하는 것은 보이는 것이 아니요 보이지 않는 것이니, 보이는 것은 잠깐이요 보이지 않는 것은 영원함이라 고후 4:18

그는 보이는 현실도 인정하지만 보이지 않는 영적 현실도 인정한다. 우리 그리스도인들에게는 이 두 세계가 다 현실이다. 그러므로 잠깐 있다 사라지는 보이는 현실보다 영원하나 보이지 않는 영적 현실에 주목하는 것이 지극히 당연하며 정상이다.

내가 그 둘 사이에 **끼었으니** 차라리 세상을 **떠나서** 그리스도와 함께 있는 것이 훨씬 더 좋은 일이라. 그렇게 하고 싶으나 내가 육신으로 있는 것이 너희를 위하여 더 유익하리라. 내가 살 것과 너희 믿음의 진보와 기쁨을 위하여 너희 무리와 함께 거할 이것을 확실히 아노니 빌 1:23-25

"둘 사이에 끼었다"(헬, 세네코마이 Senechomai)는 말은 '암벽이 양옆에 솟아있는 길 한가운데에 있어서 방향을 바꿀 수 없고 오직 앞으로 계속 갈 수밖에 없다'라는 의미다. 자신이 원하는 것을 선택하는 것이 아니라 오직 하나님이 원하시는 것을 하겠다는 바울의 고백이다. 그는 "떠나다"(빌 1:23)와 "함께 거하다"(빌 1:25)라는 정반대의 단어를 사용했다.
"떠나다"의 헬라어 '아나루에인'(Analuein)에는 세 가지 뜻이 있다.

- 텐트의 로프를 풀고 말뚝을 빼고 캠프를 걷어치운다. 즉 육신의 장막을 걷고 영원한 처소로 이동한다.
- 정박 로프를 풀고 닻을 올리고 출항한다. 천국으로 항해를 시작한다.
- 문제를 푼다. 생의 문제를 풀고 드디어 해답을 찾았다.

"함께 거한다"의 헬라어 '파라메네인'(Paramenein)은 '언제나 도와줄 준비를 하고 옆에 대기하고 있다'라는 의미다.

바울은 이 세상을 떠나서 그리스도와 함께 있는 것이 훨씬 더 좋은 일이지만, 형제들의 믿음의 진보를 위해 그들과 함께 있는 것이 더 유익하다고 했다. 그는 **더 좋은 일보다 더 유익한 것**을 택했으며, 이기적인 삶을 버리고 희생적인 삶을 선택했다. 또한 자신의 기쁨보다 형제들의 기쁨을 택했다.

사나 죽으나 오직 예수

바울의 다음의 고백은 언제나 감격 그 이상이다.

나의 간절한 기대와 소망을 따라 아무 일에든지 부끄러워하지 아니하고, 지금도 전과 같이 온전히 담대하여 살든지 죽든지 내 몸에서 그리스도가 존귀하게 되게 하려 하나니, 이는 내게 사는 것이 그리스도니 죽는 것도 유익함이라 빌 1:20,21

시민권자답게 살라!

우리는 하늘의 시민권자다. 우리의 주민등록초본에는 다음과 같이 기록되어 있다. "본적은 천국, 현주소는 이 세상, 신분은 예수 그리스도의 대사." 우리의 부활의 몸은 현재의 낮은 몸에서 영원한 영광의 몸으로 변할 것이다. 굳이 그 변화를 설명한다면 마치 애벌레에서 아름다운 나비로 변화되는 것과 같다.

> 우리의 시민권은 하늘에 있는지라. 거기로부터 구원하는 자, 곧 주 예수 그리스도를 기다리노니 그는 만물을 자기에게 복종하게 하실 수 있는 자의 역사로 우리의 낮은 몸을 자기 영광의 몸의 형체와 같이 변하게 하시리라
> 빌 3:20,21.

그러므로 우리는 이 세상에서 하나님나라의 시민답게 살아야 한다. 그 길은 복음에 어울리는 명예로운 삶을 사는 것이다. 하늘의 시민권자로서 그리스도인들에게는 다음과 같은 표지가 나타난다.

그리스도인의 표지(빌 1:27-2:4)
천국 시민권자로서 그리스도인다운 표지는 네 가지로 나타난다.

1. 기쁨 - 바울은 말한다. "나의 형제들아, 주 안에서 기뻐하라. 너희에게 같은 말을 쓰는 것이 내게는 수고로움이 없고 너희에게는 안전하니라"(빌 3:1). 바울은 또 말한다. "주 안에서 항상 기뻐하라. 내가 다시 말하노니 기뻐하라"(빌 4:4). 기독교는 우울한 종교가 아니다. 그리스도인은 어떤 환경에서도 기쁨의 삶을 산다.
2. 고난 - 그리스도를 믿음으로 고난이 따르는 것은 하나님의 은혜요 그리스도인의 표지다(빌 1:29). 주를 믿다 보면 주를 위해 고난을 받는 경우가 생긴다. 고난은 믿음만큼 값진 선물이다. 바울은 말하기를, '내가 어떻게 싸웠는지 너희가 알듯이 너희도 동일한 싸움을 싸우고 있다. 때로는 불가능해 보이더라도 절대로 포기하지 말라. 소망을 붙들고 용기를 잃지 말라'라고 권면한다.
3. 하나 됨 - 건강한 교회, 성장하는 교회에는 언제나 위험이 도사리고 있다. 사단은 그러한 교회를 집중 공략한다. 우리가 무엇인가 열심을 내고 있을 때, 성취하고자 힘을 쓸 때 대립이 일어난다. 열심을 낼수록 대립의 위험성이 더 커진다. 우리는 어떠한 상황에도 흔들리지 말고 견고히 서야 한다. 한결같이 행동하며 대적자들을 두려워하지 말아야 한다. 위축되거나 뒤로 빼지 말라. 그들은 패배할 것이요, 우리는 승리할 것이다. 침착하며 흥분하지 말라. 용기를 잃지 말라. 우리는 하나 됨의 삶으로 부르심을 입었다. 사단은 교회가 하나 되는 것을 가장 두려워한다.

불일치의 원인은 다음의 세 가지를 추구함에 있다.

- 다툼 - 공명심이나 야심이 있을 때, 하나님의 뜻이 아닌 자기 출세를 위해 일하고자 할 때 다툼이 일어난다. 야심을 버려야 한다.

- 허영 - 칭찬과 인정을 받고자 할 때 일어난다. 개인적 명성을 내려놓고 오직 예수님만 챔피언이 되셔야 한다. 무대 중심에 오직 그분만 계셔야 한다.
- 자기 이익 - 타인을 배제할 때 일어난다. 자기중심적인 삶을 버리고 타인을 도와 성공시키는 것이 하나님나라의 정신이다.

일치의 비결은 남을 낫게 여기는 겸손과 자기 일만 아니라 남의 일도 돌아보는 희생에 있다.
일치의 길은 권면과 위로와 성령의 교제(능력), 그리고 긍휼과 자비에 있다.
일치의 모습은 같은 마음과 같은 사랑을 가지고 뜻을 합해 한마음을 품는 것이다.

4. 서로를 성장시킴 - 그리스도인은 홀로 믿음의 삶을 살지 않는다. 함께 교제하며 사랑할 때 서로 성장하게 된다.

그리스도 예수의 마음을 품으라!

예수 그리스도에 대한 가장 뛰어나고 감동적인 구절이다.

롤 모델이신 예수 그리스도(빌 2:5-8)

예수 그리스도는 겸손의 롤 모델이시다. 하나 됨의 비결이 여기에 있다.

> 너희 안에 이 마음을 품으라. 곧 그리스도 예수의 마음이니, 그는 근본 하나님의 본체시나 하나님과 동등됨을 취할 것으로 여기지 아니하시고, 오히려 자기를 비워 종의 형체를 가지사 사람들과 같이 되셨고, 사람의 모양으로 나타나사 자기를 낮추시고, 죽기까지 복종하셨으니 곧 십자가에 죽으심이라 빌 2:5-8

"비우다"의 헬라어, '케노운'(kenoun)은 '통에 아무것도 남지 않을 때까지 쏟아낸다'라는 뜻이다.
"종의 형체를 가지사"는 '노예'의 신분을 취하셨다는 뜻이다.

예수 그리스도는 하나님의 본체시며 하나님과 동등하시다(신성) - 예수님의 영광
예수 그리스도는 온 세상을 위해 기꺼이 신성을 포기하시고 완전한 사람이 되셨다(인성) - 예수님의 겸손과 '죽기까지 복종하신' 모습은 십자가에서 나타난다.

> 예수께서 신 포도주를 받으신 후에 이르시되, '다 이루었다' 하시고 머리를 숙이니 영혼이 떠나가시니라 요 19:30

예수님이 십자가에서 "다 이루었다" 하시고 머리를 숙이신 장면이 얼마나 아름답고 감격적인가! 그것은 아버지의 뜻에 온전히 복종하신 모습이다. 하나님의 뜻에 복종할 때는 내 머리를 숙여야 한다. 내 뜻, 내 육체의 소욕, 내 계획과 생각을 그의 뜻에 복종시켜야 한다. 우리는 날마다 머리를 숙이고 하나님 앞에 복종해야 한다.

모든 이름 위에 뛰어난 이름 예수

> 이러므로 하나님이 그를 지극히 높여 모든 이름 위에 뛰어난 이름을 주사, 하늘에 있는 자들과 땅에 있는 자들과 땅 아래에 있는 자들로 모든 무릎을 예수의 이름에 꿇게 하시고, 모든 입으로 예수 그리스도를 주라 시인하여 하나님 아버지께 영광을 돌리게 하셨느니라 빌 2:9-11

예수님의 이름에 무릎을 꿇고 그분을 내 중심에 두고 살아야 한다. 이것이 우리가 날마다 해야 할 일이다. 나는 최소한 하루 한 번씩 예수 그리스도 앞에 무릎을 꿇기로 결정했다. 또한 우리는 모든 입으로 예수 그리스도를 주라 시인하는 일을 위해 산다. 이것이 우리의 비전이다!

시작, 과정, 마침은 오직 하나님

> 너희 안에서 행하시는 이는 하나님이시니, 자기의 기쁘신 뜻을 위하여 너희에게 소원을 두고 행하게 하시나니 빌 2:13

비전(Vision)을 주시는 분은 하나님이시다. 그 비전을 이루고자 하는 마음을 일으키시며 열정(Passion)을 주시는 분도, 그 일을 이루어 성취(Finish)하시는 분도 하나님이시다. 그러므로 우리가 할 일은 오직 믿음을 갖는 것이다. 믿음에는 내가 해야 할 구체적인 행동인 순종과 하나님이 일하실 것에 대한 신뢰가 포함된다.

두 개의 추천서

바울은 빌립보교회에 디모데와 에바브로디도를 보내면서 다음과 같이 소개한다(빌 2:19-30).

디모데

1. 나와 뜻을 같이하여 너희 사정을 진실히 생각할 사람이다.
2. 자기 일을 먼저 구하지 아니하고 그리스도 예수의 일을 먼저 구하는 사람이다(빌 2:30).
3. 그는 연단된 사람이다.
4. 그는 나와 함께 복음을 위하여 수고하는 사람이다.

하나님이 쓰시는 사람들의 특징은 '연단된 사람'이다. 이것을 때로는 '광야를 통과한 사람'이라고도 한다.

에바브로디도

빌립보 형제들은 사도 바울이 감옥에 있다는 소식을 듣고 에바브로디도를 보냈다. 이때 헌금도 함께 보냈다. 그는 바울과 함께 머물면서 바울을 위해 섬김의 일(hospitality)을 했다. 바울의 모든 필요를 부족함 없도록 돌보았다. 그러던 중에 에바브로디도가 병이 들었다. 병이 점점 심해져서 거의 죽기에 이르렀다. 그는 자신이 병에 걸린 것을 빌립보 형제들이 듣고 크게 걱정하는 것으로 인해 오히려 더 근심했다. 감사하게도 하나님이 그의 병을 낫게 하셨다. 이에 바울도 큰 위로를 받았다. 그는 에바브로디도에게 편지를 주어 빌립보에 보냈다. 빌립보교회가 에바브로디도를 통해 위로받기를 원했기 때문이다.

1. 그는 나의 형제다.
2. 그는 나와 함께 수고하고, 함께 군사 된 자다.
3. 그는 너희 사자로 나의 쓸 것을 돕는 자다.
4. 그는 "그리스도의 일을 위하여 죽기에 이르러도 자기 목숨을 **돌보지 아니한**" 사람이다(빌 2:30).

"돌보지 아니한다"의 헬라어 '파라볼레우에스다이(paraboleuesthai)는 노름판의 '올인'(all in)과 같은 뜻이다. 자기가 죽을 수 있다는 것을 알면서도 조금도 개의치 않고 자기의 생명을 위협 한 가운데로 몰아넣는 것이다.
조선 중기의 의사 허준은 죽음에 이르는 전염병이 발생했을 때 주위의 만류에도 불구하고 병자들 가운데로 뛰어들어가 그들을 돌보았다. 이것이 그리스도인의 행동이다. 사람들을 섬기기 위해 자신의 생명을 걸고 모험할 준비가 언제나 되어 있다. 이런 사람을 '파라볼라니'(헬, parabolani)라고 한다. '파라'(para)는 '곁에, 옆에'라는 뜻이다.
"그리스도의 일"이란 '사람을 사랑하여 섬기는 일'이다. 사람에게 생명을 주기 위해 기꺼이 자신을 희생하는 것이다. 그것은 말로만이 아니라 실제 행동으로 살아내는 것을 말한다. 에바브로디도가 그런 사람이다. 바울은 이와 같은 사람을 존귀히 여기라고 했다. '이와 같은 사람을 존경하라'(Honor such men)라는 뜻이다.

추천서	추천서	추천서
추천 대상 : 디모데	추천 대상 : 에바브로디도	추천 대상 : 홍길동
추천 사유	**추천 사유**	**추천 사유**
1. 뜻을 같이하는 사람	1. 나의 형제	1. ______
2. 예수의 일을 먼저 구하는 사람	2. 함께 수고하고 함께 군사 된 자	2. ______
3. 연단된 사람	3. 너희 사자로 내가 쓸 것을 돕는 사람	3. ______
4. 나와 함께 복음을 위하여 수고하는 사람	4. 그리스도의 일을 위하여 죽기에 이르러도 자기 목숨을 돌보지 아니한 사람	4. ______
위 사람을 추천합니다	위 사람을 추천합니다	위 사람을 추천합니다
추천인 사도 바울(인)	**추천인 사도 바울(인)**	**추천인 사도 바울(인)**

(1) 내가 추천하고 싶은 사람은 누구인가? 추천 사유는 무엇인가?
(2) 내 추천서에는 어떤 추천 사유가 적히기를 원하는가?

오직 전진뿐!

우리의 신앙생활에서 주의해야 할 점은, 너무 완벽함에 초점을 두는 것이다. '내가 얼마나 이루었는가?' 이런 생각은 도전과 격려와 위로가 되기보다는 자칫 정죄감이 들거나 낙심할 수 있다. 그렇다고 목표를 가지지 말라는 것이 아니다. 바울도 이런 것에서 자유로울 수 없었다.

푯대를 향하여 달려가노라(빌 3:12-14)

> 내가 이미 얻었다 함도 아니요 온전히 이루었다 함도 아니라. 오직 내가 그리스도 예수께 **잡힌 바 된 그것을 잡으려고** 달려가노라 빌 3:12

바울은 '내가 얼마나 얻었는가' 또는 '얼마나 온전히 이루었는가'에 집중하지 않았다. 대신에 "그리스도 예수께 잡힌 바 된 그것"에 집중하고 "그것을 잡으려고" 달려갔다. 이는 "우리가 사랑함은 그가 먼저 우리를 사랑하셨음이라"(요일 4:19)라고 하시고, 또 예수께서 "너희가 나를 택한 것이 아니요 내가 너희를 택하여 세웠나니, 이는 너희로 가서 열매를 맺게 하고…"(요 15:16)라고 하심과 같다. 내가 주 예수의 사랑으로 사랑하고자 하면 낙심한다. 내게 그런 사랑이 없기 때문이다. 내가 열매를 맺고자 하면 낙심한다. 내 속에 열매를 맺을 만한 힘이 없기 때문이다. 그러나 "우리들이 밤이 새도록 수고하였으되 잡은 것이 없지마는, 말씀에 의지하여 내가 그물을 내리리이다"(눅 5:5)라는 베드로의 믿음처럼 우리는 힘을 다해 믿음으로 나아간다. "너희는 말세에 나타내기로 예비하신 구원을 얻기 위하여 믿음으로 말미암아 하나님의 능력으로 보호하심을 받았느니라"(벧전 1:5)라고 하신 말씀을 붙잡는다. 이제 바울은 한 걸음 더 나아간다.

> 형제들아, 나는 아직 내가 잡은 줄로 여기지 아니하고, **오직 한 일** 즉 뒤에 있는 것은 잊어버리고 앞에 있는 것을 잡으려고 푯대를 향하여 그리스도 예수 안에서 하나님이 위에서 부르신 부름의 상을 위하여 달려가노라 빌 3:13,14

"오직 한 일"(this one thing I do). 이것이 바울의 가장 큰 관심거리다. 다시 말하면 "나는 오직 한 가지 일에만 큰 관심을 가지고 온 힘을 다해 임할 것입니다"라고 말하는 것이다. **"오직 한 일"**은 과거에 매이지 않는 것이다. 그는 이미 행한 일(그것이 잘한 것이든 잘못한 것이든)에 에너지를 집중하지 않고 잊기로 결정한다. 과거의 죄와 실패에 매여 사는 사람이 있다. 또 과거의 성공에 매여 자만에 잠겨있는 사람도 있다. 과거에 매인 삶은 오늘과 내일을 향해 달려가는 데 장애물이다. **"오직 한 일"**은 앞에 있는 것을 잡으려고 집중하는 것이다. 우리는 시선을 푯대를 향해 고정시켜야 한다. 우리의 부르심은 하늘에 있다. 우리의 수고, 열심, 헌신은 그날에 상 받게 될 것이다. **"오직 한 일"**은 오늘을 절제하며 근신하며 깨어있는 삶을 사는 것이다.

미국 워싱턴 국방성에서 근무하는 어느 신실한 그리스도인의 삶이 무척 인상적이었다. 그는 바쁜 와중에 귀중한 휴가를 내어 우리가 워싱턴교회에서 말씀으로 섬기는 일에 부족함이 없도록 헌신했다. 그가 한국에 출장을 왔을 때 잠시 만났다. 너무 고마워서 작은 선물을 주었는데 그는 깊은 감사를 표하면서 선물을 정중히 거절했다. 국방성의 고위공무원으로서 외부에서 선물을 받는 것이 합당하지 않다고 했다. 나는 미 국방성에 그의 사진이 걸려있는 이유를 알 것 같았다. 그는 부르심의 상을 위해 달려가고 있었다.

미래에 주어질 상은 시간이 되면 저절로 주어지는 것이 아니다. 오늘의 근신과 절제의 삶이 있어야 미래의 상도 있다. 우리는 위에서 부르신 부름의 상을 얻기 위해 푯대를 향해 달려가야 한다.

"달려간다"에 해당하는 헬라어 '디오코'(dioko)는 '어떤 것을 성취하려고 노력하다', '얻으려고 애쓰다', '빨리 재촉하여 움직이게 하다'라는 의미다. 날마다 나를 재촉하여 푯대를 향해 나아가야 한다. 말에 박차를 가해 달려가듯이 상을 얻기 위해 애쓰고 노력해야 한다. 이것이 우리의 삶의 추진력이다. 모세는 상 주심을 바라보고 권력, 쾌락, 애굽의 보화를 거절했다. 그리고 날마다 푯대를 향해 달려갔다(히 11:24-26).

기도의 라켓을 가지라!

테니스 경기의 규칙은 상대방의 공을 바로 받아서 넘겨야 한다는 것이다. 또한 공이 상대방의 라인을 벗어나지 말아야 한다.
우리의 삶은 염려거리로 가득하다. 그리스도인은 염려거리가 없을 거라는 환상을 깨뜨려야 한다. 우리는 다만 그 염려거리를 해결할 줄 안다. 우리에게 밀려오는 염려거리를 손에 잡지 말아야 한다. 기도 라켓을 가지고 우리에게 날아오는 염려거리를 되받아쳐서 하나님 아버지께 토스하라. 우리가 쥐고 있는 기도 라켓은 하늘나라의 **감사 컴퍼니**에서 제작한 것이다.

> 아무것도 염려하지 말고, 다만 모든 일에 기도와 간구로, 너희 구할 것을 감사함으로 하나님께 아뢰라. 그리하면 모든 지각에 뛰어난 하나님의 평강이 그리스도 예수 안에서 너희 마음과 생각을 지키시리라 빌 4:6,7

우리가 기도 라켓으로 어떠한 염려라도 하나님께 토스할 때 그분은 우리에게 평강을 주신다.

깔때기를 끼우라!

생각의 중요성은 골로새서 3장 1-17절에서 이미 언급했다. 우리의 생각을 지켜야 한다.

> 형제들아, 무엇에든지 참되며, 무엇에든지 경건하며, 무엇에든지 옳으며, 무엇에든지 정결하며, 무엇에든지 사랑받을 만하며, 무엇에든지 칭찬받을 만하며, 무슨 덕이 있든지, 무슨 기림이 있든지 이것들을 생각하라 빌 4:8

"이것들을 생각하라"는 말은 빌립보서 4장 8절에 언급된 여덟 가지 영역에 해당하는 것들을 우리 생각에 담고 머물게 하라는 것이다. 우리의 생각에 깔때기를 깔아서 이 여덟 가지 외에는 걸러내야 한다. "내 입에 파수꾼을 세우시고 내 입술의 문을 지키소서"(시 141:3)라고 기도하듯이 매일 보는 것, 듣는 것에 깔때기를 끼워라.

하늘나라의 법칙으로 살아가라!

그리스도인은 재물을 올바르게 다루며 살아야 한다. 신구약성경은 이에 대해 엄청나게 많이 말씀하신다. 신약에서는 공관복음서, 고린도후서뿐 아니라 갈라디아서, 디모데전서, 빌립보서에서 재물을 다루는 삶을 말씀하신다. 하나님은 우리가 재물을 올바르게 다루기를 원하신다. 재물에 대해 하나님나라의 법칙으로 살기를 원하신다(빌 4:10-20).

1. 자족하는 법을 배워야 한다.

"…어떠한 형편에든지 나는 자족하기를 배웠노니, 나는… 일체의 비결을 배웠노라"(빌 4:11,12). 불만족을 버리고 자족하는 삶을 배워야 한다. 먹을 것과 입을 것이 있으면 족한 줄 알아야 한다(딤전 6:8). 바울은 "내게는 모든 것이 있고 또 풍부한지라"(빌 4:18)라고 했다. 자족하는 마음은 경건에 큰 이익이 된다(딤전 6:6).

2. 주고받는 삶을 살아야 한다.

하나님나라의 경제 원칙은 사고파는 것이 아니라 주고받는 것이다.

> 주고받는 내 일에 참여한 교회가 너희 외에 아무도 없었느니라 빌 4:15

빌립보교회는 여러 차례 바울의 쓸 것을 주었다(빌 4:14-16,18). 놀랍게도 그 일이 오히려 빌립보교회에게 유익이 되었다. 하나님이 기뻐하시며 향기로운 제물로 받으셨다. 빌립보교회에 풍성한 열매를 맺게 하셨다(빌 4:17,18).

3. 심고 거두는 법을 배워야 한다.

놀랍게도 성경은 재물을 가지고 하나님의 뜻에 따라 사용하는 것을 좋은 땅에 씨를 뿌릴 때 열매를 많이 거두는 농사의 원칙과 동일시한다. 빌립보교회가 사역자 바울에게 재물을 주자 바울은 그 결과로 그들에게 열매가 맺힐 것을 기대했다. "…오직 너희에게 유익하도록 풍성한 열매를 구함이라"(빌 4:17)의 말씀과 "사람이 무엇으로 심든지 그대로 거두리라"(갈 6:7)의 말씀은 재물로 선한 일을 할 때에 주어진 말씀이다(갈 6:6-10).

이 같은 원칙으로 재물을 사용하는 삶에 주어지는 결과는 늘 풍성함이다.

> 나의 하나님이 그리스도 예수 안에서 영광 가운데 그 풍성한 대로 너희 모든 쓸 것을 채우시리라 빌 4:19

Dear. NCer

죽기까지 복종하신 그리스도 예수의 마음을 품자.

사도 바울이 나에 대한 추천서를 작성한다면 추천 사유가 무엇이기를 바라는가?

내게 들어오는 모든 것을 깔때기로 걸러서 내 생각을 예수 그리스도로 가득 채우자.

어떤 형편이든 자족하는 법을 배우고, 하나님나라에 재물로 섬기는 일에 최선을 다하자.

❖ 빌레몬서(Philemon) 기독교 문명개혁 운동 지침서

빌레몬서는 바울이 로마 감옥에 있을 때 만난 도망자 노예 오네시모에 대한 메시지다. 오네시모는 바울의 양육으로 성숙한 그리스도인이 되었다. 바울은 그가 주인인 빌레몬과 화해하기를 원했다. 그래서 화해의 편지를 써서 빌레몬에게 보냈다. 바울은 그 편지 배달부로 오네시모를 지목하여 들고 가게 했다.

빌레몬서는 다른 옥중서신과는 다르게 교회 공동체에 보낸 편지가 아니라 개인에게 보낸 사적인 형식의 편지다. 그래서 성경 배치에서 빌레몬서는 다른 옥중서신이 아닌 목회서신에 묶여있다(목회서신은 개인에게 보낸 편지다). 이 짧은 편지 한 통은 엄청난 파괴력이 있었다. 비록 25절에 불과하지만 어떤 두꺼운 책보다 힘이 있었다. 피켓을 들고 사회의 불평등과 불공평을 개선하라고 외치는 수천 명의 함성보다 더 영향력이 있었다. 이 편지는 급진적인 사회 변혁을 이끌었다. 꽁꽁 얼어붙은 사회의 부조리를 서서히 녹여서 마침내 흔적조차 찾아보기 어렵게 만들었다. 기독교 문명개혁 운동은 '빌레몬서'로부터 출발한다.

빌레몬서는 비록 한 장으로 이루어진 짧은 편지이지만 기독교 정신을 그대로 보여준다. 빌레몬서는 거창한 신학적 논문이 아니라 아주 평범한 사람들의 이야기다. 당시 로마 시대에 자주 일어나던 일을 배경으로 한다. 그러나 내용은 당시 사회적 가치 및 법률과 아주 다르다. 노예가 도망가다 붙잡히면 죽을 만큼 매를 맞거나 죽임을 당하는 것이 당시 일반적인 사회법이었다. 그것을 불의나 불공평이라고 아무도 말하지 않았다. 그러나 이 편지로 인해 도망자 노예는 붙잡혀 죽거나 죽을 만큼 매를 맞지 않았다. 용서와 화해가 일어났다. 아주 평범해 보이지만 결코 평범하지 않다. 왜냐면 그것은 사회의 대변혁을 예고하기 때문이다.

이 이야기는 꾸며낸 감동 소설이 아니라 로마 제국에서 실제로 일어난 일이다. 장소, 날짜, 주민등록상 기록된 사람들, 그리고 주변의 증인들…. 이 모든 것이 역사적 사실임을 증명한다. 또한 실현 불가능한 현실 속에 가끔 일어나는 감동 실화가 아니다.

빌레몬서는 큰 소리로 세상에 외친다.

"이것이 기독교입니다! 이것이 예수 그리스도의 사랑입니다! 예수 그리스도의 교회에는 또 다른 오네시모가 수두룩합니다. 또 다른 빌레몬은 더 많습니다! 그리고 바울도 많습니다."

빌레몬서 – 종 이상으로 사랑받는 형제라(몬 1:16)

바울의 감사의 기도	오네시모를 위한 간청	빌레몬에게 주는 약속
빌레몬의 사랑을 칭찬함	오네시모를 위한 중재	빌레몬의 순종을 확신함
1:1-7	1:8-16	1:17-25
빌레몬의 성품	오네시모의 회심	바울의 확신

빌레몬서의 메시지

용서와 사랑

빌레몬서는 용서에 대한 모범서이다. 주인에게 심한 경제적 해를 끼친 도망자 노예 오네시모는 바울을 만나서 양육을 받았다. 바울은 오네시모를 영적 아들로 삼아 자기 곁에 두고 싶었다. 그러려면 먼저 그의 주인 빌레몬과 화해하고 그 주인의 허락을 받아야 했다.

바울은 빌레몬에게 보낸 편지에서 '내가 네게 사랑으로 간구한다. 오네시모를 용서해주어라'라고 했다. 그는 오네시모를 위해 "간구"(몬 1:9)했다. 그는 자신의 권위를 앞세워 명령하지 않았다. '이것이 기독교 정신이다'라고 하면서 압박하거나 강요하지 않았다. 오히려 "나이가 많은 나 바울은…"(몬 1:9)이라며 겸손히 요청했다. 그리고 오네시모가 진 빚을 자신이 대신 갚겠다고 했다(몬 1:18). 바울은 이 화해의 편지를 오네시모 본인이 들고 가도록 했다.

용서는 기독교의 핵심이다

주기도문 "우리가 우리에게 죄 지은 자를 사하여 준 것같이 우리 죄를 사하여 주시옵고"를 결코 가볍게 암송할 것이 아니다. 이것을 달리 말하면 "주님, 우리가 매일 용서의 삶을 살겠습니다. 우리에게 상처를 입힌 사람들을 용서하기로 선택합니다. 그러니 주님, 우리가 주께 지은 죄도 용서하여 주소서"이다. 물론 주님은 우리의 죄를 조건적으로 용서하지 않으신다. 다만 용서의 삶이 얼마나 중요한가를 강조하는 것이다.

베드로가 예수께 질문했다. "주여, 형제가 내게 죄를 범하면 몇 번이나 용서하여 주리이까?" 베드로는 주님의 답변을 듣기도 전에 "일곱 번까지(7×1) 하오리이까?"라고 했다. 그는 주님께 칭찬받을 것을 기대했다. 일곱 번이나 용서하다니! 두세 번만 용서해도 충분하지 않을까? 그런데 주님의 답변은 충격적이다.

> 네게 이르노니, 일곱 번뿐 아니라 일곱 번을 일흔 번까지라도(7×70) 할지니라 마 18:22

아마도 주님의 말씀이 너무하다고 생각할지도 모른다. 불가능하다고 여길지도 모른다. 주님은 그런 사람들을 위해 비유를 들어 자세히 설명하셨다(마 18:23-35). 백억을 빚진 종이 갚을 길이 없어 쩔쩔매자 채주(주인)가 그 빚을 전액 탕감해주었다. 종은 너무 감격했다. 감격과 기쁨으로 그 집을 나서서 길을 가다가 자신에게 백만 원 빚진 동료를 만났다. 종은 다짜고짜 그의 멱살을 움켜쥐고 빚을 갚으라고 했다.

그는 하루 벌어서 겨우 먹고사는 가난한 사람이었다. 빚을 바로 갚을 만한 돈이 없다며 사정했다. 그러나 백억을 탕감받은 종은 동료를 법정으로 끌고 갔다. 이 소식을 들은 주인이 분노하여 "악한 종아, 네가 빌기에 내가 네 빚을 전부 탕감하여 주었거늘, 내가 너를 불쌍히 여김과 같이 너도 네 동료를 불쌍히 여김이 마땅하지 아니하냐?" 하고 빚을 다 갚도록 옥졸들에게 넘겼다.

이 비유를 마치고 주 예수님은 **"너희가 각각 마음으로부터 형제를 용서하지 아니하면 나의 하늘 아버지께서도 너희에게 이와 같이 하시리라"**(마 18:35)라고 말씀하셨다.

노예에서 형제로

바울은 빌레몬에게 오네시모를 이전처럼 노예로 대하지 말고 그리스도 안에서 사랑받는 형제로 대하라고 권했다(몬 1:16). 우리는 고용주와 고용인, 사장과 직원의 관계가 형성되는 여러 직업 사회의 일원이다. 그러나 무엇보다 예수 그리스도 안에서 함께 사랑으로 섬기는 가족이다. 형제와 자매다. 놀라운 것은 예수 그리스도께서 우리를 형제라 부르기를 부끄러워하지 않으신다는 사실이다(롬 8:29, 히 2:11,12).

기독교 정신은 평등이다. 계급이나 인종, 배경을 초월한다. 각 사람은 하나님이 그의 형상대로 지으셨다. 각 사람은 그 인격 자체로 충분한 가치가 있다. 더구나 우리는 예수 그리스도 안에서 가족이 되었다. 한 분 창조주 하나님이 우리의 아버지이시다. 가족 간에는 차별이 없다. 오직 사랑, 이해, 존중이 있다.
그러나 기독교는 사회 질서와 구조를 무시하거나 깨뜨리고자 하지 않는다. 그것을 존중히 여긴다. 그리스도인은 사회에서 부지런함으로 최선을 다해야 한다. 우리의 근본적인 관계가 형제, 자매라고 해서 방자하고 무질서하게 관계하거나 행동하지 않는다.

> 종들아, 모든 일에 육신의 상전들에게 순종하되, 사람을 기쁘게 하는 자와 같이 눈가림만 하지 말고 오직 주를 두려워하여 성실한 마음으로 하라 골 3:22

순종과 성실한 마음이 기독교 정신이다.

> 무슨 일을 하든지 마음을 다하여 주께 하듯 하고 사람에게 하듯 하지 말라 골 3:23

우리는 어느 일에 종사하든지 주어진 일을 할 때마다 "마음을 다하여 주께 하듯" 해야 한다. 우리는 '코람데오'의 삶, 즉 '하나님의 면전에서' 주어진 일을 수행한다. 그리스도인은 사랑 안에서 신실함으로 살아야 한다. 여기에서 기독교 문명개혁이 일어난다.

무익한 자에서 유익한 자로

고정관념이 관계를 해치는 경우가 있다. 오래전에 좋지 않은 인상을 받았던 사람을 다시 만날 경우 '예전의 그 사람'으로 한정 짓는 경우가 많다. 우리는 종종 "사람은 쉽게 바뀌지 않는다"라고 말한다. 그럴지도 모른다. 그러나 하나님은 다르게 말씀하신다.

> 너희는 이전 일을 기억하지 말며 옛날 일을 생각하지 말라. 보라, 내가 새 일을 행하리니 이제 나타낼 것이라. 너희가 그것을 알지 못하겠느냐? 반드시 내가 광야에 길을, 사막에 강을 내리니 사 43:18,19

하나님은 이전의 악한 사람, 해를 끼치던 사람을 기억하지 말라고 하신다. 하나님이 새 일을 행하시면 누구나 변화가 일어난다. 하나님은 "내가 광야에 길을, 사막에 강을 내리라"라고 약속하신다. 새 일을 행하시는 그분이 계심을 믿어야 한다.

> 버러지 같은 너 야곱아, 너희 이스라엘 사람들아, 두려워하지 말라. 나 여호와가 말하노니 내가 너를 도울 것이라. 네 구속자는 이스라엘의 거룩한 이이니라. 보라, 내가 너를 이가 날카로운 새 타작기로 삼으리니 네가 산들을 쳐서 부스러기를 만들 것이며, 작은 산들을 겨같이 만들 것이라 사 41:14,15

"버러지"는 아무 힘도 없는 보잘것없는 존재다. "이가 날카로운 새 타작기"는 산들을 쳐서 부스러기로 만든다. 하나님께서 버러지 같은 나를 이가 날카로운 새 타작기로 만들겠다고 하신다. 다른 사람을 해롭게만 하는 쓸모없는 무익한 자를 놀라운 사람, 유익한 사람으로 바꾸신다. 그러므로 아무도 자기 자신을 버러지 같다고 절망하며 축 늘어지지 말아야 한다. 새 일을 행하시는 하나님을 바라봐야 한다. 고정관념을 버려야 한다.

바울은 빌레몬에게 오네시모에 대해 "그가 전에는 네게 무익하였으나 이제는 나와 네게 유익하므로"(몬 1:11)라고 했다. 남에게 해를 끼치던 사람이 유익한 사람으로 변화되었다. 그리스도 안에서 변화되면 누구든 다른 사람에게 선을 베풀고 사랑으로 섬기는 유익한 존재로 바뀐다. 노예 신분의 오네시모는 후에 에베소교회의 존경받는 감독이 되었다. 순교자 이그나티우스가 서머나에 머물며 보낸 편지 서두에서 에베소 감독을 높이 평가한다. 그가 바로 오네시모다!

나의 오네시모

오네시모가 그의 주인 빌레몬에게 재정의 큰 해를 끼친 것처럼 '나의 오네시모'가 있다면 용서하고 형제로 받아주어야 하지 않을까? 또한 오네시모 같은 사람을 만나면 기쁘게 형제로 대하여 받아 주고 중보기도하며, 양육하고 격려하여 소망을 불어넣어주며 견고한 사람으로 세워야 하지 않을까?

다윗이 사울에게 쫓겨서 유대 광야에서 지낼 때 주 본거지가 '아둘람 동굴'이었다. 당시 그에게 온 사람들은 환난 당한 모든 자, 빚진 모든 자, 마음이 원통한 자였다(삼상 22:1,2). 이들은 마치 오네시모와 처지가 비슷했다. 바울의 양육으로 도망자 노예 오네시모가 존경받는 에베소 감독이 되었듯이 다윗은 이들을 양육하여 훗날 나라를 견고하게 세우는 용사로 만들었다(삼하 23:3-39).

진정한 자유

로마제국에는 약 6천만 명의 노예가 있었다. 당시 노예는 사람이 아니라 살아있는 도구에 지나지 않았다. 주인은 자기 노예를 살리고 죽일 권리를 가졌다. 그리고 노예가 도망치다가 붙잡히면 '도망자'(Fugitive)를 뜻하는 첫 글자인 F가 이마에 붉은 글씨로 낙인 찍혔다. 최악의 경우에는 십자가에 못 박혀 고통 속에 죽어야 했다.

바울은 당시 노예제도가 얼마나 악한지 알면서도 한 번도 그에 대해 언급하지 않았다. 빌레몬에게 기독교 정신에 입각해 노예를 풀어주라고 하지도 않았다. 그것은 당시의 불공평한 사회에 대한 무관심에서 비롯된 것이 아니다. 그는 분명 노예제도를 찬성하지 않았다. 하나님나라의 정신과 어긋나기 때문이다. 그러나 이를 언급하지 않은 이유는, 진정한 자유는 기독교 신앙에 의해 이루어질 것을 확신했기 때문이다. 그것은 한순간에 달성할 수 있는 것이 아니다. 마치 효모가 밀가루를 부풀게 할 때까지 기다리듯이 세상의 변화를 기다려야 한다. 그러나 가만히 앉아서 기다리는 것이 아니라 적극적으로 복음을 전파함으로 사회의 전반적인 영역에 그리스도의 정신과 하나님나라가 스며들도록 해야 한다.

초대교회 공동체에는 주인과 종, 유대인과 헬라인, 남자와 여자, 부자와 가난한 자가 섞여있었다. 그럼에도 이들은 가족 공동체를 이루었다. 하나님이 우리의 한 분 아버지시며, 서로는 형제요 자매였기 때문이다. 이처럼 기독교는 하나님과 예수 그리스도 안에서 새로운 관계를 형성한다. 그렇다고 해서 노예에게 자기의 일을 태만히 하거나 소홀히 하라는 것이 아니다. 예수님은 우리를 세상의 소금과 빛으로 부르셨다. 이 신분과 사명은 어떤 사회제도 안에 있다 할지라도 그 제도를 초월한다. 그래서 "무슨 일을 하든지 마음을 다하여 주께 하듯 하고 사람에게 하듯 하지 말라"(골 3:23)라고 명하셨다.
교회는 거리에 나가서 플래카드를 내걸고 행진하며 데모함으로 세상의 변화를 일으키지 않는다. 어떤 슬로건이나 말로가 아니라 교회 공동체로서 서로 사랑과 섬김의 삶을 통해 세상에 영향을 주고자 한다. 그러므로 소망을 가지고 중보기도하며 기독교 문명개혁 운동을 전개해야 한다.

Dear. NCer

기독교 문명개혁 운동을 주도하는 NCer로서,

내가 용서해야 할 '나의 오네시모'가 있는가?

깨뜨려야 할 선입관이 있는가? 나는 무익한 자를 유익한 자로 바꾸시는 하나님을 믿는가?

빌레몬서를 통해 가장 도전이 되는 것은 무엇인가?

❖ 디모데전서, 디도서, 디모데후서 리더십 매뉴얼

바울의 다른 서신들은 교회 앞으로 쓰였지만 디모데전·후서와 디도서, 빌레몬서는 개인에게 보낸 편지였다. 빌레몬서는 디모데전·후서나 디도서보다 빨리, 바울이 로마 감옥에 있을 때 쓴 것이지만 개인에게 보낸 편지이므로 디도서 뒤에 배치되었다.
디모데전·후서와 디도서를 목회서신이라고 부르기도 한다. 바울은 그의 영적 아들인 디모데와 디도에게 사역자가 하나님의 집에서 어떻게 행해야 하는가, 교회를 어떻게 이단으로부터 보호해야 하는가, 성장하는 교회에서 일어날 수 있는 문제들을 어떻게 처리해야 하는가를 서신을 통해 설명한다.

- **디모데전서** : 교회의 질서에 대해 목회자로서 어떤 지도력을 발휘할 것인가를 멘토링했다.
- **디모데후서** : 사역자 디모데를 양육하며 목자의 돌봄에 대해 멘토링했다.
- **디도서** : 디모데후서와 성격이 같다.

그러므로 목회서신을 **'목회지침서'** 혹은 **'리더십 매뉴얼'**이라 할 수 있다.
디모데전서는 사역 매뉴얼이고, 디모데후서와 디도서는 사역자 매뉴얼이다.

목회서신이 쓰인 연대

사도행전은 바울이 로마로 들어가 2년간 방해받지 않고 복음을 전했다는 내용으로 끝난다(행 28:30,31). 그의 옥중생활이 어떤 결말을 맞이했는지, 즉 석방되었는지 아니면 유죄 판결과 처형으로 끝났는지 언급이 없다. 일반적으로 유죄 판결과 순교로 결말을 맞았을 것이라고 추측한다. 그러나 다른 전승으로는 바울이 2년 후에 석방되어 2,3년간 자유로이 활동하다가 다시 체포되어 결국 A.D.67년에 순교했다고 한다. 다음과 같은 점들이 이를 뒷받침한다.

1. 바울은 로마에 있을 때 석방을 기대했다.

- "나도 속히 가게 될 것을 주 안에서 확신하노라"(빌 2:24).
- "오직 너는 나를 위하여 숙소를 마련하라. 너희 기도로 내가 너희에게 나아갈 수 있기를 바라노라"(몬 1:22).

2. 바울이 마음에 간직한 계획이 있었다.

바울은 3차 여행 중에(아직 예루살렘으로 올라가 체포되기 전에) 로마서를 기록했다. 그는 서바나(스페인)로 갈 계획이었는데 도중에 로마를 방문하고자 했다.

- "언제든지 서바나로 갈 때에 너희에게 가기를 바라고 있었으니"(롬 15:23).
- "너희에게 들렀다가 서바나로 가리라"(롬 15:28).

3. 그 계획이 실현되었는가?

로마의 클레멘트가 A.D.90년에 고린도교회에 쓴 편지 내용에 '바울이 순교 전에 서쪽 변경까지 갔다'라고 언급되어 있다. 로마 사람이 말하는 '서쪽 변경'은 서바나임이 분명하다.

역사가 요세푸스는 '바울이 로마에서 죄수로 2년간 보내고 석방되어 다시금 선교의 길을 갔다가 다시 로마에 왔을 때 순교했다'라고 기록했다.
5세기 위대한 교부 크리소스톰은 '사도 바울은 로마에서 서바나로 갔다'라고 했다.
같은 시기의 교부 제롬도 '바울은 네로에 의해서 석방되어 서방에 복음을 전했다'라고 했다.

4. 디모데전서, 디도서, 디모데후서에 언급된 지리적 명칭은 사도행전이나 바울의 서신에 기록된 연대와 맞지 않는다.

첫 번째 언급 - 바울은 에베소에서 마게도냐로 갔다. "내가 마게도냐로 갈 때에 너를 권하여 에베소에 머물라 한 것은"(딤전 1:3). 3차 여행 중에 에베소에서 마게도냐로 갈 때는 디모데를 남겨두지 않고 함께 갔다. 그러므로 나중에 다시 에베소를 방문했다가 마게도냐로 갈 때에 디모데를 남겨두었을 것이다.
두 번째 언급 - 바울이 드로아와 밀레도 지역을 방문했다. 그때 드로비모가 병들어서 밀레도에 남겨두었다. 또 그레데를 방문했다가 디도를 남겨두었다.

> 네가 올 때에 내가 드로아 가보의 집에 둔 겉옷을 가지고 오고 딤후 4:13
>
> …드로비모는 병들어서 밀레도에 두었노니 딤후 4:20
>
> 내가 너를 그레데에 남겨둔 이유는… 딛 1:5

드로아, 밀레도, 그레데 방문 일정은 바울의 2,3차 여행 경로와 다르다. 이 구절들을 볼 때에 바울은 로마 감옥에서 풀려난 뒤 4차 전도여행을 하다가 재차 로마에서 붙들려 A. D. 68년(네로가 자살한 해) 이전에 순교했다고 여겨진다.

이단과 거짓 교사에 대한 교훈

특히 목회서신에서 이단과 거짓 교사에 대해 엄중하게 다룬다.

이단과 그 특징은 무엇인가?

1. 이단은 진리에 무관심하고 오직 새롭고 신기한 것에만 관심을 가진다

이것을 '사변적 이지주의'라고 한다. 변론(헬, ekzetesis) 즉 사변적인 논의이다. 이단은 행동하지 않고 논쟁에만 빠져있다. 말만 많이 한다. 변론을 야기하고(딤전 1:4), 변론에 빠지고(딤전 6:4), 어리석고 무식한 변론을 한다(딤후 2:23). 그러므로 어리석은 변론을 피하라(딛 3:9). 기독교는 오직 하나님의 말씀에 근거한 믿음을 강조한다.

> 믿음은 말로만 하는 어떤 종교적 이론이 아니다. 하나님의 말씀을 듣고 구체적으로 응답하는 것이다. 하나님의 말씀에 순종하고, 하나님의 약속의 말씀을 신뢰해야 한다. 순종과 신뢰, 이것이 믿음의 요소다.

2. 교만하다(딤전 6:4)

이단은 배우려고 하지 않고 가르치려고만 하고 남을 얕잡아본다. 기독교는 겸손과 순수한 마음과 올바른 양심에 근거한다. 반면 이단은 자신들을 한층 높은 곳에 둔다. 그러나 구원은 모든 사람에게 열려있다(딛 2:11, 딤전 2:4).

교만은 소수의 택함 받은 자들의 특권으로 규정시킨다. 참된 신앙은 배타성을 용납하지 않는다. 모든 사람을 포용하시는 하나님의 사랑을 강조한다. 그러므로 이단의 특성, 또는 이단으로 갈 위험성은 '교만'이다. 교만의 특성은 자신들만 최고라고 하며 다른 그룹에게 배타적이다. 다른 그룹과 교제하려 들지 않는다. 하나 됨을 힘쓰지 않는다. 하나 됨의 길에는 십자가가 한가운데 있다. 서로가 자신을 낮추고 상대방을 인정해야 하나 됨을 유지할 수 있다.

이는 종교 다원주의와는 다르다. 종교 다원주의는 모든 종교를 존중하고 교제하려 한다. 겉으로 보기에는 그럴듯하나 십자가가 없는 하나 됨의 노력은 바벨탑을 쌓는 것과 같다. 하나 됨은 오직 십자가에서만 가능하다.

3. 금욕 : 결혼을 무시한다(딤전 4:4,5)

이단은 지나친 헌신과 희생을 강조한다. 그리하여 일상적인 생활에서 그리스도인의 책임을 무시하게 한다. 자칫 무책임한 그리스도인이 되게 한다. 로마서 14장 18절에 "그리스도를 섬기는 자는 하나님을 기쁘시게 하며 사람에게도 칭찬을 받느니라"라고 하셨다.

4. 쾌락 : 쾌락을 사랑한다(딤전 3:6, 딛 3:4)

디모데후서 1장 7절에 "하나님이 우리에게 주신 것은 두려워하는 마음이 아니요 오직 능력과 사랑과 절제하는 마음이니"라고 하셨다. 기독교는 금욕주의도 쾌락주의도 아니다. 그것을 초월한다.

5. 지은 말이나 족보에 착념한다(딤전 1:4, 6:20, 딛 3:9)

이는 유대교 율법주의와 연관되어 있다.

6. 육신의 부활을 부정한다(딤후 2:18)

영적인 의미로서의 부활만 강조한다.

거짓 교사(False Teacher), 율법의 선생(딤전 1:7)

목회서신에서는 거짓 교사와 율법주의를 매우 경계한다. 이들의 특징은 무엇인가?

- 다른 교훈을 가르친다. 교리주의와 율법주의에 빠지게 한다(딤전 1:3, 6:3).
- 신화와 끝없는 족보에 몰두한다. 변론만 한다(딤전 1:4).
- 헛된 말에 빠진다. 열매가 없는 토론(fruitless discussion)이다(딤전 1:6).
- 자기가 말하는 것이나 자기가 확증하는 것도 깨닫지 못한다(딤전 1:7, 6:4).
- 자기 양심이 화인을 맞았다(딤전 4:2).

- 외식함으로 거짓말하는 자들이다(딤전 4:2).
- 혼인을 금한다(딤전 4:3).
- 망령되고 허탄한 신화를 좋아한다(딤전 4:7).
- 어떤 음식물은 먹지 말라고 금한다(딤전 4:3).
  그러나 음식물은 하나님이 지으신 바니 감사함으로 받으라고 하셨다(딤전 4:3-5).
- 교만하다(딤전 6:4).
- 변론과 언쟁을 좋아한다(딤전 6:4).

교회와 하나님의 양 떼를 어떻게 인도하며 조직할 것인가?

교회 리더십의 기준, 성격

구약에는 공동체 조직이 명백하나 신약에는 없다. 오직 목회서신에만 나온다. 오늘날 교회의 조직은 대체로 목회서신에 기초하고 있다. 목회서신에 나타나는 교회의 조직은 감독(딤전 3:1-7, 딛 1:7-16), 장로(딤전 5:1,17-19, 딛 1:5-7), 집사(딤전 3:8-13)로 구성되어 있다.

목회서신을 통해 볼 때 초대교회의 감독과 장로는 동일인이다. 장로라는 표현은 교회의 지도자들을 가리키는데, 일반적으로 연장자이며 교회 공동체에서 존경받는 인물을 지칭한다. 감독이라는 어휘는 그들의 직제와 의무를 표현하는 말이다. 장로는 사람을 나타내고, 감독은 직무를 나타낸다. 감독이라는 호칭은 장로들의 모임에서 이들을 통솔하고 선도하는 직임에서 비롯되었다.

	감독	장로	집사
디모데전서	딤전 3:1-7	딤전 5:1,17-19	딤전 3:8-13
디도서	딛 1:7-16	딛 1:5-7	

그러나 에베소서에 나타나는 어휘는 전혀 다르다.

> 그가 어떤 사람은 사도로, 어떤 사람은 선지자로, 어떤 사람은 복음 전하는 자로, 어떤 사람은 목사(목자)와 교사로 삼으셨으니, 이는 성도를 온전하게 하여 봉사의 일을 하게 하며 그리스도의 몸을 세우려 하심이라 엡 4:11,12

에베소에서 언급한 "목사"(pastor)는 라틴어에서 유래했다. 원래 '목자'(shepherd)를 의미한다. "사도"와 "선지자"는 교회의 기반을 이루는 사역이다. "목자와 교사"는 교회를 세우는 사역이다. 그리고 "복음 전하는 자"는 교회를 배가시키는 사역이다. 에베소서는 어떤 조직의 명칭이라기보다 교회 리더십의 직임적 역할을 설명한다.

목회서신은 교회의 조직과 그에 따른 사람과 직임을 설명한다.

❖ 디모데전서(1 Timothy) 경건의 비밀 : 사역 매뉴얼

디모데전서는 바울이 그의 영적 아들이요 사역자인 디모데에게 교회 질서와 공동체를 어떻게 이끌지 제시하는 서신이다. 바울은 디모데에게 에베소교회를 목회하도록 권했다. "내가 마게도냐로 갈 때에 너를 권하여 에베소에 머물라 한 것은…"(딤전 1:3). 에베소교회는 소아시아의 전략적 거점 지역에 위치한 교회였다. 사도 바울이 오랜 시간을 들여 견고하게 세웠다. 초대교회 당시 에베소교회 목회는 아주 중요했다. 디모데전서 3장 15절에는 이 편지의 기록 목적이 명시되어 있다.

"너로 하여금 하나님의 집에서 어떻게 행하여야 할지를 알게 하려 함이니 이 집은 살아계신 하나님의 교회요 진리의 기둥과 터니라."

이처럼 교회의 중요성과 교회를 섬기는 사역자의 매뉴얼이 함께 강조된다.

지금은 어느 때보다도 바른 지도력이 필요하다. 지난 40년간 한국만 아니라 전 세계에서 지도력에 대한 많은 세미나와 강연과 책들이 쏟아져 나왔다. 그것은 우리 하나님의 마음을 잘 보여준다. 올바른 지도력은 국가, 도시, 사회의 각 영역에 절실하다. 온 세상은 지도력으로 몸살을 앓았다. 올바르지 못한 지도력은 사회를 혼란으로 몰아넣지만 올바른 지도력은 사회를 견고하게 한다. 바울은 디모데전·후서에서 지도력에 대해 말할 때 프로젝트 플랜이나 조직 운영, 경영, 예산을 세우고 집행하는 법 등을 언급하지 않는다. 고도의 학문적 이해나 지성을 사용해야 하는 복잡한 이론을 말하는 것도 아니다.

디모데전·후서에서 언급하는 지도력은 모든 영역에 적용된다. 단지 교회에서의 지도력에만 국한되지 않는다. 국가, 대도시, 작은 마을, 기업, 단체, 가정 등 어느 영역에서나, 어떤 레벨의 지도력에나 적용된다. 그것은 이론과 지식이 아니다. 톱다운(top down) 식의 명령, 지시, 통제를 통한 지도력도 아니다. 그것은 삶이다. 바울은 젊은 디모데에게 지도력을 발휘하는 법을 가르치기 위해 먼저 자신의 사역에서 직접 익히고 실천한 삶을 제시한다. 바울은 디모데에게 그런 지도력을 개발하도록 격려한다. 오늘날 우리는 그런 지도력을 개발하여 발휘해야 한다. 디모데전·후서는 어떻게 그런 지도력을 개발하는지를 잘 보여준다.

디모데전서 – 경건의 비밀(딤전 3:15,16)

건강한 교회의 교리와 예배			건강한 교회의 선한 목자		
건전한 교리	공적 예배	교회 제직들	좋은 목자	과부와 장로	목회 동기
1장	2장	3장	4장	5장	6장
경고	예배	일꾼들	지혜	과부들	부
교훈의 목적	예배의 방향	아름다운 지위	경건의 연습	이웃을 사랑함	부자들

디모데전서의 메시지

교훈의 목적

이 교훈의 목적은 청결한 마음과 선한 양심과 거짓이 없는 믿음에서 나오는 사랑이거늘 딤전 1:5

"교훈"을 때로는 '계명', '명령'이라고도 한다. 우리를 향한 하나님의 교훈은 그리스도인으로서 어떻게 살아야 하는가에 대한 것이다. 하나님의 명령을 요약하면 '사랑'이다. 이는 딱딱하고 엄격한 규칙을 말하는 것이 아니다. 하나님을 사랑하고 이웃을 사랑하라는 것이 주의 말씀의 요약이다.

'십계명'이라는 단어를 들을 때 어떤 인상을 받는가? 딱딱하고 엄격하며 무서운 심판이 떠오르는가? 그렇다면 우리는 어느새 거짓 교사들의 잘못된 가르침에 영향을 받은 것이다. 바울이 디모데에게 맡긴 직무가 바로 잘못된 신앙을 바로잡으라는 것이다. 이를 위해 하나님의 말씀에 대한 올바른 이해를 갖는 것부터 시작해야 한다.

모든 하나님의 말씀은(그것이 명령이라 할지라도) 언제나 동기가 '사랑'이다. "청결한 마음"에서 나오는 사랑이요, "선한 양심"에서 나오는 사랑이요, "거짓이 없는 믿음"에서 나오는 사랑이다. 하나님의 명령의 목적은 우리를 향한 사랑이다. 목적도 사랑, 과정도 사랑, 동기도 사랑이다. 기독교의 정신, 기초, 원리는 사랑이다. 하나님의 모든 말씀의 동기는 언제나 사랑이다.

그러므로 말씀을 가르치는 목적도 오직 사랑이다. 설교자가 하나님의 명령을 전달할 때나 청중이 하나님의 말씀을 들을 때 이 같은 하나님의 말씀의 성격을 이해해야 한다. 기독교를 이상하고 딱딱하고 엄격한 종교로 전락시키지 말아야 한다. 하나님을 오해하고, 성경을 오해하여 율법주의로 향하지 말아야 한다.

사랑은 생명, 자유, 기쁨을 주지만, 율법은 이것들을 줄 수 없다.

기독교 정신과 이단자의 정신은 정반대이다(딤전 1:3-7)

기독교 정신	이단자의 정신
신앙에 근본을 두고 있다. 오직 기준은 하나님의 말씀이다. '사랑'이 동기이다. 하나님은 사랑이시다. 순수한 마음에서 일어난다. 올바른 양심에서 나온다. 숨김 없는 신앙, 위선 없는 진실됨이 삶의 기반이다.	신기함에 대한 욕구로 행동한다. 마음을 희생하며 지력을 높인다. 행동하지 않고 논쟁에만 빠져있다. 교만하여 배우지 않고 가르치려고만 한다. 교리주의, 즉 율법주의에 빠진다.

거짓 교사(False Teacher)란 곧 율법선생들을 말한다(딤전 1:3-11)

에베소교회에서 디모데의 임무는 거짓 교사들을 막는 것이다. 이들을 방치하면 진리의 기반 위에 세워진 교회가 혼합주의에 감염될 위험에 처한다. 에베소교회도 다른 여러 교회들이 직면한 어려움에 처해 있었다. 유대교 율법주의자들이 바울이 전파한 복음 외에 다른 것들을 끊임없이 전했기 때문이다. 게다가 이들은 당시에 만연한 헬라적 사고인 영지주의와 혼합하여 더욱 교회를 혼란스럽게 했다.

율법주의와 상상력을 동원한 신화와 우화, 이상한 족보들, 그리고 허탄한 이야기들을 꾸며대며 전통과 섞어서 성경을 제멋대로 해석했다. 이처럼 거짓 교사들의 가르침은 성경의 교훈과는 대치되는 것으로, 그리스도인들의 생활에 악한 영향력을 끼칠 수밖에 없다.

이런 것들을 교회에서 몰아내는 것이 디모데의 첫 번째 임무였다. 이를 위해 사랑에서 나오는 말씀의 기반 위에 교회를 든든히 세워야 했다.

디모데전서와 디도서는 거짓 교사들의 특징을 이렇게 열거한다.

디모데전서	디도서
• 다른 교훈을 가르친다(딤전 1:3, 6:3). • 신화와 끝없는 족보에 몰두, 변론만 한다(딤전 1:4). • 헛된 말에 빠진다(fruitless discussion, 딤전 1:6). • 자기가 말하는 것이나 자기가 확증하는 것도 깨닫지 못한다(딤전 1:7). • 자기 양심이 화인을 맞아서 외식함으로 거짓말하는 자들이다(딤전 4:2). • 혼인을 금하고 어떤 음식물은 먹지 말라고 한다(딤전 4:3). • 망령되고 허탄한 신화를 주장한다(딤전 4:7). • 교만하며 변론과 언쟁을 좋아한다(딤전 6:4).	• 불순종하고 • 헛된 말을 하며 • 속이는 자가 많고 • 더러운 이득을 취하려고 마땅하지 아니한 것을 가르쳐 가정들을 무너뜨리려 한다(딛 1:10,11).

하나님나라의 사역 원리(딤전 1:12-17)

충성의 원리

나를 능하게 하신 그리스도 예수 우리 주께 내가 감사함은, 나를 **충성되이 여겨** 내게 직분을 맡기심이니 딤전 1:12

이 말씀의 시간적인 순서는 다음과 같다.

1. 예수께서 나를 충성되이 여기셨다. "여기다"라는 말은 여러 번 테스팅을 거쳐 내린 결론에서 나온다.
2. 예수께서 내게 직분을 맡기셨다(행 9:15).
3. 예수께서 나를 능하게 하신다(빌 4:13, 딤후 4:17).

주께서 바울에게 사역을 맡긴 이유는 그의 능력에 있지 않았다. 오직 그의 '충성'에 있었다. "충성"이란 변하지 않는 마음, 맡겨진 일에 핑계를 대지 않고 끝까지 이루어 내는 성실함이다. 사역자는 사람이나 환경을 통해 어려움에 직면할 수 있다. 그런 일은 자주 일어난다. 충성된 사람은 그럼에도 불구하고 맡겨진 일을 중간에 멈추지 않고 끝까지 해낸다. 주 예수님은 바울에게서 충성을 보셨다. 그로 인해 그에게 직분을 맡기시고 능력을 주셔서 능히 감당하게 하셨다.

이 세상은 능력이 많은 사람에게 일을 맡기지만 하나님나라의 원칙은 그렇지 않다. 먼저 충성된 사람인지 아주 일상적인 일로 테스트한다. 테스트를 통해 충성된 사람임이 증명되면 비로소 하나님나라의 일을 맡기신다. 그리고 그 일을 감당할 능력을 주셔서 충분히 감당하게 하신다. 하나님은 능력 많은 사람을 찾으시는 것이 아니라 충성스런 사람을 찾으신다. 그러므로 우리에게 중요한 것은 '내게 이 일을 감당할 능력이 있는가'에 있지 않다. 다만 '내게 맡겨진 이 일에 충성할 마음이 있는가'에 있다. 능력은 오직 하나님께 있다.

긍휼의 원리

내가 전에는 비방자요 박해자요 폭행자였으나 도리어 **긍휼을 입은 것**은, 내가 믿지 아니할 때에 알지 못하고 행하였음이라 딤전 1:13

사역자의 자격이 능력에 있지 않고 충성됨에 있다면, 또 다른 자격은 '긍휼'에 있다. "긍휼"이란 마땅히 받아야 함에도 받지 않는 것이다. 바울의 경력은 화려했다. "비방자", "박해자", "폭행자"였다. 그의 과거 행동에 의한다면 진작 '하나님의 심판'을 받았어야 했다. 그런데 그는 하나님의 심판을 받지 않았을 뿐 아니라 주 예수 그리스도의 일꾼이 되었다. 이것은 전적으로 '은혜'다. 은혜는 받을 만한 자격이나 조건이 되지 않음에도 불구하고 받는 것이다. '긍휼'과 '은혜'는 동전의 양면과 같다. 그것은 '사랑'의 두 면이다.

우리 주의 은혜가 그리스도 예수 안에 있는 믿음과 사랑과 함께 넘치도록 풍성하였도다! 딤전 1:14

이 구절의 맨 끝에 느낌표를 붙여야 한다. 주의 은혜가 얼마나 풍성한가! 바울이 증인이다. 그의 화려한 전적(?)에도 불구하고 하나님이 그를 일꾼 삼으셨다.

미쁘다, 모든 사람이 받을 만한 이 말이여! '그리스도 예수께서 죄인을 구원하시려고 세상에 임하셨다' 하였도다. 죄인 중에 내가 괴수니라! 딤전 1:15

바울의 감격이 더욱 고조되었다. 그리스도 예수께서 의인을 위해서가 아니라 죄인을 구원하시려고 이 세상에 오셨다는 소식은 얼마나 감격적인가! 더욱이 주 예수 그리스도의 은혜가 얼마나 풍성한지, 죄인을 구하러 오신 예수께서 죄인 중에 괴수를 통해 그 일을 행하시니 그의 긍휼이 얼마나 놀라운가!

그러나 내가 긍휼을 입은 까닭은 예수 그리스도께서 내게 먼저 일체 오래 참으심을 보이사 후에 주를 믿어 영생 얻는 자들에게 본이 되게 하려 하심이라 딤전 1:16

예수님은 바울에게 일체 오래 참으셨다. 그것은 바울을 롤 모델로 삼으시기 위함이다. 죄인들이 바울을 보면서 소망을 갖게 될 것이다. "일체 오래 참으심"은 얼마나 큰 은혜인가! 만약 주의 오래 참으심이 없었다면 지구에서 사라져버렸을 사람들이 얼마나 많은가! 우리도 절망과 낙심, 정죄감과 죄책감, 어둠에 갇혀 살았을 것이다. 그러나 여기 소망이 있다! 바울을 보라! 그가 많은 사람에게 소망을 준다.

그러므로 "우리는 뒤로 물러가 멸망할 자가 아니요 오직 영혼을 구원함에 이르는 믿음을 가진 자니라"(히 10:39)라고 하신 말씀처럼 뒤로 물러가지 말고 오직 믿음으로 주께 나아가야 한다.

영원하신 왕, 곧 썩지 아니하고 보이지 아니하고 홀로 하나이신 하나님께 존귀와 영광이 영원무궁하도록 있을지어다. 아멘 딤전 1:17

바울은 심장에서부터 찬송이 터져 나왔다.

"나 같은 죄인 살리신 주 은혜 놀라워"(Amazing Grace, How sweet the sound).

바울은 가끔 다메섹에서 부활하신 예수 그리스도를 만나기 전의 삶을 회고한다.

B.C.에 대한 추억은,

- 모든 교만에서 자신을 지키는 가장 확실한 방법이다.
- 감사의 마음을 솟구치게 하는 가장 확실한 방법이다.
- 끊임없이 보다 큰 노력의 길로 자신을 몰아간다.
- 언제나 남에게 용기를 북돋아준다. 누구나 과거에 매이지 않고 새 일을 행하시는 하나님께 나아가도록 소망과 용기를 심어준다.

중보기도 사역

그러므로 내가 첫째로 권하노니 모든 사람을 위하여 간구와 기도와 도고와 감사를 하되, 임금들과 높은 지위에 있는 모든 사람을 위하여 하라. 이는 우리가 모든 경건과 단정함으로 고요하고 평안한 생활을 하려 함이라
딤전 2:1,2

네 가지 기도의 종류 중에 "도고"는 '중보기도'를 말한다. 중보기도는 나를 위한 기도가 아니라 남을 위한 기도다. 어떤 개인, 도시, 지역, 나라를 위해 하나님께 나아가 그들의 구원과 회복을 구하며 기도하는 것이다.

모세는 중보기도자다. "그러므로 여호와께서 그들을 멸하리라 하셨으나 그가 택하신 모세가 그 어려움 가운데에서 그의 앞에 서서 그의 노를 돌이켜 멸하시지 아니하게 하였도다"(시 106:23). 하나님은 이런 기도를 기뻐하신다.

이 땅을 위하여 성을 쌓으며 성 무너진 데를 막아서서 나로 하여금 멸하지 못하게 할 사람을 내가 그 가운데에서 찾다가 겔 22:30

하나님은 그런 기도에 반드시 응답하신다.

이것이 우리 구주 하나님 앞에 선하고 받으실 만한 것이니 딤전 2:3

중보기도를 통해 도시, 지역, 나라의 방향이 바뀐다. 중보기도는 지도를 바꾸는 힘이 있다.

하나님은 모든 사람이 구원을 받으며 진리를 아는 데에 이르기를 원하시느니라 딤전 2:4

중보기도는 오직 중보자이신 그리스도 예수를 힘입는다.

하나님은 한 분이시요, 또 하나님과 사람 사이에 중보자도 한 분이시니 곧 사람이신 그리스도 예수라 딤전 2:5

역대하 7장 13,14절 말씀은 중보기도의 중요성, 능력, 책임을 잘 보여준다.

혹 내가 하늘을 닫고 비를 내리지 아니하거나 혹 메뚜기들에게 토산을 먹게 하거나 혹 전염병이 내 백성 가운데에 유행하게 할 때에 내 이름으로 일컫는 내 백성이 그들의 악한 길에서 떠나 스스로 낮추고 기도하여 내 얼굴을 찾으면 내가 하늘에서 듣고 그들의 죄를 사하고 그들의 땅을 고칠지라 대하 7:13,14

기도의 장벽을 제거하라

그러므로 각처에서 남자들이 분노와 다툼이 없이 거룩한 손을 들어 기도하기를 원하노라 딤전 2:8

기도할 때 마음에 분노나 의심을 품지 말아야 한다. 기도하기 전에 먼저 관계를 회복해야 한다(마 5:23,24). 이 말씀은 잘 이해해야 한다. 다른 사람과 관계에 있어서 언제든지 그에게 가서 내 상처와 분노를 고백하고 용서를 구해야 한다는 게 아니다. 만약 상대가 내 어려움을 인식하지 못할 때는 오히려 관계가 악화될 수 있다. 화해하고자 시도했다가 더 불편한 관계가 된다. 하나님은 먼저 내 마음의 문제를 다루기 원하신다.

교회에서 여성의 위치와 여성의 아름다운 행동(딤전 2:9-15)

진정한 아름다움

하나님을 경외하는 여인은 단정한 옷, 소박함과 정절과 선행으로 자기를 단장한다. 외모보다 내면을 단장하라.

또 이와 같이 여자들도 단정하게 옷을 입으며 소박함과 정절로써 자기를 단장하고 땋은 머리나 금이나 진주나 값진 옷으로 하지 말고, 오직 선행으로 하기를 원하노라. 이것이 하나님을 경외한다 하는 자들에게 마땅한 것이니라 딤전 2:9,10

여성의 위치

여자는 일체 순종함으로 조용히 배우라 여자가 가르치는 것과 남자를 주관하는 것을 허락하지 아니하노니 오직 조용할지니라… 딤전 2:11-15

이 말씀은 문장 그대로 보기보다 당시 유대 배경과 헬라 배경에서 이해해야 한다. 특히 헬라 배경은 여성들의 위치를 한없이 떨어뜨려서 거의 자신의 거처에 유폐된 생활을 하게 했다. 이 말씀을 유교적 배경에서 살핀다면 올바르게 이해하지 못할 것이다. 성경은 창조 시부터 남녀의 동등함과 여성의 중요성을 말씀하신다. 갈라디아서 3장 28절에서 말씀하시듯 남자나 여자나 모두 예수 안에서 하나다. 로마서 16장에도 교회에서 놀라운 사역을 감당하는 여성 리더십의 이름들이 나타난다.

교회의 직분자 - 리더십 매뉴얼(딤전 3:1-13)

감독의 직분

미쁘다 이 말이여, 곧 사람이 감독의 직분을 얻으려 함은 선한 일을 사모하는 것이라 함이로다 딤전 3:1

"감독의 직분을 얻으려 한다"는 것은 세상의 부와 명예와 지위를 추구하는 열정과는 다르다. 여기서 "얻으려 한다"는 말은 추구한다는 뜻이 아니라 '사모한다'는 의미다. 그것은 동기가 선한 일을 사모하는 것이다. 그것은 복음에 대한 열정이다. 억지로 맡겨진 것에 대한 소극적 반응이 아니라 적극적이고 능동적인 자원함을 말한다. 이는 하나님을 사랑하고 교회를 사랑하는 열정에서 비롯된다. 감독의 직분을 사모한다는 것은 부와 명예와 지위를 말하는 것이 아니라 더욱 낮아짐, 섬김, 헌신, 희생을 의미한다.

그러므로 감독은 책망할 것이 없으며, 한 아내의 남편이 되며, 절제하며, 신중하며, 단정하며, 나그네를 대접하며, 가르치기를 잘하며, 술을 즐기지 아니하며, 구타하지 아니하며, 오직 관용하며, 다투지 아니하며, 돈을 사랑하지 아니하며, 자기 집을 잘 다스려 자녀들로 모든 공손함으로 복종하게 하는 자라야 할지며(사람이 자기 집을 다스릴 줄 알지 못하면 어찌 하나님의 교회를 돌보리요), 새로 입교한 자도 말지니 교만하여져서 마귀를 정죄하는 그 정죄에 빠질까 함이요, 또한 외인에게서도 선한 증거를 얻은 자라야 할지니 비방과 마귀의 올무에 빠질까 염려하라 딤전 3:2-7

감독의 자격에서 특이한 점은, "새로 입교한 자"를 제외시킨 것이다. 신앙의 연조를 절대화해서는 안 되지만 그렇다고 무시하지도 말아야 한다. 너무 일찍 감독으로 세우면 교만할 수 있기 때문이다.

감독의 자격 열다섯 가지 목록을 묵상하자.

집사의 직분

이와 같이 집사들도 정중하고, 일구이언을 하지 아니하고, 술에 인박히지 아니하고, 더러운 이를 탐하지 아니하고, 깨끗한 양심에 믿음의 비밀을 가진 자라야 할지니, 이에 이 사람들을 먼저 시험하여 보고, 그 후에 책망할 것이 없으면 집사의 직분을 맡게 할 것이요… 집사들은 한 아내의 남편이 되어 자녀와 자기 집을 잘 다스리는 자일지니 딤전 3:8-10,12

여자들도 이와 같이 정숙하고, 모함하지 아니하며, 절제하며, 모든 일에 충성된 자라야 할지니라 딤전 3:11

집사의 자격에서 특이한 점은 "믿음의 비밀을 가진 자라야 한다"는 것이다. 즉 예수 그리스도를 깊이 만난 경험이 있어야 한다. 그러나 그것을 드러내어 자랑하지 않고 내면의 비밀로 간직해야 한다. 또한 성급히 세우지 말고 먼저 검증의 시간을 가져야 한다.

남자 집사의 자격 일곱 가지 목록, 여자 집사의 자격 네 가지 목록을 묵상하자.

집사의 직분을 잘한 자들은 아름다운 지위와 그리스도 예수 안에 있는 믿음에 큰 담력을 얻느니라 딤전 3:13

놀라운 약속의 말씀이다. 집사의 직분을 잘 수행한 사람들은 큰 존경을 받으며 영광스러운 자리를 차지하게 된다. 그리고 그리스도 예수에 대한 믿음도 더 확고히 서게 되고 자랑거리가 될 것이다. 집사의 직분을 소홀히 여기지 말아야 한다.

미국 백화점 왕인 존 워너메이커는 평생 주일학교 교사의 직분에 충성했다. 심지어 미국 벤자민 해리슨 대통령이 요청한 체신부 장관직도 마다했다. 주일학교 교사의 직무가 더 중요했기 때문이다. 결국 주일학교를 섬기는 조건으로 장관직을 수락했다. 하나님은 존 워너메이커를 더 높이셨다. 지금도 미국의 필라델피아 중앙에는 그의 동상이 우뚝 서서 많은 사람의 존경과 사랑의 대상이 되고 있다. 그는 성부로서 평생 소박한 삶을 살며 가난한 사람들을 섬겼고, 세계 곳곳에 기독 청년들을 일으켜 훈련하기 위한 YWCA/YMCA를 세우는 데 크게 공헌했다. 서울 종로에 세워진 YMCA도 그가 후원하여 1903년에 건립되었다. 그는 무디와 피어슨의 친구이며 동역자로서 허드슨 테일러 등과 세계 선교에 큰 공헌을 했다.

하나님의 집(딤전 3:14-16)

내가 속히 네게 가기를 바라나 이것을 네게 쓰는 것은, 만일 내가 지체하면 너로 하여금 하나님의 집에서 어떻게 행하여야 할지를 알게 하려 함이니, 이 집은 살아계신 하나님의 교회요, 진리의 기둥과 터니라 딤전 3:14,15

바울은 속히 에베소로 가기를 원했다. 그 이유는 디모데가 에베소교회를 견고하게 세우도록 그를 사역자로 가르치기 위해서였다. 그러나 혹 가는 일이 지체될 경우를 대비하여 먼저 편지를 통해 그를 양육했다.

하나님의 사역자는 교회에서 말씀을 잘 전할 뿐 아니라 행동도 예의 바르게 해야 한다. 전하는 말씀과 삶의 행동이 결코 별개가 아니다. 사역자로서 이것은 아주 중요한 영역이다.

교회

교회는 살아계신 하나님의 집이다. 하나님은 살아계신 하나님이시다. 우리에게 생명과 힘과 지혜를 주신다. 우리에게 호흡과 만물을 친히 주신다. 우리는 그분을 힘입어 살며 기동하며 존재한다(행 17:25,28).

교회란 단지 건물이 아니라 사람들을 말한다. '교회'(헬, 에클레시아 ekklesia)는 '예수 그리스도를 믿는 사람들의 모임'을 말한다. "두세 사람이 내 이름으로 모인 곳에는 나도 그들 중에 있느니라"(마 18:20)라는 말씀은 교회를 잘 설명해준다. '하나님의 집'이란 하나님이 거하시는 곳을 말한다. 이는 하나님께서 어떤 장소나 건물에 계신다는 의미가 아니다.

> 우주와 그 가운데 있는 만물을 지으신 하나님께서는 천지의 주재시니 손으로 지은 전에 계시지 아니하시고
> 행 17:24

솔로몬도 성전을 완공하고 봉헌식을 할 때 이 사실을 알았다.

> 하나님이 참으로 땅에 거하시리이까, 하늘과 하늘들의 하늘이라도 주를 용납하지 못하겠거든 하물며 내가 건축한 이 성전이오리이까 왕상 8:27

예수 그리스도를 믿는 사람들이 모일 때 하나님은 그 가운데 거하신다. 그리스도인들이 모일 때 하나님의 임재를 경험하며 그분의 능력과 영광을 본다. 그렇다고 건물을 소홀히 해도 된다는 건 아니다. 교회를 위한 건물을 우리는 '교회당'이라고 한다. 함께 모여 하나님을 예배드리고자 약속한 장소다. 그 건물을 잘 유지하고 관리하는 것은 당연하다.

교회는 진리의 기둥과 터

하나님의 집으로서의 교회는 진리의 기둥과 터이다. 다시 말하면, 교회 그 자체가 진리의 기둥이요, 진리의 터다.

> 영원부터 만물을 창조하신 하나님 속에 감추어졌던 비밀의 경륜이 어떠한 것을 드러내게 하려 하심이라. 이는 이제 교회로 말미암아 하늘에 있는 통치자들과 권세들에게 하나님의 각종 지혜를 알게 하려 하심이니, 곧 영원부터 우리 주 그리스도 예수 안에서 예정하신 뜻대로 하신 것이라 엡 3:9-11

하나님은 예수님 안에 예정하신 놀라운 비밀들을 **교회를 통해** 온 땅에 알리도록 계획하셨다. 교회를 향한 하나님의 계획이 얼마나 놀라운가! 교회의 사명이 얼마나 크고 영광스러운가! 이 세상에서 교회가 무너지면 진리의 기둥이 무너지고 진리의 터가 무너지는 것이다. 그러나 교회를 통한 하나님의 계획은 영원 전부터 세우신 것이다. 하나님의 계획은 반드시 이루어진다. 그러므로 교회는 이 사명 성취를 위해 굳건하게 서야 한다. 교회의 책임이 막중하다.

경건의 비밀

이 엄청난 교회의 사명과 영광스러운 직분을 이해한다면 마음으로부터 감격과 감탄이 나올 수 밖에 없다.

> 크도다, 경건의 비밀이여! 그렇지 않다 하는 이 없도다 딤전 3:16

이것이 우리의 단성이다. 경건의 비밀은 교회에 주어진 놀라운 하나님의 계획을 말한다. 이어지는 다음의 놀라운 말씀이 경건의 비밀이 무엇인지 명백히 보여준다.

> 그는 육신으로 나타난 바 되시고, 영으로 의롭다 하심을 받으시고, 천사들에게 보이시고, 만국에서 전파되시고, 세상에서 믿은 바 되시고, 영광 가운데서 올려지셨느니라 딤전 3:16

육신으로 오신 **예수**, 고난 받으시고 십자가에서 죽으시고 죽음에서 부활하신 **예수**, 승천하신 **예수**, 온 땅에 전파되신 **예수**! 이것이 경건의 비밀이다!

하나님은 이 놀라운 경건의 비밀이 교회를 통해 나타나도록 계획하셨다. 그러므로 교회의 사명은 교회를 통해 이 비밀이 온 땅에 나타나도록 힘쓰는 것이다. 이 세상이 교회를 보면서 경건의 비밀을 본다. 교회를 보면서 하나님이 우리 가운데 계심을 본다. 육신으로 오신 예수의 모습이 교회를 통해 보인다.

하나님은 다음과 같은 것을 기대하신다.
이 세상이 교회를 보면서 "와! 놀랍다!"라고 할 것이다. 세상은 이렇게 말할 것이다.
"우리는 당신들을 통해서 예수께서 하나님의 아들이심을 봅니다!"
"우리는 당신들을 통해서 예수께서 우리의 죄를 위하여 십자가에 죽으심을 믿게 되었습니다."
"우리는 당신들을 통해서 예수께서 죽음에서 부활하심을 봅니다."
"우리는 당신들을 통해서 예수께서 승천하시고 재림하실 것을 믿게 되었습니다."
이것이 경건의 비밀이다! 말이나 이론이 아니라 행동을 통해 나타나는 그리스도인들의 삶이다!

경건의 훈련(딤전 4:6-16)

그러므로 교회의 일꾼 된 사역자들이나 예수 그리스도를 믿는 그리스도인들은 경건의 비밀이 세상에 드러나도록 해야 한다. 이는 오직 훈련으로 가능하기에 경건의 훈련이 필요하다.

> 네가 이것으로 형제를 깨우치면 그리스도 예수의 좋은 일꾼이 되어 믿음의 말씀과 네가 따르는 좋은 교훈으로 양육을 받으리라. 망령되고 허탄한 신화를 버리고 경건에 이르도록 네 자신을 연단하라 딤전 4:6,7

훈련은 연습을 포함한다. 반복적으로 이루어질 때까지 연습하는 것이다.

경건의 훈련 영역

> 누구든지 네 연소함을 업신여기지 못하게 하고 오직 말과 행실과 사랑과 믿음과 정절에 있어서 믿는 자에게 본이

되어, 내가 이를 때까지 읽는 것과 권하는 것과 가르치는 것에 전념하라 딤전 4:12,13

말, 행실, 사랑, 믿음, 정절 이 다섯 가지 영역이 경건의 훈련 영역이다. 다시 말하면 삶에서 롤 모델이 되어야 한다. 모든 대화에 있어서 믿음의 말을 할 줄 알아야 한다. 모든 행실에서 거룩함과 사랑으로 살아야 한다.

그리고 "읽는 것", "권하는 것", "가르치는 것"의 세 가지 영역에 전념해야 한다. 디모데 자신을 포함하여 온 교회는 하나님의 말씀을 읽어야 한다. '말씀통독 운동'이 일어나야 한다. 적어도 자기 나이만큼은 성경을 읽어야 한다. 말씀을 읽을 뿐 아니라 공부해야 한다. 말씀을 지식으로 공부할 뿐 아니라 말씀을 자신의 삶에 적용하며 살아야 한다. 그래야 경건의 비밀이 교회를 통해 세상에 나타난다.

성도를 대하는 태도(딤전 5:1-6:2)

사역자는 특정 개인, 특정 그룹만 상대하는 것이 아니라 교회의 모든 사람을 대해야 한다. 늙은 남자와 늙은 여자, **(과부)**, 젊은 남자와 젊은 여자, **(장로)**, 종과 상전을 잘 돌봐야 한다. 이 상대적 관계 가운데 특이한 점은 과부와 장로를 그 사이사이에 언급했다는 것이다.

과부

디모데전서는 과부에 대해 자세하게 말씀한다. 바울은 과부를 참 과부와 젊은 과부로 나눈다. 참 과부의 자격은 "(참)과부로 명부에 올릴 자는 나이가 60이 덜 되지 아니하고 한 남편의 아내였던 자"(딤전 5:9)로서, "하나님께 소망을 두어 주야로 항상 간구와 기도"(딤전 5:5)를 하고, "선한 행실의 증거가 있어 혹은 자녀를 양육하며 혹은 나그네를 대접하며 혹은 성도들의 발을 씻으며 혹은 환난 당한 자들을 구제하며 혹은 모든 선한 일을 행한 자"(딤전 5:10)라야 한다.

참 과부에 대한 구제로 "참 과부인 과부를 존대하라"(딤전 5:3)라고 했다. "존대하라"(헬, 티마오 timao)는 것은 존경하여 경의를 표할 뿐 아니라 교회가 정기적으로 일정한 재물을 공급하라는 의미다.

효를 배우라

그러나 참 과부를 무조건 교회가 돌봐야 하는 것은 아니다. "어떤 과부에게 자녀나 손자들이 있거든 그들로 먼저 자기 집에서 효를 행하여 부모에게 보답하기를 배우게"(딤전 5:4) 해야 한다. 원칙은 먼저 자녀나 손자들이 돌보아야 한다. 자기 가족과 친족들을 돌보는 것이 그리스도인다움이다. 기독교는 효를 중요한 덕목으로 여긴다.

누구든지 자기 친족 특히 자기 가족을 돌보지 아니하면 믿음을 배반한 자요, 불신자보다 더 악한 자니라 딤전 5:8

장로

디모데전서에서 언급하는 장로는 오늘의 이해로 본다면 목사와 장로를 통칭하는 것이다. 실제로 장로는 말씀과 기도에 전무하는 자와 교회의 행정과 재정을 담당하는 자로 나뉜다. 이는 예루살렘교회에서부터 비롯되었다(행 6:1-7).

교회를 위해 수고하는 모든 장로를 존경해야 한다. 특히 '잘 다스리는 장로'는 배나 존경하고 '말씀과 가르침에 수고하는 장로(목사)'는 더욱 존경해야 한다(딤전 5:17). 그것은 재물 공급을 포함한다(딤전 5:18). 또한 장로에 대한 고발은 두세 증인이 없으면 받지 말고 신중해야 한다(딤전 5:19).

경건의 큰 이익

올바른 성경적 재정원칙으로 사는 것, 특히 자족하는 마음은 경건한 삶의 중요한 영역이다.

> 자족하는 마음이 있으면 경건은 큰 이익이 되느니라 딤전 6:6

자족하는 원칙은 '먹을 것과 입을 것'에 있다. 이것을 넘어서서 물질에 대한 욕심을 가지면 경건의 삶에 장애가 될 것이다.

> 우리가 세상에 아무것도 가지고 온 것이 없으매 또한 아무것도 가지고 가지 못하리니, 우리가 먹을 것과 입을 것이 있은즉 족한 줄로 알 것이니라 딤전 6:7,8

물질에 대한 욕심과 돈을 사랑하는 마음을 경계해야 한다. 이는 우리로 경건하게 살지 못하게 할 뿐 아니라 우리를 파멸과 멸망에 빠지게 한다. 믿음에서 떠나게 한다.

> 부하려 하는 자들은 시험과 올무와 여러 가지 어리석고 해로운 욕심에 떨어지나니, 곧 사람으로 파멸과 멸망에 빠지게 하는 것이라. 돈을 사랑함이 일만 악의 뿌리가 되나니 이것을 탐내는 자들은 미혹을 받아 믿음에서 떠나 많은 근심으로써 자기를 찔렀도다 딤전 6:9,10

'재물에 대한 욕심'을 경계하여 경건한 삶을 사는 비결은 '자족하는 삶'이다.

"돈을 사랑함"은 뿌리다. 그 열매는 "일만 악"이다. 결국 믿음을 떠나 방황하다가 고통을 당하고 마음에 상처를 받는다. 이를 경계하며 경건한 삶을 사는 비결은 '하나님을 사랑함'에 있다.

> 나를 사랑하는 자들이 나의 사랑을 입으며, 나를 간절히 찾는 자가 나를 만날 것이니라. 부귀가 내게 있고 장구한 재물과 공의도 그러하니라… 이는 나를 사랑하는 자가 재물을 얻어서 그 곳간에 채우게 하려 함이니라
> 잠 8:17,18,21

> 나를 사랑하는 사람에게는 내가 재물을 주어서, 그의 금고가 가득 차게 하여 줄 것이다 잠 8:21 새번역

돈을 사랑함과 하나님을 사랑함의 결과는 너무나 다르다. 돈을 사랑하면 파멸과 멸망에 빠지게 되지만, 하나님을 사랑하는 사람에게는 부귀, 장구한 재물, 공의가 따른다.

재물을 올바르게 다루는 네 가지 원칙(딤전 6:17-19)

1. 교만하지 말고 겸손하라.

그러나 네가 마음에 이르기를 내 능력과 내 손의 힘으로 내가 이 재물을 얻었다 말할 것이라. 네 하나님 여호와를 기억하라. 그가 네게 재물 얻을 능력을 주셨음이라. 이같이 하심은 네 조상들에게 맹세하신 언약을 오늘과 같이 이루려 하심이니라 신 8:17,18

2. 정함이 없는 재물에 소망을 두지 말고 오직 하나님께 소망을 두라.

하나님은 우리에게 모든 것을 후히 주시고 누리게 하신다.

3. 선을 행하고, 선한 사업을 많이 하라.

4. 나누어주기를 좋아하고, 너그러운 자가 되라.

이런 원칙으로 살 때 주어지는 결과,
미래가 보장된다. 이는 마치 좋은 땅에 심은 것과 같다. 가장 좋은 곳에 투자한 것과 같다.

이것이 장래에 자기를 위하여 좋은 터를 쌓아 참된 생명을 취하는 것이니라 딤전 6:19

돈의 올바른 사용 지침서

부하려 하지 말고 자족하는 마음을 가지라. 돈을 사랑하지 말고 하나님을 사랑하라. 내 능력과 내 손의 힘으로 재물을 얻었다고 교만하게 말하지 말고 하나님이 내게 재물 얻을 능력을 주셨다고 겸손하게 말하라. 재물이 아니라 하나님께만 소망을 두라. 선을 행하고 선한 사업을 많이 하라. 움켜쥐지 말고 나누어주라. 인색하지 말고 너그러운 자가 되라.

Dear. NCer

성경 말씀을 읽을 때마다 '하나님은 사랑이시라'를 머릿속에 입력하고 읽자.

하나님이 부르시고 사명을 맡기는 원칙이 '충성'과 '긍휼'임을 항상 기억하자.

경건의 비밀을 알고 경건의 훈련을 하자.

❖ 디모데후서(2 Timothy) 사역자 매뉴얼

바울은 자신이 세상을 떠날 때가 가까웠음을 알았다. 이것이 그의 마지막 서신이다. 그래서 디모데전서와는 초점이 조금 다르다. 전서가 사역자로서 디모데의 직무에 관한 것이라면, 후서는 사역자로서 디모데 개인의 삶에 더 초점을 맞추었다. 그리스도의 사역자로서 어떻게 행할 것인가에 대한 권면이다. 이는 디모데의 사역을 격려하고 견고하게 하기 위함이다. 그래서 디모데후서는 '바울의 유언'이라고도 불린다. 그래서 더욱 감동적이다.

당시 바울은 중한 죄를 지은 죄수처럼 감옥에 갇혔다(딤후 2:9). 유대인들은 예수께 했듯이 바울을 테러리스트로 몰았다. 그를 더욱 아프게 한 것은 교회 밖의 '원수들'로부터 받는 고통이 아니라 교회 안의 '형제들'로부터 받는 고통이었다. 바울이 처음 변명(:변호)할 때 그와 함께한 자가 하나도 없었고 모두 그를 버렸다(딤후 4:16).

> 아시아에 있는 모든 사람이 나를 버린 이 일을 네가 아나니 그 중에는 부겔로와 허모게네도 있느니라 딤후 1:15

"부겔로와 허모게네"의 이름을 언급한 것으로 보아, 이들은 바울의 유력한 동역자였을 것이다. 그런가 하면 오네시보로는 바울을 도왔다. 그는 오랜 수소문 끝에 로마의 죄수들 명단에서 바울의 이름을 찾아냈다(딤후 1:16-18). 바울이 이 편지를 쓸 때는 의사 누가가 그의 곁에 있었다(딤후 4:11).

바울이 생애를 마감하기 전에 기록한 이 서신에서 바울의 통찰력과 이해력을 엿본다.

> 복음으로 말미암아 내가 죄인과 같이 매이는 데까지 고난을 받았으나 하나님의 말씀은 매이지 아니하니라 딤후 2:9

그는 자신의 현재 상태를 절대 미화하지 않았다. 그렇다고 절망하지도 않았다. 비록 감옥에 갇혀 고난을 받고 있지만 "하나님의 말씀은 절대로 매이지 않는다"는 것을 확신했다. 상황이 어렵다고 믿음까지 약해지면 안 된다. 낙심해서도 안 된다.

하나님이 여호수아에게 명령하신 말씀은 감격적이다. **"내 종 모세가 죽었으니 이제 너는 이 모든 백성과 더불어 일어나 이 요단을 건너 내가 그들 곧 이스라엘 자손에게 주는 그 땅으로 가라"**(수 1:2). 하나님은 여호수아에게 '**일어나** 백성들과 함께 요단을 **건너** 그 땅으로 **가라**'고 하신다. 믿음이 없는 사람들은 하나님이 여호수아에게 다르게 말씀하실 거라고 기대한다. '내 종 모세가 죽었으니 이제 너는 이 모든 백성과 더불어 일어나 다시 광야로 돌아가라'라고 말이다. 그러나 여호수아에게 하신 말씀은 그렇지 않다. 마치 이렇게 들린다. '내 종 모세는 죽었으나 모세의 하나님 나 여호와는 언제나 여기 있다. 내가 모세와 함께 있던 것같이 너와 함께 있을 것이다.' 바울은 디모데가 여호수아처럼 반응하기를 원했다.

> 하나님의 말씀은 매이지 아니하니라 딤후 2:9

디모데후서 – 복음과 함께 고난을 받으라(딤후 1:8)

현재의 시험을 인내하라		미래의 시험을 견디라	
복음과 함께 고난을 받으라	인정받는 일꾼으로 자신을 드리라	배우고 확신한 일에 거하라	항상 복음 전파에 힘쓰라
1장	2장	3장	4장
복음의 능력	복음의 안내	복음의 수호	복음의 선포
상기	자격	저항	요청

디모데후서의 메시지

바울과 디모데(딤후 1장)

우리가 역사를 살피는 것은 단순한 호기심이나 과거의 재미있는 이야기에 초점을 두고자 함이 아니다. 역사를 살피면 그 속에서 일하시는 하나님의 손길을 보게 된다. 하나님의 섭리와 주권을 보게 된다. 과거에 행하신 하나님이 오늘의 하나님이시고 또한 내일의 하나님이시다. 어떤 경우는 역사를 통해 반성하고, 배운다. 어떤 경우는 격려와 도전을 받으며, 새 힘과 소망을 가진다. 이것이 역사를 보는 관점이다.

바통 터치

감옥에서 생을 마감할 준비를 하면서 바울은 그의 생애를 회상했다. "사랑하는 아들"(딤후 1:2) 디모데에게 편지를 쓰면서 그는 일생 동안 하나님이 어떻게 자신을 부르시고 인도하시고 보호하시고 역사하셨는지 회고했다. 그것은 단지 늙은이의 넋두리가 아니었다. 다음세대에게 바통을 넘겨주는 스승이요 아비이며 선배로서의 심정에서 나온 것이다.

부모의 경건과 양육을 통해 바울은 어렸을 때부터 하나님을 섬기는 일에 헌신했으나(딤후 1:3) 그는 얼마 동안 교회를 핍박했다. 그러나 주께서 전적인 은혜로 그를 부르셨다. "하나님이 우리를 구원하사 거룩하신 소명으로 부르심은 우리의 행위대로 하심이 아니요 오직 자기의 뜻과 영원 전부터 그리스도 예수 안에서 우리에게 주신 은혜대로 하심이라"(딤후 1:9). 하나님이 이 복음을 위해 그를 선포자와 사도와 교사로 부르셨다(딤후 1:11). 그는 최선을 다해 맡겨진 복음 전파의 직무를 수행했다.

디모데도 같은 은혜로 복음을 위한 일꾼으로 부르심 받았다. 그도 어려서부터 하나님을 알았다. 그는 경건한 외할머니 로이스와 어머니 유니게의 믿음을 이어받은 3대째 믿음의 명문가 출신이다(딤후 1:5). 렘브란트의 그림 〈디모데와 그의 할머니〉에서 할머니가 무릎에 성경을 펼쳐놓고 어린 손자 디모데를 가르치는 모습은 감동을 준다.

혹자는 '대를 이어오며 단계적으로 양육 받은 디모데와 무지 악하게 살다가 뒤늦게 극적으로 주를 만난 바울'로 대조를 이루려고 할지도 모르겠다. 그러나 사실은 그렇지 않다. 바울이 디모데보다 훨씬 더 영적인 뿌리가 깊다. 바울은 조상 대대로 청결한 양심으로 하나님을 섬긴 명문가 출신이다.

그는 열심으로 주를 섬겼다(갈 1:14). 구약에 정통했으나(행 22:3), 정작 구약에서부터 말씀하신 예수 그리스도를 몰랐다. 다메섹 도상에서 예수 그리스도를 만난 후 바울은 한 번도 주를 거스른 적이 없다(행 26:19). 다른 데서는 한 번도 언급하지 않았던 내용을 바울은 그의 생애 말년에 언급했다. 그는 어릴 때부터 부모에게서 받은 양육과 교훈이 그의 삶에 긍정적인 영향을 준 것에 감사했다. 바울은 디모데에게 이렇게 말한다.

렘브란트, 〈디모데와 그의 할머니〉
Timothy and his Grandmother, 1648, Rembrandt

"그토록 훌륭한 영적 가정에서 태어나 거짓이 없는 믿음의 DNA를 받게 된 사실에 감사하라. 그 놀라운 영적 유산을 굳게 붙들고 너는 나를 이어서 이 활활 타오르는 복음의 횃불을 들고 열심히 달려라. 고난이 와도 조금도 뒤로 물러나지 말고 단단히 무장을 하고 달려가라. 복음을 위해서라면 나처럼 기꺼이 죽을 각오도 하여라."

"너는 그리스도 예수 안에 있는 믿음과 사랑으로써 내게 들은 바 바른 말을 본받아 지키고, 우리 안에 거하시는 성령으로 말미암아 네게 부탁한 아름다운 것을 지키라"(딤후 1:13,14).

바울은 또 이렇게 말한다(딤후 1:6, 참고 엡 5:18).

"성령께서 이미 너에게 사명을 능히 감당할 능력을 주셨다. 그것을 한 번만 아니라 계속해서 불 일듯 하게 하여라. 계속하여 성령의 충만을 받으라."

사역의 필수품

바울은 하나님이 디모데에게 주신 것 네 가지를 잘 사용하라고 권한다(딤후 1:7).

1. 담대함 : 어떠한 상황에도 두려워하지 않는 용기. 쉽게 낙심하거나 포기하지 않는다.
2. 능력 : 어떤 일도 감당할 수 있는 성령의 능력. 자기의 힘으로 하는 것이 아니다.
3. 사랑 : 어떠한 사람이라도 포용할 수 있는 그리스도의 사랑. 자기를 사랑하는 사람만 사랑하는 것이 아니라 자신을 미워하는 사람도 사랑한다. 그것은 조건이 없는 아가페 사랑이다.
4. 절제하는 마음 : 어떤 유혹에도 자기 자신을 제어하며 주께 복종할 수 있는 힘. 말씀에 길들여져서 자제력을 가진다.

담대함, 능력, 사랑, 절제하는 마음. 이것은 세상에 영향을 주는 모든 사역자에게 있어야 하는 네 가지 필수요소이다.

사역자 디모데(딤후 2장)

사역자의 기초

> 내 아들아, 그러므로 너는 그리스도 예수 안에 있는 은혜 가운데서 강하고, 또 네가 많은 증인 앞에서 내게 들은 바를 충성된 사람들에게 부탁하라. 그들이 또 다른 사람들을 가르칠 수 있으리라 딤후 2:1,2

사역자의 기초는 두 가지다.

1. 사역자는 강해야 한다.

강함은 사역자에게 필수요소다. 모세의 뒤를 이어 지도력을 발휘하게 된 여호수아에게 필요한 것은 '강함'과 '담대함'이었다. 하나님은 여호수아에게 세 번이나 "강하라"고 거듭 말씀하셨다(수 1:6,7,9). "강하라"는 것은 육체의 건강을 말하는 것이 아니다. 그것은 '어떠한 상황에도 영향을 받지 않는 내면의 힘'을 말한다.

사역자는 견뎌야 하는 상황에 자주 직면한다. 사람, 사건, 환경에 의해 도전을 받는다. 그때에는 배운 바 이론이나 지식으로 대응할 수 없다. 자칫 낙심하기가 쉽고 극단적으로는 포기할 수 있다. 그러나 내면의 힘이 있으면 이런 도전에 직면할 때 견딜 수 있다.

이런 강한 힘은 예수 그리스도 안에 있는 은혜 가운데서 온다. "마음은 은혜로써 굳게 함이 아름답고"(히 13:9)라고 하셨다. 바울은 사역의 부르심도 은혜요(딤후 1:9), 사역을 성취하는 것도 은혜(고전 15:10)라고 했다. 주님이 주시는 은혜를 믿음으로 받아들일 때, 그 은혜로 강해진다.

2. 사역자는 배가할 줄 알아야 한다.

좋은 사역자는 배가할 줄 안다. 사역자에게는 듣고 받아들일 특권만 아니라 그것을 전달할 의무도 있다. 누군가 이렇게 말했다.

"천국의 횃불이 꺼지지 않은 채 한 세대에서 다음세대로 전달되어야 한다."

바울은 디모데에게 멀리 보도록 명했다. 바울에게서 디모데로, 디모데에게서 충성된 사람에게로, 충성된 사람에게서 또 다른 사람에게로 이어져야 한다. 바울은 디모데를 양육할 때, 디모데만을 본 것이 아니다. 디모데가 배가하기를 기대했다. 디모데가 배가해야 할 대상은 그저 좋은 사람이 아니라 '배가할 충성된 사람'이다.

바울은 디모데에게 충성된 사람에게 그에게서 들은 바를 부탁하라고 했다. 충성된 사람의 특징은 무엇인가?

- 믿음직하고 신뢰할 수 있는 사람이다. 어떤 어려움에도 굴하지 않는 사람이다.
- 자기에게 맡겨진 일을 잘할 뿐 아니라 배가할 줄 아는 사람이다. 그는 "또 다른 사람들을 가르칠" 줄 안다(딤후 2:2).

어떤 사람은 자기에게 맡겨진 일은 잘하지만, 배가할 줄 모른다. 그런 사람을 '충성된 사람'이라고 하지 않는다. 어떤 사람은 잘 받아서 자기의 삶에 그대로 실천하여 살고자 애쓴다. 그런데 자신이 듣고 배운 바를 다른 사람에게 전달하여 배가하겠다는 생각은 하지 않는다.

여기 우리는 충성된 세 사람을 본다. 바울, 디모데, 그리고 충성된 어떤 사람이다. 충성된 사람은 배가자다. 우리는 충성된 사람이 되어야 한다. 하나님은 언제나 충성된 사람에게 관심을 두신다.

내 눈이 이 땅의 충성된 자를 살펴 나와 함께 살게 하리니 완전한 길에 행하는 자가 나를 따르리로다 시 101:6

사역자의 모습

사역자는 어떤 모습이어야 하는가? 권위주의자를 말하는 것이 아니다. 재정적으로나 사회적으로 안정된 그룹을 말하는 것도 아니다. 디모데후서 2장 3-6절에서 말하는 하나님나라 사역자의 모습은 세 가지다.

첫째, 예수 그리스도의 군사다.

"너는 그리스도 예수의 좋은 병사로 나와 함께 고난을 받으라"(딤후 2:3).
군사의 특징은 무엇인가?

1) '선택과 집중'을 할 줄 안다. 분산하지 말아야 한다. 전쟁에 참여하면 일상생활에 얽매일 수 없다. 로마법전에는 "군인은 민간사업에 취업하는 것을 금한다"라는 조항이 있다.
2) '명령에 복종'해야 한다. 전투상황을 다 모를 수 있다. 판단은 오직 지휘관에게 맡겨야 한다. 이해할 수 없더라도 하나님 말씀에 순종해야 한다.
3) '기꺼이 희생'을 치른다. 당연히 '희생'을 치를 수밖에 없다. 자기 자신은 물론 자신의 욕망과 앞날을 하나님을 위해 희생할 각오가 있어야 한다. 기꺼이 목숨을 내놓아야 한다.
4) '충성'스러워야 한다. 로마 병사는 로마 황제에게, 국군은 대통령에게, 그리스도의 군사는 오직 예수 그리스도에게 죽기까지 충성해야 한다. 끝까지 마음이 변하지 않아야 한다. 자기의 기분이나 환경, 사람에 따라 행동하지 않으며 배반하지 않는다.

둘째, 그리스도의 경기자다.

"경기하는 자가 법대로 경기하지 아니하면 승리자의 관을 얻지 못할 것이며"(딤후 2:5).

1) 경기자는 '훈련과 자기 부정'을 하는 사람이다. 계획에 따라서 연습과 훈련을 한다. 오락과 방종에 자기를 맡길 수 없다. 피곤하거나 포기하고 싶을 때가 있다. 누군가 말했듯이 '더 이상 뛸 수 없다고 생각될 때라도 10분은 더 뛰어야 한다.' 자기를 쳐서 복종(discipline)시켜야 한다. 자기 자신을 단련시켜야 한다. 기도하고 싶지 않을 때가 있지만 경기에 승리하려면 자기를 연단시켜야 한다. 안일함은 최대의 적이다.
2) 경기자는 '규칙을 준수하는' 사람이다. 규칙을 준수해야만 승리의 면류관을 얻을 수 있다. 규칙(헬, athlein nomimos)을 지켜 합법적으로 노력하라. 싸우라. 프로 정신을 가지라. 규칙을 무시하지 말라. 원칙 중심으로 살라.

셋째, 그리스도의 농부다.

"수고하는 농부가 곡식을 먼저 받는 것이 마땅하니라"(딤후 2:6).

1) 때때로 농부는 '먼저 일하는 것', 그리고 '후에 기다리는 것'으로 만족해야 한다. 빠른 결과를 기대해서는 안 된다. 조급증은 절대 금물이다! 먼저 일하고 기다리는 법을 배워야 한다. 인내로써 기다리는 법을 배우라.
2) 농부는 '어느 시간에나 일할 준비'를 해야 한다. 농부는 시간을 모른다. 공휴일이 없다. 그렇다고 일 중독자가 되라는 것이 아니다. 안식하며 일하는 법을 배워야 한다.

군사	경주자	농부
최후의 승리	승리의 면류관	추수
충성	**절제**	**인내**
딤전 1:18, 몬 1:2, 빌 2:25	고전 9:25,26	약 5:7
집중 : 일상생활에 얽매일 수 없다. 복종 : 이해할 수 없더라도 지휘관인 하나님의 말씀에 순종 희생 : 자신의 욕망 등 충성 : 죽기까지 충성	훈련과 자기 부정 : 더 이상 뛸 수 없다고 생각될 때 더 뛴다(discipline). 규칙 준수 : 프로 정신. 합법적 노력(athlein nomimos)을 한다.	기다림 : 먼저 일하고 기다리는 법을 배워야 한다. 조급증은 절대 금물. 일할 준비 : 어느 시간에나 일할 준비를 하라. 농부는 시간을 모른다. 부지런하다.

사역자의 인내

복음 사역자는 어떤 상황에도 낙심하지 말고 고난 가운데 있더라도 인내해야 한다(딤후 2:8-13). 바울은 복음을 위해 모든 것을 인내하며 기꺼이 고난을 받았다. 주님은 신실하셔서 복음을 위해 고난을 받는 그의 사역자와 함께하신다. 바울은 디모데가 이를 붙들고 복음 사역에 전념하기를 바랐다.

> 미쁘다, 이 말이여! 우리가 주와 함께 죽었으면 또한 함께 살 것이요, 참으면 또한 함께 왕 노릇 할 것이요, 우리가 주를 부인하면 주도 우리를 부인하실 것이라. 우리는 미쁨이 없을지라도 주는 항상 미쁘시니 자기를 부인하실 수 없으시리라 딤후 2:11-13

사역자의 주의사항(딤후 2:14-26)

1. **말에 절제가 있어야 한다.** 말다툼을 하지 말라. 그 영향력이 크다. 유익이 하나도 없고 오히려 듣는 자들을 망하게 한다. 망령되고 헛된 말을 버리라. 신종 코로나 바이러스처럼 전염성이 아주 강하다. 어리석고 무식한 변론을 버리라. 다툼만 일어날 뿐이다.

2. **진리의 말씀을 옳게 분별하라.** 언제나 말씀이 기준이 되어야 한다. 사람들을 말씀으로 잘 이끌어야 한다. 절대 가치 기준을 무시하는 세상에 절대 가치를 제시해야 한다. 그것은 오직 성경이다.
3. **부끄러울 것이 없는 일꾼으로 인정된 자로 자신을 하나님 앞에 드리기를 힘쓰라.** 금그릇, 은그릇, 나무그릇, 질그릇 중 어떤 그릇이냐가 중요한 것이 아니다. 깨끗해야 합당하게 쓰임을 받는다. 금그릇이나 은그릇이 되려고 애쓰는 것보다 중요한 것은 자기를 깨끗하게 하는 것이다. 금그릇이라도 더러우면 쓰임 받지 못한다. 보배를 담은 질그릇이 아무 쓰임 받지 못하는 금그릇보다 훨씬 더 귀하다.
4. **청년의 정욕을 피하고 의와 믿음과 사랑과 화평을 따르라.** 매 순간 성령의 능력과 인도하심을 받으며, 피할 것과 따를 것을 결정해야 한다. 바울은 "형제들아… 나는 날마다 죽노라"(고전 15:31)라고 했다. 여호수아는 "너희가 섬길 자를 오늘 택하라. 오직 나와 내 집은 여호와를 섬기겠노라"(수 24:15)라고 선포했다. 바울은 피할 것을, 여호수아는 따를 것을 날마다 택했다.

사역자의 삶(딤후 3:1-4:5)

마지막 때의 징조들(딤후 3:1-9)

여기에 열거된 스무 가지 항목은 마지막 때의 징조다. 하나님이 없는 불신앙의 세계를 잘 보여준다. 순진하게 속아 넘어가지 말아야 한다. 이들의 특징은 경건의 모양은 있으나 경건의 능력은 부인한다는 점이다. 리스트를 작성해보고 이에 유념하라.

사역자의 필수품 - 성경(딤후 3:14-17)

군인에게 무기가 필수품이듯이 사역자에게는 성경이 필수품이다. 선택사항이 아니다. 성경은 인생 교과서다.

1. 성경은 구원에 이르는 지혜를 가져온다.
   성경은 영생에 이르는 길 안내서다. 믿음으로 말미암아 구원에 이르는 지혜가 있게 한다.
2. 성경은 내비게이션과 같다.
   교훈 - 가야 할 길을 제시한다.
   책망 - 간혹 잘못된 길로 들어서면 경고하여 멈추게 한다.
   바르게 함 - 경고만 하는 것이 아니라 잘못된 길에서 벗어나 바른 길로 들어서도록 이끈다.
   의로 교육함 - 더 나아가 원래 목적한 곳까지 끝까지 이끈다.
3. 성경은 하나님의 사람으로 온전하게 하며 모든 선한 일을 행할 능력을 갖추게 한다.
   '온전하게 한다'는 것은 마치 군인으로서 필요한 무장을 갖추게 한다는 의미다. 성경은 선한 일을 하라고 지시하는 것만이 아니라 그 일을 행할 능력을 갖추게 한다.

이처럼 성경은 모든 선한 일을 행할 능력을 갖추게 하고 영향력 있는 삶을 살 힘을 준다. 성경은 자기 자신의 구원에만 영향을 주는 것이 아니라 다른 사람의 영혼을 구하고 사회에 변혁을 일으키는 삶을 살도록 한다.

그리스도의 사역자의 삶(딤후 4:1-5)

1. 열심이 있어야 한다. 메시지를 힘차게(passion) 전파하라. 로마서 12장 11절에 "열심을 품고 주를 섬기라"라고 했다. 사역자는 가슴에 불을 품어야 한다. 사역할 때 불을 품은 것처럼 열정적으로 해야 한다.
2. 지속성이 있어야 한다. 불이 확 타올랐다가 금방 사라지는 짚더미가 아니라 밤새 타오르는 참나무가 되어야 한다. "때를 얻든지 못 얻든지 항상(always) 힘쓰라"(딤후 4:2). 인내로 행해야한다. 쉽게 낙심하거나 포기하지 말아야 한다. 초조해하거나, 괴로워하거나, 지치지 말아야 한다. '인내'(헬, makrothumia)란 쉽게 실망하거나 낙심하지 않는 정신을 말한다.
3. 영적 불량품(:진리의 말씀에 관심 없고 오직 자기 입맛에 맞는 거짓 교훈을 받아들임)을 주의하고, 진리의 말씀에 확신을 가지고 설득(persuasion)할 줄 알아야 한다.
4. 견책하기를 두려워하지 않는다. 면책(confrontation)할 줄 알아야 한다.
5. 열심히 권해야 한다. 격려와 위로로 용기와 소망을 심어 주어야 한다.

충성된 사역자의 최후 진술(딤후 4:6-18)

바울은 횃불을 넘겨주고 디모데는 그것을 이어받았다. 바울은 최선을 다했다. 이제 그는 사역을 마감할 때가 왔다. 은퇴란 주님이 부르시는 그 순간부터 시작된다.

> 나는 선한 싸움을 싸우고 나의 달려갈 길을 마치고 믿음을 지켰으니, 이제 후로는 나를 위하여 의의 면류관이 예비되었으므로 주 곧 의로우신 재판장이 그 날에 내게 주실 것이며, 내게만 아니라 주의 나타나심을 사모하는 모든 자에게도니라 딤후 4:7,8

"이것은 참으로 달려볼 가치가 있는 유일한 경주입니다. 나는 열심히 달려서 이제 막 결승점에 이르렀고, 그 길에서 믿음을 지켰습니다. 이제 남은 것은 환호소리, 곧 하나님의 박수갈채뿐입니다! 그것을 믿으십시오. 하나님은 공정한 재판장이십니다. 그분께서 나뿐 아니라, 그분의 오심을 간절히 기다리는 모든 이들에게도 공정하게 대해주실 것입니다"(딤후 4:7,8 메시지성경).

마지막 당부의 말

개인적인 부탁

'너는 겨울이 오기 전에 속히 내게로 오라. 네가 올 때 나의 오른팔이 될 마가를 데리고 오라. 또 드로아 가보의 집에 둔 겨울 외투를 가지고 오고, 또 책은 특별히 양피지 가죽 종이에 쓴 것을 가져오라.'

주의해야 할 사람

'내게 해를 많이 입혔던 구리 세공업자 알렉산더를 조심하라.'

나를 이끄신 주님이 너를 또한 이끄실 것이다

"주께서 내 곁에 서서 나에게 힘을 주심은, 나로 말미암아 선포된 말씀이 온전히 전파되어 모든 이방인이 듣게 하려 하심이니, 내가 사자의 입에서 건짐을 받았느니라. 주께서 나를 모든 악한 일에서 건져내시고 또 그의 천국에 들어가도록 구원하시리니 그에게 영광이 세세무궁토록 있을지어다. 아멘"(딤후 4:17,18).

Dear. NCer

❶ 사역자의 기초 두 가지(딤후 2:1,2)가 내게 드러나도록 힘쓰자.

❷ 또한 사역자의 세 가지(딤후 2:3-6) 모습이 내게 굳게 형성되도록 전심전력을 다하자.

❸ 사역자의 최후 진술을 묵상해보라. 나는 바울의 입장에 있는가? 그렇다면 바통을 잘 넘겨주라. 디모데의 입장에 있다면 바통을 잘 이어받아 기독교 문명개혁 운동을 주도하라.

❖ 디도서(Titus) 세상에 영향을 주는 그리스도인의 행동지침서

바울과 디도

"같은 믿음을 따라 나의 참 아들 된 디도에게 편지하노니"(딛 1:4)에서 보듯, 디모데뿐 아니라 디도도 바울의 '영적 아들'이었다. 바울은 디도를 안디옥에서 사역할 때부터 오랫동안 알고 있었다. 1차 여행을 마치고 갈라디아 지역에 율법의 문제가 발생하자, 안디옥교회는 이를 해결하고자 바울과 바나바를 예루살렘교회로 보냈다.

> 형제들이 이 문제에 대하여 바울과 바나바와 및 그 중의 몇 사람을 예루살렘에 있는 사도와 장로들에게 보내기로 작정하니라 행 15:2

이 구절에는 디도의 이름이 언급되지 않고 단지 "그 중의 몇 사람"이라고만 했다.

그러나 갈라디아서 2장 1절, "14년 후에 내가 바나바와 함께 디도를 데리고 다시 예루살렘에 올라갔나니"에서 보듯이 예루살렘에 올라간 몇 형제들 중 디도도 포함되었다. 디도는 헬라인이다. 바울은 디도를 억지로 할례를 받게 하지 않았다. 그러나 디모데의 경우는 달랐다. 디모데의 아버지는 헬라인이지만 어머니는 유대인이기에 2차 여행 시에 더베와 루스드라에서 만난 디모데를 팀에 합류시키고자 할례를 행했다.
바울은 디도를 "나의 참 아들"(딛 1:4), "내 형제"(고후 2:13), "나의 동역자"(고후 8:23)라고 불렀다. 자신과 같은 심장으로 같은 길을 가는 사람이라고 여겼다. 더구나 바울은 고린도에 보내는 서신을 디도에게 부탁할 정도로 그를 신뢰했다.

디도서와 그레데 섬

디도서는 여러모로 디모데전·후서와 성격이 같다. 바울은 그레데에 머물며 사역하고 있던 디도에게 편지를 보내 교회를 어떻게 세우며 섬길지 말한다. 그레데는 에게 해 입구에 있는 제법 큰 섬(8,303㎢)으로 우리나라의 충청남도와 크기가 비슷하다. 바울과 디도가 함께 복음의 씨를 뿌렸던 곳이다. 바울은 그레데를 떠나면서 디도가 그곳에서 계속 사역하도록 했다. 그곳의 잘못된 일들을 바로잡기 위해서였음을 알 수 있다(딛 1:5). 그레데의 교회들은 유대주의적 할례파들에게 큰 영향을 받았다. 바울은 이들에 대해 다음과 같이 썼다. "그들이 하나님을 시인하나 행위로는 부인하니 가증한 자요 복종하지 아니하는 자요 모든 선한 일을 버리는 자니라(딛 1:16).

디도는 우선 그레데의 교회들이 자립할 수 있도록 장로들을 세우는 것이 급선무였다. 바울은 디도서를 보내어 그가 직면한 문제를 명확하게 알려주고, 이 일을 바로잡을 수 있도록 힘을 주고자 했다.

디도서 – 믿는 자의 경건한 삶(딛 2:11–14)

바른 교훈을 지키라		바른 교훈을 행하라	
자격 있는 장로들을 세우라	거짓 교사들의 입을 막으라	바른 교훈에 합당한 것을 말하라	선한 일을 행하도록 가르치라
1:1-9	1:10-16	2:1-15	3:1-15
조직	방해꾼들	가르침	순종
자격		질서 세우기	

디도서의 메시지

사역자의 중심(딛 1:1-3)

바울 사역의 기반

바울은 자신을 "하나님의 종이요 예수 그리스도의 사도인 나 바울"(딛 1:1)이라고 소개했다. "하나님의 종"이란 그의 신분을 말한다. 오직 하나님께 전적으로 순복해야 한다. "예수 그리스도의 사도"란 그의 **사명**을 말한다. 오직 예수 그리스도께서 맡기신 사역만을 해야 한다. 신분은 관계에서 나온다. 그의 모든 안정감은 여기에 있다. 사명은 그의 사역을 말하고, 그의 사역의 방향을 말한다. 사역자는 자신의 신분과 사명을 알아야 한다. 이런 사역자는 자기 마음대로 살지 않는다. 바울은 자신을 소개함으로 디도에게 메시지를 주고 있다. 사역자가 사역의 기반을 어디에 둬야 하는지 보여준다.

바울의 세 가지 중심 사역

디도서는 다른 서신과 다르게 처음부터 바울의 사역을 소개한다. 그의 사역에서 다음의 세 가지가 중심임을 강조한다. 이를 통해 바울은 디도에게 사역자로서 사역의 중심이 무엇이어야 하는지 가르친다.

1. 하나님이 택하신 자들의 **믿음**을 일깨워주어야 한다. 믿음이 사역의 중심이다. 하나님은 구원을 받게 하기 위해 우리를 택하셨다. "하나님이 처음부터 너희를 택하사 성령의 거룩하게 하심과 진리를 믿음으로 구원을 받게 하심이니, 이를 위하여 우리의 복음으로 너희를 부르사"(살후 2:13,14). 진리를 믿음으로 우리는 성령의 거룩하게 하심과 구원을 받는다. 오직 하나님의 말씀을 믿음으로 구원을 받는다.

2. **하나님의 말씀**을 정확히 전달해야 한다. 하나님 말씀은 진리다. 우리를 경건한 삶으로 이끈다. 바울이 "너희가 전에 복음 진리의 말씀을 들은 것이라"(골 1:5)라고 강조하듯 복음이 곧 하나님의 말씀이다. 단지 머릿속에 남아있는 단어의 나열이 아니라 삶에 변화를 일으키

는 진리의 지식이다. 디모데후서 3장 15절에 "성경은 능히 너로 하여금 그리스도 예수 안에 있는 믿음으로 말미암아 구원에 이르는 지혜가 있게 하느니라"라고 하셨다. 이 놀라운 진리의 지식이요 하나님의 말씀인 복음을 정확히 전달해야 한다. 그 말씀을 믿을 때 삶의 확실한 변화를 경험한다.

3. **영원한 생명의 소망**을 굳게 붙들게 해야 한다. 영생 곧 영원한 생명이란 천국 갈 때 필요한 여권이 아니다. 이 세상에서 우리로 누리게 하는 것이다. 하나님이 영원 전부터 약속하신 것이다. 하나님이 우리를 사망에서 생명으로 옮기셨다. 그 생명의 특징은 모든 상황을 이기는 힘이다. 좌절하지 않고 돌파하는 힘이다. 곧 평강이다. 어떤 상황에서도 영향을 받지 않는 내면의 고요함이며, 어떤 슬픔에도 끌려가지 않는 기쁨이다. 거룩함으로 살아가며 사람들을 사랑과 착함으로 섬기는 힘이다. 이 생명은 우리로 하나님과 친밀감을 이루게 한다. 이렇듯 놀랍고도 영원한 생명을 약속하신 하나님은 거짓말을 하지 않으신다. 그 약속을 반드시 실행하신다. 이 소망을 굳게 붙들게 해야 한다.

교회 일꾼의 자격(딛 1:5-9)

디도에게는 그레데 섬의 각 도시(:당시 100개 이상의 도시)에 있는 교회에 지도자들을 세우는 일이 주어졌다. 이때 교회의 일꾼은 장로와 감독으로 나뉜다. 바울은 교회의 일꾼들의 자격을 열거하고 있다.

장로의 자격 세 가지(딛 1:5,6)

1. 책망할 것이 없어야 한다.
2. 한 아내의 남편이어야 한다.
3. 믿는 자녀를 둔 자라야 한다. 그 자녀들은 방탕하지 않고 불순종하지 않아야 한다.

감독의 자격 열세 가지(딛 1:7-9)

• 감독은 하나님의 청지기다.

1. 책망할 것이 없어야 한다.
2. 제 고집대로 하지 아니한다.
3. 급히 분내지 아니한다.
4. 술을 즐기지 아니한다.
5. 구타하지 아니한다.
6. 더러운 이득을 탐하지 아니한다.
7. 나그네를 대접한다.
8. 선행을 좋아한다.

9. 신중하다. 분별력과 판단력이 있다.
10. 의롭다. 공정하고 공평하다.
11. 거룩하다.
12. 절제한다.
13. 미쁜 말씀의 가르침을 그대로 지킨다. 그래야 말씀으로 권면하고 거슬러 말하는 자들을 책망할 수 있다.

사역의 방해꾼들 - 거짓 교사의 특성(딛 1:10,11)

당시 그레데 섬에 들어온 거짓 교사들은 사역의 방해꾼으로 교회를 어지럽혔다.

1. 규율을 지키지 않는다.
2. 교회의 지도력을 인정하지 않는다.
3. 헛된 말을 한다. 터무니없는 말을 한다.
4. 속이는 사람들이다. 관계를 깨뜨린다.
5. 사람들의 영혼보다 재물에 더 관심이 많다.

교회 공동체 내의 다양한 연령과 계층의 그리스도인들을 향한 목회 방향(딛 2:1-8)

교회 공동체에는 다양한 연령과 계층의 그리스도인들이 모인다. 그리스도인으로서 올바른 삶을 살 수 있도록 각 계층에 맞게 말씀으로 가르쳐야 한다(딛 2:1-6).

늙은 남자들(딛 2:1,2)

1. 절제의 삶 - 방종과 쾌락을 거절해야 한다.
2. 경건의 삶 - 올바른 길, 근엄하고 진지한 행동을 한다.
3. 신중(근신)의 삶 - 세월을 아껴서 지혜로운 삶을 살아야 한다. 하나님의 뜻을 따라 살도록 계획을 세워 실행한다.
4. 건강한 믿음과 사랑과 인내의 삶을 살아야 한다.

늙은 여자들(딛 2:3,4)

1. 행실이 거룩해야 한다.
2. 남을 험담하지 말아야 한다. 잡담하거나 남을 중상모략하거나 헛소문을 퍼뜨리지 말아야 한다.
3. 술의 종이 되지 말라.
4. 선한 것을 가르치라. 옳고 고상한 것이 무엇인지 삶으로 본을 보이고 가르치라.
5. **젊은 여자를 가르치라** - 잔소리하거나 기를 꺾거나 낙심시키는 것이 아니라 격려하며 이끌어주라. 특히 다음과 같은 영역에서 먼저 본을 보이고 가르치라(딛 2:4,5).

(1) 남편과 자녀를 어떻게 사랑해야 하는지
(2) 고결하고 순결한 삶을 살려면 어떻게 해야 하는지
(3) 집안 살림을 잘하려면 어떻게 해야 하는지
(4) 좋은 아내가 되려면 어떻게 해야 하는지

젊은 여자들이 이런 삶을 살면 하나님의 말씀을 멸시하는 사람이 없을 것이다.

젊은 남자들(딛 2:6)

1. 신중하라 - 이는 '근신하라'는 뜻이다. 왜 청년이 근신해야 하는가? 청년 시절은 유혹의 힘이 강하여 자칫 그릇된 길로 가기 쉽다. 지나친 자신감으로 경솔하게 결정하기가 쉽다.
2. 사역자 디도가 젊은 남자들에게 범사에 본이 되어 삶으로 그들을 가르치라고 했다.

사역자의 자세(딛 2:7,8)

사역자로서 젊은 사람들에게 삶으로 본이 되어 가르칠 때 어떤 자세로 해야 하는가?

1. 동기는 절대적으로 순수하라.
2. 품위를 지키라. 사역자는 그리스도의 대사로서 중대한 책임이 있다.
3. 건전한 가르침을 가지라. 성경말씀을 언제나 텍스트로 해야 한다.
4. 그리스도에 대해 말만 하지 말고 그리스도를 삶으로 보이라. 그러면 대적자들이 어떤 잘못된 점을 찾지 못하고, 악하다 말하지 못하며 오히려 부끄러워할 것이다.

그룹	어떻게 대할까(딤전 5:1,2)	어떻게 행할까(딛 2:1–6)
늙은 남자	꾸짖지 말고 권하되 아버지에게 하듯	절제하며 경건하며 신중하며 믿음과 사랑과 인내함에 온전하라
늙은 여자	어머니에게 하듯	행실이 거룩하며 모함하지 말며 술의 종이 되지 말고 선한 것을 가르치며 젊은 여자를 가르치라
젊은 남자	형제에게 하듯	유혹에 빠져 그릇된 길로 가거나 지나친 자신감에 사로잡힐 수 있으므로 근신하고 신중하라
젊은 여자	온전히 깨끗함으로 자매에게 하듯	남편과 자녀를 사랑하며 신중하며 순전하며 집안일을 하며 선하며 자기 남편에게 복종하라

노예생활하는 그리스도인들을 향한 목회(딛 2:9,10)

당시에는 노예제도가 성행했다. 바울은 노예제도를 언급하거나 비난하거나 개선하려는 데 초점을 두지 않고 오직 그리스도인으로서 자신의 의무에 충실하라고 가르친다. 그것은 노예제도를 찬성하거나 묵인하는 것이 아니라 오히려 진정한 혁명의 길을 제시하는 것이다.
종/노예의 신분을 가진 그리스도인으로서 어떻게 살 것인가?

1. 몸으로 보여주는 길밖에 없다. 삶으로 보여주라. 그리함으로 범사에 복음을 빛나게 하라.
2. 범사에 순종하는 자가 돼라. 거슬러 말하지 말고 정중해야 한다. 그리고 유능해야 한다.
3. 훔치지 말라. 정직하라.
4. 모든 참된 신실성을 나타내라. 충실하라.

【 그리스도인의 품성 : 디모데전서와 디도서의 비교 】

그룹	딤전 6:1,2,11,12	딛 2:7-10
사역자	1. 의와 경건과 믿음과 사랑과 인내와 온유를 따르라 2. 믿음의 선한 싸움을 싸우라 3. 영생을 취하라	1. 동기는 절대적으로 순수하라 2. 그리스도의 대사로서 품위를 지키라 3. 건전한 가르침을 가지라 4. 그리스도에 대해 말로만 하지 말고 그리스도를 삶으로 보이라
종	1. 상전들을 마땅히 공경할 자로 알아라 2. 믿는 상전이 있는 자는 가볍게 여기지 말고 더 잘 섬기라	1. 몸으로 보여주는 길밖에 없다 2. 순종하라 : 유능, 정중, 정직, 충실 (상전들을 기쁘게 하고 거슬러 말하지 말며 훔치지 말고 참된 신실성을 나타내라)

사역자의 삼중임무(딛 2:15)

1. **말하고** - 사역자는 주의 말씀의 전달자이다. 자신의 의견이나 생각을 전달하는 것이 아니라 오직 하나님의 말씀을 전달해야 한다.
2. **권면하며** - 교사로서 은혜로 인도하며 소망을 심어준다. 격려해야 한다.
3. **모든 권위로 책망하라** - 리더로서 확신을 가지고 올바른 길로 인도한다.

그리스도인은 사회적인 의무 이행자이다(딛 3:1,2)

이제까지 교회 공동체의 각 계층이 어떻게 그리스도인다운 삶을 살아야 하는지 설명했다면, 이제는 모든 그리스도인이 국가와 사회의 일원으로서 어떻게 행동해야 하는지 보여준다.

1. 법과 질서를 잘 지키라. 그리스도인은 솔선수범하여 국가와 사회의 질서를 잘 지켜야 한다.
2. 봉사에 능동적으로 임하라. 선한 일을 기꺼이 하라. 어려운 일이 발생하면 먼저 자원하여 섬기라.
3. 말에 조심성이 있어야 한다. 중상이나 비방이나 비판의 말을 삼가라.
4. 관용하라. 자기 고집대로 하지 말고, 자기주장을 하지 말라. 마음이 넓어야 한다.
5. 범사에 온유함을 모든 사람에게 나타내라. 온유함은 자기를 통제할 줄 아는 것이다.

그리스도인의 삶의 원동력(딛 3:3-7)

그러면 그리스도인들은 슈퍼맨이 되어야 한단 말인가? 어떻게 교회 공동체 내에서와 사회에서 이런 삶을 살 수 있는가? 그런 삶을 살 수 있는 원동력은 무엇인가?

1. 모든 그리스도인에게는 그리스도를 만난 간증의 삶이 있다. 그리스도를 만나기 전과 후의 삶은 분명히 다르다. B.C.(골 3:3)와 A.D.(골 3:4-7)의 삶이 뚜렷하다. 우리에게는 변화의 시점이 있다. 기독교는 이론의 종교가 아니다. 하나님의 나라는 말에 있지 않고 능력에 있다(고전 4:20).
2. 우리는 살아계시며 전능하시고 오직 유일하신 하나님을 믿는 사람들이다. 예수 그리스도를 믿으면 반드시 변화가 일어난다. 기독교는 체험의 종교다. 그리스도인의 삶의 변화는 자신의 힘이나 노력, 방법으로 이루어지는 것이 아니라 오직 하나님의 능력으로 이루어진다. 이것이 그리스도인의 삶의 원동력이다.
3. 우리는 우리의 행위가 아니라 오직 하나님의 긍휼하심을 따라 중생의 씻음과 성령의 새롭게 하심으로 구원받았다. 그러므로 하나님의 자비와 사랑이 어떠하심을 우리의 변화된 삶에서 명백히 나타내야 한다(딛 3:4,5).
4. 더 나아가서 우리 주 예수 그리스도는 우리에게 성령을 풍성하게 부어주시어 그의 능력으로 하나님의 뜻을 따라 살게 하신다(딛 3:6,7).

결론

우리는 이 세상의 문화를 따르는 사람이 아니다. 그렇다고 이 세상의 문화를 거절하는 사람도 아니다. 이 세상에 하나님의 문화를 창조하는 사람이며 경작자이다. 마치 농부가 척박하고 쓸모없는 황무지를 경작해서 열매를 맺는 땅으로 일구어 내듯 하나님나라의 성격을 우리의 삶을 통해 세상에 나타내야 한다. 하나님은 우리를 통해 이 세상에 기독교 문명개혁이 일어나도록 계획하셨다. 우리의 행위가 아니라 하나님의 긍휼과 은혜로 구원받은 우리는 성령의 능력으로 기독교 문명개혁 운동을 주도해야 한다.

Dear. NCer

우리는 우리의 힘과 노력이 아닌 그리스도께서 이뤄놓으신 토대 위에서 그리스도의 십자가와 성령의 능력으로 새롭게 되었다. 나아가 이 세상을 새롭게 할 능력이 우리에게 있다. 빛과 소금으로 살아가라.

준법정신, 봉사생활 등 사회적인 의무를 충실히 이행할 뿐 아니라 비방이나 비판을 삼가고, 온유하며 관용적인 사람이 되어 그리스도의 덕을 증거하는 삶을 살자.

❖ 베드로전서(1 Peter) 말세를 사는 그리스도인의 십계명

베드로전서는 공동서신 가운데 가장 유명하고 많이 읽히며 사랑받는 편지이다. 따뜻함이 특징이다. 베드로가 고통스런 영적 전쟁에 맞서 싸우는 그리스도인들을 위로하고 다가올 영적 전쟁을 통과하도록 돕기 위해 리더이자 아버지이자 목자의 마음으로 기록했다. 신약성경 중에서 가장 읽기 쉬운 서신 중 하나이다. 또한 수사학 기술이 풍부하고, 유창한 헬라어로 어휘로 기록되었다.

베드로는 헬라어에 능통하지 못했는데, 아이러니하게도 베드로전서는 신약 전체에서 가장 훌륭한 헬라어 문장으로 기록되었다는 평가를 받는다. 다음 구절에서 베드로가 실루아노(실라)를 이 서신의 대필자로 두었음을 알 수 있다.

> 내가 신실한 형제로 아는 실루아노로 말미암아 너희에게 간단히 써서 권하고 벧전 5:12

편지의 내용은 베드로의 말이고, 글은 실루아노의 문장이다. 그러기에 실루아노는 단순한 대필자가 아니다. 그는 A.D.49년 예루살렘 공회 결정을 가지고 형제들을 권면하고 굳게 하는 역할을 담당했던 인물로, 헬라어에 능통하고 설득력이 뛰어난 사람으로 평가되었다고 한다.

베드로는 예수님이 십자가의 고난 받는 것을 한사코 반대했다. 또 변화산에서 모세와 엘리야가 나타나 예수님과 더불어 말할 때 초막 셋을 짓자고 제안했다. 그는 복음을 제대로 이해하지 못한 것이다. 예수께서 겟세마네 동산에서 잡히실 때 대제사장의 종의 귀를 칼로 쳐서 떨어뜨렸다. 또한 위급한 순간에 스승이신 예수님을 세 번이나 부인했다.
그런데 예수님은 부활하신 후에 그를 찾아와 “내 양을 치라”(요 21:15-17)라고 명령하셨다. 그는 오순절과 그 이후에 모든 사도를 대신하여 말씀을 선포했다. 예수 그리스도의 십자가 고난을 충분히 이해하고 전심으로 전했다. 베드로는 감옥이나 그 이상의 더한 고난이라도 받을 각오가 되어 있었다.

주님을 부인했던 베드로가 어떻게 유대인들에게 담대히 회개를 외칠 수 있었을까? 주님을 부인했던 그는 다른 사람들을 가르치기 전에 자신을 돌아봤어야 하지 않을까? 그 대답은 “아니다”이다. 주님은 베드로의 실족을 예언하시면서도 그 형제들을 위해 일하라고 명령하셨다.

> 시몬아, 시몬아, 보라 사단이 너희를 밀 까부르듯 하려고 요구하였으나, 그러나 내가 너를 위하여 네 믿음이 떨어지지 않기를 기도하였노니, 너는 돌이킨 후에 네 형제를 굳게 하라 눅 22:31,32

이렇듯 주님은 베드로에게 사명을 주셨다. 베드로는 하나님이 ‘사람을 외모로 보시지 않음을’ 알고 있었다(벧전 1:17, 행 10:34). 그에게 중요한 것은 자신의 과거가 아니라 그리스도께서 주신 **사명**이었다. 그는 돌이켰고 목숨을 바쳐 충성했다.

베드로전서 – 말세를 사는 그리스도인의 십계명(벧전 1:15)

그리스도인의 믿음			그리스도인의 순종		그리스도인의 고난	
산 소망	거룩한 행실	거룩한 제사장	하나님의 종과 같이 하라	선을 행함으로 받는 고난	선한 청지기	양 무리의 본이 되라
1:1-12	1:13-25	2:1-10	2:11-3:7	3:8-22	4:1-19	5:1-14
거룩			조화		겸손	
믿음			사랑		소망	

베드로전서의 특징

예수 그리스도의 **재림에 대한 소망**으로 가득하다

그리스도인은 말세에 나타내기로 예비하신 구원을 얻기 위해 믿음으로 말미암아 하나님의 능력으로 보호하심을 받고 있다(벧전 1:5).
믿음을 지킨 사람들은 예수 그리스도께서 나타나실 때 칭찬과 영광과 존귀를 얻게 될 것이다(벧전 1:7).
그리스도인은 예수 그리스도께서 나타나실 때 가져다주실 은혜를 온전히 바란다(벧전 1:13).
그리스도인은 예수 그리스도의 재림을 기다림으로 행실을 선하게 가진다(벧전 2:12).
모든 것의 마지막이 가까이 왔다(벧전 4:7).
그리스도의 고난에 참여하는 자는 그의 영광이 나타날 때 그리스도와 같이 즐거워한다(벧전 4:13).
하나님의 집에서 심판이 시작된다(벧전 4:17).
베드로는 그리스도께서 나타나실 때에 그의 영광에 참여할 것을 확신하고 있다(벧전 5:1).
목자장이 나타나실 때 그리스도인은 영광의 면류관을 쓸 것이다(벧전 5:4).

재림의 믿음은 **고난에도 인내**할 수 있는 동기를 준다

그러므로 마음의 허리를 동이고 근신하라(벧전 1:13).
그러므로 너희는 정신을 차리고 근신하여 기도하라(벧전 4:7).
오히려 너희는 그리스도의 고난에 참여하는 것으로 즐거워하라(벧전 4:13).
그러므로 하나님의 뜻대로 고난을 받는 자들은 또한 선을 행하는 가운데에 그 영혼을 미쁘신 창조주께 의탁할지어다(벧전 4:19).

베드로전서의 메시지

그리스도인의 정체성과 선택된 삶(벧전 1:1,2)

…흩어진 나그네, 곧 하나님 아버지의 미리 아심을 따라 성령이 거룩하게 하심으로 순종함과 예수 그리스도의 피 뿌림을 얻기 위하여 택하심을 받은 자들에게 편지하노니… 벧전 1:1,2

그리스도인의 정체성

1. 그리스도인은 하나님의 선민이다. 하나님이 택하셨다는 것은 '구별되었다'는 뜻이다. 어떤 특별한 목적을 위해 따로 구별된 것이다. 하나님께 선택된 삶은 영광스러운 삶이다. 하나님이 택하셨다는 것은 그분의 특별한 보호하심 아래 있다는 것이다.
2. 그리스도인은 세상의 나그네이다. 그리스도인은 '세상에 흩어진 나그네'이다. 그리스도인들은 아브라함처럼 "더 나은 본향"(히 11:16)을 사모한다. 이때 "나그네"라는 말은 정처가 없이 불안정하고 두려움으로 가득한 삶을 말하는 것이 아니다. 오히려 '목적을 가진 여행객' 또는 '외교관'이라고 해야 한다. 그렇기에 세상에 살지만 동시에 세상에 속하지 않는다. 세상에서 물러나는 것이 아니라 오히려 세상의 빛이 되어 영향을 주는 삶을 살아야 한다.

그리스도인의 선택된 삶

1. 그리스도인은 우리의 뜻과 계획에 의해서가 아니라 전적으로 하나님의 영원한 목적 아래 '하나님의 예지'로 선택되었다. '하나님이 나를 선택하셨다'라는 이 놀라운 사실만큼 위대한 것이 또 있을까? 이는 우리를 교만으로 흐르게 하는 것이 아니라 겸손으로 이끈다. 또한 우리를 담대하게 한다. 나를 택하신 하나님은 '나를 절대로 버리지 아니하시고 절대로 나를 떠나지 않으시기' 때문이다(히 13:5).
2. 그리스도인은 '성령으로 거룩하게 하기 위해' 선택되었다. 우리는 스스로 거룩해질 수 없다. 성령께서 우리를 거룩하게 하신다. 하나님의 선택하심은 우리를 방종으로 나아가게 하는 것이 아니라 거룩함으로 이끈다. 그리스도인에게 성령은 모든 삶, 모든 영역, 모든 단계의 기본요소이다. 신앙생활의 시작, 과정, 마침에 있어서 갈망하는 마음을 주시는 것도, 능력으로 행하게 하시는 것도 성령이시다. 죄를 깨닫게 하며, 십자가로 인도하여 용서, 자유, 새롭게 하심도 성령으로 이루어진다. 예수 그리스도를 닮아가게 하며 예수 그리스도를 증거하시는 것도 성령이시다.
3. 그리스도인은 '예수 그리스도께 순종하고 그의 피 뿌림을 얻고자' 선택되었다. 예수 그리스도의 희생은 피 뿌림의 표현이다. 그 희생으로 그리스도인은 하나님과 새로운 관계로 부르심을 받고 성별되어 그분의 뜻에 순종하며 헌신된 삶을 산다. 그러므로 하나님의 선택은 우리로 하나님의 뜻에 순복하는 삶을 살게 한다.

성부 하나님이 선택하셨고, 성령께서 거룩하게 하셨으며, 성자 예수 그리스도께서 새 언약의 피를 뿌리셨다. 그러므로 베드로는 성령으로 그의 '나그네 교구'를 격려한다. 이 세상에서 나그네의 삶을 살 소망을 심어준다.

기독교의 위대한 기본적인 사상(벧전 1:3-5)

사도 바울이 하나님의 놀라운 은혜를 찬양하듯, 베드로는 우리에게 이루어진 세 가지 놀라운 사실로 인해 아버지 하나님을 찬양한다.

과거 그리고 현재 진행 : 우리는 거듭났다.

예수 그리스도의 죽으심과 부활하심이 거듭남의 근거이다(고전 15:3,4).
하나님의 풍성하신 긍휼이 거듭남의 기반이다. 우리는 하나님의 은혜로 구원받았다(엡 2:8,9).
우리는 진리의 말씀으로 거듭났다(벧전 1:23).
그러므로 우리로 소망의 삶을 살게 한다. 그리스도인의 삶의 특징은 소망이다(롬 15:13).

미래 : 우리는 위대한 유업을 물려받았다.

일반적으로 유업은 구약에서 약속의 땅 가나안을 가리켰다. 유업이란 과거나 현재가 아니라 미래 어느 날엔가 받는 것이다. 이미 확실한 보증을 받은 것이다. 신약에서의 우리 그리스도인이 받는 유업은 그보다 더 위대하다.

우리의 물려받을 유업의 세 가지 특징은,

1. 썩지 않는다. 썩는다는 것은 더 나쁜 상태로 변한다는 것이다. 그러나 우리의 유업은 어떤 상황에도 부패하지 않고 어떤 침략군이 온다 할지라도 약탈되지 않고 보존된다.
2. 더러워지지 않는다. 구약의 약속의 땅은 여러 번 거짓 예배로 더러워졌다. 그러나 신약의 그리스도인은 이 세상의 어느 것으로도 변하지 않고 순결하다.
3. 쇠하지 않는다. 쇠퇴하지 않는다. 그리스도인의 믿음의 삶은 활력과 아름다움을 항상 간직한다. 싫증이 나거나 염증을 느낄 일이 전혀 없다.

현재 : 우리는 하나님의 능력으로 보호를 받는다.

'보호'(헬, 프루레오 phroureo)는 군사용어다. '하나님이 보초 서신다', '하나님이 뒤에서 지켜주신다'라는 뜻이다. 야곱이 무사히 집에 갈 때까지 하나님이 그의 군대를 보내어 보호하셨듯이(창 32:1,2), 우리가 영원한 집에 갈 때까지 이 세상에서 하나님이 항상 함께 계시며 지켜주시고 돌봐주신다.

말세를 당한 그리스도인의 십계명(벧전 1:14-5:9)

예수 그리스도의 재림에 대한 소망을 가지고 마지막 때를 살아가는 그리스도인들은 어떻게 살아야 하는가? 만약 예수 그리스도의 재림에 대한 소망이 없다면 그리스도인의 삶은 혼란에 빠질 것이다. 각종 잘못된 철학과 사상에 휩싸여 살 것이다. 금욕주의나 쾌락주의로 나아갈 수도 있다. 소망은 "영혼의 닻 같아서"(히 6:19) 우리로 세상의 풍조에 휩싸이지 않게 해준다. 베드로전서는 이에 대해 풍성히 말씀한다. 그 중에 열 가지로 압축하여 '말세를 당한 그리스도인의 십계명'으로 요약해볼 수 있다.

1. 거룩함으로 행하라(벧전 1:14-25, 2:11,12)

> 오직 너희를 부르신 거룩한 이처럼 너희도 모든 행실에 거룩한 자가 되라. 기록되었으되, '내가 거룩하니 너희도 거룩할지어다' 하셨느니라 벧전 1:15,16

거룩함으로 행하는 삶은 말세를 당한 그리스도인의 삶에 있어서 가장 중요하다. 거룩함으로 살아야 할 가장 큰 이유는 우리의 하나님이 거룩하시기 때문이다. 거룩함은 하나님의 뜻이다. 하나님과의 친밀감은 거룩함에 달려있다(마 5:8, 시 24:3). 우리는 거룩한 성에서 영원히 살 것이다(계 21:2,9). 우리는 영혼을 거슬러 싸우는 육체의 정욕을 제어하고 모든 행실, 즉 삶의 모든 영역에서 거룩해야 한다.

2. 서로 사랑하라(벧전 1:22, 4:8)

> 너희가 진리를 순종함으로 너희 영혼을 깨끗하게 하여 거짓이 없이 형제를 사랑하기에 이르렀으니 마음으로 뜨겁게 서로 사랑하라 벧전 1:22

거짓이 없이 마음으로 뜨겁게 사랑하라고 하셨다. '저의가 없는 허심탄회하고 순수한 마음'으로 '열정적으로', '열심히' 서로 사랑하라는 것이다. 마치 이것이 승부처인 듯 사랑하라는 것이다. 예수께서는 "내가 너희를 사랑한 것같이 너희도 서로 사랑하라"는 새 계명을 주셨다(요 13:34,35).

3. 말씀을 사모하라(벧전 1:23-2:3)

우리가 거듭난 것은 오직 살아있는 하나님의 말씀으로 되었다. '거듭남'은 그리스도인의 삶의 시작이다. 마치 영적 신생아와 같다. 이제는 말씀으로 자라나야 한다. 하나님의 말씀은 신령한 젖과 같다. 갓난아기처럼 신령한 젖을 사모해야 한다. 그러면 영적으로 자라나서 성숙하고 온전하게 될 것이다. 예수님은 "사람이 떡으로만 살 것이 아니요 하나님의 입으로부터 나오는 모든 말씀으로 살 것이라"(마 4:4)라고 말씀하셨다.

4. 예배자가 되라(벧전 2:4-10)

교회를 건물로 비유한다면, 그리스도인들은 건축용 벽돌과 같다. 예수 그리스도는 그 건물의 머릿돌이다. 하나님은 우리를 신령한 집으로 세워지는 산 돌이 되게 하셨고, 신령한 제사를 드릴 거룩한 제사장이 되게 하셨다. 우리는 산 돌이 될 뿐 아니라 하나님의 집에서 하나님의 영광과 그의 위엄의 아름다움과 그의 구원을 예배하는 예배자로 부르심을 받았다.

너희는 택하신 족속이요, 왕 같은 제사장들이요, 거룩한 나라요, 그의 소유가 된 백성이니, 이는 너희를 어두운 데서 불러내어 그의 기이한 빛에 들어가게 하신 이의 아름다운 덕을 선포하게 하려 하심이라 벧전 2:9

5. 하나님나라의 시민답게 살아가라(벧전 2:13-3:7)

그리스도인은 본향을 바라보며 나그네로 살아가는 존재지만 이 세상에 머무는 동안은 그리스도인으로서 의무를 다해야 한다. 그리스도인은 근본 하나님나라의 시민이지만 이 세상에서 거류하는 국가의 시민으로서 국가에 협조해야 한다(복종이 아니라 협조). 또한 하나님을 두려워함으로 국가의 권위자들을 공경해야 한다. 사회의 일원으로서 현재 사환의 신분이라면 주인에게 순종하라. 가정에서는 아내로서 남편에게 순종하고, 남편으로서 아내를 사랑하라.

6. 열심으로 선을 행하고, 선을 행함으로 고난을 받으면 참으라(벧전 2:19-25, 3:8-4:6)

그리스도인은 이 세상에서 고난을 받는다. 하지만 올바로 행하고 있다면 아무것도 두려울 것이 없다.

선을 행함으로 고난 받는 것이 하나님의 뜻일진대 악을 행함으로 고난 받는 것보다 나으니라 벧전 3:17

그리스도인으로서 부당하게 고난을 받기도 한다. 성경은 여러 차례 선을 행함으로 받는 고난에 대해 소망을 준다. 그리스도께서 고난을 받는 사람들에게 롤 모델이 되셨다. 고난은 우리의 부르심이다. 우리는 고난을 통해 예수 그리스도의 발자취를 따라간다(벧전 2:21). 고난을 받음으로 죄를 그치고 하나님의 뜻을 따라 살게 된다(벧전 4:1,2). 고난 당할 때마다 나만 고난을 당하는 것이 아니라 세상에 있는 우리 형제들도 동일한 고난을 당하는 줄 알고 견뎌야 한다(벧전 5:9). 우리는 고난을 통해 온전하게 된다(벧전 5:10).

7. 근신하여 깨어 기도하라(벧전 4:7,8, 5:8)

누군가가 한 말이 늘 도전이 된다. "교회 지붕에 귀신들이 떼로 몰려 잠자고 있는 장면을 보았습니다. 그 교회는 기도를 쉬는 교회였습니다." 마귀는 기도하지 않는 교회, 기도하지 않는 그리스도인에게는 관심이 없다. 마귀의 왕국에 전혀 해로움을 끼치지 않기 때문이다. 그러나 깨어 기도하는 그리스도인들은 마귀 왕국의 경계 1호다.

주께서 "시험에 들지 않게 깨어 기도하라"(마 26:41)라고 하셨다. 기도하지 않는 삶은 마치 레이더망이 작동되지 않는 것과 같아서 원수의 공격에 대비할 수 없다. 시험에 들지 않는 비결은 오직 기도의 삶에 있다. 깨어있는 삶, 근신하는 삶은 지속적인 기도의 삶과 서로 연관이 있다. 근신해야 기도하는 삶이 있고, 기도의 삶이 있어야 근신할 수 있다. 기도해야 영적으로 깨어있게 된다. "항상 성령 안에서 기도하고, 이를 위하여 깨어 구하기를 항상 힘쓰며"(엡 6:18)라고 하셨다. 기도의 삶은 자동적으로 이루어지지 않는다. 힘써야 한다. 한 번만 아니라 항상 힘써야 한다. 이런 기도의 삶은 오직 성령의 도우심으로만 가능하다.

8. 선한 청지기같이 봉사하라(벧전 4:9-11)

그리스도인들은 청지기의 삶을 살아야 한다. 자기가 원하는 것을 하는 것이 아니라 하나님이 내게 부탁하신 것을 충성스럽게 감당하는 삶이다. 시간의 청지기, 재물의 청지기, 은사의 청지기가 되어야 한다. 또한 하나님의 교회에서 스스로 할 일을 찾아 나서고, 봉사의 직무가 주어지면 청지기처럼 성실하게 감당해야 한다.

> 각각 은사를 받은 대로 하나님의 여러 가지 은혜를 맡은 선한 청지기같이 서로 봉사하라… 봉사하려면 하나님이 공급하시는 힘으로 하는 것같이 하라 벧전 4:10,11

봉사할 때는 자신의 지혜와 힘이 아니라 오직 성령의 능력으로 청지기의 삶을 감당해야 한다.

9. 하나님의 양 무리를 치라(벧전 5:1-7)

교회의 장로들은 하나님의 양 무리를 쳐야 한다. 억지로 하지 말고 자원함으로 하라. 더러운 이득을 위해 하지 말고 기꺼이 하라. 주장하고 권력을 휘두르는 자세로 하지 말고 먼저 목자장 예수께 순종함으로 양 무리의 본이 되라. 교회의 젊은이들은 장로들에게 순종해야 한다. 장로들이나 젊은이들이나 모두 겸손으로 허리를 동이라. 하나님은 교만한 자를 대적하시고 겸손한 자에게는 은혜를 주신다.

10. 영적 전쟁을 하라(벧전 5:8,9)

그리스도인으로서 이 세상에서의 삶은 소풍이 아니다. 하나님나라를 이 세상에 임하게 하는 사명이 있다. 하나님의 영광이 사회의 각 영역에 나타나게 하는 일이다. 기독교 문명개혁 운동이 그것이다. 이 놀라운 사명은 저절로 되는 것이 아니다. 우리의 원수 마귀는 이를 이루지 못하도록 늘 방해한다. 그러므로 우리는 '마귀를 대적'해야 한다. 영적 전쟁을 해야 한다.

축도

> 모든 은혜의 하나님 곧 그리스도 안에서 너희를 부르사 자기의 영원한 영광에 들어가게 하신 이가, 잠깐 고난을 당한 너희를 친히 온전하게 하시며, 굳건하게 하시며, 강하게 하시며, 터를 견고하게 하시리라. 권능이 세세무궁하도록 그에게 있을지어다. 아멘 벧전 5:10,11

주의 재림에 대해

성경에서 재림에 대해 언급된 부분

- 데살로니가전서, 특히 5:2-6, 4:13-5:11, 데살로니가후서 2:1-12
- 베드로전서 - 말세를 당한 그리스도인의 삶의 십계명, 베드로후서 3장
- 요한계시록과 복음서, 특히 마태복음 24:14

주의 재림이 가까이 왔다.

주의 재림은 갑자기, 기대하지 않은 때에 임할 것이다(마 10:23, 24:27,34,44, 막 9:1, 13:30, 계 1:1,3, 2:16, 3:11, 22:7,10,12,20).

초대교회 그리스도인들은 그들이 살아있는 동안 주께서 재림하실 줄 믿었다. 그 후 각 세대가 동일한 믿음으로 살았다. 그러나 지난 2천 년이 지나는 동안 주의 재림은 일어나지 않았다. 예수 그리스도의 재림이 임박했다는 사실은 각 세대마다 강력한 약속의 소망을 가지게 한다. 모든 그리스도인은 주의 재림이 내일 일어날 것처럼 살아야 한다.

그러나 주님의 지상명령 성취를 위한 계획은 빈틈없이 치밀하게 잘 세워야 한다. 어떤 사람들은 '예수의 재림이 지연되는 것이 아닌가' 의구심을 갖는다. 성경, 특히 베드로후서 3장 8,9절은 이에 대해 설명한다(막 13:10, 눅 17:2, 18:8, 데살로니가전·후서).

성경에서 말하는 재림의 징조

복음이 모든 족속에게 전파되기 위해 온 세상에 전파되어야 한다(마 24:14, 막 13:10, 딤전 2:4,6).

유대인들 가운데 남은 자들이 주께로 돌아올 것이다(롬 11:25-27).

불법의 사람, 멸망의 아들이 나타난다(마 24:15, 살후 2:1-12, 계 13장).

대 핍박이 일어난다(마 24:21,24, 계 13장). 그러나 이것은 오히려 복음 전파의 기회가 된다.

재림 시에 일어날 일들

재림의 순서를 말씀하신다(살전 4:13-17).

재림 시에 부활의 몸이 어떤 상태일지를 말씀하신다(고전 15:50-54,35-49).

재림에 대한 소망(벧전 1:5-13)

재림에 대한 약속을 받은 그리스도인은 재림을 소망하는 자세로 이 세상에서 생활한다.

- 인내하고 기뻐하라! - 무슨 일을 당해도, 어떤 일이 와도 견딜 뿐 아니라 오히려 크게 기뻐한다(벧전 1:6,7). 그리하면 마지막 때 곧 예수 그리스도께서 나타나실 때 "참 잘했다, 착하고 충성된 종아!" 하며 칭찬, 영광, 존귀를 받게 될 것이다.
- 마음의 허리를 동이라! - 빠른 동작으로 힘든 일을 할 때의 자세를 가리킨다.
- 근신하라! - 균형감각을 가지라. 침착하라. 순수함을 유지하라.
- 예수 그리스도가 나타나실 때 주실 은혜를 바라라!

Dear. NCer

날마다 깨어있어 기도하라!(마 24:42-51, 막 13:32-36)

주께 받은 사명을 성취하기 위해 계획을 세우고, 훈련하고, 주어진 일을 열정적으로 진행하라!

❖ 베드로후서(2 Peter) 일급비밀문서

베드로후서는 베드로전서와는 문체가 아주 다르다. 그래서 교회 역사에서 가장 무시되던 책이다. 베드로전서는 베드로가 그의 비서이자 동역자인 실라의 도움을 받아 기록했다. 마찬가지로 베드로후서도 그렇게 기록되었을 것이다. 이 서신에서 베드로는 자신을 명확히 소개한다.

예수 그리스도의 종이며 사도인 시몬 베드로는… 벧후 1:1

이 소리는 우리가 그와 함께 거룩한 산(변화산)에 있을 때에 하늘로부터 난 것을 들은 것이라 벧후 1:18

베드로전서의 발신자인 베드로는 "내가 이제 이 둘째 편지를 너희에게 쓰노니"(벧후 3:1)라며 자신이 이 서신의 발신자임을 명백히 밝힌다.

베드로후서는 다른 서신서들과는 달리 읽기가 어렵다. 문체의 문제라기보다는 편지의 내용 때문이다. 주제가 다르다. 사실 이 편지는 일급비밀문서에 해당된다. 특히 주의 재림과 재림 전의 일들을 전했다.

베드로후서는 위협 당하는 교회, 핍박 가운데서 곤란에 직면한 교회의 승리를 위해 쓰였다. 당시 그리스도의 재림을 부정하는 악한 사람들과 성경을 곡해하는 사람들로 인해 혼란스러워하던 그리스도인들을 진리로 굳게 세우기 위해서 쓰였다.

또한 많은 면에서 에베소서, 골로새서와 유사하다. 또한 유다서와도 유사하다. 어떤 면에서는 디모데후서와도 비슷하다. 베드로후서와 디모데후서는 각각 바울과 베드로의 생애 마지막에 기록되었으며 두 권 다 주님에 대한 깊은 신뢰를 표현한다. 또 '마지막 날'에 나타날 배도와 환난을 다루는 점도 비슷하다. 베드로후서는 베드로의 생애 마지막 시기에 예수 그리스도의 교회들에게 보낸 유언과 같다. 어떤 상황에도 오직 하나님의 말씀만 굳게 붙들기를 격려한다.

베드로후서 – 예수 그리스도를 아는 지식에서 자라가라(벧후 3:18)

그리스도인의 성품 배양		거짓 선생들에 대한 책망		그리스도의 재림에 대한 확신	
부르심과 택하심	믿음의 근거	거짓 선생들 - 멸망	거짓 선생들 - 묘사	말세의 조롱	주의 날
1:1-11	1:12-21	2:1-9	2:10-22	3:1-7	3:8-18
충성된 목자는 양들을 세워준다		충성된 목자는 양들을 보호한다		충성된 목자는 양들을 이끌어준다	
거룩		이단		소망	

베드로는 베드로전서와는 다르게 자신을 소개한다.

> 예수 그리스도의 종이며 사도인 시몬 베드로는… 편지하노니 벧후 1:1
>
> 예수 그리스도의 사도 베드로는… 벧전 1:1

베드로전서에는 "예수 그리스도의 사도 베드로", 베드로후서에는 "예수 그리스도의 종이며 사도인 시몬 베드로"라고 소개했다. "종"과 "시몬"을 추가했다. 이것은 베드로후서의 내용을 위해 성령으로 인도된 것이다. "시몬"은 그의 원래 이름이다. 그런데 그가 처음 예수님을 만났을 때 주님은 "네가 요한의 아들 시몬이니 장차 게바라 하리라"(요 1:42)라고 말씀하셨다. "게바"는 '반석'이라는 뜻의 아람어며, '베드로'는 헬라어다. 그는 혈기가 많고 성격이 급하며 나서기를 좋아하여 팀을 이루는 데 가장 장애가 되는 성품의 소유자였다. "시몬"이라는 이름은 그런 그의 연약함을 보여주는 대명사다.

베드로의 자기소개서

"나는 원래 성미가 급하고 다혈질이며, 나서기를 좋아하여 언제나 중심에 있으려고 했다. 나는 골목대장 기질이 다분히 많은 사람이었다. 그래서 팀을 이루기보다는 깨뜨리는 경향이 있었다. 그런데 나의 주 예수님을 만난 후 변했다. 터닝 포인트는 성령으로 세례를 받은 후부터다. 나는 갈수록 주 예수님의 성품을 닮아갔다. 예수님을 알수록 나는 변화되고 성장했다. 더 이상 중심에 서지 않고 팀을 이루는 핵심인물이 되었다. 더는 골목대장 노릇을 하지 않았다. 나는 예수 그리스도께 전적으로 순복하는 그분의 종이다."

베드로후서의 메시지

힘써 하나님을 알자(벧후 1:2-4)

베드로후서는 '하나님을 아는 것'에 대한 가르침을 편지의 처음(벧후 1:2-4)과 마지막(벧후 3:18)에 배치함으로 그 중요성을 더욱 강조한다.

1. 하나님을 알 때 은혜와 평강이 배가된다(벧후 1:2). 모든 상황에 영향을 받지 않음이 '평강'이요, 모든 상황에 영향을 주는 힘이 '은혜'다. 이런 삶은 하나님을 알면 알수록 배가된다. 더하기가 아니라 곱하기로 배가된다.
2. 하나님을 알 때 그의 성품을 닮아간다(벧후 1:3,4). 베드로는 자신의 삶으로 이를 간증한다. 시몬에서 베드로로의 변화는 하나님을 알 때 이루어졌다. 하나님을 알면 우리의 성품이 변화된다.
3. 하나님을 알 때 영적으로 성장한다(벧후 3:18). 영적인 어린아이는 세상을 변화시킬 힘이 없다. 영적인 청년이 되어야 가능하다. 영적인 성장은 하나님을 알 때 이루어진다.

다니엘서는 '하나님을 알 때 강하고 용맹을 떨친다'라고 했다.

…오직 자기의 하나님을 아는 백성은 강하여 용맹을 떨치리라 단 11:32

"강하다"라는 것은 어떤 상황에도 영향을 받지 않고 흔들리지 않는 내면의 견고함을 말한다. "용맹을 떨친다"라는 것은 한 걸음 더 나아가서 능동적이며 적극적인 행동을 취해 환경에 영향을 주는 강력한 힘을 말한다.

다니엘서와 베드로후서의 공통점은 마지막 때를 살아가는 그리스도인의 삶을 그리고 있다는 점이다. 각종 부정적인 사건, 상황, 어려움이 사방에 깔려서 믿음의 삶을 살기조차 어렵지만, 그렇다고 모두가 이에 영향을 받으며 신앙이 휘청거리지는 않는다. 다니엘과 그의 세 친구는 당시 가장 강력하던 바벨론 제국의 지배 아래에 있었지만 이에 휩쓸리지 않고 오히려 바벨론 제국에 강한 영향력을 끼쳤다. 영향을 받지 않는 내면의 힘, 영향을 주는 외적인 강한 힘은 오직 하나님을 알 때 주어진다.

지금 이 시대는 우리의 믿음의 힘을 강하게 테스트하고 있다. 우리의 믿음이 흔들리기 쉽다. 이런 때 영향을 받지 않고 오히려 하나님의 나라를 이루는 길은, 하나님을 아는 것에 있다. 호세아 6장 3절의 "그러므로 우리가 여호와를 알자 힘써 여호와를 알자"라는 말씀처럼 지금은 하나님 알기를 갈망하며 힘쓸 때이다. 베드로후서는 바로 이런 때일수록 하나님을 더욱 부지런히 알아야 함을 강조한다.

…너희로 우리 주 예수 그리스도를 알기에 게으르지 않고… 벧후 1:8

초청장 - 보배롭고 지극히 큰 약속

하나님의 초청장이 발부되었다. 하나님이 우리에게 '보배롭고 지극히 큰 약속'을 주셨다. 그것은 곧 우리가 하나님의 성품에 참여하는 자가 되며, 그리스도의 성품이 우리의 삶에서 드러난다는 것이다. 이는 우리의 능력으로 이루어지는 것이 아니라 하나님의 신기한 능력으로 이루어진다. 그의 놀라운 능력으로 우리에게 생명과 경건에 속한 모든 것을 주셔서 우리로 그리스도의 성품에 참여하는 자가 되게 하셨다.

그의 신기한 능력으로 생명과 경건에 속한 모든 것을 우리에게 주셨으니, 이는 자기의 영광과 덕으로써 우리를 부르신 이를 앎으로 말미암음이라. 이로써 그 보배롭고 지극히 큰 약속을 우리에게 주사, 이 약속으로 말미암아 너희가 정욕 때문에 세상에서 썩어질 것을 피하여 신성한 성품에 참여하는 자가 되게 하려 하셨느니라 벧후 1:3,4

입장권 - 그리스도인의 성품 배양을 위한 여덟 단계의 사닥다리(벧후 1:5-8)

이제 우리는 입장권을 받았으니 망설이지 말고 주저하지 말고 담대히 들어가야 한다. 하나님의 성품에 참여하는 자가 되게 하신다는 이 놀라운 약속을 받은 우리가 해야 할 일은, 게으르지 말고 부지런히 그리스도를 알기를 힘쓰는 것이다. 마치 성품의 사닥다리에 오르는 것처럼 각 단계에서 부지런히 최선을 다할 때 다음 단계로 나아가게 된다. 농부가 밭을 경작하며 주어진 씨앗을 심으면 하나님이 그것에 생명을 주어 자라게 하시고 열매를 맺게 하시는 것처럼 우리는 주어진 것을 가지고 부지런히 최선을 다해야 한다. 우리는 이미 "보배로운 믿음"을 받았다(벧후 1:1). 우리에게 주어진 "믿음"을 부지런히 연습할 때 "덕"으로, 덕을 연습할 때 "지식"으로, 지식을 연습할 때 "절제"로, 절제를 연습할 때 "인내"로, 인내를 연습할 때 "경건"으로, 경건을 연습할 때 "형제 우애"로, 형제 우애를 연습할 때 "사랑"으로 나아간다(벧후 1:5-7).

1. **믿음** - 우리는 주어진 믿음을 자라게 해야 한다. 하나님과의 올바른 관계를 통해 믿음이 자라난다. 하나님의 말씀을 들음으로 믿음이 자라난다. 하나님의 성품에 참여하는 사닥다리의 기반은 먼저 그분을 알고 그분과 올바른 관계를 갖는 믿음에서 시작한다.
2. **덕** - 믿음을 부지런히 연습할 때 덕으로 나아간다. 덕(헬, 아레테 arete)은 용기와 탁월함과 힘을 가진 성품을 말한다. 하나님과의 올바른 관계가 기반이 될 때 사람과 올바른 관계도 가질 수 있다.
3. **지식** - 머리로, 이론적으로 아는 지식이 아니라 실천적이며 삶에 올바르게 적용할 수 있는 지혜를 말한다. 이런 지식은 주어진 환경이나 상황 가운데 올바른 행동을 하도록 도와준다. 또한 판단력과 분별력, 이해력을 동반한 지식이어서 세상에 영향을 주는 힘이 있다.
4. **절제** - 자신을 다스리는 능력이다. 즉흥적, 감정적으로 반응하지 않고 자제할 줄 아는 힘이다. 이미 주어진 지식, 분별력, 이해력, 판단력을 가지고 주어진 상황에 올바른 행동으로 반응할 줄 안다.
5. **인내** - 인내(헬, 휘포모네 hupomone)는 '견고히 섬', '확고부동'이라는 뜻으로, 단지 주어진 상황에 수동적으로 견디는 것이 아니라 능동적으로 대처함을 말한다. 용기를 포함한 인내는 미덕의 여왕이다.
6. **경건** - 경건(헬, 유세베이아 eusebeia)은 '하나님을 경외함'이라는 뜻을 지닌다. 경건은 하나님께 예배를 잘 드리는 것으로, 사람에게는 '하나님의 면전'에서 행하듯이 '내가 만일 예수라면'이라는 의식을 가지고 올바르게 행하는 힘으로 나타난다.
7. **형제 우애** - 형제 우애(헬, 필라델피아 philadelphia)는 일반적으로 말하는 형제 사랑을 의미한다. "너희가 진리를 순종함으로 너희 영혼을 깨끗하게 하여 거짓이 없이 형제를 사랑하기에 이르렀으니 마음으로 뜨겁게 서로 사랑하라"(벧전 1:22).
8. **사랑** - 사랑(헬, 아가페 agape)은 조건이 없는 사랑이다. 이런 사랑은 감정의 영역이 아닌 인격적인 선택이다. "예수께서 이르시되… 주 너의 하나님을 사랑하라… 네 이웃을… 사랑하라" (마 22:37-40).

위의 '믿음의 사닥다리 여덟 단계'는 예수를 부지런히 앎으로 시작된다. 우리가 최선을 다해 힘쓸 때 견고해지며, 계속 성장한다.

어두운 데를 비추는 등불(벧후 1:12-21)

누구든지 생애를 마감하는 마지막 순간에는 가장 중요한 것을 유언으로 남긴다. 재물이나 땅을 유산으로 주는 것보다 더 중요한 것을 주고 싶어 한다. 남아있는 사람들의 미래를 확실하게 붙들어주는 가장 귀한 것을 주고자 한다. 베드로가 남아있는 우리에게 그렇게 했다. 이단의 거짓말, 세상의 철학과 사상, 거짓 교사들에게서 어떻게 우리를 지킬 것인가? 특히 그리스도의 재림에 대한 각종 이야기와 마지막 때의 현상에 어떻게 올바르게 반응할 것인가? 그것은 주의 뜻을 알아야 가능하다. 바른 믿음의 길로 살며, 더욱 성장하며, 더 나아가 하나님의 뜻을 이루는 삶의 비결이 필요하다. 베드로는 이것을 확실하게 해두어야 마음이 놓였다.

그 방법은 진리의 말씀, 곧 성경이다

베드로는 먼저 변화산에서 일어난 사건의 목격담으로 시작한다. 예수께서 베드로, 야고보, 요한을 데리시고 따로 높은 산에 올라가셨다. 거기서 그들은 찬란하게 빛나는 예수님이 모세와 엘리야와 더불어 말하는 것을 두 눈으로 보았다. 그리고 하나님 아버지께서 예수님에 대해 증언하시는 음성을 두 귀로 똑똑히 들었다. 예수님의 영광을 보고 하나님의 음성을 들은 것, 이보다 더 명확한 것은 없다.

베드로가 직접 목격한 게 확실하듯이 우리에게는 "더 확실한 예언"이 있다(벧후 1:19). 곧 기록된 하나님의 말씀인 성경이다. 모세와 엘리야는 구약의 예언 그 자체다. 구약은 예수 그리스도에 대한 예언이다. 그것은 사람의 마음에서 꾸며낸 것이 아니다. 성경의 저자는 성령이시다. 사람들은 단지 기록자일 뿐이다. 성령의 감동하심을 받은 사람들이 하나님께 받은 것을 말한 것뿐이다. **"왕의 마음이 여호와의 손에 있음이 마치 봇물과 같아서 그가 임의로 인도하시느니라"(잠 21:1)**라는 말씀이 이를 잘 설명한다.

> 먼저 알 것은 성경의 모든 예언은 사사로이 풀 것이 아니니, 예언은 언제든지 사람의 뜻으로 낸 것이 아니요, 오직 성령의 감동하심을 받은 사람들이 하나님께 받아 말한 것임이라 벧후 1:20,21

기록된 하나님의 말씀인 성경이야말로 "어두운 데를 비추는 등불"이다(벧후 1:19). 하나님의 뜻을 명확히 알게 한다. 그러므로 우리는 성경을 통해 이미 알고 있는 진리에 굳게 서 있어야 한다(벧후 1:12). 언제나 성경, 곧 하나님의 음성에 주의를 기울여야 한다(벧후 1:19). 그러면 모든 것을 확실히 알게 될 것이다. 오직 그의 말씀이 우리를 흔들리지 않게 하고, 성장하게 한다. 지금은 말씀으로 승부를 볼 때이다.

거짓 선지자들과 거짓 교사들(벧후 2장)

베드로는 예나 지금이나 거짓 선지자들과 거짓 교사들이 일어나 교회를 미혹하려 함을 상기시킨다. 그들은 불경건하고 교회 공동체를 파괴하며 분열을 일으킨다. 그러나 하나님은 언제나 이들을 강력하게 처리하셨다(벧후 2:1-3).

역사적인 예들

하나님은 반역한 천사들을 지옥에 가두셨다. 경건하지 못한 옛 세상을 노아의 홍수로 심판하셨다. 소돔과 고모라를 잿더미가 되게 하셨다. 이것은 모두 경건하지 못한 자들에 대한 본보기다. 그러나 의로운 롯은 건지셨다.

> 주께서 경건한 자는 시험에서 건지실 줄 아시고, 불의한 자는 형벌 아래에 두어 심판 날까지 지키시며, 특별히 육체를 따라 더러운 정욕 가운데서 행하며 주관하는 이를 멸시하는 자들에게는 형벌할 줄 아시느니라 벧후 2:9,10

이들의 행동에 대한 묘사는 유다서와 흡사하다

1. 성경을 왜곡하고 자신의 목적에 맞도록 제멋대로 해석한다(벧후 1:20, 3:16).
2. 진리의 도가 비방 받게 만든다(벧후 2:2).
3. 자기 동족의 이익을 탐하는 착취자다(벧후 2:3,14,15).
4. 멸망하도록 정해진 사람들이다. 다음의 예가 있다(벧후 2:4-6,15).
   - 죄를 범한 천사, 노아 홍수 때의 사람들, 소돔과 고모라 백성, 거짓 선지자 발람
5. 이성 없는 본능의 지배를 받는다(벧후 2:12).
6. 정욕에 사로잡혀 행하는 짐승들과 같다(벧후 2:10,18).
7. 그들의 눈은 음심으로 가득하다(벧후 2:14).
8. 건방지며, 방자하며, 오만하다(벧후 2:10,18).
9. 그들은 대낮에도 방탕과 사치의 연회를 즐긴다(벧후 2:13).
10. 그들은 자유에 대해 말하나, 이는 절제 없는 방종이기에 도리어 정욕의 노예가 될 뿐이다(벧후 2:19).
11. 그들은 자신들을 속일 뿐 아니라 다른 사람들을 속이며 미혹하여 타락으로 인도한다(벧후 2:14,18).
12. 그들은 의를 모르는 사람들보다 악하다(벧후 2:20-22).
13. 그들은 재림을 부정한다(벧후 3:3,4). 재림의 약속은 계속 연기되며 결국 일어나지 않을 것이라고 한다.

이들의 행동을 요약하면, 한마디로 '발람의 길로 행함'이다. 발람은 불순종하여 사람들을 거짓되고 잘못된 길로 인도한 사역자의 모델이다. 그는 탐욕으로 막대한 보수의 유혹에 빠졌으며 맘몬의 강한 영향을 받았다. 그는 이스라엘에게 죄 짓는 것을 가르쳤고, 바른 길을 벗어나 구부러진 길로 인도했다. 이스라엘이 바알 숭배와 모압 여인들과의 정욕적인 관계로 나아가도록 했다.

> 의의 도를 안 후에 받은 거룩한 명령을 저버리는 것보다 알지 못하는 것이 도리어 그들에게 나으니라 벧후 2:21

설교의 원리(벧후 3:1,2)

사랑하는 자들아, 내가 이제 이 둘째 편지를 너희에게 쓰노니, 이 두 편지로 너희의 진실한 마음을 일깨워 생각나게 하여, 곧 거룩한 선지자들이 예언한 말씀과 주 되신 구주께서 너희의 사도들로 말미암아 명하신 것을 기억하게 하려 하노라 벧후 3:1,2

1. **반복** - 설교는 끊임없이 반복해야 한다. 마치 음식을 되새김질하는 것처럼 반복해야 한다. 멋있는 설교, 새로운 설교가 목표가 될 수 없다. 말씀을 듣고 행하도록 이끄는 것이 설교의 목표다. 그러므로 기꺼이 반복한다. 법률가였던 찰스 피니 목사는 "설교가는 끊임없이 반복하여 청중을 설득해야 한다"라고 강조했다.
2. **기억** - 설교는 새로운 것을 전하는 것이 아니라 이미 아는 것을 상기시켜 순종하도록 이끄는 것이다. 우리는 거울로 자신의 모습을 보고 곧 잊어버리는 것처럼 말씀을 듣고 잊어버리기를 잘하기에, 말씀의 거울을 통해 들은 바 말씀을 생각나게 해야 한다. 베드로는 "너희가 이것을 알고 이미 있는 진리에 서 있으나 내가 항상 너희에게 생각나게 하려 하노라"(벧후 1:12)라고 했다.
3. **칭찬** - 설교를 통해 사람들의 순결한 마음을 일깨워준다. 그리고 사람들이 삶으로 행하는 것을 보면 이를 칭찬하고 함께 기뻐한다. 바나바는 안디옥에 이르러 그들의 믿음을 칭찬해 주었다(행 11:23). 잘못된 점을 지적하며 정죄하기보다는 잘하고 있는 점을 격려하고 권면해 주라. 부정적이고 비판적인 관점보다는 긍정적인 면, 밝은 면을 보라. "칭찬은 고래도 춤추게 한다."
4. **오직 예수** - 성경의 중심은 예수 그리스도이다. 구약은 오실 메시아를, 신약은 오신 메시아를 기록했다. 성경의 처음부터 끝까지 모든 메시지가 오직 예수이듯이 설교의 중심도 오직 예수 그리스도여야 한다. 예수님은 "너희가 성경에서 영생을 얻는 줄 생각하고 성경을 연구하거니와 이 성경이 곧 내게 대하여 증언하는 것이니라"(요 5:39)라고 하셨다.

재림(벧후 3:3-13)

마지막 때에 주의 재림을 조롱하는 자들이 일어날 것이다. 그들은 주의 재림의 약속이 지금까지 전혀 이루어지지 않았다고 말할 것이다. 그러나 주의 재림은 더딘 것이 아니라 보류된 것이다. 주께서는 아무도 멸망하지 않고 다 회개함에 이르기를 원하시기 때문에 오래 참고 기다리신다. 주께는 하루가 천 년 같고 천 년이 하루 같음을 기억해야 한다. 하나님의 시간 개념과 사람의 시간 개념은 다르다. 주의 재림은 아무도 모르게 갑자기, 도둑같이 올 것이다. 우리는 어느 때, 어느 시각에 너무 집중하지 말고 오직 주의 재림에 대한 믿음과 소망을 가지고 거룩함으로 깨어 근신하며 오늘 맡겨진 일에 최선을 다해야 한다.

노아의 때에는 홍수로 세상을 심판했으나 주의 재림 때에는 불로 심판할 것이다. 그러나 우리는 "그의 약속대로 의가 있는 곳인 새 하늘과 새 땅"(벧후 3:13)을 바라본다. 우리가 현재 사는 이 세상은 불로 심판을 받아 녹아 없어지고, 우리에게는 하나님이 마련하신 새 거처가 임할 것이다.

> 또 내가 새 하늘과 새 땅을 보니 처음 하늘과 처음 땅이 없어졌고 바다도 다시 있지 않더라. 또 내가 보매 거룩한 성 새 예루살렘이 하나님께로부터 하늘에서 내려오니 그 준비한 것이 신부가 남편을 위하여 단장한 것 같더라 계 21:1,2

그러므로 깨어 기다려야 한다. 거룩한 행실과 경건함으로 주의 오심을 간절히 사모하라. 재림 신앙은 우리를 비관적으로 만들거나 수동적이고 소극적인 삶을 살게 하는 것이 아니다. 오히려 소망이 넘치는 삶, 긍정적이며 적극적인 삶을 살게 한다. 또한 거룩한 행실로 경건하게 살아야 할 이유를 넘치게 준다.

> 그러므로 사랑하는 자들아, 너희가 이것을 바라보나니 주 앞에서 점도 없고 흠도 없이 평강 가운데서 나타나기를 힘쓰라 벧후 3:14

주의 재림을 손꼽아 간절히 기다리는 그리스도인이라면 주가 재림하실 때 어떻게 주를 뵐 것인가를 마땅히 생각해야 한다. 어떤 상황에도 두려움 없이 거룩함으로 살아가기를 힘쓰다가 주를 만나야 한다. 그런 삶은 오직 우리 주 예수 그리스도를 알아갈 때 이루어진다.

> 오직 우리 주 곧 구주 예수 그리스도의 은혜와 그를 아는 지식에서 자라가라 벧후 3:18

【 베드로전·후서 비교 】

베드로전서	베드로후서
주제 : 주의 재림 : 그러므로 고난 속에서 소망을 가져라.	주제 : 주의 재림 : 거짓 교사들의 가르침과 관행의 위험
기독론 : 성육신하셔서 우리를 구원하시고, 고난 당하심으로 우리의 본이 되신 그리스도	기독론 : 재림하셔서 그리스도의 영광과 역사를 완성하심
그리스도가 고난 받으시고 죽으시고 부활하신 구원의 때	그리스도가 재림하시고 심판하시는 주의 날
그리스도의 재림에 근거하여 현재의 고난을 격려함	그리스도의 재림에 근거하여 종말에 있을 심판을 경고함
우리는 고난에 직면하기 위해 소망이 필요하다.	우리는 잘못을 극복하기 위해 충만한 지식이 필요하다.
바울서신과 많은 면에서 유사하다. (특별히 에베소서와 골로새서)	베드로가 마치 유언처럼 기록했다는 면에서, 특히 마지막 때의 배도에 관해 다루었다는 점에서 바울이 기록한 디모데후서와 유사하다. 또한 유다서와 거의 모든 점에서 유사하다. (베드로후서 2장과 유다서 1장 4-18절을 비교해보라)

Dear.
NCer

그리스도인의 성품 배양

❶ 부지런히 하나님을 알아야 한다(벧후 1:2-4,8,9).

- 하나님을 알 때, 은혜와 평강이 배가되며 신의 성품에 참여하는 자가 된다.

❷ '미덕의 사닥다리 여덟 단계'를 반복적으로 묵상하라(벧후 1:5-7).

- 믿음 pistis 하나님과의 관계, 하나님의 말씀을 들음으로
- 덕 arete 성품, 사람과의 관계
- 지식 gnosis 실천적 지식, 지혜 / 환경, 상황 속에서 올바른 행동
- 절제 egkrateia 자신을 파악하는 능력, 자제, 극기
- 인내 hupomone 수동적이 아니라 능동적, 용기가 포함됨
- 경건 eusebeia 하나님과 사람에게 올바른 의무를 행함
- 형제 우애 philadelpia 형제 사랑
- 사랑 agape 조건이 없는 사랑

8장

서신서3

후기 사도 시대의 서신들

서신서3 – 후기 사도 시대의 서신들

사도 시대의 중심 교회들

예루살렘교회 - 오순절 이후에 형성된 교회의 시작이며 초대교회의 영적 중심지다. 스데반의 순교로 인해 그리스도인들이 사방으로 흩어졌으나 사도들은 여전히 예루살렘에 머물며 당시 교회들의 영적 중심 역할을 했다.
수리아 안디옥교회 - 스데반의 순교 후에 흩어진 유대인 그리스도인들이 복음을 전하면서 세워졌다. 유대인과 헬라인이 함께 구성된 교회다. 바나바가 파송되면서 견고해졌고, 바울이 합세하며 세계 선교를 위한 중심 역할을 했다.
알렉산드리아교회 - 안디옥 다음으로 기독교가 흥왕한 알렉산드리아에 세워진 교회다. 탁월한 성경교사 아볼로가 이곳 출신이다.
로마교회 - 서유럽 전도의 중심지다. 로마를 중심으로 이탈리아 각처에 교회가 세워졌다.

후기 사도 시대

사도 바울의 순교 후, 사도들 중에 가장 늦게까지 생존한 사람은 사도 요한이다. 사도들이 거의 죽고 요한이 생존한 시기를 '후기 사도 시대'라고 한다. 이 시대에 기록된 서신은 요한일서, 요한이서, 요한삼서, 유다서, 히브리서다. 시기적으로는 대략 A.D.85-90년 사이에 기록된 것으로 보인다. 이 다섯 권을 '후기 사도 시대의 서신'이라고 부른다.

속 사도 시대

사도 요한이 죽은 후부터 로마의 황제 콘스탄티누스가 밀라노 칙령으로 기독교 공인을 하기까지의 시기를 '속 사도 시대'라고 부른다. 네로 황제 때부터 기독교가 공인될 때까지 약 250년간 박해가 무척 심했다. 그래서 '순교자의 시대'라고도 부른다. 이그나티우스(안디옥), 폴리캅(서머나), 유스티누스(로마), 키프리아누스(카르타고) 등이 대표적인 교회의 지도자이며 순교자이다.

속 사도 시대의 중심 교회들

사도 시대의 중심 교회(예루살렘, 안디옥, 알렉산드리아, 로마) 외에 소아시아의 에베소와 서머나, 마게도냐의 빌립보와 데살로니가, 헬라의 고린도와 아덴이 중심 교회로 성장했다.

❖ 요한일서(1 John) 사귐의 공동체 - 서로 사랑하라

요한일서는 특정 개인이나 교회에 쓴 것이 아니라 마치 본부에서 전체적으로 보내는 메시지와 같다. 어떤 개인의 이름도 언급되지 않는다. 매우 이례적이다. 신약성경에서 기록자의 이름이 언급되지 않은 것은 히브리서와 요한일서뿐이다. 서신서인데 서신서다운 요소가 없다. 수신인의 이름과 인사도 없다.

요한일서는 A. D. 90년경, 열정이 쇠약해져 있는 2세대와 3세대 그리스도인들에게 보내졌다. 교회 밖의 핍박보다 더 위험한 것은 안타깝게도 내부에서 일어나는 일이다. 어찌 보면 이것이 교회를 더 어렵게 할 수 있다. 거짓 교사들, 특히 예수 그리스도가 메시아임을 부정하거나 육체로 이 세상에 오심을 부인하는 자들이 있었다. 또한 그노시스주의(:영지주의)로 인한 교회 내의 어려움도 있었다. 요한일서는 이런 가운데 있는 그리스도인들에게 보낸 편지로서 목회적 배려가 담긴 설교이며, 그리스도인에 대한 깊은 사랑과 배려로 가득하다.

사도 요한은 당시 소아시아 지역의 중심 교회인 에베소에서 사역했다. 그는 그리스도에 대한 열정과 그리스도인들 사이의 사랑의 교제가 식어가는 모습을 보고 소아시아 지역 교회들에게 편지를 보냈다. 이는 오늘의 교회 전체에 대한 하나님의 메시지이기도 하다.

바울서신은 일반적으로 전반부는 신학적 내용, 후반부는 실천적 내용으로 구분된다. 하지만 요한일서는 이와 달라서 내용 분석이 쉽지 않다. 논리의 전개가 일직선으로 나열되지 않고 나선형으로 구성되었다. 같은 중심을 돌아가면서 동시에 몇 가지의 주제를 반복하여 다룬다. 마치 독수리가 날듯이 매번 더 큰 원을 그리며 위로 올라가면서 '빛', '사랑', '생명'이라는 세 가지 주제를 반복해서 다룬다. 그러면서 결국 교회 공동체는 빛과 사랑의 사귐 공동체라는 큰 방향으로 초점을 이루며 나아간다.

요한일서 – 빛과 사랑의 사귐 공동체(요일 4:11,12)

사귐의 기초			사귐의 행동		
서론	사귐 공동체	순종 공동체	사랑 공동체	승리 공동체	증거 공동체
1:1-4	1:5-2:2	2:3-27	2:28-3:24	4:1-21	5:1-21
하나님의 빛에 거하라			하나님의 사랑 안에 거하라		
하나님은 빛이시다			하나님은 사랑이시다		

기록자, 사도 요한

요한일서는 기록자가 누구인지 직접적으로 밝히지 않는다. 다만 요한일서 1장 1-3절에서 언급하는 바와 같이 '예수님(영원한 생명이신)을 직접 보고 만지고 그로부터 가르침을 입은 사람'으로 자신을 소개한다. 바로 사도 요한이다.

본문의 시작이 요한복음의 시작과 유사하고 두 책의 언어와 사상이 매우 비슷함을 미루어 보아 동일한 기록자, 즉 사도 요한에 의해 쓰였다는 견해가 지배적이다.

속 사도 시대 당시 리더들(서머나의 폴리캅, 히에라폴리스의 파피아스, 폴리캅의 제자 이레니우스, 알렉산드리아의 클레멘트, 카르타고의 터툴리안 등)은 사도 요한이 이 서신을 기록했다고 증언한다.

사도 요한

요한은 예수께 가장 사랑받던 제자로서 예수님이 죽은 야이로의 딸을 살리실 때(눅 8:40-56)와 변화산상(마 17:1-13)에서 베드로, 야고보와 함께 있었다. 그리고 겟세마네 동산 기도회(막 14:32-42)에도 참석했다. 대제사장의 종 말고의 이름을 알 정도로 대제사장의 집을 잘 알았고, 출입에 제한도 없었다(요 18:10,15,16,26). 오순절 이후 베드로와 팀으로 사역했다. 나면서 앉은뱅이 된 사람을 성전 미문에서 고칠 때(행 3장), 유대인 앞에서 담대히 선포할 때(행 4장), 사마리아에 내려가 사역할 때(행 8장) 두 사람은 함께 다니며 사역했다.

요한일서의 독특성

1. 강력한 신학논문서이다

초대교회에 영향을 주었던 거짓 교훈들 특히 유대주의적 율법주의와 헬라주의적 사고방식, 영지주의자들의 교훈으로부터 교회를 보호하고 굳게 세우는 메시지를 담았다. 예수 그리스도의 신성과 인성을 강력하게 소개한다. 또한 거짓 교사들과 그들의 거짓 교훈을 어떻게 분별할지를 다룬다.

예수 그리스도는 완전한 하나님이시며 완전한 사람이시다. 세상의 구원을 위해 육체로 오신 하나님의 아들이시다. 구원은 오직 예수 그리스도를 믿는 믿음에서 온다. 또한 그리스도인의 삶의 방식을 강력하게 다룬다. 특히 네 영역(형제를 향한 사랑, 순종의 삶, 세상적인 사고방식을 거절하는 법, 세상에 영향을 주는 삶)을 전한다. 요한일서에 나사렛 예수로 인한 영원한 구원과 확신을 전하며 **"안다"**(know)가 35회 언급된다. 여기서 "안다"라는 말은 단순히 지식이 아니라 경험하여 아는 것을 말한다.

2. 요한복음과 좋은 조화를 이룬다

요한복음이 믿지 않는 자들에게 예수 그리스도를 소개하는 것과 복음 전도가 중점이라면(요 3:16), 요한일서는 예수 그리스도를 믿는 그리스도인들에게 보낸 편지(요일 3:16)로서 그리스도인다운 삶이 중점이다. 둘 다 3장 16절이 중심구절이다.

요한복음과 요한일서의 주제는 동일하게 '하나님은 사랑이시다'이다. 요한복음은 하나님이 세상을 사랑하셔서 독생자 예수 그리스도를 보내셨음을 강조한다. 그를 믿는 자는 누구든지 구원을 얻을 것이다. 요한일서는 하나님의 사랑을 체험하여 아는 그리스도인 공동체의 특징이 서로 사랑하는 것임을 강조한다.

요한복음과 요한일서 둘 다 예수 그리스도의 신성과 인성에 초점을 두고 있다. 그러면서도 요한복음은 예수님의 신성에 무게를 두어 그를 향한 우리의 믿음을 강조하고, 요한일서는 예수님의 인성에 무게를 두어 믿는 자의 실천적 삶을 강조한다.

요한복음과 요한일서는 문체와 단어의 선택에서 매우 유사하다. 대표적으로 요한복음 1장 1-5절과 요한일서 1장 1,5-7절에 나오는 "태초, 말씀, 생명, 빛, 어둠…" 등을 들 수 있다. 문체와 단어의 유사함만이 아니라 요한복음과 요한일서에 나타나는 용어의 의미도 동일하다.

3. 요한복음이 수직적인 관점에서 기록되었다면(위로부터 오신 예수, 아래로부터 온 사람들, 세상을 향한 하나님의 사랑) 요한일서는 수평적인 관점에서 기록되었다(옳고 그름, 빛과 어둠 등의 날카로운 대조, 하나님의 사랑을 입은 공동체로서 서로 사랑)

【 요한복음과 요한일서의 비교 】

요한복음	요한일서
하나님은 사랑이시다. 세상을 사랑하셔서 예수 그리스도를 보내셨다. 그를 믿는 자는 구원을 얻을 것이다.	하나님은 사랑이시다. 주 예수를 믿는 자들은 당연히 서로 사랑해야 한다.
예수님의 신성에 초점을 두었다.	예수님의 인성에 초점을 두었다.
수직적인 관점에서 기록되었다. 즉, 위로부터 오신 예수, 아래로부터 온 사람들 등 **세상을 향한 하나님의 사랑**	수평적인 관점에서 기록되었다. 즉, 옳고 그름, 빛과 어둠 등 날카로운 대조들 **형제를 향한 사랑**

요한복음은 세상의 구원을 위한, 세상을 향한 하나님의 사랑이 중심이다. "하나님이 세상을 이처럼 사랑하사 독생자를 주셨으니 누구든지 저를 믿는 자마다 멸망하지 않고 영생을 얻게 하려 하심이라"(요 3:16). 반면에 요한일서는 하나님의 놀라운 사랑으로 구원받은 그리스도인 공동체는 서로 사랑하는 사랑 공동체라는 것이 중심 메시지이다.

"그가 우리를 위하여 목숨을 버리셨으니 우리가 이로서 사랑을 알고 우리도 형제들을 위하여 목숨을 버리는 것이 마땅하니라"(요일 3:16).

요한일서는 다음과 같은 경향의 잘못된 가르침을 경계한다

1) 예수의 육체로 오심을 부인하는 자들, 육체는 물질이어서 악하다고 주장하는 자들을 경계한다. 이것은 예수 그리스도의 십자가의 죽으심과 육체의 부활하심을 교묘히 부인한다. 예수님의 인성과 신성을 분리시키지 말라.
2) 예수 그리스도가 구원의 중심임을 부인하는 자들, 특히 예수를 높은 천사들 중 하나로 여기는 잘못된 기독관을 가진 자들을 경계한다. 오늘날 모든 종교는 하나의 동일한 목적을 가지고 있어서 서로 대화가 가능하다며 종교간 대화를 강조하는 종교 다원주의로 나타난다.
3) 균형 잡힌 그리스도인의 라이프 스타일이 결여되어 있는 자들, 특히 배타적인 사람들에게 사귐의 공동체의 중요성을 강조한다. 하나님과 개인적 관계만 중요시하고 교회 공동체의 사귐을 소홀히 하는 사람들을 경계한다. 균형 잡힌 영성을 가지라. 영성은 일상생활에서 나타나야 한다. 보이지 않는 하나님을 사랑한다면 보이는 형제도 사랑해야 한다. 그리스도인의 신앙생활은 사람들과 분리되어 독립적으로 혹은 고립적으로 생활하는 것이 아니라 더불어 사는 것이다.

요한일서에 나타난 하나님

1) **하나님은 빛이시다(요일 1:5).** 하나님은 어둠이 아니라 빛이시다.
2) **하나님은 사랑이시다(요일 4:8).** 하나님은 분노, 정죄, 미움이 아니라 사랑이시다.

빛이신 하나님, 사랑이신 하나님의 모습은 이중적이면서도 하나다. 빛이신 하나님이시기에 그분을 안다면 빛 가운데 행하고 어둠 가운데 행하지 않을 것이다. 어둠 가운데 행하지 않고 빛 가운데 행한다면 형제를 미워하지 않고 사랑할 것이다.

요한일서의 메시지

1. 사귐 공동체(요일 1:1-2:2)

요한일서 1장 1절에서 2장 2절 말씀은 교회의 특성을 '사귐 공동체'로 설명한다. 특히 이 구절들은 요한복음 1장 1-18절의 말씀과 연관이 있다.

1) '태초'에 대한 시간 개념이 연관이 있다. "태초에 말씀이 계시니라"(요 1:1)와 "태초부터 있는 생명의 말씀"(요일 1:1)은 이 세상의 창조 이전의 시기를 가리킨다. 그러나 "태초에 하나님이 천지를 창조하시니라"(창 1:1)는 이 세상의 창조의 때를 가리킨다.
2) 요한일서와 요한복음은 예수님의 공생애 사역의 시작을 잘 보여준다.
3) 요한일서와 요한복음은 예수 그리스도의 인성과 신성을 잘 보여준다. 요한일서는 예수님

의 인성에 대해 "우리가 들은 바요 눈으로 본 바요 자세히 보고 우리의 손으로 만진 바"(요일 1:1)라고 확증하며, 예수님의 신성에 대해 "태초부터 있는 생명의 말씀"(요일 1:1), "아버지와 함께 계시다가"(요일 1:2), "아버지와 그의 아들 예수 그리스도"(요일 1:3)라고 증언한다. 요한복음은 예수님의 신성에 대해 "태초에 말씀이 계시니라. 이 말씀이 하나님과 함께 계셨으니 이 말씀은 곧 하나님이시니라"(요 1:1)라고 설명하며, 예수님의 인성에 대하여는 "말씀이 육신이 되어 우리 가운데 거하시매 우리가 그의 영광을 보니 아버지의 독생자의 영광이요" (요 1:14)라고 증언한다.

【 요한복음 1장과 요한일서 1장 비교 】

복음서 – 요한복음 1장	서신서 – 요한일서 1장
• 태초에 말씀이 계시니라(요 1:1,2) • 그 안에 생명이 있었으니(요 1:4) • 이 생명은 사람들의 빛이라(요 1:4) • 빛이 어둠에 비치되(요 1:5) • 세례 요한, 빛에 대하여 증거함(요 1:6-8)	• 태초부터 있는 생명의 말씀에 관하여는(요일 1:1) • 이 생명이 나타내신 바 된지라(요일 1:1,2) • 하나님은 빛이시라(요일 1:5) • 그에게는 어둠이 조금도 없으시다(요일 1:5) • 사도 요한, 빛을 증거함(요일 1:3,5)

사귐 공동체의 첫 번째 기반(요일 1:1-4) : 예수 그리스도

사귐 공동체의 첫 번째 기반은 예수 그리스도이시다. 예수 그리스도가 없는 공동체는 그저 친교 모임에 불과하다. 교회 공동체는 오직 예수 그리스도가 기반이 되어야 한다. 교회 공동체는 베드로의 신앙고백 위에 세워졌다(마 16:16-18). 우리 주님은 두세 사람이 모인 곳에 함께 계신다(마 18:20).

요한일서 1장 1-3절은 한 문장으로 이루어져 있다. 중심 동사는 **"전하다"**(proclaim)이다. 이는 어떤 종교를 전하는 것이 아니라 **진리를 선포**하는 것을 의미한다. 어떤 중요한 사실을 말하는 것이다. 내 목적과 유익을 위해 구걸하는 것이 아니라 가장 놀라운 소식을 알리는 것이다.

1945년 8월 15일은 대한민국의 매우 중요한 날이다. "우리가 일본의 식민지 지배에서 해방을 맞이했다!" 이 사실은 전하는 것이 아니라 선포해야 한다. 사실을 말하고 모두가 해방을 누려야 한다. 요한일서 1장 1-3절이 이와 같다.

이 부분은 요한일서 전체의 메시지를 담고 있다. 무엇을 선포하는가? 예수 그리스도를 선포하고, 그와의 사귐을 선포한다. 예수님의 메시지와 인격이신 예수님 자체는 하나다. 복음은 메시지이며, 인격이며, 라이프 스타일이다(요일 1:1,2).

태초부터 있는 생명의 말씀이신 하나님이 육체로 이 세상에 오셔서 "나타내신 바" 되셨다. 우리는 그의 말씀을 '귀로 듣고', 그를 '눈으로 보고', 그와 함께 지내며 그를 '자세히 보고', 우리의 손으로 그를 '만진 바'다(요일 1:1,2).

초청장

우리가 예수 그리스도를 부정하면 우리 자체를 부정하는 셈이다. 모든 것이 부정되어 혼동 가운데 살 것이다. 그러나 예수 그리스도는 보이지 않는 상상 속의 인물이 아니며, 종교적인 아이디어나 철학적인 사상도 아니다. 더구나 없는 사실을 지어낸 이야기도 아니며 단순히 훌륭한 위인도 아니다. 그분은 하나님이시며 우리 가운데 오셔서 함께 계시는 구체적인 인격이시다. 우리는 그와 친밀한 교제를 나누었다. 그를 만남으로 우리는 생명을 가졌고 분명한 변화를 경험했다. 무엇보다 우리의 삶은 기쁨으로 충만하다.
이 놀라운 사실을 우리는 함께 나누기를 원한다. 우리의 교제 속으로 여러분을 초청한다. 이는 어떤 특정 종교집단에 들어오라고 부르는 것이 아니다. 진리 가운데 살라는 것이다. 하나님 아버지와 그의 아들 예수 그리스도와 함께하는 교제, 예수 그리스도 중심의 교제 속으로 들어와 풍성하고 충만한 기쁨을 함께 누리자.

이것이 교회 공동체의 기반이며 목적이다. 교회란 '가르칠' 교(敎)자가 아니라 '교제할' 교(交)자가 되어야 한다(요일 1:3,4).

사귐 공동체의 두 번째 기반(요일 1:5-2:2) : 빛 가운데 행함 - 빛 공동체

사귐 공동체의 두 번째 기반은 빛 가운데 행하는 삶에 있다. 빛 가운데 행할 때 교회 공동체가 견고해진다. 요한일서 1장 5절부터 2장 2절 사이에 "만일"이라는 단어가 여섯 번(요일 1:6,7,8,9,10, 2:1 영어성경 기준. 한글성경에는 1장 7절에 "만일"이 생략되어 있다) 언급되며 빛 가운데 행하는 삶의 균형을 설명한다. 이 구절들은 다음 사항을 설명한다.

1) 하나님을 아는 것(신학적 영역)과 하나님을 따르는 것(윤리적 영역)을 분리시키지 말라. 그노시스주의는 오직 아는 것 즉 지식만 강조하는데, 하나님을 아는 사람이라면 그 삶에서 열매로 나타나야 한다. 그 삶의 열매는 첫 번째가 빛 가운데 행하는 것이다. 죄를 처리하는 것이다(요일 1:5-10).

2) 죄는 하나님과의 관계를 단절시키며 우리를 어둠 가운데 머물게 한다. 하나님은 빛이시다. 우리가 하나님과 사귐을 가지려면 빛 가운데 행해야 한다. 죄를 해결해야 한다. 죄를 해결하는 방법은 빛 가운데 행하는 것이다. 이를 위해 죄를 감추지 말고 빛 가운데 드러내야 한다. 그것은 죄를 자백함으로 이루어진다. 우리가 자백해야 할 죄에는 '하나님과 나', '나와

너', '나와 우리'의 세 영역이 있다. 어느 영역의 죄든 하나님 앞에서 자백하면 그 결과로 예수님의 보혈의 능력을 경험한다.

죄를 용서받고 죄로부터 깨끗하게 됨을 경험할 때 진정한 사귐이 있다. 하나님과 사귐을 갖고 공동체와 사귐이 있게 된다. 죄의 고백은 사귐을 단절시키는 것이 아니라 오히려 사귐을 갖게 한다. "회개하라 천국이 가까이 왔느니라"(마 3:2)의 외침처럼 회개는 빛 공동체의 특징이며, 이는 곧 하나님나라의 모습이다. 회개할 때 하나님나라를 경험한다. 빛 가운데 행하는 삶은 교회 공동체의 특징이다. 우리가 빛 가운데 행할 때 하나님의 임재와 능력을 경험할 수 있다.

3) 요한일서 1장 8절에서 2장 2절의 말씀은 요한일서 3장 6-9절의 말씀과 균형을 이룬다. 이는 동전의 양면과 같다. 한 면은 신학적인 면이요, 다른 면은 윤리적인 면이다. "죄가 없다"(요일 1:8)와 '죄를 짓지 않았다'(요일 1:10 범죄하지 아니하였다)를 동일선상에 두는 치명적인 실수를 하지 않도록 주의해야 한다. 이 부분은 3장에서 다룰 것이다.

4) 죄는 영적인 실재이기 때문에 우리는 '죄가 없다'라고 할 수 없다(요일 1:8). 도덕적 책임을 부인하지 말아야 한다. 요한일서 1장 10절의 "범죄하지 아니하였다"는 것은 '죄를 짓지 않았다'라는 의미다. '죄를 짓는다'라는 말은 '과녁을 벗어났다'는 의미다. 하나님께서 '모든 사람은 다 죄인이다'(롬 3:9-18,23)라고 말씀하셨다. 믿는 사람도 마찬가지로 죄를 짓는다. 그러므로 "범죄하지 아니하였다"라고 하는 것은 하나님의 말씀이 우리 속에 있지 않다는 의미이고 그노시스주의자들의 거짓 가르침이다. 그들은 '구원은 지식이지 삶이 아니다'라며 거짓을 가르쳤다.

5) 우리에게는 보혜사(대언자, 중보자) 예수 그리스도가 계시어 우리의 죄를 해결하심으로 우리로 하나님과 사귐이 있게 하신다(요일 2:1,2, 롬 8:34, 히 4:14-16, 7:25, 9:24). 예수 그리스도는 하나님 앞에서 우리의 변호사 역할을 하신다.

2. 말씀 순종 공동체(요일 2:3-27) - 서로 사랑함으로 계명을 지킴

요한일서 1장 1절부터 2장 2절 말씀의 반복이다. 마찬가지로 하나님과의 사귐에 관해 설명하지만 전개 방식이 다르다. 긍정적인 면과 부정적인 면에서 요한일서 1장과 2장을 비교한다. 진리를 아는 것과 말하는 것과 행하는 것은 일직선상에 놓여있다. 1장과 2장에서는 진리를 안다고 말하면서 삶의 행동이 다르면 사실은 진리를 모르는 것임을 강조한다. 단지 차이가 있다면 1장은 열매(열매로 나무를 안다)를, 2장은 나무(나무가 좋아야 열매가 좋다)를 강조한다.

우리는 다음과 같은 것을 안다(요일 2:3-6)

요한일서는 "안다"라는 단어를 메시지의 중심에 둔다.

- 우리는 하나님을 안다. 하나님이 우리를 사랑하시는 줄 안다(요일 2:20,21, 4:16)
- 우리는 하나님이 우리에게 무엇을 원하시는지 안다(요일 4:7,8)
- 예수 그리스도께서 우리 안에 거하시는 줄 안다(요일 3:24, 4:13)
- 우리는 영생이 있음을 안다(요일 5:13)

1장	2장
"만일 우리가 …라고 말하면"	"…라고 말하는 사람이"
if we say…(요일 1:6,7) 만일 우리가 하나님과 사귐이 있다고 말하면서 어둠에 행하면, 거짓말을 하고 진리를 행하지 아니함이거니와	The one who says…(요일 2:4,5) 그를 아노라 말하는 사람이, 그의 계명을 지키지 아니하면 거짓말하는 자요 진리가 그 속에 있지 아니하되
if we say…(요일 1:8) 만일 우리가 죄 없다 말하면, 스스로 속이고 또 진리가 우리 속에 있지 아니할 것이요	The one who says…(요일 2:6) 그의 안에 산다고 말하는 사람은, 그가 행하시는 대로 자기도 행할지니라
if we say…(요일 1:10) 만일 우리가 범죄하지 아니하였다고 말하면, 하나님을 거짓말하는 이로 만드는 것이니	The one who says…(요일 2:9) 빛 가운데 있다고 말하는 사람이, 그 형제를 미워하면 지금까지 어둠에 있는 자요

하나님을 안다는 것은 말이나 이론이 아닌 하나님의 계명을 지킴으로 증명된다. 하나님의 계명은 '하나님을 사랑하고 이웃을 사랑하는 것'이다. 하나님의 계명을 지키는 사람으로 인해 하나님의 사랑이 온전하게 된다. 그가 하나님 안에 있음을 삶으로 보여준다. 하나님 안에 있는 사람은 하나님이 행하시는 것을 그도 행한다. 즉 하나님이 우리를 사랑하시는 것같이 우리도 서로 사랑한다.

> "안다"는 것은 지적인 영역만을 말하는 것이 아니라 인격적인 면이어서 경험이 따른다. 즉 이론이나 말이 아닌 실제 삶으로 살아가는 것이다. 우리가 삶으로 살 때 비로소 '우리는 안다'라는 것이 증명된다. 성령은 우리로 하나님과 그의 뜻을 알게 하시고, 그의 뜻대로 살아갈 마음을 주신다. 나아가 우리가 순종하여 살아갈 때 능력을 주시며 실제로 행할 수 있게 하신다(겔 36:26-28, 빌 2:13). 이것이 곧 새 언약이며, 신약의 핵심이다(렘 31:31-34, 히 8장).

이것은 요한일서 5장 9-20절에서 다시 다룰 것이다.

1) 빛 공동체(요일 2:7-11)

"사랑하는 자들아, 내가 **새 계명**을 너희에게 쓰는 것이 아니라
너희가 처음부터 가진 **옛 계명**이니, 이 옛 계명은 너희가 들은 바 말씀이거니와
다시 내가 너희에게 새 계명을 쓰노니, 그에게와 너희에게도 참된 것이라
이는 **어둠**이 지나가고 **참 빛**이 벌써 비침이니라.
빛 가운데 있다 하면서 그 형제를 미워하는 자는, 지금까지 어둠에 있는 자요
그의 형제를 **사랑하는 자**는, 빛 가운데 거하여 자기 속에 거리낌이 없으나
그의 형제를 **미워하는 자**는 어둠에 있고, 또 어둠에 행하며 갈 곳을 알지 못하나니
이는 그 어둠이 그의 눈을 멀게 하였음이라"(요일 2:7-11).

반복되는 단어가 단계적이며 나선형으로 점점 높은 수준으로 발전한다.

새 계명과 옛 계명, 어둠과 빛
그의 형제를 미워하는 자, 어둠에 있는 자, 어둠에 행함
그의 형제를 사랑하는 자, 빛 가운데 거하는 자, 빛 가운데 행함

- 빛 가운데 있다 하면서 형제를 미워하면 어둠에 있는 것이다.
- 형제를 사랑하는 자는 빛 가운데 있는 사람이다.
- 형제를 미워하는 자는 어둠에 행하는 사람이다.

빛 가운데 거하면 빛 가운데 행한다. 빛 가운데 행하는 자는 형제를 사랑한다. 어둠 가운데 행하면 어둠 가운데 있음을 보여준다. 어둠 가운데 있는 자는 형제를 미워한다. 빛과 어둠, 사랑과 미움, 이 두 가지는 명백하다. 누구든지 그리스도 안에 있으면 빛 가운데 거하고 사랑으로 행한다. 복음은 순간적인 변화와 점진적인 변화의 양면이 있다.

2) 성장 공동체(요일 2:12-14)

A.W. 토저는 오늘날 교회의 가장 큰 문제 중의 하나는 영적으로 성장하지 않는 것에 있다고 했다. 그리스도인 공동체는 성장하는 것이 그 특징이다. 생명적 유기체이기 때문이다.

우리가 다 하나님의 아들을 **믿는 것**과 **아는 일**에 하나가 되어 온전한 사람을 이루어 그리스도의 장성한 분량이 충만한 데까지 이르리니… 범사에 그에게까지 **자랄지라**. 그는 머리니 곧 그리스도라 엡 4:13,15

주 예수를 믿는 것과 아는 것과 성장하는 것은 별개의 일이 아니다. 그것은 일직선상에 있다. 성경은 "오직… 자라가라"(벧후 3:18)라고 명령한다.
거듭난 그리스도인은 네 단계로 성장한다. 그 특징은 다음과 같다.

영적 성숙 단계

▶ 영적인 갓난아이(엡 4:14, 벧전 2:2, 히 5:13)

육신의 나이와 상관없이 누구나 예수를 믿으면 거듭난다. 영적인 갓난아이가 된다. 그때부터 성장하기 시작한다. 영적인 갓난아이의 특징은 다음과 같다.

- 말씀에 갈급하다. 갓난아이가 젖을 찾듯이 말씀을 찾는다(벧전 2:2). 그러나 아직 딱딱한 말씀은 소화하지 못한다(히 5:13, 고전 3:1,2).
- 병에 감염되기 쉽다. 쉽게 정죄감에 빠진다. 과거 죄에 매여 산다(엡 4:14).
- 내면이 견고하지 못해서 쉽게 요동한다. 사람의 말과 환경에 휘둘린다. 분별력이 약하다(엡 4:14).
- 율법주의에 젖는다. 하나님을 기쁘시게 하려고 무엇인가 열심히 노력하려는 종교적인 사람이 되기 쉽다.

이 시기에는 말씀과 기도와 예배에 집중해야 한다. 그리스도인 공동체에 굳게 붙어있어야 한다.

▶ 영적인 어린아이(요일 2:12,14)

영적인 갓난아이에서 성장하면 영적인 유소년 시기에 이른다. 이 시기의 특징은 다음과 같다.

- 죄 사함을 안다. 죄 사함의 확신이 있다. 더 이상 정죄감에 빠지지 않는다.
- 하나님을 아버지로 안다. 하나님을 엄격한 심판주나 왕으로가 아니라 아빠 아버지로 안다.

갓난아이를 벗어나 어린아이로 성장해야 한다. 그래야 예수 그리스도의 십자가와 보혈의 능력을 알고 죄를 다룰 줄 알게 된다. 정죄감에서 벗어나는 법을 배운다. 죄를 이기는 승리의 삶을 살아간다. 하나님을 아버지로 알아가며 딱딱한 규율에 얽매이지 않고 성령 안에서 자유를 누리는 법을 배운다.

영적인 어린아이가 되어야 비로소 청년으로 성장하여 하나님나라를 확장하는 데 힘을 쓴다.

▶ 영적인 청년(요일 2:13,14)

영적인 유소년 시기에서 성장하여 청년의 단계로 나아가야 한다. 영적인 청년의 특징은 다음과 같다.

- 쉽사리 상황이나 감정에 휩싸이지 않는다. 말씀이 주도하는 삶을 산다. 평상심을 누린다.
- 하나님의 말씀을 검으로 사용할 줄 알고, 말씀의 능력을 경험한다.
- 영적 전쟁에서 승리하여 하나님나라를 확장한다.

▶ 영적인 아비(요일 2:13,14)

교회 공동체에는 영적인 아비가 있어야 한다. 그래야 안정되고 하나님의 뜻을 이룬다.

• 시세를 알고 하나님의 백성이 마땅히 행할 길을 안다. 때와 방향을 안다.
• 공동체가 나아갈 길과 해야 할 일을 알고 이끈다. 공동체를 힘 있게 이끌어 간다.
• 하나님나라 배가에 힘쓴다. 사역이 확장되고 일꾼들이 늘어난다. 양육할 줄 안다.

어린아이	청년	아비
죄 사함을 안다(2:12) 아버지를 안다(2:14)	악한 자를 이기었다(2:13) 강하다(2:14) 하나님의 말씀이 그 안에 거한다(2:14) 흉악한 자를 이기었다(2:14)	태초부터 계신 이를 안다(2:13,14)

영적인 성장은 교회를 다닌 연수로 계산하지 않는다. 육신의 연수가 아니라 영적인 성숙함에 있다. 세월이 흐른다고 저절로 성장하는 게 아니라 하나님과 예수 그리스도를 알수록 영적으로 성장한다. 말씀과 성령으로, 때로는 시련을 통해 성장한다. 믿음이 자랄수록 영적으로 성장한다. 교회 공동체에는 영적인 청년과 아비가 많아야 한다.

자신의 영적 성장이 어느 단계에 있는지 아는 것이 중요하다. 그럴 때 영적인 성장이 이루어진다. 자라나기를 간절히 원해야 한다. A. W. 토저는 "만족은 최대의 적이다"라고 말했다. 주를 향한 갈급함과 간절함이 있어야 성장한다.

3) 거룩함의 공동체(요일 2:15-17) - 그리스도인 공동체는 이 세상과 엄격히 분리된다

그리스도인의 공동체는 세상을 사랑하지 말아야 한다. 세상의 가치체계는 육신의 정욕, 안목의 정욕, 이생의 자랑에 있다. 그렇다고 세상에서 나오라는 말이 아니다. 세상을 사랑하지 말라는 것이며, 더 나아가 세상에 영향을 주라는 것이다. 소극적이 아니라 적극적으로, 수동적이 아닌 능동적으로 살라는 것이다. 우리는 이 세상에 살고 있지만 우리의 모든 사고방식과 삶의 스타일은 하늘 시민으로서 살아간다. 이 세상이 볼 때에 타국인처럼 살아간다.

4) 성령 공동체(요일 2:18-27)

마지막 때(:말세)란 그리스도의 오심으로부터 다시 오실 때까지의 기간을 말한다. 두 왕국이 충돌하는 기간이다. 이때에는 적그리스도가 일어난다. 적그리스도란 아들과 아버지를 부인하는 자(요일 2:22)이다. 예수께서 그리스도이심을 부인하는 자다.

그러나 하나님의 택하심을 받은 우리는 예수 그리스도의 피로 죄 사함을 받아 하나님의 기업이 되고 성령으로 인치심을 받았다(엡 1:4-14). 성령이 친히 우리의 영과 더불어 우리가 하나님의 자녀인 것을 증언하신다(롬 8:16). "너희는 거룩하신 자에게서 기름부음을 받고 모든 것을 아느니라"(요일 2:20). 성령의 기름부음을 받은 자는 진리를 안다. 그리스도를 안다(요일 2:20,27).

성령으로 우리는 진리를 알게 된다. 진리를 알지 못함으로 확신을 갖지 못하고 견고하게 서지 못하도록 만드는 것이 어둠의 영의 전문과목이다. 그러나 우리에게는 진리의 성령이 계셔서 우리로 확신 가운데 서게 하신다. 성령께서 진리를 가르치시고, 우리를 진리로 인도하심을 믿으며 확신 가운데 서야 한다. 성령은 우리에게 진리를 알게 하신다.

3. 사랑 공동체(요일 2:28-3:24)

그의 안에 거하라(요일 2:28-3:3)

그리스도께서 능력과 영광으로 재림하실 때, 그 앞에서 부끄럽지 않으려면 끊임없이 그리스도 안에 거해야 한다. 삶으로 살아내야 한다. 그리스도께서 재림하실 때 우리도 그와 같이 될 것이다. 예수님을 보고 닮을 것이다. 그러므로 이 세상에서 자기를 깨끗하게 해야 한다.

온전하게 되는 것과 죄를 짓는 것의 차이를 알아야 한다(요일 3:4-10)

우리 믿는 자의 간절함은 온전히 죄로부터 구원받는 것이다. 요한일서 3장 4-10절은 그리스도인의 온전케 되는 것(성화)과 계속 죄를 짓는 것 사이에 논쟁이 되는 구절이다. 그러나 이 구절들은 요한일서의 전체적인 입장으로 살펴봐야 한다.

요한일서 1장 8절부터 2장 2절까지의 말씀을 빼고 이 구절을 해석하면 자칫 극단적 해석이 될 수 있다. 요한일서 1장 8절부터 2장 2절까지 말씀과 요한일서 3장 4-10절 사이에는 패러독스(paradox, 역설)가 있다. 하지만 이것이 오히려 신학적인 균형을 이루게 돕는다.

우리는 예수 그리스도 안에서 십자가로 인해 죄의 형벌로부터 자유하게 되었다. 믿음으로 의롭다 하심을 얻었다(칭의). 그렇다고 더 이상 죄를 짓지 않는다는 건 아니다. 우리는 여전히 죄와 싸우며 성화되는 과정에 있다. 그리고 언젠가 죄로부터 완전히 자유하게 될 것이다. 구원은 값없이 주어진 선물이다.

그렇다고 죄를 지어도 좋다는 것이 아니다. 죄는 잔인하여 인정사정이 없다. 날마다 우리에게 다가와 우리의 열정과 믿음을 도둑질하고, 우리를 죽이고 멸망시키려고 안간힘을 쓴다. 죄의 결과는 너무도 처참하고 참혹하다. 그러므로 우리는 죄와 싸우되 피 흘리기까지 대항해야 한다(히 12:4). 성화되기 위해 날마다 삶에서 대가를 지불하며 싸워야 한다(갈 5:16-24).

우리가 누구의 지배를 받느냐에 따라 결과가 달라진다. 우리의 힘으로 거룩함에 이르고자 하면 육신의 지배를 받아 육체의 일만 하게 된다. 그러나 성령께 항복하여 성령의 지배를 받으며 육신의 정욕을 그 앞에 굴복시키고 성령의 능력을 의지하면 성령으로 인도함을 받아 성령의 열매를 맺게 될 것이다. 굿 뉴스가 있다. 선한 목자이신 예수께서 내게 생명과 풍성한 삶을 주기 위해 언제나 내 곁에서 나를 도우신다는 사실이다. 보혜사 성령도 우리와 함께 계신다.

"그 안에 거하는 자마다 범죄하지 아니하나니… 죄를 짓는 자는 마귀에게 속하나니… 하나님께로부터 난 자마다 죄를 짓지 아니하나니"(요일 3:6,8,9). 이 말씀을 이해해야 한다. "죄를 짓는다"는 것은 고의로, 반복적이며 습관적으로 짓는 죄를 말한다. 죄를 짓고도 양심에 꺼림이 없으며 죄에서 돌이킬 마음이 없는 태도와 행동을 말한다. 그리스도인이 죄를 지으면 성령이 알게 하시고, 회개하며 돌이켜 빛 가운데 행하게 하신다. 우리는 우리의 중보자를 의지하여 하나님께 나아간다. 죄를 미워하며 갈수록 성화되어 간다. 정죄감, 낙심, 두려움은 하나님으로부터 온 것이 아니다.

"하나님의 씨가 그의 속에 거함이요"(요일 3:9)에서 "하나님의 씨"에 대한 여러 견해가 있다. 어거스틴, 루터는 '하나님의 말씀'이라고 했다. 칼빈은 '성령'이라고 했다. 어떤 사람은 우리의 신성 또는 새 사람이라고 했다. 누군가는 예수님 자신이라고 했다. 야고보서 1장 18절에는 "그가 그 피조물 중에 우리로 한 첫 열매가 되게 하시려고 자기의 뜻을 따라 진리의 말씀으로 우리를 낳으셨느니라"라고 했다. 베드로전서 1장 23절에는 "너희가 거듭난 것은 썩어질 씨로 된 것이 아니요 썩지 아니할 씨로 된 것이니, 살아있고 항상 있는 하나님의 말씀으로 되었느니라"라고 했다. 그러므로 "하나님의 씨"가 된 그리스도인은 하나님 말씀의 힘과 능력, 그리고 성령의 인도하심이 있기에 죄를 거듭하여 지을 수가 없다.

청년이 무엇으로 그의 행실을 깨끗하게 하리이까 주의 말씀만 지킬 따름이니이다 시 119:9

요한일서 3장 10절은 3장 4-9절 말씀의 요약이다.

하나님의 자녀 된 표지(요일 3:11-24) - 냉수 한 그릇

열매로 나무를 알듯이 하나님의 자녀 된 표지는 형제를 사랑함으로 나타난다. 형제 사랑은 말과 혀로가 아니라 행함과 진실함으로 해야 한다. 재물을 가지고 형제의 궁핍함을 도와야 한다. '냉수 한 그릇'을 대접할 줄 알아야 한다. 하나님의 자녀는 하나님의 계명을 지킨다. 그 계명은 서로 사랑하라는 것이다.

4. 승리 공동체(요일 4:1-21) 승리의 비결 : 서로 사랑하라

이미 언급했듯이 요한일서는 내용을 구분하기가 어렵다. 나선형 구조로 위를 향하며, 동시에 한 방향으로 나아가며, 반복하여 강조한다. 4장도 이전 장들의 내용이 반복되는데, 특별히 '서로 사랑하라'는 메시지가 많이 반복된다(요일 2:7-12, 3:11-24, 4:7-21). 또 그리스도인의 삶의 세 가지 영역을 반복해서 말한다.
예수를 믿는 믿음을 강조하는 신학적인 측면(요일 2:18-25, 4:1-6,14-16, 5:1,5,10)과 진리를 순종하여 삶으로 살아내는 라이프 스타일의 측면(요일 2:3-6, 3:1-10,22-24)과 교회 공동체에서 형제를 사랑하는 사회적인 측면(요일 2:7-11, 3:11-18, 4:7-12, 5:1,2)을 반복해서 강조한다.

너희는 영을 분별하라(요일 4:1-6)

요한일서는 거짓 선지자(적그리스도)는 적대시하며 그리스도인들은 격려하는 메시지를 담고 있다. 4장 1-6절은 "너희는… 그들은… 우리는…"으로 대상을 구분한다. 이는 하나님께 속한 그리스도인, 세상에 속한 그노시스주의자와 그들을 따르는 자들, 그리고 사도 요한과 그리스도인을 말한다. 그러므로 누가 어디에 속했는지 구분해야 한다. 그것은 분별할 수 있다.

> 사랑하는 자들아, 영을 다 믿지 말고 오직 영들이 하나님께 속하였나 분별하라. 많은 거짓 선지자가 세상에 나왔음이라 요일 4:1

"영을 분별하라"라고 명한다. 영들이 하나님께 속했는지, 마귀에게 속했는지 분별이 가능한가? 그것은 특별한 지식과 능력의 소유자만 가능한 것이 아닌가? 이것이 당시에 만연했던 그노시스주의자들의 주장이다. 그러나 성경은 처음부터 말씀하신다. "영을 분별하라."

기름부음

> 너희는 거룩하신 자에게서 기름부음을 받고 모든 것을 아느니라 요일 2:20
>
> 내가 너희에게 쓰는 것은 너희가 진리를 알지 못하기 때문이 아니라 알기 때문이요 요일 2:21
>
> 너희는 주께 받은 바 기름부음이 너희 안에 거하나니, 아무도 너희를 가르칠 필요가 없고, 오직 그의 기름부음이 모든 것을 너희에게 가르치며, 또 참되고 거짓이 없으니 너희를 가르치신 그대로 주 안에 거하라 요일 2:27

"기름부음"은 '진리의 성령'께서 우리 안에 계심을 말한다.
예수 그리스도를 믿는 자들은 "물과 성령으로" 거듭났다(요 3:3,5).

> 내 양은 내 음성을 들으며, 나는 그들을 알며, 그들은 나를 따르느니라 요 10:27
>
> 그러나 진리의 성령이 오시면 그가 너희를 모든 진리 가운데로 인도하시리니… 요 16:13

그러므로 우리는 하나님의 영과 적그리스도의 영을 분별해야 한다.

영 분별

- 하나님의 영 - 예수 그리스도께서 육체로 오신 것을 시인하는 자마다 하나님께 속했다.
- 적그리스도의 영 - 예수 그리스도께서 육체로 오심을 부인하는 자다. 예수를 시인하지 않는다.
- 거짓 선지자 - 미혹의 영을 받았다. 세상에 속했기에 세상에 속한 말을 하고, 세상이 그들의 말을 듣는다.
- 그리스도인 - 진리의 영을 받았다. 하나님께 속했다.

> 하나님을 아는 자는 우리의 말을 듣고, 하나님께 속하지 아니한 자는 우리의 말을 듣지 아니하나니 요일 4:6

그리스도인의 승리

그리스도인은 이미 적그리스도를 이겨 승리했다. 우리 안에 계신 이가 크시기 때문이다.

> 자녀들아, 너희는 하나님께 속하였고, 또 그들을 이기었나니, 이는 너희 안에 계신 이가 세상에 있는 자보다 크심이라 요일 4:4

요한일서 4장 1-6절에는 "하나님께"라는 단어가 여섯 번 반복된다. 이는 '하나님께로부터'(from God)라고 말할 수 있다. 근본과 기원이 하나님 안에 있다는 것이다. 우리 생명을 하나님께로부터 받고, 우리 생명이 하나님 안에 있다는 것이다. 그러므로 하나님께로부터 난 자와 그렇지 않은 자는 명백히 구별되며 충분히 검증할 수 있다. 사랑과 그에 따르는 희생과 헌신은 그 근본과 기원이 오직 하나님 안에 있기 때문이다. 거짓 선지자는 미혹의 영을 받았고, 그리스도인은 진리의 영을 받았다.
근본이 하나님께 속한 사람은 진리를 들을 능력이 있고 마음도 열려있다. 그러나 세상에 속한 사람은 진리를 들을 능력도, 마음도 없다. 아무리 좋은 설교를 해도 듣지 않으며, 귀를 막고 마음 문을 닫는 사람들이 있다. 이런 사람들은 가망이 없는가? 그렇지 않다. 하나님의 은혜는 끝이 없다. 그리스도께서 이들의 마음 문을 지금도 두드리고 계신다(계 3:20). 우리는 이들을 위해서 중보기도해야 한다. 세상에 속해 물질과 쾌락의 지배를 당하는 이들을 위해 주께 기도해야 한다. 요한일서 4장 7-21절에 그 해답이 있다.

우리를 향한 하나님의 사랑과 하나님을 향한 우리의 사랑(요일 4:7-21)

"하나님은 사랑이심이라"(God is love, 요일 4:8)

사랑의 근본은 하나님께 있다(요일 4:7). 하나님은 사랑하시는 분일 뿐 아니라 하나님 자신이 사랑이시다. 그러므로 그분이 우리 안에 거하실 때 우리는 사랑하게 된다(요일 4:8,12). 하나님의 사랑은 그리스도를 통해 우리에게 나타난다(요일 4:9). 하나님이 우리를 사랑하시는 증거는 '오직 그리스도'이다. "하나님이 세상을 이처럼 사랑하사 독생자를 주셨으니"(요 3:16)라고 하시고, "우리가 아직 죄인 되었을 때에 그리스도께서 우리를 위하여 죽으심으로 하나님께서 우리에 대한 자기의 사랑을 확증하셨느니라"(롬 5:8)라고 하셨다.

> 사랑은 여기 있으니, 우리가 하나님을 사랑한 것이 아니요, 하나님이 우리를 사랑하사 우리 죄를 속하기 위하여 화목제물로 그 아들을 보내셨음이라 요일 4:10

일반적인 종교는 사람이 신을 추구하는 데 반해 기독교는 하나님이 우리를 찾으신다. 놀라운 사실은 하나님을 향한 우리의 사랑이 아니라 우리를 향한 하나님의 사랑이다. 그분이 타락한 인간을 먼저 사랑하셔서 우리가 변화하도록 주도적으로 우리를 만나신다. 이것이 기독교의 영광스러운 진리이다.

"그의 성령을 우리에게 주시므로 우리가 그 안에 거하고 그가 우리 안에 거하시는 줄을 아느니라"(요일 4:13). 이 말씀은 요한일서 3장 24절의 반복이다. "안다"는 것은 지식으로만 아니라 경험하여 아는 것이다. 사랑 안에 두려움이 없다(요일 4:18). 하나님이 사랑이심을 알 때 두려움이 사라진다. 하나님은 정죄하거나 심판하는 분이 아니시다. 또한 조건적이거나 협박하지 않으신다.

인간의 사랑은 하나님의 사랑에 대한 응답이다(요일 4:19-21). 그분이 우리를 사랑하셨기 때문에 우리가 사랑하는 것이다. "우리에게 주신 성령으로 말미암아 하나님의 사랑이 우리 마음에 부은 바 됨이니"(롬 5:5). 하나님의 사랑이 우리 안에 있기에 우리가 이웃을 사랑하게 된다. 하나님을 사랑하는 증거는 하나님이 사랑하시는 사람을 사랑하는 데 있다. 하나님이 우리 안에 계시다는 유일한 증거는 우리가 이웃을 사랑하는 데 있다.

요한일서 4장 21절은 요한일서 4장의 요약이다.

> 우리가 이 계명을 주께 받았나니 하나님을 사랑하는 자는 또한 그 형제를 사랑할지니라 요일 4:21

예수 그리스도는 누구신가?(요일 4:7-21)

1) 예수 그리스도는 '생명의 부여자'이시다(요일 4:9).

모든 사람은 존재하지만 모두가 생명을 지니고 있는 것은 아니다. 예수께서 오심으로 우리에게 생명을 주셨다. 기쁨, 즐거움, 마음의 평안, 삶의 만족, 승리하는 삶, 빛 등은 생명을 받은 자의 특징이다.

2) 예수 그리스도는 '화목제물'이시다(요일 4:10).

사람은 죄로 인해 모든 관계가 끊어졌다. '사망'의 정의는 '분리'다. 나와 나 자신, 나와 너, 나와 세상, 그리고 가장 슬프게도 나와 하나님의 관계가 끊어졌다. 하나님은 예수 그리스도를 화목제물로 보내셔서 잃어버린 관계, 끊어진 관계를 회복하셨다. 예수 그리스도는 하나님과 사람 사이에서 다리 역할을 하셨다. 그리하여 나와 너의 회복, 즉 이웃을 향한 진정한 사랑을 할 수 있게 되었다. 자기 자신도 사랑할 줄 알게 되었다. 자기 자신을 용납하고, 이웃을 용납할 힘이 생겼다.

3) 예수 그리스도는 '세상의 구주'이시다(요일 4:14).

예수 그리스도는 우리 죄의 심판주가 아니다. 오히려 그분은 우리의 죄를 대신 짊어짐으로 우리를 죄와 사망과 어둠과 저주로부터 구원하셨다. "하나님이 그 아들을 세상에 보내신 것은 세상을 심판하려 하심이 아니요 그로 말미암아 세상이 구원을 받게 하려 하심이라"(요 3:17)라고 하시고, "내가 진실로 진실로 너희에게 이르노니 내 말을 듣고 또 나 보내신 이를 믿는 자는 영생을 얻었고 심판에 이르지 아니하나니 사망에서 생명으로 옮겼느니라"(요 5:24)라고 하셨다.

4) 예수 그리스도는 '하나님의 아들'이시다(요일 4:15).

오직 예수를 통해 하나님 아버지를 알 수 있다. 예수님은 하나님 아버지와 친밀하시다. "아버지가 아들을 세상의 구주로 보내신 것을 우리가 보았고 또 증언하노니"(요일 4:14). 예수님을 통해 우리는 하나님 아버지께로 갈 수 있다. 예수님은 우리를 아버지께로 이끌어 우리가 아버지를 알게 되고 아버지와 친밀감을 가지기를 원하신다.

"내 아버지께서 모든 것을 내게 주셨으니 아버지 외에는 아들을 아는 자가 없고 아들과 또 아들의 소원대로 계시를 받는 자 외에는 아버지를 아는 자가 없느니라"(마 11:27)라고 하시고, "내가 곧 길이요 진리요 생명이니 나로 말미암지 않고는 아버지께로 올 자가 없느니라"(요 14:6)라고 하셨듯이, 예수님은 우리로 하나님 아버지를 알게 하신다. 하나님 아버지를 아는 것은 영적 성장의 주요소다(요일 2:12-14).

5. 증거 공동체(요일 5:1-21)

교회는 증거 공동체다. 우리는 우리의 믿음을 확신하고 그 믿음을 증거한다. 하나님께는 순종하고, 그리스도인 서로에 대하여는 사랑하고, 세상을 향해서는 우리의 믿음의 확신을 증거하는 공동체다.

진정한 그리스도인의 증거(요일 5:1-3)

그리스도인의 정의는 "하나님께로부터 난 자"다. 즉, 하나님의 자녀다. 이 일은 오직 '예수께서 그리스도이심을 믿을 때'에 일어난다. 요한복음 1장 12절에 "영접하는 자 곧 그 이름을 믿는 자들에게는 하나님의 자녀가 되는 권세를 주셨으니"라고 하셨다. 이런 그리스도인에게는 명백한 증거가 있다.

1) 그리스도인의 특징은 '사랑'이다. 하나님을 사랑하고, 하나님의 자녀를 사랑하고, 하나님의 아들을 사랑한다. 율법학자들이 예수께 가장 큰 계명이 무엇인지 질문했을 때, 주님은 '하나님을 사랑하고 이웃을 사랑하는 것'이라고 말씀하셨다(막 12:28-31).

2) 그리스도인은 하나님의 말씀에 순종한다. 순종은 사랑의 증거다. 하나님을 사랑하면 그분의 말씀에 순종한다. 억지로가 아니라 기쁘게, 즉시, 온전히 순종한다. 서기관들과 바리새인들의 무거운 율법의 짐과는 다르다. 예수님은 "내 멍에는 쉽고 내 짐은 가벼움이라"(마 11:30)라고 하셨다. 사랑이 그 동기이기 때문이다. 주님은 베드로에게 세 번이나 질문하셨다. "네가 나를 사랑하느냐?" 그리고 세 번 말씀하셨다. "내 양을 치라", "내 어린 양을 먹이라."

3) 그리스도인은 세상을 이긴다. '세상'이라는 뜻을 지닌 헬라어 '코스모스'(kosmos)는 하나님과 전혀 무관한, 하나님과 분리된, 하나님의 원칙과 대립하는, 그리하여 하나님을 멀리하게 하고 그분의 기준을 무시하게 하는 세상을 말한다. 그리스도인은 이런 세상을 이긴다. 마치 우리의 몸에 병균이 침투했을 때 방어력과 면역력이 있으면 능히 이기듯, 이 세상의 악한 영향에 능히 대적할 수 있는 방어력을 지닌 존재다. 우리는 세상의 공격에서 견디는 힘을 가졌을 뿐 아니라 세상에 영향을 주는 강한 힘을 지녔다. 우리가 세상을 이기는 근거는 우리의 믿음이다. 그 믿음은 요한일서 5장 6-8절을 말한다.

우리가 세상을 이긴다는 것은 세상의 영향력과 세상의 공격을 능히 물리치는 것만을 의미하지 않는다. 더 나아가 세상에 영향을 주어 하나님나라가 확장되는 것을 말한다.

우리의 믿음의 근거(요일 5:6-8)

우리의 믿음은 오직 예수 그리스도를 믿는 믿음이다. 이 믿음은 첫째, 예수께서 그리스도이심을 믿는다(요일 5:1). 둘째, 예수께서 하나님의 아들이심을 믿는다(요일 5:5). 셋째, 예수께서 사람으로 이 세상에 오셨음을 믿는다. 그 증거는 물과 피, 그리고 성령이다(요일 5:8). 이 셋은 우리를 구원하러 오신 예수님의 구원의 요소다.

1) 물과 피는 예수께서 우리를 구원하시려 사람으로 오심의 증거다. 신생아는 모태에서 나올 때 물과 피에 덮여있어서 태어나자마자 씻어야 한다.

2) 물과 피는 또한 예수님의 생애의 두 사건에서 볼 수 있다. 세례 요한에게 물로 세례를 받으실 때의 장면과 십자가의 장면이다. 이는 사람을 구원하기 위해 사람으로 오신 하나님의 아들 예수님을 잘 보여준다. 예수님이 세례 요한에게 물로 세례를 받으실 때 하나님이 친히 자신의 아들에 대해 증거하셨다(마 3:13-17).

3) 세 번째 증거는 성령이다. 예수께서 물로 세례를 받으실 때 성령께서 비둘기처럼 그에게 내려오셨다. 또한 세례 요한은 "나는 물로 세례를 주지만 그는 성령으로 세례를 주실 것이다"(마 3:11, 막 1:8, 눅 3:16, 요 1:33, 행 1:5)라고 말했으며, 예수님은 "내가 아버지께로부터 너희에게 보낼 보혜사 곧 아버지께로부터 나오시는 진리의 성령이 오실 때에 그가 나를 증언하실 것이요"(요 15:26)라고 하셨다.

'믿는 자'의 확신 및 세계관에 대한 일곱 가지 사실(요일 5:9-20)

요한복음과 요한일서는 "하나님의 아들을 믿는 자"에 관해 거듭 말한다. 우리는 하나님의 아들의 말을 믿을 뿐 아니라 그분의 전인격과 삶과 하신 일을 믿는다. 더 나아가 그분의 인도하심을 따르며 전적으로 나 자신을 맡긴다. 그럴 때 성령은 우리에게 알게 하신다. 우리는 애매모호하게 믿지 않는다. "그럴 것 같다"거나 "잘 모르겠다"거나 "글쎄, 아마 이럴 것이다" 등으로 반응하지 않는다.

성령은 믿는 자들이 확실히 알고 경험하게 하신다. "하나님의 아들을 믿는 자는 자기 안에 증거가 있고"(요일 5:10). 이 말씀이 우리를 확신하게 한다.

우리는 다음의 일곱 가지 영역에서 확신을 갖는다.

1) 믿는 자는 '영생'을 이미 가졌음을 확신한다. 영생은 믿는 자의 DNA이다. 믿는 자는 자신이 영생을 가졌음을 안다. 영생은 국내에서는 쓸모가 없어 서랍에 넣어두었다가 외국에 나갈 때 사용하는 여권이 아니다. '지금 여기'에서부터 작용한다. 또 영생은 하나님의 생명이다. 이 세상에서 승리하는 힘이요 지혜다. 하나님과 교제하게 하는 요소이며 죄를 극복하게 하는 힘이 있다. 평강과 사랑을 주며 죽음도 극복하게 한다. 그러므로 믿는 자가 죽을 때는 잠잔다고 한다. 믿는 자의 장례식은 천국 환송식이다.

2) 믿는 자는 하나님이 기도를 들으신다는 것을 믿는다. 이것이 기도의 근거다. 기도는 단지 우리의 독백이나 어떤 종교적인 행위가 아니다. 믿는 자는 하나님께서 우리의 기도를 들으신다는 것을 안다. 히브리서 11장 6절에 "믿음이 없이는 하나님을 기쁘시게 하지 못하나니, 하나님께 나아가는 자는 반드시 그가 계신 것과 또한 그가 자기를 찾는 자들에게 상 주시는 이심을 믿어야 할지니라"라고 하셨다.

3) 하나님은 믿는 자의 기도에 응답하신다. 이것은 당연하다. 응답받는 것이 기도의 원칙이다. 응답받는 기도의 원칙은 언제나 '하나님의 뜻'과 일치하는 데 있다. 야고보서 4장 3절에 "구하여도 받지 못함은 정욕으로 쓰려고 잘못 구하기 때문이라"라고 하셨다.

4) 믿는 자는 죄의 권세에서 해방되었음을 확신한다. 하나님께로부터 났다는 것은 곧 하나님의 자녀가 되었다는 뜻이다. 하나님께로부터 난 자는 범죄하지 않는다. 이는 하나님의 자녀가 죄를 더 이상 짓지 않는다는 말이 아니라 죄의 노예가 되지 않음을 의미한다. 왜냐면 하나님께로부터 나신 이가 그를 지켜주시기 때문이다. 예수님과 성령님이 지켜주신다. 우리를 성화의 길로 이끄신다.

5) 믿는 자는 자신이 하나님께 속했다는 것을 확신한다. 자신이 세상에 속하지 않고 하나님께 속했음을 알기에 세상에 자신의 소속을 두지 않는다. 세상을 등지고 하나님의 편에 선다.

6) 믿는 자는 하나님의 아들이 오셔서 우리로 이해할 수 있게 하심을 안다. 어둠 가운데 있거나 안개로 가득한 곳에 있으면 주변을 인식하기 어렵다. 다만 짐작만 할 뿐이다. 그러나 믿는 자는 이해하고 확신한다. 우리 안에 내주하시는 성령께서 우리를 모든 진리 가운데로 이끄실 것을 확신한다. 그리고 하나님께서 절대기준과 절대가치로 변하지 않는 그의 말씀을 성경으로 기록하여 우리에게 주셔서 증거하신다. 성령은 성경의 내용을 통해 하나님의 뜻을 알게 하시는 선생이다.

7) 믿는 자는 참된 자를 안다. 예수가 참 하나님이신 것과 하나님의 아들이신 것을 안다. "성령이 친히 우리의 영과 더불어 우리가 하나님의 자녀인 것을 증언하시나니"(롬 8:16).

요한일서에는 "믿는다", "안다", "증언한다"가 반복된다. "사귐이 있다"는 것은 그 결과다. 우리의 믿음은 어떤 도를 깨달아 아는 것이 아니다. 주관적 느낌과 어떤 경지에 이르는 것도 아니다. 내 이름, 생년월일, 주소, 날짜, 장소, 사람을 알고 일상생활을 하듯이 하나님과 우리 주 예수 그리스도를 알고 교제하는 삶도 이와 같다. 우리는 하나님과 인격적인 사귐을 가진다. 말하고 듣고 이해하여 알듯이.

사도 요한의 고백이 이제는 우리의 고백이며 우리의 선포다.

"이 글은 생명의 말씀에 관한 것입니다.
이 생명의 말씀은 태초부터 계신 것이요, 우리가 들은 것이요, 우리가 눈으로 본 것이요,
우리가 지켜본 것이요, 우리가 손으로 만져본 것입니다.
이 생명이 나타나셨습니다. 우리는 그것을 보았습니다.
그래서 우리는 이 영원한 생명을 여러분에게 증언하고 선포합니다.
이 영원한 생명은 아버지와 함께 계셨는데, 우리에게 나타나셨습니다.
우리가 보고 들은 바를 여러분에게도 선포합니다.
우리는 여러분도 우리와 서로 사귐을 가지기를 바라는 것입니다.
우리의 사귐은 아버지와 또 그의 아들 예수 그리스도와 함께하는 사귐입니다.
우리가 이 글을 쓰는 것은 우리 서로의 기쁨이 차고 넘치게 하려는 것입니다."
(요일 1:1-4 새번역).

Dear.
NCer

그리스도인 공동체

- 고백 공동체 - 죄를 지속적으로 고백하며 빛 가운데 행한다(요일 1:9)
- 말씀 순종 공동체 - 순종하여 말씀을 지킨다(요일 2:3-6)
- 사랑 공동체 - 서로 사랑한다(요일 2:7-11)
- 승리 공동체 - 죄를 이기고 승리하는 삶을 산다(요일 2:12-14)
- 거룩함의 공동체 - 세상을 사랑하지 않는다(요일 2:15-17)
- 코이노니아 공동체 - 재물로 섬기는 사귐이 있다(요일 3:17,18)
- 성령 공동체 - 진리를 안다(요일 2:20-27)

❖ 요한이서(2 John) 문을 닫으라 / 요한삼서(3 John) 문을 열라

요한이서와 요한삼서는 매우 짧다. 보통 파피루스의 크기는 세로 25센티미터, 가로 20센티미터이다. 두 편지의 길이는 한 장 분량이 채 못 될 정도이다. 그러나 길이가 짧다고 소홀히 여길 수 없다. 요한이서와 요한삼서를 쓴 사람은 자신을 '장로'라고 소개한다. 두 편지를 기록한 사람은 동일인물이다. 장로는 교회의 직분이라기보다는 '나이가 많은 사람'의 의미가 더 크다. 그러나 나이만 아니라 교회에서 영적, 인격적으로 존경받는 사람임을 보여준다. 당시 유일하게 살아있던 예수님의 제자인 사도 요한이 바로 그 사람이다.

요한일·이·삼서는 '그리스도인의 사귐'이라는 공통 주제를 다룬다. 그러나 요한이·삼서는 공통 주제를 서로 다른 차원으로 말한다. 요한이서는 '문을 닫으라' 즉 '교제하지 말라'를 다루면서, 거짓 선지자들과 악을 행하는 자들에게는 문을 닫고 교제하지 말라고 한다. 반면에 요한삼서는 '문을 열라' 즉 '교제하라'를 다루면서, 복음을 위해 수고하며 애쓰는 모든 사역자들에게 항상 집을 개방하고 잘 섬기라고 한다. 요한이·삼서는 문을 닫고 교제하지 말아야 할 그룹과 문을 열고 교제하며 섬겨야 할 그룹을 명확히 말씀한다.

요한일·이·삼서

요한일·이·삼서는 유사성이 많다. 요한일서 4장 3절과 요한이서 1장 7절은 예수의 육체로 오심을 부인하는 적그리스도를 언급한다. 요한삼서에는 이에 대한 언급이 없으나 세 편지는 동일한 시대적, 영적 상황에 처한 그리스도인들의 믿음의 삶을 다룬다.

> 예수를(예수께서 육체로 오심을) 시인하지 아니하는 영마다 하나님께 속한 것이 아니니 이것이 곧 적그리스도의 영이니라 요일 4:3

> 미혹하는 자가 세상에 많이 나왔나니 이는 예수 그리스도께서 육체로 오심을 부인하는 자라. 이런 자가 미혹하는 자요 적그리스도니 요이 1:7

요한이서 – 문을 닫으라 – 거짓 교사들(요이 1:10)

계명 안에서 행하라			거짓 교사들을 경계하라		
인사	진리를 행함	사랑 가운데서 행함	거짓 교사들의 교훈을 삼가라	거짓 교사들을 거절하라	끝인사
1:1-3	1:4	1:5,6	1:7-9	1:10,11	1:12,13
하나님의 계명대로 진리와 사랑으로 행하라			거짓 교사들을 들이지도 말고 인사도 말라		

요한이서 1장 1절 "택하심을 받은 부녀와 그의 자녀들" eklekte kuria

"부녀"(헬, 큐리아 kuria)는 어느 한 개인을 가리키는 것이 아니라 그리스도의 신부로서의 교회를 의미한다. "자녀들"(헬, 테크논 teknon)도 한 개인이 아니라 집단의 구성원을 말한다. 이는 '부녀'와 연관이 있다. 즉, '하나님께로부터 태어난 모든 자'를 나타낸다. 그러므로 "택하심을 받은 부녀와 그의 자녀들"은 '하나님께 택하심을 받은 나의 사랑하는 교회'라고 해석해도 무방하다.

그 진리 The Truth

사도 요한의 기록에서 자주 보이는 '진리'라는 단어가 짧은 요한이서에도 자주 등장한다. "진리를 아는 모든 자"(요이 1:1), "영원히 우리와 함께할 진리로 말미암음이로다"(요이 1:2), "진리를 행하는 자"(요이 1:4)에서 언급된 "그 진리"(The Truth)는 '하나님의 영원하고 신실한 약속'이며 '성취된 약속들'을 말한다. 이는 교회에 생명을 주며, 교회를 공동체로 결속시키고, 그리스도의 재림 후에도 영원히 함께함을 말한다. 그러므로 교회는 그 진리에 의해 살아간다. 교회 공동체의 삶의 가치 기준은 세상의 사고관에 있지 않고 오직 그 진리에 있다. 우리는 그 진리를 알 뿐 아니라 이것에 의해 살아간다.

문을 닫으라 Close the door

교회 공동체는 거짓 교사들을 거절하고 추방해야 한다.

> 누구든지 이 교훈을 가지지 않고 너희에게 나아가거든 그를 집에 들이지도 말고 인사도 하지 말라 요이 1:10

이들은 '미혹하는 자'다. 예수 그리스도께서 육체로 오심을 부인하는 자다. 이들은 적그리스도다(요이 1:7). 이들을 냉정하게 대하는 것을 두고 그리스도의 사랑의 결핍이라고 주장하는 사람들이 있다. 그리스도의 사랑은 배타적이지 않다는 데 역점을 둔다. 그러나 적그리스도의 교훈을 용납하면 "그 진리"를 혼합시키는 결과를 가져온다. 우리 몸에 암세포가 생기면 적극적으로 대처한다. 거짓 교훈은 암세포와 같아서 우리의 믿음과 교회 공동체를 파괴한다. '진리'와 '사랑'은 함께 있다. 그러나 이단은 조금도 용납하지 않는다.

요한삼서 – 문을 열라 – 충성된 일꾼들(요삼 1:8)

섬김 – 손님 접대			이기심 – 형제들을 내쫓음		
인사	진리를 행하는 가이오	영접하는 가이오	악을 행하는 디오드레베	선을 행하는 데메드리오	끝인사
1:1	1:2-4	1:5-8	1:9-11	1:12	1:13-15
호의를 베풀 의무			교만의 위험		

요한삼서 1장 1절 "사랑하는 가이오"

"장로"는 '사랑하는 가이오'에게 편지를 했다. 그에 대해 좋은 소식을 들었기 때문이다. 그는 당시 순회 전도자들을 잘 섬겼다. 주의 말씀을 따라 잘 행했다.

> 너희를 영접하는 자는 나를 영접하는 것이요, 나를 영접하는 자는 나를 보내신 이를 영접하는 것이니라… 누구든지 제자의 이름으로 이 작은 자 중 하나에게 냉수 한 그릇이라도 주는 자는 내가 진실로 너희에게 이르노니 그 사람이 결단코 상을 잃지 아니하리라 마 10:40,42

가이오 DNA

가이오는 냉수 한 그릇을 주는 자이다. 하나님은 **오늘날의 가이오**를 찾으신다. 이들은 진리를 행하는 '숨겨진 영웅'이다. 주님은 이들이 결단코 상을 잃지 않을 것이라고 하셨다.

요한이서와 요한삼서

요한이서는 사랑, 계명, 진리, 적그리스도를 언급한다. **요한삼서**는 사도 요한이 사랑하는 자 '가이오'를 언급한다. 그는 에베소에서 바울과 같이 고난 당한 사람(행 19:29)인 것으로 생각된다.

요한이서는 목회자적 관점에서 이단에 대해 엄격하게 처리하고 이들을 받아들이지 말라고 말한다. **요한삼서**는 여러 곳에서 순회 사역하는 신실한 종들을 받아들이지 않고 오히려 그들을 잘 섬기는 자들을 박해하던 디오드레베의 행위를 반대한다.

요한이서는 "장로인 나는 택하심을 받은 부녀와 그의 자녀들에게 편지하노니 내가 참으로 사랑하는 자요"(요이 1:1)라고 시작하고, "너의 자녀들 중에 우리가 아버지께 받은 계명대로 진리를 행하는 자를 내가 보니 심히 기쁘도다"(요이 1:4)라고 칭찬한다. 그리고 "내가 너희에게 쓸 것이 많으나 종이와 먹으로 쓰기를 원하지 아니하고 오히려 너희에게 가서 대면하여 말하려 하니 이는 너희 기쁨을 충만하게 하려 함이라"(요이 1:12)라고 맺는다.

요한삼서는 "장로인 나는 사랑하는 가이오 곧 내가 참으로 사랑하는 자에게 편지하노라"(요삼 1:1)라고 시작하고, "내가 내 자녀들이 진리 안에서 행한다 함을 듣는 것보다 더 기쁜 일이 없도다"라고 칭찬한다. 그리고 "내가 네게 쓸 것이 많으나 먹과 붓으로 쓰기를 원하지 아니하고 속히 보기를 바라노니 또한 우리가 대면하여 말하리라"(요삼 1:13,14)라고 맺는다.
두 편지는 시작하는 말과 마치는 말의 내용과 순서가 비슷하다.
요한이서와 요한삼서에는 엄격한 경고의 말씀이 많지만 그래도 사랑스런 문체로 쓰였다. 전체적인 분위기는 사랑이다.

순회 전도자

초대교회에는 세 가지 직제가 있었다.
첫째는 '사도'이다. 이들은 예수님과 처음부터 함께 있었고 그분의 부활을 목격한 사람들로서 교회의 지도자였다. 이들의 권위는 어느 한 장소에만 주어진 것이 아니라 모든 교회를 향했다.

둘째는 '장로'이다. 이들의 권위와 직무는 그들이 소속된 교회에 한정되었다. 이들은 여행이나 순회하는 일이 없었다. 소속된 한 교회의 지도자였다.

셋째는 '순회 전도자'이다. 이들은 어느 한 곳에 거주하지 않고 여러 지역을 순회하며 가르쳤다. 말씀을 가르치는 교사이거나 선지자였다. 안정된 직업을 내려놓고 전적으로 복음을 전했다.
이들에게 주의를 요하는 세 가지가 있다. 첫째, 올바른 복음을 전해야 한다. 둘째, 그들의 필요를 사람에게 의존하지 않고 전적으로 주께 의지해야 한다. 셋째, 올바른 지도력을 가르치고 본을 보여야 한다. 교회를 견고하게 하고, 그리스도인들이 세상에 영향을 받는 것이 아니라 영향을 주는 삶을 살도록 가르치는 역할을 했다.
이들 중에는 참된 교사들이 많았지만 거짓 교사들도 있었다. 특히 그노시스주의자들이 대표적인 거짓 교사였다. 이들은 예수 그리스도가 육체로 오심을 부인했으며, 진리를 행함에 관심이 없고 오직 이론적 지식에만 집중했다.
요한일·이·삼서에 "행함"이라는 구절이 많은 이유도 여기에 있다. 요한이서는 순회 사역자 중에서도 특히 거짓 교사와 선지자를 집에 들이지 말라고 한다. 요한삼서는 순회 사역자 중 참된 교사와 선지자를 영접해 집에 머무르게 하여 그들이 사역을 잘 감당하도록 섬기라고 한다.
데메드리오는 순회 사역자였다. 사도 요한은 그런 사역자들을 영접하여 잘 섬기라고 한다. 그러나 그들을 섬기지 않은 나쁜 예도 있다. 디오드레베는 순회 사역자들을 영접하는 것을 거절했을 뿐 아니라 그들을 영접하는 자들을 교회에서 추방하려고 했다.

손님 접대(Hospitality)

손님 접대는 교회 지도자들의 덕목 중 하나로 꼽힌다. 감독의 자격으로 디모데전서 3장 2절은 "감독은… 나그네를 대접하며…"라고 했고, 디도서 1장 7,8절은 "감독은… 나그네를 대접하며 선행을 좋아하며…"라고 언급했다. 참 과부의 자격도 "과부로 명부에 올릴 자는… 나그네를 대접하며 혹은 성도들의 발을 씻으며 혹은 환난 당한 자들을 구제하며 혹은 모든 선한 일을 행한 자라야 할 것이요"(딤전 5:9,10)라고 했다.
로마서 12장 13절에 "성도들의 쓸 것을 공급하며 손 대접하기를 힘쓰라"라고 말씀하셨다. "힘쓰라"는 것은 '연습하라'를 가리킨다. 누구든지 손 대접하는 데 있어 핑계를 대지 말라고 하신다. 자신은 성격적으로나 환경적으로 손 대접하기에 적합하지 않다고 뒤로 물러나거나 수동적인 태도를 가지지 말고 적극적으로 힘써야 한다. 손 대접하기에 익숙해지도록 '연습해야' 한다. 처음부터 감당하기에 크고 벅찬 일을 하지 말아야 한다. 자칫 한두 번 시도하다가 낙심하기가 쉽기 때문이다. 비교적 작고 쉬운 일부터 연습해야 한다.

베드로전서 4장 9절에 "서로 대접하기를 원망 없이 하고"라고 하셨다. 히브리서 13장 1,2절에 "형제 사랑하기를 계속하고 손님 대접하기를 잊지 말라. 이로써 부지중에 천사들을 대접한 이들이 있었느니라"라고 하셨다. 이는 아브라함을 염두에 두고 한 말씀이다. 그는 지나가는 나그네를 극진히 영접하여 섬겼다. 그로 인해 하나님으로부터 '이삭'을 약속받았다(창 18:1-15).

요한삼서에 손님 접대의 본보기로 대표적인 네 명 즉 **사도 요한, 데메드리오, 디오드레베, 가이오**가 등장한다. 요한은 사도를 대표하고, 데메드리오는 순회 사역자를 대표하고, 디오드레베는 사역자 섬기기를 거절할 뿐 아니라 이를 방해하는 지역의 리더를 대표하고, 가이오는 순회 사역자들을 영접하여 섬기는 지역의 리더를 대표한다. 어쩌면 가이오는 지역 교회의 대표적인 리더가 아니라 평범한 교회의 일원일 수도 있다. 그러나 주님은 그가 사역자들을 섬긴 것을 칭찬하시려고 이 짧은 서신에 그의 이름을 기록하게 하셨다.

그리스도인의 가정은 주의 진리를 전하는 사역자들에게 문을 개방해야 한다. 주를 섬기는 자를 사랑으로 영접해야 한다. 이것은 의무가 아니라 특권이다. 억지로, 마지못해서가 아니라 기쁨으로 진리를 나누고, 진리의 동역자가 되라.

【 요한이서와 요한삼서 비교 】

요한이서	요한삼서
1. Close the Door 2. 집에 들이지 말라 3. 사랑 가운데서 행하라 4. 진리를 지켜라 5. 거짓 교훈을 삼가라 6. 나쁜 모델 : 거짓 교사들 7. 좋은 모델 : 부녀와 그의 자녀들	1. Open the Door 2. 손 대접하라 3. 선한 것을 본받으라 4. 손 대접하기를 힘쓰라 5. 선을 행하라 6. 나쁜 모델 : 디오드레베 7. 좋은 모델 : 가이오
거짓 교사들을 거절하라	참된 교사들을 영접하라

신앙생활의 영적 원리

요한삼서 1장 2절 말씀은 신앙생활의 영적 원리를 말한다. **"사랑하는 자여 네 영혼이 잘됨같이 네가 범사에 잘되고 강건하기를 내가 간구하노라."** 우리 육체가 강건하려면 먼저 영혼이 잘되야 한다. 성공적인 삶을 살려면 먼저 우리의 영혼이 잘되야 한다. 먼저 하나님과 친밀한 삶을 살아갈 때 세상에서 성공적인 삶을 살며 몸도 강건하게 될 것이다.

하지만 세상은 순서를 거꾸로 말한다. 보이는 육체의 건강함을 먼저 강조한다. 그러나 우선순위는 보이지 않는 영역인 속사람이 먼저이고 다음이 범사와 육체다. 디모데전서 4장 7,8절은 "경건에 이르도록 네 자신을 연단하라. 육체의 연단은 약간의 유익이 있으나 경건은 범사에 유익하니 금생과 내생에 약속이 있느니라"라고 했다. 또한 에베소서 3장 16절은 "성령으로 말미암아 너희 속사람을 능력으로 강건하게 하시오며"라고 했다. 이처럼 속사람의 강건함이 먼저다. 우리 주 예수께서도 "사람이 떡으로만 살 것이 아니요 하나님의 입으로부터 나오는 모든 말씀으로 살 것이라"(마 4:4)라고 말씀하셨다.

학개 선지자는 바벨론 포로에서 귀환한 유대인들이 우선순위가 바뀐 삶을 돌이키기를 강력히 촉구했다. 하나님은 학개를 통해 "너희가 많은 것을 바랐으나 도리어 적었고 너희가 그것을 집으로 가져갔으나 내가 불어버렸느니라 나 만군의 여호와가 말하노라 이것이 무슨 까닭이냐 내 집은 황폐하였으되 너희는 각각 자기의 집을 짓기 위하여 빨랐음이라"(학 1:9)라고 말씀하셨다. 먼저 해야 할 것과 나중에 해야 할 것이 바뀐 삶은 궁핍함, 모자람, 실패함이다.

> 너희가 많이 뿌릴지라도 수확이 적으며, 먹을지라도 배부르지 못하며, 마실지라도 흡족하지 못하며, 입어도 따뜻하지 못하며, 일꾼이 삯을 받아도 그것을 구멍 뚫어진 전대에 넣음이 되느니라 학 1:6

삶의 우선순위는 이렇다.
첫째, 하나님과 친밀감을 통해 영혼이 잘되고,
둘째, 성공적인 삶과 형통한 삶으로 범사가 잘되고,
셋째, 몸이 건강함으로 육체가 강건해진다.

그러므로 영혼이 잘되도록 일상생활에서 하나님과 교제를 최우선순위로 가져야 한다.

진리와 사랑

요한이서와 요한삼서에 반복되는 단어는 **"진리"**와 **"사랑"**이다.

요한이서에서 "진리를 아는"(1절), "영원히 우리와 함께할 진리로 말미암음이로다"(2절), "진리와 사랑 가운데서"(3절), "진리를 행하는 자"(4절)라고 반복하여 말씀하신다. 그리고 6절에 "그 계명을 따라 행하는", "그 가운데서 행하라"라는 비슷한 말씀이 반복된다.

요한삼서에서 "진리를 증언하되"(3절), "진리 안에서 행한다 하니 내가 심히 기뻐하노라"(3절), "진리 안에서 행한다 함을 듣는 것보다 더 기쁜 일이 없도다"(4절)라고 했다.

요한이서와 요한삼서에서 '진리를 안다'는 곧 '진리를 행한다'로 이어진다. 단순히 지식으로 진리를 아는 것이 아니라 삶에서 행함으로 안다고 한다. 그리고 '진리를 행한다'와 '그 계명을 따라 행한다'를 같은 행동으로 말씀하신다. '그 계명'이라 함은 '서로 사랑하라'를 가리킨다.

그러므로 요한이서 1장 3절 말씀처럼 진리와 사랑은 서로 뗄 수 없다. 기독교의 진리는 우리에게 사랑하는 법을 가르쳐주기 때문이다. 기독교의 진리는 우리에게 사랑으로 행하는 이유와 그것이 당연함을 보여준다. 요한일서의 전반적인 내용이 그것이다. 하나님이 우리를 먼저 사랑하셨기에 우리도 그와 같이 남을 사랑한다. 그 사랑은 너그러움과 희생적인 사랑이다. 우리 그리스도인이 진리를 안다면 그대로 행해야 한다. 진리를 행한다는 것은 그 계명을 따라 행하는 것이며 이는 곧 사랑으로 행함을 의미한다. 기독교를 정의한다면 "진리와 사랑"이다.

스승의 가장 큰 기쁨은 제자들이 진리 안에서 행하는 것을 보는 것이다. 사도 요한은 교회가 진리를 행한다는 말을 듣고 심히 기뻐했다(요삼 1:3). 그리고 그 말을 듣는 것보다 더 기쁜 일이 없다고 했다(요삼 1:4). 성령은 사도 요한의 글을 통해 하나님 아버지의 마음을 보여주신다. 진리는 단순히 지식이 아니라 삶의 변화를 일으키는 능력이다. 하나님처럼 생각하고 말하고 행동하게 하는 힘이다.

특이한 인사

요한이서 1장 3절에 "은혜와 긍휼과 평강이 하나님 아버지와 아버지의 아들 예수 그리스도께로부터 진리와 사랑 가운데서 우리와 함께 있으리라"라고 했다. 이것은 단순히 인사나 간구의 차원이 아니라 진술이다. 즉 하나님의 놀라운 선물인 "은혜, 긍휼, 평강"을 구하는 것이 아니라 그것들을 받아서 누리게 될 것을 확신하는 것이다. 사도 요한은 하나님이 이 선물을 주실 것을 확신하고 있다.

"은혜, 긍휼, 평강"은 우리에게 반드시 있어야 할 하나님의 선물이다. 어떤 사람을 대하거나, 어떤 상황에 처한다 할지라도 평상심을 유지할 수 있는 힘이다. 이것이 있기에 진리를 아는 사랑의 삶을 충분히 살 수 있다.

Dear. NCer

손님 접대(Hospitality)

집에 들이지 말라 Close the door - 거짓 교사(요이 1:7-11)
집에 들이라 Open the door - 참된 교사, 즉 순회 사역자(요삼 1:5-8)

- 손님 접대의 좋은 예 - 가이오(요삼 1:12)
- 손님 접대의 나쁜 예 - 디오드레베(요삼 1:9,10)

NCer로서 우리는 언제나 섬김의 삶을 살아야 한다. 그러나 지혜와 분별도 필요하다.

❖ 유다서(Jude) 교회를 깨우는 불의 십자가

유다서는 한 장짜리 짧은 책이다. 그 내용은 베드로후서와 밀접한 관계가 있는데, 거짓 교사들에 대한 가르침이 비슷하다. 구약의 예화들이 베드로후서 2장 3,4절에 인용된 것과 매우 비슷하다. 그러므로 유다서는 베드로후서와 함께 읽을 때 그 내용이 보충된다.

유다서는 어떤 상황도 설명하지 않은 채 그 시대사조에 깔린 사상과 언어로 쓰여있어서 오늘 우리가 이해하기가 쉽지 않다. 내용이 어려워서가 아니라 일반적인 표현을 사용하지 않고 강력한 경고음을 내기에 이해가 어렵다. 바클레이가 "유다서를 처음 대하는 사람들은 마치 망치로 한 대 얻어맞거나 믿음을 고취하려고 불어제치는 트럼펫 소리를 들었을 때처럼 아연해지고 만다"라고 했을 정도로 그 표현이 우리에게 생소하다. 그러나 유다서를 이해하면 초대교회의 상황을 이해할 수 있다. 더 나아가 현대 교회에 중요한 메시지를 주고 있음을 알게 될 것이다.

야고보의 형제 유다

성경에는 여러 명의 유다가 나온다. 예수님의 제자 가운데도 '유다'라는 이름을 가진 사람이 둘이나 있었다. 하나는 가룟 유다이고 다른 하나는 "야고보의 아들 유다"(눅 6:16)이다. 유다서의 기록자가 1절에 "예수 그리스도의 종이요, 야고보의 형제인 유다"라고 소개하듯이 유다서 저자는 야고보의 형제이다. 야고보는 예수님의 형제로, 야고보서의 기록자이다. 그러므로 "야고보의 형제인 유다"는 예수님의 형제를 가리킨다.

이 사람이 마리아의 아들 목수가 아니냐 야고보와 요셉과 유다와 시몬의 형제가 아니냐 막 6:3

처음에는 예수님의 형제들도 그분을 믿지 않았다. 그러나 예수님의 부활과 승천 이후 이들은 달라졌다. 어머니 마리아와 함께 전심으로 성령을 구했고, 오순절에 성령으로 충만함을 받았다. 주의 형제 야고보는 이후 예루살렘교회에서 주도적인 역할을 담당했다.

이 서신을 기록한 유다는 '예수의 형제'라고 하지 않고 "예수 그리스도의 종이요 야고보의 형제인 유다"라고 자신을 소개한다. 그는 예수님이 '그리스도'이심을 믿었다. 그리고 자신은 '예수 그리스도의 종'임을 알았다.

유다서 – 믿음을 위해 싸우라(유 1:3)

거짓 교사들에게 내릴 심판				훈계와 권면	
머리말 - 목적	과거의 심판	현재의 특징	미래의 심판	그리스도인의 의무	결론 - 송영
1:1-4	1:5-7	1:8-13	1:14-16	1:17-23	1:24,25
배교에 대한 분석				배교에 대한 방어	

유다서의 메시지

유다서는 하나님의 성령으로 말씀하신 성경임에도 오늘의 그리스도인들에게 별로 인기가 없다. 이는 절대적 가치 기준을 강력하게 제시하기 때문이다. 그래서 우리는 이 말씀에 더욱 귀를 기울여야 한다.
유다서는 모든 그리스도인이 지녀야 할 믿음을 말씀한다. 그리스도인이 가져야 할 올바른 생각과 행동을 보여준다. 그리하여 세상에 영향을 받는 것이 아니라 영향을 주는 삶을 살아야 함을 강력히 말씀하신다.

거짓 교사들에 대한 경고

유다서의 내용은 매우 엄격하다. 아주 날카로운 표현이 사용되었다. 베드로후서처럼 거짓 교사들을 대적하는 데 가장 제격이다. 제임스 모팻(James Moffat)은 유다서를 "교회를 일깨우는 불의 십자가"라고 불렀다. 유다서는 교회 안에 들어와 거짓된 가르침으로 예수 그리스도를 부인하는 자들과 하나님의 은혜를 오히려 방종의 기회로 삼는 사람들에 대한 엄격한 경고이다. 특히 거짓 교사들에 대해 아주 명확하게 설명하며 경고한다.

> 그들은 기탄없이 너희와 함께 먹으니, 너희의 애찬에 암초요, 자기 몸만 기르는 목자요, 바람에 불려가는 물 없는 구름이요, 죽고 또 죽어 뿌리까지 뽑힌 열매 없는 가을 나무요, 자기 수치의 거품을 뿜는 바다의 거친 물결이요, 영원히 예비된 캄캄한 흑암으로 돌아갈 유리하는 별들이라 유 1:12,13

유다서는 마치 '죽음과 황폐함으로 가득한 음산한 풍경화' 같은 인상을 남긴다. 믿음의 삶을 살 때 정신을 차리고 거짓 교사들의 특징을 알아서 경계해야 한다.

거짓 교사들의 특징

거짓 교사들은 누구인가? 그들은 무엇을 믿는가? 그들의 생활방식은 어떤가? 유다서는 이에 대해 사실을 묘사하는 것이 아니라 고발하고 있다. 그들과 논쟁하려 하거나 반박할 필요가 없다. 그들을 상대하기보다 그들에게 분노해야 한다. 이런 사람들은 교회 역사에 언제나 존재해 왔으며 지금도 존재한다.
그들은 무법자다. 하나님의 말씀을 자기 마음대로 악용한다. 하나님의 은혜와 용서를 악용한다. 또 죄에 대해 무감각하여 소돔처럼 음행한다. 이들은 죄를 죄로 여기지 않는다. 정욕에 이끌려 살아가며 천사의 존재를 부인한다. 이들은 하나님과 예수 그리스도를 부인한다.

역사에 나타난 예들

유다서는 엄중하게 경고하면서 역사에 나타난 세 가지 예를 들었다. 이것은 믿음으로 살아가는 그리스도인들에게 울리는 경종이다(유 1:5-10).

1. 이스라엘 백성들의 예 - 불신앙

이들은 약속을 받고 애굽에서 나왔으나 믿음이 없어서 약속의 땅에 들어가지 못했다(유 1:5). 히브리서에서도 이에 대해 강력히 경고한다(히 2장-4장). 민수기 13장-14장을 보면 열 명의 정탐꾼과 그들의 말을 따른 백성들이 모두 광야에서 죽는다. 이들의 근본적인 문제는 불신앙이었다. 불신앙은 하나님의 약속을 자기의 것으로 취하지 못하게 한다. 하나님의 약속을 자기의 것으로 취해 경험하는 길은 약속을 믿는 믿음이다. 오직 믿음만이 하나님의 약속이 성취되는 열쇠다. 환경에 따라 반응하지 말고 오직 약속의 말씀을 따라 반응해야 한다. 보이는 것이 아니라 보이지 않는 약속의 말씀을 따라 반응하라.

2. 타락한 천사들의 예 - 교만

이들의 특징은 교만이다. 이들은 자기 지위를 지키지 아니하고 자기 처소를 떠났다(유 1:6). 겸손은 자기 자리를 지키는 것이요, 교만은 자기가 마땅히 있어야 할 자리를 떠나는 것이다. 천사들은 피조물로서 하나님을 예배하는 것이 자기의 지위요, 마땅히 있어야 할 자리이다. 그러나 이들은 교만했다. 피조물의 자리를 떠나 하나님의 자리에 들어가려 했다(겔 28:2,17, 사 14:12-15). 하나님은 교만한 자를 물리치시고 겸손한 자에게 은혜를 주신다(약 4:6). 자기 힘과 능력으로 성공을 취하지 말아야 한다. 모든 영광을 하나님께 돌려야 한다. 겸손은 자기의 분수를 아는 것이고, 교만은 모르는 것이다.

3. 소돔과 고모라의 예 - 성의 잘못된 사용

그들은 음란하며 육체의 소욕을 좇았다. 이로 인해 영원한 불의 형벌을 받았다(유 1:7). 소돔과 고모라의 멸망은 노아의 홍수와 함께 죄로 인한 심판의 대표적 예이다(창 19장). 이들의 가장 심각한 죄는 성의 잘못된 사용이다. 동성애가 가장 대표적인 예다. 그들은 남색에 열중했다. 이들은 역사에서 흔적도 없이 사라졌다. 예루살렘에서 불과 하루 여행 거리에 있던 소돔과 고모라의 터는 지금은 불모지, 황야이다. 그때 그을린 황야의 비틀린 토지 밑에는 아직도 역청과 기름이 있다. 소돔과 고모라는 거룩함을 상실한 삶의 결과를 보여주는 대표적 예다.

광야에서 죽은 이스라엘, 타락한 천사들, 소돔과 고모라의 공통적인 특징은 하나님의 말씀을 자신들의 삶에 절대가치와 절대기준으로 삼지 않은 것이다. 유다서는 이런 명백한 세 가지의 역사를 예로 들면서 우리에게 거울로 삼으라고 권면한다. 우리는 절대가치 기준인 성경을 상고해야 한다. 그 진리를 알고 행해야 한다.

또 다른 역사의 교훈

> 화 있을진저 이 사람들이여, 가인의 길에 행하였으며, 삯을 위하여 발람의 어그러진 길로 몰려갔으며, 고라의 패역을 따라 멸망을 받았도다 유 1:11

첫째, 가인의 길을 조심하라

가인은 그 형제 아벨을 질투했고, 미움을 품었다. 급기야 형제를 들판에서 죽였다. 하나님께서 가인의 예배와 예물을 받지 않으시고 아벨의 예배와 그 예물을 열납하셨기 때문이다. 그 원인은 믿음에 있었다.

하나님이 받으시는 예배와 예물의 기준은 오직 믿음이다. 믿음은 자기 방식의 예배를 말하는 것이 아니다. 믿음으로 드리는 예배와 예물은 오직 하나님의 말씀을 따르는 것이다. 하나님이 받으시는 예배는 오직 어린양 예수의 피를 의지하여 드리는 것이다.

가인은 그가 드린 예배와 예물이 열납되지 않은 이유를 살펴서 올바른 예배를 드렸어야 했다. 그러나 오히려 형제에 대한 비교와 경쟁의식에만 집중했다.

형제에 대한 시기와 질투, 경쟁의식과 비교의식, 미움과 냉소를 조심하라. 가인의 길이란 모든 면에서 무신론적이며 불신앙적이며, 자기 마음대로 행동하며 하나님 중심으로 살지 않는 것이다.

둘째, 발람의 어그러진 길을 조심하라

발람은 하나님의 뜻에 따라 살지 않고 물질을 위해 하나님의 뜻을 무시한 대표적 인물이다. 모압 왕 발락이 거액의 재물을 제시하며 발람에게 이스라엘 백성을 저주하도록 요청했다. 발람은 발락의 요청이 하나님의 뜻이 아닌 것을 명백히 알았다. 처음에는 그 요청을 거절했지만 그의 마음속에는 물질을 사랑하는 마음이 있었다. 더 많은 재물과 사회적 보장을 제시한 발락의 요구를 발람은 수락했다. 베드로후서 2장 15,16절은 "그는 불의의 삯을 사랑하다가" 책망을 받았으며, 나귀가 "선지자의 미친 행동"을 저지했다고 말한다.

발람의 길은 돈을 사랑하는 길이다. 디모데전서 6장 10절에 "돈을 사랑함이 일만 악의 뿌리"라고 했다. 발람의 길은 맘몬을 주인으로 삼는 길이다. 예수님은 "한 사람이 두 주인을 섬길 수 없다"라고 경고하셨고, 두 주인은 바로 "하나님과 재물(:맘몬)"이라고 하셨다(마 6:24). 발람의 어그러진 길을 조심하라는 말은 맘몬을 주인 삼지 말고, 타협하지 말며, 오직 하나님을 주인으로 모시며, 전적으로 그분의 뜻에 순종하며 사는 것을 말한다.

셋째, 고라의 패역을 조심하라

고라는 권위를 무시한 대표적 인물이다. 그는 여러 사람을 동원하여 모세와 아론의 권위를 공개적으로 대적했다. 하나님이 계심을 무시하고 인간적인 방법으로 행했다. 하나님은 고라와 그를 따르는 무리들을 땅속으로 삼켜진 바 되게 하셨다. '패역'이란 대항하여 반박하고 대적하는 행동을 말한다. 패역의 길은 멸망의 길이다. 권위를 무시하는 것은 가장 위험한 행동이다. 권위를 주시고 그의 주권으로 다스리시는 하나님을 무시하는 행동이다. 하나님은 이를 엄격하고 신속하게 처리하신다. 부모와 자녀 사이, 교회 공동체, 사회의 각 영역에서 권위를 올바로 사용하며 반응하는 것이 하나님나라를 이루는 길이다.

가인의 길, 발람의 길, 고라의 패역은 어느 시대에나 일어나는 현상이다. 특히 오늘날 빈번하게 발생하여 가장 경계해야 할 영역이기도 하다. 그 길은 멸망의 길이다.

거짓 교사들의 특징(계속)

유다서는 거짓 교사들의 특징을 계속하여 다음과 같이 설명한다(유 1:12,13).

1. 이들은 배를 침몰시키는 바닷물 속에 살짝 숨겨진 암초와 같다.
2. 돌봐야 할 양들을 돌보지 않고 자기 몸만 기르는 목자요, 당을 지어 그리스도인의 사귐을 파괴하는 자들이다.
3. 바람에 불려가는 물 없는 구름과 같다. 즉 갈망하던 비가 내릴 듯하다가 그대로 지나가는 구름처럼 거짓 맹세로 남을 속인다.
4. 죽고 또 죽어 뿌리까지 뽑힌 열매 없는 가을 나무와 같다.
5. 자기 수치의 거품을 뿜는 바다의 거친 물결과 같다. 바다의 거친 파도가 거품을 뿜어내어 난파선의 잔해를 해안에 남기듯 수치스러운 행동을 뿌리고 다닌다.
6. 영원히 예비된 캄캄한 흑암으로 돌아갈 유리하는 별과 같다. 이들은 궤도를 이탈하여 결국 멸망하는 별처럼, 교만함으로 하나님께 불순종하여 자신의 길을 가다가 멸망하는 자들이다.

에녹의 예언

오래전에 에녹은 이들의 멸망을 예언했다. 그러나 성경에는 에녹의 예언에 대해 언급된 곳이 없다. 우리가 아는 바는 에녹이 그의 아들의 이름을 '므두셀라'라고 지었다는 것뿐이다. 그 이름의 뜻은 명확하지 않으나 '그가 보내리라' 또는 '그가 오시리라'로 여겨진다. 유다서에 언급된 에녹의 예언과 창세기에서 에녹이 그의 아들의 이름을 므두셀라로 지은 것은 연관이 있다. 에녹은 므두셀라를 낳은 후부터 그가 죽음을 보지 않고 올려 갈 때까지 300년간 하나님과 동행했다. 그리고 그가 죽던 해에 노아의 홍수가 임했다(창 5:21-24).

그러므로 어떤 학자들은 '그가 죽을 때에 그가 오시리라' 혹은 '그가 죽을 때에 그것을 보내리라'의 의미로 그 이름을 해석한다. 유다서에는 그의 예언이 무엇인지 명확하게 기록되어 있다. "보라, 주께서 그 수만의 거룩한 자와 함께 임하셨나니"(유 1:14). 이것은 분명히 주 예수님의 재림의 모습이다. 주님의 재림은 노아의 홍수 때와 같다고 성경에 여러 차례 언급되었다. 성령께서 에녹에게 이를 미리 보여주셨다.

에녹의 경건

유다서 1장 15절에는 "경건하지 않은"이라는 문구가 네 차례나 언급된다.

> 이는 뭇 사람을 심판하사 모든 경건하지 않은 자가 경건하지 않게 행한 모든 경건하지 않은 일과 또 경건하지 않은 죄인들이 주를 거슬러 한 모든 완악한 말로 말미암아 그들을 정죄하려 하심이라 유 1:15

"경건하지 않은 자", "경건하지 않은 죄인들", "경건하지 않게 행한", "경건하지 않은 일" 이것들로 인해 하나님이 심판하신다. 에녹 시대에는 경건과 불경건이 극한 대립을 이룬 시대였다. 유다서 1장 16절은 '경건하지 않은 자들의 특징'을 말한다. 그들은 원망하며, 불만을 토하며, 정욕대로 행하며, 자랑하는 말을 하며, 이익을 위해 아첨한다.

에녹은 경건한 사람이었으나 그의 주변에는 경건하지 않은 사람들로 가득했다. 그럼에도 그는 조금도 영향을 받지 않고 경건한 삶을 살았다. 그 비결은 믿음이었다. 그는 하나님이 계심과 그분이 일하심을 믿었다. 그는 하나님을 두려워했다. 경건하지 않은 세상과 사람들 가운데서 언제나 '코람데오'의 삶을 살았다.

> 믿음이 없이는 하나님을 기쁘시게 하지 못하나니, 하나님께 나아가는 자는 반드시 그가 계신 것과 또한 그가 자기를 찾는 자들에게 상 주시는 이심을 믿어야 할지니라 히 11:6

이 말씀은 에녹의 믿음을 두고 한 것이다.

너희는 기억하라(유 1:17-23)

사도들이 이미 마지막 때에 일어날 일들을 예언했다. 이것을 기억하고 놀라지 말고, 경계하며 깨어있으라. 그리고 그리스도인의 다섯 가지 의무를 행하라.

1. 자신의 삶을 거룩한 믿음 위에 건축하라.
2. 성령으로 기도하라.
3. 하나님의 사랑 안에서 자신을 지키라.
4. 영생에 이르도록 우리 주 예수 그리스도의 긍휼을 기다리라.
5. 거짓 선지자들은 단호히 대적하되, 교회 공동체에서 의심하는 자들은 긍휼히 여기라. 그들을 불에서 끌어내어 구원하라. 그 육체로 더럽힌 옷은 미워하되 두려움으로 그들을 긍휼히 여기라.

에녹의 찬양(유 1:24,25)

성경에는 능력의 하나님께 드리는 찬양이 세 번 나온다.

로마서 16장 26,27절은 능히 우리를 견고하게 하실 하나님을 찬양한다.

에베소서 3장 20,21절은 우리가 구하거나 생각하는 모든 것에 더 넘치도록 능히 하실 하나님을 찬양한다.

유다서 1장 24,25절에 놀라운 능력의 하나님을 찬양하는 고백이 있다. 나는 이것을 '에녹의 찬양'이라고 부르고 싶다. 에녹의 경건한 삶, 믿음의 삶, 승리의 비결이 여기에 있다.

"능히 너희를 보호하사 거침이 없게 하시고 너희로 그 영광 앞에 흠이 없이 기쁨으로 서게 하실 이 곧 우리 구주 홀로 하나이신 하나님께, 우리 주 예수 그리스도로 말미암아 영광과 위엄과 권력과 권세가 영원 전부터 이제와 영원토록 있을지어다. 아멘"(유 1:24,25).

유다서를 읽다 보면 자칫 부정적이 되거나 두려움이 생길 수 있다. 이 시대를 사는 동안 믿음의 삶을 살기 어려워 보이기도 한다. 그러나 이 마지막 두 구절을 통해 우리는 담대해진다. 승리를 바라보며 하나님을 찬양하게 된다. 경건한 삶을 살기 어려운 세상에서 경건하지 못한 일들, 사건들, 사람들, 환경들을 바라보지 않고 에녹처럼 하나님을 바라보게 된다.

우리는 그의 영광, 그의 위엄, 그의 다스리심, 그의 능력을 바라본다. 그 하나님만 홀로 우리의 구주가 되신다. 이 하나님이 능히 우리를 보호하셔서 거침이 없게 하신다. 그분은 죄에 빠져 실족하거나 실패하지 않도록 우리를 충분히 보호할 능력이 있으시다. 그래서 우리를 주 앞에 흠이 없이 서게 하실 것이다. 우리에게 필요한 것은 에녹의 믿음의 찬양이다.

Dear. NCer

역사에 나타난 예들을 경계의 거울로 삼자.

- 불신앙 - 이스라엘 백성들
- 교만 - 타락한 천사들
- 쾌락과 정욕 - 소돔과 고모라

가장 경계해야 할 세 가지 길

- 가인의 길 - 시기, 질투, 미움, 경쟁의식, 비교의식, 냉소주의
- 발람의 길 - 맘몬을 주인 삼음, 돈을 사랑함
- 고라의 패역 - 권위를 거역함

NCer들이여, 에녹의 DNA를 취하자.

- 에녹처럼 경건, 믿음, 승리의 삶의 롤 모델이 되자.

❖ 히브리서(Hebrews) 모든 것 위에 뛰어나신 예수

히브리서는 다른 모든 성경과 조화를 이룬다. 모세5경, 특히 레위기의 주석이라고 볼 수 있다. 그래서 히브리서를 '신약의 레위기'라고도 부른다. 신학적 깊이, 웅장한 스타일, 내용 구성의 탁월함이 히브리서에 대한 인상이다.

이 놀라운 서신의 기록자가 누구인가는 큰 관심거리다. 알렉산드리아의 오리겐은 "하나님만이 히브리서의 저자를 아신다"라고 말했다. 내용이나 구성에 있어서 바울이라고 보는 견해도 있지만 바나바나 아볼로로 보는 견해가 더 압도적이다. 나는 아볼로에 더 무게를 둔다. 알렉산드리아 출신인 그는 "언변이 좋고 성경에 능통한 자"였다. 그는 구약을 통해 예수에 대해 자세히 가르쳤다(행 18:24-28). 에베소에서 사역하면서 브리스길라와 아굴라를 통해 성령을 체험한 후 그의 말씀 사역은 더 풍성해지고 힘이 생겼다. 그 후 그는 아가야 지방의 고린도로 갔고(행 18:27-19:1), 바울이 개척한 고린도교회에서 바울에 이어 사역했다(고전 3:4-7).

히브리서 – 큰 대제사장이신 예수(히 4:14–16)

하나님의 아들로서 인성의 아름다움			하나님의 아들로서 제사장직의 탁월한 영광			그리스도인의 아름다운 믿음의 삶		
선지자들 보다 뛰어나신 예수	천사들 보다 뛰어나신 예수	모세보다 뛰어나신 예수	멜기세덱의 반차를 따른 대제사장	더 아름다운 직분, 더 좋은 약속, 더 좋은 언약의 중보자	더 크고 온전한 장막, 더 좋은 제물, 한 영원한 제사	믿음의 역사	소망의 인내	사랑의 수고
1:1-3	1:4-2:18	3:1-4:13	4:14-7:28	8:1-13	9:1-10:18	10:19 -11:40	12:1-29	13:1-25
그리스도의 위엄			그리스도의 사역			그리스도인의 사역		
교리						훈련		

히브리서는 예수 그리스도가 얼마나 탁월하신지 가장 잘 설명하는 책이다. 예수 그리스도의 아름다운 인성과 거룩한 신성을 찬란하게 그렸다. 이는 헬라적 사고의 사람들에게나 히브리적 사고의 사람들에게 동일하게 전하는 메시지다.

헬라적 배경 : '당신들은 실체를 찾아 구하고 있다. 그림자에서 벗어나 진리에 이르고자 한다. 당신들의 간절한 소원을 이루게 하시는 이는 오직 예수 그리스도이시다.'

히브리적 배경 : '당신들은 지금까지 완전한 희생을 바쳐 하나님께로 가는 길을 열어 하나님과 당신들 사이에 가로놓인 장애물을 제거하고, 하나님과 정상적인 관계를 회복시켜 줄 수 있는 완전한 제사장을 찾고 있었다. 그것을 행할 수 있는 이는 바로 예수 그리스도 한 분뿐이다.'

• **헬라인에게,** '당신들은 안타깝게도 그림자에서 실체로의 길을 탐구하고 있는데, 그것은 예수 그리스도 안에서만 찾아낼 수 있다. 그분이 당신들이 찾는 실체다.'

• **히브리인에게,** '당신들은 자신들이 범한 죄로 폐쇄되어 버린 하나님께 가는 길을 열어줄 완전한 희생을 구하고 있는데, 그것은 예수 그리스도 안에서만 찾을 수 있다. 그분이 완전한 제사장이며 완전한 제물이다.'

히브리서의 특징

히브리서의 다섯 가지 권면, 경계, 경고

히브리서는 '한 편의 긴 설교'라고 할 수 있다. 설교 중에 다섯 번에 걸쳐 훈계가 나온다. 이를 통해 당시 영적 분위기를 엿볼 수 있다. 우리가 귀를 기울여 마음으로 듣고 자신을 살펴야 할 영역이다.

1) 들은 말씀을 소홀히 함으로 말씀에서 떠나 불신앙으로 떨어져 표류하지 않도록 주의하라(히 2:1-4).
2) 강퍅한 마음으로 들은 바 말씀을 의심하지 말고 믿음으로 화합하라(히 3:7-4:13).
3) 영적 나태함으로 말씀에 무뎌져서 영적 열정이 시들지 않도록 경계하라(히 5:11-6:20).
4) 완고함으로 말씀을 업신여겨 믿음이 후퇴하지 않도록 주의하라(히 10:26-39).
5) 듣기를 거절함으로 말씀에 불순종하여 은혜에 이르지 못하는 자가 없도록 경계하라(히 12:14-29).

예수 그리스도의 뛰어나심

히브리서는 구약의 말씀이 오직 예수 그리스도를 증거함을 자세히 설명한다. 예수 그리스도는 구약의 보충이 아니라 구약의 완성이다. 시편 110편이 본문이라면 히브리서는 시편 110편의 주석이라 할 수 있다. 히브리서는 모든 것 위에 뛰어나신 예수 그리스도를 뚜렷하게 보여준다.

1) 선지자들보다 뛰어나심(히 1:1-3)
2) 천사보다 뛰어나심(히 1:4-14)
3) 모세보다 뛰어나심(히 3:1-6)
4) 여호수아보다 뛰어나심(히 4:1-11)
5) 아론의 제사장 직분보다 뛰어나심(히 5장-7장)
6) 옛 언약보다 좋으심(히 8장-10장)
7) 믿음의 본이 되심(히 11장-13장)

히브리서의 메시지

모든 것 위에 뛰어나신 예수(히 1:1-4:13)

선지자들과 예수 그리스도(히 1:1,2a)

옛적에 선지자들을 통하여 여러 부분과 여러 모양으로 우리 조상들에게 말씀하신 하나님이 이 모든 날 마지막에는 아들을 통하여 우리에게 말씀하셨으니 히 1:1,2a

하나님이 "여러 부분"과 "여러 모양"으로 "말씀하셨다"는 것은,

1) 선지자들을 통해 전달된 계시는 여러 형태를 지녔다. 그들은 시대에 필요한 메시지를 전달했다. 그러나 선지자들은 진리의 일면을 전달했다.
2) 선지자들을 통해 전달된 계시는 단편적이다. 그 시대에 해당하는 하나의 메시지이기 때문이다. 가령 선지자 아모스를 통해서는 하나님의 '공의'를 전달하여 사회의 정의를 촉구했다. 선지자 이사야를 통해서는 하나님의 '거룩하심'을 전달하여 백성들과 세상의 죄를 지적하며 회개를 촉구했다. 선지자 호세아를 통해서는 하나님의 '용서하시는 사랑'을 전달하여 하나님을 떠난 백성들을 향한 그분의 사랑을 나타냈다.
3) 선지자들이 계시를 전달할 때 여러 방법이 사용되었다. 극적인 행동(왕상 11:29-32, 렘 13:1-9, 겔 4:1-3 등)이나 다양한 연설 방법을 통해 메시지를 전달했다.

그러나 하나님께서 이 모든 날 마지막 날에 "아들을 통하여" 우리에게 말씀하셨다. 사람이 되신 하나님, 예수께서 자신을 통해 직접 하나님을 보이셨다. 자신의 인격을 통해서도 보이셨다. 예수 그리스도 안에서 하나님을 보여주셨다.
선지자들은 하나님의 종 또는 친구로서 하나님을 보여주었다. 그러나 예수 그리스도는 하나님의 아들로서 그분을 보이셨다. 선지자들은 하나님 마음의 일부를 보였으나 예수께서는 하나님의 마음 중심을 보이셨다. 선지자들은 하나님의 성품의 일부분을 보였지만 예수 그리스도는 하나님의 전체를 보이셨다. 예수 그리스도를 보면 하나님을 볼 수 있기 때문이다. 예수 그리스도는 독생하신 하나님이시다. 예수께서 "너희가 나를 알았더라면 내 아버지도 알았으리로다… 나를 본 자는 아버지를 보았거늘… 내가 아버지 안에 거하고 아버지는 내 안에 계신 것을 네가 믿지 아니하느냐?"(요 14:7-10)라고 말씀하셨다.

말씀이 육신이 되어 우리 가운데 거하시매 우리가 그의 영광을 보니 아버지의 독생자의 영광이요 은혜와 진리가 충만하더라 요 1:14

본래 하나님을 본 사람이 없으되 아버지 품속에 있는 독생하신 하나님이 나타내셨느니라 요 1:18

그러면 예수 그리스도는 누구신가?(히 1:2b,3)

1) 예수 그리스도는 하나님의 영광의 광채시다. 하나님의 영광 그 자체시다. 하나님의 영광의 반사체가 아니라 광채시다. 예수 그리스도는 하나님의 본질, 실체, 일체이시다. 하나님의 표

현이다. 예수를 바라보면 하나님의 본질을 알 수 있다. 예수 그리스도는 단편적이거나 부분적인 계시가 아니라 하나님 자체이다.

2) 그는 만유의 상속자이시다. 예수 그리스도는 합법적으로 모든 것의 주가 되신다. 그는 만왕의 왕이시며, 만유를 다스리시는 만유의 주이시다. 하나님 아버지는 그에게 '하늘과 땅의 모든 권세'를 주셨다.
3) 예수 그리스도는 창조주이시다. 보이는 세계와 보이지 않는 세계, 하늘과 땅은 그에 의해 창조되었다.
4) 그의 능력의 말씀으로 보이는 세계와 보이지 않는 세계의 모든 것을 붙드신다. 세계를 유지하는 힘은 예수님의 말씀이다. 역사를 통해 그의 경륜과 섭리로 그가 예정하신 뜻을 성취하시는 분도 예수 그리스도다.
5) 예수 그리스도는 죄를 사하는 권세가 있으시다. 십자가에서 우리의 죄를 위한 화목제물이 되셔서 우리를 죄로부터 자유하게 하시고 의롭다 하셨다.
6) 그는 우리의 중보자이시다. 예수는 하나님의 영광의 오른쪽에 앉으셔서 우리를 위해 중재하시며 역사하시는 분이다.

그러므로 예수 그리스도는 모든 것 위에 뛰어나시다. 히브리서 1장 4절부터는 예수께서 얼마나 뛰어나신지를 보여준다.

예수는 천사보다 뛰어나시다(히 1:4-14)

천사의 위치는 교회 역사에서 언제나 논의되었다. 아주 오래전, 이스라엘 사람들은 하나님과 사람 사이가 점점 멀어져서 하나님이 사람에게 말씀하실 수 없고, 사람도 하나님께 직접 말씀드릴 수 없는 것처럼 생각했다. 결국 모세와 같은 중재자의 필요가 대두되었다. 사람들은 천사의 역할이 점점 커져서 하나님과 사람 사이의 다리 역할을 한다고 믿었다. 특히 신구약 중간 시대에 이런 사고가 팽배했다. 초대교회 시대에도 어느 정도 이 같은 사고가 있었다.
야곱이 벧엘에서 잠을 잘 때 꿈에서 본 장면은 마치 이것을 증명하는 것처럼 비칠 수 있다. 이는 하나님과 사람 사이에서 천사가 중재자 역할을 하는 것으로 보이나, 하나님과 사람 사이에 중재자는 오직 예수뿐이다. 하나님은 천사에게 이것을 맡긴 적이 없으시다. 오직 예수께서 우리가 하나님께로 직접 갈 수 있도록 길을 여셨다. "모든 천사들은 섬기는 영으로서 구원받을 상속자들을 위하여 섬기라고 보내심"을 받았다(히 1:14).

말씀을 경험하는 삶을 살라(히 2:1-4)

하나님이 우리에게 하신 말씀은 두 가지다. 하나는 천사들을 통해 하신 말씀, 즉 율법이요 십계명이다. 다른 하나는 아들이신 예수 그리스도를 통해 하신 말씀이다. 천사들을 통해 주신 말씀을 우리가 소홀히 할 수 없다면 아들을 통해 주신 말씀은 더 등한시할 수 없다.

그러므로 2장 1절을 다음과 같이 번역할 수 있다. "그러므로 우리는 가르침을 받은 것들에 우리 인생의 닻을 내려서 인생이라는 배가 항구에서 멀리 떠나 표류하여 파선되는 일이 없도록 하자."

하나님 말씀의 특징(히 2:3,4)

처음에 하신 말씀이 있다. 우리 주 예수께서 직접 하신 말씀이다. **전달된 말씀**이 있다. 예수께로부터 직접 말씀을 들은 사도들이 그 말씀을 우리에게 전했다. 하나님은 사도들이 전할 때 표적과 기사, 여러 가지 능력과 성령의 은사로써 그 말씀의 확실함을 증명하셨다. 이처럼 하나님의 말씀은 확실하다. 먼저 사도들이 직접 들은 그 말씀이 사실로 경험되었다. 그들은 하나님이 확증하신 그 말씀을 전했다. 하나님 말씀은 듣는 자들에게 언제나 확증된다. 하나님이 전하는 자의 말씀을 확증하셨기 때문이다. 생명의 말씀이 생명으로 전달된다.

오늘 우리가 그 말씀을 전달하거나 들을 때에 기대하는 것은, 그 말씀의 확실함을 하나님이 증언하여 주시는 것이다. 고린도전서 4장 20절에 "하나님의 나라는 말에 있지 아니하고 오직 능력에 있음이라"라고 하시듯, 성령의 기름부으심과 권세와 능력이 나타나기를 기대해야 한다. 하나님이 그 말씀의 확실함을 증거하신다. 가장 큰 증거는 삶의 변화다. 살아내는 것이다. 말씀을 삶에서 경험하는 것이다. 이것이 말씀에 대한 확증이다.

빅뉴스! 잃어버린 하나님의 형상이 회복되었다!(히 2:5-9)

하나님께서는 사람을 하나님의 형상으로 창조하셨다. 하나님보다 조금 못하게 만드시고 하나님을 대신하여 만물을 다스리게 하셨다(히 2:5-8a). 그런데 사람이 죄를 범하여 이 놀라운 영광과 특권을 상실했다. 승리와 다스림 대신에 좌절과 패배를 맛보았다(히 2:8b). 그러나 예수 그리스도가 오셔서 그의 고난의 죽으심으로 우리의 죄를 처리하시고 부활하심을 통해 상실했던 하나님의 형상을 우리에게 회복시키셨다(히 2:9). 예수께서 오셔서 회복하실 때 하나님과의 관계뿐 아니라 만물을 다스리는 권세도 회복하셨다.

능히 도우시는 예수 그리스도(히 2:14-18)

예수님은 우리와 동일하게 혈과 육에 속한 사람으로 오셔서 사람이 당하는 모든 것을 경험하셨다. 우리와 동일하게 고난을 받으셨다. 이는 아브라함의 씨를 붙들어주려 하심이었다. 그는 십자가의 죽음을 통해 죽음의 세력을 잡은 자, 마귀를 멸하셨다. 죽기를 무서워하므로 한평생 매여 종노릇하는 모든 자를 놓아주셨다. 그의 백성의 죄를 속량하셨다. 그가 시험을 받아 고난을 당하셨기에 시험받는 자를 능히 도우신다.

그러므로 예수를 깊이 생각하라(히 3:1-6)

우리는 예수님의 다음 두 모습을 깊이 생각해야 한다.

예수님은 위대한 '사도'이시다. 하나님이 사명을 주어 보내신 하나님의 대사이며 메신저이시다.

또한 예수님은 위대한 '대제사장'이시다. 우리의 죄를 처리하시고 우리를 하나님께로 이끄신다. 그러므로 우리의 생각을 오직 예수께 고정시켜야 한다. 사도와 대제사장으로서 그가 우리를 위해 행하신 것들을 깊이 생각해야 한다. 그러면 우리의 믿음이 견고해지고, 우리를 부르신 그 부르심을 따라 살게 될 것이다.

Dear. NCer

예수를 깊이 생각하라(히 3:1) - 사도이며 대제사장이신 예수
예수를 바라보라(히 12:2) - 믿음의 사도이며 온전하게 하시는 예수
예수께 나아가라(히 13:13) - 날마다 십자가를 지고 우리의 일터에서 예배자가 되자

하나님이 주시는 진정한 안식에 들어가라(히 3:7-4:13)

1) 하나님이 주시는 안식은 창조의 마지막 날을 말하는 것이 아니다. 또한 요단 강을 건너 가나안 땅에 들어가는 것을 말하는 것도 아니다. 물론 일주일의 어느 특정한 날 곧 안식일을 말하는 것도 아니다.
2) 이스라엘 백성이 이에 대한 좋은 본보기다. 그들은 약속을 따라 애굽에서 나와 광야를 통행했다. 그러나 결정적으로 약속의 땅에 들어가야 할 때 그 땅에 들어가지 못하고 광야에서 죽었다. 그들이 들은 바 하나님의 약속의 말씀에 믿음으로 반응하지 않았기 때문이다. 그들은 두려운 환경과 사람, 가나안 족속을 두려워했다. 두려움의 뿌리는 불신앙이다. 불신앙은 불순종으로 이어졌고 그들은 결국 안식을 얻지 못했다.
3) 하나님의 약속을 내 것으로 받는 비결은 오직 믿음밖에 없다. 믿음은 순종과 신뢰의 두 요소로 이루어진다. 하나님의 말씀을 따라 내가 해야 할 일을 최선을 다해 순종할 때 하나님은 그의 일을 하심으로 약속하신 그 말씀을 우리가 경험하게 하신다.
4) 하나님이 주시는 안식은 그의 뜻 한가운데 있는 것을 말한다. 그의 말씀을 듣고 믿음으로 반응하여 순종할 때 안식과 평안이 있다. 그곳이 내 삶의 안전지대이다.

안식은 특정 날짜, 장소, 사건을 말하는 것이 아니다. 바로 '오늘' 하나님의 말씀을 듣고 믿고 순종하며 살 때 비로소 안식이 있다. 하나님은 '오늘', '날마다의 오늘' 우리의 마음을 강퍅하게 하지 말고, 불순종과 불신앙이 아닌 그분의 말씀을 듣고 순종하여 살아감으로 진정한 안식을 누리라고 하신다.

멜기세덱의 반차를 따른 대제사장(히 4:14-7:28)

우리에게 큰 대제사장이 계신다(히 4:14-16)

예수님은 하나님의 아들이시며 우리의 큰 대제사장이시다. 그분은 완전한 사람이 되셔서 우리와 동일한 육체적 조건 가운데 계셨다. 그분은 상상할 수 없는 유혹을 받으셨지만 죄를 범하지 않으셨다. 그러므로 큰 대제사장이신 예수의 세 가지 성품을 기억하자.

1) 예수님은 동정이 많으시다. 우리의 연약함을 이해하신다.
2) 예수님은 자비로우시다. 긍휼을 베푸시고 우리를 용서하신다.
3) 예수님은 우리에게 도움을 주신다. 우리로 하나님의 보좌 앞에 나아가 때를 따라 돕는 은혜를 받게 하신다.

"우리에게 큰 대제사장이 계시니!"(히 4:14) 이보다 확실한 은혜는 없다. 내 뒤에 든든한 후원자가 있어서 어떤 경우에라도 두려움이나 불안이 없다는 것이다. 예수님은 우리를 이해하시고 용서하시고 용납하시며 더 나아가 아버지의 보좌 앞으로 인도하여 모든 필요한 것을 받아 누리게 하신다.

멜기세덱의 반차(히 5장-6장)

예수 그리스도께서 어떻게 멜기세덱의 반차를 따른 대제사장이 되셨는가?
하나님께 속한 일에 사람을 위해 예물과 속죄제를 드릴 제사장을 사람 가운데서 택했다. 물론 아무나 제사장이 되는 것은 아니다. 하나님의 부르심을 받아 세워졌다. 하나님은 아론을 불러 그 일을 감당하도록 하셨으며, 제사장직은 오직 아론의 반차를 따르게 하셨다. 제사장직을 행하도록 아론을 부르신 하나님이 또한 멜기세덱의 반차를 따르는 제사장을 불러 세우셨다. 예수 그리스도가 바로 멜기세덱의 반차를 따르는 대제사장이시다.

도의 초보를 버리고 완전한 데로 나아가라

히브리서는 멜기세덱에 대하여 계속 설명하기 전에 잠깐 멈추어 생각을 정리한다. 그 뜻을 이해하고 소화하기가 어렵기 때문이다. 영적으로 성장해야 한다. 언제까지 어린아이에 머무를 것인가? 젖을 먹는 어린아이에서 단단한 음식을 먹는 장성한 자로 성장해야 한다. 영적 게으름에서 벗어나야 한다.
그리스도의 도의 초보에만 머물러서는 안 된다. 죽은 행실을 회개함, 하나님께 대한 신앙, 세례들, 안수, 죽은 자의 부활, 영원한 심판에 관한 교훈이 도의 초보이다(히 6:1,2). 오늘날 이 여섯 가지 도의 초보조차 아직 이해하지 못하는 영적 어린아이가 있다. 영적 부지런함으로 자라나야 한다.

> 우리가 간절히 원하는 것은 너희 각 사람이 동일한 부지런함을 나타내어 끝까지 소망의 풍성함에 이르러, 게으르지 아니하고 믿음과 오래 참음으로 말미암아 약속들을 기업으로 받는 자들을 본받는 자 되게 하려는 것이니라 히 6:11,12

성장의 기초는 믿음이다. 믿음은 하나님의 약속을 나의 것으로 경험하게 한다. 믿음의 삶을 살려면 부지런함과 오래 참음과 소망이 있어야 한다. 아브라함이 가장 좋은 예이다. 하나님은 그에게 "내가 반드시 너에게 복 주고 복 주며 너를 번성하게 하고 번성하게 하리라"(히 6:14)라고 약속하셨다. 아브라함은 그 약속을 믿었다. 하나님의 약속의 말씀과 약속하신 하나님을 믿었다. 흔들리지 않았다. 그리고 오래 참아 결국 약속의 성취를 경험했다.

우리도 아브라함과 같은 소망을 가져야 한다. 소망은 영혼의 닻과 같다. 비록 물결이 일어나 배가 흔들릴지라도 멀리 바다로 떠내려가지 않게 한다. 우리의 소망은 성소의 휘장 안에 들어가는 것이다. 예수께서 오셔서 우리는 성소의 휘장 안으로 들어가게 되었다. 이전에는 하나님께 가는 문이 닫혔으나 예수로 인해 그 문이 열렸다. 예수가 우리를 하나님께로 이끄는 제사장이시다. 그는 아론의 반차를 따르지 않고 멜기세덱의 반차를 따랐다. 멜기세덱은 누구인가?

멜기세덱(히 7장)

멜기세덱은 의의 왕이요, 살렘(:예루살렘) 왕이며, 평강의 왕이다(히 7:2). 지극히 높으신 하나님의 제사장이다. 아버지도 없고 어머니도 없고 족보도 없고 시작한 날도 없고 생명의 끝도 없어 항상 제사장으로 있다(히 7:3). 아론 계통의 제사장 직분은 족보이며 세습이다. 아론은 일시적이나 멜기세덱의 제사장직은 영원하다.

아브라함이 멜기세덱에게 십일조를 드리자 멜기세덱이 그를 축복했다. 그러므로 레위 족속의 제사장보다 더 나은 제사장 직분이다. 왕과 제사장은 구분되나 멜기세덱의 경우는 다르다. 그는 왕이며 제사장이었다.

유대 지파에서 나신 예수님은 멜기세덱의 반차를 따라 제사장이 되셨다.

> 우리 주께서는 유다로부터 나신 것이 분명하도다. 이 지파에는 모세가 제사장들에 관하여 말한 것이 하나도 없고 멜기세덱과 같은 별다른 한 제사장이 일어난 것을 보니 더욱 분명하도다. 그는 육신에 속한 한 계명의 법을 따르지 아니하고 오직 불멸의 생명의 능력을 따라 되었으니, 증언하기를, '네가 영원히 멜기세덱의 반차를 따르는 제사장이라' 하였도다 히 7:14-17

새로운 제사 직분

옛 언약에서는 제사장들의 행렬이 이어졌다. 대제사장은 자신과 백성의 죄를 위해 지성소에 들어갔다. 이 같은 제사가 매년 반복되었다. 옛 언약은 새 언약의 그림자다. 새 언약은 옛 언약의 성취다. 새로운 제사 직분의 약속은 이전 제사 제도의 결함 때문이었다. 율법은 우리를 하나님께로 이끌 수 없다. 예수 그리스도가 우리를 하나님께로 이끄신다. 옛 언약은 땅 위의 성소를 중심으로 이루어지나 새 언약은 하늘의 성소를 중심으로 이루어진다.

새로운 제사직은 영원하다. 새로운 제사 제도는 하나님의 맹세에 의해 세워졌다. 예수 그리스도는 대제사장이시다. 그분은 죄가 없으시므로 자신의 죄를 위해 제사드릴 필요가 없다. 대제사장이신 예수는 자신을 완전한 제물로 바치셨다. 더 이상 희생이 필요 없다. 대제사장이신 예수는 영원히 살아계시며 죽는 일이 없으시다. 희생의 반복을 요구하지 않는다. 단번의 희생으로 영원한 속죄를 이루셨다.

더 아름다운 직분, 더 좋은 약속, 더 좋은 언약의 중보자 예수(히 8장)

새 언약이란 무엇인가?

"그날 후에 내가 이스라엘 집과 맺을 언약은 이것이니, 내 법을 그들의 생각에 두고 그들의 마음에 이것을 기록하리라. 나는 그들에게 하나님이 되고 그들은 내게 백성이 되리라. 또 각각 자기 나라 사람과 각각 자기 형제를 가르쳐 이르기를 주를 알라 하지 아니할 것은 그들이 작은 자로부터 큰 자까지 다 나를 앎이라. 내가 그들의 불의를 긍휼히 여기고 그들의 죄를 다시 기억하지 아니하리라"(히 8:10-12, 참고 렘 31:31-34, 겔 36:24-28).

하나님은 이미 예레미야를 통해 새 언약을 말씀하셨다. 히브리서는 이를 기억했다. 옛 언약은 모세를 통해 시내 산에서 주어진 율법을 가리킨다. 하나님이 새 언약을 세우신 이유는 옛 언약에 문제점이 있거나 부족해서가 아니다. 그것은 정당하고 거룩하며 옳은 법이다. 문제는 옛 언약이 아니라 그 법을 지키는 사람이다. 그 언약을 지킬 능력이 이스라엘에게는 없었다. 그 법에 의하면 모두 심판을 면할 수 없다. 그의 백성이 멸망하기를 원하지 않으시는 사랑의 하나님께서 새 언약을 세우셨다. 이는 옛 언약과 근본적으로 내용이 다르다.

새 언약의 내용은 세 가지다.

1) **"내 법을 그들의 생각에 두고 그들의 마음에 이것을 기록하리라.** 나는 그들에게 하나님이 되고 그들은 내게 백성이 되리라"(히 8:10). 옛 언약은 돌비에 새겨졌으나 새 언약은 마음판에 기록하셨다. 하나님은 우리에게 그분의 말씀을 행할 능력을 주신다. 옛 언약의 말씀을 따라 살고 싶어도 우리에겐 능력이 없다. 우리의 연약함만 드러날 뿐이다. 그런데 새 언약은 이렇듯 연약한 우리에게 성령을 주셔서 말씀을 따라 살 능력을 주시어 말씀을 행하게 도와주신다.
2) **"작은 자로부터 큰 자까지 다 나를 앎이라"**(히 8:11). 새 언약은 하나님과 친밀감을 회복하게 한다. 옛 언약은 오직 제사장만 성소에 들어갈 수 있다. 지성소에는 대제사장이 일 년에 한 번 들어갈 뿐이다. 그러나 새 언약은 믿는 자는 누구든지 언제나 하나님 보좌에 들어갈 수 있다. 예수 그리스도께서 십자가에서 죽으실 때 우리와 하나님 사이를 막던 성소의 휘장이 둘로 찢어져서 우리가 보좌에 나아갈 수 있도록 새로운 살길을 열어놓으셨다.

3) **"내가 그들의 불의를 긍휼히 여기고 그들의 죄를 다시 기억하지 아니하리라"**(히 8:12). 예수 그리스도의 보혈과 십자가의 능력은 우리의 죄를 완전히 해결하셨다. 예수 그리스도의 십자가는 죄의 몸을 해결하셨다. 예수 그리스도의 보혈은 우리가 지은 죄를 용서하시고 깨끗하게 하셨다. 나아가 예수님은 우리의 죄를 기억하지도 않겠다고 말씀하신다.

이처럼 놀라운 새 언약은 예수 그리스도로 말미암아 이루어졌다. 그분은 '더 아름다운 직분, 더 좋은 약속, 더 좋은 언약의 중보자'이시다!

더 좋은 장막, 더 좋은 제물, 더 좋은 제사(히 9:1-10:18)

이제 옛 언약과 새 언약의 차이를 설명하기 시작한다. 이전까지 제사장직의 차이, 두 언약의 차이를 설명했다면 여기서는 제사를 드리는 장소, 제물, 제물 드리는 횟수, 그리고 그 결과를 설명한다. 하나님이 모세를 통해 보여주신 장막(히 9:1-10), 즉 성소와 지성소는 하늘 장막의 모형과 그림자다(히 8:5). 마치 모델하우스와 같다. 이를 간단히 도표로 설명하겠다.

모세의 장막	하늘 장막
사람의 손으로 지음	더 크고 온전한 장막(히 9:11)
짐승의 피	오직 예수 그리스도의 피(히 9:12-14)
모형(히 9:23)	실재
그림자(히 9:24)	실체(:참 것, 히 9:24)
자주 제사	영단번(히 9:25,26, 10:10,14,18)

옛 언약을 율법이라 하고, 새 언약을 복음이라 부른다. 이 두 언약은 갈라디아서와 로마서에서 이미 자세히 살펴보았다. 두 언약 모두 피로 세워졌다. "피 흘림이 없은즉 사함이 없느니라"(히 9:22)라고 하셨다. 옛 언약은 죄를 범한 자의 피를 요구하나 새 언약은 예수께서 대신하여 피를 흘림으로 죽임을 당하셨다. 옛 언약은 죄를 범한 자의 피를 대신하여 "염소와 황소의 피와 및 암송아지의 재를 부정한 자에게 뿌려 그 육체를 정결하게"(히 9:13) 했다. 그것은 장차 오셔서 우리의 죄를 대신하여 피를 흘리실 어린양 예수 그리스도를 예표하는 것이다. 그러므로 옛 언약은 새 언약의 그림자이다.

> 그리스도께서는 장래 좋은 일의 대제사장으로 오사 손으로 짓지 아니한 것, 곧 이 창조에 속하지 아니한 더 크고 온전한 장막으로 말미암아 염소와 송아지의 피로 하지 아니하고, 오직 자기의 피로 영원한 속죄를 이루사 단번에 성소에 들어가셨느니라… 영원하신 성령으로 말미암아 흠 없는 자기를 하나님께 드린 그리스도의 피가 어찌 너희 양심을 죽은 행실에서 깨끗하게 하고 살아계신 하나님을 섬기게 하지 못하겠느냐 히 9:11,12,14

옛 언약인 율법은 조건적이나 새 언약인 복음은 조건이 없다. 마치 유언처럼 일방적이다. 헬라어에서 "유언"과 "언약"(covenant)은 같은 단어(:헬, 디아데케 diatheke)이다. 유언자가 십자가의 죽음으로 그 약속을 이루었다. 이 약속을 들은 우리는 이것을 믿음으로 내 것이 되게 했다.

【 두 언약의 비교 】

옛 언약(히 9:1–10)	새 언약(히 9:11–28)
그리스도가 오셔서 이제 폐기되었다(히 8:13)	그리스도가 가져온 더 나은 언약이다(히 7:19, 8:6)
시내 산에서 시작되었다(갈 4:24,25)	하늘의 예루살렘에서 시작되었다(갈 4:26,27)
죽음과 죄의 선고를 가져온다(고후 3:7-9)	생명을 가져온다(엡 2:1-13)
인간의 연약함과 죄로 인해 온전한 순종이 불가능하다(히 7:19, 10:1-4, 롬 7:18, 8:3)	그리스도에 의해 완전히 실현되었다(히 9:15, 10:10-14, 롬 8:11, 마 26:28)
매해 속죄를 위해 제사를 드려야 한다(히 9:7,8, 10:1-4)	단번에 모든 죄를 없애고, 양심을 깨끗게 한다(히 9:12, 10:22)
하나님께 접근할 수 있는 길이 금지되었다(히 9:7,8)	하나님께 접근할 수 있는 모든 길이 열렸다(히 10:19-22)

The Way Maker(히 10:19-39)

> 그러므로 형제들아, 우리가 예수의 피를 힘입어 성소에 들어갈 담력을 얻었나니, 그 길은 우리를 위하여 휘장 가운데로 열어놓으신 새로운 살 길이요, 휘장은 곧 그의 육체니라. 또 하나님의 집 다스리는 큰 제사장이 계시매, 우리가 마음에 뿌림을 받아 악한 양심으로부터 벗어나고 몸은 맑은 물로 씻음을 받았으니, 참 마음과 온전한 믿음으로 하나님께 나아가자 히 10:19-22

이제 히브리서의 가장 감격적인 순간에 이르렀다! 이 긴 하나의 문장을 요약하면 다음과 같다.
"그러므로 형제들아, 하나님께 나아가자."

"그러므로"
히브리서 1장부터 10장 18절까지의 결과를 말한다.
이 모든 말씀을 종합하여 예수님에 대해 다음의 세 가지 결론에 이른다.

1) 예수님은 하나님 앞으로 인도하는 새로운 살길이다.
2) 예수님은 하늘에 계시며 하나님의 집을 다스리는 대제사장이시다.
3) 예수님만이 우리의 죄를 완전히 깨끗하게 하실 수 있다.

예수님은 우리를 위해 하나님께로 나아가는 길을 여셨다. 그는 **The Way Maker**이시다! 그의 피로 길을 여셨다. 그러므로 하나님께 나아가자. 하나님의 보좌로 나아가자. 모두가 간절히 바라던 곳, 소망의 정점을 이루는 곳, 그러나 이전에는 아무도 감히 나아갈 수 없었던 곳 바로 지성소다. 그런데 그 길이 활짝 열렸다.

그곳은 하나님의 실재, 하나님의 현존, 하나님의 임재가 있는 곳이다. 하나님의 영광의 보좌이다. 하나님이 아버지이심을 경험하는 곳이다. 신선한 기름부음이 있다. 또한 진정한 예배가 있다. 예수님은 우리가 그곳에 영적 실재로 들어가게 하신다. 언젠가 주님을 만나는 것이 아니라 지금 예수 그리스도로 말미암아 날마다 지성소에 들어가 주님을 만나는 것이다.
앤드류 머레이는 히브리서를 주석하며 이 구절의 소제목을 '지성소 안의 생활의 축복'이라고 했다. 그는 다음과 같이 말했다.

> 여기서 우리는 아버지의 얼굴을 볼 것이요, 그의 사랑을 맛볼 것이다. 여기서 그의 거룩함을 나타내신다. 여기서 사랑과 예배와 기도의 향연이 이루어진다. 여기서 하나님과의 풍성한 교제가 이루어진다. 중보기도자의 능력 있는 기도가 이루어진다. 여기에 하나님과 어린양의 보좌로부터 끊임없이 흐르고 넘치는 성령의 강이 있다. 여기에서 영혼이 독수리의 날개 치며 올라감같이 새 힘을 얻고 또한 제사장으로서 세상에 축복을 줄 수 있는 힘과 사랑을 갖게 된다. 여기는 매일 그의 뜻을 이루는 통로가 되도록 신선한 기름부음을 받는 체험을 하는 곳이다.
> — 앤드류 머레이

"또"

히브리서 10장 23-39절의 말씀은 10장 19-22절의 결과를 말한다.

23절은 "또"라는 단어로 시작한다. 이는 "그러므로"라고 해도 무방하다. 이 놀라운 지성소의 삶을 사는 그리스도인에게 따르는 마땅한 삶이기에 서로 격려하며 응원한다. 그러므로 남을 돌아보라! 예수 그리스도로 말미암아 먼저 하나님께 나아가고 이제는 성도에게 나아가라.
서로 격려하라! 서로 예배드리기를 힘써 지키라! 소망을 굳게 잡으라. 더욱 모이기를 힘쓰라! 고난의 큰 싸움을 견디어 낸 것을 생각하라! 담대함을 버리지 말라! 뒤로 물러나 침륜에 빠지지 말라! 믿음으로 더욱 앞으로 나아가자!

> 너희에게 인내가 필요함은 너희가 하나님의 뜻을 행한 후에 약속하신 것을 받기 위함이라 히 10:36

하나님의 약속을 받으려면 인내가 필요하다. 그러나 가만히 수동적으로 기다리며 견디는 것이 아니라 적극적으로 하나님의 뜻을 행해야 한다. 하나님의 뜻은 하나님께 나아가 예배드리는 삶이요, 지성소에 머무는 삶이다. 교회 공동체에서는 서로 사랑으로 돌아보아야 한다. 세상에서는 부지런히 선행을 해야 한다.

The Promise Keeper(히 11장)

믿음장

11장은 믿음의 명예의 전당에 그 이름이 기록된 영웅들의 명단이다. 이들은 하나님의 약속을 붙잡기 힘들 때도 기꺼이 하나님의 말씀을 선택하여 순종했다.

> 믿음은 바라는 것들의 실상이요, 보이지 않는 것들의 증거니 히 11:1

1) 믿음은 약속하신 하나님을 바라보는 것이다. 하나님의 약속은 절대로 변하지 않는다. 하나님은 신실하셔서 반드시 약속을 지키신다. 하나님은 **"The Promise Keeper"**이시다.
2) 믿음은 감정이나 시각이 아니다(고후 5:7). 이성적인 판단도 아니다. 오직 하나님의 말씀에서 비롯된다(롬 10:17). 그러므로 믿음의 사람은 하나님의 약속의 말씀에 귀를 기울인다. 그리고 약속하신 하나님께 시선을 고정한다.
3) 믿음은 말로만이 아니라 구체적으로 행동한다. 하나님의 말씀에 따라 구체적인 행동으로 순종한다. 내가 말씀에 따라 순종할 때 하나님이 약속을 이루실 줄 신뢰한다. 내가 할 일은 순종이요, 하나님이 하실 일을 신뢰하는 것이다. 이같이 믿음은 순종과 신뢰로 이루어진다. 베드로가 그 예이다(눅 5:4-6).
4) 믿음은 볼 수 없는 것들을 볼 수 있는 능력이다. 하나님의 약속은 보이지 않는 세계에서 주어졌다. 믿음은 이것을 볼 줄 안다. 믿지 않는 자들에게는 허상이지만 믿는 자들에게는 실상이다. 그리고 믿음으로 순종할 때 그 약속이 보이는 세계에서 성취됨을 경험하여 그 믿음으로 하나님을 증거한다.

믿음의 명예 전당

아벨 - 믿음으로 예배했다(히 11:4) : 예배자의 삶(worship)

에녹 - 믿음으로 걸어갔다(히 11:5,6) : 하나님과 동행하는 삶(walk)

노아 - 믿음으로 일했다(히 11:7) : 하나님과 동역하는 삶(work)

아브라함 - 믿음으로 순종했다(히 11:8)

사라 - 신실하신 하나님의 약속을 믿었다(히 11:11,12)

아브라함, 이삭, 야곱 - 믿음으로 장막생활을 하며 나그네처럼 살아갔다(히 11:9,10,13-16)

아브라함 - 믿음으로 하나님의 능력을 경험했다(히 11:17-19)

이삭 - 믿음으로 자녀들을 축복했다(히 11:20)

야곱 - 믿음으로 임종 시에 요셉의 두 아들을 축복하고, 하나님을 경배했다(히 11:21)

요셉 - 믿음으로 출애굽을 말하고, 그때 자기 뼈를 가져갈 것을 명했다(히 11:22)

모세의 부모 - 믿음으로 바로의 명령을 두려워하지 않고 모세를 숨겼다(히 11:23)

모세 - 믿음으로 애굽의 재물, 권력, 쾌락을 거절하고 하나님의 상급을 선택했다(히 11:24-26)

모세와 백성 - 믿음으로 구속함을 경험했다(히 11:27-29) : 유월절, 출애굽, 홍해

여호수아와 백성 - 믿음으로 여리고가 무너졌다(히 11:30)

기생 라합 - 믿음으로 정탐꾼을 영접했다(히 11:31)

기드온, 바락, 삼손, 입다, 다윗 및 사무엘과 선지자들의 일을 다 말하려면 시간이 부족하다!(히 11:32)

믿음의 성취 - 믿음으로 영적인 골리앗을 물리쳤다(히 11:33-35)

믿음의 인내 - 믿음은 능동적이고, 적극적인 자세다(히 11:36-38)

이들은 세상이 감당하지 못했다!

The Promise Runner(히 12장)

히브리서 12장은 고난 중에도 믿음으로 사는 그리스도인들에게 주는 격려이며, 히브리서 전체 말씀에 대한 결론이다. 그리스도인들은 이 놀라운 약속을 받았다. 이제는 그 약속의 횃불을 들고 달려야 한다.

육상 경기자 - 믿음의 삶은 육상 경기자와 같다(히 12:1-3).
이들에게 격려사가 있다.

믿음의 경주를 하는 형제자매들이여!

1) **묵상하라!** 경주를 하다가 피곤하여 낙심할 때 믿음의 명예 전당에 오른 선배들의 생애를 묵상하라! 그들의 믿음, 그들의 희생, 그들의 헌신, 그들의 인내, 그들의 고난을 묵상하라!
2) **들으라!** 믿음의 경주를 하기에 너무 벅찰 때 믿음의 명예 전당에 오른 선배들의 함성을 들으라! 나 혼자 경주하는 것이 아니다. 눈을 들어 사방을 보라. 스탠드를 꽉 채운 선배들이 보이는가. 구름같이 둘러싼 그들의 함성을 들으라! "계속 뛰어라!" "포기하지 말라!" "일어나라!"
3) **바라보라!** "믿음의 주요 또 온전하게 하시는 이인 예수를 바라보자!"(히 12:2) **"믿음의 주"**란 믿음의 사도요 앞서 가시는 개척자, 선구자, 본받고 따를 롤 모델이라는 의미다. 나보다 앞서 달리시며 나를 격려하시며 이끄시는 예수를 바라보자! 마치 야곱이 "나는 앞에 가는 가축과 자식들의 걸음대로 천천히 인도하여… 나아가리이다"(창 33:14)라고 말한 것처럼 우리 주 예수님은 내 앞에서 내 페이스를 유지시켜 주신다. **"온전하게 하시는 이"**란 나를 승리하도록 무장시키시는 이, 내 옆에서 함께 달리며 "힘내!"라고 응원하시는 이, 내 뒤에서 "포기하지 마!"라고 외치시는 이, "조금만 더 가면 결승점이야!"라며 나의 달려갈 길을 지지하시는 이라는 의미다.

스데반이 돌에 맞아 죽어갈 때 그는 하늘이 열리고 주 예수께서 서 계신 것을 보았다(행 7:55,56). 왜 주께서 서 계시는가? "스데반, 용기를 내라"라고 응원하고 지지하시기 위해서다. 야곱이 두렵고 막연하고 외로운 여행을 하던 중 돌베개를 베고 잠을 자다가 꿈에 하나님이 하늘에 서 계신 것을 보았다(창 28:10-15). 왜 하나님이 서 계시는가? 그와 함께하시기 때문이다. 그를 도와주시기 위해서다.

"그러나 여호와께서 기다리시나니 이는 너희에게 은혜를 베풀려 하심이요, 일어나시리니 이는 너희를 긍휼히 여기려 하심이라. 대저 여호와는 정의의 하나님이심이라. 그를 기다리는 자마다 복이 있도다"(사 30:18).

경주자가 일상생활에서 주의할 점(히 12:14-17)

예수를 바라보며 경주하는 그리스도인은 독수리처럼 힘차게 날개 치며 높이 올라가는 힘이 있다. 그러나 매일의 삶에서 자칫 연약해져서 결승점에 도달하지 못할 수 있음을 유의하며 다음의 것들을 경계해야 한다.

1) 모든 사람과 더불어 화평해야 한다. 하나 됨을 힘써 지켜야 한다(엡 4:1-6, 시 133편).
2) 거룩함을 따라야 한다. 이 세상이 보기에 타국인처럼 살아야 한다. 세상의 기준이 아니라 성경의 기준을 따라야 한다. 삶의 목표, 사고방식, 언어도 마찬가지다.

화평하고 거룩한 삶을 살 때 하나님과의 친밀감이 이루어진다.

그리고 다음의 네 가지 위험을 경계해야 한다.

1) 하나님의 은혜에 이르지 못하는 자가 없도록 경계하라. 뒤로 처지는 사람은 없는지 돌아보라. 하나님이 주시는 은혜를 받을 기회를 자신의 무지, 무력, 무감각, 게으름, 경솔함 등으로 놓치는 일이 없도록 항상 깨어있으라.
2) 쓴 뿌리가 나지 않도록 경계하라. 깊은 상처와 아픔으로 입은 내상은 미움, 원망, 원한, 증오심을 안고 무의식으로 내려가 쓴 뿌리가 되어 자신을 파괴하고 남을 해롭게 한다. 예수로 인해 쓴 물이 단 물이 되듯 쓴 뿌리는 예수의 십자가의 능력과 깊은 사랑으로 치유된다.
3) 음행하는 자가 없도록 살피라. 무엇보다 영적인 영역에서 음행하지 않도록 주의하라. 하나님을 의식하며 하나님 중심의 삶을 살라. 이 세상이 아닌 오직 하나님께 기반을 두라.
4) 망령된 자가 없도록 살피라. 대표적인 인물은 에서로서, 창세기 25장 28-34절과 27장에 잘 나타나있다. 에서는 보이는 이 세상을 취하고 야곱은 보이지 않지만 다가올 세상을 취했다. 에서는 오직 보이는 것, 이 세상의 것, 일시적인 것, 육신의 욕구에만 관심을 가졌다.

구주소와 신주소(히 12:18-24)

새로 이사한 사람이 여전히 옛날에 살던 곳으로 간다면 얼마나 우스울까!
이전에 살던 곳과 새로 이사 간 곳의 모습은 얼마나 다른가!

시내 산(히 12:18–21)	시온 산(히 12:22–24)
만질 수 있고 불붙는 산 침침함, 흑암 폭풍, 나팔 소리 말하는 소리 산에 들어가면 죽임 당함 보이는 바가 무서움 모세도 두렵고 떨린다고 함 (아벨의 피)	살아계신 하나님의 도성 하늘의 예루살렘 천만 천사 하늘에 기록된 장자들의 모임 교회 만민의 심판자이신 하나님 온전하게 된 의인의 영들 새 언약의 중보자이신 예수 아벨의 피보다 더 나은 것을 말하는 뿌린 피
우리가 이르지 않은 곳	**우리가 이른 곳**
구주소지	신주소지
율법	**복음, 은혜**

아무도 이전에 살던 곳에 다시 살고자 하는 마음이 없을 것이다.

예를 들어보자. 이전에 살던 곳은 '아벨의 피'의 문화다. 옳고 그름의 기준이다. 기준 자체는 너무 귀하나 그 기준으로 살 자격이나 능력이 있는 사람이 아무도 없는 것이 문제다. 거기에는 정죄와 판단만 있다. 주홍글씨가 어깨에 새겨진 사람은 그 도시에서 쫓겨난다. 공의, 정의, 공정한 심판이 가득하다. 긴장감이 감돌고 분위기가 언제나 무겁다. 그러나 새로 이사한 곳은 "뿌린 피"(히 12:24)의 문화다. 공의와 정의가 도시의 기초를 이루지만 시행은 언제나 용서와 용납과 이해와 오래 참음이다. 격려와 지지, 후원과 응원이 있는 곳이다. 주홍글씨가 새겨진 사람도 용기를 가질 수 있는 새로운 기회의 도시다.

신주소지의 삶(히 13장)

신주소지에서 사는 삶은 어떤 모습인가? 바로 믿음의 순종이 매일 생활 속에 나타나며 사랑의 수고가 넘친다. 새 언약의 법 아래 살며 은혜의 특권을 누리고, 진정한 자유가 넘치는 삶이다. 그동안 예수에 이것저것을 덧붙여서 지나치게 종교적인 삶을 살았다면, 그것을 하나하나 다 제거하라. 이제는 오직 예수만을 바라보며 살면 된다.

> 그분에 관한 최신 이론에 이끌려 그분을 떠나는 일이 없게 하십시오. 그리스도의 은혜만이 우리의 삶을 떠받치는 유일하고 충분한 기초입니다. 그리스도의 이름을 붙인 온갖 상품은 별 도움이 되지 않습니다 히 13:9 메시지성경

새 언약 아래에 있는 우리는 새 언약의 제사장적인 삶, 예배의 삶을 살아야 한다. 이는 모든 영역에서 하나님을 기쁘시게 하는 삶이다. 예배자는 다음 네 가지 방향에서 살아간다.

하나님이 기뻐하시는 예배와 예배자의 삶(히 13:15,16)

1) 찬송 즉 예수의 이름을 증언하는 입술의 열매로서의 예배를 드린다(히 13:15). 입으로 소리를 내어서 드리는 예배의 삶을 산다. 개인적으로나 교회 공동체로 모여서나 입으로 소리 내어 하나님이 행하신 아름다움에 감사의 축제를 드린다. 또한 하나님의 영광의 위엄과 그 아름다움을 바라보며 경배를 드린다.
2) 선을 행함과 서로 나누어줌이 있는 예배를 드린다(히 13:16). 우리의 재물을 서로 나누어주는 예배의 삶이 있다. 히브리서는 특히 이런 삶을 하나님이 기뻐하시는 예배라고 말씀하신다.
3) 헌신 곧 내 몸을 거룩한 산 제물로 삼아 예배를 드린다(롬 12:1,2). 내 삶을 헌신하여 드리는 예배의 삶을 산다. 로마서 12장 1,2절 이후의 말씀이 그런 삶을 보여준다.
4) 전도 곧 잃어버린 영혼을 주께로 이끄는 예배를 드린다(롬 15:16). 전도와 선교는 하나님을 향한 사랑의 예배의 삶이다.

그리스도인의 예배의 삶은 균형이 있어야 한다. 이 같은 네 방향의 예배자의 삶이야말로 신주소지에 사는 언약 백성의 삶이다.

하나님의 보증

처음부터 끝까지 우리와 함께, 우리를 통해 일하시는 평강의 하나님(히 13:20,21)

"양들의 큰 목자이신 우리 주 예수를 영원한 언약의 피로 죽은 자 가운데서 이끌어내신 평강의 하나님이 모든 선한 일에 너희를 온전하게 하사 자기 뜻을 행하게 하시고, 그 앞에 즐거운 것을 예수 그리스도로 말미암아 우리 가운데서 이루시기를 원하노라. 영광이 그에게 세세무궁토록 있을지어다. 아멘"

새 언약의 제사장적인 삶을 사는 사람들에게 하나님은 그의 보증과 서명으로 히브리서를 마친다. 우리가 예배의 삶을 충분하고 넉넉히 살도록 하나님이 보증하시고 서명하셨다. 빌립보서 2장 13절의 원리와 같다.

"너희 안에서 행하시는 이는 하나님이시니, 자기의 기쁘신 뜻을 위하여 너희에게 소원을 두고 행하게 하시나니"

1) Vision(비전) - 하나님이 그의 뜻이 무엇인지를 우리에게 명백히 보여주시고,
2) Passion(열정) - 하나님의 뜻을 행하고자 갈망하는 마음과 열정을 주셔서 능히 감당하게 하시고,
3) Equip(무장하다) - 하나님의 뜻을 따라 살 수 있도록 모든 면에서 무장하여 우리가 그의 뜻을 따라 살아가기에 조금도 부족함이 없게 하시고,
4) Completion(성취) - 결국 우리로 살아가게 하시며 우리를 통해 우리 가운데 그 뜻을 이루시는 분은 하나님이시다.

그러므로 우리는 사도 바울처럼 "내가 한 것이 아니요 오직 나와 함께하신 하나님의 은혜로라!"(고전 15:10)라고 고백할 수밖에 없다. 하나님의 은혜가 얼마나 놀라우신가!

"그러나 내가 나 된 것은 하나님의 은혜로 된 것이니, 내게 주신 그의 은혜가 헛되지 아니하여 내가 모든 사도보다 더 많이 수고하였으나 내가 한 것이 아니요, 오직 나와 함께 하신 하나님의 은혜로라"

Dear. NCer

믿음의 선배들을 바라보고 그들의 함성을 들어보라! 이들은 내게 믿음의 원칙들을 가르쳐주는 스승이요 선배들이다. 이들의 삶은 믿음의 경주의 교과서다. 더구나 믿음의 대선배이신 우리 주 예수 그리스도를 바라보고, 그분의 응원, 동행하심, 지지하심의 소리를 들으라!
이제 내 차례다!
기독교 문명개혁 운동을 주도하는 자여, 달려라!

9장

요한계시록

❖ 요한계시록(Revelation) 예수 그리스도의 계시의 드라마

요한계시록에 대한 이해

요한계시록을 읽다 보면 새로운 세계에 발을 들여놓은 것 같다. 마치 영화 〈쥬라기 공원〉을 보는 듯하다. 그렇다고 요한계시록을 성경 가운데 아주 특이한 책으로 취급해서는 안 된다. 스펙터클한 충격과 스릴 넘치는 상상 속의 세계를 그린 재미있는 공상소설이 아니다. 1장 1절에 기록되었듯이 "반드시 속히 일어날 일들"을 그의 교회에 보이신 것이다.
또한 22장 18,19절에 기록되었듯이 "만일 누구든지 이것들 외에 더하면 하나님이 이 두루마리에 기록된 재앙들을 그에게 더하실 것이요 만일 누구든지 이 두루마리의 예언의 말씀에서 제하여 버리면 하나님이 이 두루마리에 기록된 생명나무와 및 거룩한 성에 참여함을 제하여 버리시리라"라고 엄격하게 말씀하신다. 계시록의 내용의 확실함을 말씀하시는 것이다.

계시록 1장 3절에 "이 예언의 말씀을 읽는 자와 듣는 자와 그 가운데에 기록한 것을 지키는 자는 복이 있나니 때가 가까움이라"라고 하시듯, 성령께서는 그분의 말씀을 존중하고 부지런히 살피는 자들에게 그분의 일을 숨기지 않으시고 오히려 자기의 뜻을 드러내 보이심을 잊지 말아야 한다.
어떤 경우, 요한계시록을 읽을 때 아마겟돈, 짐승의 표, 용, 666, 천년왕국, 7년 대환란 등 부정적이고 두려움을 주는 것에 대한 호기심에 집중한다. 또는 요한계시록을 세계사나 교회사의 연감의 관점으로 보려 한다. 그래서 세계의 굵직한 사건들이나 파괴적인 지도자들, 세계사의 변화 등을 계시록과 연관시킨다. 또 다른 경우에는 로마에 임할 심판에 대한 기록으로 보기도 한다. 이 모든 것은 요한계시록의 메시지를 흐린다.

요한계시록은 "예수 그리스도의 계시"(계 1:1)로 주어졌음을 반드시 기억해야 한다. 우리는 요한계시록을 통해서 온 땅을 다스리시는 영광의 왕이요 어린양이신 예수 그리스도의 모습을 본다. 또한 하나님의 백성답게 살아가야 할 예수 그리스도의 교회를 본다. 그러므로 요한계시록은 예수 그리스도의 영광의 모습으로 시작한다(계 1:9-20). 그는 알파와 오메가다. 이제도 계시고 전에도 계셨고 장차 오실 전능자이시다. 그는 승리자, 구주, 영광의 왕이시다.
요한이 본 이상에서 예수 그리스도는 촛대 사이에 계시며 오른손에 일곱 별을 가지셨다. "네가 본 것은 내 오른손의 일곱 별의 비밀과 또 일곱 금 촛대라. 일곱 별은 일곱 교회의 사자요 일곱 촛대는 일곱 교회니라"(계 1:20). 촛대는 열방의 빛이 되어야 할 교회의 모습이다. 주 예수님은 교회가 본연의 모습을 가지고 주어진 사명을 감당하기를 원하신다. "그러므로 네가 본 것과 지금 있는 일과 장차 될 일을 기록하라"(계 1:19)라고 명하셨다.
요한계시록은 믿지 않는 자들의 호기심을 만족시킬 여지가 전혀 없다. 오직 예수 그리스도의 교회가 주의 메시지를 듣고 회개하며 깨어 경성하여 목숨 다해 충성하기를 원하신다. 요한계시록은 전적으로 그의 교회인 우리에게 주신 하나님의 메시지다. 우리는 귀를 기울여 그의 음성을 들어야 한다.

요한계시록의 양식

요한계시록은 일곱 교회에 편지를 보내는 **서신서**와 그 주석, 설명에 해당하는 **묵시문학**과 **예언서**의 세 가지 양식으로 복합적으로 구성되어 있다.

요한계시록의 특징 - 상징이 많다

숫자적인 상징

- 1-하나님, 2-인간, 3-삼위일체, 4-동서남북을 가리키는 사방의 땅, 6-불완전한 사람의 수, 7-하나님의 수이며 완전수, 10-세속적인 완전수, 12-열두 지파, 40-한 세대
- 특히 7과 관련된 여러 형태가 많다. 일곱 교회, 일곱 재앙, 일곱 나팔, 일곱 대접, 일곱 금 촛대, 일곱 천사, 일곱 별, 일곱 뿔과 일곱 눈을 가진 어린 양, 일곱 머리와 일곱 왕관을 쓴 용, 일곱 머리를 가진 짐승 등. 일곱 복 언급. “전능하신 하나님”, “그리스도”, “합당하다”, “흰 옷”, “촛대”, “예언”, “무저갱”, “음행”, “지진”, “큰 도시 바벨론” 등도 일곱 번씩 언급된다.
- 144,000 : 구속함을 받은 성도의 숫자를 말한다. 문자적인 숫자가 아니다. 12×12×1000으로 볼 수 있어서 어린양의 피로 구속함을 받은 모든 그리스도인, 하나님의 어린양에게 속한 자들을 의미한다.

【 요한계시록에 나타나는 상징적 숫자 】

3	완전수	삼위일체 하나님, 그리스도의 고난에서 부활까지의 3일간
4	전체수	땅의 네 모퉁이
6	사람의 수	7에서 하나 모자란 수, 미완성의 수
7	완전수, 성취의 수	7일 창조
10	완전수, 성취의 수	인간이 견딜 수 있는 완전수(계 2:10)
12	하나님의 백성	12지파, 12사도
40	한 세대	그리스도 - 광야에서 40일 / 모세 - 시내 산에서 40일 / 이스라엘 백성 - 광야에서 40일
1,000	남은 수	셀 수 없는 큰 무리

색의 상징

흰색 – 정결함, 무죄, 승리
붉은색 – 죽음, 악, 전쟁, 사단
청황색 – 죽음
검은색 – 재앙, 땅의 기근

동물의 상징

- 어린양 – 예수
- 유다 지파의 사자 – 예수
- 용 – 사단
- 짐승 – 사단의 세력들
- 독수리 – 심판자
- 개구리와 메뚜기 – 재앙

자연환경의 상징

- 바람 – 생명
- 지진 – 재앙
- 구름 – 하나님의 영광
- 바다 – 세상

요한계시록 구조 - 대칭 구조

요한계시록은 크게 세 개의 대칭 구조를 이룬다.

1:9-9:21 "첫 번째 영광의 계시와 소명" : **10장-16장** "두 번째 영광의 계시와 소명" - 대칭

17장-19:10 "바벨론 심판" : **21장-22:9** "새 예루살렘" - 대칭

(19:11-20:15, **천년왕국**) **19:11-21** "백마를 탄 자의 승리" : **20:1-15** "사단의 패망" - 대칭

위 내용을 표로 다음과 같이 표시했다.
이 표를 통해 요한계시록의 전체 구조를 한눈에 볼 수 있다.
이 표는 일반적으로 표시되는 요한계시록의 구조와는 다를 것이다.
이 표를 통해 요한계시록에 제기되는 여러 질문들을 이해하는 데 도움이 되기를 기대한다.

【 요한계시록 - 예수 그리스도의 계시의 드라마(주제-계 1:1-3, 열쇠가 되는 구절-계 17:13,14) 】

영광의 계시와 소명			바벨론 심판과 새 예루살렘			
서론 1:1-8	첫 번째 계시와 소명 1:9-9:21	두 번째 계시와 소명 10장-16장	바벨론 심판 17:1-19:10	천년왕국 19:11-20:15	새 예루살렘 21:1-22:9	결론 22:10-21
	왕이신 예수 그리스도의 영광의 계시와 첫 번째 소명 1:9-20	왕의 사자의 영광의 계시와 두 번째 소명 10:1-11	짐승과 음녀의 도시 17:1-18		하나님과 어린양의 신부 된 도시 21:1-8	
	일곱 교회를 향한 왕의 메시지 2:1-3:22	요한에게 주신 왕의 사자의 메시지 11:1-14	천사가 바벨론의 심판을 전함 18:1-24		천사가 새 예루살렘을 보여줌 21:9-22:5	
	하나님의 보좌와 찬송 4:1-11	하나님의 보좌와 찬송 11:15-19	"아멘"으로 화답하며 하나님께 경배 19:1-10		"아멘"으로 화답하실 하나님께 경배 22:6-9	
	어린양의 보좌와 새 노래로 찬송함 5:1-14	사단이 하늘에서 쫓겨남 승리의 찬송 12:1-12				
	어린양의 진노, 일곱 인 6:1-17	용의 진노와 두 짐승들 12:13-13:18				
	하나님의 보좌와 인침 받은 자들의 찬송 7:1-17	하나님의 보좌와 144,000의 새 노래 14:1-20				
	'애굽'의 심판 전의 의식과 거룩한 이들의 기도 8:1-5	'애굽'의 심판 전의 의식과 어린양의 노래 15:1-8				
	'애굽'의 심판 일곱 나팔 8:6-9:21	'애굽'의 심판 일곱 대접 16:1-21				

백마를 탄 자의 승리 19:11-21	사단의 패망 20:1-15
백마를 탄 자와 그의 사자들 19:11-14	사단이 천 년 동안 결박됨 20:1-3
백마를 탄 자가 만국을 다스림 19:15,16	그리스도와 더불어 천 년 동안 왕 노릇 함 20:4-6
짐승이 전쟁을 일으킴 짐승과 거짓 선지자가 유황불 못에 던져짐 전쟁에 동참한 자들이 백마를 탄 자의 검에 죽음 19:17-21	사단이 전쟁을 일으킴 유황불 못에 던져짐 - 마귀, 생명책에 이름이 없는자들, 사망, 음부 20:7-15

요한계시록 대칭 구조

첫 번째 대칭 구조, 1:9-9:21, 10장-16장 영광의 계시와 소명

첫 번째 대칭 구조는 사도 요한에게 보여준 영광의 계시와 소명과 연관된다. 두 번에 걸쳐서 이루어졌다. 첫 번째는 왕이신 예수께서 요한에게 그의 영광을 보이시며 그에게 보여주신 것을 기록하여 일곱 교회에게 전하라고 소명을 주신다. 두 번째는 왕의 사자가 요한에게 보인 것을 기록하지 말고 봉인하고 그 대신 작은 두루마리를 먹으라고 한다. 그리고 다시 예언하라고 한다.

첫 번째 영광의 계시와 요한의 소명, 1:9-9:21

1:9-20, 왕이신 예수 그리스도의 영광의 계시와 첫 번째 소명

왕이신 예수 그리스도께서 영광의 모습으로 사도 요한에게 보이셨다. 예수님은 일곱 금 촛대 사이에 계시는데, 이는 일곱 교회를 상징한다. 열방의 빛이 되어야 할 교회의 모습이다. 또 예수님은 오른손에 일곱 별을 가지셨는데, 이는 일곱 교회의 사자다. 주님은 요한에게 계시록을 기록할 소명을 주셨다. "네가 본 것과 지금 있는 일과 장차 될 일을 기록하라"(계 1:19).

2장-3장, 일곱 교회를 향한 왕의 메시지

이 두 장에 걸쳐 기록된 일곱 교회를 향한 예수 그리스도의 메시지가 요한계시록의 중심이다. 그 이후의 내용은 이에 대한 주석이요 설명이다. 구약 전체, 특히 선지서는 그 메시지의 주요 초점이 하나님의 언약 백성인 이스라엘에게 있다. 하나님은 그의 백성을 책망하시고 징계하시며 또한 구원하신다. 나아가 그들을 통해 일하신다. 하나님의 백성의 중심은 예루살렘이기에 때로 예루살렘을 심판하시며 회복시키신다. 하나님의 언약 백성답게 살기를 원하시기 때문이다. 신약에서는 모든 것이 달라졌다. 유대인이 더 이상 하나님의 백성이 아니다. 예수 그리스도 안에서 재형성되었다. 신약의 교회가 그의 백성이요 그의 이스라엘이다. 일곱 교회에 보내는 편지의 내용이 그것이다. 일곱 교회에 보낸 메시지는 일정한 순서에 따라 구성되어 있다. 서두에는 요한이 본 예수님의 모습이 언급된다. "…이가 이르시되"라고 할 때는 왕의 모습이 보인다. 그 다음에는 "내가 아노니"라고 하시며 교회의 특성들이 묘사된다. 편지는 격려와 책망으로 이어지고, 호소와 약속으로 마무리된다.

이 일곱 교회를 향한 편지에서 교회들이 겪는 영적 어려움, 환난, 죄악의 상태가 잘 보인다. 복음을 방해하는 유대인의 회당을 "사단의 회당"(계 2:9, 3:9), "사단의 권좌", "사단이 사는 곳"(계 2:13), "사단의 깊은 것"(계 2:24)으로 설명한다. "니골라 당의 행위"(계 2:6), "니골라 당의 교훈"(계 2:15)은 교회의 큰 골칫덩이였다. 이들은 회당과 교회 사이의 타협을 모색했다. 또한 맘몬을 따르며 "발람의 교훈"(계 2:14)을 지키는 자들, 영적·육체적 쾌락을 이끄는 "이세벨"(계 2:20)을 용납함, 마귀에게 받는 환난(계 2:10), 믿음을 지킨 순교자 안디바(계 2:13) 등이 교회가 당면한 고난이요 어려움이었다.

이후 펼쳐지는 모든 것을 이해하려면 일곱 교회의 사정을 염두에 두어야 한다.

4장-5장, 열린 하늘 - 하나님의 보좌와 어린양의 보좌에서 이루어지는 예배

앞으로 펼쳐질 모든 것들 이전에 성령은 요한을 하나님과 어린양의 보좌로 인도한다. 하나님의 보좌와 그 주변을 둘러싼 24장로의 보좌들, 밤낮 찬양하는 네 생물들(:그룹들)이 보이고, 보좌 앞에 일곱 등불이 있다.

그룹들이 밤낮으로 찬양할 때 장로들이 면류관을 드리며 찬양으로 화답한다. 보좌에 앉으신 하나님의 손에는 일곱 인으로 봉한 두루마리가 있다. 보좌와 네 생물과 장로들 사이에 한 어린양이 서 있다. 오직 죽임을 당하신 하나님의 어린양이신 예수님만 이 생명책(계 3:5)의 인을 떼기에 합당하시다.

이 "어린양의 생명책"(계 13:8, 17:8)에는 예수를 믿는 우리 모두의 이름이 기록되어 있다. 어린양이 그 두루마리를 취하실 때 네 생물과 장로들이 엎드려 새 노래로 찬양한다. 하나님의 보좌와 어린양의 보좌에 아름다운 예배의 향연이 있다. 수많은 천사가 찬양할 때 모든 피조물이 찬양으로 화답한다. 네 생물이 '아멘' 하고 장로들은 엎드려 경배한다.

6장, 어린양의 진노, 일곱 인

어린양이 두루마리를 봉한 일곱 인을 뗄 때마다 이 땅에 진노의 심판이 행해진다. 구약의 대표적 세 가지 재앙인 칼, 기근, 질병(특히 렘 14장-15장, 겔 4장-6장, 14장)이 펼쳐진다. 다섯 번째 인을 뗄 때, 순교자들의 신원을 부르짖는 기도가 나온다. 주님은 "순교자의 수가 차기까지" 잠시 쉬라고 응답하신다. 요한계시록에는 여러 차례에 걸쳐 순교자에 대해 언급하신다(계 6:10, 16:6, 17:6, 18:24). 앞으로 펼쳐질 선지자들의 피를 흘린 성읍에 임할 심판은 이런 면에서 이해가 된다.

> 전능하신 하나님은 얼마든지 그의 백성이 고난 당하지 않게 하실 수 있다. 다니엘의 사자굴, 다니엘의 세 친구의 풀무불 등이 그 예다. 그러나 계시록은 다르게 보여준다. 서머나교회에 보내는 편지에서 마귀가 장차 몇 사람을 옥에 던질 것을 말씀하시며 "내가 너희를 지켜서 환난을 당하지 않게 하리라"라고 하지 않으시고 오히려 "네가 죽도록 충성하라"(계 2:10)라고 하신다. 이는 "내가 생명의 관을 네게 주리라"(계 2:10)에 그 비밀이 있다. 하나님이 마귀의 힘을 물리치지 못하셔서가 아니다. 그리스도인의 고난에는 생명의 면류관이라는 보상이 있다. 순교자의 피는 교회의 씨앗이다.
> 이것이 십자가 고난의 비밀이다. 이 세상은 십자가를 미련하다고 볼지 모르나 십자가는 하나님의 지혜요 구원의 능력이다. 우리가 경계해야 할 것은 마귀로부터 오는 환난이 아니라 신앙의 열정이 식는 것(계 2:4), 돈을 사랑함(계 2:14), 우상숭배와 쾌락(계 2:20), 경건의 모양은 있으나 능력이 없는 것(계 3:1,2), 영적인 미지근함(계 3:15) 등이다.

여섯 번째 인을 뗄 때 큰 지진이 일어났다. 모든 것의 기반이 다 흔들린다.

7장, 하나님의 보좌와 인침을 받은 자들의 찬송

여섯 번째 인을 떼고 일곱 번째 인을 떼기 전에 사도 요한은 "이 일 후에 내가 보니"를 두 번 언급한다. 그가 본 첫 번째 장면에서 하나님은 그의 종들의 이마에 인을 치신다. 이는 훗날에 올 극심한 환난(계 13:16,17)에서 보호하기 위함이다. 인침을 받은 수 144,000명은 문자적인 숫자가 아니라 그의 모든 종의 숫자다.
그 후 요한은 다시 "이 일 후에 내가 보니"(계 7:9)라고 하며 그가 본 두 번째 장면을 설명한다. 이는 모든 것이 끝난 후의 장면이다. 21장-22장과 연관이 있다. 하나님은 사도 요한의 눈을 통해 우리에게 미리 보여주셨다.
하나님의 보좌와 어린양의 보좌 앞에서 펼쳐지는 이 장엄하고 영광스러운 예배는 우리로 소망이 가득하게 한다. 현재의 교회가 각성하고 부흥하여 온 땅에 하나님의 뜻이 이뤄지도록 거룩한 열정을 갖게 한다.

8장-9장, '애굽'에 대한 심판, 일곱 나팔

일곱째 인을 뗄 때 하늘이 갑자기 반 시간쯤 고요해진다. 그리고 일곱 천사가 일곱 나팔을 손에 들고 하나님 앞에 대기한다. 그런데 나팔을 불기 전에 먼저 의식이 행해진다. 또 다른 천사가 성도들의 기도를 담은 금 향로를 가지고 보좌 앞 금 제단에 드린다. 그리고 그 제단의 불을 담아 땅에 쏟는다. 그러자 우레와 음성과 번개와 지진이 난다.
그리고 일곱 천사가 나팔을 불 때마다 재앙이 땅에 쏟아진다. 마치 애굽을 강타했던 질병들을 상기시킨다. 땅에 있는 모든 사람에게 화가 닥친다. 다만 이마에 하나님의 인침을 받은 자들은 화를 당하지 않는다. 마치 애굽의 재앙에서 해를 입지 않은 이스라엘의 모습과 같다.

두 번째 영광의 계시와 요한의 소명, 10장-16장

10장, 왕의 사자의 영광의 계시와 두 번째 소명

계시록 10장부터는 새로운 부분이 시작된다. 일곱 번째 천사가 나팔을 불기 전에 또 다른 하나님의 사자가 하늘에서 내려와 요한에게 다시 예언하도록 왕의 명령을 전달한다. 이번에는 그가 들은 것을 "인봉하고 기록하지 말라"(계 10:4)라고 하신다. 그 대신 에스겔처럼 천사의 손에 있는 작은 두루마리를 먹으라고 말씀하신다. 요한이 보고 듣는 것은 그가 이전에 보았던 내용의 연속이다. 그러나 새로운 계시 가운데 전의 예언들이 더욱 깊어지고 명확해진다. "네가 많은 백성과 나라와 방언과 임금에게 다시 예언하여야 하리라"(계 10:11).

11:1-14, 왕의 사자가 요한에게 명한 메시지

예루살렘이 이 예언의 중심이다. "그 성은 영적으로 하면 소돔이라고도 하고 애굽이라고도 하니 곧 그들의 주께서 십자가에 못 박히신 곳이라"(계 11:8). 하나님이 그 성의 두 증인에게 권세를 주어 예언하게 하실 것이다. 이들은 주 앞에 서 있는 두 감람나무와 두 촛대이다. 요한이 본 놀라운 장면은 무저갱으로부터 올라오는 짐승의 출현이다. 그들은 놀랍게도 '사단의 회당'(계 2:9,13, 3:9 사단의 권좌, 사단이 사는 곳)을 교두보로 삼아 활동한다.

11:15-19, 하나님의 보좌와 찬송

일곱 번째 천사의 나팔소리와 함께 하늘에 큰 음성이 들린다. "세상 나라가 우리 주와 그의 그리스도의 나라가 되어 그가 세세토록 왕 노릇 하시리로다"(계 11:15). 그때 보좌 앞의 24장로들이 하나님께 경배한다. 그리고 하늘에 있는 하나님의 성전이 열리며 성전 안에 하나님의 언약궤가 보인다.

12:1-12, 사단이 하늘에서 쫓겨나고 승리의 찬송이 울리다

하늘에 큰 이적이 보인다. 아이를 해산하려는 한 여자가 있다. 그 여인은 교회를 가리킨다. 하늘에 또 다른 이적이 보인다. 한 큰 붉은 용이다. 이는 사단 곧 옛 뱀을 말한다. 용이 그 여자의 아이(:예수 그리스도)를 삼키고자 하나 실패한다. 그리스도의 승리로 사단은 하늘에서 땅으로 내쫓긴다. 이에 승리의 찬송이 울려 퍼진다.

12:13-13장, 용의 진노와 두 짐승들

하늘에서 쫓겨난 용이 남자를 낳은 여자를 박해하나 실패한다. 대신에 여자의 자손, 즉 교회와 싸운다. 사단이 교회에 대한 박해를 가중시키기 위해 바다에서 짐승을 불러온다. 용은 자기의 권세와 능력을 그 짐승에게 넘겨준다. 그 짐승은 거짓 예언을 하며 하나님을 모독하며 땅에서 절대적인 지배력을 행사한다.

생명책에 기록되지 않은 자들은 그 짐승에게 경배할 것이다. 또 다른 짐승이 땅에서 올라온다. 이 두 번째 짐승은 먼저 나온 짐승의 꼭두각시다. 마법의 표징들을 일으켜 사람들을 현혹시킨다. 두 번째 짐승은 먼저 나온 짐승의 형상을 만들게 하고 생기를 불어넣어 말하게 한 다음 사람들에게 그것에 예배하게 하고 그렇지 않으면 죽인다. 또 오른손이나 이마에 짐승의 표를 받게 한다. 그 표가 없으면 매매가 불가능하다.

14장, 하나님의 보좌와 144,000의 새 노래

이때 사도 요한은 숨이 멎을 만큼 놀라운 장면을 본다. 시온 산에 서 있는 어린양과 그와 함께 선 144,000명을 본다. 그리고 새 노래를 듣는다. 이어서 또 다른 천사 셋이 오직 하나님을 경배하는 자에게는 복을, 우상을 경배하는 자에게는 하나님의 심판을 외치는 소리를 듣는다. 사도 요한은 또 다른 놀라운 장면을 본다. 흰 구름 위에 인자와 같은 이가 앉으셨는데 그 머리에는 금 면류관이 있고 그 손에는 예리한 낫을 가졌다. 이제 낫을 대어 추수할 때가 되었다.

15장-16장, '애굽'의 심판, 어린양의 노래, 일곱 대접

15장에는 하늘에 크고 이상한 다른 이적이 보인다. 일곱 천사가 일곱 재앙을 가졌다. 마지막 재앙이다. 그 전에 유리 바다 위에서 하나님을 찬양하는 구원받은 사람들의 모습이 보인다. 그들은 모세의 노래, 어린양의 노래를 부른다. 이 일 후에 하늘에 성전의 문이 활짝 열리고 일곱 천사가 하나님의 진노로 가득 찬 일곱 대접을 받는다. 16장은 일곱 천사가 일곱 대접에 담긴 하나님의 진노를 쏟는 장면이다. 8장-9장의 장면처럼 '애굽에 내리는 재앙'의 모습이다.

두 번째 대칭 구조, 바벨론(계 17:1-19:10)과 새 예루살렘(계 21:1-22:9)

요한계시록의 마지막 두 장은 새 예루살렘의 아름다운 모습이다. 그것은 바벨론과 대조되어 나타난다. 여인과 여인, 산과 산, 도시와 도시가 서로 대조를 이룬다. 하나님의 진노와 축복이 대조된다. 이는 모든 대상의 대조이나 시기적으로는 서로 결합되어 있다. 요한계시록에 나타나는 예언적 표현에 있어서 바벨론의 멸망과 그리스도의 재림은 하나로 결합되어 있다.

바벨론 심판, 17:1-19:10

17장, 짐승과 음녀의 도시

일곱 대접을 가진 일곱 천사 중 하나가 요한에게 많은 물 위에 앉은 큰 음녀가 받을 심판을 보여준다. 그 여자가 붉은 빛 짐승을 탔다. 그 짐승의 몸에는 하나님을 모독하는 이름들이 가득했다. 요한은 이 여자를 보고 소스라치게 놀라 자신의 눈을 의심한다. 그리고 그가 누구를 가리키는지를 알았을 때 '절대로 그렇지 않을 거야' 하면서 고개를 설레설레 저었다. 그녀의 이마에 비밀의 이름이 "바벨론"(계 17:5)이라고 적혀있다. 바벨론은 어떤 정치적인 세력이나 로마나 세계적 왕국을 말하는 것이 아니라 선지자들의 피를 흘리게 했던 '예루살렘'을 가리킨다.

계시록 17장 6절과 16장 6절에 "이 여자가 성도들의 피와 예수의 증인들의 피에 취한지라"라고 했다. 또한 11장 8절에 "그 성은 영적으로 하면 소돔이라고도 하고 애굽이라고도 하니, 곧 그들의 주께서 십자가에 못 박히신 곳이라"라고 했다. 이 여자가 앉은 일곱 산(계 17:9)은 첩첩이 싸인 산 전체를 말한다. 이사야 2장 2절에 "여호와의 전의 산이 모든 산 꼭대기에 굳게 설 것이요"라고 하신 것은 예루살렘을 가리킨다. 여자가 앉아있는 물은 백성과 열국과 방언들이다(계 17:15). 또 "네가 본 그 여자는 땅의 왕들을 다스리는 큰 성이라"(계 17:18)라고 하셨다.

"그들이 어린양과 더불어 싸우려니와 어린양은 만주의 주시요 만왕의 왕이시므로 그들을 이기실 터이요, 또 그와 함께 있는 자들, 곧 부르심을 받고 택하심을 받은 진실한 자들도 이기리로다"(계 17:14).

18장, 천사가 바벨론의 심판을 전함

큰 권세를 가진 천사가 내려와 바벨론의 패망을 전한다. 그 모습은 마치 에스겔 26장-28장에 나오는 두로 왕국의 멸망 과정과 흡사하다. "무너졌도다 무너졌도다 큰 성 바벨론이여"(계 18:2). "화 있도다 화 있도다 큰 성, 견고한 성 바벨론이여"(계 18:10,19). "한 시간에 망하였도다"(계 18:10,17,19). 이를 보는 열왕들이 울고 애통하여 가슴을 친다. 그러나 이를 보며 즐거워하는 무리가 있다. "하늘과 성도들과 사도들과 선지자들아, 그로 말미암아 즐거워하라. 하나님이 너희를 위하여 그에게 심판을 행하셨음이라"(계 18:20).

19:1-10, "아멘"으로 화답하며 하나님께 경배함

하늘에서 허다한 무리가 "할렐루야"를 네 번이나 외치며 하나님을 찬양한다. "할렐루야, 주 우리 하나님 곧 전능하신 이가 통치하시도다. 우리가 즐거워하고 크게 기뻐하며 그에게 영광을 돌리세"(계 19:6,7). 사도 요한이 어린양의 혼인잔치를 알리는 천사에게 엎드려 경배하려 하자 "오직 하나님께 경배하라"(계 19:10)라며 말린다.

새 예루살렘, 21:1-22:9

21:1-8, 하나님과 어린양의 신부 된 도시

사도 요한은 새 하늘과 새 땅을 보았다. 처음 하늘과 처음 땅이 없어지고 바다도 없다. 또 보니 거룩한 성 새 예루살렘이 하늘에서 내려온다. 마치 신부가 신랑을 위해 단장한 것 같다. 하나님의 장막이 사람과 함께 있다. 하나님이 그의 백성의 눈에서 눈물을 닦아주신다. "다시는 사망이 없고, 애통하는 것이나 곡하는 것이나 아픈 것이 다시 있지 아니하리니 처음 것들이 다 지나갔음이러라"(계 21:4). 하나님이 만물을 새롭게 하신다.

21:9-22:5, 천사가 새 예루살렘을 보여주다

천사가 요한을 데리고 크고 높은 산에 올라가 하늘에서 내려오는 거룩한 성 예루살렘을 보여준다. 그 성은 하나님의 영광이 있어 보석같이 빛나고 수정같이 맑다. 크고 높은 성곽과 열두 문이 있다. 성 안에는 성전이 없다. 하나님과 어린양이 "그 성전"이시다. 해와 달이 쓸데없다. 어린양이 "그 등불"이 되신다. 또한 수정같이 맑은 생명수의 강을 보여준다. 에스겔 40장-48장의 모습이 연상된다. 다시는 저주와 밤이 없다.

22:6-9, 메시지에 "아멘"으로 화답하실 하나님께 경배

하나님이 그의 천사를 보내셔서 "반드시 속히 되어질 일"을 보이신다. 그리고 "보라, 내가 속히 오리니"(계 22:7,12)라고 하신다. "이 두루마리의 예언의 말씀을 지키는 자는 복이 있으리라"(계 22:7). 요한은 이 모든 것을 눈으로 직접 보고, 귀로 직접 들었음을 증언한다. 요한이 이 일을 보이던 천사에게 엎드려 경배하고자 하자 "하나님께 경배하라"(계 22:9)라며 말린다.

세 번째 대칭 구조, 천년왕국 19:11-20:15

세 번째 대칭 구조는 천년왕국에 대한 것이다. 요한계시록을 이해하는 데 가장 다양한 견해가 있는 부분이다. 사단에 대한 심판은 단계적으로 이루어진다. 첫째로, 사단이 하늘로부터 내어 쫓긴다. 둘째로, 사단이 결박된다. 마지막으로, 사단이 불 못 가운데로 던져진다. 두 번째 단계인 사단의 결박은 천 년 동안 지속될 것이다. 사단이 결박되어 있는 동안 의인들은 그리스도와 함께 왕 노릇 한다.

요한계시록 20장에 언급된 천 년의 기간을 "천년왕국"(millenium 밀레니엄)이라고 부른다. 이 천년왕국에 관해 여러 견해가 있다. 그것을 설명하기 전에 세 번째 대칭 구조를 살피려 한다. 말씀이 천년왕국을 이해하는 열쇠다.

백마를 탄 자의 승리(계 19:11-21)와 사단의 패망(계 20:1-15)

천년왕국을 언급하는 구절들(계 20:1-10)의 앞뒤 구절들은 서로 대칭 구조를 이룬다.

백마를 탄 자의 승리, 19:11-21

19:11-14, 백마를 탄 자와 그의 사자들

사도 요한은 어린양의 혼인잔치에서 펼쳐지는 승리와 기쁨의 대합창단의 소리를 들은 후에 열린 하늘을 보았다. 그가 본 것은 백마와 그것을 탄 자의 모습이다. 그는 피 뿌린 옷을 입었는데 그 이름은 "하나님의 말씀"이다. 하늘의 군대들이 희고 깨끗한 세마포 옷을 입고 백마를 타고 그를 따랐다. 이 모습은 다윗이 보았던 주의 청년들의 모습을 연상하게 한다(시 110:3). 성령으로 행하는 왕이신 예수 그리스도의 모습과 마찬가지로 성령의 능력으로 무장되고 성령의 이끄심을 받는 주를 따르는 주의 군대들이다.

19:15,16, 백마를 탄 자가 만국을 다스림

왕이신 예수 그리스도의 입에서 예리한 검이 나와 만국을 치고 친히 그들을 철장으로 다스리신다. 친히 하나님의 맹렬한 진노의 포도주 틀을 밟는다. 그는 만왕의 왕이요, 만주의 주이시다.

19:17-21, 전쟁을 일으킨 짐승이 유황불 못에 던져지다

천사가 공중의 새들에게 "하나님의 큰 잔치에 모여… 모든 자의 살을 먹으라"라고 큰 음성으로 외친다. 사도 요한은 짐승과 땅의 임금들과 그들의 군대들이 모여 그 말 탄 자와 그의 군대와 더불어 전쟁을 일으키는 것을 본다. 그러나 전쟁은 끝났다. 짐승이 잡히고, 그 앞에서 표적을 행하던 거짓 선지자도 잡혀서 산 채로 유황불 못에 던져진다. 그 나머지는 말 탄 자의 입으로부터 나오는 검에 죽어 모든 새가 그 살을 먹는다.

사단의 패망, 20:1-15

20:1-3, 사단이 천 년 동안 결박됨

사도 요한은 또 천사가 무저갱의 열쇠와 큰 쇠사슬을 손에 가지고 하늘에서 내려오는 것을 본다. 천사는 용(옛 뱀, 마귀, 사단)을 잡아 천 년 동안 결박하여 무저갱에 던져 넣고 잠그고 인봉한다. 그러나 용은 후에 반드시 잠깐 놓인다. 그 천 년은 사단의 집행유예 기간이다.

20:4-6, 그리스도와 더불어 천 년 동안 왕 노릇 함

요한은 또 보좌들을 보았다. 거기 앉은 자들이 심판하는 권세를 가지고 그리스도와 더불어 천 년 동안 왕 노릇 한다. 또 순교자들의 영혼을 보았다. 또 짐승과 그의 우상에게 경배하지 아니하고 그들의 이마와 손에 짐승의 표를 받지 아니한 자들을 보았다. 이들은 하나님과 그리스도의 제사장으로 천 년 동안 그리스도와 더불어 왕 노릇 한다. 이들은 첫째 부활에 참여한다. 둘째 사망이 그들을 다스리지 못한다.

20:7-15, 전쟁을 일으킨 사단이 유황불 못에 던져지다

천 년이 차고 사단이 그 옥에서 놓인다. 그는 땅의 사방 백성을 모아 전쟁을 일으킨다. 그들이 지면에 널리 퍼져 성도들의 진과 사랑하시는 성을 둘렀지만 하늘에서 불이 내려와 그들을 태워버린다. 마귀가 유황불 못에 던져진다. 거기는 이미 그 짐승과 거짓 선지자도 있다.
땅과 하늘이 사라진다. 생명책에 그 이름이 기록되지 않은 자들이 보좌 앞에서 심판을 받아 유황불 못에 던져진다. 그리고 사망과 음부도 던져진다. 둘째 사망이다.

주의 날 - 마지막 때

요한계시록은 마지막 때 일어날 일들로 가득하다. 마지막 때는 '주님의 승천 후 재림하기까지의 시기'를 말한다. 바울서신, 베드로서신, 요한서신 등 신약의 서신들은 마지막 때를 살아가는 그리스도인의 삶에 대한 메시지다. 마지막 때는 이전의 모든 표준이 존재 가치를 잃는다. 중간지대(DMZ)가 없고 전부이거나 전무의 시기다. 구분의 때이다. 가장 높은 하늘에 오르는가 하면 가장 깊은 지옥 심연에 떨어진다.
사단이 마지막 때인 줄을 알고 그의 종들과 짐승들을 일으켜 믿는 자들을 미혹하여 마귀의 올무에 빠지게 하려고 애쓴다. 무서운 일들이 일어나지만 하나님을 믿는 자들에게 하늘의 영광을 보여주어서 마지막 때를 능히 이기도록 하신다. 승리는 성령으로 행하는 예수 그리스도의 교회의 몫이다.

> 요한계시록이 예수님의 모습을 먼저 보여준 것은 예수께서 직접 심한 고난을 받으시고 사단의 공격을 이기시어 하늘의 영광에 계신 것을 보여주고자 함이다. 예수님은 이 땅에서 마지막 때를 살아가는 성도들이 모든 고통과 시험을 이기고 하늘을 기다리게 하는 소망의 모델이시다. 예수 그리스도의 교회는 이기고 또 이기시는 그분과 함께 승리한다.

마지막 때의 일을 말씀하시기 전에 먼저 하늘이 열리고 하나님의 영광을 보여주신다. 하늘이 부르고 있다. 저 높은 하늘에는 예수와 더불어 영원한 기쁨과 영광이 있다. 이로 인해 고통과 고난을 참을 힘을 우리에게 주어 모든 고난을 견디고 이길 수 있게 한다.
계시록에 나타난 마지막 때는 공포와 심판과 짐승에 대한 언급만 있는 것이 아니다. 지옥이 자기의 정체를 드러내어 실제로 존재하는 것처럼 천국은 과거 어느 때보다 우리에게 더욱 실체를 드러내 보인다.
하나님이 역사를 주관하신다. 하나님의 계획은 그의 경륜과 섭리를 통해 성취된다. 하나님은 역사의 중심에 예수 그리스도를 두셨다. 그리고 교회를 그분의 파트너로 부르셨다.
계시록을 볼 때 다니엘서와 에스겔서를 함께 보면 전체적인 그림을 그리며 이해할 수 있다. 바벨론 포로 중에 있는 백성이 에스겔과 다니엘을 통해 하나님의 메시지를 들으며 위로와 소망을 가졌듯이, 신약의 교회는 물론 어느 시대나 믿음으로 인해 고난 당하는 그리스도인들은 요한

계시록을 통해 소망의 메시지를 듣는다. 구원으로 인도하시는 하나님의 주권을 통해 그의 백성에게 소망과 격려를 주신다.

네 생물(사자, 송아지, 사람, 독수리)	계 4:6-8	겔 1장
인봉한 두루마리	계 5장	겔 2:8-10
두루마리를 먹으라, 전하라/입에 달고 창자(마음)에서 쓰더라	계 10:8-10	겔 3:1-3
이마에 표 있는 자는 살리라	계 7:3,4	겔 9:4-6
예루살렘 성전	계 21:9-27	겔 40장-44장
짐승, 열 뿔(왕)	계 13장-14장	단 7장
하늘의 네 바람(검은 말, 붉은 말, 흰 말, 어룽진 말)	계 6:1-8	슥 1장, 6장

하나님은 전에도 계셨고 이제도 계시며 장차 오실 분임을 알게 하며(계 4:8), 모든 성도의 기도가 향이 되어 어린양 앞에 있는 금 대접에 담김을 알게 하며(계 5:8), 천사가 이를 들고 보좌 앞 금 제단에 드려 기도가 열납되고 있음을 알게 하여(계 8:3,4) 하나님이 침묵하고 계신 것이 아님을 알아 믿음을 지키게 하신다. 하나님은 신원하신다(계 6:9-11). 우리의 기도를 들으시고 심판하신다(계 16:4-7, 8:5).

요한계시록은 예수의 재림이 언제, 어떻게 이루어지는가가 주된 관심이 아니다. 이 세상에서의 하나님의 주권과 믿음을 지키며 환난 중에 인내하는 백성들인 예수 그리스도의 교회에 주목한다. 요한계시록은 이 세상을 살아가는 하나님의 백성들이 믿음을 지켜 어린양 예수 그리스도의 승리에 참여함을 말씀한다(계 7:3, 9:4, 13:8, 19:19-21, 20:7-10).

심각한 재앙과 심판의 날에도 하나님은 인침을 받은 그의 백성 144,000명(:이것은 상징적 숫자로 믿음을 지킨 모든 그리스도인을 가리킨다)을 보호하신다. 마치 애굽의 재앙의 날에 해를 받지 않은 이스라엘 사람처럼 심판의 날에 보호하시며 해를 받지 않게 하신다. 요한계시록 13장 16,17절처럼 짐승의 표를 받아야 사는 세상이 오기 전에 먼저 하나님은 그의 백성의 이마에 인을 치신다(계 7:1-8).

요한계시록에 나타난 예수 그리스도의 모습

그는 하나님의 어린양이요 유대 지파의 사자이시다(계 5:5,6).
그는 승리자이시다. 이전에도 이기셨고 지금도 이기고 계시고 앞으로도 이기실 것이다(계 6:2, 17:14).
요한계시록에 나타난 'I AM' - "나는 알파와 오메가요 처음과 마지막이요 시작과 마침이라"(계 22:13).

요한계시록에 나타난 예수 그리스도의 교회의 모습

소아시아의 일곱 교회를 통해 지켜야 할 것, 버려야 할 것, 붙잡아야 할 것이 무엇인지 알게 하신다(계 2장-3장).
교회는 '이기는 자', '성령의 음성을 듣는 자'가 되어야 한다.
예수 그리스도는 우리를 자신의 피로 사서 나라와 제사장으로 삼으셨다(계 5:9,10). 그러므로 교회는 열방을 주께로 이끌어야 한다.
순교자의 수가 차기까지 '순교자의 행렬'이 이어진다(계 6:11).
성도들의 기도는 향기가 되어 제단 곁에 있는 금 향로에 담겨 보좌 앞 금 제단에 드려진다. 향연이 하나님 앞으로 올라간다(계 8:3-5, 5:8). 하나님은 반드시 그의 백성의 기도를 들으시고 응답하신다.
구원받은 성도들이 하나님과 어린양 앞에서 찬송한다(계 7:9,10). 교회는 영원히 하나님과 어린양 예수의 영광을 찬양하는 대규모의 하늘 성가대다.
교회는 어린양 예수 그리스도와 함께 어둠의 세력을 이긴 승리자다(계 12:11, 17:14). 교회는 어둠의 세력을 두려워하지 않는다.
교회는 환난 가운데 인내하며 하나님의 말씀과 예수에 대한 믿음을 지킨다(계 13:10, 14:12).
교회는 가장 놀라운 하늘의 결혼식, 어린양의 혼인잔치에 초대받았다(계 19:9).
교회는 대장 예수 그리스도를 따르는 하늘의 군대이다(계 19:14).
교회는 하나님과 함께 하나님의 장막, 거룩한 성 새 예루살렘에 영원히 거하게 될 것이다(계 21:3, 22:1-5).

【 일곱 교회에 말씀하시는 예수님의 모습 】

에베소	오른손에 있는 일곱 별을 붙잡고 일곱 금 촛대 사이를 거니시는 이
서머나	처음이며 마지막이요 죽었다가 살아나신 이
버가모	좌우에 날선 검을 가지신 이
두아디라	그 눈이 불꽃같고 그 발이 빛난 주석과 같은 하나님의 아들
사데	하나님의 일곱 영과 일곱 별을 가지신 이
빌라델비아	거룩하고 진실하사 다윗의 열쇠를 가지신 이 곧 열면 닫을 사람이 없고 닫으면 열 사람이 없는 이
라오디게아	아멘이시요 충성되고 참된 증인이시요 하나님의 창조의 근본이신 이

【 요한계시록의 일곱 교회 】

	칭찬	책망	가르침	약속
에베소 (계 2:1-7)	악한 자를 용납하지 않고, 참고 견디고 게으르지 않았다	처음 사랑을 버렸다	처음 행위를 가지라	생명 나무의 과실을 먹게 하리라
서머나 (계 2:8-11)	은혜롭게 환난과 궁핍을 견뎠다	없음	고난을 두려워 말라. 죽도록 충성하라	생명의 면류관을 주리라. 둘째 사망의 해를 받지 아니하리라
버가모 (계 2:12-17)	믿음을 저버리지 않았다	발람의 교훈과 니골라 당의 교훈을 따랐다 - 부도덕, 우상숭배	회개하라	감추었던 만나와 새 이름을 새긴 흰 돌을 주리라
두아디라 (계 2:18-29)	사업, 사랑, 섬김, 믿음, 인내가 처음보다 더 많다	우상 숭배의 제단과 부도덕을 허용했다. 회개하지 않았다	심판이 다가온다. 회개하라. 네게 있는 것을 굳게 잡으라	만국을 다스리는 권세와 새벽 별을 주리라
사데 (계 3:1-6)	믿음을 지킨 사람들이 있다	살았다는 이름은 가졌으나 죽은 교회이다	회개하라. 남은 것을 굳게 하라	흰 옷을 입을 것이요 그 이름을 생명책에서 지우지 않으리라
빌라델비아 (계 3:7-13)	인내의 말씀을 지켰다. 믿음 안에서 견뎠다	없음	네 가진 것을 굳게 잡아 네 면류관을 빼앗지 못하게 하라	하나님의 성전 기둥이 되게 하리라. 새 예루살렘의 이름과 나의 새 이름을 그 기둥 위에 기록하리라
라오디게아 (계 3:14-22)	없음	미지근하다	금, 흰옷, 안약을 사라 열심을 내라. 회개하라	예수의 보좌에 함께 앉으리라

하나님나라에 대한 이해

성경은 '하나님나라가 임함'에 초점이 있다. '나라'의 구성요소는 '영토'와 '주권'과 '백성'이다. 현재 전 세계에 이런 세 가지 요소를 갖추어 나라로 규정된 곳이 240여 국가다. 규모가 큰 나라도 있고 아주 작은 나라도 있다. 규모가 크든 작든 이 세상의 각 나라에는 일정한 경계선이 있다. 그러나 하나님나라는 한계가 없다.

요한계시록 7장 9,10절은 하나님과 어린양의 보좌 앞에 서서 찬양하는 무리의 모습을 보여준다. "이 일 후에 내가 보니, 각 나라와 족속과 백성과 방언에서 아무도 능히 셀 수 없는 큰 무리가 나와 흰 옷을 입고 손에 종려 가지를 들고 보좌 앞과 어린양 앞에 서서, 큰 소리로 외쳐 이르되….” 예수 그리스도는 “만왕의 왕이요, 만주의 주”이시다. 그는 만국을 다스리신다(계 19:15,16).

이런 하나님나라가 언제 임하는가가 주요 관심사다. 이에 관한 이해는 구약과 신약이 다르다.
구약의 이해는 하나님나라가 **한 번에 다** 이루어진다고 보았다(one time event).
신약의 이해는 하나님나라가 **두 번에 걸쳐** 이루어진다고 본다(two times events).

【 구약의 이해 - 한 번에 이루어진다. one time event 】

예수 그리스도의 오심으로 하나님나라가 단번에 완성된다.

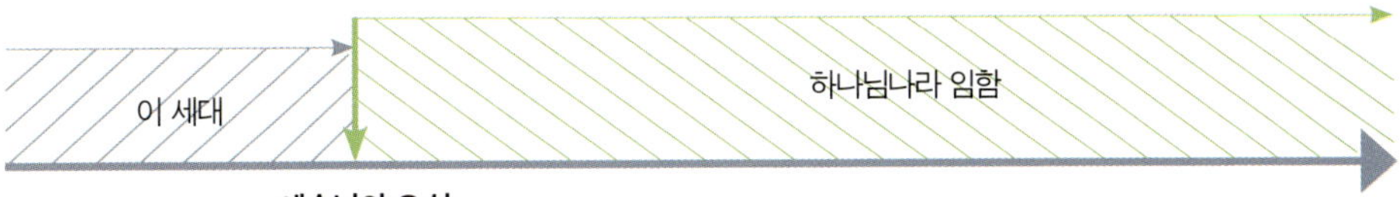

【 신약의 이해 - 두 번에 걸쳐 이루어진다. two times events 】

예수님의 오심으로 하나님나라가 시작되고, 예수님의 다시 오심으로 어둠의 왕국이 패망하고 하나님나라가 완성된다.

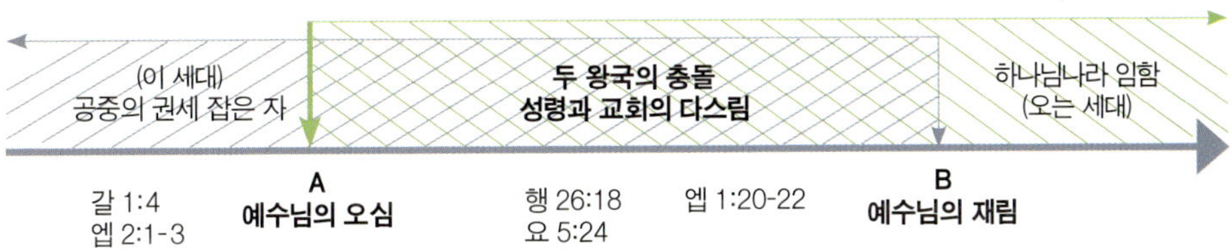

A시점에서 B시점까지는 두 왕국이 충돌하는 시기다. A시점에 예수 그리스도의 십자가는 마귀의 일을 멸하셨다. 마귀는 마치 사형선고를 받은 것과 같다. 마귀는 감옥에 갇혔다. B시점은 마귀의 사형이 집행되는 시점이다. 사단의 나라는 이때 최종적으로 끝난다. A시점에서 B시점 사이는 마귀의 집행유예 기간이다. 이 기간에 교회는 성령과 함께 사단의 왕국에 맞서 영적 전쟁을 하면서 하나님나라를 확장한다.

요한계시록 20장의 말씀은 19장 11-21절의 말씀과 대조하여 살필 때 이해가 된다. 또한 12장 13절부터 13장 18절, 17장의 말씀과 연관되어 있다.

> 그들이 한 뜻을 가지고 자기의 능력과 권세를 짐승에게 주더라. 그들이 어린양과 더불어 싸우려니와 어린양은 만주의 주시요 만왕의 왕이시므로 그들을 이기실 터이요, 또 그와 함께 있는 자들, 곧 부르심을 받고 택하심을 받은 진실한 자들도 이기리로다 계 17:13,14

요한계시록의 열쇠가 되는 말씀이다.

【 요한계시록 - 승리의 함성 】

요한계시록은 온 땅에 대한 하나님의 구원의 계획이 성취되어 주를 찬양하는 승리의 함성이다. 요한계시록에 나오는 일곱 가지 노래를 통해 선교에 대한 찬양을 배울 수 있다.

1	계 4:6-11 창조의 노래	만물은 하나님께서 창조하셨기에 존재한다는 것을 아는 것이 선교이다. 하나님의 창조를 선포하는 것이 선교의 시작이다. 우리가 어려운 지역에서 사역할 수 있는 것은 그 지역에서도 영광을 받으시는 분이 하나님이심을 알기 때문이다.
2	계 5:6-14 구속의 노래	신약성경의 메시지는 예수님이 일찍이 죽임을 당하시고 그 죽음을 통해구원하심을 말한다. 희생을 통한 승리이다. 예수님은 사망으로 말미암아 사망을 이기셨다. 선교의 목적은 각 족속과 방언과 백성과 나라가 예수님의 피로 산 제사장임을 알리는 데 있다. 세상의 모든 피조물이 예수님 앞에 엎드려 구원은 오직 주께 있음을 고백하는 것을 위해 선교해야 한다.
3	계 7:9-12 구원의 노래	사도 요한은 앞으로 일어날 일을 미리 보고 들을 수 있는 영광과 은혜를 주님께 받았다. 그는 생전에 역사의 마지막 이후 즉 영원한 나라의 모습을 보았다. 선교를 통해 구원을 얻은 무리, 즉 각 나라, 각 족속, 각 백성, 각 방언에서 온 수많은 무리가 보좌 앞에서 찬양하는 모습을 그는 보았다. 이는 세계 선교의 궁극적인 목표가 무엇인지 깨닫게 한다.
4	계 12:7-12 극복의 노래	이 전쟁을 통해 사단의 모든 힘이 다 끊어졌음을 알 수 있다. 사단은 이미 패했지만 자기의 시간이 얼마 남지 않았기에 그의 능력과 권세를 부여한 짐승들을 통해 활동한다. 그러나 선교는 이미 십자가로 승리하신 것을 선포하는 것이다. 사단의 세력은 십자가에서 이미 패했다. 선교는 승리의 선포이다.
5	계 15:1-4 모세의 노래 / 어린양의 노래	선교사들의 복음 전파로 만국, 즉 각 나라, 각 족속, 각 백성, 각 방언에서 구원받은 성도들이 하나님의 보좌와 어린양의 보좌 앞으로 와서 주께 경배하게 될 것이다.
6	계 19:1-5 역사의 종말에 관한 노래	16장-18장은 바벨론이 무너지고 하나님을 대적하던 세력이 무너지는 것을 말한다. 구원받은 모든 주의 백성이 세 번이나 "할렐루야"로 하나님을 찬양한다.
7	계 19:6-10 어린양의 혼인잔 치의 노래	전능하신 하나님의 다스리심과 어린양의 혼인잔치가 예비되었음을 노래한다. 예수님께 속한 사람이면 누구나 어린양의 혼인잔치에 초대받는다. 이 기쁨은 선교사가 누릴 수 있는 기쁨이다. 누구든지 이 혼인잔치에 참여할 수 있도록 사람들을 초청하라. 구제, 교육, 의료, 전도… 이 모든 것이 어린양의 혼인잔치에 들어가도록 하는 일이다.

요한계시록을 바라보는 네 가지 관점

요한계시록에 접근하는 관점은 전반적으로 '6장부터 18장까지의 환상이 가리키는 역사적인 대상이 무엇인가'와 '20장에 묘사된 천년왕국의 특성이 무엇인가'라는 두 가지 중요한 해석에 따른 결론에 의해 좌우된다. 6장부터 18장까지의 환상은 다음 네 가지 방식 중 하나를 통해 고찰된다.

1. 과거주의적 관점(Preterist Approach)

요한계시록 내용을 로마 제국 시대에 발생한 사건을 언급하는 것으로 이해한다. 즉 예루살렘 멸망을 위한 예언, 로마 제국의 멸망을 위한 예언으로 보는 관점이다. 계시록은 로마 제국에 대한 심판의 기록이 아니다.

2. 역사적 관점(Historicist Approach)

역사적인 해석은 계시록을 사도 시대부터 그리스도의 재림까지 교회사의 대략적인 모습을 파노라마처럼 보여주는 것으로 이해한다. 즉 계시록에서 일어난 일들을 역사적으로 중요한 사건과 일치시키려는 관점이다. 단점은 역사적인 사건들을 너무 일일이 맞추려는 것과 서방 교회의 역사에만 적용하려는 것이다. 또한 1세기 당시의 상황에는 적용하지 않는다. 요한계시록은 세계사의 연감이 아니다.

3. 영적 관점(Spiritual Approach)

영적인 해석에 의하면 계시록은 선과 악의 거대한 영적 전투를 상징적인 방식으로 묘사하는 책으로 이해한다. 계시록의 내용을 역사적인 사건과 일치시키지 않는다. 다만 하나님께서 일하시는 방식으로 본다. 계시록에 나오는 전쟁들을 영적인 전쟁으로만 본다. 바다로부터 나오는 짐승은 각 시대마다 교회를 핍박하는 사단의 세력으로 본다. 사단의 결박은 진리로 결박하는 것이며, 천년왕국도 문자적이 아니라 교회 시대를 상징하는 것으로 본다. 단점은 마지막 역사의 종말이라는 관점이 부족하다.

4. 미래주의적 관점(Futurist Approach)

미래주의적인 해석은 계시록을 마지막 시대에 일어날 미래의 사건을 묘사하는 것으로 본다. 세대주의적인 관점, 즉 계시록의 역사가 미래에 순차적으로 일어나는 것으로 본다. 교회의 일곱 시대(계 2장-3장), 이스라엘의 회복, 교회의 휴거, 7년 대환란, 적그리스도의 통치, 재림, 천년왕국, 마지막 사단의 반역, 새 하늘과 새 땅에 대한 것이다. 단점은 1세기에 적용하지 않는다. 요한계시록은 교회사의 연감이 아니다.

【 요한 계시록을 바라보는 네 가지 관점 요약 】

해석 방식	기본 명제
과거주의적 관점	계시록의 모든 사건은 로마 제국 시대에 성취되었다.
역사적 관점	계시록은 사도 시대부터 재림에 이르는 교회사의 파노라마이다.
영적 관점	계시록은 실제 사건에 대한 표현이 아니라, 선과 악의 영적 전투에 대한 상징적 묘사이다.
미래주의적 관점	4장부터 시작한다면, 계시록은 마지막 시대에 발생할 미래 사건에 대한 서술이다.

천년왕국설

'천년왕국'의 '천'이라는 의미의 '밀레니엄'(The Millennium)이라는 용어는 그리스도가 통치하는 천 년을 말한다(계 20:1-6). 어떤 그리스도인들은 천년왕국이 이 땅 위에 임할 축복의 시대일 것이라고 믿는다. 어떤 그리스도인들은 천년왕국을 정확한 기간이 정해지지 않은 현재의 교회 시대라고 믿기도 하고, 영원한 나라를 언급하는 하나의 방식이라고 믿기도 한다. 성경에서 천년왕국을 특별히 언급하고 있는 것은 요한계시록뿐이다(계 20장).

해석자들마다 천년왕국과 그 왕국이 어떻게 도래할 것인가를 이해하는 데 매우 큰 차이를 보인다. 예수님이 천 년 동안 왕 노릇 하신다는 것을 두고, 언제 오셔서 왕 노릇 하시는가에 대한 견해가 크게 세 가지로 축약된다.

후천년설 : 천년왕국이 먼저 있고 그 끝에 예수님이 재림하신다
전천년설 : 예수님이 재림하신 후에 천년왕국이 시작된다
무천년설 : 천년왕국이 따로 없고 예수님의 초림과 재림 사이가 천년왕국이다

후천년설(The Postmillennial View)

후천년설을 지지하는 사람들은 천년왕국 이후에 예수님이 가시적으로 재림하리라 기대한다. 그들은 그리스도의 재림 이전에 평화와 정의의 긴 시대(어떤 사람은 천 년을 문자적으로, 어떤 사람은 상징적으로 해석한다)가 도래함을 알리기 위해 하나님이 교회의 가르침과 설교를 사용하시기를 기대한다. 후천년설을 지지하는 사람들은 계시록에 관한 '역사적'이거나 '과거주의적'인 관점을 자주 채택한다.

전천년설(The Pre-Millennial View)

전천년설을 지지하는 사람들은 요한계시록 20장을 문자적으로 해석하기 때문에, 7년 대환란이 끝났을 때 그리스도가 재림하셔서 문자 그대로 천 년 동안 이 땅에서 통치하리라고 믿는다. 이 왕국은 악한 세력의 반역과 최후의 심판으로 끝난다. 그 후에 그리스도의 영원한 통치가 이루어진다. 전천년설을 지지하는 사람들은 모두 계시록에 대한 '미래주의적' 접근 방식을 채택한다.

무천년설(The Amillennial View)

무천년설을 지지하는 사람들은 그리스도의 천 년 통치를 관념적이거나 영적인 의미로 해석한다. 그들은 예수님의 재림을 믿는 반면, 문자적인 의미 그대로의 천년왕국을 거부한다. 어떤 이들은 그리스도의 통치가 그분의 지상사역 혹은 그분이 부활하셨을 때 시작되었다고 본다. 그들은 그리스도가 지금 하나님의 우편에서 다스리고 계신다는 베드로의 선언을 인용한다(행 2:33-36). 이스라엘과 교회는 하나님의 단일 백성을 형성한다고 보며, 이스라엘에게 약속하신 왕국은 교회 시대나 새 하늘과 새 땅의 영원한 현존에 해당한다고 본다. 전반적으로 무천년설의 접근 방식은 계시록에 대한 '영적인 관점'과 관련된다.

【 천년왕국설 】

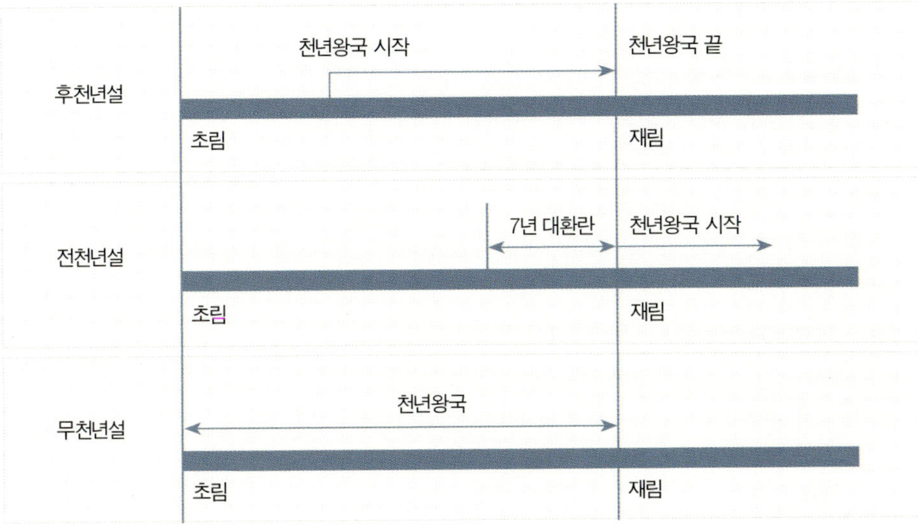

【 요한계시록에 나타난 일곱 가지 복 】

신약의 첫 책 마태복음의 중심은 하나님나라와 왕의 영광과 그의 백성의 삶이다. 산상수훈은 하나님나라의 백성들의 삶의 규범서이다. 그리고 팔복으로 시작한다. 신약의 마지막 책인 요한계시록의 중심도 하나님나라와 왕의 승리와 그의 백성의 승리의 삶이다. 요한계시록에서는 칠복을 말씀하신다.

1	계 1:3	말씀을 읽고 듣고 지키는 자가 복이 있다
2	계 14:13	주 안에서 죽은 자(순교자)들이 복이 있다
3	계 16:15	깨어 자기 옷을 지키는 자가 복이 있다 - 충성된 자들
4	계 19:9	어린양의 혼인잔치에 청함을 받은 자들이 복이 있다
5	계 20:6	첫째 부활에 참여하는 자들이 복이 있다
6	계 22:7	이 책의 예언의 말씀을 지키는 자들이 복이 있다
7	계 22:14	자기 두루마기를 빠는 자들이 복이 있다

결론 : 요한계시록을 바라보는 관점

하나님나라의 회복을 위한 하나님의 경륜과 섭리를 기록한 것이 성경이다. 따라서 계시록은 그 최종 순간이 어떻게 이루어지는가를 보여주어, 하나님나라의 회복을 위한 하나님의 마음과 계획을 이해하고 그에 맞게 살도록 기록되었다.
핍박받던 당시의 교회에 하나님나라가 회복될 것에 대한 소망을 주고, 인내로 승리할 것을 격려한다. 물론 이것은 하나님나라가 이루어지기까지 각 시대의 교회에게 주시는 성령의 메시지이기도 하다. 뿐만 아니라 하나님의 언약을 지키지 않고 불순종하며 믿지 않는 교회에 대한 심판의 강한 경고이기도 하다.
계시록이 상징을 많이 사용한 것은 애매모호하게 하기 위한 것이 아니라 상상력과 통찰력을 주기 위함이다. 소돔이나 애굽, 바벨론으로 표현된 것을 세계사나 교회 역사에서 이해할 것이 아니다. 이 세상의 사고방식과 비성경적인 세계관으로 형성된 적그리스도적인 요소들이 예수 그리스도의 교회에 파고 들어와서 활동하는 것을 가리킨다. 요한계시록은 이런 것들을 축출하고 그 우상숭배의 실상을 드러내어 그리스도의 교회를 견고하게 하고 또한 경고하기 위함이다. 궁극적인 승리는 고난 속에서 진리를 따라 살며 그 진리를 증거하는 가운데 얻게 됨을 보여준다.

계시록을 이해하려면 하나님나라의 임함에 대한 이해가 있어야 한다. 또한 일곱 교회에 보낸 서신(계 2장-3장)을 계시록 전체에 대입해야 한다.
계시록의 시간은 인간의 시간인 크로노스가 아니라 하나님의 시간인 카이로스의 개념이다. 종말의 때가 정확히 언제, 몇 년 몇 월 몇 시에 임할 것인가에 대한 이해가 아니다. 하나님의 주권적인 섭리와 경륜의 때를 의미한다. 세례 요한이 "때가 찼고 하나님의 나라가 가까이 왔으니"(막 1:15)라고 할 때의 "때"란 크로노스가 아니라 카이로스를 말한다. 모든 것이 새로운 질서로 형성되고 하나님의 일을 믿고 맡길 때를 말한다. 하나님께서 창세전부터 계획하신 것을 이루는 때를 말한다.
새 하늘과 새 땅에서 하나님나라가 완성된다. 계시록은 초대교회만이 아니라 오늘을 살아가는 교회까지 모든 교회가 깨어 각성하게 한다. 또한 소망을 주며 믿음으로 살도록 일깨운다. 하나님나라가 임하는 일에 교회가 동역자 역할을 적극적으로, 능동적으로 반응하도록 이끌고 있다.
히브리서 2장 5-9절의 말씀을 잘 이해하고 살아가는 것이 중요하다.

초청장

초청 대상 : 땅의 모든 족속들에게

오라
듣는 자는 오라
목마른 자도 올 것이요
또 원하는 자는 값없이 생명수를 받으라

요한계시록 22장 17절

초청인 : 성령과 신부 된 교회

보라, 내가 속히 오리라!(계 22:7,12)
내가 진실로 속히 오리라!(계 22:20)

아멘, 주 예수여 오시옵소서!(계 22:20)

마라나타!

Dear. NCer

속히 초청장을 발부하라!

【 요한계시록 한눈에 보기 】

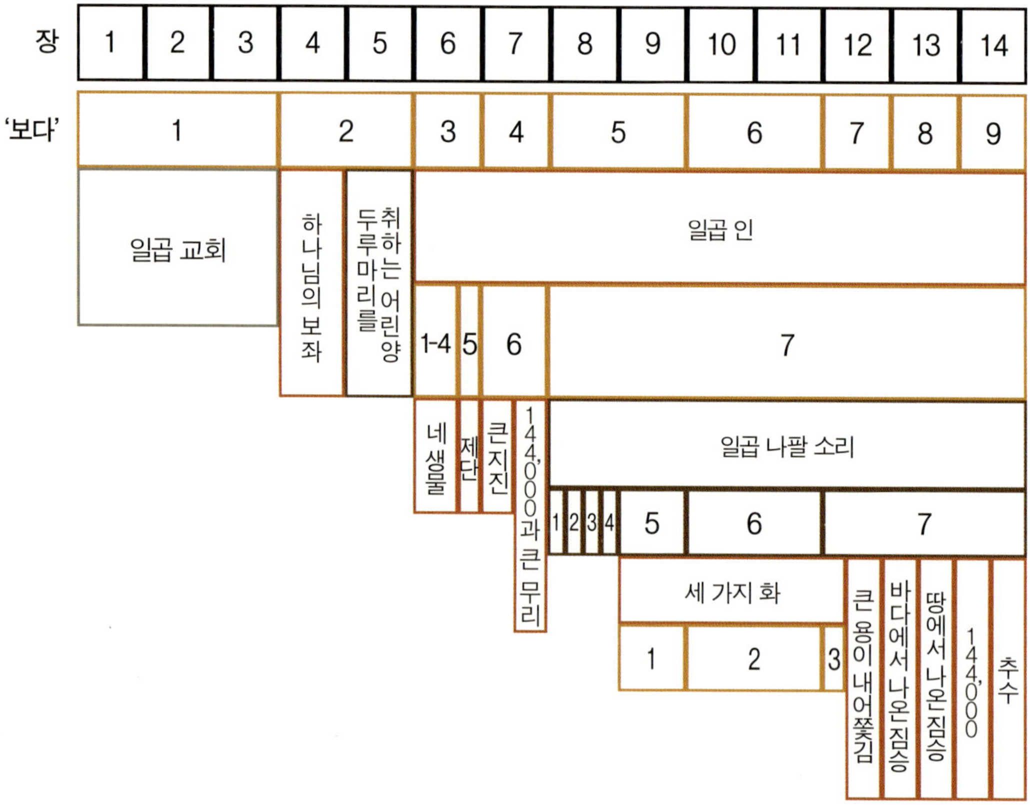
장
1
2
3
4
5
6
7
8
9
10
11
12
13
14
'보다'
1
2
3
4
5
6
7
8
9
일곱 교회
하나님의 보좌
취하는 어린양
두루마리를
일곱 인
1-4
5
6
7
네 생물
제단
큰 지진
144,000과 큰 무리
일곱 나팔 소리
1
2
3
4
5
6
7
세 가지 화
1
2
3
큰 용이 내어쫓김
바다에서 나온 짐승
땅에서 나온 짐승
144,000
추수

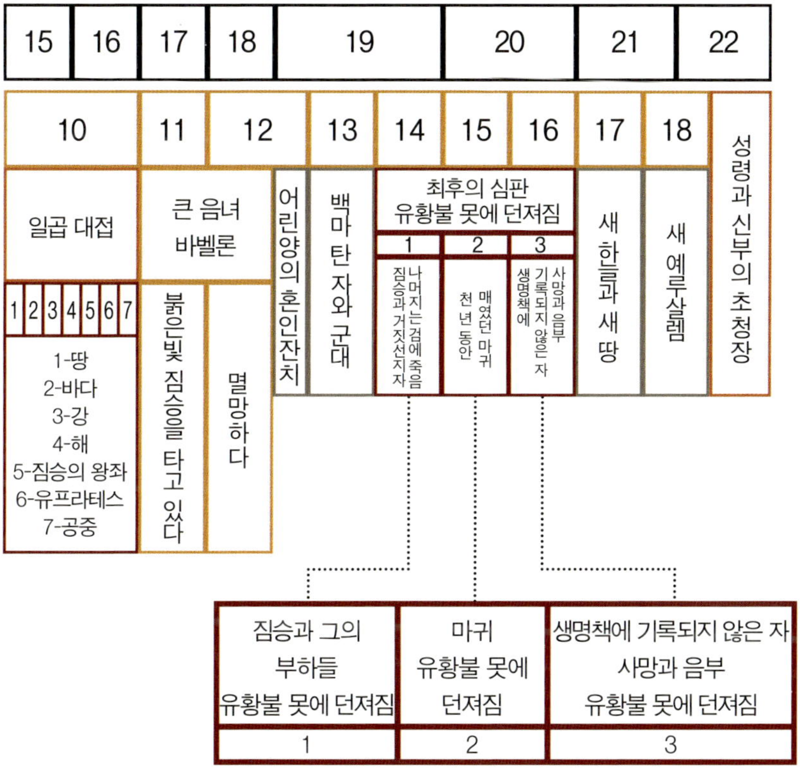

15
16
17
18
19
20
21
22
10
11
12
13
14
15
16
17
18
일곱 대접
1 2 3 4 5 6 7
1-땅
2-바다
3-강
4-해
5-짐승의 왕좌
6-유프라테스
7-공중
큰 음녀
바벨론
붉은빛 짐승을 타고 있다
멸망하다
어린양의 혼인잔치
백마 탄 자와 군대
최후의 심판
유황불 못에 던져짐
1
2
3
나머지는 검에 죽음
짐승과 거짓선지자
매였던 마귀
천 년 동안
사망과 음부
기록되지 않은 자
생명책에
새 하늘과 새 땅
새 예루살렘
성령과 신부의 초청장
짐승과 그의
부하들
유황불 못에 던져짐
1
마귀
유황불 못에
던져짐
2
생명책에 기록되지 않은 자
사망과 음부
유황불 못에 던져짐
3

쉐마 말씀학교를 마치며

찰스 비어드 기독교 역사학자, 미국

Beard, Charles Austin 1874.11.27-1948.9.1

찰스 비어드는 미국 정치제도의 발전 과정에 대한 정설을 깨뜨린 연구로 유명하다.
그는 사회경제적 갈등과 변화가 가지는 역동성을 강조하고, 미국의 여러 제도가 성립되는 과정에서 개입된 동기요인을 분석함으로써 그 시대의 가장 영향력 있는 미국 역사가로 자리를 굳혔다. 혁신주의 운동과 자유주의 세력의 지적 지도자 가운데 한 사람으로서 시 정부와 행정부 및 국가 발전 계획에서의 개선을 요구하는 운동을 이끌었다. 그는 20세기 미국 역사가들 중에서 가장 영향력 있는 학자 중 한 사람으로 손꼽힌다.
하루는 찰스 비어드 박사에게 기자가 찾아와서 다음과 같은 질문을 했다.
"박사님은 역사 연구에 평생을 바쳐왔는데, 그 핵심적인 원리가 무엇입니까?"
그는 그 질문에 다음의 네 가지로 대답했다.

첫째, "사람이 명예와 권세욕에 미칠 때 망합니다."

국가나 개인이나 부유해져서 생활에 여유가 생기면 권력을 탐하고 욕심이 생겨 타락하고 부패하게 됩니다. 개인이 지나친 명예욕에 사로잡혀 교만하거나 한 국가가 권세욕에 사로잡혀 정쟁만 일삼을 때 나라가 망합니다. '꼴 보기 싫을 정도로 교만하면 곧 망할 때'입니다. 그래서 지혜자 솔로몬은 "사람의 마음의 교만은 멸망의 선봉이요 겸손은 존귀의 길잡이니라"(잠 18:12)라고 했습니다.

우리에게 가장 위험한 적은 바로 이와 같은 권력과 권세에 욕심을 내는 것이다. 그렇다고 권위를 가지는 것을 무조건 부정적으로 보아서는 안 된다. 권위를 올바르게 사용할 때 질서가 생기고 안정과 평안이 깃든다. 권위의 기반은 공의와 공평에 있다. 잠언 29장 4절에 "왕은 정의로 나라를 견고하게 하나 뇌물을 억지로 내게 하는 자는 나라를 멸망시키느니라"라고 했다.
성경은 올바른 권위자를 소개한다. 당시 최강의 제국이었던 애굽의 총리 요셉, 거대한 난민을 견고한 민족으로 일으킨 모세, 왕의 롤 모델 다윗, 그를 본받은 여호사밧 왕과 히스기야 왕과 유대의 마지막 왕 요시야, 그리고 바벨론과 페르시아 제국의 네 왕을 거치며 나라를 붙든 총리 다니엘 등이 그 예이다.
올바른 권위자가 일어나야 한다. 특히 국가 정부와 사회 각 영역에 필요하다. 교회는 필수적이다. 권세욕에 사로잡히지 않고 십자가 앞에 무릎 꿇는 겸손한 지도자가 일어날 때 나라는 부강해지고 교회는 부흥한다.

둘째, "하나님의 공의의 맷돌은 천천히 도는 것 같지만 모든 악을 빠짐없이 분쇄합니다."

거대한 맷돌이 아주 천천히 돌아서 느끼지 못할 뿐, 결국은 심판의 날이 올 것이니 오늘을 바르게 살아야 합니다. 하나님의 심판의 맷돌은 천천히 돕니다. 인간이 반드시 알아야 할 두 가지 영역이 있다면 '성경과 역사 연구'입니다. 우리는 매일 매일 우주를 움직이시는 하나님의 손을 보지 못하지만 한 세기(백 년)와 밀레니엄(천 년)을 지나고 보면 너무도 정확하고 분명하게 드러나는 하나님의 손길을 보게 됩니다. 그래서 솔로몬은 "너는 행악자들로 말미암아 분을 품지 말며 악인의 형통함을 부러워하지 말라"(잠 24:19)라고 했습니다. 멀리 보는 눈이 있어야 합니다. 근시안적인 관점을 주의해야 합니다.

하나님을 두려워하는 마음이 있어야 한다. 다윗은 하나님의 부르심을 받아 사무엘을 통해 왕으로 기름부음을 받았다. 그럼에도 하나님은 바로 불의한 왕 사울을 폐하고 다윗을 왕으로 세우시지 않았다. 오히려 다윗은 사울 왕으로부터 끊임없는 어려움을 당하며 유대 광야에서 불편한 삶을 10년 이상 살았다. 어느 날 그에게 사울 왕을 제거할 결정적인 순간이 왔다. 그의 용사인 아비새가 사울을 죽이고자 할 때 다윗은 엄하게 말했다. "죽이지 말라. 누구든지 손을 들어 여호와의 기름부음 받은 자를 치면 죄가 없겠느냐… 여호와께서 살아계심을 두고 맹세하노니 여호와께서 그를 치시리니 혹은 죽을 날이 이르거나 또는 전장에 나가서 망하리라"(삼상 26:9,10). 그는 서두르며 조급해하지 않았다. 하나님의 공의의 맷돌이 돌고 있음을 언제나

의식했다. 그래서 하나님의 주권에 전적으로 순복했다.

에녹도 주변 상황으로 인해 낙심하거나 불평하거나 의심하지 않았다. 그는 하나님이 계심을 믿었다. 하나님이 역사의 주이심을 믿었으며 믿음으로 그분과 동행했다. "믿음이 없이는 하나님을 기쁘시게 하지 못하나니 하나님께 나아가는 자는 반드시 그가 계신 것과 또한 그가 자기를 찾는 자들에게 상 주시는 이심을 믿어야 할지니라"(히 11:6).
아브라함 카이퍼가 그런 사람이었다. 그는 네덜란드의 수상으로서 나라를 공의롭게 다스렸다. "사람이 어느 곳에 있든지, 무엇을 하든지, 손을 대는 분야가 농업이든, 상업이든, 산업이든, 아니면 머리를 쓰는 예술과 과학 분야 등 어떤 일에 전념하든지 간에, 사람은 언제나 '하나님의 면전'에 서 있으며 하나님을 섬기는 일에 종사하고 있다. 사람은 철저히 하나님께 순종해야 하며, 무엇보다도 하나님의 영광을 그 생애의 목표로 삼아야 한다." - 아브라함 카이퍼

우리는 하나님을 경외함으로 '코람데오'(하나님의 면전)의 삶을 살아야 한다.

셋째, "하나님은 선악간의 조화를 통해서 선을 이루십니다."

우리는 때때로 악인들이 득세하고 많은 불합리한 모순들이 세상을 지배하는 것을 봅니다. 그러나 하나님의 선하신 뜻은 반드시 이루어집니다. 벌이 꽃에서 꿀을 뽑아내지만 그 때문에 꽃이 열매를 맺게 되는 것처럼 개인의 삶과 역사의 진행에 상실이 있을 수도 있지만 그 후에는 열매를 맺게 됩니다. 꽃의 입장에서는 벌이 꿀을 뽑아내는 도둑이지만 그로 인해 새로운 꽃이 피고 열매를 맺게 됩니다.
우리는 고통스럽고 힘들고 어려운 현실에 의문을 품고 절망할 때가 있습니다. 그러나 거기엔 하나님의 깊은 섭리가 있습니다. 시간이 지나면 왜 그 일을 그렇게 진행하셨는지 깨달을 것입니다. 나를 힘들게 하는 사람들, 낙심하게 하는 상황들이나 사건들이 나를 사람 만들고자 하는 하나님의 선물이 되기도 합니다. 그래서 바울은 "우리가 알거니와 하나님을 사랑하는 자 곧 그의 뜻대로 부르심을 입은 자들에게는 모든 것이 합력하여 선을 이루느니라"(롬 8:28)라고 했습니다. 하나님의 섭리를 보는 눈을 가져야 합니다.

넷째, "하나님은 남은 자 곧 그루터기를 두십니다."

> 하나님의 역사는 단절이 없습니다. 보이는 가지가 꺾이고 둥지가 잘려도 남은 그루터기로 새 역사를 이루십니다. 이사야는 "…밤나무와 상수리나무가 베임을 당하여도 그 그루터기는 남아있는 것같이 거룩한 씨가 이 땅의 그루터기니라"(사 6:13)라고 했습니다. 영적인 안목과 통찰력이 있어야 합니다. 하나님의 성령의 뜻을 알아야 합니다.

말라기 이후 세례 요한까지의 400년을 우리는 '신구약 중간 시대'라고 한다. 그 사이에 하나님의 말씀이 기록되지 않았다. 그렇다고 하나님이 계시지 않은 것처럼 착각해서는 안 된다. 그분이 역사에서 멀리 출타하신 것으로 오해하지 말아야 한다. 하나님은 여전히 역사 한가운데에 우리와 함께 계시며 그의 일을 이루신다. 이사야서를 비롯한 성경의 많은 곳에서 하나님은 끊임없이 '남은 자', '그루터기'를 말씀하신다. 우리 주께서 "끝까지 견디는 자는 구원을 얻으리라"(마 24:13)라고 하셨다. 계시록에도 "성도들의 인내와 믿음이 여기 있느니라"(계 13:10, 14:12)라고 하셨다.

야곱이 모든 가족을 이끌고 애굽으로 내려갔다. 그들은 조금 후에 가나안으로 돌아갈 것을 기대했다. 그러나 400년이 지나도록 여전히 애굽에 머물렀다. 갈수록 상황은 악화되어 결국 애굽의 노예가 되었다. 아브라함을 향한 하나님의 언약은 미완성 교향곡처럼 들렸다. 그러나 그렇지 않았다. 하나님은 애굽을 거대한 인큐베이터 혹은 영적 모판처럼 사용하시며 그의 뜻을 이어가셨다. 우리는 어떤 상황에도 소망으로 인내해야 한다. 소망은 영혼의 닻과 같다고 하셨다(히 6:19). 하나님의 역사는 결코 단절이 없다. 하나님은 언제나 새 일을 행하신다.

쉐마 말씀학교 신약

초판 1쇄 발행 2020년 9월 7일

지은이 홍성건

펴낸이 여진구
책임편집 김아진 정아혜
편집 이영주 김윤향 최현수 안수경 최은정
책임디자인 조은혜 | 마영애 노지현 조아라
기획·홍보 김영하
마케팅 김상순 강성민 허병용
제작 조영석 정도봉
해외저작권 기은혜
마케팅지원 최영배 정나영
경영지원 김혜경 김경희

303비전성경암송학교 유니게과정 박정숙 최경식
이슬비전도학교 / 303비전성경암송학교 / 303비전꿈나무장학회 여운학

펴낸곳 규장

주소 06770 서울시 서초구 매헌로 16길 20(양재2동) 규장선교센터
전화 02)578-0003 팩스 02)578-7332
이메일 kyujang0691@gmail.com
홈페이지 www.kyujang.com
페이스북 facebook.com/kyujangbook
인스타그램 instagram.com/kyujang_com
카카오스토리 story.kakao.com/kyujangbook
등록일 1978.8.14. 제1-22

책값 뒤표지에 있습니다.
ISBN 979-11-6504-130-4 04230
979-11-6504-029-1 (세트)

규 | 장 | 수 | 칙

1. 기도로 기획하고 기도로 제작한다.
2. 오직 그리스도의 성품을 사모하는 독자가 원하고 필요로 하는 책만을 출판한다.
3. 한 활자 한 문장에 온 정성을 쏟는다.
4. 성실과 정확을 생명으로 삼고 일한다.
5. 긍정적이며 적극적인 신앙과 신행일치에의 안내자의 사명을 다한다.
6. 충고와 조언을 항상 감사로 경청한다.
7. 지상목표는 문서선교에 있다.

하나님을 사랑하는 자 곧 그의 뜻대로 부르심을 입은 자들에게는 모든 것이 合力하여 善을 이루느니라(롬 8:28)

ecpa Member of the Evangelical Christian Publishers Association

규장은 문서를 통해 복음전파와 신앙교육에 주력하는 국제적 출판사들의 협의체인 복음주의출판협회(E.C.P.A:Evangelical Christian Publishers Association)의 출판정신에 동참하는 회원(Associate Member)입니다.